Kohlhammer

Judentum und Christentum

Herausgegeben von

Kathy Ehrensperger
Soham Al-Suadi

Band 31

Martin Steiner

Jesus Christus und sein Judesein

Antijudaismus, jüdische Jesusforschung
und eine dialogische Christologie

Verlag W. Kohlhammer

Diese Publikation ist an der Universität Luzern entstanden und wurde vom Schweizerischen Nationalfond durch die Open-Access Publikationsförderung gefördert.
Für die finanzielle Unterstützung zur Drucklegung bedanke ich mich beim Prorektorat Forschung der Universität Luzern und bei der Stiftung »Dr. phil. Josef Schmid, Staatsarchivar von Luzern, und Frau Amalie Schmid-Zehnder« des Kantons Luzern.

Das Werk ist lizensiert unter der Lizens CC BY-NC-ND 4.0, vgl. https://creativecommons.org/licences/by-nc-nd/4.0/.

1. Auflage 2025

Alle Rechte vorbehalten
© W. Kohlhammer GmbH, Stuttgart
Gesamtherstellung: W. Kohlhammer GmbH, Heßbrühlstr. 69, 70565 Stuttgart
produktsicherheit@kohlhammer.de

Print:
ISBN 978-3-17-044418-8

E-Book (pdf): ISBN 978-3-17-044419-5
DOI: 10.17433/978-3-17-044419-5

Für den Inhalt abgedruckter oder verlinkter Websites ist ausschließlich der jeweilige Betreiber verantwortlich. Die W. Kohlhammer GmbH hat keinen Einfluss auf die verknüpften Seiten und übernimmt hierfür keinerlei Haftung.
Dieses Werk einschließlich aller seiner Teile ist urheberrechtlich geschützt. Jede Verwendung außerhalb der engen Grenzen des Urheberrechts ist ohne Zustimmung des Verlags unzulässig und strafbar. Das gilt insbesondere für Vervielfältigungen, Übersetzungen, Mikroverfilmungen und für die Einspeicherung und Verarbeitung in elektronischen Systemen.

»Für meine Mutter«

Inhalt

Vorwort		9
Einleitung		11
1	Thema und Aufbau	11
2	Forschungsfrage und These	17
3	Methodik	19
	3.1 Theologische Antisemitismusforschung	20
	3.2 Hermeneutische Vorbemerkungen zur Christologie	22
Hinführung: Antijüdische Denkfiguren		27
1	Das Wirken einer paulinischen Antithese	29
2	Luthers »Judenschriften« und ihr Erbe	35
3	Antijüdische Hermeneutik	42
4	Die »Entjudaisierung« Christi	47
5	»Institut zur Erforschung des jüdischen Einflusses auf das deutsche kirchliche Leben« (1939–1945)	53
6	Jesus und die Shoah – Eine Ausstellung gegen das Vergessen und die Kunst zu erinnern	58
7	Resümee	60
I	**Die Konferenz von Seelisberg (1947) – Beginn einer jüdisch-christlichen Erfolgsgeschichte**	**63**
1	Historische Rahmenbedingungen, Eckdaten und Personen	64
	1.1 Vorbereitung: Von Oxford nach Seelisberg	66
	1.2 Internationale und interreligiöse Konferenzbeteiligung	69
2	Religiös-theologische Neuorientierung: Die Zehn Thesen von Seelisberg	82
	2.1 Eine andere Sicht auf Juden in den Passionserzählungen	83
	2.2 Das Judesein Jesu	90
3	Das Verdienst Jules Isaacs für die Konferenz von Seelisberg	100
4	Die Rezeption der Seelisberg-Thesen, unter besonderer Berücksichtigung des Judeseins Jesu	102
II	**Jüdische Jesus-Forschung**	**110**
1	Voraussetzungen jüdischer Jesusforschung	111
	1.1 Jüdische Aufklärung (Haskala)	111

	1.2	Judenemanzipation	114
	1.3	Wissenschaft des Judentums	118
2		Klassiker jüdischer Jesusforschung	128
	2.1	Joseph Klausner (1874–1958): Jesus von Nazareth (1922)	131
	2.2	Schalom Ben-Chorin (1913–1999): Bruder Jesus (1967)	171
	2.3	David Flusser (1917–2000): Jesus (1968)	210
3		Zusammenfassung	242

III		»Wahrer Gott« und »wahrer Mensch«. Die Bedeutung des jüdischen Jesus für systematische Theologie und Kirche	247
1		Inkarnation und Judesein Jesu: zwischen Vereinnahmung und segensreicher Integration	249
2		Relevanz und Grenzen der jüdischen Jesusforschung in Kirche und Theologie	258
	2.1	Jesu Judesein im Spannungsverhältnis zwischen Dogma und Schriftinterpretation	258
	2.2	Christologische Umbrüche angesichts der Shoah	267
	2.3	Jüdische Jesusforschung und das Judesein Christi	274
3		Römisch-katholische Positionierungen zu Jesu Judesein	282
4		Jesus, der jüdische Christus	287
	4.1	Vom Gottessohn zum Menschensohn	288
	4.2	Göttlicher Jesus	291
	4.3	Menschlicher Christus	293
5		»Wahrer Gott und wahrer Mensch« – Chalkedon (451)	297
6		Jesu jüdische Identität im christlichen Bekenntnis – Entwurf einer dialogischen Christologie	302

Anhang 314
Die zehn Thesen von Seelisberg (1947) 314

Abkürzungsverzeichnis 316
Rabbinische Bezeichnungen und Transliteration des Hebräischen 316
Institutionen und Organisationen in Teil I 317
Zeitschriften, Lexika, Schriftenreihe und Dokumente 317

Literaturverzeichnis 320
Bibelausgabe 320
Hilfsmittel 320
Literatur 320

Personen- und Sachregister 345

Vorwort

Die vorliegende Studie wurde im Herbstsemester 2022 von der Theologischen Fakultät der Universität Luzern als Dissertationsschrift angenommen. Sie entstand am dortigen Institut für Jüdisch-Christliche Forschung (IJCF) und als Teil des Forschungsprojekts »Die Konferenz von Seelisberg (1947) als ein internationales Gründungsereignis des jüdisch-christlichen Dialogs im 20 Jahrhundert.« Das vom Schweizerischen Nationalfonds (SNF) geförderte Projekt stand unter der Leitung von Prof. Dr. Verena Lenzen. Ihr, meiner Doktormutter, gilt mein erster Dank. Durch sie vertiefte und erweiterte sich nicht nur mein theologisches und judaistisches Wissen, sondern ihre Liebe zum Judentum eröffnete mir auch die Kultur- und Literaturwissenschaften. Zudem verdanke ich ihr einen antisemitismussensibleren Blick auf Wissenschaft, Kirche und Gesellschaft. Als ihr Assistent durfte ich aus erster Hand von ihrer fachlichen Exzellenz, ihrem kritischen und analytischen Denken lernen und wurde vielfach gefördert. Durch sie lernte ich viele interessante und bedeutende Kolleginnen und Kollegen kennen und erhielt wertvolle Einblicke in die akademische Arbeit eines interfakultären Lehr- und Forschungsinstituts. Die mir anvertrauten Aufgaben, darunter die Betreuung der jährlichen Gastprofessur der Daniel Gablinger-Stiftung (Zürich), ermöglichten mir zudem die Zusammenarbeit mit renommierten Forschenden aus der ganzen Welt.

Ferner danke ich dem Zweitgutachter meiner Dissertation, dem Dogmatiker Prof. Dr. Erwin Dirscherl von der Universität Regensburg. Sowohl seine mitreißende Begeisterung für die Wissenschaft als auch seine Menschlichkeit haben mich tief beeindruckt.

Dem IJCF-Team danke ich, namentlich Dr. Simone Rosenkranz, Dr. Simon Erlanger, Dr. Richard Blättel, Louis Fedier MA und Leonora Heiniger MTh, sowie besonders Ingeborg Pfeiffer, die mir auch während meiner Zeit als Professurvertreter für Judaistik und Theologie, wie als administrativer Geschäftsführer ad interim des IJCFs eine wertvolle Unterstützung war.

Die Forschungsergebnisse von Rabbiner Dr. Jehoschua Ahrens, der wie ich SNF-Projektmitarbeiter war, habe ich mit großem Gewinn rezipiert. Seine Dissertation, die den Titel »Gemeinsam gegen Antisemitismus – Die Konferenz von Seelisberg (1947) revisited« trägt, ist im LIT-Verlag, Berlin 2020, erschienen.

Den Austausch mit den Kolleginnen und Kollegen der Theologischen Fakultät und des Religionswissenschaftlichen Seminares der Kultur- und Sozialwissenschaftlichen Fakultät schätzte ich sehr. Mein Dank gilt vor allem Dr. Andreas Tunger-Zanetti, der mir wichtige Impulse für den Schreibprozess meiner Arbeit gab.

Herzlich bedanken möchte ich mich bei den Studierenden am IJCF, die mich im Rahmen von Lehrveranstaltungen auf meinem Weg mit anregenden Gesprächen begleitet haben. Besonders danke ich Dr. Markus Adolphs und Dr. Lukas Wiesenhütter für ihre inspirierenden Gespräche in klösterlicher Umgebung zwischen Berg und See sowie in fernen Ländern. Ohne die beiden wäre diese Arbeit nicht zu einem Abschluss gekommen. Ihr Intellekt, ihr Witz und ihre Freundschaft waren und sind eine Bereicherung für mein Sein und Denken.

Aus Wien danke ich in tiefer Verbundenheit Dr. Doris und Ing. Ernst Richter, die mir Horizonte eröffneten und mir in Kindertagen ein Vertrauen schenkten, das mich auf meinem akademischen Weg begleitete. Ein aufrichtiger Dank gilt Prof. em P. DDr. Georg Braulik OSB. Er ermutigte mich zum Theologischen Studienjahr an der Dormitio Abtei in Jerusalem und wurde mir ein weiser Ratgeber. Die beiden österreichischen Freunde Dr. Konrad Kremser und Mag. Dieter Fugger haben meine Arbeit kritisch gelesen und mit wertvollen Kommentaren bedacht.

Den Herausgeberinnen Prof. Dr. Kathy Ehrensperger und Prof. Dr. Soham Al-Suadi danke ich für die Aufnahme meiner Arbeit in die Reihe »Judentum und Christentum« beim Kohlhammer Verlag. Dr. Sebastian Weigert und Andrea Häuser bin ich für ihre ausgesprochen sorgfältige Lektorierung dankbar.

Der größte Dank gilt Mag. Vera Müller-Frank und ihrer Familie, der Familie Jung, zu der meine Taufpaten Josef und Franziska gehören, ebenso der Familie Steiner, besonders meiner weit gereisten Tante Regina, meinen Geschwistern Monika, Markus und Manfred sowie Helmut Heiligenbrunner, dem Ehemann meiner Mutter Ida. Ihr möchte ich dieses Buch widmen, in Dankbarkeit und Liebe.

Dr. Martin Steiner
Luzern, in den Weihnachts- und Chanukkatagen 2024

Einleitung

1 Thema und Aufbau

> *Audiatur et altera pars*[1] – *es braucht eine zweite Perspektive – eine jüdische Sicht!*

Der aus Luzern stammende katholische Theologe Hans Urs von Balthasar (1905–1988) stellt sich 1958 in einer kleinen Schrift mit dem bedeutungsvollen Titel »Einsame Zwiesprache. Martin Buber und das Christentum« folgende Frage:

> [Haben Christinnen und] Christen seit den Tagen Pauli je, in den zweitausend Jahren räumlich-zeitlicher Koexistenz mit dem Volk der Juden, sich von diesem her angeredet und in ihrem Christsein betroffen gefühlt [...]. Ob irgendwo auch nur von fern so etwas wie eine dialogische Situation zwischen beiden ›Völkern‹ bestand, die von den Christen her mehr voraussetzte als einen Willen, den blinden und verstockten Bruder aufzuklären und ihm auf den rechten Weg zu helfen: nämlich die Erwartung, vom lebendigen Juden etwas Lebendiges, nicht nur durch den Buchstaben der Schrift Vermitteltes, etwas von lebendigen Stimmen nicht zu Trennendes, etwas Heilsames, vielleicht höchst Notwendiges zu vernehmen.[2]

Die dialogische Situation zwischen Christen und Juden würde sich, wenn man von Balthasars Gedanken weiter ausführt, allein schon aus dem Judesein Jesu rechtfertigen lassen. Doch statt eines Dialoges hat in der Beziehung der beiden Religionen bzw. der beiden »Völker« über Jahrhunderte hinweg der einseitige Weg der Diffamierung des Judentums durch das Christentum überwogen. Das hat sich jedoch im Verlaufe des 20. Jahrhunderts einschneidend geändert. Im vorliegenden Band wird konkret das Christsein durch das Judesein Jesu angesprochen und seine jüdische Identität vom Anderen her christlich wahrgenommen. Dialogisch ist hier das Gegenteil von dem, was Balthasar mit dem »rechten Weg« benennt. Es geht darum, die Wahrnehmungen Jesu von jüdischer Seite aufzunehmen und womöglich in die eigene christliche Rede von Jesus Christus zu integrieren. Dialogisch ist nicht mit missionarisch zu verwechseln, auch wenn beide Formen der Rede bedürfen, aber eine je andere Zielrichtung verfolgen. Es geht hier um das Judesein Jesu

---

1 Der lateinische Wortlaut für »Gehört werde auch die andere Seite« ist ein römischer Rechtsgrundsatz. Ein richterliches Urteil erfolgt erst, nachdem alle Beteiligten eines Prozesses angehört (auditur) wurden.
2 BALTHASAR, Hans Urs von, Einsame Zwiesprache: Martin Buber und das Christentum, Einsiedeln/Freiburg ²1993, 15.

in der Wechselrede, die auf ein Hören des Anderen angewiesen ist.[3] Zwar gibt es, politisch gesprochen, »ein Recht auf eigene Meinung, aber nicht auf eigene Fakten«[4]. Übertragen auf die Untersuchung dieser Arbeit werden christliche Perspektiven auf Jesus von Nazareth durch jüdische Jesusbilder erweitert. So wie jedes Urteil, jede Recherche, jeder Beitrag sonst auch ein Recht auf eine zweite Sicht hat, und es manchmal eine dritte oder weitere Einschätzung benötigt, um etwas oder jemanden klarer und differenzierter zu verstehen, so braucht es, um Jesus von Nazareth besser zu verstehen, eine jüdische Sicht auf ihn. Im christlichen Glauben ist dies nicht selbstverständlich, wenngleich auch historisch wie theologisch geboten.

Vorverbal beginnt der Dialog in der Verantwortung füreinander. Hierfür sei auf den jüdischen Traktat Mischna Sanhedrin 4,5 verwiesen. Jüdischer- und christlicherseits ist der erste geschaffene Mensch in der Bibel kein Israelit, sondern ein Mensch (vgl. Gen 1,27). Eine jüdische Tradition erklärt, warum nur ein einzelner Mensch und keine Menschengruppe von Gott geschaffen wurde und zwar »um des Friedens der Geschöpfe willen, damit nicht ein Mensch zu seinem Mitmenschen sage: ›Mein Vater ist Größer als dein Vater.‹«[5] Biblisch steht hier das Antlitz des einzelnen Menschen als Gottes Abbild im Vordergrund. Damit erhält der Mensch eine Einzigartigkeit und Würde, die ihm niemand absprechen kann.[6] Diese universal-theologische Deutung gebietet einen humanen Umgang mit allen Menschen. Ein zweiter Argumentationsgang aus derselben Quelle stützt diese Deutung: Gott schuf am Anfang nur einen einzelnen Menschen »um zu lehren, dass es jedem, der das Leben einer Person vernichtet, angelastet wird, als hätte er eine ganze Welt vernichtet, und dass es jedem, der das Leben einer Person erhält, es angerechnet wird als hätte er eine ganze Welt erhalten.«[7]

Zurück zum Dialog: Jesu Judesein steht in unterschiedlicher Weise – historisch und theologisch – im Zentrum dieser Arbeit. Sie nimmt verschiedene jüdische Standpunkte in den Blick, um eine verengte christliche Sicht einzuholen, die die jüdische Identität des neutestamentlich überlieferten Jesus missachtete oder zurückwies. Die Arbeit geht darüber hinaus der Frage nach, welche Bedeutung die

---

[3] Siehe den Kernsatz der humboldtschen dialogischen Sprachphilosophie: »Alles Sprechen ruht auf der Wechselrede, in der, auch unter Mehreren, der Redende die Angeredeten immer sich als Einheit gegenüberstellt.« HUMBOLDT, Wilhelm von, Ueber den Dualis: VI, 25, Bd. 3, in: HUMBOLDT, Wilhelm von, Werke in fünf Bänden, hg. v. Andreas Flintner/Klaus Giel, Darmstadt ⁴2002, 136.

[4] Abgeleitet vom Originalzitat: »Every man has the right to an opinion but no man has a right to be wrong in his facts. Nor, above all, to persist in errors as to facts.« BARUCH, Bernard, Lie Hints He May Enter Atomic Control Dispute, in: Toledo Blade 111 (9.10.1946), in: https://news.google.com/newspapers?id=AgokAAAAIBAJ&sjid=y_8DAAAAIBAJ&pg=5118,1400057&dq=wrong-in-his-facts&hl=en (Abruf: 12.6.2022), 2.

[5] mSan 4,5.

[6] Vgl. WENGST, Klaus, Christsein mit Tora und Evangelium: Beiträge zum Umbau christlicher Theologie im Angesicht Israels, Stuttgart 2014, 24. Der Gedanke zu mSan 4,5 stammt hier von Wengst.

[7] mSan 4,5.

1 Thema und Aufbau

jüdische Identität Jesu für die systematisch-theologische Reflexion über Christus austrägt. Deshalb trägt die Arbeit den Titel »Jesus Christus und sein Judesein.« Der Untertitel der Arbeit »Antijudaismus, jüdische Jesusforschung und eine dialogische Christologie« verweist auf die einzelnen Schwerpunkte, mit denen sie sich auseinandersetzt. Jesu Judesein wurde über die Jahrhunderte im Juden- und Christentum unterschiedlich beurteilt, wobei der christliche Antijudaismus auf beiden Seiten die Deutung Jesu überschattete. Im Zuge der sich entwickelnden historisch-kritischen Methode konnte in der Aufklärungszeit aber, trotz einer antijüdischen Grundhaltung, ein christliches Jesusbild entworfen werden, das von christlichen und jüdischen Forschern gleichermaßen hinsichtlich des Juden Jesu hinterfragt wurde. Problematisch ist jedoch mit Blick auf die historisch-kritische Forschung, die Jesus in seinem Judesein darstellte, dass dennoch im 19. und 20. Jahrhundert – wie die Hinführung dieser Arbeit zeigt – ein nicht-jüdisches, ja sogar ein abstruses arisches Jesusbild entstehen konnte, das nicht zuletzt von Theologen und Kirchen mitkonstruiert wurde. Möglich war dies nur durch eine antijüdische Grundhaltung, die die Christenheit selbst mitverursacht hatte. Die vor gut 200 Jahren einsetzende jüdische Erforschung der Gestalt Jesu mit historisch-kritischen Mitteln wurde von christlicher Seite marginalisiert – anders hingegen die Klassiker der jüdischen Jesusforschung des 20. Jahrhunderts (Joseph Klausner, Schalom Ben-Chorin und David Flusser), die sich durch einen religiösen und gesellschaftlichen Wandel einer breiten Öffentlichkeit erfreuen und in dieser Arbeit eingehend vorgestellt werden.

Die Erforschung eines historischen Jesus aus jüdischer Sicht brachte die Kirchen und ihre Theologien ab dem 19. Jahrhundert in Erklärungsnot, da sie ihre Deutungshoheit in der Christologie, der »ureigensten Domäne der christlichen Theologie, der Interpretation der Gestalt Jesu«[8], zu verlieren fürchteten. Hier zeigt sich deutlich, dass der historische Jesus und seine theologische Deutung auf einer erkenntnistheoretischen Ebene zusammenhängen. Zwar kann die Theologie, wie im Besonderen die Christo-logie, nicht auf geschichtliche Umstände reduziert werden, aber umgekehrt darf sich die Theologie nicht von der Geschichte, speziell der Geschichte Israels, über ein philosophisches Sprungbrett lösen. Das allgemeine Zusammenspiel von Theologie und Geschichte wird vorzüglich im kirchengeschichtlichen Forschungsfeld bearbeitet. Doch auch für die systematische Theologie ist eine Verortung einzelner Christologien im raumzeitlichen Koordinatenfeld ihrer Entstehung zu beachten. Die Historikerin Paula Fredriksen bringt auf den Punkt, wohin eine Christologie ohne Betrachtung des Menschseins Jesu, sprich seiner historischen Existenz, neigt: »A Christ without human flesh heralded a Christianity without Judaism.«[9] Markionis-

---

8 HOMOLKA, Walter, Jesus der Jude: Die jüdische Leben-Jesu-Forschung von Abraham Geiger bis Ernst Ludwig Ehrlich, in: Zeitschrift für Religions- und Geistesgeschichte 60/1 (2008), 63–72, hier: 65.
9 FREDRIKSEN, Paula, Augustine and the Jews: A Christian defense of Jews and Judaism, New York 2008, 57.

mus[10] und Doketismus[11] sind Beispiele kirchlich verurteilter Theologien, in denen ein von der Leiblichkeit getrennter Jesus Christus als antijüdische Antwort auf christologische Fragen diente.[12] Zum Menschsein Jesu gehört aber auch sein Judesein und darauf wird die jüdische Jesusforschung ab der Aufklärung insistieren. Im Zuge der Aufklärung wurde die Christologie erstmals herausgefordert, Jesus in der konkreten Geschichte zu verorten und ihn nicht nur als historische Person zu verstehen, sondern ihn auch in seiner jüdischen Identität zu berücksichtigen. Diese Herausforderung wäre eine Chance gewesen, doch sie wurde – damals zumindest – nicht genutzt.

Zur Geschichte von Kirchen und Theologien gehört, dass sich eine wirkliche christologische Reflexion über Jesus Christus und sein Judesein erst nach der Shoah einstellte. Ein bekannter provokanter und zugleich beunruhigender Satz dazu stammt von Elie Wiesel (1928–2016): »Der nachdenkliche Christ weiß, dass in Auschwitz nicht das jüdische Volk gestorben ist, sondern das Christentum.«[13] Dieser fundamentalen Kritik mussten sich Kirchen und Theologien nach der Shoah stellen. Erst langsam wurde ihnen dabei bewusst, dass die von ihnen seit Jahrhunderten ausgehende Judenfeindschaft dem modernen Antisemitismus den Weg gebahnt hatte. Aus dieser Mitschuld ergibt sich, dass »eine radikale Selbstreflexion und Selbstinfragestellung vonnöten [bleibt], die eine ebenso radikale Umkehr bewirkt.«[14]

Die christliche Selbstreflexion setzte nach der Shoah maßgeblich auf dem Weg über den Dialog mit dem Judentum ein. Sie wurde von jüdischen Protagonisten angestoßen und kontinuierlich vorangetrieben. Dafür steht u. a. die *International Conference of Chris-*

---

10 Der dualistische Markionismus lehnte im 2. Jahrhundert in den Auseinandersetzungen um den christlichen Kanon – also den Umfang, Inhalt und die Bedeutung der Heiligen Schrift der Christen – alle Bücher der Juden ab, die vom materialistischen Schöpfergott (Demiurg) zeugten, und stellte diesem den »höheren« Erlösergott, der Geist und Seele schuf, entgegen. Diese »Entjudaisierung« der christlichen Bibel traf dabei nicht nur die Schriften, die wir heute unter dem Begriff »Altes Testament« zusammenfassen. Vielmehr wurden auch die Schriften, die wir heute zum Neuen Testament zählen, von Markion »entjudaisiert«. Sein Kanon umfasste abschließend eine von jüdischen Einflüssen bereinigte Lukasevangelium (in dem z. B. die Erzählung von Jesus im Tempel fehlt) sowie (ebenfalls bereinigte) Briefe des Apostels Paulus, der in der Interpretation Markions gegen jüdische Einflüsse in der Lehre Jesu gekämpft hatte. Vgl. EBNER, Martin/SCHREIBER, Stefan (Hgg.), Einleitung in das Neue Testament, Stuttgart ³2019 (= Kohlhammer-Studienbücher Theologie 6), 27–30; 47f. – Im Ergebnis vergisst der Markionismus an entscheidender Stelle, dass Christus nur vom Judentum und der Tradition Israels her verstehbar wird. Vgl. NIRENBERG, David, Anti-Judaismus = Anti-Judaism: The Western Tradition: Eine andere Geschichte des westlichen Denkens, Aus dem Englischen von Martin Richter, München 2015 (engl. 2013), 109.
11 Der Doketismus zeichnet sich durch eine negative Haltung gegenüber der Leiblichkeit Jesu aus. Er ist eine Theologie/Christologie, die Christus nur einen Scheinleib zugesteht sowie das Judentum als eine diesseitige, vom »Fleisch« und nicht vom »Geist« bestimmte Religion abwertet. Vgl. FREDRIKSEN, Augustine and the Jews, 57.
12 Siehe dazu das Unterkapitel »Antijüdische Lösungen für christologische Fragen«, in: NIRENBERG, Anti-Judaismus, 107–116.
13 WIESEL, Elie, zit. nach: BOSCHKI, Reinhold, Elie Wiesel: Ein Leben gegen das Vergessen, Erinnerungen eines Weggefährten, Ostfildern 2018, 131.
14 BOSCHKI, Reinhold, Elie Wiesel, 130.

tians and Jews, die im Jahre 1947 im Schweizer Seelisberg stattfand und die den Beginn einer Korrektur im gegenseitigen Verstehensprozess von Juden- und Christentum einleitete. Die Konferenz vereinte jüdische und christliche Ansätze im Kampf gegen den Antisemitismus, der sich auf verzerrte Bilder und eingebrannte Stereotypen jüdischer Menschen, jüdischer Religion und jüdischer Kultur stützte. Im Grußwort an die Konferenzteilnehmenden schrieb Jaques Maritain (1881–1973), französischer Botschafter am Heiligen Stuhl: »Solange die Welt, die sich christlicher Kultur rühmt, nicht vom Antisemitismus geheilt ist, schleppt sie eine Sünde nach [...]«[15]. In christlichen Kreisen gab es aber nur selten ein Bewusstsein, dass der Antisemitismus mit der christlichen Lehre nicht vereinbar war, zu sehr war diese vom Antijudaismus geprägt worden.

Dem französischen Historiker und Antisemitismusforscher Jules Isaac (1877–1963) im Besonderen gelang es, in Seelisberg eine verfremdende, weil einseitige Sicht des Judentums auf christlicher Seite aufzubrechen und gemeinsam mit den protestantischen und katholischen Konferenzteilnehmenden eine neue Sichtweise auf das Christentum und mit ihm auch auf das Judentum zu eröffnen. Diese vor allem historischkorrektive Sichtweise auf die Theologie fand ihren Niederschlag in den dort verabschiedeten »Zehn Thesen von Seelisberg« (1947).[16] Diese »Zehn Thesen« erinnern an eine in Theorie und Praxis christlicher Religiosität verankerte Bringschuld, die sich aus jener schlichten Wahrheit ergibt, dass Jesus – wie dies in der zweiten Seelisberg-These hervorgehoben wird – eben Jude war. Ob die christlich motivierte Judenfeindschaft als (christlicher) Antijudaismus oder als christlicher Antisemitismus bezeichnet wird, war für Jules Isaac nebensächlich.[17] Es ging ihm darum, die Ursache zu finden, um so den christlichen Judenhass in seinem Ursprung zu bekämpfen.

---

15 INTERNATIONALER RAT VON CHRISTEN UND JUDEN (Hg.), Der Antisemitismus: Ergebnisse einer internationalen Konferenz von Christen und Juden (Seelisberg, Schweiz, 1947), Genf 1947, 13.
16 Der Wortlaut der Thesen ist im Anhang nachzulesen.
17 Wo zwischen Antijudaismus und Antisemitismus unterschieden wird, wird der Begriff Antijudaismus stets auf die Religion bezogen oder religiös motiviert verstanden. Antijüdische Haltungen richten sich gegen die jüdische Religion und ihre Vertreterinnen und Vertreter. Der Begriff Antijudaismus wird vorzugsweise für eine judenfeindliche Einstellung im Christentum gebraucht und drückt eine Haltung aus, die älter ist als der Begriff selbst. Sprachgeschichtlich ist nämlich der Begriff »Antisemitismus« älter, der um 1860 in der Sprachwissenschaft aufkam. Ausgehend von dort fand er Eingang in die Biologie und Anthropologie. Dort wurde er verwendet, um Juden als Semiten zu kennzeichnen, die eine gemeinsame semitische Sprache haben und davon abgeleitet auch von gleicher »Rasse« seien. Der deutsche Schriftsteller Wilhelm Marr nutzte ihn 1879 in politisch-ideologischen Zusammenhängen. Der Begriff »Antijudaismus« ist also sprachgeschichtlich jünger als der des »Antisemitismus« und wird erst seit den 1930er Jahren verwendet. – In der Regel wird heute mit Antisemitismus jede Form der Judenfeindschaft bezeichnet. Wenn in dieser Arbeit explizit nur der rassistisch motivierte Antisemitismus der Nationalsozialisten gemeint ist, wird dies auch deutlich so formuliert, ohne dabei die Verbindungslinien zum christlichen Antijudaismus als exkulpiert zu betrachten. Jules Isaac folgend wird keine eindeutige Begrifflichkeit von Antijudaismus/Antisemitismus für die christlich motivierte Judenfeindschaft angestrebt. Vgl. JUNG, Martin H., Christen und Juden: Die Geschichte ihrer Beziehungen, Darmstadt 2008, 194–196.

> Welchen Namen oder welche Bezeichnung man ihm auch geben mag – es macht kaum einen Unterschied –, er ist aus dem scharfen Gegensatz, der zwischen Kirche und Synagoge frühzeitig entstanden war, hervorgegangen, nachdem beide für sich beansprucht hatten, das wahre Israel Gottes zu sein. Im Grunde und seinem Wesen nach ist der christliche Antisemitismus also nicht volkstümlich, sondern theologischen, kirchlichen Ursprungs.[18]

Jules Isaac prägt den Begriff »Lehre der Verachtung« und meinte damit ein theologisches »System der Erniedrigung«, das vor allem ab dem 4. Jahrhundert von den Kirchenvätern ausgebaut wurde und durch die enge Verbindung von Staat und Kirche Verbreitung fand. Dazu gehört auch die verleumderische Theorie der Juden als »Gottesmördervolk«, die laut Isaac als Hauptquelle für den christlichen Antisemitismus gilt.[19] Sie läuft zusammengefasst auf den Satz zu: »Die Lehre der Verachtung ist ein Werk der Theologie.«[20]

Mit seiner überwiegend historischen Sichtweise kämpfte Isaac korrigierend für einen Wandel der »Lehre der Verachtung« hin zu einer »Lehre des Respekts«, für die er in Seelisberg die Zustimmung der christlichen Teilnehmenden erhielt, die nicht zuletzt in den »Zehn Thesen von Seelisberg« (1947) zum Ausdruck kommt. Dass aber erst im 20. Jahrhundert und nach der Shoah Kirchen und Theologien für den Blick auf jüdische Jesusbilder wirklich offen waren, ist mehr als bedauerlich. Es war ignorant und zeugt vom christlichen Superioritätsdenken, denn auf jüdischer Seite gab es bereits in der Zeit davor eine Vielzahl an Ansätzen und Arbeiten, in denen Jesus als Jude verstanden wurde. Seit der jüdischen Aufklärung im 18. Jahrhundert haben jüdische Gelehrte wie Moses Mendelssohn Jesus als Juden in den Blick genommen. Im zweiten, judaistischen Teil dieser Arbeit wird daher »Jesus in den Augen der Juden«[21] behandelt. Die jüdische Jesusforschung, die Jesus von Nazareth als Teil der eigenen jüdischen Religionsgeschichte für sich entdeckte, wird dabei als solche in ihrer Forschungsleistung gewürdigt. Wie schwierig die Annäherung an Jesus als Juden innerjüdisch war, bleibt dabei nicht unerwähnt.

Der dritte und letzte Teil der Arbeit nimmt in den Blick, welche Konsequenzen die radikale Infragestellung der Theologie nach der Shoah für eine angemessene,

---

18 Isaac, Jules, Genesis des Antisemitismus = Genèse de l'antisémitisme, essai historique: Vor und nach Christus, Aus dem Französischen von Margarete Venjakob, Wien/Frankfurt/Zürich 1969 (franz. 1956), 214.

19 In Bezug auf eine wie auch immer formulierten Christologie zielte diese in ihrer Sinnspitze auf die Heilsbedeutung Jesu Christi für die Menschen und nicht auf die Hervorbringung eines Antijudaismus. Aber und hier liegt wohl Isaacs springender Punkt, Christologien implizieren Konsequenzen für Jüdinnen und Juden, die historisch und geographisch in einem unvermeidlichen Kontakt mit Christinnen und Christen stehen. Daher sind Christologien keinesfalls unwesentlich für Jüdinnen und Juden; sie haben Folgen für sie. Vgl. Lauer, Simon, Christologie ohne Antijudaismus?: Ist aus jüdischer Sicht ein Neuansatz denkbar?, in: Frankemölle, Hubert (Hg.), Christen und Juden gemeinsam ins dritte Jahrtausend: »Das Geheimnis der Erlösung heißt Erinnerung«, Frankfurt/Paderborn 2001, 217–233, hier: 217.

20 Isaac, Genesis des Antisemitismus, 241.

21 »Jesus in den Augen der Juden« ist der Titel der M.A.-Arbeit der Romanfigur Schmuel Asch bei: Oz, Amos, Judas = הבשורה על פי יהודה, wörtlich: »Das Evangelium nach Judas«: Roman – Aus dem Hebräischen von Mirjam Pressler, Berlin 2016 (hebr. 2014), 14.

antisemitismussensible Christologie haben sollte. Denn »[i]mmer noch finden sich Vorstellungen der heilsgeschichtlichen Ablösung oder Ersetzung des Judentums durch das Christentum, der Überhöhungschristologie, wonach alles, was Jesus getan und gelehrt hatte, sich vom Judentum absetze.«[22] Ausgangspunkt bildet die Frage, warum Jesu jüdische Identität für die Christologie kaum eine Rolle gespielt hat. Zu den wenigen Ausnahmen zählen etwa Friedrich-Wilhelm Marquardt[23], Josef Wohlmuth[24], Erwin Dirscherl[25] oder zuletzt Helmut Hoping[26] und Barbara U. Meyer[27].

Ausgehend von der altkirchlichen Lehrformel, die von Jesus explizit als »wahrem Gott und wahrem Menschen« spricht, lotet dieser dritte Teil das Potenzial der Einbeziehung jüdischer Jesusforschung für die Christologie aus.

Den Abschluss bildet eine Skizze einer »dialogischen Christologie«, die einen Weg aufzeigt, wie dies geleistet werden kann

2   Forschungsfrage und These

Die Forschungsfrage dieser Dissertation, die an der Schnittstelle jüdisch-christlicher Beziehungen ansetzt, lautet: Inwieweit wurde die jüdische Jesusforschung – ausgehend von der zweiten Seelisberger These – im Rahmen der Christologie berücksich-

---

22 BOSCHKI, Elie Wiesel, 130.
23 Siehe: MARQUARDT, Friedrich-Wilhelm, Das christliche Bekenntnis zu Jesus, dem Juden: Eine Christologie, Bde. 2, Gütersloh 1990/1991.
24 Beispielsweise: WOHLMUTH, Josef, An der Schwelle zum Heiligtum: Christliche Theologie im Gespräch mit jüdischem Denken, Paderborn/Boston 2007; DERS. (Hg.), Emmanuel Levinas – eine Herausforderung für die christliche Theologie, Paderborn 1998; WOHLMUTH, Josef, Im Geheimnis einander nahe: Theologische Aufsätze zum Verhältnis von Judentum und Christentum, Paderborn 1996; DERS., Die Tora spricht die Sprache der Menschen: Theologische Aufsätze und Meditationen zur Beziehung von Judentum und Christentum, Paderborn u. a. 2002.
25 Siehe: DIRSCHERL, Erwin, Das menschliche Wort Gottes und seine Präsenz in der Zeit: Reflexionen zur Grundorientierung der Kirche, Paderborn 2014 (= Studien zu Judentum und Christentum 26); DERS., Grundriss theologischer Anthropologie: Die Entschiedenheit des Menschen angesichts des Anderen, Regensburg 2006.
26 Siehe: HOPING, Helmut, Jesus aus Galiläa – Messias und Gottes Sohn, Freiburg i. Br./Basel/Wien 2019. Der katholische Theologe Hoping forderte bereits 2004 im Kontext der Israel-Theologie eine Christologie, die erstens »die volle Anerkennung des Judeseins Jesu und dessen theologische Bedeutsamkeit« würdigt, zweitens eine Christologie die nicht »unabhängig von den messianischen Hoffnungen des Volkes Israel« entwickelt wird und drittens eine »uneingeschränkte Bejahung der bleibenden Erwählung und Sendung des Volkes Israels« fordert. DERS., Einführung in die Christologie, Darmstadt 2004, 147. Daran kritisiert der evangelische Theologe Christian Danz, dass Hoping ein inklusivistisches Modell vertritt, in dem ungeachtet seiner »eschatologischen Rhetorik« das Judentum depotenziert wird. Auf das Thema Inklusivismus geht diese Arbeit in Teil III ein. Zur Kritik an Hoping: DANZ, Christian, Grundprobleme der Christologie, Stuttgart 2013, 236f.
27 Siehe: MEYER, Barbara, Jesus the Jew in Christian Memory: Theological and Philosophical Explorations, Cambridge University Press 2020.

tigt, und wie kann das Judesein Jesu zur Entfaltung einer neuen Christologie beitragen, die frei von antijüdischen Vorurteilen und antisemitischen Denkmustern ist?

Eine antisemitismusfreie Christologie fußt auf einer theologischen Grundaussage: Der Glaube an den auferstandenen Christus ist weder von seiner irdischen Existenz in der Inkarnation des Wortes Gottes in dem Juden Jesus von Nazareth zu trennen noch einseitig im Gott- oder Menschsein Jesu aufzulösen. Für zweiteres stehen unbestritten die beiden Brennpunkte des Konzils von Chalkedon (451 n. Chr.), die das in der Formel »wahrer Gott und wahrer Mensch«[28] zum Ausdruck bringt. Zum »wahren Menschsein« gehört untrennbar die jüdische Identität Jesu, die es gilt christologisch integrativ zu würdigen, um Christinnen und Christen einen theologischen Antisemitismus unmöglich zu machen sowie potenziell antisemitische Leerstellen in der Christologie zu schließen. Das Judesein Jesu vom historischen Standpunkt aus und im Dialog mit dem Judentum theologisch aufzunehmen sowie es bleibend für den auferstandenen Christus geltend zu machen, bezeichne ich als dialogische Christologie[29]. Sie dient dazu, das Wesen Christi klarer zu erfassen und zugleich ursprungstreu zu den Konzilsentscheidungen zu stehen. Auch dem jüdisch-christlichen Gespräch und der eigenen christlichen Identität wäre aus katholischer Sicht nicht gedient, wenn sie ihre klassischen christologischen Standpunkte zu Jesus Christus aufgibt, die einst auf den ökumenischen Konzilien formuliert wurden.

Es handelt sich im christologischen Teil einerseits um Ansätze zur Bekämpfung des Judenhasses aus einer spezifischen inneren Logik des christlichen Denkens in Auseinandersetzung mit jüdischen Ansätzen; andererseits um ein Ringen eines besseren Verständnisses von Jesus Christus als Juden. Jesu Judesein wird als positiver Bezugspunkt in die christologische Rede integriert, sodass vom Judesein *Christi* gesprochen wird. Damit wird, neben einer Präzisierung der eigenen christlichen Identität durch eine im doppelten Sinne humane Christologie, im Menschsein auch Jesu Judesein betont, um so in einem zweiten Schritt eine Abwertung jüdischer Menschen und des religiösen Judentums vom inneren Kern christlicher Überzeugung her unmöglich werden zu lassen. Die jüdische Identität Jesu kann nach seinem Tod, so die These, nicht unberücksichtigt oder einseitig metaphysisch aufgehoben werden, sondern hat ihren Platz in der Zweinaturenlehre des Konzils von Chalkedon (451). Dieses kirchliche Dogma enthält eine zu beachtende theologische Hermeneutik, weil es eine legitime Besinnung auf den historischen bzw. den jüdischen Jesus ermöglicht, ohne ihn zugleich, wie oft geschehen, ganz vom dogmatischen Christus zu trennen, der natürlich von diesem methodisch zu unterscheiden ist. Das Judesein Jesu in die christologische Rede zu integrieren, ist also der Versuch einer Reinterpretation und einer verstärkten Rückbindung dieser Lehre an den Juden Jesus, der als Christus in den Kirchen bekannt wird.

---

28 Siehe: DH 301f.
29 In dieser Christologie sei ein duratives Element betont, vom lateinischen *durare*, »dauern«. Es meint hier, dass sich das Judesein Jesu zeitlich nicht nur auf den historischen Jesus beschränkt, sondern dieses, seine im Leben und Tod gewonnene jüdische Identitätserfahrung, bleibend vom auferstandenen Jesus Christus ausgesagt werden kann.

3   Methodik

Diese Arbeit verbindet vornehmlich historische, judaistische und theologische Perspektiven auf Jesus von Nazareth und ergänzt sie an einzelnen Stellen durch künstlerische, literatur- und religionswissenschaftliche sowie kulturwissenschaftliche Herangehensweisen, die sich zentral für das Judesein Jesu, seine jüdische Identität interessieren. Hier zeigt sich, dass der Jude Jesus im Judentum und im Christentum nur mehr interdisziplinär und in einer methodischen Vielfalt behandelt werden kann.

Die gewählten Hauptzugangsweisen orientieren sich an historischen, judaistischen und theologischen Studien. Für die Literatur, die sich mit den antijüdischen Jesusbildern beschäftigten, sei auf die Anmerkungen in der Hinführung verwiesen. Dort werden sehr diverse Beispiele herangezogen, die für den Wandel von antijüdischen zu jüdischen Jesusbildern sensibilisieren sollen. Eingegangen sei hier auf den Forschungsstand (Teil I) zur Konferenz von Seelisberg (1947), die nach der Shoah eine internationale Neuausrichtung der jüdisch-christlichen Beziehungen forcierte.

Im Zusammenhang mit dem Judesein Jesu, das in Seelisberg hervorgehoben wurde, ist die Forschung des bereits genannten französischen Historikers Jules Isaac (1877–1963) besonders zu berücksichtigen.[30]

Den besten Weg, sein Anliegen, die jüdische Herkunft Jesu im theologischen Diskurs sichtbar zu machen, besteht darin, jüdische Jesusforschung einzubeziehen. Sie ist eine Bereicherung für die Theologie, auch wenn sie nur eine mögliche Annäherung an ein menschliches Jesusbild bietet, das die Kirchen dazu ermahnt, dieses in ihrem göttlichen Christusbild nicht zu vergessen. Die Jesusbilder der jüdischen Jesusforschung fordern zur Rückfrage nach dem eigenen christlichen Jesusbild heraus. Teil II dieser Arbeit bietet einen Überblick über die Arbeiten jüdischer Autorinnen und Autoren des 20./21. Jahrhunderts und fokussiert dabei auf die durch ihre Rezeption maßgeblich gewordenen Studien von Joseph Klausner, Schalom Ben-Chorin und David Flusser.

Im dritten Teil dieser Studie wird nach der christologischen Relevanz der jüdischen Identität Jesu gefragt. Aufgrund einer »jüdisch perspektivierten Christologie«[31] sei die Wiedergabe dieses Forschungsstandes auf die evangelische und katholische Theologie eingeschränkt, in der das Judesein Jesu in die christologische

---

30 Siehe: ISAAC, Jules, Jesus und Israel, Aus dem Französischen von Gerda Stockhammer, Wien 1968; DERS., Genesis des Antisemitismus.
31 Die Formulierung stammt vom katholischen Dogmatiker Karl-Heinz Menke, der in einem Aufsatz das christologische Denken des protestantischen Systematikers Friedrich-Wilhelm Marquardt mit dem von Jean-Marie Lustiger verglich. Letzterer wurde unter dem Namen Aaron geboren, konvertierte vom Judentum zum Christentum und wurde zuerst Priester, dann Erzbischof und später Kardinal von Paris. MENKE, Karl-Heinz, Jesus Christus: Wiederholung oder Bestimmung der Heilsgeschichte Israels? Zwei Grundgestalten jüdisch perspektivierter Christologien, in: HOPING, Helmut/TÜCK, Jan-Heiner (Hgg.), Streitfall Christologie: Vergewisserungen nach der Shoah, Freiburg i. Br./Basel/Wien 2005 (= QD 214), 125–158, hier: 125.

Fragestellung aufgenommen wurde oder dazu hermeneutische Voraussetzungen beisteuerte.

Zuletzt ein paar grundsätzliche Anmerkungen, die das methodische Zueinander von judaistischer und christlich-theologischer Forschung in dieser Arbeit erläutern. Die Arbeit ist nicht auf eine konfessionelle Theologie beschränkt, stammt aber von einem katholischen Theologen, der sich dem Geiste des Zweiten Vatikanischen Konzils (1962-1965) verpflichtet sieht, das eine Öffnung zur Ökumene vollzog. Erstmals in der Geschichte stellte sich dieses Konzil gegen antisemitische Tendenzen in Kirche und Gesellschaft. Die interkonfessionellen und -religiösen Stimmen, die hier in der Frage nach dem Judesein Jesu von Nazareth sichtbar werden, lehnen sich gegen einen »religiösen Isolationismus«, der das Gegenteil von Ambiguität bedeutet. Eine schwindende Ambiguitätstoleranz ermöglicht religiösen Fanatismus oder religiöse Gleichgültigkeit.[32] Eine einzig christliche Sicht auf die Gestalt Jesu, die innerhalb der Grenzen der Kirchengeschichte und der Theologie abgesteckt wäre, würde schwerlich den Blick auf den Juden Jesus so öffnen können, wie er mithilfe jüdischer Gesprächspartnerinnen und -partnern möglich ist, um nicht einen Teil der eigenen christlichen Identität zu verkennen. Der jüdische Blick hilft der christlichen Theologie religiöse Toleranz durch die Betrachtung Jesu als Juden einzuüben und mit den Worten Abraham Joshua Heschels (1907-1972) daran zu erinnern: »No Religion Is An Island«[33].

Eine Anmerkung zum judaistischen Teil dieser Arbeit: sie hat ihren Eigenwert, der praktisch auch dadurch kenntlich wird, dass der gesamte judaistische Teil (II) für sich alleine gelesen werden kann, ohne daraus christlich-christologisch Schlüsse zu ziehen. Mit der Berücksichtigung einer judaistischen Perspektive (Teil III) kann jedoch die Theologie deutlich antisemitismussensibler betrieben werden, da die eigenen Fehler oft nicht gesehen werden, weil gewisse Denkstrukturen fest eingeübt wurden. Diese Betonung des Eigenwerts der Judaistik bzw. der jüdischen Jesusforschung ist wichtig und unterstreicht zudem aus christlich-theologischer Sicht die interdisziplinäre Offenheit dieser Arbeit.

3.1 Theologische Antisemitismusforschung

Theologische Antisemitismusforschung operiert mit Begriffen, die eine nichtchristliche oder nicht-religiöse Leserschaft befremden mögen. So ist mit Rainer Kampling eine innerkirchliche (zumindest katholische) Disqualifizierung von Antisemitismus anhand der Begriffe »Sünde« und »Häresie« abgesteckt. Damit hebt er die Relevanz des Themas »Judesein Jesu« auf eine ganz theologische Ebene und evoziert damit eine glaubensentscheidende Frage: »Nun sag', wie hast du's mit dem

---

32 Vgl. BAUER, Thomas, Die Vereindeutigung der Welt: Über den Verlust an Mehrdeutigkeit und Vielfalt, Ditzingen 2018.
33 HESCHEL, Abraham Joshua, No Religion Is An Island, in: KASIMOW, Harold/Sherwin Byron L. (Hgg.), No Religion Is an Island: Abraham Joshua Heschel and Interreligious Dialouge, New York 1991, 3–22.

Judesein Jesu Christi?« Diese Frage kann den an Christus glaubenden Menschen irritieren, wenn er Christus nicht mit seinem Judesein in Verbindung bringt. Angelehnt ist nun die innerkirchliche Disqualifizierung mittels Sünde und Häresie an der »zweifachen Art der sanktionierenden Qualifizierung« von Antijudaismus (im innerkirchlichen Diskurs wird in der Regel zwischen Antijudaismus und Antisemitismus unterschieden)[34]:

> Dort, wo sich Antijudaismus als Habitus der Ablehnung und Verachtung gibt, wird er wie Antisemitismus als Sünde des Hasses verurteilt. Dort aber, wo er versucht, theologisch das Vorrecht Israels als bleibendes Gottesvolk zu bestreiten und Juden von der Erwählung Gottes zu trennen, gilt Antijudaismus als Verfehlung gegen den Glauben, kurz als Häresie.[35]

Unabhängig von ihrer Konfession sollen Christusgläubige um das Judesein Jesu wissen, damit sie gegen jede Form von Antijudaismus und Antisemitismus immun sind. Daher führt kirchlich und theologisch gesprochen eine systematische (theologische) Nichtbehandlung des historischen Kriteriums »Judesein Jesu« zu einer folgenreichen Unterlassung. Das Judesein Jesu für die Christologie fruchtbar zu machen, versteht sich auch als Beitrag zur theologischen Antisemitismusforschung, deren Anfänge kontextuell mit der Shoah verbunden sind.

Anhand von Kampling seien ein paar Punkte zur theologischen Antisemitismusforschung hinzugefügt. So verdient diese nicht das Attribut »theologisch«, weil sie von einer Theologin oder einem Theologen betrieben wird, sondern weil sich – in den Worten Kamplings – der Forschungsort auf die in der Regel konfessionelle Theologie und darin auf eine der verschiedensten Disziplinen richtet, die mit je unterschiedlichen Methoden (exegetischen, historischen, systematischen, praktischen) arbeiten. Der konkrete Untersuchungsgegenstand ist der Antijudaismus bzw. Antisemitismus in der Theologie, bzw. bei jenen, die diese Theologie erarbeiteten, gelehrt, erlernt oder in anderer Form verinnerlicht haben (Theologen, Gläubige, Kirchen). Das Ziel der Forschung liegt im Sichtbarmachen antijüdischer Strukturen und Denkmuster in Vergangenheit und Gegenwart. Doch weder Untersuchungsgegenstand noch Ort und Zeit qualifizieren theologische Antisemitismusforschung ausreichend als »theologisch«.[36] Die *signa theologica* können nach Rainer Kampling darin gesehen werden, dass

---

34 Mit dem Kulturkampf konnte sich besonders katholischerseits das Schema eines »doppelten Antisemitismus« durchsetzen. Dieser »Begriff findet sich 1907 im Kirchlichen Handlexikon des Herder-Verlags. Es wurde unterschieden zwischen einem bösen, unchristlichen, antichristlichen, rassistischen Antisemitismus und einem guten, gerechten Antisemitismus, der sich gegen die jüdische Übermacht wende.« JUNG, Christen und Juden, 200. – Zwar ist die Motivlage im Antijudaismus eine andere als im Antisemitismus, aber wenn es um das Säen von Misstrauen, Feindschaft und Hass gegenüber Jüdinnen und Juden geht, dann muss zwischen Antijudaismus und Antisemitismus nicht unterschieden werden, denn ihre Folgen bleiben sich gleich.
35 KAMPLING, Rainer, Theologische Antisemitismusforschung, in: BERGMANN, Werner/KÖRTE, Mona (Hgg.), Antisemitismusforschung in den Wissenschaften, Berlin 2004, 67–81, hier: 77.
36 Vgl. ebd., 67f.

die historische Rekonstruktion antijüdischer bzw. antisemitischer Strukturen [...] Ausgangspunkt ist, um eine Theologie zu entwickeln, die frei von diesen Formen der Negation des Jüdischen ist [...]. Der theologischen Antisemitismusforschung ist [...] an einer Erneuerung und Verbesserung der Theologie selbst und damit fürderhin der Praxis der Kirche gelegen, und zwar in Verantwortung für das Wesentliche jeder Theologie. Hier, in der grundsätzlichen Zustimmung zur Theologie und ihrer Frage, aus der eben auch ihre Kritik am Antijudaismus erwächst, ist das Merkmal gegenüber anderen Forschungsrichtungen der Antisemitismusforschung gegeben: Die theologische Antisemitismusforschung bestreitet binnentheologisch, dass es möglich ist, die traditionellen Positionen des Antijudaismus mit theologischen Argumenten fortzuschreiben. Mit diesen bekämpft sie vielmehr auch jede Form des, ob nun binnenkirchlichen oder außerkirchlichen, Antisemitismus, indem sie ihn als mit dem Wort Gottes unvereinbar erweist.[37]

Wie notwendig eine theologische Antisemitismusforschung ist, zeigt ein Blick auf verbrämte Christusbilder, die nicht nur Christi, sondern auch Jesu Judesein theologisch unterminieren. Besonders deutlich ist dies bei jenen Fällen, in denen die jüdischen Elemente aus dem Christusbild und am liebsten noch aus dem Christentum selbst ausgeblendet wurden, um eine Opposition zum Judentum zu erzeugen, wie in unterschiedlicher Ausprägung in der folgenden Hinführung zur Arbeit gezeigt wird.

Diese Arbeit orientiert sich insgesamt an einer theologischen Antisemitismusforschung. So sind die Impulse, die von der modernen jüdischen Jesusforschung oder von den Seelisberg-Thesen ausgehen, für Theologie, Kirche und Gesellschaft richtungsweisend im Kampf gegen einen christlichen Fundamentalismus, sowie gegen einen neu erstarkenden Antisemitismus, der sich auch religiöser Muster bedient. Wer den Judenhass von heute verstehen will, muss die Genese des Antisemitismus kennen, unabhängig davon, inwieweit sich jemand als gläubig, agnostisch oder atheistisch bezeichnet. In einer zunehmend komplexer werdenden Welt wird man mit den Licht- und Schattenseiten von Religion und Moderne konfrontiert. Die christliche »Lehre der Verachtung« (Isaac) ist ein Beispiel für kirchlichen Antijudaismus, der über die Jahrhunderte in die Köpfe und Herzen vieler Christinnen und Christen gelangte, sodass dieser Nährboden für den rassisch-biologischen Antisemitismus der Nationalsozialisten wurde.

Das millionenfache Unrecht, das den europäischen Jüdinnen und Juden vor und während der Shoah zugefügt wurde, führte nach dem Zweiten Weltkrieg zu einem Überdenken der bisherigen theologischen Positionierungen der evangelischen und katholischen Kirchen in Bezug auf das Judentum. Die theologischen Ansätze gehen dahin, einem »unlogischen« Antisemitismus bzw. christlichem Antijudaismus eine theologische Logik entgegenzuhalten.

3.2 Hermeneutische Vorbemerkungen zur Christologie

Eine jüdische Sichtweise, »Jesus in den Augen der Juden«[38], wie sie im zweiten Teil der Arbeit dargestellt wird, soll nicht die Komplexität christologischen Nachdenkens

---

37 Ebd., 69.
38 Oz, Judas, 14.

ausblenden. In dieser Arbeit wird aber für die christliche Sichtweise auf Jesus eine bisher zum Teil verkannte jüdische Sichtweise zugelassen, um konstruktiv jene vernachlässigte Wahrheit christlichen Glaubens in Erinnerung zu rufen, die mit dem Konzil von Chalkedon verbunden ist, dass Jesus als Mensch Jude war. Als Jude steht Jesus in der Tradition des Volkes Israel, das sich besonders vom Exodus – der Erzählung vom Auszug der Israeliten aus Ägypten – her versteht: ein Text der Befreiung, der Juden zu Pessach und Christen zu Ostern ins Zentrum ihrer »er-lesenen« Glaubensgeschichte versetzt. Diese Religionen prägende Erzählung geht über das rational Erkennbare hinaus. Sie handelt von einem Volk und dessen befreienden Gott. Der Glaube an Gott als Transzendenten schafft diesbezüglich eine letzte Offenheit, eine Unbestimmtheit und Mehrdeutigkeit, eine Ambiguität. Dem christlichen Verständnis nach wird diese Ambiguität zu Gunsten einer Konkretisierung der Gottesvorstellung im Christentum eingeschränkt, und zwar durch die Offenbarung Gottes in seinem Sohn Jesus von Nazareth. Durch ihn kommt es zu einer Konkretisierung und zugleich aber auch zu einer Vielfalt an christologischen Deutungen. Eine Reduktion auf nur eine dieser Deutungen, läuft Gefahr Jesus sein »mehr« als Christus zu nehmen, welches er für Christinnen und Christen hat, während im Unterschied dazu für Jüdinnen und Juden ein Jesus, der nicht Christus ist, noch keine theologische Relevanz besitzt. Trotz der Inkarnation des Wortes Gottes in Jesus bleibt Gott

> der unbegreifliche, in der Nähe der ferne, in der Immanenz der transzendente, in der Anwesenheit der abwesende Gott. Die Nähe Gottes ist nicht herstellbar oder verfügbar, sie wird gewährt. Aus dieser Haltung heraus, können wir [Christinnen und Christen] auch im Dialog mit dem Judentum Fragen an uns heranlassen, die das Zentrum der Christologie betreffen.[39]

Skeptische Stimmen könnten aber dennoch zu Beginn einwerfen, dass es für eine potenziell antisemitismusfreie Christologie, wie sie im dritten Teil der Arbeit skizziert wird, weder einen Rückblick auf die jüdischen Jesusbilder braucht noch den Einbezug der klassischen und aktuellen jüdischen Jesusforschung. Das Neue Testament selbst gibt offen Zeugnis von Jesu Judesein, wie die folgenden Schriftstellen exemplarisch belegen: Jesus »ging, wie gewohnt, am Sabbat in die Synagoge« (Lk 4,16), interpretierte und aktualisierte, wie die Propheten, die Gebote der Tora, von denen er keines abgeschafft oder überboten hat (Mt 5,17–18), er pilgerte zu Pessach und anderen jüdischen Festen nach Jerusalem (Mk 11; Lk 12, 41–52; Joh 2,23; 5,1; 7,10; 10,22; 12,1) und sah sich gesandt zu den »verlorenen Schafen des Hauses Israel« (Mt 15,24).[40] Diese an sich rich-

---

39 DIRSCHERL, Erwin, Die Herausforderung für eine Christologie im Angesicht von Jesu Judentum: Das theozentrische Beten und Fragen Jesu als bleibende Herausforderung des christlichen Glaubens an den einen Gott, in: DANZ, Christian/EHRENSPERGER, Kathy/HOMOLKA, Walter (Hgg.), Christologie zwischen Judentum und Christentum: Jesus, der Jude aus Galiläa, und der christliche Erlöser, Tübingen 2020 (= Dogmatik in der Moderne 30), 209–227, hier: 223.
40 Vgl. RECK, Norbert, Der Jude Jesus und die christliche Theologie: Reaktionsmuster seit der Aufklärung und zukünftige Aufgaben, Vortrag am Theologischen Forschungskolleg der Universität Erfurt am 9. Februar 2021, in: https://www.jcrelations.net/de/artikel/artikel/der-jude-jesus-und-die-christliche-theologie.html (Abruf: 5.8.2021).

tige Feststellung der Herleitung eines jüdischen Jesus aus dem Neuen Testament, kann jedoch jene theologisch verheerende Wirkungsgeschichte auf das Judentum nicht verschleiern, in der man Jesu sein Judesein absprach, wie nicht zuletzt in den völkischen und arischen Jesuskonstruktionen, die in der Hinführung dieser Arbeit skizziert werden.

Wenn also heutzutage eher Plattitüden ähnlich formuliert wird, dass Jesus Jude war, weil dies schon das Neue Testament belegt, dabei aber bewusst die kirchliche und theologische Wirkungsgeschichte ausblendet, in der Jesus als Gegner oder Überbieter des Judentums dargestellt wurde und teils noch wird, dann mischt sich in eine richtige Feststellung eine überhebliche christliche Haltung, die in gut 2000 Jahren das Judentum immer wieder gegen Jesus Christus ausgespielt und mit ihm abgewertet und entwürdigt hat. Dass neutestamentliche Textstellen also Jesu Zugehörigkeit zum Judentum offensichtlich belegen, stimmt theoretisch immer schon mit der neutestamentlichen Textebene überein, aber »[i]n der Praxis hatte […] die Jüdischkeit Jesu weder ein historisches noch ein theologisches Gewicht«[41]. Das Problem liegt demnach darin, wie Theologie und Kirche es verstanden haben, den Blick auf Jesu jüdische Identität zu verstellen oder, besser gesagt, sich davon abzuwenden »wie sehr Jesus Jude war und wie sehr er aus dem Glauben des israelitischen Gottesvolkes lebte«[42]. Diese fehlende Perspektive bringt die jüdische Jesusforschung in die christliche Theologie ein, ohne damit einen Beitrag zum Christus der Kirche leisten zu wollen (David Flusser ist hier eine Ausnahme). Heute ist aus der christlichen wie jüdischen neutestamentlichen Forschung der Jude Jesus nicht mehr wegzudenken. Neben Jesu biologischer Abstammung aus dem Volk Israel sind es die Traditionen und besonders die Heiligen Schriften seines Volkes, die als für seine jüdische Identität prägend angesehen werden. Das Neue Testament und seine Botschaft sind daran bleibend gebunden. Als im wahrsten Sinne des Wortes »er-lesene« Heimat, gehören die Schriften Israels zur geistig-spirituellen Quelle Jesu und sind daher auch Teil des christlichen Kanons. Mit Blick auf Paulus kann mit Joseph Klausner, dem Klassiker unter den jüdischen Jesusforschern in der Moderne, gesagt werden, dass »seine gesamte *neue* Lehre auf dem ›Alten Testament‹ auf[baute]«. Trotz des Hasses der meisten Kirchenväter gegenüber Juden und Judentum, stand die jüdische Bibel dennoch »in einer Reihe mit dem ›Neuen Testament‹«.[43] Christen sind durch Jesus Christus, der Quelle und Orientierung ihrer christlichen Identität bildet, geradezu dazu aufgerufen seine (geistige) Heimat kennen zu lernen, die auch jene von Paulus war, und damit die Schriften ihres Volkes in einer jüdischen Perspektive zu lesen, um eben auch sie und ihn besser zu verstehen.

---

41 THOMA, Clemens, Das Messiasprojekt: Theologie jüdisch-christlicher Begegnung, Augsburg 1994, 268.
42 BREUNING, Wilhelm, Grundzüge einer nicht antijüdischen Christologie, in: DIRSCHERL, Erwin (Hg.), Dogmatik im Dienst an der Versöhnung Erwin Dirscherl, Würzburg 1995 (= Bonner dogmatische Studien 21), 81–100, hier: 83.
43 KLAUSNER, Joseph, Von Jesus zu Paulus, Übertragen aus dem Hebräischen unter Mitwirkung des Verfassers von Dr. Friedrich Thieberger, Jerusalem 1950, 558.

Damit kein Missverständnis entsteht: Jesu jüdische Herkunft wurde von der Kirche nie bestritten, allzu deutlich sind hier die neutestamentlichen Belegtexte und gewisse liturgische Formen, die auf Jesu Judesein verweisen.[44] Das Judesein Jesu selbst fand aber keinen Widerhall in den dogmatischen Konzilsentscheidungen und so konnte sich von dort aus ein Vergessen des jüdischen Christusbildes innerhalb aller drei großen Kirchenfamilien ausbreiten. Hinzu kam eine christliche Lesart des Neuen Testaments, das Jesu jüdische Identität aufgrund substitutionstheologischer Überhöhung nicht wahrnehmen konnte. Ágnes Heller (1929-2019) bezeichnete es als eines der »größten Rätsel des Erinnerns und Vergessens«[45], dass sowohl Juden als auch Christen nach gut 2000 Jahren sich daran »zu erinnern begannen, dass Jesus Jude war. Dieses Wissen war während zweitausend Jahren in Vergessenheit geraten. Nicht in dem Sinne, dass man vergessen hätte, dass Jesus – mit heutigem Ausdruck – ›jüdischer Abstammung‹ war. Man hatte vergessen, dass er ein guter Jude war.«[46] Umso stärker wiegt es, wenn z. B. leichtfertig liturgische »Erinnerungskorrektive« an die »soziohistorische Herkunft des galiläischen Juden« aus dem Kirchenjahr gestrichen wurden,[47] wie etwa der bis ins Jahr 1969 bestehende römisch-katholische Gedenktag der »Beschneidung des Herrn«, der innerhalb eines Gottesdienstes die Gläubigen an Jesu Zugehörigkeit zum jüdischen Volk erinnerte. Ein liturgischer Reformentscheid, der im Prinzip zeigt, wie wenige Jahrzehnte nach der Shoah, Jesu Judesein nicht als wesentliche hermeneutische Grundlage für die Christologie ernstgenommen wurde.

Einige wichtige Aspekte, um das Judesein Jesu zu beschreiben, wurden bereits genannt. Jesus, und das zeigen die jüdischen Jesusforscher anhand der synoptischen Evangelien, führte ein jüdisches Leben zur Zeit des Zweiten Tempels. Zu diesem Leben gehörte bestimmend ein Hören der biblischen Texte in der Synagoge, das Halten des Schabbats und die Pilgerreisen zu den jüdischen Festtagen nach Jerusalem. Um historisch den Begriff »Judesein« Jesu besser zu verstehen, sei daher auf die Klassiker der jüdischen Jesusforschung im zweiten Hauptteil »Jesus im Judentum« verwiesen. Mit den Worten Barbara Meyers sei auf die/eine Schwierigkeit hingewiesen, die mit Jesu Judesein einhergeht:

> The Jewishness of Jesus is not easily described in terminologies of twenty-first-century Judaism, but it is also not simply disconnected. It is impossible to trace such multi-faceted expressions of Jewish identity down to a single concept – but its »multifacetedness« will

---

44 Für ein kirchliches Bewusstsein des Judesein Jesu siehe: Tück, Jan-Heiner (Hg.), Die Beschneidung Jesu: Was sie Juden und Christen heute bedeutet, Freiburg i. Br. 2020.
45 Heller, Ágnes, Die Auferstehung des jüdischen Jesus, Berlin/Wien 2002, 8.
46 Ebd., 7.
47 Tück, Jan-Heiner, Jesus war Jude: Und es wäre ein starkes Zeichen gegen den Antisemitismus, wenn die katholische Kirche wieder daran erinnern würde, in: NZZ (29.12.2018), in: https://www.nzz.ch/feuilleton/jesus-war-jude-und-es-waere-ein-starkes-zeichen-gegen-den-antisemitismus-wenn-die-katholische-kirche-wieder-daran-erinnern-wuerde-ld.1447388. (Abruf: 6.6.2022). In der außerordentlichen Form des römischen Ritus wird am 1. Januar eines Jahres der Festtag der »Beschneidung des Herrn« (»Circumcisio Domini«) weiterhin gedacht.

certainly be part of the key. The question whether a continuity or discontinuity of Jewishness across the ages should be given preference ought at least to be shared with today's diverse Jewish communities. A majority of religious, observant, secular, Israeli and Diaspora Jews perceive and present themselves as Jewish and see themselves connected to a chain of generations going back to rabbinic as well as biblical times.[48]

Es wird kein eindeutiges, sondern nur ein polyphones Bild des »Judesein« Jesu entstehen können. Drei Elemente können aber helfen, Jesus besser zu verstehen durch den Exodus, den Bund und die Tora. »As little as we know about the Historical Jesus, we know the textual traditions he referred to in his teaching, his speeches, discussions, meals, and feast days [...], one can say that the Torah presents the key memory of Jesus the Jew.«[49]

Nicht allein, sondern im Gesamtzusammenhang der genannten Elemente kann die jüdische Identität, des historischen Jesus wesentlich gefasst werden. Inwiefern das Judesein Jesu für sich genommen eine theologische Bedeutung hat oder es eine solche erst durch christologische Aussagen erhält, bleibt offen. Im dritten Hauptteil wird diesen Fragen nachgegangen und die historische Person Jesus für den christlichen Glauben als Christus erschlossen, besonders durch Überlegungen zur Inkarnationschristologie und in Bezug auf das Chalkedonense. Kayko Driedger Hesselein formuliert eine klare Bedeutung des »Judeseins« Jesu für die Christologie:

> The Jewish Jesus is that particular Other for whom Christians are particularly obligated to assume theological responsibility and by whom Christians must allow themselves to be formed. The erasure of all acknowledgement of the constitutive nature of Jesus' particular humanity reduces his Jewishness to nothing, compromises the Christian religious identity, and contributes to the tragically complex history that Christians have pursued in encounters with the Jews. Christian theology must follow a more responsible path, and allow Jesus' Jewishness to positively inform Christology.[50]

---

48 MEYER, Jesus the Jew in Christian memory, 90.
49 Ebd., 182.
50 DRIEDGER HESSLEIN, Kayko, Dual Citizenship: Two-Natures Christologies and the Jewish Jesus, Bloomsbury T&T Clark, 2015, 188.

Hinführung: Antijüdische Denkfiguren

Um zu verstehen, in welchem geistesgeschichtlichen Umfeld sowohl die Seelisberger Thesen entstanden als auch die jüdische Jesusforschung sich bewegt, gegen welche lange geprägten Vorurteile sie zu kämpfen hatten und welche tief sitzenden tradierten Denkweisen sie sich entgegen stellten, sollen in dieser Hinführung einige der wirkmächtigsten antijüdischen Denkfiguren skizziert werden.

Was bedeutet das »Judesein Jesu« auch außerhalb der Kirche, in der Geschichte und in der Gesellschaft? Der positiven Wahrnehmung des Juden Jesus in Judentum und Christentum werden im Folgenden einzelne historisch-theologische und gesellschaftliche Fehlentwicklungen skizzenhaft entgegengestellt, in denen Jüdinnen und Juden diffamiert wurden. Diese Beispiele zeigen im Kontext der jüdisch-christlichen Begegnung – oder mit Martin Buber, der »Vergegnung« von Juden und Christen – Positionen, die dem Gegenteil einer Begegnung entsprechen. Sie zeichnen sich allesamt durch einen Ambiguitätsverlust des Jüdischen im Christentum aus. Die Mehrdeutigkeit jüdischer Elemente, Personen, Denkmuster etc., die die christliche Identitätsbildung mitbestimmen, wurde durch jüdische Feindbilder auf eine fragwürdige Eindeutigkeit hin reduziert.

Dafür steht das erste Beispiel der Geist-Fleisch Antithese, die in Vergangenheit auch für die Propaganda eines nicht-jüdischen Jesusbildes instrumentalisiert wurde. Die Hinführung enthält bewusst sehr unterschiedliche Beispiele und Perspektiven, die explizit auf nicht-jüdische Jesuskonstruktionen abzielen. Dazu zählt auch jene Schrift Martin Luthers, in der er offensichtlich Gewicht auf Jesus als Juden legte, indem er diese Betonung in den Titel seiner Schrift aufnahm: »Dass Jesus ein geborener Jude sei« (1523). Luther hielt zwar an Jesu Herkunft aus Israel fest, durch seine exklusiv-christliche Auslegungsart der Bibel Israels blieb bei Luther jedoch wenig Jüdisches im Christusbild zurück. Weit spätere historische Beispiele zeigen Extrempositionen, in denen bewusst ein nicht-jüdischer Jesus konstruiert wurde. Diese Ansichten gab es zwar seltener in Theologie und Kirche, sie sind aber auch nicht ohne Verbindung zu ihnen entstanden, wie z.B. anhand der propagandistischen Werke des sogenannten Eisenacher »Entjudungsinstituts« (1939–1945) gezeigt wird. In den nicht-jüdischen Jesuskonstruktionen wird Jesu Judesein so negiert, dass in der Verneinung jener Spalt wiedererkannt werden kann, der in früheren Jahrhunderten theologisch zwischen Jesus und das jüdische Volk getrieben wurde und fortlaufend die Feindschaft der christlichen gegenüber der jüdischen Gemeinschaft verschärfte. Dabei sind die völkischen und nationalsozialistischen Jesusbilder des 19. und 20. Jahrhunderts der Versuch gewesen, Jesus nicht nur in Opposition, sondern ohne jedweden Bezug zur jüdischen Tradition und zum jüdischen Volk zu sehen. Den christlichen Gläubigen sollte Jesus Christus ursprüngliche Gestalt bis zur Unkenntlichkeit deformiert und damit entfremdet werden. Die wenigen Beispiele ließen sich problemlos erweitern; sie sollten aber ausreichen, um eben die anschließende Gesamtdarstellung jüdischer Jesusbilder im Kontext einer jüdischen und für eine christliche Wahrnehmung besser einordnen und verstehen zu können.

Die Shoah stellt den katastrophalen Tiefpunkt des Judenhasses dar. Mit den Worten Susannah Heschels: »[K]eine Sozialgeschichte des Dritten Reiches ist vollständig ohne die Beachtung dessen, was in den Kirchen gepredigt, den Kindern beigebracht und an den theologischen Fakultäten gelehrt wurde.«[1] Karl-Heinz Minz geht sogar soweit zu erklären: »Ohne die nahezu 2000 Jahre christliche Judenfeindschaft ist Auschwitz nicht möglich gewesen,«[2] und Susanne Plietzsch hält fest, dass »die Kirche die Juden als exemplarische Feinde jenseits allen realen Konfliktpotenzials überhaupt erst konstruiert und damit die Voraussetzung für den neuzeitlichen und modernen Antisemitismus geschaffen hatte«[3]. Wesentliche Grundlagen für die jahrhundertelange Ausgrenzungs- und Verfolgungsgeschichte des jüdischen Volkes finden sich in den christlichen Denktraditionen und Theologien.[4] Ausgrenzung geschah nicht selten in aller Öffentlichkeit; exemplarisch kann auf die theologischen Debatten zwischen Juden und Christen im Mittelalter verwiesen werden, die als das genaue Gegenteil eines heutigen jüdisch-christlichen Dialogs bezeichnet werden können.[5] »Sehr häufig waren sie ein angsteinflößendes Erlebnis für die jüdische Seite, da es sich die Juden in diesen Debatten nicht erlauben konnten, zu gewinnen,

---

1 HESCHEL, Susannah, Die Historiographie des Instituts zur Erforschung und Beseitigung des jüdischen Einflusses auf das deutsche kirchliche Leben, in: SPEHR, Christopher/OELKE, Harry (Hgg.), Das Eisenacher »Entjudungsinstitut«: Kirche und Antisemitismus in der NS-Zeit, Göttingen 2021 (= Arbeiten zur kirchlichen Zeitgeschichte Reihe B Band 82), 331–357, hier: 351.
2 MINZ, Karl-Heinz, Art. Antijudaismus/Antisemitismus, in: Lexikon der Religionen (1992), 27f, hier: 27.
3 PLIETZSCH, Susanne, Nosta aetate 4: Aufbruch und Ausgleich, in: GMAINER-PRANZL, Franz/INGRUBER, Astrid/LADSTÄTTER, Markus (Hgg.), »... mit Klugheit und Liebe« (Nostra aetate 2): Dokumentation der Tagung zur Förderung des Interreligiösen Dialogs, Linz 2017, 253–263, hier: 255.
4 Der christliche Antijudaismus hat dem rassistischen Antisemitismus der Nationalsozialisten den Boden bereitet und war damit eine Voraussetzung für die Shoah: »Über Jahrhunderte hinweg und bis ins 20. Jahrhundert prägten die christlichen Theologien die religiös motivierte Judenfeindschaft und benutzten dabei die Texte der Evangelien, die Schriften der Kirchenväter und die Zeugnisse von Reformatoren wie Martin Luther.« ALTERMATT, Urs, Das Koordinatensystem des katholischen Antisemitismus in der Schweiz 1918, in: MATTIOLI, Aram (Hg.), Antisemitismus in der Schweiz 1848-1960, Zürich 1998, 465–500, hier: 470.
5 Die päpstlichen *Sicut-Judaeis-Bullen* aus dem 12. Jahrhundert sollten ein friedliches Zusammenleben von Juden in christlichen Gesellschaften ermöglichen. Trotzdem entwickelten sich ab dem 13. Jahrhundert in den neugegründeten Dominikaner- und Franziskanerorden Zwangsdisputationen (Barcelona 1263, Tortosa 1413/14), denen nach dem Konzil von Basel (1434) Zwangspredigten für Juden folgten. Vgl. LEHNARDT, Thomas, Art. Judenmission, in: LThK 5 (³2006), 1052f.

aber ebenso wenig, sie zu verlieren.«⁶ Von einem aufrichtigen Dialog beider Religionen konnte sehr lange Zeit nicht gesprochen werden. Die Konferenz von Seelisberg bildet den Auftakt für eine positive Entwicklung der jüdisch-christlichen Begegnung ab der Mitte des 20. Jahrhunderts. Es waren in Seelisberg jüdische, christliche und nicht-religiöse Gesprächspartner, Männer und Frauen, die eine Selbstanalyse des Christentums, eine Rückbesinnung auf die eigenen jüdischen Wurzeln und speziell auf Jesus als Juden ermöglichten. Die Zehn Thesen von Seelisberg stehen in genauem Kontrast zu den altbekannten christlichen Antithesen zum Judentum, die nachfolgend skizziert werden.

Nach jeder antijüdischen Denkfigur steht daher eine der Zehn Thesen von Seelisberg, die im August 1947 verfasst wurden, um den christlichen Antijudaismus/Antisemitismus in Kirche und Gesellschaft entschieden entgegenzutreten. Die jeweilige These soll deren einstige sowie fortdauernde Relevanz unterstreichen, die eine erste Grundlage zur jüdisch-christlichen Begegnung nach der Shoah ermöglichten.

1 Das Wirken einer paulinischen Antithese

Dem westlichen Denken scheint auf weiten Strecken Judenhass inhärent zu sein – so könnte zugespitzt die Grundaussage lauten, die der amerikanische Historiker David Nirenberg in seinem Buch *Anti-Judaism* (2013)⁷ vertritt und mit zahlreichen Beispielen belegt. Vom Alten Ägypten bis in die Moderne entfaltet Nirenberg chronologisch seine Antisemitismus-These und konstatiert auch im christlichen Denken eine immer wieder auftretende Judenfeindlichkeit. Einen Ausgangspunkt für christlichen Judenhass sieht Nirenberg in der spirituellen Überheblichkeit des Christentums gegenüber dem Judentum angelegt, wie es sich u. a. aus einem paulinischen Denkmuster ableitet. Diesen Gegensatz referiert Nirenberg exemplarisch anhand 2 Kor 3,6: »Denn der Buchstabe tötet, der Geist aber macht lebendig«. »Geist« wie auch »Glaube« bilden zusammen einen christlichen Schlüssel- und Gegenbegriff zu »Fleisch« und »Gesetz«.⁸ Erst mit heutigem Blick auf 2 Kor 3,6 lässt sich der Beginn einer Interpretation mit weitreichender Konsequenz für die christliche Wahrnehmung des Judentums ablesen. Die theologiegeschichtliche Rezeption dieses Satzes

---

6 Oz, Amos, »Und ich glaube an Kompromisse.« Dankrede des Preisträgers anlässlich der Verleihung des Mount Zion Award in Jerusalem am 29.10.2017: Aus dem Englischen von Juliane Eckstein, in: 45. Rundbrief der Abtei Dormitio B.M.V., Jerusalem, 40–47, hier: 41.

7 Vgl. Nirenberg, David, Anti-Judaismus = Anti-Judaism: The Western Tradition: Eine andere Geschichte des westlichen Denkens, Aus dem Englischen von Martin Richter, München 2015 (engl. 2013).

8 Die paulinische Geist-Fleisch Antithese bzw. die Dichotomie von Glauben und Gesetz findet sich markant im Galaterbrief. Dort schreibt Paulus: »Dies eine möchte ich von euch erfahren: Habt ihr den Geist durch die Werke des Gesetzes oder durch das Hören der Glaubensbotschaft empfangen? Seid ihr so unvernünftig? Im Geist habt ihr angefangen und jetzt wollt ihr im Fleisch enden?« (Gal 3,2f.).

gehört zur Facette der polarisierenden Dualität zwischen Juden und Christen. Christlicherseits wurde der »Buchstabe« als Metapher für das Gesetz des Mose, die Tora, verstanden und darüber hinaus mit einer postulierten materialistischen Einstellung von Juden konnotiert, die im Gegensatz zu einer geistig orientieren Lebensführung der Christen stünde. Die Geist-Fleisch Antithese diente damit christlicherseits, wie Nirenberg festhält, für theologische Konzepte, die das Judentum als spirituell, erkenntnistheoretisch und ontologisch minderwertig abqualifizierten.[9] Nirenbergs Darlegung der christlichen Paulusrezeption scheint evident zu sein. Peter Schäfer, der Nirenberg in dieser Hinsicht folgt, spricht davon, dass Paulus daher sogar unfreiwillig »zum Mitbegründer eines christlichen Antijudaismus/Antisemitismus«[10] wurde.[11]

Die Interpretation des paulinischen Denkmusters von »Christen- und Judentum« ist aber für die Anfänge des Christentums bzw. besser für die Jesusbewegung unzutreffend und von dem Juden Paulus in dieser Extremform wohl auch nicht intendiert gewesen (vgl. 2 Kor 11,22; Röm 9–11).[12] Nirenberg zeichnet weniger ein Bild des historischen Paulus und seiner Theologie, wie sie in der *New Perspective on Paul*[13] seit Ende der 1970er vorgenommen wird, als vielmehr die folgenschwere Rezeption einer paulinischen Israeltheologie, wie sie bis hinein ins 20. Jahrhundert vorherrschte. Diese theologische Rezeptionsgeschichte hebt mit einem Dualismus zwischen Christen- und Judentum an, die eine potenziell antijüdische Lesart des Neuen Testaments intendierte. Nicht bestätigt wird diese Lesart von jüdischen Gelehrten und Jesusforschern, die in dieser Arbeit zu Wort kommen. Mit Vorbehalt stimmt ein jüdischer Forscher dem paulinischen Diktum vom »tötenden Buchstaben und lebendig machenden Geist« (2 Kor 3,6) sogar zu, jedoch nicht um das Judentum herabzuwürdigen, sondern nur dann, wenn »der Buchstabe selbst verknöchert und den Geist versteinert«. Der »tote« Buchstabe wird abgelehnt, der »lebendige« Buchstabe jedoch geehrt.

> Das Judentum ehrt auch den Buchstaben, weil er das Gewand des Geistes ist. [...] Was ist denn der ganze Talmud mit seiner wunderbaren Thora-Deutung anderes als die Anpassung des Buchstabens an die Bedürfnisse des Daseins, als das Einflößen lebendigen Geistes in den Buchstaben und die Gestaltung des Buchstabens selbst zu einer geistigen Kraft, zu einem lebendigen und belebenden und nicht zu einem toten und tötenden Buchstaben? [...] Die

---

9 Vgl. Nirenberg, Anti-Judaismus, 70–71.
10 Schäfer, Peter, Kurze Geschichte des Antisemitismus, München ²2020, 50.
11 Vgl. ebd., 16.
12 Siehe für eine Differenzierung des Begriffes Judenchristen sowie eine genauere Betrachtung von Juden- und Heidenchristen: Steiner, Martin, Zwischen Kirche und Synagoge: Messianische Juden in Jerusalem, Wien 2019 (= Forum Christen und Juden 18), 32–42.
13 Siehe: Sanders, Ed Parish, Paul and Palestinian Judaism, Minneapolis 1977; Stendahl, Krister/Berger, Ulrike, Der Jude Paulus und wir Heiden: Anfragen an das abendländische Christentum, München 1978 (= Kaiser-Traktate 36); Dunn, James D. G., Jesus, Paul, and the law: Studies in Mark and Galatians, Louisville, KY 1990; Boyarin, Daniel, A radical Jew: Paul and the politics of identity, Berkeley 1994 (= Contraversions: Critical Studies in Jewish Literature, Culture, and Society 1).

gesamte hebräische Religionsliteratur ist nichts anderes, als eine einzige weite Anpassung des toten Buchstabens an den lebendigen Geist [...] und der [!] Kompliziertheit der realen Bedürfnisse.[14]

Eine pauschale Dualität zwischen Buchstaben und Geist lehnt im Zitat Joseph Klausner (1874–1958) durch sein jüdisches Schriftverständnis ab. Dennoch ist nach Klausner im christlichen Denken der »ausgesprochen stark[e] [...] Unterschied zwischen ›Leib‹ und ›Geist‹«[15] auf Paulus, den Klausner u. a. sogar als »Begründer des Christentums«[16] ansieht, zurückzuführen. Die Grundhaltung von Paulus bezüglich der Antithese von »Geist« und »Fleisch« rührt nach Klausner nicht aus der griechischen Philosophie, sondern war in seinem hellenistisch geprägten Judentum angelegt.[17] Das Originelle hinsichtlich dieser Unterscheidungen ist nach Klausner, dass der Diasporajude Paulus anders als seine zeitgenössischen Pharisäer, diese

> Unterscheidungen aufgedeckt hat, weil er nicht nur ein feines religiöses Differenzierungsvermögen hatte und ein Mystiker war, sondern weil er aus einer graecisierten Stadt stammte und dreißig Jahre lang unter graecisierten Heiden lebte und wirkte. Deshalb betonte er den Wert des Geistes ganz besonders und verachtete so sehr den Wert des Körperlichen, mehr als jeder andere pharisäische Jude, sodaß er aus einer jüdischen Anschauung heraus zu einer unjüdischen, fast antijüdischen, gelangte.[18]

Paulus wird nach Klausner durch das Damaskuserlebnis ein Mensch, der nicht mehr im Fleische sondern im Geiste lebte – ein Mystiker und Pneumatiker. Der Messias wird zum Mittelpunkt seines Seins und seine mystische und pneumatische Haltung überträgt Paulus auf Jesus. Damit ging »der *jüdische Glaube in heidnischer Färbung* auf die Person Jesu als Messias über, und es ergab sich der neue jüdisch-heidnische Begriff vom ›Sein in Christus‹ (oder im ›Herrn‹) oder vom ›Leben in Christus‹ (oder ›im Herrn‹).«[19] Klausner lehnt diesen, wie er in nennt, »geistigen« Glauben ab, da er mit einem »echte Monotheismus« nicht vereinbar ist.[20]

---

14 KLAUSNER, Von Jesus zu Paulus, 554–555.
15 Ebd., 556.
16 Ebd., 558. Der Bruch mit dem Judentum wurde von jüdischer Seite häufig an Paulus festgemacht, so etwa neben Klausner, Samuel Hirsch, Hermann Cohen, Leo Baeck und Martin Buber. Vgl. PETZEL, Paul, Art. Jesus: II. Jüdisch, in: Lexikon der Religionen (1992), 322–323, hier: 323.
17 Die Texte des Tanach/der Hebräischen Bibel unterscheiden zumeist zwischen Körper, Geist und Seele. Klausner führt dazu folgende Stellen an: »Ägypten ist ein *Mensch* und kein *Gott*, seine Rosse sind *Fleisch und nicht Geist*« (Jes 31,3); »Nicht richten wird *mein Geist* den Menschen ... denn auch er ist *Fleisch*.« (Gen 6,3) Klausner verweist auch auf die Unterscheidung zwischen »Fleisch« (Körper, Leib) und »Seele«: »*Von Seele bis Fleisch*« (Jes 10,18) sowie zwischen »Seele« oder »Odem« und »Geist«: »Denn ein *Geist* geht von mir aus und die *Seelen* (den Odem) habe ich geschaffen« (Jes 57,16). Und mit Bezug auf Hiob 12,10 zeigt Klausner die Unterscheidung aller drei auf: »In dessen Hand die *Seele* jedes Lebewesens und der *Geist* jedes *Fleisches* ist«. Vgl. KLAUSNER, Von Jesus zu Paulus, 452; siehe bes. 452–460.
18 KLAUSNER, Von Jesus zu Paulus, 453.
19 Ebd. 458.
20 Ebd. 460.

Was könnte aber Paulus den Juden heute bedeuten? Zurückhaltend aber letztlich doch würdigend, schreibt Klausner,

> dass durch ihn [Paulus] die heidnische Welt, zugleich mit vielen seltsamen und absonderlichen Phantastereien, die jüdische Bibel als Unterbau und Grundlage einer Religion auch für die anderen Völker angenommen hat. In diesem Sinn – und nur in diesem großen und tiefen Sinn – war auch Paulus das, was Maimonides Jesus zugute hält: *ein Wegbereiter für den König Messias.*[21]

Mit Blick auf den historischen Paulus, von dem die ältesten Textzeugnisse[22] im Neuen Testament stammen, sei festgehalten, dass er wohl eine pharisäische Ausbildung genossen hatte und seine Briefe als ein christusgläubiger Jude schrieb. Eine antijüdische Lesart der paulinischen Briefe ist aus mehreren Gründen abzulehnen, so ist mit Paulus gesprochen: »Sie sind Hebräer – ich auch. Sie sind Israeliten – ich auch. Sie sind Nachkommen Abrahams – ich auch.« (2 Kor 11,22) Paulus rühmt sich sogar, die meisten Altersgenossen »in der Treue zum jüdischen Gesetz übertroffen« zu haben (vgl. Gal 1,14; Phil 3,5f.). Nirenberg hätte zumindest eine Interpretation für 2 Kor 3,6 heranziehen sollen, die keine antijüdischen Lesart fördert, sondern sie – beispielsweise mit Klausners jüdischem Schriftverständnis – zumindest einschränkt. So spricht Klausner auch weiter von einem jüdischen Gedanken, wenn Paulus sagt: »Oder wisst ihr nicht, dass euer Leib ein Tempel des Heiligen Geistes ist, der in euch wohnt und den ihr von Gott habt?« (1 Kor 6,19).[23] Die heutige Paulusforschung gebietet in jener Hinsicht mit einer althergebrachten Paulusrezeption zu brechen, um nicht eine antijüdische Lesart weiter zu rezipieren.[24] Dass Paulus eine dualistische Sicht auf »Geist« und »Fleisch« im christlichen Denken prägte, ist nicht zu leugnen, zu problematisieren ist sie, wenn sie heute weiter genutzt wird, um das Judentum herabzuwürdigen.[25]

Dass hier mit Verweis auf Nirenberg bewusst mit Paulus, dem sogenannten Völkerapostel, die Beispiele der Hinführung eröffnet werden hat zwei Gründe. Erstens sind die paulinischen Briefe die ältesten Texte des Neuen Testaments. Damit prägte der Jude Paulus maßgeblich das theologische Denken im Christentum, wie beispielsweise

---

21 Klausner, Von Jesus zu Paulus, 560f.
22 Als authentische Paulusbriefe, die in den 50er Jahren des 1. Jahrhunderts entstanden, gelten sieben Briefe: 1 Thessalonicher, Galater, 1 und 2 Korinther, Philipper, Philemon und Römer (manche datieren die frühen Briefe vor 50 n. Chr.).
23 Vgl. ebd., 555.
24 Vgl. Schumacher, Thomas, Rezension zu: Nirenberg, David, Anti-Judaismus. Eine andere Geschichte des westlichen Denkens, Aus dem Englischen von Martin Richter, (Originalausgabe: *Anti-Judaism. The Western Tradition*, New York 2013), München 2015/²2017, in: Schweizerische Zeitung für Religions- und Kulturgeschichte 113 (2019) 478–480.
25 Für eine differenziertere theologische Sicht zur paulinischen Antithese von »Geist« und »Fleisch«, die von der palästinisch-jüdischen Tradition mitgeprägt wurde und darlegt, dass Paulus »weder von einem die Leiblichkeit abwertenden Sphärendenken noch von einer dichotomischen Anthropologie ausgeht, sondern den Menschen als Ganzes in Relation, ja unter der Herrschaft von bestimmten Mächten versteht,« siehe: Frey, Jörg, Die paulinische Antithese von »Fleisch« und »Geist« und die palästinisch-jüdische Weisheitstradition, in: Zeitschrift für die Neutestamentliche Wissenschaft und die Kunde der älteren Kirche (ZNW) 90/1-2 (1999), 45–77, hier: 77 [DOI: 10.1515/zntw.1999.90.1-2.45].

die Geist-Fleisch Antithese zeigt. Zweitens steht Paulus im 1. Jahrhundert exemplarisch für die Öffnung einer zunächst rein jüdische Jesusbewegung für die römisch-hellenistische Welt. Dabei forderte Paulus weder die Beschneidung des männlichen Geschlechts noch die Einhaltung der jüdischen Speisevorschriften. Durch den Glauben an Jesus Christus konnten Nichtjuden gleichwertige Anhänger der ursprünglich rein jüdischen Jesusbewegung werden. »Es gibt nicht mehr Juden und Griechen, nicht Sklaven und Freie, nicht männlich und weiblich, denn ihr alle seid einer in Jesus Christus.« (Gal 3,28) Bei dieser nicht nur ethnischen, sondern zugleich sozialen Öffnung der Jesusbewegung darf eines nicht vergessen werden, was Nirenberg nicht nennt: die positiven jüdischen Elemente im theologischen Denken von Paulus verschwinden nicht mit der Öffnung der Jesusbewegung hin zu Nichtjuden, und dass die Geist-Fleisch Antithese in der Rezeption antijüdisch rezipiert wurde, war dem Einfluss des historischen Paulus entzogen. Paulus trug durch seine Schriften, die Eingang in den Kanon des Neuen Testaments fanden, dazu bei, dass jüdische Elemente beständig im Christentum blieben entwickelte sich ein zunächst innerjüdischer Antagonismus hin zu einer Rivalität zwischen Juden- und Heidenchristen[26] und letztlich zu einem Konflikt zwischen Christen- und Judentum, aus der eine scharfe Abgrenzung zwischen Kirche und Synagoge hervorging. Die Rolle des Paulus wurde und wird dabei unterschiedlich gewichtet. Im 20. Jahrhundert erhielt der für die christlich-jüdischen Beziehungen wichtig gewordene »Brief an die Römer« eine starke Bedeutung. Darin warnt Paulus vor einer Überheblichkeit der »Heidenchristen« gegenüber den »Judenchristen« in Rom und sagt, dass »ganz Israel« (Röm 11,26) von Gott gerettet werden. Die angezeigten Spannungen innerhalb zweier früher Gemeindegruppen in Rom versuchte Paulus zu lösen und behält dabei auch »ganz Israel« in Blick.

Welche Rolle spielte Paulus aber innerhalb des Judentums, das nicht an Christus glaubte? Der Jude Paulus, aber auch die jüdischen Apostel, die jüdischen Jüngerinnen und Jünger sowie die jüdischen Blutzeuginnen und -zeugen dienten nicht als Brücken zwischen der sich konstituierenden Kirche und dem rabbinischen Judentum. Je mehr bereits während

> des 1. und 2. Jahrhunderts das Gesetz zum identitätsstiftenden Kern des Judentums wurde, desto leichter konnten auf der Basis der paulinischen Theologie Judentum und Christentum als Gegensätze begriffen und ein radikaler Bruch dieses jüdischen Apostels [Paulus] mit seinen jüdischen Denktraditionen und Lebensweisen behauptet werden, obwohl die biographische Zugehörigkeit des Paulus zum Judentum nie strittig war.[27]

In dieser kommunikativen Phase der eigenen Identitätsbildung bei gleichzeitiger Abgrenzung vom anderen, die als »Parting of the Ways«[28] bezeichnet wird, waren

---

26 Zur Verwendung des Religionsbegriffs in der Antike und der Begriffe »Judenchristen«, »Heidenchristen« bzw. *ecclesia ex gentibus* und *ecclesia ex circumsisione* siehe: STEINER, Martin, Zwischen Kirche und Synagoge. Messianische Juden in Jerusalem, Wien 2019, 32–37; 42–48.
27 JUNG, Christen und Juden, 20.
28 Siehe dazu: TIWALD, Markus, Frühjudentum und beginnendes Christentum. Gemeinsame Wurzeln und das *Parting of the Ways*, Stuttgart 2022.

weder Paulus noch Jesus Bindeglieder[29] zwischen christusgläubigen und nicht-christusgläubigen Juden, nicht zuletzt durch die Formulierungen heidenchristlicher Christologien. Je mehr die Christen darin »die göttliche Natur Jesu Christi betonten und die menschliche in den Hintergrund rückten, desto weiter entfernten sie ihn vom Judentum«.[30]

Die Rolle des Paulus wurde gelegentlich wegen seiner prägenden Theologie, als die des eigentlichen Begründers des Christentums verstanden.[31] Seine Geist-Fleisch Antithese war ein Beitrag dazu. Sie genügt natürlich bei weitem nicht als monokausale Erklärung für die Anknüpfung eines modernen Antisemitismus am christlichen Antijudaismus, aber sie bildet dafür exemplarisch eine von zahlreichen Grundlagen. Die Denktradition des Apostels Paulus blieb bei aller identitätsstiftenden Profilierung für die Kirche eine Erinnerung an Israel eingeschrieben. Ein spezieller Punkt im paulinischen Denken sollte ab 1965 zum Leitgedanken für die katholischen Beziehungen zum Judentum werden. In der Konzilserklärung *Nostra aetate* hält sie sich die Worte Pauli »vor Augen, der von seinen Stammverwandten sagt, daß ›ihnen die Annahme an Sohnes Statt und die Herrlichkeit, der Bund und das Gesetz, der Gottesdienst und die Verheißungen gehören wie auch die Väter und daß aus ihnen Christus dem Fleische nach stammt‹ (*Röm* 9,4–5), der Sohn der Jungfrau Maria.« (NA 4)

Trotz eines Umdenkens in den Kirchen bezüglich ihrer Haltung zum Judentum wirken gewisse Vorurteile weiter, wie die jüdische Diesseitsbezogenheit, die von der vorgestellten Antithese genährt wird. Unabhängig davon, wie christlich oder säkular eine Gesellschaft geprägt ist, kommen alte Vorurteile besonders in Krisenzeiten wieder in neuen Formen hervor. So enthalten Verschwörungstheorien beispielsweise eines ökonomischen Antisemitismus, in dem »die Juden« in einem Verständnis von althergebrachten Stereotypen als »Ausbeuter« und »jüdische Wucherer«[32] diskriminiert werden, systematische Ähnlichkeit mit der Geist-Fleisch Antithese, in der das

---

29 »Jesus von Nazareth war […] kein Bindeglied zwischen Judentum und dem erstarkenden Christentum, sondern Stichwortgeber zur polemischen Ablehnung des Christentums durch das rabbinische Judentum. Nicht zu vergessen ist freilich, dass zur gleichen Zeit sich im Christentum und bei den Kirchenvätern die *Adversus-Judaeos*-Literatur ausbildete und eine lange Spur in der christlichen Theologie hinterließ.« Henrix, Hans Hermann, Christus im Spiegel anderer Religionen, Berlin 2014 (= Forum Christen und Juden 12), 72.
30 Jung, Christen und Juden, 17.
31 Siehe vorherige Fußnote 16.
32 In einer veröffentlichten Miszelle des »Committee on Jewish-Gentile Relationship« beschreibt der anglikanische Priester und Oxforder Kirchenhistoriker James Parkes: »For if the birth of economic antisemitism is observable in the usury of the Middle Ages, it was accompanied by, and directly the consequence of, another aspect of the modern Jewish problem, the powerlessness of the Jew to direct his own destiny, with all the psychological consequences which that involves. […] The Jew became what circumstances made him: his main, almost his only, responsibility in the creation of those circumstances was his desire to remain loyal to his Judaism. It was Christendom which decided that the price of that loyalty should be psychological and social degradation.« Parkes, James, The Jew as Usurer, Toronto 1938, 10.

»Fleisch«, als Synonym für die Fixierung auf Materielles stand. Diese Dominanzstruktur des christlichen Denkens, in dem das Judentum (un-)bewusst verdächtigt oder herabgewürdigt wird, wirkt weiter, wenn auch abgeschwächter, da mittlerweile (nicht überall) Jüdinnen und Juden selbst ihrer Bestimmung folgen können und nicht, wie noch im (europäischen) Mittelalter, der christlichen Obrigkeit ausgeliefert waren, oder während der Shoah der nationalsozialistischen Herrschaft. Die nächsten Beispiele in der Hinführung zeigen, wie stark ein antijüdisches Denken aktiv und passiv eingeübt wurde. Auf das letzte Beispiel sei hier bereits hingewiesen, da es konkret vor Augen führt, wie ein langes eingeprägtes religiöses Vorurteil – die Juden als Gottesmörder – in einer durchaus aufgeklärten, säkularen und modernen Gesellschaft hartnäckig fortbesteht.

Zum Abschluss sei dem Wirken der paulinischen Antithese die dritte These von Seelisberg entgegengestellt, die an das Judesein Pauli erinnert:

> Es ist hervorzuheben, dass die ersten Jünger, die Apostel und die ersten Märtyrer Juden waren. (Dritte These von Seelisberg, 1947)

2 Luthers »Judenschriften« und ihr Erbe

Im Jahr 1523 erschien Martin Luthers Schrift *Dass Jesus Christus ein geborener Jude sei*.[33] Was veranlasste Luther trotz des inhärenten Antijudaismus seiner Theologie eine seiner Schriften einen Titel zu geben, in dem er Jesus Christus ostentativ als geborenen Juden anerkennt? Keineswegs schätzte Luther seine jüdischen Zeitgenossen, auch wenn es teilweise in dieser Schrift so scheinen mag, sondern das genaue Gegenteil – eine Geringschätzung der Juden, besonders seiner jüdischen Zeitgenossen und der jüdischen Bibelinterpretation – war der Fall. Es ging Luther vielmehr um eine Hervorhebung der jüdischen Abstammung Jesu Christi, um diese theologisch für die Judenmission zu instrumentalisieren. Ein weiterer Grund für seine Schrift lag in der doppelten Abwehr zweier Anschuldigungen, die gegen Luther vorgebracht wurden und die mit den Umständen der Geburt Jesu zusammenhängen. Luther beginnt seine Schrift mit der Feststellung:

> Eine neue Lüge ist wieder über mich verbreitet worden: Ich soll gepredigt und geschrieben haben, dass Maria, die Mutter Gottes, vor und nach der Geburt [Jesu] keine Jungfrau war, sondern Christus von Josef empfing und danach [noch] mehr Kinder hatte. Über das alles soll ich auch eine neue Ketzerei gepredigt haben, nämlich, dass Christus Abrahams Same sei.[34]

---

33 Eine erste Orientierung zu diesem Hinführungskapitel stammt von: HENRIX, Israel trägt die Kirche, 144–160. Das relevante Kapitel wurde vom Autor erstveröffentlicht unter dem Titel: Martin Luther und die Juden. Eine katholische Sicht, in: Kirche und Israel 32 (2017) 121–135.

34 WA 11, 314, 1–8; zit. nach: LUTHER, Martin, Dass Jesus Christus ein geborener Jude sei und andere Judenschriften: Neu bearbeitet und kommentiert von Matthias Morgenstern, Wiesbaden 2019, 3. Diese Sammlung an Lutherschriften basierend auf der Weimarer Ausgabe enthält in stilistisch und orthographisch angepasster Schreibweise folgende Texte:

Luther wehrt sich in der Schrift gegen diese Anschuldigungen. Ohne im einzelnen Luthers Argumentation zu entfalten, sei festgehalten: Luther verteidigt die immerwährende Jungfräulichkeit Mariens und hält daran fest, dass Christus nicht aus einem natürlichen männlichen Samen stamme, sondern vom Heiligen Geist. Der Vorwurf, Jesus wurde nicht von einer Jungfrau geboren, ist dabei ein altbekanntes Motiv, das seit der Antike in paganen und jüdischen Quellen nachweisbar ist und sich immer wieder aufs Neue gegen das Christentum richtete. Im Ergebnis vertritt Luther die theologische Position, dass Jesus Christus ein von einer immerwährenden Jungfrau geborener Jude ist.

Aus der vordergründig »judenfreundlichen« Schrift[35] von 1523, die in Wahrheit eine substitutionstheologische und judenmissionarische Tendenz hat, sei hier auf das Spannungsfeld zwischen jüdischer Herkunft Jesu Christi und den Folgerungen, die Luther daraus zieht, eingegangen.

Luther hielt für die Entstehung des Christentums fest: »Wenn die Apostel, die ebenfalls Juden waren, uns Heiden so behandelt hätten wie wir Heiden die Juden, wäre kein Heide Christ geworden.«[36] Hier kann Luther christlicherseits nur zugestimmt werden. Er selbst aber orientierte sich nicht am Vorbild der Apostel, wenn er fordert, mit den Juden »brüderlich« umzugehen. Seinen judenfreundlichen Umgangston erklärt Luther offen mit dem Kalkül »einige [Juden zu] bekehren«. Schon einleitend in seiner Schrift lässt Luther eine deutlich judenmissionarische Motivation erkennen und hält seine substitutionstheologischen Ansichten nicht lange zurück. Dennoch überrascht die in der Einleitung enthaltene Aussage, dass »wir [Christen] Heiden [bleiben], die Juden [...] hingegen aus dem Stamm Christi« sind und dass wir Christen »Schwäger und Fremdlinge, sie [aber] Blutsverwandte, Vettern und Brüder unseres Herrn« sind.[37] Luther setzte die Juden in eine deutlich

---

Wider die Sabbater (1538), *Von den letzten Worten Davids* (1543) und seine letzte Äußerung gegen die Juden, im Anschluss an seine letzte Predigt am 14. oder 15. Februar 1546 in Eisleben gehaltene *Eine Vermahnung wider die Juden*. Siehe zur Jungfrauenschaft Mariens auch *Vom Schem Hamphoras* (1543): WA 53, 640, 18–28. Dort bezeichnet Luther den arianischen Theologen Helvidius (ca. 340–390 n. Chr.) als »Narr«, weil er anhand von Mt 1,25 dafür argumentierte, Jesus habe noch Geschwister gehabt. Luther argumentiert mit Hieronymus (347–420 n. Chr.) dagegen und hält den Juden vor, dass es sich nicht um irgendeinen Jesus handelt, sondern um Mariens Sohn, den sie auch kennen, den Sohn Davids, Abrahams und aller Vorfahren. Vgl. WA 53, 640, 26–28.

35 Luther verfolgt offen eine missionsstrategische Bemühung, indem er schreibt, einige Juden für das Christentum gewinnen (»reytzen«) zu wollen. LUTHER, Martin, Dr. Martin Luthers Werke. Kritische Gesamtausgabe – Weimarer Ausgabe (1883–2009): Band 11. Predigten und Schriften 1523: WA 11, 307–336; hier 314, 27f. (vgl. auch: https://archive.org/details/werkekritischege11luthuoft). Siehe zudem: OSTEN-SACKEN, Peter von der, Martin Luther und die Juden: Vortrag vom 23. März 2017 in Detmold, in: https://www.gfcjz-lippe.de/images/VortraegeEinzelberichte/Vortraege/Osten-Sacken_Martin%20Luther%20und%20die%20Juden_Detmold%2023.%203.%202017.pdf (Abruf: 1.11.2021).

36 LUTHER, Dass Jesus Christus ein geborener Jude sei und andere Judenschriften, 7; vgl. WA 315, 19–21.

37 Ebd.; vgl. auch: WA 315, 22–27.

engere Familienbeziehung zu Jesus als die Christen, indem er sie als »Brüder unseres Herrn« bezeichnete. Daraus zog Luther jedoch keine Konsequenzen für seine Christologie. Wenn Luther einen freundlichen Umgang mit Juden forderte, dann galt dies nur mit dem Ziel einer erfolgreichen Judenmissionierung. Bis dahin oder genauer gesagt nur bis dahin soll das »Gesetz der christlichen Liebe« nach Luther geübt werden und sich der Juden soweit »freundlich annehmen«. Schon am Ende seiner Schrift klingen Luthers Worte unter dem Aspekt der Judenmission weniger freundlich als vielmehr drohend und seine selbstkritischen Worte zum Christsein leer. Luther schreibt dort, dass die Juden ihr Brot erwerben sollen und man sie arbeiten lassen solle;

> damit sie die Gelegenheit und Möglichkeit haben, bei uns zu sein, um unsere christliche Lehre und (christliches) Leben zu hören und zu sehen. Wenn auch einige [von ihnen] halsstarrig sind, was liegt daran? Wir sind doch auch nicht alle gute Christen. Hiermit will ich es dieses Mal bewenden lassen, bis ich sehe, was ich gewirkt habe.[38]

Diese Schrift Luthers von 1523 blieb von ihren judenmissionarischen Absichten her gesehen weitgehend ein Misserfolg. Obwohl er darin sogar davon sprach, dass die Juden »Brüder unseres Herrn« sind, verschärfte er in späteren Werken seine antijüdischen Aussagen, indem er nicht mehr zu einem brüderlichen, sondern zu einem feindlichen Umgang mit den Juden aufrief. Dies liegt nicht allein an seiner Enttäuschung darüber, die Juden nicht zur Konversion zum Christentum bewogen zu haben. Hinter seinem antijüdischen Ton steckt ein anderer Antrieb, seine Christologie. Diese war, wie Klaus Wengst schreibt, von einem »exklusiv christologischen Verständnis vom Alten Testament«[39] geprägt. Der Reformationshistoriker Thomas Kaufmann sieht es ähnlich und legt den Schwerpunkt auf Luthers Rechtfertigungslehre, die natürlich nicht von seiner Christologie zu trennen ist:

> In keiner Phase seiner theologischen Entwicklung war das Judentum für Luther eine religiös akzeptable Größe. Es galt ihm als Inbegriff »werkgerechter« menschlicher Selbstüberhebung, offener Feindschaft gegen Gottes »klare« biblische Verheißungen und unergründlicher göttlicher Verstockung. Die Hoffnung auf eine Bekehrung einer nennenswerten Anzahl von Juden am Ende der Zeiten und das werbende Bemühen um eine missionarische Sendung an die Juden waren keine ihn dauerhaft leitenden Vorstellungen.[40]

Leitend blieb für Luther eine exklusiv christologische Hermeneutik des Alten Testaments. Sie zeigt sich in der Schrift von 1523, wenn er Stellen des Alten Testaments im Sinne der Messianität Jesu und der Jungfrauengeburt Mariens auslegt.[41] Als Beispiel sei hier Gen 3,15 angeführt, wo Gott zur Schlange spricht: »Ich will Feindschaft zwischen dir und der Frau setzen, zwischen deinem Samen und ihrem Sa-

---

38 Ebd., 53f.; vgl. auch: WA 336, 30–35.
39 Wengst, Christsein mit Tora und Evangelium, 46.
40 Kaufmann, Thomas, Art. Luther, Martin, in: HdA 2.2 (2009), 501–505, hier: 505.
41 Luther führt weitere christologische Schriftbeweise für die Messianität Jesu aus dem Alten Testament an: z. B. Gen 22, 18; 49, 10–12; 2 Sam 7,12–14; Jes 7,14; Dan 9, 24–27. Siehe dazu: Pangritz, Andreas, Theologie und Antisemitismus: Das Beispiel Martin Luthers, Frankfurt a. M. u. a. 2017, 270–279, bes. 271–276.

men; der [Same der Frau] wird dir den Kopf zertreten, und du wirst ihm in die Ferse beißen.« Diesen alttestamentlichen Vers bezeichnete Luther sogar als »das aller erst Euangelion«[42]:

> Dieses Evangelium haben nun die Urväter von Adam an gepredigt und getrieben. Dadurch haben sie auch den künftigen Samen dieser Frau erkannt und an ihn geglaubt. Dadurch sind sie auch wie wir durch den Glauben an Christus bewahrt worden, sie sind auch rechte Christen gewesen wie wir [...].[43]

Für Luther deuten – nach seiner exklusiv christlichen Lesart des Alten Testaments – alle wichtigen biblischen Gestalten auf Jesus Christus hin, weshalb er sie auch als »rechte Christen« bezeichnete.[44] Jene Juden, die Jesus Christus aber nach seinem Erscheinen auf Erden nicht als Messias und Sohn Gottes anerkannten, waren nach Luthers Ansicht vom christlichen Glauben abgekommen. Wenn Luther nun mit seiner Schrift *Dass Jesus Christus ein geborener Jude sei* »vielleicht einige von ihnen [den Juden] zu ihrem rechten Glauben zu bringen« versuchte, dann ist es nach Luthers tiefer Überzeugung nichts anderes, als sie zu dem Glauben, »den ihre Väter gehabt haben«, zurück zu führen.[45] Damit negierte Luther, dass die Juden ein eigenes Verständnis der ihnen offenbarten Schrift haben. Deutlich tritt hier seine problematische Bibelhermeneutik zu Tage, in der Martin Luther nur eine einzige, christliche Lesart des Alten Testaments entwickelte und gelten ließ. Nach seiner theologisch also keineswegs judenfreundlichen Schrift aus dem Jahr 1523 folgten weitere, darunter im Jahr 1543 seine Trilogie dezidert antijüdischer Schriften: *Von den Juden und ihren Lügen, Vom Schem Hamphoras und vom Geschlecht Christi* sowie *Von den letzten Worten Davids,* in dem er auf die Inhalte der jüdischen *Toledot Jeshu*[46] zurückgriff. In *Von den Juden und ihren Lügen* rief Luther in sieben Punkten dazu auf, die Juden sozial, wirtschaftlich und religiös an den Rand ihrer Existenz zu treiben. Sie seien genannt, um ein Beispiel für Luthers Antijudaismus konkret zu gewinnen: Erstens sollten die Synagogen und die Schulen der Juden in Brand gesteckt werden, weil sie dort angeblich Lästerung gegen Christus und seine Mutter Maria trieben; aus diesem Grund sollten zweitens auch ihre Wohnhäuser niedergebrannt werden. Drittens sollten »alle ihre Bücher« Gebetbücher und Talmude weggenommen werden; viertens den »lästernden Rabbinern« bei Androhung von »Leib und Leben« die Ausübung ihres Amtes verboten werden; ihnen fünftens kein öffentlicher Schutz und freier Durchgang gewährt werden, sechstens allen Juden der Geldverleih mit

---

42 WA 11: 317, 11.
43 Luther, Dass Jesus Christus ein geborener Jude sei und andere Judenschriften, 11; vgl. auch: WA 11: 317, 23–26.
44 Vgl. Wengst, Klaus, Martin Luther und die Juden: Über theologische Judenfeindschaft als Geburtsfehler des Protestantismus, in: Wengst, Klaus, Christsein mit Tora und Evangelium: Beiträge zum Umbau christlicher Theologie im Angesicht Israels, Stuttgart 2014, 35–52, hier: 40.
45 Luther, Dass Jesus Christus ein geborener Jude sei und andere Judenschriften, 27; vgl. WA 11: 325, 17f.
46 Siehe zu den *Toledot Jeshu* Teil II, Kap. 2.1 »Joseph Klausner« Abschnitt »b) Quellen und Aufbau der Arbeit«.

2 Luthers »Judenschriften« und ihr Erbe

Zinsen verboten sowie ihnen alle Barschaft, ihr Silber und Gold weggenommen werden und siebtens alle jungen, starken Juden und Jüdinnen zu schwerer körperlicher Arbeit gezwungen werden, um sich ihr Brot zu verdienen. Bestünde die Befürchtung, von den Juden Nachteil zu erfahren, solle man »mit ihnen abrechnen, was sie uns durch Wucher genommen, und danach gütlich teilen, sie aber immer aus dem Land vertreiben [...]. Drum immer weg mit ihnen«.[47] Jules Isaac wird 1946 über Luther schreiben:

> Nur Geduld, Luther, Hitler wird kommen. Deine Wünsche werden noch weit darüber hinaus erfüllt werden! Anerkennen wir hier die Ähnlichkeiten und die Blutsbande, die zwei große Deutsche verbinden und räumen wir Luther den Platz ein, der ihm zukommt, nämlich den in der ersten Reihe der christlichen Vorgänger (von Auschwitz).[48]

Zurück zu Luthers Schrift von 1523 und drei theologisch problematischen Haltungen gegenüber den Juden, die Klaus Wengst als »Widerhaken« bezeichnet. Zwei bereits angesprochene Widerhaken sind die judenmissionarische Intention und das exklusiv christliche Auslegungsmonopol des Alten Testaments auf Jesus Christus hin, womit Luther den Juden die Interpretationsfähigkeit ihrer eigenen Schrift absprach. Einen dritten noch nicht angesprochenen Widerhaken sieht Wengst in der an sich positiven Aussage über die jüdische Herkunft Jesu enthalten, die jedoch theologisch gerade nicht über seine jüdische Herkunft hinausreicht. Weder dass Jesus als Jude gelebt und gewirkt hat, noch dass er als Jude gestorben ist, kommt bei Luther zum Zug. »Jesus und die Apostel sind bei Luther zwar als Juden wahrgenommen; sie haben jedoch nichts spezifisch Jüdisches.«[49] Wengst hebt damit hervor, dass das Judesein Jesu Christi bei Luther keine Rolle spielte. Diese theologisch fragwürdige Sicht sei anhand eines Zitats von Luther dargestellt, in dem er nur auf die Herkunft Jesu »aus dem jüdischen Stamm« pocht und daraus sein Hauptargument für die Konversion von Juden zum Christentum zog. Luther stellt den Juden eine Frage:

> [W]ann [gab] es je einen solchen Mann aus dem jüdischen Stamm [...], dem so viele Völker anhingen, wie diesem Jesus Christus? David war ein großer König, Salomo auch. Aber ihr Reich breitete sich noch nie weiter als auf den kleinen Teil Syriens aus; dieser Jesus aber wird auf der ganzen Welt als Herr und König angenommen. Daher kann man den Vers im zweiten Psalm in ihm als erfüllt ansehen, wenn Gott zum Messias spricht [Psalm 2,8], »Ich will dir die Heiden zum Besitz geben und zu deinem Erbteil, so weit die Welt ist.« [...] Und es ist ein Wunder, dass die Juden das nicht [dazu] bewegt, an diesem Jesus, ihr eigenes

---

47 LUTHER, Martin, Dr. Martin Luthers Werke. Kritische Gesamtausgabe – Weimarer Ausgabe (1883–2009): Band 53 Schriften 1542/43: WA 53, 417–552 (vgl. auch: https://archive.org/details/werkekritischege53luthuoft). Die sieben Punkte finden sich in: WA 53, 523, 13–25; 523, 30f.; 525, 32f., 524, 6f.; 524, 18f., 525, 31–526,1 und 526,12–16. Der dortige Text wurde hier in einer üblichen Fassung deutscher Sprache wiedergegeben aus: HENRIX, Hans Hermann, Israel trägt die Kirche: Zur Theologie der Beziehung von Kirche und Judentum, Berlin/Münster 2019 (= Forum Christen und Juden 17), 152.

48 ISAAC, Jules, Jesus und Israel, Aus dem Französischen von Gerda Stockhammer, Wien 1968, 291.

49 WENGST, Christsein mit Tora und Evangelium, 39.

> Fleisch und Blut, zu glauben, zu dem die Bibelverse in der Tat so überzeugend und gut passen. [...] Sie wissen ja wohl, dass die Heiden von Natur aus nie einem Volk mehr feind gewesen sind als den Juden.⁵⁰

Einerseits ruft Luther die Juden zum Glauben an Jesus Christus auf, mit der Begründung, dass dieser ihrem »jüdischen Stamm«, ihrem eigenen »Fleisch und Blut« angehörte. Hier spielt es in seiner theologischen Argumentation eine Rolle, dass Jesus als Jude geboren wurde. Andererseits führt Luther für die Heiden an, die die Juden als »natürliche« Feinde erachteten, bei Jesu Christus eine absolute Ausnahmehaltung eingenommen zu haben, indem sie ihn zum »Herrn und König« machten, *obwohl* er als Jude geboren wurde.

Beide Argumentationen stützen sich auf die Herkunft Jesu Christi. Lediglich die Abstammung Jesu Christi und nicht auch sein Judesein als Deutungshorizont für eine Christologie zu würdigen, kann theologisch und exegetisch dazu führen, die jüdische Herkunft Jesu als Legitimation einer rein vergangenen Geschichte Israels zu erachten und daraus lediglich Christi theologische Dignität zu ziehen, aber zugleich sein bleibendes Judesein im christlichen Bekenntnis zu übergehen. In anderen Worten: Wäre Jesus Christus für Luther nicht nur ein geborener Jude geblieben, sondern auch ein auferstandener Jude gewesen, hätte er seinen judenmissionarischen Eifer in Frage stellen müssen, weil daraus die Anerkennung hätte folgen müssen, dass die Juden dann wirklich Brüder des auferstandenen Christus gewesen wären. Zumindest wäre auch die negative Begründung, warum Heiden zum Glauben an Jesus Christus kamen, nicht mit einem negativen »*obwohl* er als Jude geboren wurde« zu begründen gewesen. Vielleicht hätte es auch sein substitutionstheologisches Denken etwas ausgebremst, weil in Christus immer schon sein bleibendes Judesein und nicht nur seine Abstammung aus dem Judentum mitgedacht werden müsste. Luthers Interpretation des Alten Testaments bliebe dann mit dem Juden Jesus Christus im Referenzrahmen Israels, ohne diesen substituieren zu müssen. Jesus Christus wäre als *solus Christus* somit nicht nur alleine *als* Interpretationsrahmen, sondern mit Israel *im* Interpretationsrahmen des Alten Testaments zu verstehen.

Für eine heutige Hermeneutik des Alten Testaments, seien nur die beiden Stichworte »Israelerinnerung« und »doppelte Leseweise« festgehalten:⁵¹

> Insofern Erinnerung Verbindung ist, bedeutet Erinnerung für eine Hermeneutik des Alten Testaments zuerst einmal die Verbindung mit Israel durch die Erinnerung der Bibel Israels als Altes Testament. [...] Die Erinnerung der Bibel Israels im Christentum führt, wie alle Erinnerung, folglich zum Ursprung zurück, der für das Christentum in der Konstitution seiner Bibel Alten und Neuem Testamentes zu sehen ist.⁵²

Die »Israelerinnerung« steht der »Israelvergessenheit« (Franz Mußner), die mit dem Auseinandergehen der Wege von Christentum und Judentum (*Parting of the ways*)

---

50 LUTHER, Dass Jesus Christus ein geborener Jude sei und andere Judenschriften, 36–38. vgl. auch: WA 11, 330, 27–34; 331, 11–13; 331, 15–17.
51 Siehe: STEMBERGER, Günter/DOHMEN, Christoph, Hermeneutik der Jüdischen Bibel und des Alten Testaments, Stuttgart ²2019.
52 STEMBERGER/DOHMEN, Hermeneutik der Jüdischen Bibel und des Alten Testaments, 229f.

begann, theologisch ganz grundsätzlich entgegen. Was diese Erinnerung an Israel konkret für das hermeneutische Verständnis des Alten Testaments bedeutet, macht Verena Lenzen deutlich: »Geschichte wird erinnert und verinnerlicht als identitätsstiftendes und traditionsbildendes Element. Jedes Ich wird ein Glied in der Traditionskette des kollektiven Wir. Erinnerung ist Verbindung.«[53] Diese Verbindung zu Israel gilt es in einer »doppelten Leseweise« des ersten Teils der christlichen Bibel zu verstehen. Dies meint dabei nach Christoph Dohmen nicht Wahlfreiheit, sondern zuerst Orientierung an der Leserichtung, die die Interpretationsrichtung vorgibt.[54] Zudem folgt nun die »doppelte Leseweise«. Sie meint nicht, einmal das Alte Testament als Bibel Israels und einmal christologisch als Altes Testament zu lesen, sondern, dass die beiden Leseweisen »komplementär« zusammengehören,

> was die Zweiteilung der Einheit der Schrift im Christentum unterstreicht und als Editionsprinzip fordert, so dass bei jeder einzelnen Verstehens- und Zugangsweise, die im Christentum gewählt wird, die je andere als Korrektiv im Hintergrund stehen bleibt. Auf diese Art und Weise, die der doppelten Leseweise eigen ist, kann und muss christliches Verstehen den Ursprung in der Bibel Israels wachhalten und ebenso die Deutung des Christusereignisses auf der Basis dieser Schrift, die ja als Offenbarungsgrundlage die Legitimation dieser Deutung darstellt.[55]

Diese vorgeschlagene Hermeneutik des Alten Testaments ist einerseits Israelerinnerung und anderseits christlicher Selbstschutz, die Schriftgrundlage des Judentums nicht zu enterben oder zu substituieren und zugleich der jüdischen Glaubensgemeinschaft ihre Bibelinterpretation nicht abzusprechen. Deutlich hat gegen einen solchen Irrtum auch die Päpstliche Bibelkommission vom 24. Mai 2001 festgehalten, dass das Judentum seine eigenen Schriften versteht und gleichzeitig in einer christlichen Lesart ein »Sinnüberschuss« im Alten Testament erkennbar ist.

> Wenn der christliche Leser wahrnimmt, dass die innere Dynamik des Alten Testaments in Jesus gipfelt, handelt es sich hier um eine rückschauende Wahrnehmung, deren Ausgangspunkt nicht in den Texten als solchen liegt, sondern in den Ereignissen des Neuen Testaments, die von der apostolischen Predigt verkündigt worden sind. So darf man nicht sagen, der Jude sähe nicht, was in den Texten angekündigt worden sei. Vielmehr gilt, dass der Christ im Lichte Christi und im Geiste in den Texten einen Sinnüberschuss entdeckt, der in ihnen verborgen lag. (6.21)[56]

---

53 LENZEN, Verena, Jüdisches Leben und Sterben im Namen Gottes: Studien über die Heiligung des göttlichen Namens (Kiddusch HaSchem), Zürich/München 2002, 178.
54 Vgl. STEMBERGER/DOHMEN, Hermeneutik der Jüdischen Bibel und des Alten Testaments, 230.
55 Ebd., 230f.
56 Päpstliche Bibelkommission, Das jüdische Volk und seine Heilige Schrift in der christlichen Bibel vom 24. Mai 2001, in: https://www.vatican.va/roman_curia/congregations/cfaith/pcb_documents/rc_con_cfaith_doc_20020212_popolo-ebraico_ge.html (Abruf: 10.4.2022). Siehe darin auch Nr. 22: »[D]ie Christen können und müssen zugeben, dass die jüdische Lesung der Bibel eine mögliche Leseweise darstellt, die sich organisch aus der jüdischen Heiligen Schrift der Zeit des Zweiten Tempels ergibt, in Analogie zur christlichen Leseweise, die sich parallel entwickelte. Jede dieser beiden Leseweisen bleibt der jeweiligen Glaubenssicht treu, deren Frucht und Ausdruck sie ist. So ist die eine nicht auf die andere rück führbar.«

Zum Abschluss der Darstellung von Luthers »Judenschriften« und ihrem Erbe, sei hier an die fünfte These von Seelisberg erinnert, sie formuliert:

> Es ist zu vermeiden, dass das biblische und nachbiblische Judentum herabgesetzt wird, um dadurch das Christentum zu erhöhen. (Fünfte These von Seelisberg, 1947)

3 Antijüdische Hermeneutik

Wenn gewisse Stellen im Alten und Neuen Testament nicht in ihrem Kontext und Zusammenhang, sondern nur rein nach dem Wortsinn gelesen werden, oder bereits mit einem antijüdischen Vorverständnis oder vielleicht unabhängig von dem Wissen über die fast ausschließlich jüdische Autorenschaft dieser Schriften, dann sind bereits einige hermeneutische Vorentscheidungen getroffen, einzelne Bibelstellen – wie durch die Reflexion der Wirkungsgeschichte belegt – antisemitisch auszulegen.[57] Der christlichen Leserschaft fallen dazu wohl zuerst jene neutestamentlichen Stellen der Passion Christi ein, mit denen das ganze jüdische Volk in Verbindung gebracht wurde. Unter Berücksichtigung der Rezeptionsforschung präsentiert sich nach dem katholischen Bibelwissenschaftler Rainer Kampling ein durchaus erstaunliches Resultat, wenn er die Verbindung von Neuem Testament und Antijudaismus besonders im Rahmen der Spätantike untersucht, deren Nachwirkung teils bis heute in einem christlichen Überlegenheitsdenken nachgewiesen werden kann.

> Für die Ausbildung des Antijudaismus als theologisches System in der christlichen Spätantike sind alttestamentliche Texte als Belegtexte qualitativ und quantitativ von größerer Bedeutung als neutestamentliche. Selbst die Aussage, Jesus sei von den Juden gekreuzigt worden, wird von vielen antiken Theologen nicht allein auf der Basis neutestamentlicher Texte getroffen, sondern durch bisweilen hermeneutisch kühne Verschränkungen von Typologie und Allegorese, Altem und Neuem Testament.[58]

---

57 Hier ist auch das christlich konstruierte Bild bzw. ein hermeneutischer Juden von der Antike bis ins Hochmittelalter zu bedenken, wie es Jeremy Cohen formuliert: »The Christian idea of Jewish identity crystallized around the theological purpose the Jew served in Christendom; Christians perceived the Jews to be who they were supposed to be, not who they actually were, and related to them accordingly.[...] As such, the Jews' nature, their personality, and their historical mission derived directly from essential dictates of Christian doctrine and hermeneutics.« COHEN, Jeremy, Living Letters of the Law: Ideas of the Jew in Medieval Christianity, University of California Press 1999, 2. – Diese Hermeneutik war davon geprägt, dass »die Juden« Jesus getötet hatten und damit Gottesmord begingen. Die Strafe für dieses Verbrechen sei der Blutruf (Mt 27,25); Gott habe sein Volk verstoßen und seit der Tempelzerstörung 70 n. Chr. als umherwandernde »ewige Jude« bestraft, Zeugnis für die Wahrheit des Christentums abzulegen. Mit den Zehn-Thesen von Seelisberg, *Nostra Aetate* und der neuen Israel-Theologie ändert(e) sich die dieser Hermeneutik massiv z.B. durch die theologische Würdigung, dass das jüdische Volk weiterhin im ungekündigten Bund Gottes steht und eben keinen Gottesmord begann.

58 KAMPLING, Rainer, Antijudaismus im Neuen Testament, in: ZNT (Zeitschrift für Neues Testament) 19/37 (2016), 3–10, hier: 8.

3 Antijüdische Hermeneutik

Die Frage nach dem methodischen und hermeneutischen Verständnis, mit dem biblische Texte interpretiert wurden, führte zu Interpretationsmodellen, mit denen antike Theologen nicht nur das Alte Testament sondern innerhalb ihrer Ekklesiologie auch Israel umdeuteten und damit das Judentum abwerteten.[59] Dieses Verständnis gilt in besonderer Weise für Martin Luthers ablehnende Haltung gegenüber jüdischer Bibelauslegung und seinen überwiegend dezidiert antijüdischen »Judenschriften«. Wer die Wurzel der polemischen und aggressiven Haltung Luthers gegenüber den Juden verstehen will, findet die Antwort in seiner Interpretation des Alten Testaments, so Matthias Morgenstern:

> Das Alte Testament war für ihn [Luther] ein Buch des Zeugnisses von und für Jesus Christus – der Gegensatz zur jüdischen Schriftauslegung war hier vorprogrammiert.[60]

Luther lehnte den seit der Antike verwendeten vierfachen Schriftsinn, im Nebeneinander einer wörtlich-historischen, dogmatisch-theologischen, moralischen und endzeitlich-eschatologischen Interpretation, im Laufe der Zeit immer stärker zugunsten eines einzigen Schriftsinns, dem wörtlichen (*lat. sensus literalis*) ab. Wichtig ist bei Luther zu wissen, dass, wenn der wörtliche Textsinn nicht das richtige Ergebnis für ihn brachte, er so lange nach ihm suchte, bis er doch einen christologischen Textsinn fand oder, anders formuliert, der Literalsinn sich seiner exklusiven christologischen Interpretation fügte.[61]

Wer jedoch denkt, dass die historisch-kritische Methode automatisch eine Verbesserung gebracht hat, liegt falsch. Funktional wirkte diese in der christlichen

---

59 Klassische Interpretationsmodelle für das Alte Testament sind kurz zusammengefasst: a) Substitutionsmodell (die Kirche ersetzt Israel), b) Typologiemodell (Israel als Vorabbildung der Kirche), c) Illustrationsmodell (Israel als Negativfolie der Kirche), d) Subsumationsmodell (Israel löst sich in der Kirche auf), e) religionsgeschichtliches Modell (Unterscheidung zwischen einem vorexilischen, positiv beurteilten Hebraismus oder Israel – woran die Kirche anknüpfte, und einem nachexilischen negativ beurteilten Judaismus oder Judentum, der bzw. das negativ als Gesetzesreligion weiterbesteht), f) Ahasveruslegende, ein der Legende nach von Jesus zurückgewiesener Jude, der auf ewige Wanderschaft verdammt wird und der *pars pro toto* für das jüdische Volk steht. Dieses unstete Leben wird mit Gen 4,12 in Verbindung gebracht. Dort verurteilt Gott Kain, wegen des Brudermordes: »Rastlos und ruhelos wirst du auf der Erde sein.« Siehe dazu: Bauer, Uwe F. W., Art. Antijudaismus (AT), in: Das Wissenschaftliche Bibellexikon im Internet (www.wibilex.de), 2007 (Abruf: 9.9.2021).

60 Morgenstern, Matthias, Nachwort zu den »Judenschriften« Martin Luthers, in: Luther, Martin, Dass Jesus Christus ein geborener Jude sei und andere Judenschriften: Neu bearbeitet und kommentiert von Matthias Morgenstern, Wiesbaden 2019, 273–330, hier: 300. »Luther setzt mit der größten Selbstverständlichkeit voraus, dass die biblischen Autoren und alle wichtigen Gestalten in den biblischen Erzählungen ganz und gar auf Christus hin sprachen und lebten, ja selbst sogar schon Christen waren, sodass eine Konversion von Juden nichts anderes wäre als Rückkehr zum Glauben ihrer biblischen Vorfahren, den sie mit ihrer Ignorierung Jesu verlassen hätten. Damit ist zugleich unterstellt, dass die Juden ihre eigene Bibel in keiner Weise verstehen und deshalb in einem Gespräch auch schlechterdings nichts Positives beitragen können [...].« Wengst, Christsein mit Tora und Evangelium, 40.

61 Vgl. Morgenstern, Nachwort zu den »Judenschriften« Martin Luthers, 278, 299, 304.

Leben-Jesu-Forschung anfangs eher wie die antiken Interpretationsmodelle: als Instrument zur Stärkung des eigenen christlichen Profils mittels Abwertung des Judentums.

Umstritten ist in der exegetischen Forschung, ob einzelne Stellen des Neuen Testaments genuin antijüdisch sind oder »nur« so interpretiert wurden. Wie schwierig diesbezüglich die Beantwortung ist, sei mit Rainer Kampling festgehalten:

> Die Frage nach einem Antijudaismus im Neuen Testament entbirgt mithin eine solche Fülle an Implikationen, dass sie sich einer Antwort entzieht. Es wäre schon viel gewonnen, wenn man sicher sein könnte, die richtige Frage zu stellen. Wenn es ein bibelwissenschaftliches Thema gibt, dessen man nur Herr würde, um den Preis es zu destruieren, dann das des Antijudaismus im Neuen Testament.[62]

Trotz der Komplexität sei auf die problematische Interpretation neutestamentlicher Texte nach dem Literalsinn eingegangen. Diese Form der wortwörtlichen Schriftauslegung wurde zweifellos judenfeindlich instrumentalisiert und brachte damit in dieser Hinsicht keine Verbesserung gegenüber allegorischer oder anderer traditioneller Auslegung. In der Vergangenheit wurden so jene Stellen besonders betont und zum Ausbau der Substitutionstheologie verwendet, mittels derer die Kirche meinte, allen ungetauften Juden das Heil absprechen zu können. Drei im Sinne der Wirkungsgeschichte besonders verheerende neutestamentliche Textstellen, die in Verbindung mit dem Tod Jesu stehen und die eine Auslegung in diese Richtung ermöglichen, sind der Prophetenmordvorwurf in 1 Thess 2,15, der Christusmordvorwurf aus Mt 27,25 und die Anschuldigung, den Teufel zum Vater zu haben in Joh 8,44.

Schalom Ben-Chorin, der in dieser Arbeit noch ausführlich behandelt wird, hat sich in einem Aufsatz mit diesen Textstellen beschäftigt, indem er die unterschiedlichen Interpretationen bei der Aufführung von Musikstücken zum Vergleich der Auslegungsmöglichkeiten einzelner neutestamentlicher Verse hinzuzog und dabei die Konsequenzen betonte, die sich je nachdem ergeben, wie die jeweiligen Textstellen ausgelegt werden.

> [I]n bezug auf die Haltung des Neuen Testaments gegenüber Israel, den Juden und dem Judentum, sind sehr unterschiedliche Töne hörbar. Es kommt darauf an, wie wir diese Symphonie interpretieren. Wer sein Ohr der Musik öffnet, kann immer wieder die Erfahrung machen, daß dieselbe Komposition von verschiedenen Dirigenten ganz verschieden interpretiert wird. So geht es auch uns. Jahrhunderte lang wurden die antijüdischen Elemente, die im Neuen Testament fraglos vorhanden sind, besonders betont und weiter ausgebaut.[63]

Wenn Ben-Chorin bildhaft von einer »Symphonie« spricht, dann meint er damit, dass einzelne Textstellen im Gesamtzusammenhang des Neuen Testamentes verstanden werden müssen. Er fügt gleichsam eine priorisierte Interpretationshilfe hinzu, die er für das ganze Neue Testament als autoritativ geltend ansieht. Es ist eine einfache, allgemein leicht verstehbare Interpretationshilfe, die er aus dem

---

62 KAMPLING, Rainer, Antijudaismus im Neuen Testament, in: ZNT (Zeitschrift für Neues Testament) 19/37 (2016), 3–10, hier: 9.
63 BEN-CHORIN, Schalom, Antijüdische Elemente im Neuen Testament, in: EvTh 40/2 (1980), 203–214, hier: 213 [DOI: 10.14315/evth-1980-0204].

neutestamentlichen Kanon selbst ableitet. Ben-Chorin orientiert sich an den Worten Jesu, die auch in der jüdischen Jesusforschung als genuin jesuanisch gelten. Wenn es um eine christliche Auslegung des Neuen Testaments geht, muss diese immer mit Bezug auf das doppelte Liebes- und Feindesgebot Jesu zu interpretieren sein. Es lässt sich hier von einer durchaus »*gebotenen Perspektive*« für die christliche Exegese sprechen, mit der sich – nach Ben-Chorin – das Evangelium durch das Evangelium selbst modifiziert.[64] Falsch verstanden wäre also das Stehenbleiben bei einem Literalsinn, der den Kontext der jesuanischen Botschaft außer Acht lässt und die oben genannten neutestamentlichen Textstellen isoliert. Dies führte zu verheerenden Folgen für das jüdische Volk. Mit Blick auf die achte These von Seelisberg findet sich diese hermeneutische Modifikation eindrücklich vorformuliert:

> Es ist zu vermeiden, die Bibelstellen von der Volksmenge ›Sein Blut komme über uns unsere Kinder‹ auszulegen, ohne daran zu erinnern, dass dieser Schrei die Worte unseres Herrn nicht aufzuwiegen vermag: ›Vater, vergib Ihnen denn Sie wissen nicht was sie tun‹, Worte die unendlich mehr Gewicht haben.[65]

Der Fokus auf den Literalsinn fördert teils nicht nur eine antijüdische Auslegung, sondern kann auch dazu führen, dass Form und Inhalt einer biblischen Erzählung verwechselt werden. Dies, so die Einschätzung von Norbert Reck, geschah, als durch eine heidenchristliche Interpretation der Evangelien das jüdische Interpretationsverständnis in der Kirche zurückgedrängt wurde. Hier ist eine Parallele zur heidenchristlichen Entwicklung der Christologie erkennbar, in der die Bezüge zum Judesein Jesu bedeutungslos wurden, weil die jüdische Aussageabsicht, sobald sie in den römisch-hellenistischen Kontext hinein übersetzt wurde, nicht mehr bedeutungsgleich in der heidenchristlichen Kirche verstanden wurden. Ein Beispiel von Norbert Reck sei hier angeführt: die Erzählung von Jesu Gang über den See Genezareth (Mt 14,22–33).[66] Reck, der stark einen diskursanalytischen Ansatz nach Michel Foucault verfolgt, wendet sich gegen eine wortwörtliche und auch gegen eine rein traditionell-christliche Interpretation der Textstelle. Er legt die Stelle so aus, dass in der Bedrängnis auf »Gott zu schauen« ist. Reck interpretiert die Erzählung von Jesu Gang über den See aus der Exoduserfahrung Israels heraus, denn damit konn-

---

64 Ebd., 212.
65 INTERNATIONALER RAT VON CHRISTEN UND JUDEN (Hg.), Der Antisemitismus, 38.
66 Reck leitet seine Interpretation mit einem Zitat des irisch-amerikanischen Neutestamentlers John Dominic Crossan ein, in dem dieser deutlich macht, dass bereits die antiken Autoren und Leser des Evangeliums nicht alles wörtlich, sondern durchaus symbolisch verstanden. Reck verweist darauf, dass ein Kenner des Tanach den Gang Jesu über das Wasser direkt mit der Macht Gottes oder des Gottessohnes verband und nennt dafür Beispiele. So wird Gott in Psalm 77,20 direkt mit den Worten angesprochen »Durch das Meer ging dein Weg, dein Pfad durch gewaltige Wasser« oder in Verbindung mit Hiob 9,8 »Er spannt allein den Himmel aus und schreitet einher auf den Höhen des Meeres« oder an Jes 43,16, wo Gott »einen Weg durchs Meer bahnt, einen Pfad durch gewaltige Wasser«. Jesaja wiederum erinnert an den Exodus (14,21f.), in dem Gott die Israeliten durch das Meer führt. Vgl. RECK, Norbert, Der Jude Jesus und die Zukunft des Christentums: Zum Riss zwischen Dogma und Bibel: ein Lösungsvorschlag, Ostfildern 2019, 152–167.

ten sich nach Reck die Juden im 1. Jahrhundert unter der Besatzung Roms identifizieren. Die Erfahrung der Ohnmacht gegenüber der römischen Besatzung, der Hunger, die Militärgewalt und willkürliche Hinrichtungen prägten für die jüdische Bevölkerung diese Zeit. Werden diese politischen und ökonomischen Zustände beim Lesen der Erzählung vom Gang Jesu über den See ausgeblendet, sie »ohne ihren alttestamentlichen Wahrheitsraum und ohne Hoffnung auf Besserung der drückenden wirtschaftlichen und politischen Verhältnisse der Zeit« gelesen, denen Jesu Botschaft vom Reich Gottes entgegengesetzt wird, dann »ist es nicht schwer, [...] den Inhalt mit der Form zu verwechseln«[67]. Nach Reck sollen die, die sich Jesus anschließen, mit dieser Erzählung nicht zu dem Glauben gelangen, er sei über das Wasser gegangen, sondern zum Glauben an die eigenen Fähigkeiten finden. Das Schlüsselwort hierfür ist nach Reck die Aufforderung »Komm!«, die Jesus an Petrus richtet (Mt 14,29). Petrus soll trotz seiner eigenen Ohnmachtserfahrung darauf vertrauen nicht in den Wellen unterzugehen. Der Diskurs dreht sich einerseits um den Glauben an Gott und andererseits um den Glauben an die eigenen Fähigkeiten, die nicht von Gott getrennt betrachtet werden: »Wo der Glaube an die eigene Ohnmacht abgelegt wird, hat erst die Stimme des Gottes vom Sinai eine Chance, gehört zu werden. Im Grunde ist die Stimme dieses Gottes identisch mit der Stimme Jesu auf dem See Gennesaret. Beide sagen: ›Komm!‹«[68] Reck zeigt hier, dass sich mit einer heidenchristlichen Lesart, die auf den Literalsinn beschränkt ist, die jüdische Aussageabsicht der Erzählung verloren geht.

Zurück zur Problematisierung einer Lesart des Evangeliums bzw. einzelner Textstellen daraus, die in der Vergangenheit judenfeindlich ausgelegt wurden. Für den im deutschsprachigen Raum weniger bekannten episkopalen US-Bischof von Newark, John Shelby Spong (1931–2021), sind solche Interpretationen die Resultate einer »gentile heresy«, die besonders durch die wortwörtliche Bibelauslegung von erzählenden Bibel-Passagen entstand. Die erzählenden neutestamentlichen Passagen wollen, den haggadischen Texten vergleichbar, nicht wortwörtlich, sondern auf die jeweilige inhaltliche Referenz bzw. den inhaltlichen Kontext der Erzählung hin verstanden und interpretiert werden.[69] Spong schreibt sein Buch *Biblical Literalism: A Gentile Heresy* (2016) in einen amerikanischen Kontext hinein, der stärker als in den europäischen Kirchen von den Folgen eines wortwörtlichen Bibelverständnis geprägt ist.[70] Warum Spong sich gegen eine nach dem Wortsinn gerichtete Exegese von erzählenden Passagen wendet, begründet er auch[71] mit der erschreckenden Geschichte, die das Verhältnis von Kirche und Judentum mitprägte:

---

67 Reck, Der Jude Jesus und die Zukunft des Christentums, 161.
68 Ebd.
69 Diesen Verweis auf John Shelby Spong verdanke ich Werner Risi.
70 Beispielsweise sind im US-amerikanischen *Bibel Belt*, das durch ein evangelikales Christentum geprägt ist, kreationistische Vorstellungen weitaus verbreiteter als in Europa.
71 Spong stellt sich einer wortwörtlichen Interpretation einzelner Bibelverse in der katholischen und protestantischen Kirche entgegen. Sie sind nicht göttliche Gesetze, um die Sklaverei, die Unterdrückung der Frau oder die Homophobie zu rechtfertigen und zeitgenössische naturwissenschaftliche Forschung einzuschränken (beispielsweise gegen Galileo

> I see centuries of Christian history as a time when the literal words of the Bible have been used in such a way as to guarantee the development of killing prejudices. I see a biblical anti-Semitism that has resulted in the beating, robbing, relocating, ghettoizing, torturing and killing of Jews from the time of ›the church fathers‹ in the second century to the Holocaust in the twentieth century. I weep at the evil and the pain that we Christians have done to Jewish people in the Name of God.[72]

Auf diesen Aspekt antijüdischer Hermeneutik reagiert die vierte These von Seelisberg, indem sie formuliert:

> Es ist hervorzuheben, dass das höchste Gebot für die Christenheit, die Liebe zu Gott und zu den Nächsten, schon im Alten Testament verkündigt, von Jesus bestätigt, für beide Christen und Juden, gleich bindend ist, und zwar in allen menschlichen Beziehungen und ohne jede Ausnahme. (Vierte These von Seelisberg, 1947)

4 Die »Entjudaisierung« Christi

Keine Rückbindung an ein jüdisches Christusbild, sondern einen bewusst getriebenen Spalt zwischen Christen- und Judentum bzw. zwischen Jesus und seinen jüdischen Wurzeln illustriert der *Antisemiten-Katechismus* von Theodor Fritsch (1852–1933) aus dem Jahr 1887. Von 1907 bis 1944 erschien er unter dem Titel *Handbuch der Judenfrage* in insgesamt 49 Auflagen mit über 300.000 Exemplaren. Damit zählt dieses Werk zu den zentralen Schriften der völkischen Bewegung des wilhelminischen Kaiserreichs und zugleich zu dem wohl meistgelesenen antisemitischen Buch seiner Zeit. In den erweiterten und veränderten Auflagen zeigt sich ein Wandel vom politisch für das Kaiserreich weniger bedeutenden Antisemitismus hin zu einem wesentlichen Teil der Staatsräson des »Dritten Reichs«.[73] *Der Antisemiten-Katechismus* bzw. das *Handbuch der Judenfrage* ist sowohl antisemitisch als auch antichristlich, insbesondere gegen die röm.-kath. Kirche gerichtet, weil sie eine »Kampfstellung gegen den deutschen Nationalsozialismus eingenommen hat und die Juden immer noch für das ›Auserwählte Volk‹ erklärt.«[74] Das *Handbuch der Judenfrage* enthält auch antisemitische Äußerungen von katholischer Seite, hält aber für die Leserschaft zugleich fest:

---

mit Jos 10,12-14, dass die Erde nicht das Zentrum des Universums sei, oder gegen Darwins Entstehung der Arten mit Gen 1). Spong will als gläubiger Christ die bibelwissenschaftlichen Forschungsergebnisse einer breiten Öffentlichkeit zugänglich machen, damit die Bibel nicht missbraucht wird für Vorurteile, Hass und Unterdrückung. Spong, John Shelby, Biblical Literalism: A Gentile Heresy: a Journey into a New Christianity Through the Doorway of Matthew's Gospel, New York 2017, 8f. Zum allgemeinen Thema Fundamentalismus und Religion siehe beispielsweise: Buchholz, René, Falsche Wiederkehr der Religion: Zur Konjunktur des Fundamentalismus, Würzburg 2017.

72 Spong, Biblical Literalism, 7.
73 Vgl. Bergmann, Werner, Art. Handbuch der Judenfrage (Theodor Fritsch, 1887), in: HdA 7 (2013), 257–262, hier: 257, 261.
74 Fritsch, Theodor, Handbuch der Judenfrage: Die wichtigsten Tatsachen zur Beurteilung des jüdischen Volkes, Leipzig [33]1933, 546.

> [Die katholische Kirche] steht und fällt mit dem Judentum. [...] Immer und immer wieder stoßen wir bei allen möglichen Gelegenheiten auf warme Sympathiekundgebungen zwischen Judentum und Katholizismus. Diese Sympathie darf [...] nicht als religiöses Interesse des Judentums am Katholizismus gewertet werden. Nein, der Katholizismus ist nur wegen seiner bewußt jüdischen Grundlage die gewaltigste Schutzmacht des Judentums.[75]

Die hier herabgewürdigte »jüdische Grundlage« der röm.-kath. Kirche meint konkret das Alte Testament. Israel ist darin das auserwählte Gottesvolk. Daran wurde in der christlichen Theologiegeschichte zumeist festgehalten, sogar von stark gegen das Judentum polemisierenden Akteuren wie dem Kirchenvater Johannes Chrysostomus (†407):

> Hätte Gott die Juden verstoßen wollen, so hätte er nicht den Mann aus ihrer Mitte gewählt, dem er die Verkündigung des Evangeliums, das ganze Christentum mitsamt seinen Geheimnissen und die ganze Heilsordnung des Neuen Bundes anvertraut hat. [...]. ›Das Volk, welches er voraus erkannt hatte‹, d. h. von dem er genau wußte, daß es geeignet sei für den (christlichen) Glauben und ihn annehmen werde.[76]

Obschon das jüdische Volk mehrheitlich nicht den christlichen Glauben annahm, stand für Chrysostomus der Status Israels als das auserwählte Gottesvolk außer Frage. Demgegenüber wertet das *Handbuch der Judenfrage* das Alte Testament insgesamt, weil »zu jüdisch«, radikal ab. Mit dieser Strategie der Herabsetzung geht eine krude Aufwertung des Neuen Testaments einher und eine ebenso krude Interpretation der Jesusfigur:

> Der versteht Jesus nicht, der in ihm nur den Dulder sieht, »das Opferlamm, das der Welt Sünde trägt«. Vielmehr bewundern und verehren wir in Jesus den größten Helden und tapfersten Kämpfer, der je gelebt hat. [...] In unserem heutigen Kampf gegen das Judentum können wir keinen besseren und stärkeren Bundesgenossen haben, weil Jesus »in allem und jedem das genaue Gegenteil« vom Judentum lehrt.[77]

Jesus wird völkisch als »Bundesgenosse«, »Kämpfer« und »Held« tituliert, missbraucht für eine antisemitische politische Agenda, die auf einem argumentationsschwachen, zuweilen -losen Konstrukt aufbaut. Bei weitgehendem Verzicht auf die Einbeziehung der religionshistorischen Sachlage, stellt die völkische Bewegung Jesus als Feind des Judentums dar. Jesus als Gegensatz zu den Juden zu positionieren, konnte jedoch auf einer theologischen Vor- und Parallelgeschichte aufbauen, die wiederum zeitgenössische jüdische Jesusforschung ignorierte. So brachten christliche Wissenschaftler unter Berufung auf die Evangelien im 19. und 20. Jahrhundert trotz ihres bibelwissenschaftlichen Fachwissens und ihrer soliden Kenntnisse der biblischen Sprachen eine Jesusliteratur hervor, in der die Frage nach dem historischen Jesus nicht zu einer »Frage nach ›Jesus dem Juden‹, sondern [...] geradezu

---

75 Ebd., 256.
76 JOHANNES CHRYSOSTOMUS, In epistula ad Romanos, Neunzehnte Homilie, Kap. 11, Vers 1 (BKV 39, 80).
77 FRITSCH, Handbuch der Judenfrage, 65.

als Frage nach Jesus dem ›Anti-Juden‹« wurde.⁷⁸ Selbst Albert Schweitzer, der eine zweifelsohne bahnbrechenden Studie von *Reimarus zu Wrede. Eine Geschichte der Leben-Jesu Forschung* (1906)⁷⁹ vorlegte, weil er ein Strukturproblem der christlichen Leben-Jesu-Forschung aufdeckte – die Projektion eigener Ideale protestantisch liberaler Theologen in ihre jeweiligen Jesusdarstellungen – schloss jedoch jüdische Jesusperspektiven wie die von Moses Mendelssohn, Abraham Geiger oder Leo Baeck aus,⁸⁰ obwohl nebenbei bemerkt seine Frau Helene (1879-1957) aus einem jüdischen Elternhaus stammte. Das Fehlen der jüdischen Perspektiven auf Jesus erleichterte den antijüdischen Zugriff auf Jesus Christus, da seine Person für Christinnen und Christen nicht durch eine jüdische Identität geprägt dargestellt wurde. Die Auseinandersetzung mit der christlichen historisch-kritischen Jesusforschung im Anschluss an die Aufklärung und die Moderne erinnert daran, welche Fehlinterpretationen und Konsequenzen durch den Ausschluss jüdischer Stimmen möglich waren. Genauer wird auf die Versäumnisse der historisch-kritischen Jesusforschung später eingegangen.⁸¹

Die Behauptung, Jesus sei Nicht-Jude gewesen, entspricht dem völkischen Bild eines von jüdischen Einflüssen befreiten Christentums. Vom völkisch nicht-jüdischen Jesus hin zur rassistischen Konstruktion eines arischen Jesus unter der NS-Herrschaft war es nur ein kleiner Schritt. Mit Verweis auf das antisemitische *Handbuch der Judenfrage* muss erwähnt sein, dass dieses im Referenzrahmen der zeitgenössischen Vorstellungen Adolf Hitlers steht, aus dem dieser u. a. sein ideengeschichtliches Gedankengut für *Mein Kampf* zog.⁸² So schreibt er darin abschätzig über *den* Juden: »Sein Leben ist wirklich nur von dieser Welt und sein Geist ist dem wahren Christentum zum Beispiel innerlich so fremd, wie sein Wesen es zweitausend Jahre vorher dem hehren Gründer der neuen Lehre selbst war.«⁸³ Durch die Zeilen scheint das altbekannte polarisierende Vorurteil durch, die Juden seien materialistisch und diesseitsbezogen, die Christen hingegen orientieren sich an Jesus, der ein auf das Jenseits ausgerichtetes Leben lehrte. Dass es im antiken Judentum zur Zeit Jesu durchwegs jüdische Gruppen gab, die an ein Leben nach dem Tod

---

78 OSTEN-SACKEN, Peter von der, Jesus der Jude: Tendenzen, Gewinn und Grenzen einer neuen Wahrnehmung des Nazareners, in: KuI 14 (1999), 132-147, hier: 139.
79 Erst seit der 2. Auflage (1913) trägt Schweitzers Werk den Titel, unter dem es bis heute verlegt wird: *Geschichte der Leben-Jesu-Forschung*. Siehe Impressum und Inhaltsverzeichnis: SCHWEITZER, Albert, Geschichte der Leben-Jesu-Forschung, Tübingen ⁹2009 (1906 erschienen unter dem Titel: Von Reimarus zu Wrede. Eine Geschichte der Leben-Jesu Forschung) (= UTB für Wissenschaft Uni-Taschenbücher Theologie 1302).
80 Vgl. ebd., 48.
81 Siehe dazu Teil II, Kap. 1.3 »Wissenschaft des Judentums«.
82 Vgl. Einleitung zur Kritischen Edition, in: HITLER, Adolf, Mein Kampf: Eine kritische Edition, hrsg. im Auftrag des Instituts für Zeitgeschichte von Christian Hartmann u. a., München/Berlin 2016, 9-84, hier: 57. Siehe auch Hitlers Verschwörungsthesen von Theodor Fritsch gegen das »Finanzjudentum« als Auslöser des Ersten Weltkrieges. Vgl. ebd., 718 (Anm. 259).
83 HITLER, Adolf, Mein Kampf: Eine kritische Edition, hrsg. im Auftrag des Instituts für Zeitgeschichte von, München/Berlin 2016, 799.

glaubten, oder dass Jesus aus dem jüdischen Volk stammte, wird zugunsten einer undifferenzierten Polarisierung unterschlagen. Richtig ist hingegen, wie der Alttestamentler Georg Braulik schreibt, dass Jesus aus der Bibel Israels lebte und betete.[84]

Eine antisemitische Gegenüberstellung von Jesus und »dem jüdischen Volk« vollzieht Hitler anhand der in den Evangelien beschriebenen »Tempelreinigung«:

> Freilich machte dieser [Jesus] aus seiner Gesinnung dem jüdischen Volke gegenüber kein [sic] Hehl, griff wenn nötig sogar zur Peitsche, um aus dem Tempel des Herrn diesen Widersacher jedes Menschentums zu treiben, der auch damals wie immer in der Religion nur Mittel zur geschäftlichen Existenz sah.[85]

Wie in der kritischen Ausgabe zu »Mein Kampf« zu dieser Passage erläutert wird, ist der »Tempel des Herrn« wohlgemerkt ein jüdischer Tempel, also für die Juden und die jüdische Gottheit. Als Jude betritt Jesus diesen Tempel, der Dreh- und Angelpunkt für das gesamte jüdische Leben seiner Zeit war.[86]

Die Anknüpfungspunkte zur Konstruktion einer arischen Jesusfigur stammen nicht aus der damaligen wissenschaftlichen Theologie. Vom wilhelminischen Kaiserreich[87] über die Weimarer Republik[88] bis hin zur NS-Herrschaft[89] war ein arischer Jesus kaum Thema der akademischen Theologie. Neben der völkischen Bewegung, wie exemplarisch im *Handbuch der Judenfrage* gezeigt, finden sich noch andere Wegbereiter für einen arischen Jesus. Das Ideologem eines nicht-jüdischen Jesus findet sich zuerst bei Johann Gottlieb Fichte (1762–1817) der in *Die Grundzüge des*

---

84 Vgl. BRAULIK, Georg, Wenn Gott versucht: Zur »Theodizee der Erprobung« im Alten Testament, in: Zeitschrift für Katholische Theologie (ZKTh) 141 (2019), 22–43, hier: 24.
85 HITLER, Mein Kampf, 799.
86 HITLER, Adolf, Mein Kampf: Eine kritische Edition, hrsg. im Auftrag des Instituts für Zeitgeschichte von Christian Hartmann u. a., Bd.1, München/Berlin 2016, 799.
87 Prominente deutsche Vertreter eines arischen Jesus sind zwischen ca. 1870 bis ca. 1918: Paul de Lagarde (1827-1891), Ernst Haeckel (1834-1919), Houston Stewart Chamberlain (1855-1927), Adolf Bartels (1862-1945) und Dietrich Eckart (1868-1923), Hitlers Mentor. Vgl. LEUTZSCH, Martin, Der Mythos vom arischen Jesus, in: SCHERZBERG, Lucia (Hg.), Vergangenheitsbewältigung im französischen Katholizismus und deutschen Protestantismus, Paderborn 2008, 173–186, hier: 176, 179.
88 Reinhold Seeberg war in der Weimarer Republik der erster protestantische Universitätstheologe, der den arischen Jesus als Thema in seinem wenig beachteten Aufsatz *Herkunft* von 1918 aufnahm. In der katholischen Universitätstheologie war der arische Jesus weder zu dieser Zeit noch davor Thema. Vgl. LEUTZSCH, Martin, Karriere des arischen Jesus zwischen 1918 und 1945, in: PUSCHNER, Uwe/VOLLNHALS, Clemens (Hgg.), Die völkisch-religiöse Bewegung im Nationalsozialismus: Eine Beziehungs- und Konfliktgeschichte, Göttingen ²2012 (= Schriften des Hannah-Arendt-Instituts Band 047), 195–217, hier: 204, 207f.
89 Bislang sind acht Fälle von Universitätstheologen im unmittelbaren Einflussbereich des Nationalsozialismus bekannt, die für einen arischen Christus Stellung bezogen. Neben dem katholischen Theologen Karl Adam sind es sieben evangelische: Anton Jirku, Martin Dibelius, Theodor Odenwald, Walter Grundmann, Emanuel Hirsch, Carl Schneider und Georg Bertram. Vgl. ebd., 210. – Zu Karl Adam, der als »moderner« Reformtheologe galt, siehe: SCHERZBERG, Lucia, Katholische Reformtheologen in Deutschland und Frankreich, in: SCHERZBERG, Lucia (Hg.), Vergangenheitsbewältigung im französischen Katholizismus und deutschen Protestantismus, Paderborn 2008, 41–56.

gegenwärtigen Zeitalters von 1806 daran zweifelt, »ob Jesus aus dem jüdischen Stamme sey«[90]. Als Negativargument verwendete er die divergierenden Stammbäume Jesu im Matthäus- und Lukasevangelium.[91] Seit der französische Orientalist Ernest Renan (1823-1892) in *Vie de Jésus* (1863) eine »Rassenzugehörigkeit« Jesu als unmöglich zu eruieren bezeichnete, gleichzeitig aber eine Mischbevölkerung Galiläas zur Zeit Jesu aus Phöniziern, Syrern, Arabern und Griechen plausibilisierte und Jesus möglichst weit weg vom Judentum positionierte, konnte sich die These eines nichtjüdischen Jesus etablieren.[92] In diese Kerbe schlug auch Richard Wagner (1813-1883).[93] Er schreibt 1880, es bleibe »mehr als zweifelhaft, ob Jesus selbst von jüdischem Stamme gewesen sei, da die Bewohner von Galiläa eben ihrer unächten Herkunft wegen von den Juden verachtet waren«[94].

Die aufkommende und sich verfestigende neuzeitliche Konstruktion eines nicht-jüdischen Jesus kennt neben der alten, antichristliche Legende, die Jesu Vater einen römischen Soldaten oder Nichtjuden nennt,[95] eine weitere Facette, die bis heute im esoterischen Bereich existiert. Die Rede ist vom buddhistischen bzw. indischen Jesus.[96] Kein Geringerer als Arthur Schopenhauer (1788-1860) vertrat 1833 die überraschende Auffassung, das Christentum habe indische Wurzeln und Christus sei ein Buddha, der die Selbstverleugnung als erlösende Antwort auf das Leid in der Welt lehrte.[97] Dieser Typus eines buddhagleichen Jesus mit pessimistischen Schopenhauerschen Zügen wurde gegen 1870 als zu feminin, still, sanft, bisweilen süßlich abgetan und von einer aggressiveren nationalistischen Jesusfigur abgelöst, die dem Männlichkeitsideal jener Zeit besser entsprach.[98] Der katholische Universitätstheologe[99] Karl Adam (1876-1966) vertrat eine Vereinbarkeit von Katholizismus und Nationalsozialismus. Er

---

90 Fichte, Johann Gottlieb, Die Grundzüge des gegenwärtigen Zeitalters (1806), Mit einer Einleitung von Alwin Diemer, Hamburg 1978, 102f.
91 Vgl. Leutzsch, Karriere des arischen Jesus zwischen 1918 und 1945, 199.
92 Vgl. Renan, Ernest, Das Leben Jesu = Vie de Jésus, Berlin ⁴1864 (Paris 1863).
93 1848 argumentiert Wagner, dass Jesus zwar aus dem Geschlecht Davids stammte, aber dieser wiederum direkt von Adam, dem »Gottentsprossenen« abstamme und daher in Jesus »übermenschliche Kraft« erwachte. »So warf Jesus die davidische Abkunft von sich: durch Adam stammte er von Gott, und seine Brüder waren nun alle Menschen.« Wagner, Richard, Jesus von Nazareth: Ein dichterischer Entwurf, Leipzig 1914 (entstanden 1848) (= Insel-Bücherei Nr. 106), 19.
94 Wagner, Richard, Gesammelte Schriften und Dichtungen, Leipzig 1888, 231f.
95 Vgl. Leutzsch, Karriere des arischen Jesus zwischen 1918 und 1945, 199.
96 Vgl. Ders., Der Mythos vom arischen Jesus, 183f.
97 Vgl. Schopenhauer, Arthur, Zürcher Ausgabe: Werke in zehn Bänden, Zürich 1977, X 419; IV 730f. Ders., Der handschriftliche Nachlass, hg. v. Arthur Hübscher, München 1985, Bd. IV/1, 166f. Zu Schopenhauers Verbindung zur indischen Philosophie siehe: Barua, Arati/Gerhard, Michael/Kossler, Matthias (Hgg.), Understanding Schopenhauer through the prism of Indian culture: Philosophy, religion, and Sanskrit literature, Berlin/Boston 2013.
98 Vgl. Leutzsch, Karriere des arischen Jesus zwischen 1918 und 1945, 201.
99 Gerhard Kittel, Paul Althaus und Emanuel Hirsch sind namhafte protestantische Universitätstheologen, die eine Vereinbarkeit von Protestantismus und Nationalsozialismus vertraten. Für ihre problematischen Ansichten siehe: Ericksen, Robert P., Theologen unter Hitler: Das Bündnis zwischen evangelischer Dogmatik und Nationalsozialismus, München 1986.

modellierte die Christologie für eine Kirche der »Starken und Gesunden« um.[100] Dabei ist sein Jesusbild maskulinistisch und sein Frauenbild chauvinistisch geprägt:

> Die *äußere Erscheinung* Jesu muß überaus einnehmend und gewinnend, ja faszinierend gewesen sein. Wenn ein Weib aus dem Volk ganz unvermittelt in den Lobpreis ausbrach: »selig der Leib, der Dich getragen hat, und die Brüste, die Du gesogen hast« (Lk 11,27), so verrät die korrigierende Antwort Jesu »selig sind, die das Wort Gottes hören und es befolgen« (11,28), daß das Weib neben den geistigen Vorzügen Jesu doch wohl auch leibliche im Auge gehabt hatte.[101]

Ein abschätziger Blick auf Frauen kombiniert mit einer schwachen exegetischen Argumentation spiegelt Adams Männlichkeitsideal wider. Auffällig ist, dass, ähnlich wie »die Juden«, hier »das Weib« mit dem Leiblichen und damit dem Sündhaften in Verbindung gebracht wurde. Gegen die Antithese spricht bei Adam aber sein auf Jesus projiziertes Männlichkeitsideal, das neben einem spirituellen Aspekt durchaus seinen starken Körper betonte. Dies klingt wie folgt:

> Sein Leib muß in nicht gewöhnlichem Maß abgehärtet gewesen sein. Darauf verweist schon seine Gewohnheit, am frühesten Morgen an Seine Aufgaben zu gehen. »Und des Morgens stand Er sehr früh auf [...] und betete daselbst« (Mk 1,35). »Nach Tagesanbruch rief Er Seine Jünger zu sich und wählte zwölf von Ihnen aus« (Lk 6,13).[102]

Eine psychologisierende Bibelhermeneutik führt zu Adams Schlussfolgerung über das verkörperte »menschgewordene Heldentum«[103] in Jesus:

> Das zielklar Männliche, das durchgreifend Wahrhaftige, das herb Aufrechte, mit einem Wort, das Heldische der Persönlichkeit Jesu ist das erste, was [...] an seiner menschlichen Wesensart ins Auge springt.[104]

Adams menschlicher Jesus gleicht in seiner Narration eher einem verkitschten Männerideal der Nazis, als dass es durch die Über- bzw. Verformung des irdischen Jesus den Ansprüchen der kirchlichen Lehre des Chalkedonense gerecht würde. Wie Adam eine weitere Missinterpretation von Dogmen gelang, zeigt auch sein Marienbild. Die im Jahr 1854 zum Dogma erhobene Erbsündenfreiheit Mariens (lat. *immaculata conceptio*) interpretierte Adam dahingehend, Maria von ihrer genetischen und ethnischen Einbindung ins Judentum zu trennen.

> [E]s bezeugt uns, dass Jesu Mutter Maria in keinerlei physischem oder moralischem Zusammenhang mit jenen hässlichen Anlagen und Kräften stand, die wir am Vollblutjuden verurteilen. Sie ist durch Gottes Gnadenwunder jenseits dieser jüdischen Erbanlagen, eine überjüdische Gestalt. Und was von der Mutter gilt, gilt umso mehr von der menschlichen Natur ihres Sohnes.[105]

---

100 Vgl. SCHERZBERG, Katholische Reformtheologen in Deutschland und Frankreich, 44.
101 ADAM, Karl, Jesus Christus, Augsburg ⁴1935, 100.
102 Ebd., 102.
103 Ebd., 108.
104 ADAM, Jesus Christus, 115.
105 DERS., Jesus der Christus und wir Deutsche (Teil 1), in: Wissenschaft und Weisheit 10 (1943), 73–103, hier: 91.

Der aufgemachte Konstruktionsbogen von einem nicht-jüdischen Jesus als Ikone der völkischen Bewegung hin zu einem arischen Jesus war mit der NS-Herrschaft zwar nicht beendet[106], aber für deren Propaganda unbrauchbar. Das NS-Propagandaministerium erlies 1938 ein vertrauliches Verbot an die Schriftleiter der Kirchenzeitungen, die Rassenzugehörigkeit Jesu in der breiten Öffentlichkeit weiter zu thematisieren, weil es sich um »eine innertheologische Debatte« handle, die nur noch in »rassenkundlichen Zeitschriften« mit wissenschaftlichem Anspruch debattiert werden solle.[107] Der Spezialist des arischen Jesusbildes, Martin Leutzsch, nennt für die Unbrauchbarkeit Jesu als NS-Propagandasymbol zwei Gründe. Einerseits erhoffte sich die 1934 durch die NS-Spitze geförderte »Deutsche Glaubensbewegung« ein Religionsersatz zu den christlichen Kirchen zu werden, andererseits hängt die Reglementierung von 1938 mit einem breiten Plausibilitätsverlust eines arischen Jesus zusammen. Besonders an der schulischen und kirchlichen Basis ließ sich mit einer Rassenzugehörigkeit Jesu keine Politik machen und so waren auch nach 1945 diesbezüglich rassistische Ideologien in Kirche und Theologie nicht haltbar. Anders verhielt es sich mit der hartnäckig haltenden Antithese, dass der Gott des Alten Testaments ein anderer als der des Neuen Testaments sei.[108] Diese völlig unzureichende und abwertende Unterscheidung der Gottesbilder geht auf eine lange Tradition zurück und wird deswegen gleich mit der aller ersten Seelisberger These vom August 1947 richtiggestellt. Sie lautet: »Es ist hervorzuheben, dass ein und derselbe Gott durch das Alte und das Neue Testament zu uns allen spricht.« Das bedeutet entgegen der Antithese, dass Jesus nicht nur eng mit dem Gott des Neuen Testamentes, sondern auch mit jenem des Alten Testament verbunden ist. Denn der Gott Israels ist Jesu Gott.

Dem Programm einer »Entjudaisierung« Christi sei die zweite These von Seelisberg, die nur zwei Jahre nach der Shoah formuliert wurde, entgegengestellt:

> Es ist hervorzuheben, dass Jesus von einer jüdischen Mutter aus dem Geschlechte Davids und dem Volke Israel geboren wurde [...]. (Zweite These von Seelisberg, 1947)

5 »Institut zur Erforschung des jüdischen Einflusses auf das deutsche kirchliche Leben« (1939–1945)

Das von evangelischen Landeskirchen geförderte *Institut zur Erforschung des jüdischen Einflusses auf das deutsche kirchliche Leben*, das sogenannte Eisenacher »Entjudungsinstitut« (1939-1945) betrieb den institutionell radikalsten pseudowissenschaftlichen Kraftakt, um den Glauben von evangelischen Christinnen und Christen zu

---

106 In rassistisch grundierten Subkulturen lebt der arische Jesus bis heute weiter: *Mazdaznan-Bewegung, Rosenkreuzer Bewegung, Goden-Orden* und *Christian Identity Movement*. Vgl. LEUTZSCH, Der Mythos vom arischen Jesus, 183f.
107 Vgl. LINDEMANN, Gerhard, »Typisch jüdisch«: Die Stellung der Ev.-luth. Landeskirche Hannovers zu Antijudaismus, Judenfeindschaft und Antisemitismus 1919-1949, Berlin 1998 (= Schriftenreihe der Gesellschaft für Deutschlandforschung Bd. 63), 766 (Anm.133).
108 Vgl. LEUTZSCH, Karriere des arischen Jesus zwischen 1918 und 1945, 215, 217.

entfremden.¹⁰⁹ Ursprünglich trug es sogar den Titel *Institut zur Beseitigung des jüdischen Einflusses auf das kirchliche Leben*, der aber 1940 durch den Institutsleiter Walter Grundmann abgeändert wurde, um nicht das Ergebnis der Institutsarbeit vorwegzunehmen.¹¹⁰ Diese Einrichtung gehört mit ihrer Zielsetzung, alle jüdischen Verbindungslinien zum Christentum zu trennen, wohl zu den dunkelsten Kapiteln der evangelischen Kirchengeschichte. Überraschend ist, dass auch einige katholische Priester¹¹¹ zu den Mitgliedern zählten und es zudem eine Art Außenstelle im rumänischen Hermannstadt-Sibiu gab. Dort wurde das in Eisenach erarbeitete kirchliche Propagandamaterial auch in Gemeinden und Schulen eingesetzt, ohne dass dort »nennenswerte« eigene Materialien entwickelt wurden.¹¹²

Als konkrete Beispiele für das kirchlich ausgearbeitete Propagandamaterial können folgende Veröffentlichungen genannt werden: ein »entjudetes« Neues Testament mit dem Titel »Die Botschaft Gottes«¹¹³ (1940), ein Gesangbuch mit dem Titel »Großer Gott wir loben dich«¹¹⁴ (1941) und ein »judenreiner« Katechismus mit dem

---

109 In Anknüpfung an die Godesberger Erklärung, in der eine Übereinstimmung von evangelischem Glauben und Nationalsozialismus erklärt wurde, unterzeichneten am 4. April 1939 elf evangelische Landeskirchenleitungen (Altpreußische Union, Sachsen, Nassau-Hessen, Schleswig-Holstein, Thüringen, Mecklenburg, Pfalz, Anhalt, Oldenburg, Lübeck und Österreich) die Gründung des »Entjudungsinstituts«. Bis 1941 hatte das Institut ca. 180 Mitarbeiter (darunter 24 Universitätsprofessoren von 14 evangelisch-theologischen Fakultäten sowie kirchliche Würdenträger und akademischer »Nachwuchs«. Vgl. ARNHOLD, Oliver, Art. Die Entjudung des religiösen Lebens (Walter Grundmann, 1939), in: HdA 6 (2013), 174f.
110 Vgl. HESCHEL, Susannah, Die Historiographie des Instituts zur Erforschung und Beseitigung des jüdischen Einflusses auf das deutsche kirchliche Leben, in: SPEHR, Christopher/OELKE, Harry (Hgg.), Das Eisenacher »Entjudungsinstitut«: Kirche und Antisemitismus in der NS-Zeit, Göttingen 2021 (= Arbeiten zur kirchlichen Zeitgeschichte Reihe B Band 82), 331–357, hier: 346.
111 SPICER, Kevin P., Hitler's Priests: Catholic Clergy and National Socialism, De Kalb, Ill. 2008, bes. 154–202.
112 SCHUSTER, Dirk, Art. Institut zur Erforschung des jüdischen Einflusses auf das deutsche kirchliche Leben – Außenstelle Hermannstadt/Rumänien, in: Handbuch der völkischen Wissenschaften (2017), 1496–1501, hier: 1500.
113 INSTITUT ZUR ERFORSCHUNG DES JÜDISCHEN EINFLUSSES AUF DAS DEUTSCHE KIRCHLICHE LEBEN (Hg.), Die Botschaft Gottes, Weimar (Verlag: Deutsche Christen) 1940; DASS. (Hg.), Die Botschaft Gottes, Leipzig (Kommissionsverlag: Georg Wigand) 1940. Für eine detaillierte Analyse der »Botschaft Gottes« siehe: LORENZ, Elisabeth, Ein Jesusbild im Horizont des Nationalsozialismus: Studien zum Neuen Testament des »Instituts zur Erforschung und Beseitigung des jüdischen Einflusses auf das deutsche kirchliche Leben«, in: WUNT II/440, Dissertation, Universität Regensburg 2015, Tübingen 2017 (= Wissenschaftliche Untersuchungen zum Neuen Testament 2. Reihe 440).
114 INSTITUT ZUR ERFORSCHUNG DES JÜDISCHEN EINFLUSSES AUF DAS DEUTSCHE KIRCHLICHE LEBEN (Hg.), Großer Gott wir loben dich, Weimar (Verlag: Der neue Dom) 1941. Im Gegensatz zum Katechismus und zur »Botschaft Gottes« handelt es sich beim Gesangbuch nicht um eine explizite Institutsveröffentlichung. Zwar wurde es vom Institut herausgegeben, aber es entstand in einer engen Zusammenarbeit mit der »Nationalkirchlichen Einigung« und verbündeten Landeskirchen. Vgl. LORENZ, Ein Jesusbild im Horizont des Nationalsozialismus, 17f., Anm. 63.

Titel »Deutsche mit Gott«[115] (1941). Das Ziel dieser Schriften lag darin, alle jüdischen Elemente aus dem Christentum zu tilgen und eine Opposition gegenüber dem Judentum aufzubauen. Das »Christliche« sollte als kompatibel mit dem Nationalsozialismus konstruiert werden.[116] Innerhalb des »Entjudungsinstituts« gab es endlose Debatten darüber, was denn im Christentum eigentlich »jüdisch« sei. Die internen Diskussionen reichten vom Alten Testament zu den Pharisäern, zu Jesus und Paulus, bis hin zum Messianismus. Um die Komplexität dieser Themen wissend hatte das »Entjudungsinstitut« unterschiedliche Strategien für ein »arisches« Christentums entwickelt. Die Tatsache, dass Paulus sich als Jude bezeichnet hat (Phil 3,5) wurde schlicht nicht thematisiert. In Bezug auf Jesus wurde postuliert, dass er kein »rassischer« Jude gewesen sei und sich seine Botschaft vor allem unter Nichtjuden verbreitete.[117] Es ging in der Arbeit in Eisenach nicht um eine

> Loslösung des Christentums vom Judentum aus rein religiös-theologischen Gründen. Sie [die Initiatoren] verstanden sich [...] als ein integraler Bestandteil der gesamtpolitischen Entwicklung, zu der man seinen Anteil aus ideologischer und religiöser Überzeugung heraus beizutragen hatte.[118]

Keine Debatten gab es intern und öffentlich in der eindeutigen Haltung zum Judentum » [as] a violant, degenerate, and threatening force that sought the destruction of Christianity and stood behind the war; Germany, the Institute proclaimed, was fighting a defensive, life-or-death struggle against the demonic Jews«.[119] Obwohl das »Entjudungsinstitut« intern keine einheitliche Meinung finden konnte, was im

---

115 Eine digital Sammlung der Schriften des »Entjudungsinstituts« bietet: Digitale Sammlungen von Archiv und Zentralbibliothek der Evangelischen Landeskirche in Württemberg, Kirchenkampfschriften Eisenach, in: http://elk-wue.gbv.de/sammlungen/sammlungsliste/ (Abruf: 22.11.2021).
116 Siehe dazu: ARNHOLD, Oliver, »Entjudung« von Theologie und Kirche: Das Eisenacher »Institut zur Erforschung und Beseitigung des jüdischen Einflusses auf das deutsche kirchliche Leben« 1939-1945, Leipzig 2020 (= Christentum und Zeitgeschichte 6), 180-198.
117 Vgl. SCHUSTER, Dirk, Die Lehre vom »arischen« Christentum, Dissertation Freien Universität Berlin, Göttingen 2017, 246.
118 Ebd. 122. Die Arbeit des Instituts dient der nationalsozialistischen Ideologie als Ganzes: »Forschungs- und Gestaltungsarbeit des Instituts gehören keiner Konfession oder religiösen Gruppe, sondern allein dem frommen deutschen Leben. Im großdeutschen Schicksalskampf, der ein Kampf gegen das Weltjudentum und gegen alle zersetzenden und nihilistischen Kräfte ist, gibt die Arbeit des Instituts an ihrem Platz das Rüstzeug zur Überwindung aller religiösen Überfremdung im Innern des Reichs an die Hand und dient dem Glauben des Reiches. So stellt sie ein Stück des Kriegseinsatzes der deutschen Religionswissenschaft dar.« GRUNDMANN, Walter: Vorwort, in: DERS. (Hg.), Germanentum, Christentum und Judentum. Studien zur Erforschung ihres gegenseitigen Verhältnisses. Zweiter Band. Sitzungsbericht der zweiten Arbeitstagung des Instituts zur Erforschung des jüdischen Einflusses auf das deutsche kirchliche Leben vom 3. bis 5. März 1941 in Eisenach, Leipzig 1942, o. S., zit. nach. Ebd. 123.
119 HESCHEL, Susannah, The Aryan Jesus: Christian theologians and the Bible in Nazi Germany, Princeton, NY/Oxford 2008, 105. Siehe bes. Kapitel 2: »*The Institut for the Study and Eradication of Jewish Influence« on German Church Life*« (67–105) und Kapitel 3 »*Projects of the Institute*« (106–165).

Christentum jüdisch sei, so zeigte es sich nach außen hin geschlossen in ihrem konstruierten Feindbild von »den Juden«. Die Mehrdeutigkeit hinsichtlich jüdischer Elemente im Christentum musste also an entscheidenden Stellen hinsichtlich einer eindeutigen Haltung zum Judentum weichen. Mit einer Aussage Heinz Erich Eisenhuths (1903–1983), Professor für Systematische Theologie in Jena und Unterstützer des Instituts, zum Alten Testament sei dies exemplifiziert:

> Das A.T. ist Ausdruck einer fremden Rassenseele. Es ist darüber hinaus aber auch Ausdruck einer religiösen Haltung. Religion ist aber immer mehr als Produkt der Rasse; sie ist Offenbarung. In den Urkunden der Religionsgeschichte können wir Gott als den Vater erkennen, der seine Kinder leitet. Soweit wir diese Spuren des Vater-Gottes, wie ihn Christus uns verkündet, im A.T. finden, kann es gelten. Da wir aber Spuren der Erkenntnisse Gottes als den Vater auch in den Urkunden der germanischen Religionsgeschichte finden, muss für uns das A.T. religiös und pädagogisch abgelöst werden durch das germanisch-religiöse Erleben. Im A.T. begegnen wir einer nicht-christlichen Religion und einem fremdrassischen Volk. Deshalb kann das A.T. uns nicht mehr Grundlage für unserer Verkündigung sein.[120]

Folglich verzichtete das »Entjudungsinstitut« in seiner als Bibelausgabe »Die Botschaft Gottes« vollständig auf das Alte Testament. Es beinhaltet u. a. eine Evangelienharmonie, die keinen der Stammbäume Jesu enthält; jegliche Rede von der Davidssohnschaft Jesu, seiner Geburt in Bethlehem in Judäa sowie der Jungfrauengeburt fehlen, um nur einige wesentliche Elemente zu nennen. Der Rassenideologie der Nationalsozialisten folgend sollte damit die jüdische Herkunft Jesu[121] ganz in Frage gestellt sein. Die wesentliche Aussage bestand darin, Jesu Eltern und damit auch Jesus selbst seien keine Juden gewesen, sondern vielmehr Galiläer. Der Geburtsort Jesu wurde bewusst vom judäischen Betlehem, in ein galiläisches Betlehem (nach Jos 19,15) gelenkt.[122] Dass Jesu Vater Josef die Stadt Davids und damit Betlehem in Judäa als Vaterstadt hatte, wurde

---

120 Evangelisches Zentralarchiv Berlin, 1/2834 (Bericht über Tagung der landeskirchlichen Referenten zum Eisenacher Institut am 6./7.07.1939), zit. nach: SCHUSTER, Dirk, Die Lehre vom »arischen« Christentum, 88.
121 Walter Grundmann (1906-1976), seit 1930 NSDAP-Mitglied, dessen Doktorvater Gerhard Kittel war und der ohne Habilitation an der Universität Jena zum Professor für Neues Testament und Völkische Theologie ernannt wurde, war Institutsdirektor in Eisenach. Wie im »Volkstestament« gab es in seiner Jesusmonographie keine Bezüge zu einem jüdischen Jesus. Er stellte ihn als einen Galiläer dar, der gegen das Judentum auftrat. Dazu einige Beispiele, wie Grundmann einen unjüdischen Jesus aus Galiläa konstruierte aus seinem Buch GRUNDMANN, Walter, Jesus, der Galiläer, und das Judentum, Leipzig 1940: »In Galiläa haben sich die Israeliten und ihr Kultus nicht durchsetzen können.« (167) »Die Juden haben wohl immer nach Galiläa gestrebt, aber das Land nie fest in ihrer Hand gehabt.« (168) »Die Unterwerfung der Galiläer unter die Juden erfolgte durch Zwangsbeschneidung und Zwangsannahme der jüdischen Religion.« (169) »Wenn also die galiläische Herkunft Jesu unzweifelbar ist, so folgt auf Grund der eben angestellten Erörterung daraus, daß er mit größter Wahrscheinlichkeit kein Jude gewesen ist, vielmehr völkisch einer der in Galiläa vorhandenen Strömungen angehört hat. Daß er wie die meisten Galiläer von seiner Familie her jüdischer Konfession gewesen ist, die er selbst aber restlos durchstoßen hat, hatten wir bereits festgestellt.« (175)
122 Schon der jüdische Forscher Joseph Klausner schrieb, dass ein Geburtsort Betlehem in Galiläa eine Hypothese sei, die einer »soliden Grundlage« entbehrt. KLAUSNER, Joseph, Jesus von Nazareth: Seine Zeit, sein Leben und seine Lehre, Berlin 1930, 315f.

nicht erwähnt, auch nicht, dass Jesus am achten Tag beschnitten wurde.[123] Galiläa sei nach dem Makkabäeraufstand zwangsjudaisiert worden, so die Behauptung, und daher seien Jesu Eltern zwar Juden gewesen, aber eben nicht der »Rasse« nach. Dies ist ein Beispiel für rassistische Geschichtsklitterung.[124]

Für das deutsch-christliche Gesangbuch, wurden basierend auf 2336 Liedern aus evangelischen Gesangbüchern über 70 Prozent entfernt. Als Ausschlusskriterium galt dem Arbeitskreis, der die »Richtlinien für die Reform des Gesangbuches« festlegte: »Wegzulassen sind Lieder, bzw. Strophen 1.) die jüdisch sind in Wort und Denken, 2.) die von ausgesprochen dogmatischer Haltung sind, 3.) die süßlich, geschmacklos, selbstentwürdigend oder dichterisch unmöglich sind.«[125]

Weggelassen wurden in der Konsequenz Lieder, in denen einzelne Worte einen alttestamentlichen oder jüdischen Bezug herstellen ließen, darunter Worte wie »Halleluja«, »Hosianna«, »Abba«, »Sabbat« und »Zion«; Namen wie »Micha«, »David«, »Gideon«, »Elia«, »David« und »Adam« durften ebensowenig vorkommen. Zugleich musste Christus einem »arisch-heldischen Idealtypus« entsprechen – unter dieser Prämisse wurden auch zahlreiche Passionslieder, in denen ein leidender Christus Schmerzen fühlt, entfernt. Das ursprünglich katholische von Protestanten übernommene Lied, »Großer Gott wir loben Dich«, (*Te Deum, Laudamus Te*) nach dem das deutsch-christliche Gesangbuch benannt wurde, wandelte man in der Strophe zwei »Zebaoth«, in »Herre Gott« ab, und aus dem »Heilig, Herr der Himmelsheere«, wurde ein »Heilig, Herr der Kriegsheere«.[126]

Wie bizarr manche Texte umgeformt wurden, um einen Anklang an die jüdischen Wurzeln des Christentums zu vermeiden, zeigt sich auch im sogenannten »Volkskatechismus«. Dort wurde, angelehnt an die Gebots- und Verbotsstruktur des Dekalogs (vgl. Ex 20,2–17; Dtn 5,6–21), ein eigener Dodekalog geschaffen. In religiöser Sprache wird u. a. aufgefordert nicht nur Vater und Mutter zu ehren, sondern auch den »Führer und Meister« (11. Gebot). Hier wurde Hitler eine quasi-religiöse Verehrung gewährt und mit dem 12. Gebot: »Diene freudig dem Volk mit Arbeit und Opfer! So will es Gott von uns«, zu Arbeitsgehorsam und Opferbereitschaft erzogen. Die zehn anderen Gebote enthalten kaum einen inhaltlichen Anklang an die alttestamentlichen Gebote. Weder vom Ruhen am Schabbat noch von der Knechtschaft Israels in Ägypten ist in den Geboten des »Volkskatechismus« zu lesen. Dafür aber wurde die Rassenideologie propagiert

---

123 Vgl. ARNHOLD, Oliver, Art. Botschaft Gottes (1940), in: HdA 6 (2013), 77–79, hier: 78f.
124 Vgl. SCHÄFER, Nadine/Kraus Wolfgang, Art. Institut zur Erforschung des jüdischen Einflusses auf das deutsche kirchliche Leben in Eisenach, in: Handbuch der völkischen Wissenschaften (2017), 1487–1493, hier: 1491.
125 Richtlinien zit. nach: ARNHOLD, Oliver, Art. Großer Gott wir loben dich, in: HdA 6 (2013), 245–247, hier: 246.
126 Lied Nr. 133 im deutsch-christlichen Gesangbuch. Vgl. ARNHOLD, Oliver, Art. Großer Gott wir loben dich, in: HdA 6 (2013), 245–247, hier: 245f.

und auf die Reinheit des Blutes (Nr. 8) eingeschworen.[127] Der nationalorientierte Dodekalog der Deutschen Christen war ein rassistischer Wertekompass, der den Dekalog ersetzen sollte und mit ihm alle Bezüge zum Judentum.

Das Eisenacher »Entjudungsinstitut« versuchte von 1939 bis 1945 alle Verbindung zwischen Christentum und Judentum zu löschen. Eine der wichtigsten theologischen Kontinuitäten von Altem und Neuem Testament formuliert die ersten These von Seelisberg:

> Es ist hervorzuheben, dass ein und derselbe Gott durch das Alte und das Neue Testament zu uns allen spricht. (Erste These von Seelisberg, 1947)

6 Jesus und die Shoah – Eine Ausstellung gegen das Vergessen und die Kunst zu erinnern

Der Gottesmordvorwurf ist einer der verhängnisvollsten und weil auch theologisch nicht überbietbar, wohl auch einer der schlimmsten christlichen Vorwürfe, die je gegen »die Juden« als Kollektiv gerichtet wurde. Allzu viele Christen verinnerlichten diese konkrete Form der Judenfeindschaft, die von Generation zu Generation weiterwucherte. Programmatisch entlud sich der Gottesmordvorwurf früher oder später gewaltvoll an Jüdinnen und Juden. Dass sich antijüdische Ressentiments dieser Art bis in die Gegenwart halten und wie tief Judenhass teilweise verankert ist, zeigt die Schändung der Ausstellung *Gegen das Vergessen* von Luigi Toscano im Jahr 2019. Dabei wurden die übergroßen Portraits von Überlebenden der nationalsozialistischen Verfolgung, die an der zentralen Wiener Ringstraße öffentlich ausgestellt wurden, zerfetzt. Unbekannte zerschnitten ihre Gesichter und beschmierten die Ausstellung mit Hakenkreuzen und judenfeindlichen Parolen, darunter die perfide Aufschrift mit der Gleichung »1 Jesus = 6.000.000 Juden«.[128] Dass »die Juden«, in bewusst kollektiver Zuschreibung, Jesus getötet hätten, ist ursprünglich ein christliches antijüdisches und damit ein religiöses Vorurteil. Erstmals ist der kollektive Vorwurf des »Gottesmordes« an die Juden in der Osterpredigt von Bischof Melito von Sardes (ca. 170) in Kleinasien

---

127 Die Aufzählung der Zwölf Gebote erscheint zuerst harmlos, aber sie spitzt sich auf den Führerkult zu und mündet in die Selbstaufopferung für den Nationalsozialismus: »1. Gib Gott die Ehre, und vertraue ihm von ganzem Herzen! 2. Suche die Stille vor Gott! 3. Meide alle Heuchelei! 4. Heilig sei dir Leib und Leben! 5. Heilig sei dir Gut und Ehre! 6. Heilig sei die Wahrheit und die Treue! 7. Ehre Vater und Mutter, deinen Kindern sei Helfer und Vorbild! 8. Halte das Blut rein und die Ehe heilig! 9. Wahre und mehre das Erbe der Ahnen! 10. Sei immer bereit zu helfen und zu vergeben! 11. Ehre Führer und Meister! 12. Diene freudig dem Volk mit Arbeit und Opfer! So will es Gott von uns.« INSTITUT ZUR ERFORSCHUNG DES JÜDISCHEN EINFLUSSES AUF DAS DEUTSCHE KIRCHLICHE LEBEN (Hg.), Deutsche mit Gott: Ein deutsches Glaubensbuch, Weimar (Verlag: Deutsche Christen) 1940, 91.
128 Vgl. TÜCK, Jan-Heiner, Die fragile Autorität der Opfer (Ausgabe 1. Juli 2019), in: https://www.feinschwarz.net/die-fragile-autoritaet-der-opfer/ (Abruf: 28.11.2021). Für Bildnachweis siehe: ORF, Hakenkreuze auf Bildern von NS-Opfern (Ausgabe 22. Mai 2019), in: https://wien.orf.at/m/v2/news/stories/2982950/ (Abruf: 7.6.2022).

nachweisbar: »Der Herr ist geschändet worden! Gott ist ermordet worden. Der K_ Israels ist beseitigt worden von israelitischer Hand.«[129] Dieses religiöse Vorurteil vermag sich in politisch rechtsextremen wie christlich fundamentalistischen und der akademischen Theologie kritisch bis ablehnend eingestellten Kreisen zu halten. Auch eine zunehmend säkularer werdende Gesellschaft transportiert oft unbewusst religiöse Vorurteile, selbst wenn ein allgemeines Grundwissen um religiöse Formen und Inhalte stark abnimmt. Hier lässt sich mit Aleida Assmann anschaulich feststellen »[das kulturelle Gedächtnis] hat einen langfristigen, sich potentiell über Jahrhunderte erstreckenden Zeithorizont«.[130] Um den Vorwurf des »Gottesmordes« zu unterbinden, ist die Vermittlung eines religiösen Grundwissens durch die Erkenntnisse unterschiedlicher Forschungsdisziplinen sowohl in der religiösen als auch nicht religiösen Bevölkerungsgruppe notwendig.

Die Ausstellung *Gegen das Vergessen* war so konzipiert, dass die Betrachtenden ebenso wie jene, die die Portraits schändeten, den Überlebenden der Shoah direkt in die Augen blicken mussten. Die perfide Aufschrift mit der Gleichsetzung, dass sechs Millionen Juden »wegen« Jesus ermordet wurden, enthält nicht nur jene Stereotype, in denen die Juden als »Christus- und Gottesmörder« verunglimpft wurden, sondern es besteht darin offensichtlich ein Unwissen oder ein Leugnen hinsichtlich des Judesein Jesu. Frappierend und ernüchternd stellt die Gleichung »1 Jesus = 6.000.000 Juden« nicht nur eine antisemitische Deutung der Shoah dar, sie bildet zugleich die Wirkungsmacht eines Jesus- bzw. Christusbildes ohne jegliche Rückbindung an Jesu Judesein ab. Dieser antisemitische Vorfall in Wien zeigt eine nicht gering einzuschätzende Kontinuität zwischen einem tiefsitzenden christlichen Antijudaismus und dem modernen Antisemitismus auf. Jesus wird mit den jüdischen Opfern und Überlebenden der Shoah herabgewürdigt, indem ein Bewusstsein für ihre gemeinsame jüdische Identität nicht geteilt wird.

Ein Wissen über die jüdischen Wurzeln des Christentums hilft, um in Gesellschaft und Kirche ein ausgeprägtes abendländisches Seins- und Identitätsdenken über Jesus zugunsten seines Judesein zu korrigieren. Dies ist sicherlich eine auch gesellschaftliche Aufgabe der Theologie. Wie in dieser Hinsicht auch ein eindrücklicher Perspektivenwechsel aus künstlerischer Sicht in einer mehrheitlich jüdischen Gesellschaft möglich ist, zeigte 2016/17 die Ausstellung *Behold the Man: Jesus in Israeli*

---

129 OSTEN-SACKEN, Peter von der, Mordanklage und Todesurteil: Realität, Religion und Rhetorik in der Predigt Melitos »Über das Passa«, in: DOERING, Lutz (Hg.), Judaistik und neutestamentliche Wissenschaft: Standorte – Grenzen – Beziehungen, Göttingen 2008 (= Forschungen zur Religion und Literatur des Alten und Neuen Testaments Bd. 226), 334–357, hier: 347. Siehe auch: COHEN, Jeremy, Christ Killers: The Jews and the Passion from the Bible to the Big Screen, New York 2007, 55–70.
130 ASSMANN, Aleida, Der lange Schatten der Vergangenheit: Erinnerungskultur und Geschichtspolitik, München 2006, 35.

Art im Israel Museum in Jerusalem, kuratiert von Amitai Mendelsohn.[131] Unter den zahlreichen Exponaten befand sich eine Holzschnitt-Serie, die mit dem Titel »6,000,001« der Shoah gewidmet war.[132] Auf einem dieser Holzschnitte ist zu sehen, wie Jesus an der Hand eines Nazis vom Kreuz gezogen und zu einer langen Reihe aus Kindern und Erwachsenen geschickt wird, die in den Tod führt. Das Bild aus dem Jahr 1967 stammt vom Künstler Moshe Hoffman (1938–1983), einem Überlebenden der Shoah, der den 6.000.000 ermordeten Jüdinnen und Juden ein weiteres jüdisches Opfer hinzufügt: Jesus. Hoffman deutete den Kreuzestod Jesu anhand des Bildes in seiner Autobiographie so: »The ›One‹ denotes the death of divinity and the demise of faith in man, Jewish and Christian alike.«[133]

Die Passionserzählung ist eine der größten Erzählung, die die Welt kennt. Damit sie nicht nur die christliche Hoffnung auf Auferstehung wachhält, sondern auch jene schützt, denen sie schaden könnte, sei zum Abschluss die siebente These von Seelisberg angeführt:

> Es ist zu vermeiden, die Passionsgeschichte so darzustellen, als ob alle Juden oder die Juden allein mit dem Odium der Tötung Jesu belastet seien. [...] (Siebente These von Seelisberg, 1947)

7 Resümee

Durch unterschiedliche Beispiele wurde in dieser Hinführung exemplarisch erschlossen, wie das Christentum Antijudaismen hervorbringen konnte und teils sogar förderte. So zielt beispielsweise Nirenbergs Geist-Fleisch Antithese darauf, eines von zahlreichen christlichen antijüdischen Motiven im westlichen Denken aufzuzeigen. Der katholische Theologe und Judaist Clemens Thoma (1932–2011) hielt fest, dass der Antijudaismus immer wieder »sporadisch« aufbrechen kann und zu einer »lebensbedrohliche[n] Virulenz« für Jüdinnen und Juden führt, aber der Antijudaismus »innerhalb des Christentums nie zu einer *kontinuierlichen* Doktrin und auch nicht zu einem *kontinuierlichen* Verhalten geworden ist«[134]. So etwas wie eine dogmatisierte Geist-Fleisch Antithese oder eine Lehre vom jüdischen »Christus- bzw. Gottesmord« gibt es tatsächlich nicht, verglichen beispielsweise zu einer Inkarnationstheologie. Es lässt sich aber sowohl die Geist-Fleisch Antithese als auch der »Gottesmordvorwurf«, die als identitätsstiftendes Einfallstor für den christlichen

---

131 Siehe den Ausstellungskatalog: MENDELSOHN, Amitai, Behold the Man: Jesus in Israeli Art, Jerusalem 2017; The Israel Museum, Behold the Man: Jesus in Israeli Art, (Exhibition: 22.12.2016–16.4.2017), Jerusalem, in: https://www.imj.org.il/en/exhibitions/behold-man (Abruf: 9.12.2021).

132 Siehe dazu auch: HOMOLKA, Walter, Der Jude Jesus – Eine Heimholung, Mit einem Geleitwort von Jan-Heiner Tück, Freiburg i. Br. 2020, 13–15.

133 HOFFMAN, Moshe, zit. nach: The Israel Museum, Behold the Man: Jesus in Israeli Art, (Exhibition: 22.12.2016–16.4.2017), Jerusalem, in: https://www.imj.org.il/en/exhibitions/behold-man (Abruf: 9.12.2021).

134 THOMA, Das Messiasprojekt, 195.

Antijudaismus wirkten, historisch im theologischen Denken gut nachweisen. Hier liegt der springende Punkt, wenn auch Antijudaismus keine explizit theologische Lehre war, so förderte christliche Theologie und Frömmigkeitstradition Denkstrukturen und Realitäten, die Antijudaismus nicht nur nicht verhinderten, sondern ihn vielmehr ermöglichten. Antijudaismus ist daher, wie der katholische Exeget Hubert Frankemölle sagte, ein »strukturelles Problem der Kirche«[135], jedoch nicht allein der katholischen Kirche.

Die penible Tilgungsarbeit aller jüdischen Elemente aus der evangelischen Kirchentradition, wie sie vom Eisenacher »Entjudungsinstitut« betrieben wurde, besonders radikal durch die Streichung des gesamten Alten Testaments, strebte letztlich die Beseitigung aller jüdischen Verbindungslinien zur Kirche an und hätte die Auflösung der bisherigen christlich-protestantischen Identität in Kauf genommen. Anhand des »Entjudungsinstituts« zeigt sich in Extremform, dass Antijudaismus mit Blick auf die Person und Botschaft Jesu unvereinbar waren. Wenn es theologisch nicht möglich ist sich auf Jesus Christus als geborenen Juden oder nicht einmal auf den historischen Jesus als Juden zu beziehen, dann kann es sich auch nicht um christliche Theologie handeln, sondern nur um eine sich selbst entlarvende Ideologie. Im Umkehrschluss unterstreicht die Propaganda des »Entjudungsinstituts« die theologische Unvereinbarkeit von Christentum und Judenhass. Diese Unversöhnlichkeit gilt nicht nur für eine von der nationalsozialistischen Propaganda entformte protestantische Kirchentradition, sondern allgemein für jeden christlichen Antijudaismus. »Eine der wichtigsten kirchlich-theologischen Aufgaben besteht [...] heute in einer positiven, vorurteilsfreien Neubestimmung des Verhältnisses zwischen Christen und Juden, so dass Israel Subjekt seiner Geschichte bleibt.«[136]

Grosso modo ist festzuhalten, dass sich christliche Theologen vor der Shoah nicht oder kaum auf dieses Strukturproblem einließen. Dazu gehörte auch der bewusste Ausschluss jüdischer Jesusperspektiven aus der Theologie: Deren Einbindung soll in diese Arbeit jedoch eben gerade zur Lösung des genannten Strukturproblems beitragen. Die theologische Notwendigkeit, Jesu Judesein in den Blick zu nehmen und die enge Verbindung von Judentum und Christentum hervorzuheben, um Antijudaismus in Kirche und in der Gesellschaft zu bekämpfen, greifen mit weitreichenden kirchlichen und gesellschaftlichen Folgen im Jahr 1947 die *Zehn Thesen von Seelisberg* auf. In ebenso schlichter wie präziser Sprache bilden die thesenförmigen Aussagen das Fundament für eine neue Beziehung zwischen Juden und Christen nach der Shoah.

---

135 Vgl. FRANKEMÖLLE, Hubert, Christen und Juden gemeinsam ins dritte Jahrtausend?, in: DERS. (Hg.), Christen und Juden gemeinsam ins dritte Jahrtausend: »Das Geheimnis der Erlösung heißt Erinnerung«, Frankfurt a. M./Paderborn 2001, 273–297, hier: 282.
136 Vgl. MINZ, Karl-Heinz, Art. Antijudaismus/Antisemitismus, in: Lexikon der Religionen (1992), 27f, hier: 28.

I Die Konferenz von Seelisberg (1947) – Beginn einer jüdisch-christlichen Erfolgsgeschichte

Dieses Kapitel skizziert zunächst die geschichtlichen Rahmenbedingungen und wichtigsten historischen Eckpunkte zur Seelisberg-Konferenz, die im Jahr 1947 in der Schweiz, im Kanton Uri, als »Dringlichkeitskonferenz zur Bekämpfung des Antisemitismus« stattgefunden hat.[1] An ihr nahmen jüdische und christliche Teilnehmende, Vertreter der UNO und anderer nationaler wie internationaler Organisationen teil. Vereint waren sie im gemeinsamen Kampf gegen den Judenhass. Im zweiten Schritt folgt eine theologische Schwerpunktsetzung am Beispiel der bahnbrechenden *Zehn Thesen von Seelisberg*, in denen eine klare Ablehnung des Antisemitismus in Kirche und Theologie erfolgte. Mit der zweiten These stimmten die christlichen Teilnehmenden auch dafür, künftig das Judesein Jesu hervorzuheben. Insgesamt bilden die *Zehn Thesen von Seelisberg*, die maßgeblich auf den französischen Historiker und Antisemitismusforscher Jules Isaac (1877–1963) zurückgehen, das Fundament für den modernen jüdisch-christlichen Dialog nach der Shoah. Sie haben jenen Impuls angestoßen, der zu einem fundamentalen kirchlichen Umdenkprozess gegenüber Jüdinnen und Juden führte. Nach einem Kapitel zur theologischen Bedeutung der Seelisberg-Konferenz schließt der erste Hauptteil anstelle eines Fazits mit einer kurzen Rezeptionsgeschichte der Zehn Thesen, in denen Aussagen zum Judesein Jesu berücksichtigt werden.

Im Folgenden geht es darum, anhand der Seelisberg-Konferenz zu zeigen, dass die interreligiöse Auseinandersetzung mit kontroversen religiös-theologischen Themen (»Gottesmordvorwurf« und »Jesus als Jude«), die jüdisch-christlichen Beziehungen verbessert haben. Dabei wird einerseits deutlich gemacht, dass die Zehn Thesen von Seelisberg aufgrund ihrer Entstehungsbedingungen und ihrer erfolgreichen Wirkungsgeschichte besonders die jüdisch-katholischen Beziehungen gestärkt haben und dass sie zudem ein unverzichtbarer Beitrag im Rahmen der theologischen Antisemitismusforschung sind.

---

1 Das erste Kapitel bezieht die grundlegende Literatur zur Seelisberg-Konferenz mit ein: LENZEN, Verena, Art. Seelisberg, in: EJCRO (2020) [DOI: 10.1515/ejcro.8603592]; AHRENS, Jehoschua, Gemeinsam gegen Antisemitismus – Die Konferenz von Seelisberg (1947) revisited: Die Entstehung des institutionellen jüdisch-christlichen Dialogs in der Schweiz und in Kontinentaleuropa, Berlin/Münster (= Forum Christen und Juden 19); RUTISHAUSER, Christian M., The 1947 Seelisberg Conference: The Foundation of the Jewish-Christian Dialogue, in: SCJR 2/2 (2008), 34–53 [DOI: 10.6017/scjr.v2i2.1421].

1 Historische Rahmenbedingungen, Eckdaten und Personen

Zwei Jahre nach dem Ende des Zweiten Weltkriegs und damit auch des nationalsozialistischen Massenmordes an Europas Jüdinnen und Juden fand im Jahr 1947 die nach ihrem Tagungsort benannte *Seelisberg-Konferenz* statt.[2] Die Konferenz hat sich zur dringenden Aufgabe gemacht, den Antisemitismus auf allen politischen, gesellschaftlichen und kirchlichen Ebenen zu bekämpfen. Dass auch noch unmittelbar nach der Katastrophe der Shoah weiterhin eine »ungebrochene Präsenz einer antisemitischen Geisteshaltung«[3] im vom Krieg gezeichneten Europa herrschte, veranlasste europäische und amerikanische, jüdische und christliche Partner, gezielt lösungsorientierte und praktische Maßnahmen zur Antisemitismusbekämpfung zu erarbeiten. Neben dem offiziellen Titel *International Conference of Christians and Jews* firmiert die Konferenz daher auch unter dem Namen *International Emergency Conference on Anti-Semitism*[4]. Als Tagungsort diente ihr vom 30. Juli bis zum 5. August das in Seelisberg gelegene *Grand Hôtel Kulm und Sonnenberg*. Unterhalb der Hotelanlagen befindet sich das für das Schweizer Nationalbewusstsein eine große Rolle spielende *Rütli*.[5] In Anlehnung an die »Wiege der Schweiz«, wurde »Seelisberg die Wiege des Religionen-Dialogs« nach dem Zweiten Weltkrieg bezeichnet.[6] An der Konferenz nahmen damals rund 70 jüdische, protestantische und katholische Männer und Frauen aus 19 verschiedenen Ländern teil. Trotz der interreligiösen und interkonfessionellen Ausrichtung war die Seelisberg-Konferenz »keinesfalls als religiös-theologische Dialogveranstaltung« geplant. Sie verfolgte einen »klaren (gesellschafts-)politischen Zweck«[7], den Antisemitismus auf allen Ebenen der Gesellschaft

---

2 Der orthodoxe Rabbiner Jehoschua Ahrens hat detailliert den Ablauf, die Vor- und Wirkungsgeschichte der Seelisberg-Konferenz erforscht. Für eine genaue historische Darstellung siehe daher: AHRENS, Gemeinsam gegen Antisemitismus – Die Konferenz von Seelisberg (1947) revisited.
3 LENZEN, Verena, Von Seelisberg nach Rom: Der jüdisch-christliche Dialog in der Schweiz im internationalen Kontext, in: JEGGLE-MERZ, Birgit/SCHENKER, Adrian/WOLF, Jean-Claude (Hgg.), Juden und Christen im Dialog, Freiburg Schweiz 2016 (= Theologische Berichte 36), 36–52, hier: 38.
4 In den Länderberichten der Delegierten, die über die Lebenssituation der jüdischen Bevölkerung im Nachkriegseuropa eigens für die Konferenz angefertigt und in Seelisberg verteilt wurden, wird die Konferenz auch *International Emergency Conference to Combat Antisemitism* genannt.
5 Das *Rütli* ist eine Bergwiese, die zur Gemeinde Seelisberg gehört. Der Legende nach, entstand dort die »Wiege der Schweiz« durch ein Bündnis der drei Urkantone Uri, Schwyz und Unterwalden (heute: Ob- und Nidwalden). Übernational wurde das Rütli besonders im deutschsprachigen Raum durch Friedrich Schillers Drama *Wilhelm Tell* (1804) bekannt.
6 Siehe dazu: LENZEN, Verena, Seelisberg als Wiege des Religionen-Dialogs: Interview mit Dave Schläpfer, in: uniluAKTUELL, das Magazin der Universität Luzern/53 (2015), 1–3.
7 AHRENS, Gemeinsam gegen Antisemitismus – Die Konferenz von Seelisberg (1947) revisited, 152.

zu bekämpfen.⁸ Die Formulierung »auf alle Ebenen« schloss auch die Kirchen mit ein. Da die amerikanischen Partner ihnen gegenüber als Mitstreiterinnen im Kampf gegen Antisemitismus äußerst reserviert waren, wurden jedoch nur wenige Geistliche eingeladen. Dem amerikanischen Standpunkt folgend waren die Expertise aus Pädagogik und Bildung wesentlich wichtiger bei der Bekämpfung des Antisemitismus als die von Vertreterinnen und Vertretern aus Theologie und Kirche. Die geringe Erwartungshaltung ihnen gegenüber zeigte sich bei den Amerikanern, die die finanziellen Hauptlasten der Konferenz trugen, auch darin, dass nur eine von fünf Kommissionen⁹ mit der religiösen Antisemitismusbekämpfung betraut wurde (Kommission III, »Die Arbeit der Kirchen«). Es war aus ihrer Sicht zudem nicht abzuschätzen, wie weit christliche Geistliche, darunter auch jüdische Konvertiten, weiterhin dem stark belasteten Thema der »Judenmission« verhaftet waren. Dieser Vorbehalt, der im Rahmen der Konferenzplanung für Kontroversen sorgte, wurde während der Konferenz selbst nicht eigens thematisiert. Dort konzentrierte man sich auf die Antisemitismusbekämpfung.¹⁰ Auch der in der Vorbereitung involvierte britische Antisemitismusforscher James Parkes (*Council of Christians and Jews*, CCJ), hatte dezidiert Vorbehalte, Theologen und Geistliche einzuladen. Dass die Seelisberg-Konferenz nun aber gerade durch die religiös-theologische Kommission zu einem Erfolg wurde, weil in ihr die richtigen Ansätze zur Bekämpfung des christli-

---

8   Dass bei der Seelisberg-Konferenz auch orthodoxe Christen teilgenommen haben, wie von Victoria Barnett behauptet, scheint auf einem Missverständnis zu beruhen. Wie die Studie von Ahrens zeigt, wurde zwar aus Griechenland Charalambos Frangistas, Rechtsprofessor in Saloniki und ehemaliger Generalgouverneur von Zentralmazedonien, eingeladen, jedoch nahm er nicht an der Konferenz teil. Dass in Seelisberg (Resolution, Kommission IV) religiös führende Persönlichkeiten explizit auch aus der (griechisch-)orthodoxen Kirche aufgerufen wurden, den Antisemitismus durch freundschaftliche Kontakte zwischen Juden und Christen zu bekämpfen, dürfte demnach auf den jüdischen Konferenzteilnehmer Alfred Cohen, der aus Griechenland stammte, zurückgehen. Er war von 1947 bis 1954 Direktor des *Dienstes für den juristischen und diplomatischen Schutz der Flüchtlinge* bei der UNO. Vgl. BARNETT, Victoria, Seelisberg: An Appreciation, in: SCJR 2/2 (2008), 54–57, hier: 56 [DOI: 10.6017/scjr.v2i2.1422]; AHRENS, Gemeinsam gegen Antisemitismus – Die Konferenz von Seelisberg (1947) revisited, 141, 181; INTERNATIONALER RAT VON CHRISTEN UND JUDEN (Hg.), Der Antisemitismus, 30.
9   Kommission I widmete sich einer Analyse, wie der Antisemitismus, besonders durch allgemeine globale Standards, unterstützt von der UNO und durch Bildungsarbeit, zu bekämpfen sei. Es wurden grundlegende Maßnahmen erarbeitet, die zur wirklichen Gleichstellung von Juden in der Gesellschaft führen sollten. Zudem sprach man sich für einen jüdischen Staat in Palästina aus. Kommission II setzte ganz auf Bildungs- und Erziehungsarbeit unter Federführung der UNESCO. Kommission IV und V arbeiteten rechtliche Vorschläge zur Gesetzgebung, Restitution, und der Frage nach den *Displaced Persons* aus. Für die genauen Kommissionsteilnehmenden, deren Diskussionen und Ergebnisse siehe: Vgl. AHRENS, Gemeinsam gegen Antisemitismus – Die Konferenz von Seelisberg (1947) revisited, 154–184, 268.
10 Vgl. AHRENS, Gemeinsam gegen Antisemitismus – Die Konferenz von Seelisberg (1947) revisited, 126–129. Für die reservierte Haltung Geistliche einzuladen siehe: Ebd. 133–136.

chen Antijudaismus formuliert wurden, musste die amerikanischen Mitorganisatoren überraschen.[11]

Als im Sommer 1947 die Seelisberg-Konferenz begann, trafen sich dort Menschen, die »Leiden und Entbehrung durch die Herrschaft des Faschismus und die Judenverfolgung in ihrem ganzen Ausmass kennen gelernt«[12] haben. Das Ziel der Konferenz lag klar in der zukünftigen Verwirklichung der Maßnahmen zur Antisemitismusbekämpfung, aber allein, dass »die Teilnehmenden sich kennen und achten lernten, [...] ist ein Erfolg, dessen Wert nicht hoch genug eingeschätzt werden kann«[13].

1.1   Vorbereitung: Von Oxford nach Seelisberg

Die entscheidende Weichenstellung für die internationale Konferenz im schweizerischen Seelisberg erfolgte im Jahr 1946 auf einer (Vor-)Konferenz im englischen Oxford. Es handelt sich bei ihr um die erste je durchgeführte internationale Konferenz von Juden und Christen, die »inhaltliche, organisatorische und [...] persönliche Voraussetzungen für eine internationale Zusammenarbeit geschaffen [hatte], ohne die eine Seelisberg-Konferenz mit ihren weitgehenden, fast revolutionären Beschlüssen nicht möglich gewesen wäre«.[14] Die Oxford-Konferenz stand unter dem Motto »Freedom, Justice and Responsibility«[15] und wurde von amerikanischer und britischer Seite vorbereitet, da es in diesen Ländern bereits nationale institutionalisierte Formen jüdisch-christlicher Vereinigungen gab und diese miteinander im internationalen Austausch standen. In den USA war es die 1927/28 gegründete *National Conference of Christians and Jews* (NCCJ). Deren Gründungspräsident der presbyterianische Pastor Everett Ross Clinchy (1896–1986) später auch die Seelisberg-Konferenz maßgeblich mitvorbereitete und Teil der Konferenzleitung war.[16] Die NCCJ wurde als Abwehr des militanten Rassismus des Ku-Klux-Klans in den USA gegründet, der die afroamerikanische, katholische und auch jüdische Bevölkerung bedrohte.[17] Zudem war die Gründung eine Reaktion auf jene anti-katholischen Polemiken, die sich gezielt gegen den allerersten katholischen US-Präsidentschaftskandidaten aus einer der beiden großen Parteien, den Demokraten Alfred Emanuel

---

11   Vgl. ebd., 269.
12   INTERNATIONALER RAT VON CHRISTEN UND JUDEN (Hg.), Der Antisemitismus, 8.
13   Ebd., 9.
14   AHRENS, Gemeinsam gegen Antisemitismus – Die Konferenz von Seelisberg (1947) revisited, 110.
15   Das Motto wurde an eine Rede des US-Präsidenten Franklin D. Roosevelt aus dem Jahr 1941 angelehnt. Ihre vier Punkte sollten im Kern die Kriegsanstrengungen rechtfertigten: die Redefreiheit, die Glaubensfreiheit, die Freiheit von wirtschaftlicher Not und die Freiheit von Gewalt. Vgl. ebd., 84.
16   Vgl. AHRENS, Gemeinsam gegen Antisemitismus – Die Konferenz von Seelisberg (1947) revisited, 75–83.
17   Vgl. RUTISHAUSER, Christian M., Christlichen Glauben denken: Im Dialog mit der jüdischen Tradition, Wien 2016 (= Forum Christen und Juden 15), 20–31, hier: 21.

Smith (genannt Al Smith), richteten, der letztlich 1928 die Wahl gegen den Republikaner Herbert Hoover verlor.[18] In Großbritannien war es das 1942 gegründete *Council of Christians and Jews* (CCJ), das aus jahrzehntelanger jüdisch-christlicher Zusammenarbeit hervorgegangen war. Ihr erster Sekretär, der methodistische Pfarrer William W. Simpson, kurz Bill Simpson genannt, organisierte maßgeblich die Oxford-Konferenz und war später neben dem Schweizer Pierre Visseur einer der beiden Sekretäre und Mitorganisatoren der Seelisberg-Konferenz. Bereits während des Krieges tauschten sich die nationalen Organisationen über eine internationale Stärkung der jüdisch-christlichen Zusammenarbeit nach dem Krieg aus, zu der die Oxford-Konferenz auf internationaler Ebene den Anfang machte.[19] Zur Eröffnung der Konferenz wurde ein Grußwort des britischen Premierministers Clement Attlee verlesen, der wegen der zeitgleich stattfindenden Friedenskonferenz in Paris verhindert war, das Treffen jedoch unterstützte, da für ihn das Anwachsen des Antisemitismus sowie gleichzeitig die verzweifelte Situation der jüdischen Bevölkerung in Europa dringend einer Lösung bedurften. Zur Abendveranstaltung mit öffentlicher Diskussion im *Friend's House* der Quäker in London kamen ca. 1500 bis 2000 Gäste. Zur Konferenz selbst waren rund 150 Teilnehmende eingeladen, jedoch nur Delegationen aus Ländern[20], die sich im Zweiten Weltkrieg entweder neutral verhalten oder auf Seiten der Alliierten gekämpft hatten. Aus der Schweiz waren es Mitglieder[21] der im April 1946 gegründeten *Christlich-Jüdischen Arbeitsgemeinschaft* (CJA), die aus der organisierten konfessionellen Flüchtlingshilfe während des Zweiten Weltkrieges hervorgegangen war. Sie war mit ihrem Gründungspräsidenten, dem an der ETH-Zürich lehrenden Ingenieur Erich Bickel, zugegen. An der Oxford-Konferenz übernahm der Protestant Bickel das aus Sicht des britisch-amerikanischen Organisationskomitees wichtigste Präsidium, jenes der Kommission I, die über das Phänomen der »Spannungen zwischen einzelnen Gruppen« arbeitete.[22] Die Kommission hielt zum Phänomen der Gruppenkonflikte fest, dass sich diese

---

18   Vgl. SLAYTON, Robert A., Empire Statesman: The Rise and Redemption of Al Smith, New York 2001, 304.
19   Vgl. AHRENS, Gemeinsam gegen Antisemitismus – Die Konferenz von Seelisberg (1947) revisited, 79.
20   Die Teilnehmenden stammten aus Großbritannien, den USA, Australien, Kanada, der Tschechoslowakei, Dänemark, Frankreich, den Niederlanden, Palästina, Südafrika, Schweden und der Schweiz. Als Teilnehmer aus Deutschland sind die beiden Widerstandskämpfer Pfarrer Hermann Maas (Heidelberg) und Propst Heinrich Grüber (Berlin) zu nennen. Erst in den letzten Tagen der Konferenz stießen zudem Pfarrer Otto Friecke, Pfarrer Bernhard Musial und Rabbiner Leopold Neuhaus zu den Teilnehmeden. Vgl. ebd., 88.
21   Neben Erich Bickel nahmen aus der Schweiz Charlotte Friedenthal, Hans Orenstein, Zwi Taubes, Herbert Strauss und Ernst Ludwig Ehrlich an der Oxford-Konferenz teil. Vgl. AHRENS, Gemeinsam gegen Antisemitismus – Die Konferenz von Seelisberg (1947) revisited, 87 (Anm. 45).
22   Vgl. ebd., 85–87; 90f. Für eine Liste der Mitglieder aller sechs Kommissionen in Oxford, die Ahrens synonym auch als Ausschüsse bezeichnet, siehe Appendix IV, in: Ebd., 285-292.

> [...] in der Nachkriegszeit infolge des Gefühls allgemeiner Unsicherheit und der Furcht vor einem Angriff von Seiten des Totalitarismus in seinen verschiedenen Formen verschlimmert haben. Jede der an der Konferenz vertretenen religiösen Gemeinschaften – jüdisch, römisch-katholisch, orthodox und protestantisch – hat in den einzelnen Ländern in unterschiedlichem Masse Verfolgung und Einschränkung ihrer Rechte erleiden müssen. Der Hass ist ein Unheil, das die Menschen in ihrer Gesamtheit trifft. Jede an der Konferenz vertretenen Gruppe muss dem gegen andere Gruppen gerichteten Angriff aufs heftigste Widerstand leisten.[23]

Weiter wird festgehalten, dass

> von allen Spannungen, die unter den verschiedenen Gruppen bestehen, die unter dem Namen »Antisemitismus« bekannte die ganze Welt betrifft und einer besonderen Behandlung bedarf. Das Geschehen der jüngsten Zeit zeigt, dass ein Angriff auf die Juden einen Angriff auf die Grundprinzipien des Judentums und des Christentums, von welchen unsere geordnete menschliche Gesellschaft abhängt, gleichkommt. Es ist deshalb von größter Wichtigkeit, den Antisemitismus als Spezialfall zu betrachten, der einer Spezialbehandlung bedarf, obgleich sich die Massnahmen gegenüber dem Antisemitismus auch gegenüber andersartigen Spannungen zwischen den Gruppen anwenden lassen.[24]

Die Oxford-Konferenz war sich der weltweiten Gefahr für das Zusammenleben der jüdischen und der nicht-jüdischen Bevölkerung durch den nach wie vor virulenten Antisemitismus im Klaren. Daher empfahl die Kommission I eine baldige außerordentliche Konferenz einzuberufen, um das Problem konkret zu behandeln. Wenn auch Ort und Zeitpunkt in Oxford noch nicht feststanden, so waren doch die Ziele bereits klar definiert:

> a) es sind Untersuchungen über die gegenwärtige Ausdehnung des Antisemitismus, sowie über die Faktoren, die zu seinem Fortbestehen und Anwachsen im Nachkriegseuropa beitragen, anzustellen;
> b) es sind Pläne auszuarbeiten für eine sofort einzusetzende und langdauernde Tätigkeit durch die politischen, religiösen und sozialen Institutionen sowie durch die Organe des Erziehungswesens von nationalem und internationalem Charakter, um die Ursache des Antisemitismus zu beseitigen und seine Auswirkungen einzudämmen.[25]

Der Fokus sollte auf praktischen Lösungsvorschlägen zur Bekämpfung des Judenhasses im Nachkriegseuropa liegen. In Kommission I, die vom Schweizer Bickel geleitet wurde, konnten zwei wegweisende Beschlüsse gefasst werden. Neben der Einberufung einer Dringlichkeitskonferenz zur Bekämpfung des Antisemitismus wurde auch die Förderung intensiverer Zusammenarbeit von Juden und Christen beschlossen. Konkret wurde die Gründung einer ständigen internationalen Dachorganisation vorangetrieben, womit der Grundstein des *International Council of Christian and Jews* (ICCJ) gelegt war (dessen offizielle institutionelle Gründung jedoch erst 1974 erfolgte). Mit der Einrichtung eines Büros für das *International Council* in Genf, dessen Sekretär der protestantische Schweizer Dr. Pierre Visseur wurde, begann auch die Planung für die Dringlichkeitskonferenz. Auch für die CJA begann nach Oxford

---

23 INTERNATIONALER RAT VON CHRISTEN UND JUDEN (Hg.), Der Antisemitismus, 4.
24 Ebd., 5.
25 Ebd., 8.

eine internationale Zusammenarbeit mit dem Ziel weitere nationale christlich-jüdische Gesellschaften zu unterstützen, wo es solche noch nicht gab.[26]

1.2 Internationale und interreligiöse Konferenzbeteiligung

An der Konferenz mit ihren fünf inhaltlich arbeitenden Kommissionen nahmen etwa 70 Personen aus 19 Ländern teil, die sich im Vorfeld auf die Konferenzsprachen Englisch und Französisch verständigt hatten.[27] Ein Antrag auch Deutsch als offizielle Konferenzsprache zuzulassen war nach Widerspruch des Vertreters der Prager jüdischen Gemeinde, Thomas Berman, vom Plenum abgelehnt worden. Deutsch war zu sehr die »Sprache der Täter«.[28]

---

26 Weiter wurde ein Antrag von Propst Heinrich Grüber aus Berlin genehmigt, der um Unterstützung von »nichtarischen Christen« gebeten hatte, da diese wie die Juden unter den Nürnberger Rassegesetzen gelitten hatten, aber keine Unterstützung von amerikanisch-jüdischer Seite erhielten. Am 21./22. Oktober 1946 wurde dafür vom Zentralkomitee der christlichen Hilfsorganisationen eine *Hilfsstelle für ehemals Rassenverfolgte* nichtjüdischen Glaubens unter dem Vorsitz von Propst Grüber (1891–1976) gegründet. Dieser hatte bereits während des Krieges vonseiten der »Bekennenden Kirche« den Auftrag erhalten eine Hilfsstelle für »nichtarische Christen« zu gründen, die drei Wochen nach der Reichspogromnacht 1938 in Berlin-Mitte als »Büro Pfarrer Grüber« eröffnet wurde. Schon bald kümmerte sie sich nicht nur um »Judenchristen«, sondern half auch Jüdinnen und Juden, besonders durch die organisierte Fluchthilfe ins Ausland. Die anfängliche Unterscheidung dieser beiden Gruppen wurde durch die nationalsozialistische Gesetzgebung alsbald obsolet. Einerseits wurden die »nichtarischen Christen« von den damals gleichgeschalteten evangelischen Kirchen als Juden ausgeschlossen, andererseits hatten sie als Nichtjuden keinen Zugang zu jüdisch sozialen Einrichtungen der Reichsvereinigung der Juden. 1940 wurde Grüber von der Gestapo verhaftet und zweieinhalb Jahre in den Konzentrationslagern Sachsenhausen und Dachau interniert. Seit 1964 zählt Yad Vashem Heinrich Grüber zu den »Gerechten unter den Völkern«. Vgl. AHRENS, Gemeinsam gegen Antisemitismus – Die Konferenz von Seelisberg (1947) revisited, 49, 104f, 267; BORUT, Jakob, Art. Grüber, Heinrich (Akte 0075), in: Lexikon der Gerechten unter den Völkern 1 (2005), 128–131.

27 Die genaue Zahl der Teilnehmenden lässt sich nur schwer aus den Unterlagen rekonstruieren, da nicht alle Geladenen und auch nicht alle im Programm aufgeführten Personen teilnahmen. Die Zahl 70 stützt sich auf Angaben der Rechenschaftsberichte. Doch »kein Bericht [ist] vollständig und korrekt«: Ahrens, Gemeinsam gegen Antisemitismus – Die Konferenz von Seelisberg (1947) revisited, 136. Bezüglich Anwesenheit siehe beispielsweise die leicht zugänglichen Dokumente: Archiv der Österreichischen Zentralbibliothek für Physik, Konvolut zur »Internationalen Emergency Conference to Combat Antisemitism« in Seelisberg 1947: Nachlass von Hans Thirring, C35-2983, List of members, in: https://phaidra.univie.ac.at/detail_object/o:135792 (Abruf: 12.1.2022). Der unveröffentlichte Nachlass von Wilhelm Neuß, er befindet sich im Diözesanarchiv in Köln, ist insofern für eine gewisse Rekonstruktion von Nutzen, da Neuß die nicht anwesenden Teilnehmenden per Hand aus der Teilnehmerliste gestrichen hat, jedoch sagt dies nichts über eine eindeutige Anwesenheit aus, da einzelne Teilnehmer auch noch nach Konferenzbeginn nach Seelisberg kommen konnten.

28 Vgl. ORNSTEIN, Hans, Die internationale Dringlichkeitskonferenz zur Bekämpfung des Antisemitismus, in: Israelitisches Wochenblatt 47/33 (15. August 1947), 9–11, hier: 11. Die

Anders als bei der Oxford-Konferenz wurden nach Seelisberg auch Teilnehmende aus den ehemals faschistischen bzw. nationalsozialistischen Ländern eingeladen. Pierre Visseur, der Sekretär des *Internationalen Rates von Christen und Juden* in Genf knüpfte dazu die Kontakte.[29] Dem amerikanischen Standpunkt Clinchys entsprechend wurden vorwiegend Politiker, Professoren, Intellektuelle und Vertreter von Nichtregierungsorganisation eingeladen. Weniger Bedeutung hatten Theologen und Geistliche in kirchlichen Führungspositionen, obwohl dies eigentlich den Zielen der Dringlichkeitskonferenz, wie sie in Oxford festgehalten wurden, entsprochen hätte. Die Amerikaner vertraten die Haltung, dass »dem Antisemitismus am besten durch Bildungsprogramme in Schulen und Universitäten und durch Öffentlichkeitsarbeit in der Presse begegnet werden könnte«[30]. Vom britischen Standpunkt aus wollte James Parkes (*Council of Christians and Jews*, CCJ) – der die Seelisberg-Konferenz federführend mitorganisierte, aber letztlich nicht teilnehmen konnte – keine Geistlichen einladen. Seiner Meinung nach sollten nur Experten zum Antisemitismus und aus der Flüchtlingshilfe, wie Vertreter der offiziellen Besatzungsregierungen eingeladen werden. Das überrascht in gewisser Weise, denn der Antisemitismusexperte Parkes war selbst anglikanischer Priester. Er verortete den Antisemitismus im Nachkriegseuropa aber weniger im theologisch-religiösen Bereich, sondern betrachtete ihn als ein akutes gesellschaftspolitisches Problem. Den Religionsvertretern maß Parkes für eine schnelle Verbesserung der oftmals desaströsen Lebensbedingungen der jüdischen Bevölkerung in Europa keine Bedeutung bei.[31] Dass überhaupt katholische Teilnehmende eingeladen wurden, ist wiederum dem Weitblick des britischen Sekretärs des CCJ, Bill Simpson, zu verdanken, der den Einflussbereich der katholischen Kirche, besonders in Mittel- und Osteuropa als entscheidende Kraft für die Antisemitismusbekämpfung hervorhob. So veranlasste er Pierre Visseur, auch die entsprechenden katholischen Kontakte herzustellen. Zunächst richtete sich die Suche auf Einzelpersonen mit entsprechender Expertise, doch spätestens mit der Veröffentlichung der *Zehn Thesen von Seelisberg* wurde klar, dass diese mit den Kirchenleitungen abgestimmt werden mussten, um in den Kirchen Wirkung zu entfalten.[32]

Das Konferenzpräsidium wurde mit drei Personen interreligiös besetzt: Neville Laski (jüdisch, GB), Williard E. Goslin (protestantisch, USA) und Pater Calliste Lopinot (katholisch, FRA/Vatikan). Das Prinzip der internationalen, interreligiösen und

---

29 Vgl. AHRENS, Gemeinsam gegen Antisemitismus – Die Konferenz von Seelisberg (1947) revisited, 133.
30 Ebd., 134.
31 Vgl. Ebd., 135.
32 Die Reserviertheit der Organisatoren hinsichtlich institutionellen Vertretern erstreckte sich nicht nur auf die (röm.-kath.) Kirche. So gibt es nur drei Organisationen, die über offizielle Vertreter zur Teilnahme an der Konferenz eingeladen wurden: den ÖRK, die UNESCEO und die UNO, die als relevante Akteure für die Umsetzung der bildungs- und gesellschaftspolitischen Beschlüsse der Konferenz wahrgenommen wurden. Vgl. AHRENS, Gemeinsam gegen Antisemitismus – Die Konferenz von Seelisberg (1947) revisited, 135–137.

1 Historische Rahmenbedingungen, Eckdaten und Personen 71

interkonfessionellen Beteiligung wurde auch bei der Besetzung der einzelnen Kommissionen angewandt; einzig in Kommission I war keine katholische Person vertreten. Insgesamt arbeiteten mindestens 56 Personen in den fünf Kommissionen mit. Eingeschränkt auf diesen Personenkreis ergibt eine Aufschlüsselung unter Vorbehalten der Konfessions- bzw. Religionszugehörigkeit folgendes Bild: 9 katholische, 21 protestantische und 25 jüdische Personen. Nach Ahrens gab es in den fünf Kommissionen auch eine Person, die keine Angaben zur Religionszugehörigkeit machte: Paul Reiwald, geboren in Berlin, Professor an der Universität Genf, Verfasser von Schriften gegen den Antisemitismus.[33] Die Zahl jener Kommissionsmitglieder, die keine Religionszugehörigkeit angegeben hatten, kann jedoch mit Verweis auf den Rechenschaftsbericht des ICCJ und weiterer Forschungen wohl um drei Personen erweitert werden. Neben Paul Reiwald (Kommission II) hatten sowohl die belgische Rechtsanwältin Régine Orfinger-Karlin (Kommission V), die sich als Frauenrechtlerin sowie als Gegnerin des Rassismus hervortat und eine jüdische Flüchtlingsorganisation leitete, als auch der für die Verfassung der Zehn Seelisberger Thesen maßgebende jüdisch-französische Historiker und Antisemitismusforscher Jules Isaac (Kommission III), keine Angaben zur Religionszugehörigkeit gemacht.[34]

Die Einladungen *des Internationalen Rates von Christen und Juden* beruhten nicht auf der persönlich-religiösen Haltung als Kriterium der Teilnahme. Es war allein die Expertise der Teilnehmenden in ihrem jeweiligen Fachgebiet sowie ihre vielfältige Zeugenschaft für die Menschlichkeit, die zählten. Aus diesem Grund überrascht es nicht – wenn auch für die damalige Zeit durchaus erwähnenswert – dass auch Frauen nach Seelisberg eingeladen wurden. Schon auf dem gemeinsamen Gruppenfoto[35] mit 58 Personen wird die Anwesenheit von 15 Frauen deutlich. Wie die offizielle Konferenzliste zeigt, kann es sich dabei keineswegs allein um die Ehegattinnen der Teilnehmer gehandelt haben,[36] denn 11 Frauen sind auch offiziell im Konferenzbericht eingetragen; davon arbeiteten wiederum 9 Frauen in den einzelnen Kommissionen mit. Im Blick auf ihre Religionszugehörigkeit machen die Teilnehmerinnen folgenden Angaben: 5 Teilnehmerinnen waren protestantisch, 2 jüdisch und eine röm.-kath.[37] Zu den protestantischen Kommissionsmitgliedern zählten: Clara Ragaz-Nadig (1874–1957), die mit ihrem Ehemann Leonhard Ragaz (1868–1945) aus

---

33 Vgl. Ebd., 137, 154f, 157, 159f, 180–182.
34 So hält es eindeutig der deutsche Rechenschaftsbericht fest: Vgl. INTERNATIONALER RAT VON CHRISTEN UND JUDEN (Hg.), Der Antisemitismus, 47, 49.
35 Eine dazugehörige Namensliste zum Gruppenbild ist nicht bekannt. Es würde lohnen eine Namensanalyse des Gruppenfotos anhand der Teilnehmerliste und anderen Quellen abzugleichen. Für das Foto siehe: AHRENS, Gemeinsam gegen Antisemitismus – Die Konferenz von Seelisberg (1947) revisited, 151, ebenso Buchcover.
36 Im Zusammenhang mit Tom Griessemer (»Additional Observer«) aus Genf wird auch seine Frau aufgeführt, beide als Protestanten. Sie hat jedoch in keiner Kommission offiziell mitgearbeitet und ihr Vorname wird im Bericht nicht genannt. Ohne Angabe zum Religionsbekenntnis blieb das nicht-Kommissionsmitglied Wilhemina Schmolkova, Psychologin aus Genf, die ebenfalls als »Additional Observer« eingeladen war.
37 Vgl. INTERNATIONALER RAT VON CHRISTEN UND JUDEN (Hg.), Der Antisemitismus, 45–51.

theologischen Gründen den zutiefst antidemokratischen Antisemitismus ablehnte und 1938 gemeinsam mit ihm die *Auskunftstelle für Flüchtlingshilfe* in der Schweiz gründete.[38] Eine weitere prominente protestantische Teilnehmerin war die »Flüchtlingsmutter« Gertrud Kurz-Hohl (1890–1972), die in einer religiös-sozial engagierten Familie aufgewachsen war und für die internationale Friedensbewegung eintrat. Während des Zweiten Weltkrieges informierte sie auf öffentlichen Vortragsreisen über die Judenverfolgung und forderte eine weniger restriktive Flüchtlingspolitik der Schweiz.[39] Zum weiteren Kreis protestantischer Konferenzeilnehmerinnen gehörten darüber hinaus die Pädagogin Dr. Hilda Taba (USA), Esther Heiberg (Dänemark) und Jirina Tumova (Tschechoslowakei). Die zwei jüdischen Frauen unten den Kommissionsmitgliedern sind: Stella Counselbaum (USA), Mitglied des NCCJ, und Esther Rothfield (Australien), die in Melbourne dem jüdischen Rat zur Bekämpfung des Faschismus und Antisemitismus angehörte. Die einzige Katholikin war Marie-Madeleine Davy (1903–1998)[40], die auch als einzige Frau in der Kommission III mitarbeitete.[41] Sie wurde in katholischer und evangelischer Theologie promoviert und war spezialisiert auf mittelalterliche Mystik und Theologie[42]. Als Davy an der Seelisberg-Konferenz teilnahm, war sie den jüdischen Positionen gegenüber aufgeschlossen und bereits langjährige Studiendirektorin an der Pariser *École pratique des Hautes Etudes*.[43]

Zu den jüdischen Teilnehmern gehörten der französische Historiker Jules Isaac (1877–1963), der damalige Großrabbiner von Frankreich, Jacob Kaplan (1895–1994), und der spätere Großrabbiner von Genf, Alexandre Safran (1910–2006). Diesem war

---

38 Vgl. AHRENS, Gemeinsam gegen Antisemitismus – Die Konferenz von Seelisberg (1947) revisited, 30f. – Clara Ragaz-Nadig ist eine der bedeutendsten Pazifistinnen und Frauenrechtlerinnen des frühen 20. Jahrhunderts. Sie gehörte 1902 zu den Gründerinnen des *Schweizerischen Bundes abstinenter Frauen* und setzte sich schon früh für das erst 1971 in der Schweiz eingeführte Frauenstimmrecht ein (im Kanton Appenzell Innerrhoden wurde das Frauenstimmrecht erst 1990 eingeführt). Vgl. STUDER, Brigitte, Art. Clara, Ragaz, in: HSL, https://hls-dhs-dss.ch/de/articles/010792/2021-02-16/ (Abruf: 14.1.2022).
39 Vgl. LUDI, Regula, Art. Kurz, Gertrud, in: HLS, in: https://hls-dhs-dss.ch/de/articles/009345/2007-02-15/ (Abruf: 14.1.2022).
40 Andere Schreibweisen: Madelaine/Madeleine.
41 Der zweite *Additional Obersever* aus Genf, Tom Griessemer, wird gemeinsam mit seiner Ehefrau (keine Namensnennung) mit protestantischer Kirchenzugehörigkeit angegeben. Vgl. INTERNATIONALER RAT VON CHRISTEN UND JUDEN (Hg.), Der Antisemitismus, 45–51.
42 Sie übersetzte u. a. Gershom Scholems Werk über die Hauptströmungen der jüdischen Mystik vom Englischen ins Französische: SCHOLEM, Gershom, Les Grands Courants de la mystique juive, Payot, 1950. – Die katholische Doktorarbeit erfolgte am *Institut catholique de Paris*, wo sie als erste Frau für ein Studium zugelassen wurde.
43 Als Frau nahm Davy im *Institut catholique* von der letzten Reihe des Auditoriums aus an den Vorlesungen teil. 1941 erhielt sie ihr katholisches Doktorat. Der Direktor Monseigneur Baudrillard repräsentierte in den Augen Davys einen seelen- und geistlosen Theologen, eine Theologie, der es an Spiritualität und Innerlichkeit mangelte: »Ils traquent les déviations doctrinales comme le chien traque le lièvre en bavant de plaisir.« DESCAMPS, Marc-Alain, La vie de Marie-Magdeleine Davy, in: http://www.europsy.org/pmmdavy/davymm.html (Abruf: 19.1.2022).

es während seiner Amtszeit als Oberrabbiner in Rumänien – einem Amt, das die gleichzeitige Ernennung zum Senator Rumäniens mit sich brachte – gelungen, etwa die Hälfte (rund 347.000 Menschen) der jüdischen Bevölkerung Rumäniens vor den Nazis zu retten.[44] Unter den protestantischen Konferenzteilnehmern war u. a. der deutsche Pastor Adolf Freudenberg (1894–1977), der ab 1939 in Genf das Flüchtlingshilfswerk des *Ökumenischen Rates der Kirchen* mitaufbaute, und der österreichische Physikprofessor Hans Thirring (1888–1976), Dekan der Philosophischen Fakultät der Universität Wien, der sich bereits ab 1923 dagegen verwehrte eine Vorlesung zu halten, wenn jüdische Studierende davon ausgeschlossen wurden.[45]

Bemerkenswert ist, wie Verena Lenzen schrieb, dass unter den katholischen Teilnehmern auch zwei jüdische Konvertiten eingeladen wurden, obwohl bei ihnen mit judenmissionarischen Absichten oder zumindest mit solchen Ansichten zu rechnen war. Der eine war der Dominikaner Jean de Menasce (1912–1973), der aus der jüdischen Aristokratie Ägyptens stammte und am Priesterseminar in Fribourg als Professor für Missionswissenschaft lehrte.[46] Der zweite Konvertit war Pater Paul Démann (1912–2005). Er stammte aus Budapest, ließ sich im Alter von 22 Jahren taufen und gehörte der Ordenskongregation der »Pères de Notre-Dame de Sion« (NDS) an. Während der Shoah wurde seine jüdische Mutter in einem Konzentrationslager ermordet und sein Bruder als Soldat getötet.[47] Er lehnte Antisemitismus zwar ab und hatte sich während der Besatzung Belgiens aktiv für die Rettung verfolgter Jüdinnen und Juden eingesetzt, vertrat theologisch aber eine »antijüdisch-missionarische«[48] Haltung. Dies änderte sich durch die Begegnung mit Jules Isaac in Seelisberg, woraus eine Freundschaft entstand. Isaac eröffnete Démann theologisch »die ganze Dimension des Antijudaismus und Antisemitismus in der Kirche«.[49]

An der Seelisberg-Konferenz hätte mit dem Kapuzinerpater Marie-Benoît Péteul (1894–1972) ein weiterer Ordensmann teilnehmen sollen, der während der Shoah zahlreichen Jüdinnen und Juden das Leben rettete. Nachdem er rund 4000 Juden zur Flucht aus dem nationalsozialistisch besetzten Südfrankreich nach Spanien und in die Schweiz verholfen hatte, wurde er auch *Père des Juifs* genannt.[50] Infolge einer

---

44 Vgl. LENZEN, Von Seelisberg nach Rom, 36f.; KAUFMANN, Uri Robert, Art. Safran, Alexandre, in: HLS, in: https://hls-dhs-dss.ch/de/articles/014934/2012-01-06/ (Abruf: 20.1.2022).
45 Vgl. Interview of Guido Beck by John Heilbron on 1967 April 22, Niels Bohr Library & Archives, American Institute of Physics, College Park, MD USA, in: https://www.aip.org/history-programs/niels-bohr-library/oral-histories/4500 (Abruf: 22.1.2022).
46 Vgl. LENZEN, Von Seelisberg nach Rom, 36f.
47 Démann brachte von 1947–1957 die Zeitschrift »Cahiers sioniens« (»Zionistische Hefte«) heraus. 1963 verließ er den Orden. Vgl. CHARMET, Bruno, Bibliographie de Paul Demann NDS (1912-2005), in: https://ajcf.fr/spip.php?page=imprimer&id_article=2573 (Abruf: 29.1.2022).
48 AHRENS, Gemeinsam gegen Antisemitismus – Die Konferenz von Seelisberg (1947) revisited, 173.
49 Ebd.
50 Vgl. LENZEN, Von Seelisberg nach Rom, 37; ZUCCOTTI, Susan, Père Marie-Benoît and Jewish Rescue: How a French Priest Together with Jewish Friends Saved Thousands During the

Erkrankung verhindert, wurde er von seinem Mitbruder Pater Calliste Lopinot (1876–1966) vertreten.⁵¹ Dieser war ein polyglotter, weitgereister Kapuzinerpater, der als katholischer Konferenz-Präsident amtierte und während der Shoah als Seelsorger im Internierungslager Ferramonti di Tarsia in Kontakt mit verfolgten Jüdinnen und Juden kam. Dort war er zunächst für die 85 Katholiken jüdischer Abstammung zuständig, kümmerte sich aber auch um die rund 1100 jüdische Internierten. 79 von ihnen ließen sich von ihm taufen;⁵² keine einzige Konversion war unter Zwang geschehen, wie seine jüdischen Freunde festhielten.⁵³

An dieser Stelle sei auch jener Geistliche genannt, der anstelle der eingeladenen deutschen Bischöfe Heinrich Wienken und Joseph Kardinal Frings im Namen der deutschen Bischofskonferenz nach Seelisberg geschickt wurde. Es war der katholische Priester und Bonner Kirchengeschichtsprofessor Wilhelm Neuß (1880–1965), der in der Kommission II mitarbeitete und sich auch persönlich klar hinter die Ziele von Seelisberg stellte. Hinsichtlich des Stellenwerts, den die Deutsche Bischofskonferenz dem Treffen in Seelisberg beimaß, hat Ahrens treffend formuliert: »[S]ie [die Bischöfe] schickten lediglich einen akademischen Vertreter, obwohl sie explizit eingeladen worden waren.«⁵⁴

Holocaust, Bloomington 2013. Seit 1966 zählt Yad Vashem Père Marie-Benoît zu den »Gerechten unter den Völkern«. Vgl. Yad Vashem, The Righteous Among the Nations: Father Pierre-Marie Benoit, in: https://www.yadvashem.org/righteous/stories/benoit.html (Abruf: 22.1.2022).

51 Vgl. Tobias, Norman C., Jewish Conscience of the Church: Jules Isaac and the Second Vatican Council, Cham 2017, 106.

52 Die internierte Jüdin Elli Silton hielt in ihren Memoiren zu Pater Lopinot fest: »Der Vatikan hatte einen Priester ins Lager entsandt, und dieser kluge, alte, feine Mann hat jedem bedingungslos geholfen. Der Vatikan war auch die einzige Institution, die uns ab und zu Pakete schickte mit Kleidung, Büchern, Papier, Bleistiften etc. Dieser Pater konnte das Lager verlassen, wann immer er wollte, und viele, viele Male trug er in den Ärmeln seiner braunen Kutte Briefe heraus und brachte Antworten zurück ... Diese Verbindung mit der Außenwelt, also mit denen, die innerhalb Italiens frei waren, war unsere ganze Rettung.« Silton (vormals: Silberstein-Laqueur), Elli: Wie wir die Jahre überlebten 1933-1948, Memoiren, 76, (in Besitz der Familie Laqueur), zit. nach: Benöhr-Laqueur, Susanne, Pius XII. und die Deportation der Juden Roms, in: https://www.hagalil.com/2019/12/pius-xii/ (25.12.2019, Abruf: 28.1.2022).

53 Lopinot wirkte in Ferramonti di Tarsia von 1941 bis 1944 im Auftrag von Papst Pius XII. als Seelsorger der Caritas des Vatikans. Während einer päpstlichen Privataudienz bei Pius XII. am 29. Oktober 1944 übergab Dr. Max Pereles, der Vertreter der jüdischen Internierten in Ferramonti im Beisein von Lopinot und dem Lagerleiter Jan Hermann zwei Alben, eines mit Unterschriften und Dankesbezeugungen der Internierten und eines mit Fotos aus dem Lager. Pereles bat den Papst um seine Unterstützung, dass alle Juden in ein freies Land einwandern dürfen, besonders »in das Land Erez Israel, das Land der Väter«. Rozumek, Angela, Die Caritas des Vatikans im Interniertenlager von Ferramonti-Tarsia bei Cosenza mit Hilfe von P. Calilistus Lopinot OFM Cap., in: RFF XIII/50/52 (1960/61), 33–35, hier: 32.

54 Ahrens, Gemeinsam gegen Antisemitismus – Die Konferenz von Seelisberg (1947) revisited, 158.

Den meisten Konferenzteilnehmenden war bewusst, dass der Antisemitismus weltweit tiefsitzende Ursachen hatte, die nachweislich durch eine antijudaistische Tradition in Kirche und Theologie mitverschuldet waren. Was also von den Kirchen gelehrt wurde, wirkte über den kirchlichen Kreis hinaus in die Gesellschaft. Dem christlichen Problem des Judenhasses auf den Grund zu gehen, war die kirchliche Aufgabe der Kommission III. Bevor es vertieft um die Arbeit dieser Kommission gehen wird, seien im Folgenden zunächst ihre Mitglieder vorgestellt, allen voran Jules Isaac, dessen überragendes Wirken maßgeblich zu Erfolg der gesamten Konferenz beigetragen hat.

a) Jules Isaac (1877–1963)

Jules Isaacs Bedeutung für die Seelisberger Thesen ist kaum zu überschätzen – sowohl im Blick auf ihre Genese als auch im Blick auf ihre Wirkungsgeschichte. Dreh- und Angelpunkt ist hier sein Werk *Jésus et Israël*, das in 21 Lehrsätzen antijüdische Missverständnisse im Christentum entkräftet, besonders im Bereich Exegese[55], Kirchengeschichte und Liturgie.

Am Ende münden diese Lehrsätze in 18 praktische Schlussfolgerungen für eine moderne religiöse Grund- bzw. christliche Allgemeinbildung. Daraus entstanden in Seelisberg die bekannten Zehn Thesen in ihrer appelativen Form. Damit gehen sie mehrheitlich nicht auf Theologinnen und Theologen zurück, sondern auf den Historiker Jules Isaac. Ihm gelang es, dass die christlichen Teilnehmenden einen theologischen Perspektivenwechsel vollzogen.

Wer war Jules Isaac und was inspirierte sein Denken? Einige biographische Schlaglichter zeigen im Folgenden, warum bei Isaac Wissenschaft und die Suche nach Wahrheit zusammengehören und wie Antisemitismusbekämpfung seine Lebensaufgabe wurde.[56]

Jules Isaac wurde 1877 in Rennes in eine assimilierte jüdische Offiziersfamilie hineingeboren, in der weitgehend die jüdisch-religiöse Sozialisierung zugunsten eines französischen Patriotismus gewichen war. So wuchs Isaac mit zwei älteren Schwestern in einem national-bürgerlichen Elternhaus auf. Verena Lenzen, die die unveröffentlichten Schriften des Archivs Jules Isaac der Bibliothèque Méjanes in Aix-en-Provence erforschte (mittlerweile in Paris), beschreibt Isaac als »Humanist

---

55 Im ersten Teil seines Buches gibt Isaac unter dem Lehrsatz 2 über das Judesein Jesu auch eine der wichtigsten Quellen für sein Denken an, die auch in dieser Arbeit ausführlich behandelt wird. Es ist Joseph Klausners berühmt gewordene Jesus-Studie. Isaac schreibt: »Der Autor ist Professor an der Universität von Jerusalem und hat sein Buch in hebräischer Sprache abgefaßt. Es ist das bedeutendste historische Werk, das je über Jesus geschrieben wurde.« ISAAC, Jesus und Israel, 26 (Anm. 4). –Siehe weiter Teil II, Kap., 2.1 »Joseph Klausner«.

56 Zur Vertiefung der Biographie Jules Isaacs, siehe: KASPI, Jules Isaac ou la passion de la vérité; TOBIAS, Norman C., Jewish Conscience of the Church: Jules Isaac and the Second Vatican Council, Cham 2017.

ohne religiöse Etikettierung«.⁵⁷ Das Verhältnis Isaacs zur jüdischen Religion⁵⁸ beschreibt sie ambig:

> Jules Isaac hat zeitlebens ein religiöses Bekenntnis abgelehnt, aber ebenso jede religiöse Leugnung vermieden. In seinem Testament hat er den beiden Söhnen anvertraut, dass ihn der Kampf gegen den Antisemitismus an Israel und dessen strengen Monotheismus herangeführt habe, und er bittet um ein jüdisches Gebet in französischer Sprache bei seinem Begräbnis.⁵⁹

Sein Leben war, wie Verena Lenzen schreibt, von »persönlichen Verlusterfahrungen« und den Katastrophen zweier Weltkriege geprägt. Mit 13 Jahren verlor Jules Isaac innerhalb von nur einer Woche beide Elternteile; zuerst starb der Vater an einem Schlaganfall, kurz darauf die Mutter an den Folgen einer Diabetes-Erkrankung. Als Vollwaise besuchte er fortan das Internat des *Lycée Lakanal* in Sceaux bei Paris.⁶⁰ Zwar kannte er das für seine altphilologische und humanistische Ausbildung bekannte Elite-Gymnasium bereits als Externer, das Leben als Internatsschüler stellte ihn jedoch vor neue Herausforderungen, glich es doch »einer militärischen Kaserne, die das Gefühlsleben der Schüler unterdrückte«⁶¹. Der fünf Jahre ältere, katholisch sozialisierte Halbwaise Charles Péguy, ebenfalls Internatsschüler im *Lakanal*, wurde ihm dort ab 1897 ein enger Freund⁶² und blieb es bis zu seinem Tod als

---

57 Vgl. LENZEN, Verena, Jules Isaac – ein grosser Humanist, in: SKZ 185/20 (2017), 247f, hier: 247.
58 Zur religiösen Identität Isaacs sei noch angeführt, dass er mit der Einführung der antijüdischen Gesetzgebung (*Statut des Juifs*) im Vichy-Regime 1940, (ausgeweitet im Juni 1941), wie viele Jüdinnen und Juden auf sein Judesein zurückgeworfen wurde. Isaac geriet in eine Identitätskrise und suchte damals den Austausch mit P. Marie-Benoît, der später auch an der Seelisberg-Konferenz teilnehmen sollte, jedoch erkrankte. Im September 1941 notierte er in seinem Tagebuch: »God bears man and man bears God. Will I say that no man has borne God as much as Jesus? (I would say if I were Jewish, I would be Christian). But my most secret attachment is for paganism.« Mit »paganism« meinte Isaac seine große Bewunderung für die griechische Philosophie, nicht Platon, sondern Sokrates und die Vorsokratiker (Heraklit, Empedocles, Parmenides). Deutlich wird diese Bewunderung in einem Brief an seinen Sohn Daniel, datiert auf den 31.12.1942: »Even in the current circumstances, I am loath to be an observant Jew. If I were a practising Jew, I would be a Christian. It is futile to class me as Jewish: I am not, in any way. I will go further: I give thanks to God that there was a Greek people, not that there was a Jewish people to propagate a religiously exclusivist claim ... I prefer Socrates, man of God.« P. Marie-Benoît und auch Isaac selbst hielten fest, dass ihm das Judentum als etwas »altes-vergangenes« vorkam (»dépassé«) und er begann das Neue Testament auf Griechisch zu lesen. Den Auferstehungsglauben teilt er nicht. In späten Lebensjahren hielt Isaac fest: »I came to the Old through the New. I told this to Pope John XXIII, and he laughed.« Alle hier verwendeten Zitate von Isaac finden sich bei: TOBIAS, Jewish Conscience of the Church, 68–70.
59 LENZEN, Verena, Jules Isaac – ein grosser Humanist, in: SKZ 185/20 (2017), 247f, hier: 247.
60 Vgl. ebd. 247.
61 Ebd.
62 Isaac schreibt in *Jesus und Israel* mit Nachdruck, dass der »Katholik Péguy« sein »loyale[r] Freund« wurde. Zeitlich fällt diese Freundschaft in die Phase einer Wandlung Péguys hin zum Sozialismus, eine Wandlung, die auch Isaac vollzog, der fortan auch ein Verfechter der Menschenrechte wurde. Vgl. ISAAC, Jesus und Israel, 28.

Soldat im Ersten Weltkrieg. Wie Lenzen schreibt, verband die beiden nicht nur eine tiefe Freundschaft, sondern Péguy war ihm auch zum Vorbild geworden »in seinem sozialistischen Gerechtigkeitsempfinden und seiner Kritik der Fortschrittsideologie«[63]. Der jüngere Isaac entwickelte eine Bewunderung für Péguy, der zu einem der berühmtesten Schriftsteller Frankreichs werden sollte. Nicht nur sportlich (Rugby und Fußball), sondern auch von seinem charismatischen Wesen war Isaac beeindruckt. Als Péguy, der zwischenzeitlich das *Lakanal* für seinen Militärdienst in Orléans verlassen hatte, 1893 mit Uniform wieder kurzzeitig in den Unterricht zurückkam, um sich für die *École Normale* vorzubereiten, bestärkte dies Isaacs positive Haltung gegenüber allem Militärischen, das im durch den Beruf des Vaters in gewisser Weise in die Wiege gelegt worden war.[64] Erneut kreuzen sich die Wege des inzwischen 20-jährigen Isaac mit Péguy im *Lycée Henri IV*, wo sich beide für die Aufnahme in die *École Normale Supérieure* vorbereiteten.[65]

Péguy brachte im Zeitraum 1900–1914 unterstützt durch Isaac die Zeitschrift *Cahiers de la Quinzaine* heraus. Der Leitgedanke der Zeitschrift lautet:

> Die Wahrheit sagen, die ganze Wahrheit, nichts als die Wahrheit, die dumme Wahrheit dumm sagen, die langweilige Wahrheit langweilig, die traurige Wahrheit traurig sagen.[66]

Isaac selbst studierte später Geschichte, heiratete 1902 die Malerin Laure Ettinghausen, mit der er drei Kinder hatte, und kämpfte im Ersten Weltkrieg in der Schlacht um Verdun, bei der er schwer verwundet wurde. Aus dem ehemaligen Kriegsbefürworter wurde im Verlauf des Ersten Weltkriegs ein Pazifist, der sich nach dem Krieg für die Verbesserung der deutsch-französischen Beziehungen einsetzte.[67]

1936 wurde er in das Amt des Generalinspekteurs des Bildungsministeriums erhoben, in dem er als erfolgreicher Herausgeber der Reihe »Malet-Isaac« wirkte. Diese Reihe war für den französischen Geschichtsunterricht der Sekundarstufe gedacht. Sie wurde bis in die 1970er Jahre hinein in den Schulen verwendet und prägte damit die historische Bildung einer ganzen Nation über Jahrzehnte hinweg. Noch am Ende des Jahres 1940 wurde er durch die antisemitische Gesetzgebung der Vichy-Regierung seines Amtes enthoben und floh aus Paris. Mit seiner Frau versteckte er sich zunächst an verschiedenen Orten in der Nähe des von Hugenotten bewohnten Dorfes Le Chambon-sur-Lignon in der Provinz Haute-Loire, wo der

---

63 LENZEN, Verena, Jules Isaac – ein grosser Humanist, in: SKZ 185/20 (2017), 247f., hier: 247.
64 Vgl. TOBIAS, Jewish Conscience of the Church, 10–14.
65 Péguy war es auch, der Isaac 1898 von der Unschuld des jüdischen Hauptmanns Dreyfus überzeugte, der in einem 1894 ausgelösten antisemitischen Justizkanal (Dreyfus-Affäre), unrechtmäßig seines Amtes enthoben wurde. Ursprünglich hielt Isaac das Urteil für rechtmäßig. Er war, wie viele Juden davon überzeugt, dass das Militärgericht und die Republik nicht irren konnten. Vgl. ebd., 20–28; KASPI, Jules Isaac ou la passion de la vérité, 32–34.
66 Die deutsche Übersetzung und den Verweis auf die Zeitschrift verdanke ich Jean Pierre Bünter. Im Original lautet die Devise: »Dire la vérité, rien que la vérité, dire bêtement la vérité bête, ennuyeusement la vérité ennuyeuse, tristement la vérité triste.« Siehe auch: PÉGUY, Charles, Les Cahiers de la Quinzaine, in: http://www.charlespeguy.fr/cahiers (Abruf: 18.6.2022).
67 Vgl. LENZEN, Verena, Jules Isaac – ein grosser Humanist, in: SKZ 185/20 (2017), 247f.

Pastor und seine Gemeinde mehrere tausend Jüdinnen und Juden versteckten.[68] Um in der Nähe seiner Tochter und ihrer Familie leben zu können, siedelten sie dann jedoch nach Riom um.[69]

Nach dem Verlust der Eltern ereignete sich dort am 7. Oktober 1943 Isaacs zweites Lebenstrauma. Die Gestapo verhaftete seinen Sohn Jean-Claude, seine Tochter Juliette und ihren Ehemann, die einer Widerstandsgruppe angehörten, während eines Treffens bei Boudevilles; die Ehefrau Laure nahmen sie im Hotel gefangen. Von einem Friseurbesuch zurückkehrend informierte der Geschäftsführer des Hotels ihn über die Geschehnisse und darüber, dass die Gestapo am Nachmittag wiederkommen würde. Verzweifelt über das Geschehene nahm Isaac letztlich nur das Manuskript von *Jésus et Israël* mit auf seine Flucht.[70]

Wie Lenzen schreibt, spielte Isaac nach der Verhaftung seiner Familie durch die Gestapo mit dem Gedanken, sich selbst auszuliefern, um bei ihr sein zu können. Davon hielt ihn aber ein Brief seiner Ehefrau ab. Laure bat ihren Mann, sich keinesfalls zu stellen, sondern »das Werk zu vollenden, das die Welt erwartete«[71]. Diese Zeilen retteten Isaac das Leben und bestimmten fortan seinen Weg. Seine Frau und seine Tochter wurden 1943 ermordet, sein Schwiegersohn 1944. Einzig sein Sohn Jean-Claude überlebte die Konzentrationslager.[72]

Das Werk, das seine Frau ihn drängte zu beenden, war sein Buch *Jésus et Israël*[73]. 1946 stellte Isaac das Buch fertig: es erschien 1948 in Paris. Das Vorwort widmete er seiner Frau und seine Tochter:

> A MA FEMME, A MA FILLE, mortes tuées par les Nazis d'Hitler[74], tuées simplement parce qu'elles s'appelaient Isaac.[75]

---

68 Vgl. ebd.
69 Vgl. Tobias, Jewish Conscience of the Church, 80.
70 Isaac hat den 7. Oktober 1943 fdarazf estgehalten, siehe: Ebd., 81f.
71 Brief von Laure Isaac an Jules Isaac, zit. nach der Übersetzung von: Lenzen, Verena, Jules Isaac – ein grosser Humanist, in: SKZ 185/20 (2017), 247f., hier: 248. Siehe den Brief vom 27. Oktober 1943 Laure Isaac an ihren Ehemann: Tobias, Jewish Conscience of the Church, 83f.
72 Tobias schreibt über ihn: »Jean-Claude survived in Auschwitz by using his mother's artistic talents, which he had inherited, to paint portraits of German officers. His survival instincts impelled him never to complete one portrait without first having started the next.« Tobias, Jewish Conscience of the Church, 84. Sohn Daniel Isaac flüchtete 1942 zunächst nach Spanien und schloss sich dann in Algerien der »Lattre de Tassigny's 1ère Armée française« an. Er starb 2005. Ebd., 78 (Anm. 5).
73 Isaac, Jules, Jésus et Israël, Paris 1948.
74 Erst die französische Ausgabe von 1959 enthält die Formulierung »mortes tuées par les Nazis d'Hitler«, davor hieß es »Martyres tuées par les Allmands«. Die von Isaac selbst vorgenommene Änderung erklärt Norman Tobias schlüssig damit, dass für Isaac, ähnlich wie für den Tod Jesu nicht alle Juden verantwortlich waren oder sind, auch nicht alle Deutschen für die Shoah schuldig gemacht werden können. Vgl. ebd., 127 (Anm. 15).
75 Die deutsche Übersetzung von 1968 formuliert: In Memoriam gewidmet meiner Frau und meiner Tochter, die von Hitlers Schergen getötet wurden, weil sie Isaac hießen.

1 Historische Rahmenbedingungen, Eckdaten und Personen

In seinem Vorwort von 1946 nannte Isaac als Zweck seines Buches, die »traditionellen und gegenwärtigen Anschauungen innerhalb der Christenheit« zu untersuchen, »damit die christliche Welt sich ihrer schweren Verantwortung bewußt werde«[76]. 20 Jahre nach der französischen Erstveröffentlichung folgte 1968 in Wien posthum in deutscher Übersetzung *Jesus und Israel*.

Den 21 Kapiteln des Buches ist je ein Lehrsatz vorangestellt, deren Fokus darauf liegt, dass sich Christen- und Judentum gegenseitig besser verstehen. Aus diesen Lehrsätzen entwickelte Isaac 18 praktische Vorschläge zur Vermeidung des christlichen Antisemitismus in der christlichen Katechese, die er mit einer dreiseitige Handreichung als Entwurfskonzept zu Beginn der Kommissionsarbeit in Seelisberg vorlegte. Daraus erarbeiteten die christlichen und jüdischen Teilnehmenden im Rahmen der Konferenz die Zehn Thesen von Seelisberg.[77]

b) Die anderen Akteure der Kommission III

In der Kommission III wirkten neben Jules Isaac 14 christliche und jüdische Personen mit. Den Präsidiumsvorsitz der Kommission übernahm der Kapuzinerpater Calliste Lopinot, der letztlich für die Katholiken auch die vatikanische Erlaubnis zur Unterzeichnung des Abschlussdokuments einholte.

Während der Konferenz galt er wegen seiner freundlichen Art als »der Liebling aller Anwesenden«[78]. Doch sorgte er zweimal für erhebliche Irritation und Unverständnis, besonders bei den jüdischen Teilnehmenden. Konkret ging es um die Haltung der Kirche zur jüdischen Bevölkerung in Belgien und Italien während und nach dem Krieg, wie sie in den sogenannten Länderberichten[79] präsentiert wurde. Sowohl Démann als auch Lopinot erzählten »von all dem Guten, was die Katholiken

---

76 ISAAC, Jesus und Israel, 12.
77 Vgl. AHRENS, Gemeinsam gegen Antisemitismus – Die Konferenz von Seelisberg (1947) revisited, 165f.; LENZEN, Von Seelisberg nach Rom, 39, 43.
78 AHRENS, Gemeinsam gegen Antisemitismus – Die Konferenz von Seelisberg (1947) revisited, 163.
79 Auf der Tagesordnung stand vor der Suche nach konkreten Lösungsansätzen zur Antisemitismusbekämpfung eine Schilderung der direkten Folgen der Shoah mittels Länderberichten, die die Situation der Jüdinnen und Juden vor Ort zu beschreiben versuchte. Diese enthielten teils detailreiche Informationen z.B. zur Anzahl der nach dem Krieg im Land lebenden Juden oder Statistiken über politische und wirtschaftliche Situation der *Displaced Persons*, jüdische Flüchtlinge, die nach der Shoah nicht mehr in ihre Heimatländer zurückkehren konnten und teils in ehemaligen Zwangsarbeiter- und Konzentrationslagern wohnten. Zudem enthielten manche Berichte Auskunft über die Antisemitismusbekämpfungsmaßnahmen der jeweiligen Regierungen und Organisationen vor Ort. Auch enthielten die Länderberichte in unterschiedlichem Maße Informationen »zur Beschreibung der Besatzung und Judenvernichtung durch die Nazis und ihrer lokalen Helfer. Solche Länderinformationen lagen über Österreich, Belgien, die Tschechoslowakei, Frankreich, Griechenland, die Niederlande, Ungarn, Italien, Polen, Rumänien und die Schweiz vor.« AHRENS, Gemeinsam gegen Antisemitismus – Die Konferenz von Seelisberg (1947) revisited, 150.

den Juden gegenüber während der Besatzung getan hatten [...]. Man fühlte sich unwohl angesichts dieser Apologetik.«[80]

Als Lopinot von den jüdischen Kommissionsmitgliedern zudem forderte, Fehler in der Darstellung des Christentums im jüdischen Religionsunterricht einzugestehen, waren diese derart verärgert, dass die Kommissionsarbeit zu scheitern drohte. Der Großrabbiner von Frankreich Jacob Kaplan, der ebenso in der Kommission III war, meinte, es sei besser, keine gemeinsame Resolution von Juden und Christen zu verfassen als etwas Falsches zuzugeben. Pater Lopinot trat enttäuscht vom Vorsitz zurück und Pater de Menasce übernahm kurzzeitig.[81] Die christlichen und jüdischen Kommissionsmitglieder einigten sich auf folgenden Kompromisstext, mit dem die Arbeit unter dem Vorsitz Lopinots fortgesetzt werden konnte:

> Ihrerseits haben sich die jüdischen Teilnehmer bereit erklärt, darüber zu wachen, dass im jüdischen Unterricht alles vermieden werde, was das gute Einvernehmen zwischen Christen und Juden stören könnte.[82]

Vizepräsident war Bischof Miroslav Novák von der tschechoslowakischen hussitischen Kirche. Als Sekretär der Kommission wurde Edgar Leonard Allen (*Church of England*), Theologieprofessor und Religionswissenschaftler an der Durham University, bestellt. Bei den protestantischen Mitgliedern fällt die Diversität der konfessionellen Zugehörigkeit auf: Erich Bickel (Reformierte Kirche), Adolf Freudenberg (Lutherische Kirche), Algie I. Newlin (Quäker) und Robert Smith (*Church of Scotland*). Zu den katholischen Kommissionsmitgliedern gehörten neben Lopinot, Madeleine Davy, Paul Démann und Jean de Menasce. Die Gruppe der jüdischen Teilnehmer setzte sich neben Jules Isaac aus den drei Rabbinern Jacob Kaplan (Frankreich), William F. Rosenblum (USA, geboren in Grodno, Russisches Reich) und Zwi Chaim Taubes (Schweiz, geboren in Tschernelyzja, Galizien, Österreich-Ungarn) zusammen.[83] Zu erwähnen ist, dass der Sohn von Rabbiner Zwi Chaim Taubes, der Religionssoziologe Jacob Taubes auch an der Kommissionsarbeit beteiligt war. Er war kein offizieller Teilnehmer, durfte und konnte sich aber dennoch in die Kommissionsarbeit einbringen.[84]

Die Kommissionsarbeit wurde öffentlich als »schwierig und heikel«[85] beschrieben. Jehoschua Ahrens führt dazu näher aus:

> Die jüdischen Kommissionsmitglieder erwarteten eine klare Stellungnahme zum christlichen Judenhass und zum Versagen der Kirchen während des Krieges mit entsprechenden

---

80 Brief von Charles Journet an Jacques Maritain, zit. nach: Ebd., 170.
81 Vgl. ebd., 168f, 172f.
82 INTERNATIONALER RAT VON CHRISTEN UND JUDEN (Hg.), Der Antisemitismus, 29.
83 Vgl. AHRENS, Gemeinsam gegen Antisemitismus – Die Konferenz von Seelisberg (1947) revisited, 159f.
84 Isaac hob Jacob Taubes von allen anderen Kommissionsmitgliedern heraus: »The most likeable personality was a very young Jew whose light shone, son of the Grand Rabbi of Zurich and descended from a religious dynasty.« ISAAC, zit. nach: TOBIAS, Jewish Conscience of the Church, 107.
85 INTERNATIONALER RAT VON CHRISTEN UND JUDEN (Hg.), Der Antisemitismus, 7.

1 Historische Rahmenbedingungen, Eckdaten und Personen 81

Konsequenzen. Andererseits waren sie äußerst besorgt, dass kein übermässiger Druck auf die christlichen Vertreter ausgeübt wurde. Für die christlichen Teilnehmer wiederum war es nicht selbstverständlich, dass Katholiken und Protestanten eng und gemeinschaftlich zusammenarbeiteten.[86]

Dass es bei diesen unterschiedlichen Vorstellungen dennoch zu einem Ergebnis kam, verdankt sich dem guten Willen aller Einzelnen und einem Wohlwollen gegenüber dem und der jeweils Anderen. Es waren Kompromissfähigkeit und Geduld gefragt, ohne dabei das gemeinsame Ziel, die Bekämpfung des Antisemitismus, aus den Augen zu verlieren. Den jüdischen Kommissionsmitgliedern war zudem wichtig zu kennzeichnen, dass es einen gemeinsamen, von jüdischer und christlicher Seite stammenden ersten Dokumententeil gab, der von allen Konferenzteilnehmern an Mitglieder beider Religionen gleichermaßen gerichtet war, sowie einen zweiten Teil, der nur von den christlichen Mitgliedern verfasst und ausschließlich an Christinnen und Christen adressiert war.[87] Die Kommission III ging diplomatisch vor, mit der »Absicht, ein lösungsorientiertes Grundlagenpapier für die Glaubensgemeinschaften vorzulegen und nicht ein theologisches Fachdokument zu erarbeiten«.[88]

Wie die Kommission konkret arbeitete, kann bei Ahrens detailliert nachgelesen werden.[89] Hier sei nur auf den wohlüberlegten Schritt zur Publikation in der Öffentlichkeit verwiesen. Nachdem nämlich die Dokumente der Kommission III im Plenum angenommen worden waren, schlug die Konferenzleitung vor, vorerst den zweiten Teil zurückzuhalten, damit die entsprechenden kirchlichen Autoritäten das Dokument zunächst intern beurteilen konnten. Daran zeigt sich die Brisanz, die dem Dokument zugemessen wurde. Die christlichen Teilnehmenden wollten sicher sein, dass sowohl der Erzbischof von Canterbury, Dr. Geoffrey Fisher, die Spitzen des ÖRK, Präsident Marc Boegner und Generalsekretär Willem A. Visser 't Hooft als auch der höchste katholische Geistliche in Großbritannien, der Erzbischof von Westminster Bernard Kardinal Griffin sowie der Vatikan[90] dem Dokument »Botschaft an die Kirchen« zustimmten. Wie Ahrens anhand von Aussagen Rabbiner Kaplans zeigt, wäre es aber auch im Falle einer negativen Beurteilung zur Veröffentlichung gekommen, jedoch dann wohl ohne die Unterschriften der christlichen Teilnehmenden.[91]

---

86 AHRENS, Gemeinsam gegen Antisemitismus – Die Konferenz von Seelisberg (1947) revisited, 164.
87 Vgl. ebd., 167.
88 RUTISHAUSER, Christlichen Glauben denken, 26.
89 Siehe dazu: AHRENS, Gemeinsam gegen Antisemitismus – Die Konferenz von Seelisberg (1947) revisited, 165–180.
90 Die Zustimmung, dass die katholischen Teilnehmenden »Die Botschaft an die Kirchen« als Einzelpersonen unterschreiben dürfen, erhielten sie durch den vatikanische Außenminister, Giovanni Montini, dem späteren Papst Paul VI. Vgl. AHRENS, Jehoshua, Die Konferenz von Seelisberg (1947), in: SKZ 185/19 (2017), 232f., hier: 233.
91 Der Erzbischof von Canterbury und der CCJ waren nicht mit allen Formulierungen einverstanden, daher gibt es neben der offiziellen englischen Version des ICCJ auch eine britische Version mit leichten Abweichungen, worauf Ahrens in seiner Arbeit hinweist. Zudem

2 Religiös-theologische Neuorientierung: Die Zehn Thesen von Seelisberg

Die zielorientierte Zusammenarbeit der jüdisch-christlich besetzten Kommission III führte zur Entstehung der *Zehn Thesen* bzw. *Zehn Punkte von Seelisberg*. Die Thesen haben eine zweifache Stoßrichtung: Zum einen zielen sie in Richtung theoretischer Reflexion und damit darauf, dem Antisemitismus seinen pseudowissenschaftlichen Überbau zu nehmen, zum anderen sind sie auf die Handlungsebene im konkreten Miteinander von Menschen christlichen und jüdischen Glaubens gerichtet. Beides geschieht in Rückbindung an die gemeinsame Geschichte, die von Abgrenzungsbewegungen gekennzeichnet ist und mit Blick auf eine Zukunft, in der die Verbundenheit beider Religionen im Zentrum stehen soll. Damit sind den *Zehn Thesen von Seelisberg* zwei grundlegende hermeneutische Voraussetzungen für den erfolgreichen Dialog zwischen den beiden Religionen eingeschrieben. Die erste Stoßrichtung versucht einerseits ein falsches Bild von Juden und Judentum zu korrigieren (Hermeneutik der Korrektur) und andererseits an religionsverbindende Elemente anzuknüpfen (Hermeneutik der Erinnerung). Im Vorgehen der Thesen ergibt sich daraus folgende Priorität: Zunächst sollen die christlicherseits aufgebauten Feindbilder vom Judentum abgebaut werden, um dann im nächsten Schritt die verbindenden Elemente von Judentum und Christentum christlicherseits hervorzuheben. Der Abbau der Feindbilder sollte erstens auf dem Weg der Aufdeckung antijüdischer Stereotypen, die in einer falschen Erzähl- und Interpretationsweise der Passionserzählungen beschritten werden – darauf zielen besonders die Thesen sechs bis acht. Zweitens erfolgt die Einnahme einer christlichen Perspektive, in der an das Judesein Jesu erinnert wird – darauf zielt ganz konkret die zweite These. Dabei wird ein Umgang mit den Passionserzählungen gefordert, der keine Antijudaismen hervorbringt oder verstärkt. Zudem wird die Erinnerung an Jesu jüdische Herkunft wachgerufen, die ihn untrennbar mit Israel verbindet. Dies soll im nächsten Schritt in ihrer Bedeutung für das christliche Selbstverständnis und für den jüdisch-christ-

---

zeigt er auch die leichten Unterschiede in These 5 und These 7 auf. These 5 lautet: »Avoid disparaging [herabsetzen] biblical or postbiblical Judaism with the object of extolling Christianity.« Der Ausdruck »disparaging« wurde in der britischen Version durch »distorting or misrepresenting« (»verzerren oder falsch darstellen«) ersetzt. Aus These 7 werden die praktischen Empfehlungen gestrichen, da sie nach Ansicht des Erzbischofs nicht in den Duktus theoretischer Aussagen gehören. Daher stehen diese – ebenfalls leicht verändert – bei den praktischen Vorschlägen nach den »Zehn Thesen«. Daneben kommt es zu einer historischen und theologischen Präzisierung, wer wie mit dem Tod Jesu in Verbindung steht und dabei stärker den christlichen Aspekt der Sünde in den Blick nimmt. Die gekürzte britische Version der These 7 lautet: »Avoid presenting the Passion in such a way as to bring the odium of killing of Jesus upon all Jews or upon Jews alone. It was only a section of the Jews in Jerusalem who demanded the death of Jesus, and the Christian message has always been that it was the sins of mankind which were exemplified by those Jews and the sins in which all men share that brought Christ to the Cross.« Vgl. AHRENS, Gemeinsam gegen Antisemitismus – Die Konferenz von Seelisberg (1947) revisited, 177–180.

lichen Dialog genauer untersucht werden: zuerst die Thesen zu den Korrekturen in den Passionserzählungen mit einem Schwerpunkt auf die siebente These und dann die zweite These, mit Blick auf das Erinnern an Jesu Judesein.[92]

2.1 Eine andere Sicht auf Juden in den Passionserzählungen

Der eng mit den Passionserzählungen verbundene Gottesmordvorwurf, der über Jahrhunderte das christliche Verhältnis zum Judentum einschneidend prägte, wurde in der siebenten These von Seelisberg als nicht weiter haltbar deklariert. Der Ursprung dieses Vorwurfes geht auf eine bestimmte Lesart der Passionserzählungen zurück. Sie verzerrten und verfälschten den christlichen Blick auf das jüdische Volk als Ganzes. Nachweislich ist er das erste Mal in der Osterpredigt von Bischof Melito von Sardes um 170 n. Chr. schriftlich belegt.[93]

Die verheerenden Auswirkungen, die dieser Vorwurf mit sich brachte, finden sich in einem verdichteten Satz wieder, der mit der Anklage gegen die Juden beim Menschen Jesus beginnt und sich zu einem theologischen Vorwurf steigert:

> Mörder Jesu, Mörder des göttlichen Heilands, Mörder des Gottessohnes, Gottesmörder! So lautet die Beschuldigung, die gegen das gesamte jüdische Volk ohne Ausnahme, ohne Unterschied geschleudert wird, da die blinde Gewalt der unwissenden Massen sich eng mit der kaltberechnenden Wissenschaft der Theologen verbindet.[94]

Die Abkehr von dieser vorverurteilenden Sicht gelingt durch eine historisch-kritische Betrachtung und einem von antijüdischer Theologie befreiten Zugang zur Kreuzigung Jesu Christi. Die siebente These entkräftet und weist damit die folgenschwersten aller Beschuldigungen zurück, die der christliche Antijudaismus hervorgebracht hat.[95]

> Es ist zu vermeiden, die Passionsgeschichte so darzustellen, als ob alle Juden oder die Juden allein mit dem Odium der Tötung Jesu belastet seien. Tatsächlich waren es nicht alle Juden, welche den Tod Jesu gefordert haben. Nicht die Juden allein sind dafür verantwortlich; denn das Kreuz, das uns rettet, offenbart uns, dass Christus für unser aller Sünden gestorben ist […]. (Siebente These von Seelisberg)

Konkret handelt es sich hier um eine Formulierung, die den historischen Tatsachen der Kreuzigung Jesu näherkommt und nicht, wie tradiert, ein ganzes Volk verurteilt, als wären alle Juden Jerusalems oder gar der ganzen Welt an der Kreuzigung beteiligt gewesen. Zudem gelang 1947 eine historisch-theologische Deutung des Kreuzesgeschehens, die einer religiös-christlichen Sicht durchaus nachvollziehbar

---

92 Für eine Kurzanalyse der Zehn Thesen bzw. Zehn Punkte von Seelisberg siehe: RUTISHAUSER, Christlichen Glauben denken, 25–27.
93 Siehe: COHEN, Jeremy, Christ Killers: The Jews and the Passion from the Bible to the Big Screen, New York 2007, 55–70.
94 ISAAC, Jesus und Israel, 275f.
95 Siehe Abschnitt 6 »Jesus und die Shoah – Eine Ausstellung gegen das Vergessen und die Kunst zu erinnern«, in der Hinführung. Zudem siehe: ISAAC, Jesus und Israel, 275–446.

war und damit gleichzeitig die jüdisch-christlichen Beziehungen verbesserte. Retrospektiv schreibt Rabbiner Alexandre Safran über die Seelisberg-Konferenz, dass die Diskussion um den Gottesmordvorwurf einst im Gesamtplenum behandelt wurde und es dort eine ursprünglichere Version gab, die insinuierte, dass »*einige* Juden sehr wohl schuldig seien«. »Da man diese nicht identifizieren könne, würden ihre Nachkommen – nach der christlichen Lehre – auch schuldig bleiben«[96], so Safran, der diese theologische Deutung als »lächerlich« bezeichnete und scherzhaft-ironisch anmerkte, falls sie akzeptiert würde, könne er sich »gut und gerne als Erbe derjenigen erklären [...], der [sic] den Gottesmord begangen hatte«.[97]

Eine Formulierung, die auf eine Kollektivschuld hindeutet, ist in der Endfassung der These nicht enthalten.[98] Auffällig ist aber, dass in der historischen Argumentation gegen eine Schuld der Juden diejenige der Römer (noch) ganz außer Acht gelassen wurde, obwohl dazu damals durchaus bereits die wissenschaftlichen Arbeiten vorlagen. Nicht nur Jules Isaac schrieb in seinem Buch *Jesus und Israel*, dass es »keinen offiziellen Prozessbericht« gibt und wenn die Evangelien bei der Kreuzigung einen historischen Kern wiedergeben, so bliebe die Überlieferung »tendenziös und willkürlich«.[99] Auch Joseph Klausner hielt in seiner weitverbreiteten und auf internationale Resonanz gestoßenen Jesusstudie, die 1933 bereits in 13 Sprachen erschienen war fest:[100]

> Nachdem die damaligen Führer der Juden Jesus also dem römischen Tyrannen vor allem aus Furcht vor diesem selbst ausgeliefert hatten, beteiligten sie sich nicht mehr an der eigentlichen Verurteilung und an der Kreuzigung. Alles weitere lag jetzt in den Händen des blutrünstigen Pilatus. Jedenfalls sind die Juden als Volk für den Tod Jesu viel weniger verantwortlich als etwa die Griechen für den des Sokrates. Und wer würde gegenwärtig daran denken, den Tod des Griechen Sokrates an seinen heutigen Landsleuten zu ahnden? An den Juden aber wird seit 1900 Jahren Rache für den Tod des Juden Jesus genommen; mit Strömen von Blut haben sie dafür bezahlt, und dessen ist noch immer kein Ende![101]

Geschichtlich konnten nur die Römer das Todesurteil für die Kreuzigung Jesu veranlassen.[102] Der Schweizer Jesuit Christian Rutishauser erklärt in seinem Buch *Christli-*

---

96 SAFRAN, Alexandre, »Den Flammen entrissen«: Die jüdische Gemeinde in Rumänien 1939–1947; Erinnerungen, Tübingen/Basel 1996, 222f.
97 Ebd., 223.
98 Vgl. AHRENS, Gemeinsam gegen Antisemitismus – Die Konferenz von Seelisberg (1947) revisited, 176.
99 ISAAC, Jesus und Israel, 471.
100 Vgl. KLAUSNER, Joseph, Nochmals: Klausners Jesus-Werk: Erwiderung auf M. Guttmanns Besprechung, in: Monatsschrift für Geschichte und Wissenschaft des Judentums 77/1 (1933), 16–18, hier: 16f.
101 KLAUSNER, Joseph, Jesus von Nazareth: Seine Zeit, sein Leben und seine Lehre, Berlin 1930, 482f.
102 Zu einem Kuriosum bezüglich der Untersuchung, wer an der Kreuzigung Jesu schuldig bzw. beteiligt gewesen sein könnte, kam es direkt nach der Staatsgründung Israels 1947. Eine Gruppe protestantischer Christen sahen im neugegründeten Obersten Gerichtshof des Staates Israels den »Rechtsnachfolger« des Hohen Rates, der Jesus gemäß den Evangelien an die Römer auslieferte. Diese Gruppe wollte den Prozess Jesu wieder aufrollen.

chen Glauben denken: Im Dialog mit der jüdischen Tradition (2016)¹⁰³ das Fehlen der Nennung einer römischen Schuld damit, dass die Kommission III im zweiten Teil der siebenten These vorrangig die praktische Darstellung der Passionserzählung mit ihren sozialpsychologischen Folgen im Blick hatte:

> [...] Es ist allen christlichen Eltern und Lehrern die schwere Verantwortung vor Augen zu führen, die sie übernehmen, wenn sie die Passionsgeschichte in einer oberflächlichen Art darstellen. Dadurch laufen sie Gefahr, eine Abneigung in das Bewusstsein oder Unterbewusstsein ihrer Kinder oder Zuhörer zu pflanzen, sei es gewollt oder ungewollt. Aus psychologischen Gründen kann in einem einfachen Gemüt, das durch leidenschaftliche Liebe und Mitgefühl zum gekreuzigten Erlöser bewegt wird, der natürliche Abscheu gegen die Verfolger Jesu sich leicht in einen unterschiedslosen Hass gegen alle Juden aller Zeiten, auch gegen diejenigen unserer Zeiten, verwandeln. (Siebente These von Seelisberg)

Durch die Darstellung der Passionserzählung kann nicht nur reflexartig eine Solidarisierung mit dem gekreuzigten Jesus ausgelöst, sondern zugleich auch Judenhass geschürt werden.¹⁰⁴ Hier werden mögliche Wirkungen der Passionserzählungen deutlich für die christliche Erziehung erkannt; d. h. neben historischen und theologischen Aspekten flossen in die These auch Erkenntnisse der Psychologie ein, um eine weitere Tradierung judenfeindlicher Stereotypen zu verhindern. Von den Seelisberg-Thesen sechs bis acht, die sich dem sorgsamen Umgang der Passionserzählungen widmen, sticht die siebente in ihrer eindeutigen Negation der Kollektivschuld heraus. Die sechste These spricht sich dagegen aus, dass das Wort »Jude« synonym mit »Feinde Jesu« gebraucht wird und die achte These stellt sich gegen den sogenannten »Blutruf«, eine im Matthäusevangelium zu lesende Selbstanklage des jüdischen Volkes am Tod Jesu schuldig geworden zu sein. Diese sich selbstanklagende jüdische Schuld ist textlich verbunden mit dem Bild der römischen Unschuld, die dem Stadthalter Pontius Pilatus in den Mund gelegt wird (vgl. Mt 27,22–25).

Anstatt in der achten These den Blutruf »[s]ein Blut – über uns und unsere Kinder« historisch zu kontextualisieren und ihn dadurch zu entkräften, entschlossen sich die Kommissionsmitglieder unter Bezugnahme auf Isaacs Arbeiten, den Weg einer theologischen Gegenargumentation einzuschlagen.¹⁰⁵ Die lukanische Vergebungsbitte »Vater, vergib ihnen, denn sie wissen nicht, was sie tun« (Lk 23,34), sollte schließlich die sogenannte jüdische Selbstverfluchung des Matthäusevangeli-

---

Tatsächlich nahm sich der israelische Richter Chaim Cohn (1911–2002) dem Prozess Jesu in einer rechtshistorischen Untersuchung an. Das Buch erschien 1968 auf Hebräisch und zuletzt 2017. Darin wird die alleinige Schuld am Kreuzestod Jesu den Römern zugesprochen: COHN, Chaim Herman, Der Prozeß und Tod Jesu aus jüdischer Sicht, Frankfurt a. M. 1997.

103 RUTISHAUSER, Christian M., Christlichen Glauben denken: Im Dialog mit der jüdischen Tradition.
104 Vgl. ebd., 27.
105 Isaacs 18. Reformvorschlag lautet: »Ein christlicher Unterricht, der seinem Namen Ehre macht, müßte [18.] auf keinen Fall vergessen, daß der ungeheuerliche Schrei: ›Sein Blut komme über uns und unsere Kinder‹ durch das Wort übertönt wird ›Vater, vergib ihnen, denn sie wissen nicht, was sie tun‹.« ISAAC, Jesus und Israel, 467.

ums relativieren. Inwiefern eine historisch-kritische Analyse in einer kurzen These den »Blutruf« stärker entkräftet hätte als eine theologische Argumentation, sei dahingestellt.

a) Kollektivschuld versus Universalschuld im Kontext der Passionserzählungen

Trotz einzelner Kritikpunkte, die bereits 1947 an die Seelisberg-Thesen herangetragen wurden (oder zumindest an sie hätten herangetragen werden können), bleibt festzuhalten, dass der Vorwurf der jüdischen Kollektivschuld am Kreuzestod Jesu zurückgewiesen wurde und damit eine zentrale Quelle für den christlichen Antijudaismus versiegen sollte – ganz wie Isaac es bereits in seinem Buch *Jesus und Israel* gefordert hatte. Auf dem Hintergrund der siebenten These von Seelisberg verbietet sich jeder pauschalisierende Vorwurf gegenüber »den Juden« als Raum und Zeit übergreifendes Kollektiv. Bei genauerer Betrachtung bleibt die Thematik der universalen Schuld (nicht der jüdischen Kollektivschuld) aber indirekt und diffus auf einer anderen theologischen Ebene, der Ebene der Heilsuniversalität Jesu Christi, bestehen. Auf diese Ebene sei hier kritisch verwiesen, obwohl dadurch die gegenseitige Vertrauensbildung zwischen Juden und Christen nicht beeinträchtigt wurde. Jules Isaac hat, um die Kollektivschuld des jüdischen Volkes am Tod Christi abzuwehren, auf seinen Freund Charles Péguy verwiesen, der die jüdische Kollektivschuld durch den stellvertretenden Sühnetod Christi mit folgendem Argument entkräftete:

> Es sind nicht die Juden, die Jesus Christus getötet haben, sondern die Sünden von uns allen; und die Juden, die nur das Instrument waren, haben wie die Andern Anteil an der Quelle des Heils.[106]

Zwar richten sich die Seelisberg-Thesen nur an christliche Adressatinnen und Adressaten, aber implizit betreffen sie dennoch Jüdinnen und Juden, denn in der siebenten These wird die Schuld am Kreuzestod Christi nicht einfach aufgelöst. Stattdessen wird sie mittels christlicher Sühnegedanken nicht als alleinige partikulare jüdische Schuld verstanden, sondern als Teil einer universalen menschlichen

---

106 Isaac schrieb dies am Ostersonntag, den 21. April 1946 an Henri Petiot. In dem Brief geht Isaac auf dessen nach der Shoah 1945 in Frankreich erfolgreich unter dem Pseudonym Daniel-Rops (1902–1965) erschienenes Jesus-Buch ein: *Histoire sainte. II, Jésus en son temps* (»Heilige Geschichte, Jesus in seiner Zeit«). Als Isaac es im Februar 1946 las, lag bereits die 17. Auflage davon vor. Darin wird der »Blutruf« (Mk 27,25) zusammengefasst, so interpretiert: »die Juden« hatten den Gottessohn getötet; die gepredigte Nächstenliebe Jesu beträfe keinesfalls sie; und »die Juden« müssen mit ihrem Blut für den Tod Jesu büßen. Jules Isaac war über die Formulierungen von Daniel-Rops erschrocken und konnte seine Gefühle darüber kaum ausdrücken. Isaac verwies auf Charles Péguy als er Daniel-Rops antwortete. – Jean Pierre Bünter hat dankenswert die zitierte deutsche Übersetzung davon angefertigt. Im Original »Péguy disait: *Ce ne sont pas les Juifs qui ont crucifié Jésus-Christ, mais nos péchés à tous; et les Juifs, qui n'ont été quel'instrument, participent comme les autres à la fontaine du salut.*« KASPI, Jules Isaac ou la passion de la vérité, 187.

2 Religiös-theologische Neuorientierung: Die Zehn Thesen von Seelisberg

Schuld interpretiert. Zwar kennen auch andere Religionen den Sühnegedanken in unterschiedlichen Formen (das Judentum z. B. im Jom Kippur Ritus, vgl. Lev 16,17), aber mit soteriologisch-universaler Geltung und personaler Zentriertheit findet er sich nur in der christlichen Deutung des sühnenden Kreuzestodes Christi wieder.[107] Der Rückgriff der siebenten These auf diesen Sühnegedanken verläuft also nachvollziehbar innerhalb einer christlich-theologischen Denktradition, die jedoch heute auch innerchristlich kontrovers diskutiert wird. Warum? Nicht nur wegen der Fragen, ob Gott überhaupt ein Sühneopfer brauchte, sondern weil eine bestimmte Soteriologie in der Vergangenheit zu theologischem Antijudaismus führte, so der katholische Theologe Magnus Striet.[108] An den Beispielen der soteriologischen Konzepte von Anselm und Augustinus zeigt Striet, dass sie einen theologischen Antijudaismus entfalten, weil sie auf ihre Weise Jüdinnen und Juden vom Heil ausschließen. Anselm und Augustinus unterbieten nach Striet sogar die »supererogatorische Qualität« Gottes: Anselm, weil in seiner Satisfaktionstheorie die Befreiung von der menschlichen Schuld alleine durch das Kreuzesopfer Christi getilgt wird und es folglich ohne den Glauben an Christus kein Heil gibt, und daraus eben ein Antijudaismus entstehen konnte. Augustinus entfaltet hingegen aufgrund der erbsündentheoretischen Soteriologie einen theologischen Antijudaismus, wie er sich in der Wirkungsgeschichte durch das Motiv der blinden Synagoga zeigt. Von der Erbsünde Adams befreit nur der Glaube an Christus. Auch hier führt die soteriologische Zuspitzung auf Christus dazu, dass Juden, die nicht an Christus glauben, auch nicht das Heil erlangen.[109]

---

107 Der Gedanke, dass nur Gott selbst die Sünden aller Menschen, die je gelebt haben und leben werden, durch die Hingabe seines Sohnes sühnte, wurde besonders wirkmächtig durch die Satisfaktionslehre des Anselm von Canterbury (ca. 1033-1109), wie er sie in seiner bekannten Schrift *Cur deus homo* (»Warum Gott Mensch wurde«) formulierte.

108 Vgl. HOMOLKA, Walter/STRIET, Magnus, Christologie auf dem Prüfstand: Jesus der Jude – Christus der Erlöser, Freiburg/Basel/Wien 2019, 74. Inwieweit sich Soteriologien von einer, wie Striet schreibt »sühnehermeneutische[n] Denkfigur« (ebd., 111) lösen lassen können, ist wegen der theologiegeschichtlichen Entwicklung und der von Schwöbel genannten biblischen Vorstellung des Verhältnisses zwischen Gott und Mensch durchaus eine komplexe Herausforderung. Die siebente These von Seelisberg zeigt, dass ein Rückgriff auf eine Sühnetheologie, durchaus Antijudaismen wie den Gottesmordvorwurf entkräften konnte. Zudem findet sich diese Denkfigur auch in der Erklärung *Nostra aetate*, in der gerade das Verhältnis der Kirche zum Judentum positiv ausgerichtet wird: »Auch hat ja Christus, wie die Kirche immer gelehrt hat und lehrt, in Freiheit, um der Sünden aller Menschen willen, sein Leiden und seinen Tod aus unendlicher Liebe auf sich genommen, damit alle das Heil erlangen.« (NA 4)

109 STRIET, Magnus, Vom Judesein Jesu und einem notwendigen dogmatischen Umdenken, in: DANZ, Christian/EHRENSPERGER, Kathy/HOMOLKA, Walter (Hgg.), Christologie zwischen Judentum und Christentum: Jesus, der Jude aus Galiläa, und der christliche Erlöser, Tübingen 2020 (= Dogmatik in der Moderne 30), 311-318, hier: 317. – Striet zeigt hier zurecht problematische antijudaistische Züge der Soteriologie auf, jedoch können diese heute auch anders konzipiert sein, so konnte in Seelisberg die Kollektivschuld der Juden durch die Universalschuld aller Menschen ausgehebelt werden (siehe vorherige Fußnote mit

Der evangelische Theologe Christoph Schwöbel (1955–2021) sieht ähnliche antijudaistische Fehlentwicklungen, lässt aber bei aller berechtigter theologischer und anthropologischer Kritik an der stellvertretenden Sühneopfervorstellung nicht unerwähnt,

> dass mit der Kritik solcher christologisch begründeter Modelle der Zurechtbringung des Verhältnisses von Gott und Mensch nicht auch verabschiedet wird, wie sich das Neue Testament im Zusammenhang des Judentums der Zeit Jesu auf die Schrift bezieht. Die Kritik problematischer Stellvertretungsvorstellungen ist oftmals der Gefahr erlegen, einen Gott des Alten Testaments, der straft und Rache übt, mit dem Gott des Neuen Testamentes und der Verkündigung Jesu zu kontrastieren. Die Verwurzelung Jesu im Judentum seiner Zeit und die jüdische Herkunft und Lebenspraxis derer, die ihm nachfolgten, sollte davor bewahren, den Tanach als christlich interpretiertes Altes Testament zur Negativfolie der Christologie werden zu lassen.[110]

Schwöbel zeigt klar zwei Problematiken, die diese Vorstellung vom Kreuzesopfer Jesu mit sich bringt: einerseits im generellen Verhältnis von Gott und Mensch, das nicht aufgelöst werden kann; andererseits durch antijudaistische Interpretationsfolgen im Kontext der Soteriologie.

Die siebente These enthält zwar indirekt diese kontroverstheologische Streitfrage nach dem stellvertretenden Sühneopfer, andererseits entkräftet sie aber gerade sühnetheologisch die Kollektivschuld an der Kreuzigung Jesu durch »die Juden«.

Verweis auf NA 4). Auch die Erbsündenlehre kann heute durchaus so interpretiert werden, dass die Erbsünde nicht eine persönliche Schuld des neugeborenen Kindes bezeichnet, sondern eine sündhafte Welt benennt, in die ein Mensch hineingeboren wird. Der Mensch ist darin verstrickt, ohne dass die Person Schuld an der jeweiligen Situation trägt, d. h. sie leidet an den Folgen der ökologischen Ausbeutung, an Krieg, an Missgunst etc., ohne sie selbst verursacht zu haben, also konfrontiert zu sein mit einer gesellschaftlichen Erblast, die als »Erbsünde« bezeichnet werden kann. In einer solchen Konzeption kann am Begriff der Erbsünde festgehalten werden, ohne dass daraus antijudaistische Implikationen folgen. Dass es auch möglich ist an der Heilsexklusivität Christi festzuhalten, der alle Menschen, zu allen Zeiten und damit auch die Juden erlöst hat, zeigt Klaus von Stosch in Anknüpfung an Karl Rahner. Von Stosch plädiert für ein Modell »mutual inklusive[r] Lesart der Christologie in der Israeltheologie«. Dabei wird in der eschatologischen Begegnung mit dem Messias in Kontinuität zu Jesus von Nazareth festgehalten, jedoch ohne dass Christen darin einen epistemischen Vorteil gegenüber den Juden hätten. »Es kann in meinem Modell also keine Rede davon sein, dass am Ende die Juden durch Gott selbst zum Christentum bekehrt werden, sondern Juden und Christen werden in ihrer Besonderheit bewahrt und doch so transformiert, dass ihre Unterschiede nur noch als Bereicherung wahrgenommen werden.« Stosch, Klaus von, Die Einzigkeit Jesu Christi als Implikat der Einzigkeit Israels: Plädoyer für eine mutual inklusive Lesart der Christologie in der Israeltheologie, in: Danz, Christian/Ehrensperger, Kathy/Homolka, Walter (Hgg.), Christologie zwischen Judentum und Christentum: Jesus, der Jude aus Galiläa, und der christliche Erlöser, Tübingen 2020 (= Dogmatik in der Moderne 30), 291–309, hier: 307.

110 Schwöbel, Christoph, Jüdische Jesusforschung und die Aufgaben der Christologie – ein Gesprächsbeitrag, in: Danz, Christian/Ehrensperger, Kathy/Homolka, Walter (Hgg.), Christologie zwischen Judentum und Christentum: Jesus, der Jude aus Galiläa, und der christliche Erlöser, Tübingen 2020 (= Dogmatik in der Moderne 30), 271–290, hier: 286.

b) Die Passionserzählungen in christlicher Liturgie

In der Liturgie wird entsprechend dem Motto *lex orandi - lex credendi*, (»was gebetet wird, wird geglaubt«) sichtbar, was den Inhalt des christlichen Glaubens ausmacht. Umso erstaunlicher ist es, dass die Seelisberger Thesen die christliche Liturgie an keiner Stelle thematisieren.[111]

Antijüdische Stereotypen finden sich über das Kirchenjahr verteilt in unterschiedlichen Zusammenhängen. So haben sich antijüdische Stereotypen in der »liturgisch hochwertigen Zeit«[112], wie es etwa das österliche *Triduum Sacrum* (»heilige drei Tage«) ist, kontinuierlich halten und ausbreiten können. Ohne Hintergrundwissen oder liturgisch-pastorale Anmerkungen zu den neutestamentlichen Texten der Karwoche, sind dort Missinterpretationen möglich, die eine oberflächliche und negative Darstellung von Juden und Judentum fördern und so Antijudaismen verstärken oder gar erst erzeugen. So sei nur die verleumdende Darstellung der in Wirklichkeit vielschichtigen Judasfigur genannt[113], der im Rahmen der Feier des letzten Abendmahles am Gründonnerstag, die das Triduum eröffnet, eine unverwechselbare Rolle erhält: die des Verräters Jesu. Aber auch Lieder, die bei der Feier der Karfreitagsliturgie gesungen werden, können Antijudaismen schüren, so die in der römischen Liturgie die Kreuzverehrung begleitenden »Improperien« (»Vorwurfsgesänge«). Mit Wurzeln im 9. Jahrhundert stammen sie in ihrer aktuellen Form aus dem 15. Jahrhundert.[114] Darin werden keinem anderen als dem Gekreuzigten Juden Jesus die Worte in den Mund gelegt: »Popule meus, quid feci tibi [...] - Mein Volk, was habe ich dir getan? [...]«[115]. Die anklagende Frage wurde von den christlichen Gläubigen vielfach so verstanden, als würde Jesus das jüdische Volk fragen, was er denn ihm angetan habe, und so wurde es leider auch oft genug judenfeindlich

---

111 In den 18 Reformvorschlägen Isaacs betrifft der zweite die christliche Liturgie. Er problematisiert nicht den christlichen Gottesdienst, sondern verweist darauf, dass wesentliche Teile der christlichen Liturgie aus dem Judentum übernommen wurden und »daß das Alte Testament, ein Werk des jüdischen (von Gott erleuchteten) Geistes, bis zum heutigen Tag eine ständige Quelle der Inspiration für den christlichen Gedanken, für die christliche Literatur und Kunst war.« ISAAC, Jesus und Israel, 465.

112 Siehe diese beinahe liturgische Gesetzmäßigkeit bei: BAUMSTARK, Anton, Das Gesetz der Erhaltung des Alten in liturgisch hochwertiger Zeit, in: Jahrbuch für Liturgiewissenschaft Bd. 7 (1927), 1–23.

113 Siehe dazu: KÄSER-BRAUN, Matthias, Judas Ischarioth: »Überlieferer« des Evangeliums: Karl Barths erwählungstheologische Interpretation der biblischen Judasgestalt, Zürich 2018 (= reformiert! 5).

114 Vgl. SCHÜTZ, Werner, Was habe ich dir getan, mein Volk? Die Wurzeln der Karfreitagsimproperien in der alten Kriche, in: JLH 13 (1968), 1–38, 6f.; PLUM, Anne-Madeleine, Adoratio crucis in Ritus und Gesang: Die Verehrung des Kreuzes in liturgischer Feier und in zehn exemplarischen Passionsliedern, Tübingen/Basel 2006 (= Pietas liturgica 17), 216.

115 Nach dem deutschsprachigen Messbuch von 1975, 56–58; hier 56. Siehe auch: MILDENBERGER, Irene, Die Improperien. Unbequemes Denkmal oder notwendiges »Denk mal!«?, in: LEVEN, Benjamin/STUFLESSER, Martin (Hgg.), Ostern feiern: Zwischen normativem Anspruch und lokaler Praxis, Regensburg 2013 (= Theologie der Liturgie 4), 130–153, hier: 132.

aufgenommen. Um polemischen Missbrauch einzuschränken sind die Improperien daher seit 1970 zumindest freigestellt.[116] Motivisch scheint hier der Vorwurf an der jüdischen Kollektivschuld am Gottesmord durch, der sich durch die Improperien verstärken kann. Damit dieser Gedanke unterbunden wird, soll, wie schon in der siebenten These von Seelisberg betont, die Anklage nicht allein und primär an »die Juden« gerichtet werden, sondern zuerst an die vor dem Kreuz versammelte christliche Gemeinde.[117] Die christliche Gemeinde soll sich angesichts ihres Glaubens an die ihnen zuteilgewordene besonders reiche Gnadengabe (Lk 12,48b) fragen, was sie zum Abbau antijüdischer Stereotype beitragen kann. Die Improperien als mögliche Gestaltungsform im Rahmen des *Triduum Sacrum* sind ebenso wie die Passionserzählungen selbst nicht dazu bestimmt, das jüdische Volk demagogisch zu verdunkeln. In der liturgischen und homiletischen Wahrnehmung darf die Kirche, besonders in der »liturgisch hochwertigen Zeit«, nicht in antijüdische Sprachformen verfallen. Die Bedeutung der siebenten These kann hier, trotz berechtigter Kritik im Detail nicht hoch genug wertgeschätzt werden, denn die Auferstehung Christi ist die zentrale Hoffnung, die den christlichen Glauben in jeder Generation begründet. Aus christlicher Sicht sind Passion und Auferstehung Christi jene Schauplätze der Heilsgeschichte, die im Mittelpunkt des christlichen Glaubens stehen. Wie also an diesem *Locus Theologicus* das jüdische Volk verstanden wurde und wird, bestimmt maßgeblich die negative oder positive christliche Beziehung zum jüdischen Volk, zum jüdischen Individuum und letztlich zum Juden Jesus Christus. Dass Jesus Jude war, wurde daher als zentraler Punkt in die Seelisberger Thesen aufgenommen.

2.2 Das Judesein Jesu

In der zweiten These von Seelisberg wird das Judesein Jesu in Erinnerung gerufen. Die These sei daher zuerst aus einer allgemein christlich-theologischen Perspektive analysiert.

> Es ist hervorzuheben, dass Jesus von einer jüdischen Mutter aus dem Geschlecht Davids und dem Volk Israel geboren wurde und dass seine ewige Liebe und Vergebung sein eigenes Volk und die ganze Welt umfasst.[118]

Das Judesein Jesu wird hier zuerst historisch an seiner Geburt von einer jüdischen Mutter festgemacht und seine Abstammung aus dem Geschlecht Davids und damit aus dem Volk Israel hervorgehoben. Beides sind Anknüpfungspunkte für traditionelle christliche Argumentationsweisen für die Messianität Jesu, auf die die zweite These damit implizit verweist. Auf eine traditionell-theologische (metaphysisch-ontologische) Bestimmung Mariens, wie etwa durch die Titel als Gottesgebärerin (gr. Θεοτόκος) oder als Muttergottes (lat. *Mater Dei*), wurde bewusst zugunsten ihrer schlichten Bestimmung als »jüdische Mutter« verzichtet. Auch findet die Jungfräulichkeit Mariens, die

---

116 Vgl. Ebd.
117 Vgl. PLUM, Adoratio crucis in Ritus und Gesang, 216.
118 INTERNATIONALER RAT VON CHRISTEN UND JUDEN (Hg.), Der Antisemitismus, 37.

seit der Antike zwischen Christen und Juden zu Polemiken geführt hat, in denen die Existenz Jesu auf einen Fehltritt bzw. eine Vergewaltigung zurückgeführt wurde[119], hier keine Erwähnung. Verzichtet wird zudem auf die christlichen Ehrentitel Mariens sowie auf die genauere Bestimmung ihrer Entschlafung (Dormitio).

Was durchaus bemerkenswert an der zweiten These ist, ist die Bevorzugung der historischen Bestimmung des Judeseins Jesu vor einer theologischen Bestimmung: Jesus war Jude, weil seine Mutter Maria Jüdin war. Maria garantiert sozusagen in der zweiten These von Seelisberg das Judesein Jesu. Dieser historische Ansatz ist direkt auf Isaac zurückzuführen. Die Argumentation deckt sich, ob zufällig oder nicht, mit dem matrilinearen Prinzip, das in allen gegenwärtigen Strömungen des Judentums anerkannt wird. Es lautet, wer von einer jüdischen Mutter geboren wurde, ist Jude, unabhängig von der Herkunft des Vaters.[120]

An dieser Stelle sei das Augenmerk auf die ersten Worte der These in den beiden Originalsprachen sowie der deutschen Übersetzung gelenkt, eine Formulierung, die sich in den ersten vier Thesen jeweils wiederholt:

> Rappeler que Jésus est né d'une Vierge juive, de la race de David et du peuple d'Israël, et que Son amour éternel et Son pardon embrassent son propre peuple et le monde entier.[121]

> Remember that Jesus was born of a Jewish mother of the seed of David and the people of Israel, and that His everlasting love and forgiveness embraces His own people and the whole world.[122]

Verglichen mit der offiziellen englischen und französischen Version wirkt das deutsche »Es ist hervorzuheben, dass ...« eher statisch. In der englischen Originalversion beginnen die ersten vier Thesen[123] mit »[r]emember that [...]«, was viel dynami-

---

119 Siehe zu den *Toledot Jeshu* Kapitel 2.1 »Joseph Klausner« Abschnitt »b) Quellen und Aufbau der Arbeit«.
120 »[...] dein Sohn von einer Israelitin heißt dein Sohn, dein Sohn von einer Nichtjüdin heißt nicht dein Sohn, sondern ihr Sohn.« bKidd 68b; mJev II,5; vgl. auch mKidd III,12; siehe zur Matrilinearität in Tora, Talmud und Mischna: COHEN, Shaye J. D., The Beginnings of Jewishness: Boundaries, Varieties, Uncertainties, Berkeley, California ⁵2009 (= Hellenistic Culture and Society 31), bes. 273–307. OLMER, Heinrich Chaim, »Wer ist Jude?«, Würzburg (= Judentum – Christentum – Islam 8), bes. 84–98.
121 CONSEIL INTERNATIONAL DES CHRÉTIENS ET DES JUIFS (ED.), L'antisémitisme. Résultats d'une conférence internationale de chrétiens et juifs (Seelisberg, Suisse 1947), in : https://www.ajcf.fr/5-aout-1947-Les-Dix-Points-de-Seelisberg.html#tab_1 (Abruf : 10.7.2024).
122 INTERNATIONAL COUNCIL OF CHRISTIANS AND JEWS (ED.), Reports and recommendations of the International Conference on Anti-Semitism (Seelisberg, 1947), Genf 1947, 15, in: https://www.ajcf.fr/IMG/pdf/Seelisberg.pdf (Abruf: 10.7.2024).
123 Die christliche Verbindung zum Judentum wurde in den ersten vier Thesen unterschiedlich betont: In der ersten These, im gemeinsamen monotheistischen Bekenntnis, dass ein und derselbe Gott im Alten und Neuen Testament zu den Menschen spricht; in der zweiten These im Judesein Jesu; in der dritten These im Judesein der Apostel und der frühen Märtyrer, wie auch der ersten Mitglieder der Kirche und in der vierten These, in der gemeinsamen Gottes- und Nächstenliebe, wobei die Nächstenliebe über die religiösen Grenzen hinweg, allen Menschen gilt und somit eine universal-humanistische Haltung in Juden- und Christentum betonte.

scher klingt. Das trifft auch auf die französische Formulierung »rappeler que [...]« zu. Diese Formulierungen weisen nachdrücklich auf ein »Sich-erinnern-sollen« hin, was im Deutschen angemessener mit »es muss daran erinnert werden, dass [...]«[124] zu übersetzen wäre. Aus dem folgenden hermeneutischen Grund sollte in der deutschen Übersetzung also diese Interpretation »es muss daran erinnert werden, dass [...]« Jesus Jude war, mitgedacht werden. Auch die noch schlichtere Form des imperativischen Infinitivs bezogen auf das Kollektiv Kirche oder auf das christliche Individuum selbst wäre denkbar. »Erinnere dich, dass« Jesus Jude war, weil er von einer jüdischen Mutter geboren wurde. In dieser zu favorisierenden Formulierung wird für den Christen und die Christin stärker das relationale Verhältnis von Jesus zu seinem Judentum bzw. konkret zu seinem Judesein durch seine Mutter eingefordert, wie es im Englischen und Französischen, den beiden offiziellen Konferenzsprachen der Seelisberg-Konferenz, auch deutlich anklingt. Diese relationale Bestimmung ist auch theologisch kohärenter und verweist auf das lange verdrängte bzw. überlagerte Bewusstsein, dass Jesus Jude war. Mit der Aufforderung sich zu erinnern wird der geistige Widerstand von Kirche und Theologie stärker sichtbar, die sich weniger der Betonung der jüdischen Herkunft, als dem Judesein Jesus verweigerte. »Erinnere dich!« führt zur Selbstreflexion des christlichen Individuums, das sich zugleich als Teil eines Systems bzw. einer Institution versteht.

Die zweite These von Seelisberg behebt in der offiziellen deutschen Übersetzung in einer eher zurückhaltenden Form eine lang rezipierte Leerstelle der christlichen Wahrnehmung Jesu. Damit wurde bewusst auf das kollektive »Vergessen« eingegangen, bei dem kirchlich-theologisch die klare Verbindungslinie zu Jesu Judentum eher verneint und stattdessen sein angebliches Auflehnen gegen das Judentum herausgestellt wurde. Freilich, christlicherseits wurde die jüdische Herkunft Jesu nie abgestritten, man denke nur an Martin Luthers Schrift, *Dass Jesus Christus ein geborener Jude sei* (1523), aber darin, wie im allgemeinen christologischen Denken, spielte das Judesein Jesu keine Rolle.[125] Spätestens mit der methodischen Unterscheidung zwischen einem historischen Jesus und einem dogmatischen Christus hätte auch ein christologisches Umdenken einsetzen können, in dem beide zwar voneinander unterschieden, aber nicht zugleich hätten voneinander getrennt werden sollen. In der abgeschwächten deutschen Übersetzung mit »es ist hervorzuheben«, dass Jesus Jude war, geht eben jene essenzielle Nuance verloren, die das kirchliche Nicht-Erinnern-Wollen an Jesu Judesein lange Zeit prägte. Auf einer anderen Ebene wäre dies vergleichbar mit ekklesiologischen Ansichten, in denen bis zu *Nostra aetate* (1965) Israel nicht als Volk Gottes, sondern die Kirche sich selbst als »*verus Israel*« (»wahres Israel«) gegenüber der Synagoge verstanden wurde. Hier wurde zwar die kirchliche Erinnerung und die Verbundenheit an und mit Israel nie vergessen oder ausgesetzt, aber ersetzt (Substitutionstheologie). Bei Jesus hingegen erinnerte man

---

124 Die Erinnerungsfunktion, die den Thesen inne ist, kam in der Übersetzung von Frau Dr. Stockhammer zur Geltung. Sie übersetzte 1968 mit: »Man muss daran erinnern, daß [...]«. ISAAC, Jesus und Israel, 481.
125 Siehe dazu Hinführung, Kap. 2.

sich theologisch lange nur an seine Herkunft aus Israel, nicht aber an sein bleibendes Judesein. Dass es den christlichen Kommissionsmitgliedern in Seelisberg nicht alleine um einen rein historischen Jesus ging, der durch die These in seinen jüdischen Bezügen hervorgehoben wurde, sondern zugleich Christus gemeint war, an den Christinnen und Christen glauben, steht selbstredend außer Zweifel. Zwar wurde in der Theologie der dogmatische Christus vom historischen Jesus getrennt, aber im christlichen Bekenntnis kann der irdische Jesus nicht vom auferstandenen Christus geschieden werden, wie es der stark theologisch betonte Schlussteil der zweiten These wiederum festzuhalten versucht, »dass seine [Jesu] ewige Liebe und Vergebung sein eigenes Volk und die ganze Welt umfasst«. Das Neue in dieser Formulierung liegt nicht im Bekenntnis der christlichen Konferenz-Teilnehmenden, die sich im Jahr 1947 in Seelisberg zur universalen Liebe und Vergebung Christi bekannten, sondern dass sie sich, erinnert durch Jules Isaac, zu ihrem Heiland als Juden bekannten, der er immer gewesen ist.

a) Der jüdische Heiland

Die zweite These von Seelisberg lässt sich im Detail aus drei umfangreicheren Lehrsätzen (II, III, XV), sowie aus zwei Reformvorschlägen für einen christlichen Unterricht herleiten, die alle in Jules Isaacs Buch *Jesus und Israel* enthalten sind.[126] Hier zeigt sich, wie sich Isaacs jüdische Jesusforschung positiv auf das christlich-jüdische Verhältnis ausgewirkt hat.

Insgesamt bilden zwei Lehrsätze (II und III) die Basis für die zweite These von Seelisberg. Die beiden Lehrsätze stehen im Inhaltsverzeichnis im ersten von vier Teilen seines Buches unter der Kapitelüberschrift *Jesus, der Heiland, Jude dem Fleische nach*[127]. Neben den zwei Lehrsätzen sei noch der Lehrsatz fünfzehn angeführt, der im dritten Teil unter der Kapitelüberschrift *Jesus und sein Volk* zu finden ist, er ist insofern für die zweite These von Seelisberg relevant, weil darin die Motive der

---

126 Aus: ISAAC, Jesus und Israel, Lehrsatz II: »Jesus, der Jesus der Evangelien, einziger Sohn und Fleischwerdung Gottes für die Christenheit, war in seinem menschlichen Leben Jude, ein einfacher jüdischer Handwerker. Das ist eine Tatsache, die jeder Christ wissen muß.« (25) – Lehrsatz III: »Wie uns die Evangelien berichten, war die Familie Jesu jüdisch, jüdisch war seine Mutter Maria, jüdisch seine Umgebung und seine Sippe. Wollte man gleichzeitig antisemitisch und christlich sein, hieße das, Beleidigung mit Verehrung verbinden zu wollen.« (29) – Lehrsatz XV: »Man behauptet, Christus hätte das jüdische Volk zum Zerfall verurteilt. Aber warum hätte er, wobei er sein Evangelium der Liebe und des Verzeihens Lügen gestraft hätte, sein Volk verdammen sollen, das einzige Volk, an das er sich wenden wollte, sein Volk, in dem er neben erbitterten Feinden auch begeisterte Jünger und Anhänger gefunden hatte? Man kann aber hier mit Recht annehmen, daß der wirkliche Verdammte der wahre Schuldige ist, nämlich ein gewisses Pharisäertum, das es zu allen Zeiten, bei allen Völkern, in allen Religionsgemeinschaften und in allen Kirchen gegeben hat.« (215)
127 Ebd., 471. – Die Überschrift kehrt im Buch selbst mit etwas geänderter Formulierung wieder: »Jesus Christus, Jude dem Fleische nach«. Ebd., 23.

Liebe und der Vergebung enthalten sind, die also nicht abhängig von christlichen Teilnehmenden in die zweite These von Seelisberg eingeführt wurden, sondern direkt bei Isaac selbst nachweisbar sind.

Obwohl die Inhalte der Lehrsätze teils überdeutlich wiedererkennbar in die zweite These von Seelisberg eingeflossen sind, wurde die dezidierte Formulierung, dass Jesus Jude war, vermieden. Doch auch wenn dies nicht *expressis verbis* in der zweiten These steht, so wird dies in der Betonung, »dass Jesus von einer jüdischen Mutter geboren wurde«, dennoch deutlich. Zudem findet Lehrsatz (XV), wenn gewollt, einen leisen Widerhall in der zweiten These, wenn dort steht, dass Jesu »ewige Liebe und Vergebung sein eigenes Volk und die ganze Welt umfasst«.

Obwohl sich die Lehrsätze zwei und drei, weniger Lehrsatz fünfzehn, aus *Jesus und Israel* klar in der zweiten These von Seelisberg wiederfinden, müssen natürlich jene 18 praktischen Vorschläge zur Reform der christlichen Katechese genannt werden, die Isaac 1947 in Seelisberg »als Diskussionsbasis« der »(christlichen) Kommission« vorgelegt hatte.[128] Dabei wird im Detailvergleich ersichtlich, dass die Inhalte der zwei bzw. drei Lehrsätze ähnlich stark in der zweiten These wiederkehren wie die dargelegten praktischen Reformvorschläge durch die 18 Punkte, die er als dringend notwendig für einen »christlichen Unterricht« betrachtete. Es waren darin vor allem Punkt sieben und Punkt neun, die der zweiten These von Seelisberg entsprechen, und die darin das Judesein Jesu unterschiedlich stark betonen. Dieser Unterricht müsste

> 7. ganz ausdrücklich darauf hinweisen, damit jeder Christ es weiß, daß Jesus ein Jude war, aus einer alten jüdischer Familie stammte (nach jüdischem Gesetz) acht Tage nach seiner Geburt beschnitten wurde; daß der Name Jesus ein jüdischer griechischer Name (Yeschoua) war und Christus das griechische Äquivalent des jüdischen Ausdrucks Messias ist; daß Jesus eine semitische Sprache, das Aramäische, wie alle Juden in Palästina sprach; und wenn man die Evangelien nicht in ihrem Originaltext liest, der griechisch abgefasst wurde, kennt man das »Wort« nur durch eine Übersetzung der Übersetzung;[129]

Im Vergleich zur zweiten These von Seelisberg ist der siebente Punkt zur Reform der christlichen Katechese bzw. des christlichen Unterrichts deutlich länger und geht viel breiter darauf ein, Jesus als Juden darzustellen: von der Beschneidung, über die Erklärung zu seinen Namen bis hin zur Sprache, und der Problematik von Bibelübersetzungen. Auffällig ist, dass der Topos der jüdischen Familie Jesu in der zweiten These durch den seiner jüdischen Mutter ersetzt wurde. Das ist insofern eine christlich nachvollziehbare Wende, da sich der hohe Stellenwert, der im Judentum der Familie zuerkannt wird, nicht mit den Darstellungen der irdischen Familie Jesu in den Evangelien zur Deckung bringen lässt. Zudem werden in der katholischen Lehre die Geschwister Jesu als seine Vettern betrachtet. Die Mutter Jesu in der zweiten These von Seelisberg zu betonen, ist unter theologie- und frömmigkeitsgeschichtlichen Aspekten besonders auf katholischer Seite nachvollziehbar. Hingegen basierte die Ansicht in der zweiten These, Maria ausdrücklich als »jüdi-

---

128 Ebd., 481.
129 ISAAC, Jesus und Israel, 466.

sche Mutter« zu betonen, auf keiner langen christlichen Traditionsbasis. Für die zweite These ist entfernter noch der Reformvorschlag acht nennenswert, obwohl darin eher die Darstellung eines gesetzestreuen Jesus enthalten ist, da

> Jesus ›dem jüdischen Gesetz untertänig geboren war‹ und ›dem Gesetz untertänig‹ gelebt hat; daß er immer bis zum letzten Tag die wichtigsten Riten des Judentums erfüllte; daß er bis zum letzten Tag sein Evangelium in den Synagogen und im Tempel verkündete.

Jesus wird in den Seelisberg-Thesen nicht als gesetzestreuer Jude dargestellt, aber inhaltlich verweisen sie natürlich auf ein jüdisches Leben Jesu. In Reformvorschlag 9 heißt es,

> dass Jesus nur aus Israel seine Jünger erwählte, daß alle Apostel wie ihr Meister Juden waren.

Hier findet sich zuerst deutlich eine Entsprechung zur dritten These von Seelisberg, aber mit der Formulierung, dass sie »wie ihr Meister Juden waren«, wird auch klar Jesus als Jude herausgehoben. In Reformvorschlag 13 steht,

> daß Jesus immer darauf bedacht war, den Volksmassen sein Mitgefühl und seine Liebe zu beweisen[130].

Hier ist mit Vorbehalt eine Parallele zum theologischen Schlussteil der zweiten Seelisberg-These zu ziehen, die da heißt, dass Jesu »ewige Liebe und Vergebung sein eigenes Volk und die ganze Welt umfasst«. Sie enthält eine universalistische Perspektive, die der »historischen« Perspektive, die Isaac im Reformvorschlag einnimmt, nicht abgerungen werden kann. Auffällig ist noch, dass die Davidssohnschaft in der zweiten These weder in den einzelnen 21 Lehrsätzen noch in den 18 Reformpunkten von Isaac aufscheint. Damit stammt dieser Bezug wohl eindeutig von den christlichen Teilnehmenden. Indirekt konnte so die Messianität Jesu angespielt werden, ohne daraus nicht direkt eine theologische Debatte zu eröffnen.

b) Die jüdische Mutter

In der zweiten These von Seelisberg wird Jesu Judesein mit seiner Abstammung von einer jüdischen Mutter begründet. Das ist insofern bemerkenswert, als mit der Davidssohnschaft und der Zugehörigkeit zum Volk Israel zwei aus theologischer Sicht deutlich naheliegendere Anknüpfungspunkte vorliegen. Christlicher- und hier besonders katholischerseits kann nicht beansprucht werden, dass die über viele Jahrhunderte hinweg entstandene Marienfrömmigkeit sowie die Mariologie dazu geführt hätten, eine judenfeindliche Tendenz in der Kirche abzubauen; eher das Gegenteil war der Fall. Freilich, in der Kirche ging nie ganz vergessen, dass Maria Jüdin war, aber das christliche Enterbungsdenken entriss Maria dem Judentum. Tief verehrt sowohl in marianischen Liedern und Gebeten als auch an ihr gewidmeten Wallfahrtsorten entwickelte sich jedoch in der christlichen Frömmigkeit kaum ein

---

130 Ebd., 467.

Bildnis von Maria, in dem sie bewusst als Jüdin hätte verehrt werden können. »Das Bild Marias das doch hätte verbinden und versöhnen können, versöhnte nicht und schlug keine Brücke zwischen Kirche und Synagoge.«[131] Nicht nur, aber besonders christlicherseits, wurde ihr eine trennende bzw. ausgrenzende identitätsbildende Funktion eingeschrieben. So ging im ausgehenden Mittelalter Judenfeindschaft und Marienverehrung sogar mitunter Hand in Hand. Dazu zwei Beispiele: »In den Passionsspielen des 15. Jahrhunderts machte Maria die ungetreuen Juden für das ihr angetane ›hertzleid‹ verantwortlich.«[132] Maria ist diejenige, die darin den Vorwurf vorträgt.[133]

Als zweites Beispiel sei eine verhängnisvolle Allianz von Antijudaismus und Marienverehrung ab dem Mittelalter genannt, die sich in einer antijüdischen Siegesarchitektur ausdrückte. Im Zuge von Pogromen wurden jüdische Schulen und Synagogen zerstört, wie etwa in Würzburg, Nürnberg (beide 1349) und Regensburg (1519), an deren Standorten oder gleich daneben eine Marienkirche errichtet wurden. Es sind jedoch nicht drei Einzelfälle aus zwei unterschiedlichen Jahrhunderten, vierzehn weitere, ähnliche Beispiele sind belegt.[134] Diese architektonische Substitution löste, wie es der deutsche Historiker Klaus Schreiner (1931–2015) formulierte »Triumphgefühle aus, die in der Überzeugung bestärkten, daß die Kirche die Synagoge überwunden, dem lebendigen Geist zum Sieg über den toten Buchstaben verholfen habe«[135].

---

131 LOHFINK, Gerhard/WEIMER, Ludwig, Maria – nicht ohne Israel: Eine neue Sicht der Lehre von der unbefleckten Empfängnis, Freiburg i. Br./Basel/Wien ²2012, 51.
132 SCHREINER, Klaus, Maria: Leben, Legenden, Symbole, München 2003 (= Beck'sche Reihe 2313), 84.
133 Und noch bis ins 20. Jahrhundert hinein sollten »die Juden« in Passionsspielen für den Tod Jesu verantwortlich gemacht werden. So wurde den weltweit bekannten Oberammergauer Passionsspielen 1970 vom Vatikan die kirchliche Zustimmung verweigert, weil in der Inszenierung die positive Haltung zum jüdischen Volk, die fünf Jahre zuvor durch die vatikanische Erklärung *Nostra aetate* zum Ausdruck gebracht wurde, unberücksichtigt blieb. Erst im Jahr 2000 kam es durch den neuen Spielleiter Christian Stückl zur ersten Neuinszenierung seit 1930, in der umfangreiche Veränderungen zu einer positiveren Darstellung des Judentums führten. Vgl. Passionsspiele Oberammergau, Die Zeit nach dem zweiten Weltkrieg, in: https://www.passionsspiele.info/passionsspiele-oberammergau-2022 (Abruf: 18.3.2022).
134 Vgl. RÖCKELEIN, Hedwig, Marienverehrung und Judenfeindlichkeit, in: OPITZ-BELAKHAL, Claudia (Hg.), Maria in der Welt: Marienverehrung im Kontext der Sozialgeschichte: 10.–18. Jahrhundert, Zürich 1993 (= Clio Lucernensis 2), 11–45.
135 SCHREINER, Maria, 85. – Ähnlich wie Maria nicht als Jüdin aufgrund der dominierenden Enterbungslehre verstanden wurde, so ist die Beziehung zwischen *Ecclesia* und *Synagoga* ganz von einem substitutionstheologischen Denken her bestimmt gewesen. Ab dem 12. Jahrhundert finden sie sich in Glasfenstern und Portalplastiken an Kirchen. Die antijüdischen Darstellungen der weiblichen Personifikationen des Alten und Neuen Testaments sollten den Sieg des Christentums über das Judentum symbolisieren. So zeigen berühmte mittelalterliche Kathedralportale eine stolze, siegreiche, aufrechte und gekrönte Frauenfigur *Ecclesia*, der eine gedemütigte *Synagoga* mit verbundenen Augen, den Kopf zu Boden gerichtet, ohne Krone und mit gebrochenem Fahnenstab gegenübergestellt wurde. Eine der bekanntesten Darstellungen dieser *Synagoga* befindet sich am Südportal des Straßbur

Nachdem auf ein judenfeindliches christliches Verhältnis zwischen Marienverehrung und Judentum Bezug genommen wurde, zeigt sich, dass es auch jüdischerseits nicht unbedingt naheliegend war, Maria als Verbindungsglied zwischen Juden- und Christentum zu verstehen. Doch gerade auf sie als vermittelnde Figur setzte Jules Isaac. Er sah, dass für Christinnen und Christen durch Maria eine christliche Empathie für ihre jüdische Identität gewonnen werden konnte. In den 18 Punkten, die Isaac in Seelisberg vorlegte, erwähnte er aber nur allgemein im siebenten Punkt, dass Jesus »aus einer alten jüdischen Familie stammte«, von seiner jüdischen Mutter ist hier explizit nichts zu lesen.[136]

---

ger Münsters (um 1230). Weitere Beispiele der Synagoga-Ecclesia befinden sich am: »Portal von Notre Dame in Paris (um 1220), an der Südfassade der Kathedrale zu Reims (ca. 1220–1235), an der Nordseite der Kathedrale von Chartres (um 1220), am Fürstenportal des Bamberger Doms (um 1230), an der Elisabethkirche in Marburg (um 1240), in der Nordvorhalle des Magdeburger Doms (um 1250), an der Liebfrauenkirche in Trier (um 1250), an der Südseite von St. Seurin in Bordeaux (ca. 1270), in der Eingangshalle des Münsters in Freiburg im Breisgau (ca. 1290–1295), am Südportal des Wormser Doms (1290–1300), am Portal von Saint-Maurice in Vienne/Isere (um 1400) und von St. Martin in Landshut (Mitte des 15. Jahrhunderts)«. DÖRNER, Bernward, Art. Ecclesia und Synagoga (Darstellungen des Mittelalters), in: HdA 7 (2015), 85–115, hier: 86. – Dass noch nach der Shoah das judenfeindlich Bildmotiv von Ecclesia-Synagoga verwendet wurde, zeigt, wie unreflektiert oder hartnäckig sich antijüdische Motive in der Sakralkunst halten konnten. Als Beispiel sei das von Oswin Ammann (1927–2007) geschaffene Glasfenster (1950) der Namen-Jesu-Kirche in Wien genannt. Weit prominenter jedoch ist der vom Bildhauer Josef Henselmann (1898–1987) geschaffene Hochaltar im Passauer Dom zu St. Stephan, der zwischen 1947–1953 entstand. Es handelt sich um eine Komposition, die die Steinigung des Stephanus darstellt und dabei Ecclesia-Synagoga als fliegende Figuren über Stephanus einfügt, wobei sich die Synagoga vom Geschehen abwendet und ein Pharisäer auf der rechten unteren Seite sich dabei das Ohr zuhält. Beide verschließen sich sozusagen der christlichen Wahrheit. Zudem besitzt die Synagoga einen gebrochenen, die Ecclesia einen ungebrochenen Stab, der mit einer Siegespalme verziert ist. Vgl. THURAU, Markus, Art. Ecclesia und Synagoga (Darstellungen nach 1945), in: HdA 7 (2015), 87–89. – Ecclesia-Synagoga Darstellungen, die das erneuerte Verhältnis der Kirche zum Judentum wiedergeben, wäre die Zwillingsstatue von Johan Tahon (Hannover, 2017), die Statue *In Our Time* von Joshua Koffmann (Saint Joseph's University in Philadelphia/USA, 2015) und das Glasfenster von Paul Weigmann (Bonn-Ippendorf, 1995). Vgl. VORNDRAN, Hans-Georg, Synagoga und Ecclesia neu gesehen. Vier Beispiele, in: Blickpunkt.e 4 (2020), in: http://imdialog.org/bp2020/04/eccneu.pdf (Abruf: 13.3.2022), 1–5.

136 Entgegen landläufiger Ansichten zur Haltung Mariens in der protestantischen Kirche, sei mit dem in der Bekennenden Kirche eine wichtige Rolle spielenden lutherischen Theologen Hans Asmussen (1898–1968) gesagt: »die Geschichte der Menschheit ist nur dazu da, um Israel und Juda, und *damit* Maria und damit Jesus zu ermöglichen«. Asmussen verweist auf Luthers Psalmenvorlesung von 1516, dort Luther: »So ist denn in der Tat Maria Exponent der erlösungsbedürftigen Erde und besonders der erlösungsbedürftigen Menschheit. Nach dem Sieg ihres Sohnes aber, wird sie Exponent der erlösten Menschheit und der auf die endgültige Erlösung harrenden Erde sein.« Asmussen interpretiert Luthers Aussage dahingehend: »Maria ist eben das Bindeglied, welches den Herrn Christus mit der Menschheit verbindet.« ASMUSSEN, Hans, Maria die Mutter Gottes, Stuttgart ²1951, 8, 15.

Hingegen sind Bezüge zu Maria als jüdischer Mutter Jesu in Isaacs Buch *Jesus und Israel* durchaus prominent vorhanden. Während im ersten Lehrsatz der Zusammenhang von Neuem und Altem Testament hervorgehoben wurde und im zweiten Lehrsatz Jesus als Jude vorgestellt wird, rückt Isaac bereits im dritten Lehrsatz die jüdische Familie Jesu und seine jüdische Mutter als »Garantin gegen den Antisemitismus« ins Zentrum. Die Marienverehrung darf nicht mit Antisemitismus einhergehen, denn es wäre paradox, Beleidigung mit Verehrung zu vermischen, so Isaac. In den Ausführungen zu diesem Lehrsatz würdigte er die Jüdin Maria unter Rückgriff auf Arbeiten der drei katholischen Intellektuellen Péguy, Maritain und Bloy; mit den ersten beiden war Isaac zudem freundschaftlich verbunden.

Diese Freundschaften, besonders zu Charles Péguy (1873–1914), dürfen im vorliegenden Zusammenhang nicht unterbewertet werden. In *Jesus und Israel* gibt Isaac ein Zitat von Péguy zu Maria wieder. Péguy legt Wert darauf die historische Wahrheit, dass Maria Jüdin war, nicht zu verschweigen. Als Katholik sagte er damit nicht nur das, was an Maria ohnehin theologisch akzeptiert und anerkannt war, sondern auch, was es christlich über Maria, die Mutter Jesu, noch Wahres zu sagen gibt.

> Die, die für immer Königin ist,
> Weil sie das demütigste der Geschöpfe ist.
> Weil sie eine arme Frau, eine unglückliche Frau,
> Eine arme Jüdin aus Judäa war ...[137]

Mit diesem Zitat von Péguy eröffnet Isaac nicht seine persönliche religiöse Sicht auf Maria, aber jene Sicht, die Christinnen und Christen ihr gegenüber einnehmen sollten. Isaac selbst äußert sich über Maria nur indirekt, indem er vom »Magnificat« (Lk 1,46–55) als einem »wunderbaren Lobgesang Mariens«[138] spricht und darin die Bezüge zu den Psalmen und zu Samuel 2, 1–10 hervorhebt, um die Verbindung zu einer gemeinsamen biblischen Tradition von Juden und Christen deutlich sichtbar zu machen. Isaac war, wie er selbst schreibt, berührt von diesem Gebet, besonders vom Schlussteil, in dem es heißt: »Er nimmt sich seines Knechtes Israel an und denkt an sein Erbarmen, das er unsern Vätern verheißen hat, Abraham und seinen Nachkommen auf ewig« (Lk 1,54f). Weiter schreibt er: »Welche Feierlichkeit liegt in dieser Erinnerung an den Alten Bund, und das an der Schwelle des Evangeliums – des Evangeliums der Heiden – aus dem Munde Mariens selbst.«[139] Isaac erinnert durch Maria an Israel, zugleich wird mit »der Schwelle des Evangeliums« aber auch an den Ursprung des Christentums erinnert, denn dieses Evangelium gehört nicht zum Kanon der jüdischen Religionsgemeinschaft. Dass Maria im Magnifikat auch der bleibenden Erwählung Israels gewiss ist, wird durch den Text selbst deutlich, in dem sie an das den Vätern verheißene Erbarmen auf allezeit festhält. Isaac zeigt, wie eng Maria mit Israel und mit dem Lukas-Evangelium, in dem das Magnifikat steht, verbunden ist.

---

137 Péguy, Charles, »der Vorhof des Mysteriums der 2. Tugend«. in: 4. Schrift, Schrift der 3. Reihe, 83f, für Allerheiligen und Allerseelen, zit. nach: Isaac, Jesus und Israel, 29.
138 Ebd., 30.
139 Isaac, Jesus und Israel, 31.

Das zweite Zitat zu Maria im dritten Lehrsatz aus *Jesus und Israel* stammt von Jaques Maritain (1882–1973). Es sei nur erwähnt, dass Maritain wie Isaac ein Schüler des Philosophen Henri Bergson (1859–1941) war und Maritain sich für die von Issac und Henri-Irénée Marrou (1904–1977) gegründete *Amitié Judéo-Chrétienne de France* einsetzte, die bis heute existiert und eine gleichnamigen Quartalszeitschrift als protestantisch-katholisches Gemeinschaftsprojekt herausgeben.[140] Maritain selbst war auch zur Seelisberg-Konferenz eingeladen. Obwohl er nicht kommen konnte, spielte er dort dennoch eine wichtige Rolle. Als französischer Botschafter am Heiligen Stuhl hatte er eine »Botschaft an die Konferenz« geschrieben, in der er in wesentlichen Punkten bereits Aspekte der Zehn Thesen vorwegnahm.[141] Darunter erwähnte er mitunter, dass Jesus von »einer Jungfrau Israels geboren und selber naturbestimmt Jude war«[142]. Folgendes Zitat von Maritain gibt Isaac in *Jesus und Israel* über Maria wieder: »Ein Christ kann nicht ohne weiteres die Rasse hassen, sie verachten oder herabwürdigen, aus der sein Gott und die unbefleckte Mutter seines Gottes hervorgegangen sind. Deshalb wendet sich der militante Antisemitismus schließlich gegen das Christentum.«[143] Sprachlich nimmt Maritain das Rassedenken seiner Zeit zwar auf, aber die Aussage von Maritain ist klar, letztlich wendet sich der Judenhass gegen die Christinnen und Christen, da sowohl Jesus als auch Maria aus dem Judentum stammen.

Der dritte katholische Intellektuelle, auf den sich Isaac bei der jüdischen Betrachtung Mariens stützt, ist Léon Bloy (1846–1917). Er selbst war in jungen Jahren nicht frei vom traditionellen christlichen Antisemitismus, wie Issac schreibt, aber nach einem Entwicklungsprozess, der auch durch jüdische Freundschaften vorangetrieben wurde, wandelte er seine Einstellung und schrieb über die Marienverehrung und den christlichen Antijudaismus:[144]

> Der Antisemitismus ... ist die schrecklichste Ohrfeige, die Unser Herr in seinem noch immer währenden Leiden erhalten hat; sie ist die blutigste und die am wenigsten entschuldbare, da er sie auf dem Gesicht seiner Mutter und von der Hand der Christen selbst erhält.[145]

Bildhaft wird hier klar, dass es nicht möglich ist, Christ und Antisemit zu sein. Mit diesem dritten Bild eines intellektuellen Katholiken endet in *Jesus und Israel* die Betrachtung Mariens bei Isaac mit einem Apell der Unvereinbarkeit zwischen Christsein und Judenhass.

Bildhaft kann diese positive Betrachtung Mariens, die um ein neues Verhältnis von Marienverehrung und Judentum warb, mittlerweile durch eine moderne Ecclesia-Synagoga Darstellungen wiedergegeben werden, die sozusagen das Anliegen von

---

140 Vgl. LENZEN, Von Seelisberg nach Rom, 44.
141 Vgl. AHRENS, Die Konferenz von Seelisberg (1947), 150–152.
142 INTERNATIONALER RAT VON CHRISTEN UND JUDEN (Hg.), Der Antisemitismus, 18.
143 MARITAIN, Jaques »Der unmögliche Antisemitismus«, aus: »Die Juden«, Collection »Presénces«, 71, zit. nach: ISAAC, Jesus und Israel, 32.
144 Vgl. ISAAC, Jesus und Israel, 6 (Anm. 6).
145 BLOY, Léon, Brief vom 2.1.1910 an eine Unbekannte, in: »Der Alte vom Berg«, 303, zit. nach: Ebd., 33.

Isaac Form angenommen hat. Der Künstler Franz Hämmerle schuf eine Ecclesia-Synagoga Skulptur (1991), die sich heute im Karmeliterinnenkloster direkt neben dem Konzentrationslager in Dachau befindet. Angelehnt an das Pietà-Motiv hält Maria zugleich als Synagoga Jesus im Arm, jedoch so, dass er aufrecht stehen kann, dahinter eine gesichtslose Stele, die für die Ecclesia steht und ihre Identität angesichts der Synagoga noch finden muss. Hämmerle erklärte seine Skulptur mit den Worten:

> Synagoge mit Jesus und Ekklesia. Die Mutter ist auch die Synagoge, die Ekklesia sind auch wir Christen. ›Sieh da dein Sohn – sieh da deine Mutter‹ stellt uns in die Sohnschaft der Synagoge. In der Sohnschaft als Ekklesia haben wir uns in Ehrfurcht und Wohlwollen der Synagoge anzunehmen.[146]

3 Das Verdienst Jules Isaacs für die Konferenz von Seelisberg

In Seelisberg unterstützten Isaac die jüdischen und christlichen Konferenzteilnehmenden dabei, dem beinahe zweitausendjährigen christlichen Antisemitismus an entscheidenden Punkten nachdrücklich entgegenzutreten, der sich in die christliche Tradition mit tiefer Antipathie bis hin zu einem tödlichen Hass verkeilt hatte. Einem Arsenal an antijüdischen Vorurteilen wurde durch die Zehn Thesen die Sprengkraft genommen, die auf Isaacs maßgebenden Vorarbeiten beruhten. Bereits 1943, als der Massenmord an den europäischen Jüdinnen und Juden in vollem Gange war, dachte Jules Isaac an eine Zeit, in der das Christentum sich seiner schweren Verantwortung noch bewusst werden sollte. Für diese Zeit formulierte er die 21 Lehrsätze in seinem Buch *Jesus und Israel*. Zwar konnte es erst 1948 erscheinen, aber es war bereits 1946 vor der Seelisberg-Konferenz abgeschlossen. Darin buchstabierte er Lehrsatz für Lehrsatz aus, was Christinnen und Christen über das Christentum wissen sollten und warum der Antisemitismus nicht zum christlichen Glauben gehören kann. Bei dieser Zielvorgabe war wichtig, dass die Lehrsätze den biblischen Texten nicht widersprechen durften. Isaac wurde damit zu einem der ersten, der erfolgreich Schritte zur theologischen Antisemitismusbekämpfung im Nachkriegseuropa setzte.

Jules Isaac ging von einem erkenntnisgeleiteten Interesse aus, die Ursachen für den Antisemitismus im Christentum zu suchen, den er in vielen Explikationen im christlichen Glauben vorfand. In einer historisch-kritischen Lesart fand er den Antisemitismus aber nicht im Neuen Testament; er führte ihn auf die christliche Theologie selbst zurück. Isaac war nicht nur Historiker, der sich kritisch einem christlich-theologischen Denken annäherte, sondern auch Pädagoge. Ohne eine theologische Ausbildung wurde Isaac zum Antisemitismusforscher im Bereich christlicher Theologie. Es gelang ihm ein antisemitisches Denken im christlichen Glauben zu durchbrechen. Er legte nicht nur die Spuren des Antisemitismus in Theologie und Kirche offen, sondern wurde

---

146 HÄMMERLE, Franz: zit. nach: Ebd., 4.

gleichzeitig ein Erneuerer der Theologie, wovon bereits seine 21 Lehrsätze deutlich zeugen. Auch seine 18 praktischen Schlussfolgerungen für die Reform der christlichen Katechese waren keine Abrechnung mit Kirche und Theologie, sondern bedeuteten Schritte für ein Umdenken, das im Christentum noch vollzogen werden musste. Diese Schlussfolgerungen eröffneten den christlichen Konferenzteilnehmenden am Seelisberg zuerst den historischen Tatsachenblick auf das Gemeinsame, auf den gleichen Gott, auf das Judesein Jesu, Mariens, der Apostel, der frühen Märtyrer und der ersten Mitglieder der Kirche und besonders auf eine folgenschwere Darstellung »›der Juden‹ als ›Feinde Jesu‹«, wie sie besonders durch eine unhistorische und judenfeindliche Erzählung der Passion Christi gefördert worden war. Einerseits war Isaacs Denken hermeneutisch davon bestimmt, Verbindendes in Christen- und Judentum zu betonen und damit die jüdischen Wurzeln im Christentum wiederzuentdecken; andererseits ging er auf spätere Deutungen zu Ungunsten von Jüdinnen und Juden korrigierend ein, die bei einer Betonung der gemeinsamen Wurzeln auch stärker als Fehl- und Missdeutungen verstanden werden mussten, die so nicht in einer einst jüdischen Jesusbewegung angelegt waren. Der Blick auf die Wurzeln bedeutet nicht nur einen Zeitpunkt zu bestimmen, in dem Christentum und Judentum noch eins waren, sondern auch darauf zu insistieren, dass das Jüdische noch heute im Christentum enthalten ist und deshalb nicht vom Ursprung her getrennt werden kann. Besonders bei der Betonung, dass Jesus und Maria Juden waren, kommt dieser Aspekt im Glauben von Christinnen und Christen zu tragen. Dass die Bekämpfung des Antisemitismus innerhalb der christlichen Lehre zu einer Anerkennung des biblischen und nachbiblischen Judentums geführt hat, kann auch rückwärts gelesen werden. Die positive Anerkennung des Judentums als Ursprungsort des Christentums hat zur Bekämpfung des Antisemitismus in Kirche und Theologie beigetragen.

Die Zehn Thesen ermöglichen diese Rückbesinnung, die aber nicht unter einem monoperspektivisch entwickelten theologischen Ansatz formuliert wurden, sondern primär durch die starke, aber nicht ausschließliche historische Sichtweise, die von Jules Isaac geprägt war, um den christlichen Antijudaismus zu bekämpfen. Besonders bei der Bekämpfung des »Gottesmordvorwurfs« klingt in der siebenten Seelisberg These, »dass Christus für unser aller Sünden gestorben ist«, ein Gedanke durch, den Isaac von Charles Péguy in seinem Jesusbuch übernimmt. Isaac konnte sich in das christliche Denken hineinversetzen, ohne es selbst anzunehmen. Ähnlich ist es auch bei den Aussagen über die »jüdische Mutter«. In der zweiten These von Seelisberg beschreibt Isaac in *Jesus und Israel* Maria durch christliche Autoren wie Péguy, Maritain und Bloy, als Jüdin, ohne dass sie für ihn zur Muttergottes geworden wäre. Isaac selbst ging es immer um den historischen Jesus, auch in persönlicher Hinsicht[147]. Er wusste aber diesen in seiner Arbeit für die Erneuerung des christlichen Denkens gerade nicht vom Christus der Kirchen zu trennen. Vielmehr

---

147 »The historian in Isaac drew a line in time at Jesus' crucifixion and would not be drawn into post-resurrectional theological reflection. His inquiry was restricted to the Jesus of history, to the interrelationship between the historical Jesus and the Jewish people of his time.« TOBIAS, Jewish Conscience of the Church, 73.

verband er Jesus fest mit seinem jüdischen Ursprung, sodass er christlicherseits deutlich als Jude verstanden werden konnte.

In Seelisberg hätte Isaac 1947 aber seine Vorschläge, selbst nach Auschwitz, nicht allein umsetzen können. Nach seinen eigenen Angaben waren es zwei christliche Mitglieder der Kommission III, die seinem Anliegen zum Durchbruch verhalfen: P. Jean de Menasce OP und P. Paul Démann NDS. Auffallend ist dabei, dass es sich bei den beiden Ordenspriestern um jüdische Konvertiten zum Katholizismus handelte.[148] In einem größeren Zusammenhang zwischen dem Verhältnis der katholischen Kirche und Konvertiten aus dem Judentum ist eine Bemerkung des amerikanischen Historikers John Connelly durchaus bedenkenswert:

> From the 1840s until 1965, virtually every activist and thinker who worked for Catholic-Jewish reconciliation was not originally Catholic. Most were born Jewish. *Without converts the Catholic Church would not have found a new language to speak to the Jews after the Holocaust.*[149]

Angewandt auf die Verabschiedung der Thesen von Seelisberg stellt sich folgende Frage: Wäre ohne jüdische Konvertitinnen und Konvertiten sowie Jüdinnen und Juden, die sich dem persönlichen Dialog mit den Kirchen und ihren theologischen Akteuren in Seelisberg und danach öffneten, ein Umdenken über das Judentum bei Christinnen und Christen möglich gewesen? Sie waren maßgebend dafür verantwortlich, dass in der christlichen Theologie ein Umdenken ermöglicht und das Judentum darin als eine positive identitätsstiftende Kraft wahrgenommen wurde, so dass die Formung einer christlichen Identität ohne Antijudaismen Unterstützung fand.

> Vor allem die jüdischen Konvertitinnen und Konvertiten hatten aus eigener Erfahrung bzw. durch familiäre und freundschaftliche Beziehungen einen realistischen Blick auf Diskriminierung und Verfolgung. Sie erkannten die Notwendigkeit zum Handeln und konnten entsprechende theologische Diskurse aufgreifen, gestalten und weiterführen und Verbündete gewinnen.[150]

4 Die Rezeption der Seelisberg-Thesen, unter besonderer Berücksichtigung des Judeseins Jesu

Nach der Seelisberg-Konferenz folgte 1948 eine Konferenz in Fribourg.[151] Dort wurde ein pädagogischer Schwerpunkt gesetzt.[152] Es wurden keine neuen Thesen zur

---

148 Brief von Isaac an den protestantischen Theologen Fadiey Lovsky vom 19. Januar 1948, zit. nach: TOBIAS, Jewish Conscience of the Church, 109.
149 CONNELLY, John, From Enemy to Brother: The Revolution in Catholic Teaching on the Jews, 1933-1965, Cambridge 2012, 5.
150 PLIETZSCH, Nosta aetate 4: Aufbruch und Ausgleich, 256.
151 Zur Fribourg-Konferenz siehe: AHRENS, Die Konferenz von Seelisberg (1947), 209-231.
152 Russell Brackett, ein amerikanischer Bildungsspezialist wurde extra zehn Monate in den USA freigestellt, um die Fribourg-Konferenz in Europa vorzubereiten. Sein pädagogisches Konzept, des »intercultural education«, war für alle Europäer Neuland, auch für die Briten, die dem Ansatz wenig abgewinnen konnten, weil er amerikanisch war. Ebd., 209.

4 Die Rezeption der Seelisberg-Thesen

jüdisch-christlichen Verständigung verabschiedet, die Konferenz legte vielmehr Wert darauf, die soliden und sehr präzise formulierten Seelisberg-Thesen zu verbreiten, z. B. in allgemeinen Zeitschriften, besonders aber in jenen Zeitschriften, die von Geistlichen, Religionslehren und christlichen Laien gelesen wurden.[153]

Eine erste Rezeption, die den Anspruch erhob, die Seelisberg-Thesen zu revidieren, erfolgte in Deutschland 1950 durch die Schwalbacher Thesen.[154] Mit diesen erhielten die Seelisberg-Thesen einerseits eine theologische Vertiefung und Kommentierung, andererseits wurden darin christlich-kirchliche Haltungen überbetont. Ohne jüdische Beteiligung wurden in Bad Schwalbach (Hessen) von evangelischer und katholischer Seite unter dem Dachverband des »Deutschen Koordinierungsrates der Christen und Juden« die Seelisberg-Thesen revidiert, um ihnen dadurch »eine neue, biblisch besser fundierte Fassung zu geben«[155]. Das Ziel der Revision wurde von und auf »Theologen und Religionslehrer[n]« zugeschnitten, damit jedem einzelnen »klar werde, welche Verantwortung mit der Behandlung unseres Verhältnisses zu den Juden auf ihn gelegt ist«[156]. Im Vergleich zu den Seelisberg-Thesen, die unter Mitwirkung von jüdischen Teilnehmern entstanden, fehlt hier der Ansatz, das Denken vom anderen her mitgestalten zu lassen.

Die ursprünglich Zehn Thesen von Seelisberg wurden auf neun Schwalbacher Thesen gekürzt, wobei aber die siebente These, die prominent den Gottesmordvorwurf entkräftet, auf zweimal drei Unterpunkte erweitert wurde. In den Unterpunkten selbst werden nämlich historische, moralische und politische Fragen, die mit dem Kreuzestod zusammenhängen sollen, behandelt. Stellvertretend sei nur die zweite These zum Judesein Jesu angeführt, die christlich-theologisch auf die Wiederkunft Christi zugeschnitten wurde.[157]

> II. Jesus ist aus dem Volke Israel, von einer jüdischen Mutter, aus dem Geschlechte Davids geboren worden. Durch ihn, den Sohn Davids, den Gesalbten Gottes, unsern Herrn und Heiland Jesus Christus, haben wir Erbanteil an der Erlösung, welche für Israel mit dem Kommen des Messias verbunden ist. So gewiß für unsern Glauben dieser erlösende Erfüller aller Verheißung in der Person jenes Jesus von Nazareth gekommen ist, so gewiß wird auch von uns Christen der Tag noch als künftiger erwartet, wo wir die offenbarwerdende Vollendung schauen werden.[158]

---

153 Vgl. AHRENS, Die Konferenz von Seelisberg (1947), 223.
154 SCHWALBACHER THESEN, Thesen christlicher Lehrverkündigung im Hinblick auf umlaufende Irrtümer über das Gottesvolk des Alten Bundes (Die 1950 in Schwalbach gemeinsam von evangelischen und katholischen Theologen revidierte Fassung der Seelisberger Thesen von 1947), in: RFF 8/9 (1950), 9–12.
155 Ebd., 9.
156 Ebd.
157 Dabei werden ambivalente Themen angerissen, die in den Seelisberg-Thesen so nicht enthalten waren, wie z. B., »dass 1933–1945 zum ersten Mal in der Geschichte Juden und Christen gemeinsam verfolgt worden sind« oder dass Christen Jesus erneut ans Kreuz schlagen »wenn wir [die Christen] uns weigern den gutgläubig Andersdenkenden zu respektieren«. Ebd. 10f.
158 SCHWALBACHER THESEN, 10.

Die »Schwalbacher Thesen« sowie auch Jahrzehnte später die »Gemeinsame Erklärung zur Bedeutung jüdisch-christlicher Zusammenarbeit heute« (2007)[159] und »Die zwölf Thesen von Berlin« (2009) gehen auf die Zehn Thesen von Seelisberg zurück. Die »Berliner Thesen« verstehen sich als »Neu-Verpflichtung« auf die Seelisberg-Thesen. Sie stammen vom Internationalen Rat der Christen und Juden (ICCJ)[160], der sein Gründungsereignis in der Seelisberg-Konferenz sieht. Anders als die Seelisberg-Thesen richten sich die zwölf Berliner Thesen mit ihrem »neuen Aufruf« neben Christen besonders »auch an die jüdischen Gemeinden in der ganzen Welt« und auch an »alle Menschen guten Willens«[161]. Damit sind es drei weit gefasste Adressatenkreise, an die sich die unterschiedlichen Thesen konkret wenden. Der ICCJ erkennt die Notwendigkeit einer Erneuerung und Verfeinerung der Thesen vor dem Hintergrund der Fortschritte im interreligiösen Dialog.[162] Im Vorwort der Schrift zu den »Zwölf Thesen« wird direkt auf die »Dringlichkeitskonferenz gegen Antisemitismus« in Seelisberg und explizit auf zwei Anliegen zur Neuorientierung der theologischen Lehre und Verkündigung durch die Zehn Thesen eingegangen: »Die damaligen theologischen Forderungen an Christen, die jüdische Identität Jesu anzuerkennen und antijüdische Interpretationen der Passionserzählungen zurückzuwei-

---

159 Die zehn Thesen von Seelisberg spielen in der Erklärung selbst keine Rolle, werden aber von den drei Herausgeberinstitutionen in ihrer Broschüre abgedruckt und teils durch Beiträge ergänzt, wie jenem vom evangelischen Theologieprofessor Matthias Konradt. Er bezieht sich ausdrücklich auf die zweite Seelisberg-These, die auf die jüdische Herkunft Jesu verweist, und schreibt der historischen Jesusforschung eine »[w]eichenstellende Bedeutung« für die »Rückbesinnung auf die jüdischen Anfänge [...] des Christentums« zu. Diese Erinnerungsfunktion erfüllt auch der jüdisch-christliche Dialog, der zu einer »Erneuerung des christlichen Selbstverständnisses in den letzten Jahrzehnten« führte. Konradt führt weiter an, dass auch die Erforschung des Trennungsprozesses zwischen Christen- und Judentum mit »der durch den jüdisch-christlichen Dialog geförderten neuen Sensibilität für das Jüdische im Christentum« einhergeht. Konradt, Matthias, Die Entstehung des Christentums aus dem Judentum. Erwägungen zu den jüdisch-christlichen Trennungsprozessen im 1. Jh. n. Chr., in: Der Grundstein jüdisch-christlicher Begegnung ist gelegt! 60 Jahre Seelisberger Thesen: Schweizer Bischofskonferenz (SBK), Schweizerischer Evangelischer Kirchenbund (SEK), Schweizerischer Israelitischer Gemeindebund (SIG) (Hgg.), Bern/Fribourg/Zürich 2007, 20–23, hier: 20, 23.
160 Der ICCJ vereint als internationaler Dachverband 38 nationale jüdisch-christliche und interreligiöse Dialogorganisationen in 32 Ländern. Der Hauptsitz befindet sich im Martin-Buber-Haus in Heppenheim. Die schweizerische, deutsche und österreichische Mitgliederorganisationen sind: »Christlich-Jüdische Arbeitsgemeinschaft in der Schweiz« (CJA), »Gesellschaften für Christlich-Jüdische Zusammenarbeit – Deutscher Koordinierungsrat e.V.« (DKR) und Koordinierungsausschuss für christlich-jüdische Zusammenarbeit. Siehe: https://www.iccj.org/de/ueber-uns.html (Abruf: 9.4.2022).
161 Internationaler Rat von Christen und Juden, Zeit zur Neu-Verpflichtung – Die zwölf Thesen von Berlin: Ein Aufgruf an christliche und jüdische Gemeinden in der ganzen Welt, in: Konrad-Adenauer-Stiftung (Hg.), Zeit zur Neu-Verpflichtung: Christlich-jüdischer Dialog 70 Jahre nach Kriegsbeginn und Shoah, Sankt Augustin/Berlin 2009, 15–23, hier: 17.
162 Vgl. Ebd., 15.

sen [...]. Seinerzeit bildeten sie den programmatischen Ausgangspunkt des christlich-jüdischen Dialogs.«[163]

Die erste der zwölf Thesen richtet sich dezidiert an Christinnen und Christen. Darin wird dazu aufgerufen, »religiöse, rassische und alle anderen Formen von Antisemitismus zu bekämpfen.« Sie ist die umfangreichste These und enthält biblische, liturgische und katechetische Überlegungen zur positiven Hervorhebung der Verbindung des Juden- und Christentums. So beginnt die erste spezifische Forderung prägnant mit Bezug auf Jesus, dessen »grundlegende Identität als Jude«[164] anzuerkennen ist. Juden und Christen scheinen sich in den Thesen 60 Jahre nach der Shoah ganz anders gegenüberzustehen als noch in Seelisberg. Sie wirken wie Partner, die sich beide verpflichten müssen und gemeinsam in der Welt einem ethischen Anspruch nachkommen.

Besonders hervorzuheben ist die Bedeutung der Zehn Thesen von Seelisberg in einem spezifisch katholischen Kontext. Dort bilden sie den Grundstein einer neuen und verbesserten Verhältnisbestimmung der katholischen Kirche zum Judentum, wie sie durch die Konzilserklärung *Nostra aetate* (1956) eingeleitet wurde. Dabei spielte in der Entstehungsgeschichte die direkte Übergabe der Seelisberg-Thesen in einer Audienz Isaacs bei Papst Johannes XXIII. am 13. Juni 1960 eine entscheidende Rolle. *Nostra aetate* dürfte durch diese Initiative angestoßen worden sein.[165] Drei Monate nach ihrem Treffen gab Johannes XXIII. ein *Decretum de Iudaeis* in Auftrag, woraus schließlich die Erklärung *Nostra aetate* entstand, die unter seinem Nachfolger Paul VI. am 28. Oktober 1965 promulgiert wurde. Sie gilt als »Magna Charta«[166] der katholisch-jüdischen Beziehungen.

Papst Johannes XXIII. war unbestritten an einer besseren Beziehung der Kirche zum Judentum gelegen. Ähnlich den Seelisberger Thesen, die in vielem auf Arbeiten und Initiative Jules Isaacs zurückgeführt werden können, scheint auch hier die Begegnung mit diesem außerordentlichen Menschen eine Bewegung angestoßen zu haben, die zu einem in seiner Bedeutung für das christlich-jüdische Verhältnis nicht zu unterschätzenden Text resultierte. Verena Lenzen gibt dazu ein klares Votum ab und würdigt die Begegnung dieser außergewöhnlichen Persönlichkeiten mit den

---

163 VOGEL, Bernhard, Vorwort, in: Konrad-Adenauer-Stiftung (Hg.), Zeit zur Neu-Verpflichtung: Christlich-jüdischer Dialog 70 Jahre nach Kriegsbeginn und Shoah, Sankt Augustin/Berlin 2009, 5–8, hier: 5.

164 INTERNATIONALER RAT VON CHRISTEN UND JUDEN, Zeit zur Neu-Verpflichtung – Die zwölf Thesen von Berlin: Ein Aufgruf an christliche und jüdische Gemeinden in der ganzen Welt, 17.

165 Vgl. KOCH, Kurt, Heilung des Ur-Risses zwischen Kirche und Synagoge: Der jüdisch-christliche Dialog im Rückblick und Ausblick, Vortrag beim Institut für jüdisch-christliche Forschung an der Theol. Fakultät Luzern, 5. Oktober 2021, in: http://www.christianunity.va/content/unitacristiani/en/cardinal-koch/2021/conferences/heilung-des-ur-risses-zwischen-kirche-und-synagoge--der-juedisch.html (Abruf: 4.4.2022).

166 Zwei mittlerweile gängige Ehrenbezeichnungen für *Nostra aetate* stammen von den US-Rabbinern James Rudin, er verglich *Nostra aetate* mit einer »Magna Charta« und Gilbert S. Rosenthal, er bezeichnete *Nostra aetate* als »Copernican revolution«. So nach: CONNELLY, From Enemy to Brother, 267.

Worten: »Beide sollten das Ende des Zweiten Vatikanischen Konzils nicht mehr erleben: Johannes XXIII. starb am 3. Juni 1963 in Rom, Jules Isaac am 6. September desselben Jahres in Aix-en-Provence. Ihr vertrauensvolles Gespräch hatte zwanzig Minuten gedauert, und es trug zu einer Kopernikanischen Wende im Verhältnis der Kirche zum Judentum bei.«[167]

Durch Isaacs persönliches Engagement fanden somit die Seelisberg-Thesen und ihr Anliegen einer erneuerten Haltung der Kirchen zum Judentum ihren Weg in den Vatikan. Die Abkehr von der Judenfeindschaft wurde damit lehramtlich. Ein gegenseitiger Vertrauensprozess wurde auf höchster Ebene in der Weltkirche vorangetrieben. Letztlich hatten 96% der Konzilsväter die Erklärung *Nostra aetate* mitgetragen.[168]

Nostra aetate widmet sich in Nummer 4 (NA 4) dem Judentum. Darin sind nicht nur die Bezüge der Kirche zum Alten Testament und dem »Alten Bund« hervorgehoben, sondern die wichtigsten christlichen Heilsfiguren werden als Jüdinnen und Juden bezeichnet. So werden, wie in der zweiten und dritten These von Seelisberg, Maria, die Apostel und die Jünger in ihrer jüdischen Abstammung hervorgehoben. Was jedoch die Aussage zum Judesein Jesu betrifft, so geht NA 4 theologisch einen entscheidenden Schritt weiter als die zweite These von Seelisberg, in der es lediglich heißt, »dass Jesus von einer jüdischen Mutter aus dem Geschlecht Davids und dem Volk Israel geboren wurde«. NA 4 enthält mit Verweis auf den Römerbrief eine christologische Aussage, die teils in der wissenschaftlichen Theologie zu kurz kommt. Die Konzilsväter waren aufgrund des neutestamentlichen Zeugnisses nicht nur damit einverstanden zu sagen, dass Jesus Jude war, sondern dass er dies auch und gerade als »Christus dem Fleische nach« (Röm 9,4–5) war und blieb. Es wird hier nicht ausdrücklich von einer jüdischen Identität Jesu Christi gesprochen, was auch explizit in Aussagen von Papst Johannes Paul II. in späterer Zeit nachweisbar ist. »Christus dem Fleische nach« ist eine Aussage, die eindeutig über den historischen Jesus und die Frage der irdischen Herkunft hinausgeht, denn Christus ist für die Kirchen nie nur eine historische Gestalt, sondern immer die Heilsfigur, an die christlich geglaubt wird, weil sie neben seinem Menschsein auch sein Gottsein beinhaltet.

Als wichtige Katalysatoren des innerchristlichen Rezeptionsprozesses von *Nostra aetate* trugen unterschiedliche vatikanische und päpstliche Dokumente bei.[169] Angesprochen sei an dieser Stelle das Dokument »»Denn unwiderruflich sind Gnade und Berufung, die Gott gewährt« (Röm 11,29). Reflexionen zu theologischen Fragestellungen in den katholisch-jüdischen Beziehungen aus Anlass des 50-jährigen Jubilä-

---

167 Lenzen, Jules Isaac – ein grosser Humanist, 248.
168 2221 Konzilsväter stimmten mit Ja für *Nostra aetate*, 88 mit Nein, bei drei ungültigen Stimmen. Vgl. Bea, Augustin (Hg.), Die Kirche und das jüdische Volk, Freiburg i. Br./Basel/Wien 1966, 24.
169 Kommission für die religiösen Beziehungen zum Judentum, Richtlinien und Hinweise für die Durchführung der Konzilserklärung »Nostra aetate, Artikel« 4 vom 1. Dezember 1974, in: Henrix, Hans Hermann/Rendtorff, Rolf (Hgg.), Die Kirchen und das Judentum: Dokumente von 1945–1985, Bd. 1., Paderborn/Gütersloh 1988, 48–53; Kommission für die religiösen Beziehungen zum Judentum, Hinweise für eine richtige Darstellung von Juden und

ums von ›Nostra aetate‹ (Nr. 4)«[170]. Es formuliert einen Rück- und Ausblick des offiziellen jüdisch-katholischen Dialogs. Obwohl der Dialog zwischen Juden und Christen als ein »intra-religiöse[r] Dialog« oder »innerfamiliäre[r] Dialog« *sui generis*« verstanden wird (2.20)[171], betont das Dokument auch die Differenz der beiden Religionen in einem »neuralgischen Punkt«, der in Jesus selbst liegt:[172] Das *wie* der Haltung zur Gestalt Jesu wird als »Fundamentalunterschied« und »Stein des Anstoßes« bezeichnet, der Juden und Christen letztlich trennt, weil Jesu Vorstellung vom Reich Gottes mit ihm selbst beginnt und damit nicht einer »jüdischen Erwartungshaltung« entspricht.

In einem Beitrag zum jüdisch-christlichen Dialog von 2016 kehrt der »neuralgische Punkt«, der in der Wahrnehmung Jesu Christi von Juden und Christen liegt, wieder. Ohne dabei die Differenz zu beiden Religionen in ihrer Haltung zu Jesus zu nivellieren, hält Kardinal Koch in einer Präzisierung fest:

> Es ist gewiss, leicht einsehbar, dass der neuralgische Punkt im jüdisch-katholischen Dialog die Wahrnehmung der Gestalt Jesus Christus ist und bleibt. Denn auf der einen Seite bildet das Judesein Jesu Christi ein Schlüsselmoment, das Juden und Christen eint. Auf der anderen Seite können aber Christen in Jesus nicht allein einen besonderen Repräsentanten des jüdischen Volkes sehen; er ist für sie vielmehr auch der Messias und der Sohn Gottes.[173]

Judentum in der Predigt und in der Katechese der katholischen Kirche vom 24. Juni 1985, in: HENRIX, Hans Hermann/RENDTORFF, Rolf (Hgg.), Die Kirchen und das Judentum: Dokumente von 1945-1985, Bd. 1., Paderborn/Gütersloh 1988, 92-103; Kommission für die religiösen Beziehungen zum Judentum, »Wir erinnern: eine Reflexion über die Schoah« vom 16. März 1988, in: HENRIX, Hans Hermann/KRAUS, Wolfgang (Hgg.), Die Kirchen und das Judentum: Dokumente von 1986-2000, Bd. 2., Paderborn/Gütersloh 2001, 110-119; PÄPSTLICHE BIBELKOMMISSION, Das jüdische Volk und seine Heilige Schrift in der christlichen Bibel vom 24. Mai 2001.

170 Kommission für die religiösen Beziehungen zum Judentum, »Denn unwiderruflich sind Gnade und Berufung, die Gott gewährt« (Röm 11,29: Reflexionen zu theologischen Fragestellungen in den katholisch-jüdischen Beziehungen aus Anlass des 50-jährigen Jubiläums von Nostra aetate (Nr. 4) vom 10. Dezember 2015 (Verlautbarungen des Apostolischen Stuhls 203) Sekretariat der Deutschen Bischofskonferenz, Bonn 2016.

171 Zudem werden folgende Themen behandelt: 3. Offenbarung (Nr. 21-26); 4. Beziehungen zwischen dem Alten und Neuem Testament/Bund (Nr. 27-34); 5. Fragen nach der Heilsuniversalität Jesu Christi und des ungekündigten Bund Gottes mit Israel (Nr. 35-39); 6. Evangelisierungsauftrag der Kirche in Bezug auf das Judentum (Nr. 40-43); 7 Ziele des Dialogs mit dem Judentum (Nr. 44-49).

172 Vgl. LENZEN, Verena, Jüdische Jesusforschung und israelische Kunst als Inspiration des jüdisch-christlichen Dialogs, in: DANZ, Christian/EHRENSPERGER, Kathy/HOMOLKA, Walter (Hgg.), Christologie zwischen Judentum und Christentum: Jesus, der Jude aus Galiläa, und der christliche Erlöser, Tübingen 2020 (= Dogmatik in der Moderne 30), 5-16, hier: 15. Lenzen verweist darauf, das Jesu Judesein nicht, wie in der sogenannten »Richtigstellung« von Joseph Ratzinger in seinem Artikel »Gnade und Berufung ohne Reue« vom Dezember 2018 hinter christologischen Wissens und Wahrheitsanspruch für Israel und die ganze Menschheit« verschwinden muss. Ebd.16.

173 KOCH, Kurt, Judentum und Katholische Kirche: Zu einem fruchtbaren Dialog seit »Nostra aetate«, in: JEGGLE-MERZ, Birgit/SCHENKER, Adrian/WOLF, Jean-Claude (Hgg.), Juden und Christen im Dialog, Freiburg Schweiz 2016 (= Theologische Berichte 36), 53-83, hier: 76.

Kardinal Koch hebt hier die christologischen Unterschiede hervor, die Christen von Juden angesichts ihrer Haltung zu Jesus trennen, aber er weist zugleich auf das Verbindende in Jesus Christus als ein theologisches »Schlüsselmoment« hin: sein Judesein. Aus jüdischer Sicht liegt, wie noch zu zeigen sein wird, in Jesus keineswegs der »Fundamentalunterschied«, der »Stein des Anstoßes« oder der »neuralgische Punkt«. Die »Trennungslinie« geht nach Martin Buber, Schalom Ben-Chorin, Joseph Klausner u. a. nicht von Jesus aus, sondern von Paulus.[174] Buber und Ben-Chorin prägten das Wort von Jesus als »Bruder« und drückten damit weniger eine genealogisch-verwandtschaftliche Verbindung aus als eine Brüderlichkeit im Sinne der Solidarität im Geiste Jesu.

Zurück zur Erklärung *Nostra aetate,* denn sie hat maßgeblich und bis heute die katholisch-jüdischen Beziehungen verbessert, ebenso gilt dies für zahlreiche protestantische Kirchen mit ähnlichen Dokumenten.[175] Der Vollständigkeit halber seien aber auch die drei wichtigsten offiziellen jüdischen Erklärungen zum Christentum bzw. zur katholischen Kirche genannt. Marginal wird darin auf Jesus Bezug genommen. Im Einzelnen sieht dies so aus, dass in der ersten, der amerikanisch-jüdisch-liberalen Stellungnahme, *Dabru Emet* (2000)[176], Jesus als trennender Moment der beiden Religionen benannt wird, ihm aber zugleich eine Funktion zugeschrieben wird, die analog zur Tora steht: »Christen kennen und dienen Gott durch Jesus Christus und die christliche Tradition. Juden kennen und dienen Gott durch die Tora und die jüdische Tradition.«[177] Innerjüdisch fielen die Reaktionen auf diese Erklärung ambivalent aus.[178] Auf christlicher Seite wurde *Dabru Emet* als eine wich-

---

174 Vgl. Lenzen, Verena, Partnerschaft von Judentum und Christentum, in: Ahrens, Jehoshua u. a. (Hgg.), Hin zu einer Partnerschaft zwischen Juden und Christen: Die Erklärung orthodoxer Rabbiner zum Christentum, Berlin 2017, 230–233, hier: 232.

175 Wegweisend der Rheinische Synodalbeschluss »Zur Erneuerung des Verhältnisses von Christen und Juden« der Evangelischen Kirche im Rheinland (1980); *Statement on Baptist-Jewish Relations written by Alliance of Baptist* (1995); *Antisemitism and Anti-Judaism Today written by Consultation of the Lutheran World Federation* (2002). Eine Zusammenstellung zu katholischer, protestantischer und orthodoxer Dokumenten bietet: Dialogika, Documents and Statements Council of Centers on Jewish-Christian Relations (CCJR), in: https://www.ccjr.us/dialogika-resources/documents-and-statements (Abruf: 9.9.2021).

176 Dabru Emet, A Jewish Statement on Christians and Christianity. New York Times und Baltimore Sun, 10. September 2000, in: http://www.jcrelations.net/Dabru_Emet_-_A_Jewish_Statement_on_Christians_and_Christianity.2395.0.html?L=3 (Abruf: 25.1.2020). Mit einigen redaktionellen Veränderungen findet sich *Dabru Emet* auf Deutsch, in: Henrix, Hans Hermann/Kraus, Wolfgang (Hgg.), Die Kirchen und das Judentum, 874–976.

177 Dabru Emet, in: Dirscherl, Erwin/Trutwin, Werner (Hgg.), Redet Wahrheit – Dabru Emet Jüdisch-Christliches Gespräch über Gott, Messias und Dekalog, Münster 2004 (= Forum Christen und Juden 4), 117–120, hier: 119.

178 Das Dokument war als *Quaestio disputata* verfasst, jedoch nicht als solche in der jüdischen Öffentlichkeit verstanden worden. Zudem waren sie »amerikanisch, nicht-orthodox und wissenschaftlich in seiner Entstehung und Ausrichtung«. Ahrens, Jehoshua, Den Willen unseres Vaters im Himmel tun: Zu Kontext, Entstehung und Rezeption der Erklärung orthodoxer Rabbiner und ein kurzer Ausblick auf die Zukunft des Dialogs, in: Ahrens,

tige Erklärung rezipiert und intensiv diskutiert.[179] 2015 und 2017 erschienen mit *To Do the Will of Our Father in Heaven*[180] und *Between Jerusalem and Rome*[181] zwei jüdisch-orthodoxe Erklärungen. Beide Erklärungen beziehen sich in ihrer Würdigung direkt auf *Nostra aetate*. Das erste Dokument würdigt Jesus mit Worten des Rabbiners Jacob Emden (1697–1776), denen zufolge Jesus der Welt die Tora und keinen »Götzenkult« (Avoda sara) brachte. Zudem wird Jesus positiv als Vermittler moralischer Eigenschaften, in einer vormals paganen Welt verstanden.[182] Das zweite Dokument betont stärker die theologischen Differenzen, »die sich auf die Person Jesu als Messias und die Inkarnation der zweiten Person eines dreieinen Gottes konzentrieren«, diese Differenz schafft »eine nicht zu überbrückende Trennung zwischen Juden- und Christentum«[183]. Vor allem die positive bzw. würdigende Haltung zu Jesus in *Dabru Emet* und *To Do the Will of Our Father in Heaven* überrascht. Insgesamt sind alle drei jüdischen Erklärungen aber in erster Linie Zeugnisse des neuen Verhältnisses zum Christentum bzw. zur katholischen Kirche.

Die Schrecken der Shoa waren Anlass, sich in Seelisberg mit dem Thema Antisemitismusbekämpfung auseinanderzusetzen. Die theologischen Wurzeln führten zu einer interreligiösen Zusammensetzung der Konferenzteilnehmer. Dies forderte – vielleicht zum ersten Mal in der Geschichte des Christentums – dazu heraus, die jüdische Stimme wirklich zu hören und in aller Ehrlichkeit mit den eignen Positionen in Beziehung zu setzen. Herausragende Figuren wie der als Jude verfolgte Jules Isaac, dessen Rolle bei der Entstehung der Seelisberg-Thesen[184] nicht zu unterschätzen ist, trugen maßgeblich dazu bei, das christlich-jüdische Verhältnis neu zu denken. Dass diese Neubestimmung in den 50 Jahren nach dem Zweiten Weltkrieg zumindest grundsätzlich gelungen ist, spiegeln die jüdischen Erklärungen dieses Jahrtausends.

Jehoshua u. a. (Hgg.), Hin zu einer Partnerschaft zwischen Juden und Christen: Die Erklärung orthodoxer Rabbiner zum Christentum, Berlin 2017, 53–79, hier: 61.
179 Siehe nur den Sammelband: Ebd.
180 Den Willen unseres Vaters im Himmel tun. Hin zu einer Partnerschaft zwischen Juden und Christen. Erklärung orthodoxer Rabbiner zum Christenum. 3. Dezember 2015 = To Do the Will of Our Father in Heaven. Toward a Partnership between Jews and Christians, in: AHRENS, Jehoshua u. a. (Hgg.), Hin zu einer Partnerschaft zwischen Juden und Christen: Die Erklärung orthodoxer Rabbiner zum Christentum, Berlin 2017, 253–258.
181 Rabbinical Council of America/Conference of European Rabbis/Chief Rabinate of Israel, Between Jerusalem and Rome. Reflections on 50 Years of Nostra aetate. = Zwischen Jerusalem und Rom. Gedanken zu 50 Jahre Nostra Aetate vom 31. August 2017, in: https://www.cjcuc.org/2017/08/31/between-jerusalem-and-rome/ (Abruf: 8.4.2022).
182 Siehe dazu unter Abschnitt 1.2 »Judenemanzipation« Fußnote 29.
183 Zwischen Jerusalem und Rom, Die gemeinsame Welt und die respektierten Besonderheiten. Reflexionen über 50 Jahre von Nostra Aetate: Erklärung der europäischen Rabbinerkonferenz gemeinsam mit dem Rabbinischen Rat von Amerika, 1. Februar 2017, in: https://www.jcrelations.net/de/artikelansicht/zwischen-jerusalem-und-rom-die-gemeinsame-welt-und-die-respektierten-besonderheiten-reflexionen-ueber-50-jahre-von-nostra-aetate.html (Abruf: 10.4.2022).
184 Wie in dieser Arbeit bereits skizziert, lässt sich eine klare Linie von Jules Isaacs Buch *Jesus und Israel* zu den Seelisberg-Thesen ziehen. Dies im Detail herauszuarbeiten, wäre gewiss eine eigene Studie wert.

II Jüdische Jesus-Forschung

Trug das Hören auf die jüdische Stimme seit der Seelisberg-Konferenz dazu bei, das christlich-jüdische Verhältnis neu zu bestimmen, soll in diesem Kapitel die jüdische Stimme in der Jesusforschung des 20. Jahrhunderts gehört werden. Das bildet die Grundlage, Jesu Judesein im letzten Kapitel in den christologischen Diskurs von heute einzuspielen.

Die wissenschaftliche Auseinandersetzung mit Jesus von Seiten jüdischer Wissenschaftler mit Beginn der Aufklärung ab dem 18. Jahrhundert stellt auch innerhalb des Judentums eine Art Zäsur dar. Die jüdische Jesusforschung läutete eine grundsätzliche Neubewertung auch des jüdischen Jesusbildes ein. Seit ihren Anfängen hat die jüdische Jesusforschung wegen ihres Untersuchungsobjekts einen umstrittenen Stellenwert im Judentum, da gegenüber der Gestalt Jesu von jüdischer Seite her eine gewisse Reserve besteht, von der die voraufklärerische Rezeption Jesu beispielsweise im rabbinischen Schrifttum[1] oder den *Toledot Jeshu* (übersetzt in etwa »Lebensgeschichte Jesu«) Zeugnis geben. Nachvollziehbar wird die Zurückhaltung gegenüber der jüdischen Jesusforschung innerhalb des Judentums aufgrund von Jesu Rolle, zum einen für die jüdische Religionsgeschichte des 1. Jahrhundert n. Chr., zum anderen als Zentrum des christlichen Glaubens, der für eine jahrhundertelange jüdische Leidensgeschichte (mit-)verantwortlich zeichnet. Das jüdische Verhältnis zu Jesus oszilliert zwischen diesen beiden Polen.

Vor dem Hintergrund dieser jüdischen Leidensgeschichte versteht sich der fortwährende Diskurs über die Gestalt Jesu im Judentum. Dabei verdienen besonders die Ergebnisse dreier jüdischer Jesusforscher des 20. Jahrhunderts Aufmerksamkeit: Joseph Klausner, Schalom Ben-Chorin und David Flusser. Ihre Positionen zu Jesus führten auf jüdischer wie christlicher Seite gleichermaßen zu massiver Kritik und hoher Anerkennung. In beiden Religionen riefen die jüdischen Jesusforscher das vergessene bzw. verdrängte Judesein Jesu in Erinnerung – so wie es bei der Seelisberg-Konferenz 1947 gefordert wurde. Letztendlich profitierten Judaistik und

---

1 Exemplarisch sind hier die Auseinandersetzungen mit Jesus im Talmud zu nennen, siehe dazu: MAIER, Johann, Jesus von Nazareth in der talmudischen Überlieferung, Darmstadt ²1992 (= Erträge der Forschung 82); SCHÄFER, Peter, Jesus im Talmud, Tübingen ³2017; DERS. Jüdische Polemik gegen Jesus und das Christentum: Die Entstehung eines jüdischen Gegenevangeliums, hg. v. Heinrich Meier, München 2017 (= Themen/Carl Friedrich von Siemens Stiftung 103); ULMER, Rivka, Art. Jesus: Rabbinic Judaism, in: EBR (2017), [DOI: 10.1515/ebr.jesus].

christliche Theologie von im ersten Moment irritierenden Forschungsergebnissen, die das Bild Jesu im Juden- und Christentum wegweisend veränderten.

Die folgenden Abschnitte skizzieren zunächst Voraussetzungen für das Entstehen einer jüdischen Jesusforschung seit dem 18. Jahrhundert, bevor sich der Hauptteil des Kapitels eingehend den Werken der drei bereits genannten »Klassiker« auf diesem Gebiet widmet. Kapitel III setzt diese jüdischen Perspektiven auf Jesu Judesein in Relation zur christlichen Theologie.[2]

1 Voraussetzungen jüdischer Jesusforschung

Das 18./19. Jahrhundert war für die Juden in Europa und besonders in Preußen eine gesellschaftspolitische Umbruchszeit. In dieser Zeit begann schrittweise eine jüdische Auseinandersetzung mit der Person und dem Leben Jesu auf wissenschaftlicher Ebene. Dafür waren drei Faktoren ausschlaggebend: die jüdische Aufklärung, *Haskala*, die Emanzipation der Juden und die sich in diesem Kontext entwickelnde *Wissenschaft des Judentums*. Jüdische Gelehrte begannen in dieser Zeit die Rezeption Jesu in der jüdischen Traditionsliteratur zu hinterfragen und interessierten sich für die historische Gestalt Jesu in ihrer religionsgeschichtlich für das Judentum relevanten Rolle, die sie mittels der sich zur selben Zeit etablierenden historisch-kritischen Methodik untersuchten. Dabei wurde peu à peu klarer, wie sehr der historische Jesus (auch) Teil der jüdischen Religionsgeschichte ist.

1.1 Jüdische Aufklärung (Haskala)

Mit der *Haskala* (hebr. השכלה, wörtlich: »Erziehung; mit Hilfe des Verstandes aufklären«)[3] und der von ihr angestoßenen jüdischen Emanzipation begannen im 18. Jahrhundert jüdische Gelehrte (*Maskilim*[4] genannt), sich mit dem Christentum

---

2 Eine Anmerkung, die dem jüdischen Leserkreis als selbstverständlich erscheint, aber andere möglicherweise vor falschen Erwartungen bewahrt: Jesus hat nur eine geringe Bedeutung für die jüdische Religion. Das hängt wesentlich mit der historischen Asymmetrie zusammen, in der das Christentum schlichtweg auf das biblische und Antike Judentum verwiesen ist und nicht umgekehrt. Kurzum, Jesus besitzt im religiös-jüdischen Diskurs kaum eine Relevanz, aber dennoch beschäftigen sich jüdische Denker und Wissenschaftler mit ihm und deuten seine historische Person im Laufe der Zeit neu und positiv. Ihre erzielten Ergebnisse zur historischen Gestalt Jesu leiteten eine Abwendung von polemischen und apologetischen Jesusdarstellungen im Judentum ein. Sie unterstützten dabei die christliche Wahrnehmung des jüdischen Jesus von Nazareth.

3 GRAETZ, Michael, Jüdische Aufklärung, in: MEYER, Michael A./BREUER, Mordechai (Hgg.), Deutsch-jüdische Geschichte in der Neuzeit: Tradition und Aufklärung 1600-1780, Bd. 1, München 2000, 251-351, hier: 251.

4 Wichtige *Maskilim* (hebr. משכילים) des 18./19. Jahrhundert waren: David Friedländer (1750-1834), Saul Ascher (1767-1822), Lazarus Bendavid (1762-1832), Isaac Daniel Itzig

und seinem Namensgeber⁵ wissenschaftlich auseinanderzusetzen.⁶ Ein bedeutender Vertreter war der Berliner Philosoph Moses Mendelssohn (1729–1786). Er löste eine bewusste Hinwendung des Judentums zum nichtjüdischen Kultur- und Geschichtsbereich aus. So entstand in bürgerlich-jüdischen Kreisen ein wachsendes Interesse am Christentum und damit auch an der Person Jesu.⁷

Entgegen christlicher Lesart präsentiert Mendelssohn Jesus von Nazareth in seinen Werken als toraobservanten Juden, der zeitlebens nach dem jüdischen Religionsgesetz lebte und lehrte:

> Jesus von Nazareth hat sich nie verlauten lassen, daß er gekommen sei, das Haus Jakob von dem Gesetz zu entbinden. Ja, er hat vielmehr mit ausdrücklichen Worten das Gegenteil gesagt; und was noch mehr ist, hat selbst das Gegenteil getan. Jesus von Nazareth hat selbst nicht nur das Gesetz Moses; sondern auch die Satzungen der Rabbinen beobachtet, und was von ihm aufgezeichneten Reden und Handlungen dem zuwider zu sein scheint, hat doch in der Tat nur dem ersten Anblicke nach diesen Schein. Genau untersucht, stimmt alles nicht nur mit der Schrift, sondern auch mit der Überlieferung völlig überein.⁸

Nach Mendelssohn ist das christliche Verheißungs- und Erfüllungsschema abzulehnen. Jesus löste demnach nicht die Gesetzesvorschriften des Alten Testaments ab, sondern lehrte und lebte weiterhin das mosaische Gesetz. Dass manche Rabbinen hinter den Anspruch des Gesetzes Mose fallen, ist eine indirekte Kritik an den geltenden jüdisch-religiösen Vorstellungen seiner Zeit.

(1750–1806), Naphtali Herz (Hartwig) Wessely (1725–1805), Isaak Abraham Euchel (1756–1804). Vgl. Schumacher-Brunhes, Marie, Aufklärung im jüdischen Stil: Die Haskalah-Bewegung in Europa, Mainz 2010, in: http://www.ieg-ego.eu/schumacherbrunhesm-2010-de (Abruf: 9.10.2022), 20–22.

5 Jesus von Nazareth als »Stifter« des Christentums zu bezeichnen, wie zur Zeit der Aufklärung üblich, ist aus heutiger Sicht weder historisch noch theologisch plausibel. Sein Sendungsbewusstsein richtet sich primär an das Volk Israel und sein Selbstverständnis beinhaltete nicht die Stiftung einer Kirche, sondern einen Ruf zur Umkehr in, für und mit Israel angesichts der hereingebrochenen Gottesherrschaft. Vgl. Klausnitzer, Wolfgang, Kirche, Kirchen und Ökumene: Lehrbuch der Fundamentaltheologie für Studierende, Religionslehrer und Religionslehrerinnen, Regensburg 2010, 111.

6 Die jüdische Aufklärung konzentriert sich auf Preußen und dort besonders auf Berlin. In Osteuropa hingegen dominierte weiterhin jüdischer Traditionalismus und Chassidismus. Vgl. Davidowicz, Klaus Samuel, Art. Haskala, in: LThK 4 (³2006), 1204. Dennoch muss erwähnt werden, dass es auch eine ostjüdische Aufklärung gab. Als bestes Beispiel kann die Stadt Brody genannt werden, wo im 19. Jahrhundert der Chassidismus florierte. Die Stadt selbst war ein Zentrum der ostjüdischen Aufklärung. Siehe dazu: Kuzmany, Börries, Brody: eine galizische Grenzstadt im langen 19. Jahrhundert, Wien 2011; Lauer, Gerhard, Die Rückseite der Haskala: Geschichte einer kleinen Aufklärung, Göttingen 2008.

7 Vgl. Lenzen, Verena, Einleitung, in: Ben-Chorin, Schalom, Bruder Jesus: Der Nazarener in jüdischer Sicht, Gütersloh 2005 (= Werke/Schalom Ben-Chorin. Hrsg. u. eingel. v. Verena Lenzen unter Mitwirkung v. Avital Ben-Chorin; Bd. 4), VII–XVII, hier: XI.

8 Mendelssohn, Moses, Jerusalem oder über religiöse Macht und Judentum (1783): Mit einem Vorwort zu Manasse ben Israels Rettung der Juden und dem Entwurf zu Jerusalem sowie einer Einleitung, Anmerkungen und Register herausgegeben von Michael Albrecht, Hamburg 2005 (= Philosophische Bibliothek Bd. 565), 130.

1 Voraussetzungen jüdischer Jesusforschung

Als prominentem Vertreter der *Haskala* war Mendelssohn wie seinen Mitstreitern daran gelegen, die Glaubensgeschwister aus ihrer aufgrund einer traditionell-religiösen Lebensführung vorhandenen, gesellschaftlichen Isolation herauszuführen. So forderte das *maskilische* Programm u. a. eine Reform von sittlichen und rituellen jüdischen Traditionen, um eine erleichterte Eingliederung in die Mehrheitsgesellschaft zu ermöglichen und ein religiös bedingtes Ghettodasein zurückzulassen. Eine moderne jüdische Erziehung trat an die Stelle des Talmudstudiums. Die Halacha verlor in der Folge in ihren religionsrechtlichen Vorschriften an Verbindlichkeit. Dieser Reformkurs sollte einem bereits eingetretenen Verfall der Rabbiner als Autoritäten entgegenwirken. Demgegenüber stand jedoch der Vorwurf eben dieser Rabbinen, die *Maskilim* höhlten die Traditionen aus und seien damit am Niedergang des bisherigen jüdisch-religiösen Lebens schuld. Dieser Vorwurf wiederum ignoriert die größeren gesamtgesellschaftlichen Wandlungsprozesse, die Industrialisierung, Urbanisierung und Verbürgerlichung mit sich brachten. Innerhalb der jüdischen Gesellschaft zeigt der Vorwurf, wie sich Spannungen zwischen traditionellen und damit konkurrierenden, »modernen« jüdischen Bewegungen entwickelten und verweist darüber hinaus auf die Frage, inwieweit die Emanzipation in die Akkulturation führt.[9]

In ihrer kritischen Haltung gegenüber religiösen Traditionen folgen die *Maskilim* den Ideen der europäischen Aufklärungsbewegung, die ebenso die christlichen Autoritäten und Traditionen in Frage stellte. Auf christlicher Seite ist hier der mit Mendelssohn befreundete deutsche Aufklärer Gotthold Ephraim Lessing (1729–1781) zu nennen, der im Jahr 1779 mit seiner im Ideendrama *Nathan der Weise* enthaltenen Ringparabel der Idee der Religionstoleranz ein literarisches Denkmal setzte. Diese Grundidee findet sich bei Lessing auch in anderer Form, wenn er eine Randfigur im siebten Auftritt des vierten Aufzugs sagen lässt:

> Und ist denn nicht das ganze Christenthum
> Aufs Judenthum gebaut? Es hat mich oft
> Geärgert, hat mich Thränen genug gekostet,
> Wenn Christen gar so sehr vergessen konnten,
> Daß unser Herr ja selbst ein Jude war.[10]

Lessing legt hier dem Klosterbruder Bonafides ein tiefes Bedauern über das allgemein fehlende Bewusstsein der Gesellschaft in den Mund, dass das Christentum mit dem Judentum verbunden ist, wie sich im Judesein Jesu deutlich zeigt.

Der literarische Verweis auf eine positive Würdigung der Gestalt Jesu hebt mit den jüdischen Wurzeln des Christentums an. Wie im Folgenden gezeigt wird, teilen die ersten westeuropäischen Repräsentanten der modernen jüdischen Jesusfor-

---

9   Vgl. SCHUMACHER-BRUNHES, Aufklärung im jüdischen Stil: Die Haskalah-Bewegung in Europa, 1f, 7f, 9, 17f.
10 LESSING, Gotthold Ephraim, Nathan der Weise: Ein dramatisches Gedicht, in fünf Aufzügen: Studienausgabe hg. v. Kai Bremer/Valerie Hantzschke, Stuttgart 2013 (1779b) (= Reclams Universal-Bibliothek Nr. 19142), 131 [*Zeilenfall gemäß Versform*].

schung diese Ansicht und nehmen sie als Ausgangspunkt für eine historische Kontextualisierung der Gestalt Jesu im Judentum des 1. Jahrhunderts.

Einerseits ist die positive Wahrnehmung des Judeseins Jesu somit ein Resultat der Aufklärung, doch für die jüdische Aufklärung ist sie zugleich ein Zeichen für die Judenemanzipation.

1.2   Judenemanzipation

Der europaweite Prozess der Judenemanzipation, also die Gleichstellung von jüdischen und christlichen Bürgern eines Staates, fand weitgehend im 18. und 19. Jahrhundert statt. Die Ursprünge dieses Prozesses gingen neben der von Berlin ausstrahlenden *Haskala* auf die merkantilistische Wirtschaftsreform, die alle Bevölkerungsgruppen unter dem Aspekt der ökonomischen »Nützlichkeit« betrachtete, zurück. In rechtlicher Hinsicht bekamen zuerst die Juden in Frankreich in der Nationalversammlung 1791 die vollen Bürgerrechte. Eine *de jure* Emanzipation der Juden folgte in zeitlicher Distanz, mit sich wandelnden restaurativen und wieder korrigierenden Gesetzen im späten 19. Jahrhundert – mit wenigen Ausnahmen – in ganz Europa. Besonders schwierig verlief die Gleichstellung der Juden in Russland, die dort formal erst 1917 begann. Unter dem Gesichtspunkt einer toleranten Haltung gegenüber Jüdinnen und Juden ist ein Emanzipationsprozess aber bis heute nicht abgeschlossen.[11]

Emanzipatorische Stärke gegenüber dem Christentum findet sich in der Haltung von gelehrten Rabbinern, *Maskilim* oder bei den im nächsten Abschnitt noch vorzustellenden Vertretern der *Wissenschaft des Judentums* in ihrem Diskurs über Jesus. Mit hoher Wertschätzung begegneten diese Vorläufer der jüdischen Jesusforschung des 20. Jahrhunderts dabei nicht der christlichen Heilsfigur, sondern einem Juden aus Nazareth, den sie als Messias Israels ablehnten. Ihnen lag es fern, ihre jüdischen Glaubenswahrheiten bereitwillig im Sinne einer falschen Toleranz aufzugeben. In den Worten Moses Mendelssohns, für den Jesus nicht nur ein Lehrer der Ethik, sondern auch ein observanter Jude war:

> Brüder! ist es euch um wahre Gottseligkeit zu tun; so lasset uns keine Übereinstimmung lügen, wo Mannigfaltigkeit offenbar Plan und Endzweck der Vorsehung ist. [...] Um eurer und unserer aller Glückseligkeit willen, *Glaubensvereinigung ist nicht Toleranz*; ist der wahren Duldung gerade entgegen![12]

Mendelsohn fordert von seinen christlichen Brüdern nicht weniger als die Anerkennung der Religionspluralität. Als Aufklärer setzte er auf die Stimme der Vernunft, die ein bürgerliches Zusammenleben von Juden und Christen gewährleisten sollte. Seinen eigenen jüdischen Glauben aufzugeben wäre für ihn ein Schritt gegen die jüdische Religion und letztlich gegen das Gewissen.

---

11   Vgl. BATTENBERG, Friedrich, Judenemanzipation im 18. und 19. Jahrhundert, Mainz 2010, in: http://www.ieg-ego.eu/battenbergf-2010-de (Abruf: 29.2.2020), 1, 6, 12–14.
12   MENDELSSOHN, Jerusalem, 138–141.

Es steht nicht bei uns, hierin nachzugeben; aber es steht bei uns, wenn wir rechtschaffen sind, euch dennoch brüderlich zu lieben, und brüderlich zu flehen, unsere Lasten, soviel ihr könnet, erträglich zu machen. Betrachtet uns, wo nicht als Brüder und Mitbrüder, doch wenigstens als Mitmenschen und Miteinwohner des Landes. Zeiget uns Wege und gebet uns Mittel an die Hand, wie wir *bessere* Menschen und *bessere* Miteinwohner werden können, und lasset uns, soviel Zeit und Umstände erlauben, die Rechte der Menschheit mit genießen. Von dem [mosaischen] Gesetz können wir mit gutem Gewissen nicht weichen, und was nützten euch Mitbürger ohne Gewissen?[13]

Glaube und Vernunft sind nach Mendelssohn kein Widerspruch. Vielmehr folgt für ihn aus der Verbindung von beiden ein vernünftiger Glaube, der Humanität als eine tatkräftige Mitmenschlichkeit in wechselseitiger religiöser Duldung einfordert. Mendelssohn argumentiert dabei mit einer positiven Korrelation zwischen Glaube und Vernunft. Kontraproduktiv provoziere ein erzwungenes Widersagen des jüdischen Glaubens (»Gesetz«) eine fatale Folge für das gesellschaftliche (bürgerliche) Zusammenleben. Mendelssohns Fazit: Wer Juden zwingt ihren jüdischen Glauben aufzugeben, der nötigt sie gleichsam dazu gewissenlos zu agieren und damit jenes wechselseitig entgegenzubringende Vertrauen für ein gelingendes Zusammenleben in *einer* Gesellschaft zu verhindern.

Die moderne jüdische Jesusforschung wäre ohne die Judenemanzipation nicht vorstellbar. Dieses ungewöhnliche Zusammenspiel bildet sich im gesellschaftspolitischen Kontext einer »Zeit des Ringens um jüdische Identität im Gefolge der Aufklärung, in der das Pendel zwischen der völligen Preisgabe der nationalen Komponenten des Judentums zugunsten vollständiger Integration in die europäischen Nationen und der Bewahrung eben dieser Komponenten hin und her schwang.«[14]

Diesen schwierigen Spagat meisterten die ersten Vertreter der jüdischen Jesusforschung. Sie betrachteten allgemein religiöse Fragen vom »Standpunkt der Geschichte«[15] aus, wie der französische Jude Joseph Salvador (1796–1873) es formuliert, mit dessen Werk die moderne jüdische Jesusforschung einsetzte.[16] Im Jahr 1838 veröffentlichte er *Jésus-Christ et sa doctrine. Histoire de la naissance de l'Église, de son organisation et de ses progrès pendant le premier siècle* in Paris, das 1841 in deutscher Sprache erschien.[17]

Salvador benennt drei zentrale Punkte, die sich wie ein roter Faden in der Geschichte der jüdischen Jesusforschung der folgenden Jahrhunderte wiederfinden

---

13 Ebd., 132f.
14 VAHRENHORST, Martin, »Nicht Neues zu lehren, ist mein Beruf...«: Jesus im Licht der Wissenschaft des Judentums, in: HASSELHOFF, Görge K. (Hg.), Die Entdeckung des Christentums in der Wissenschaft des Judentums, Berlin/New York 2010 (= Studia Judaica 54), 101–136, 102.
15 SALVADOR, Joseph, Das Leben Jesu und seine Lehre: Die Entstehung der christlichen Kirche, ihrer Organisation und Fortschritte während des ersten Jahrhunderts, Bd. 1, Dresden 1841, i.
16 Vgl. VAHRENHORST, »Nicht Neues zu lehren, ist mein Beruf...«, 104.
17 SALVADOR, Joseph, Das Leben Jesu und seine Lehre: Die Entstehung der christlichen Kirche, ihrer Organisation und Fortschritte während des ersten Jahrhunderts, 2 Bde., Dresden 1841.

lassen. Sie sollen hier skizziert werden.[18] Erstens: Beinahe jedes individuelle Gebot, das Jesus zugeschrieben wird, entspricht »nicht nur der Idee allein, sondern auch der Form, der Fassung nach den jüdischen Sittenpredigern, welche um mehre Jahrhunderte vor Socrates und Plato gelebt haben«[19]. Zweitens markiert er ein prozesshaftes Werden des Christentums aus dem Judentum. Salvador sagt konkret dazu: »Das Christenthum ist ohne Zweifel nicht auf *einmal* so erschienen, wie es nach einigen Jahrhunderten der Dauer sich offenbart: selbst seine Entstehungsperiode faßt mehre sehr verschiedene Phasen«[20]. Drittens ist Jesus von Nazareth aus seiner Sicht nicht der in der Bibel Israel angekündigte Messias, weil zwei darin verheißene Veränderungen für eine erlöste Welt ausblieben, nämlich »die natürliche Auferstehung oder die ruhmvolle Wiederherstellung des israelitischen Volks, und die dem Abraham verheißene positive Vereinigung aller Nationen der Erde zu einem vollkommnen Frieden und Wohlergehen«[21].

Neben diesen Aspekten zum historischen Jesus untersuchte Salvador im Besonderen die Darstellung von »Verurtheilung und Verdammung Jesu«[22] in der kirchlichen Darstellung der Passionsgeschichte.

> Man würde sich gewaltig täuschen, wenn man glauben wollte, daß die evangelischen Gemälde von der Leidensgeschichte des Sohnes Marias der naive Ausdruck [...] einer damaligen Katastrophe seyen. Sie gehen unaufhaltsam darauf aus, die Gemälde einer anderen Leidensgeschichte, die [...] Leidensgeschichte des personificirten, hebräischen Volks [...] zu verwirklichen.[23]

Die Leidensgeschichte Jesu führte also nach Salvador zur Leidensgeschichte des jüdischen Volkes, dem »Jesus sein Daseyn zu verdanken hatte«[24].

Im deutschen Sprachraum begann die moderne jüdische Jesusforschung mit Samuel Hirsch (1815–1889) und seinem im Jahr 1842 in Leipzig erschienenem Werk *Das System der religiösen Anschauung der Juden und sein Verhältnis zum Heidenthum, Christenthum und zur absoluten Philosophie*.[25] Er folgt in seinen Ausführungen Salvador, lehnt dabei deutlicher als dieser die Messianität Jesu ab: er betrachtet Jesus zwar als »Sohn Gottes«, nicht aber im Sinn christlicher Theologen.[26] Diese verwenden Hirsch zufolge den Begriff falsch, denn – unter Verweis auf Salvador sowie Ex 4,22.23 und Deut 14,1 – »Männer von vorzüglicher Tugend [heißen] Söhne Got-

---

18 Übernommene Aufzählung aus: Homolka, Walter, Jewish Jesus Research and its Challenge to Christology Today, Leiden 2019, 50–52.
19 Salvador, Das Leben Jesu und seine Lehre, 191.
20 Ebd., 5.
21 Ebd., 128f.
22 Ebd., iv.
23 Salvador, Das Leben Jesu und seine Lehre, 315.
24 Ebd., 317.
25 Hirsch, Samuel, Das System der religiösen Anschauung der Juden und sein Verhältnis zum Heidenthum, Christenthum und zur absoluten Philosophie, Leipzig 1842.
26 Vgl. Homolka, Jewish Jesus Research and its Challenge to Christology Today, 53.

tes«²⁷. Die Rede von Jesus als Gottes- und auch als Menschensohn sind mit einer eschatologischen Perspektive versehen, wie Hirsch erläutert:

> Jesus war es nun klar, daß nicht eher das Reich Gottes kommen könne, als bis das, *was ganz Israel sein soll, der erzogene Sohn Gottes, der geduldig und standhaft leidet, auch jeder Israelit sein will*, und daher faßte er in der Einsamkeit diesen heiligen Entschluß, *dieser erzogene Sohn Gottes*, und dieser *Sohn des Menschen* zu sein, dem alle Menschen Brüder sind, der nach der angeführten Stelle (2 Sam. 7, 14) geplagt werden will von den Plagen der Menschen, der *wie ganz Israel*, so auch er, *der einzelne Israelit*, von der Bosheit Alles ertragen und sie dadurch zu nichte machen will.²⁸

Im Zitat wird Jesus nicht durch eine philosophisch-theologische Deutung zum Gottessohn, sondern durch Erziehung. Dieser pädagogische Ansatz ist dabei nicht exklusiv für Jesus, sondern gilt für ganz Israel bzw. jeder Israelit wird zum Sohn Gottes mittels Prüfungen erzogen. So wird ausgehend von Salvador der Titel »Sohn Gottes« zu einem allgemein anwendbaren erzieherischen Begriff, der im Judentum somit problemlos für Jesus verwendet werden kann, ohne damit die dezidert christliche Bedeutung zu implizieren.

Im Zusammenhang mit dem Beginn der modernen jüdischen Jesusforschung sei festgehalten, dass es neben den *maskilischen* Integrationsbestrebungen auch traditionsbewusste, orthodoxe Rabbiner wie Jacob Emden²⁹ in Hamburg und Elijah Bena-

---

27 HIRSCH, Das System der religiösen Anschauung der Juden und sein Verhältnis zum Heidenthum, Christenthum und zur absoluten Philosophie, 647.

28 Ebd. Dieser Erziehungsansatz hat Parallelen in der Aufklärungstheologie. Exemplarisch für die katholische Aufklärung sei ein Schüler von Johann Michael Sailer (1751–1832), der spätere Chorherr von St. Leodegar in Luzern genannt: Alois Gügler (1782–1827). Sein Hauptwerk lautet: *Die heilige Kunst oder die Kunst der Hebräer*, 3 Bde., Landshut/Luzern 1814-1818.

29 Jacob Emden (1697–1776) war ein norddeutscher Rabbiner. Im Jahr 1757 brachte er in Hamburg den *Seder Olam rabba wesutta u-Megillath Taanith,* eine Art jüdische Weltchronik heraus. Darin prangert er sowohl jüdische als auch christliche Gelehrte als »Wahnsinnige« an; wenn diese »durch großsprecherische Zunge die Welt täuschen«, indem christliche Gelehrte die Inhalte der Schriftlichen und Mündlichen Tora, und die jüdischen Gelehrten Inhalte des Neue Testaments verdrehen. Anstatt Jesus zu verunglimpfen, kontert Emden gegenüber seinen jüdischen Glaubensbrüdern mit zwei Errungenschaften Jesu für die Welt: »Der Stifter des Christenthums hat der Welt eine doppelte Wohlthat erwiesen; von der einen Seite hat er, wie bereits erwähnt, mit aller Kraft die Lehre Mosis bestätigt, und deren ewige Verbindlichkeit nachdrücklich betont; andererseits hat er den Heiden eine große Wohlthat erwiesen, daß er die Abgötterei von ihnen entfernte, sie zu den sieben Geboten verpflichtete und dazu ihnen eine Morallehre gab, in welcher er, wie bekannt, noch mehr Erschwerungen als das Gesetz des Mosis ihnen auflegte.« EMDEN, Jacob, R. Jacob Emden über Christen und Christenthum wiedergegeben durch Dr. David Hoffmann, Docent am Rabbiner-Seminar zu Berlin, in: HOFFMANN, David (Hg.), Der Schulchan Aruch: und die Rabbinen über das Verhältnis der Juden zu Andersgläubigen, Berlin ²1894, 23–31, hier: 25. Beinahe 260 Jahre später bringen jüdisch-orthodoxer Rabbiner Emdens Position im Dialogdokument *To do the Will of Our Father in Heaven. Toward a Partnership between Jews and Christians* (2015) ein. Siehe auch: EMDEN, Jacob, Megilat Sefer. The Autobiography of Rabbi Jacob Emden (1697-1176), transl. entirely into Engl. for the first time by S. B. LEPERER

mozegh[30] in Livorno gab, die Gestalt Jesu im Judentum positiv betrachteten. Der große Unterschied zur nuancierten Würdigung Jesu durch einzelne gelehrte Rabbiner im Vergleich zur modernen jüdischen Jesusforschung liegt in der dezidiert historischen Herangehensweise und damit im Nachweis seines Judeseins mittels historischer Methoden. Diese Methoden wenden Joseph Salvador und Samuel Hirsch pionierhaft an, und sie werden durch die Vertreter der »Wissenschaft des Judentums« verfeinert.

1.3 Wissenschaft des Judentums

Die außeruniversitäre wissenschaftliche Erforschung des Judentums beginnt im 19. Jahrhundert. Auf dem Hintergrund von Aufklärung und Emanzipation veränderten sich die jüdischen Gesellschaften Europas, besonders aber Deutschlands, und neue jüdische Strömungen, allen voran das liberale und das neo-orthodoxe Judentum entstanden. Jüdische Gelehrte wurden zu Wissenschaftlern und setzten sich intensiver als je zuvor u.a. mit der Gestalt Jesu auseinander. Der Kontext, in dem diese Annäherung an die Gestalt Jesu geschah, ist nicht nur theologischer, sondern auch gesellschaftspolitischer Natur.

Im Emanzipations- und Akkulturationsprozess der jüdischen Minderheit Deutschlands entstand zu Beginn des 19. Jahrhunderts die »Wissenschaft des Judentums«. Von einem jüdischen Intellektuellenkreis ausgehend setzte eine systematische Erforschung des Judentums mit den modernen Methoden einer historisch-kritischen Wissenschaft ein. Dabei wurde das Judentum in allen Epochen und vielfältigen Bereichen untersucht.[31]

---

and Rabbi M. H. WISE, Baltimore 2011; SCHACTER, Jacob Joseph, Rabbi Jacob Emden: Life and major works, Dissertation Universität Harvard 1988; Verlag University Microfilm International, 2 Bde., 1990.

30 Elijah Benamozegh (1822–1900) gilt als der letzte bedeutende Kabbalist Italiens. Von seinem Onkel, dem Kabbalisten Judah Coriat (Autor von *Ma'or Vashemesh*, 1839) ausgebildet, lehrte Benamozegh an der Rabbinerschule in Livorno. Ähnlich wie Emden würdigt er den positiven Einfluss des Judentums auf das Christentum, da daraus die Verehrung des Gottes Israels durch Christen folgte. Seine wertschätzende Haltung für Jesus findet sich in seiner respektvollen Anrede Jesu, als »*Yeshua Rabam*« (»ihr Lehrer Jesus«), eine Bezeichnung, die in Kontrast zum despektierlichen »Jeshu« der rabbinischen Literatur steht. Vgl. BEN-AMOZEG, Eliyahu, Em la-Mikra [Matrix of Scriptures], Leghorn 1862, 65, 2:10 (on Exodus 3:1) zit. nach: SEIDLER, Meir, Eliah Benamozegh, Franz Rosenzweig and Their Blueprint of Jewish Theology of Christianity, in: Harvard Theological Review 111/2 (2018), 242–263, hier: 251. – Seiner positiven jüdischen Theologie des Christentums liegt die lurianisch-kabbalistische Vorstellung zugrunde, in der ein göttlicher Funke alles Existierende durchdringt. Vgl. IDEL, Moshe, Kabbalah in Elijah Benamozegh's Thought, in: LURIA, Maxwell/IDEL, Moshe (Hgg.), Elijah Benamozegh: Israel and humanity, translated, edited, and with an introduction by Maxwell Luria. Preface and appendixes on »Kabbalah in Elijah Benamozegh's thought« by Moshe Idel, New York 1995, 378–402, hier: 388.

31 Vgl. BRENNER, Michael (Hg.), Wissenschaft vom Judentum: Annäherungen nach dem Holocaust, Göttingen 2000, 7.

Doch waren die Hürden, als Jude akademisch zu forschen, in einer christlichen Mehrheitsgesellschaft hoch, noch dazu, wenn es darum ging die jüdische Identität mittels der eigenen Forschung zu stärken. Es war eine Zeit, in der die Bewahrung jüdischer Religion und Kultur durch Emanzipations- und Akkulturationsprozesse nicht nur gefördert wurde, sondern gleichzeitig bedroht war, wie beispielshaft die gewaltsamen *Hep!Hep!Unruhen* im Jahre 1819 belegen. Diese forderten ein Ende der juristischen Gleichstellung der Juden. Viele Jüdinnen und Juden wurden in der Folge aus dem öffentlichen Diskurs ausgeschlossen; sich dem gesellschaftlichen Druck beugend ließen sich viele Studenten aus jüdischen Familien taufen. Die Taufe galt in der damaligen europäischen Gesellschaft als Schlüssel zur bürgerlichen Karriere. So etwa auch für den jungen Heinrich Heine (1797–1856), der sich im Jahr 1825, einen Monat vor seiner Promotion zum Doktor der Rechte, heimlich protestantisch taufen ließ und 1831 pointiert notiert: »Der Taufzettel ist das Entre Billet zur Europäischen Kultur.«[32]

Leopold Zunz (1794–1886) kämpfte auf wissenschaftlicher Ebene für eine Anerkennung des Judentums in der Gesellschaft. Er ist für seine Verdienste um die Erforschung des Judentums, die unter der Überschrift »Wissenschaft des Judentums« steht, bekannt. Darüber hinaus ist er auch ein herausragender Weichensteller für die jüdische Jesusforschung in der säkularen Moderne. Auf intellektuelle Weise strebte er nach Emanzipation, indem er nicht nur die jüdische Religion, sondern auch die jüdische Kultur in ihrer Breite in unterschiedlichen Erscheinungsformen erforschte. Dazu gehört, dass Zunz die traditionelle jüdische Gelehrsamkeit, die auch heute noch in der *Jeschiwa* (hebr. ישיבה, jüdische Hochschule) vermittelt wird, für den modernen universitären Wissenschaftsdiskurs öffnete. Im Jahre 1818 legte Zunz in der programmatischen Abhandlung *Etwas über die rabbinische Literatur*[33] einen Fächerkanon zur Erforschung des Judentums vor. Neben der Literatur beinhaltet seine Abhandlung umfassende Bereiche wie Theologie, Mythologie, Dogmatologie, Religion, Jurisprudenz, Ethik, Naturwissenschaft, Medizin, Altertumskunde und Sprachwissenschaften. Mit Studienkollegen wie Eduard Gans (1797–1839) und Markus Jost (1793–1860) gründete Leopold Zunz in Berlin den *Verein für Cultur und Wissenschaft der Juden* (1819–1824), von dem die *Zeitschrift für die Wissenschaft des Judentums* (1822–1823) herausgegeben wurde. Verein und Zeitschrift existierten nur kurz, dennoch waren die Anfänge der modernen Wissenschaft vom Judentum

---

32 HEINE, Heinrich, Prosanotizen: DHA X, 313, in: http://www.hhp.uni-trier.de/Projekte/HHP/baende/D10/index_html?widthgiven=30 (Abruf: 4.9.2018); vgl. Heinrich-Heine-Portal, Über Heinrich Heine, in: http://www.hhp.uni-trier.de/Projekte/HHP/heine (Abruf: 5.9.2018).

33 Der Begriff »rabbinische Literatur« steht dabei *pars pro toto* für alle literarischen Texte der Juden. Wegen der negativen Assoziation des Begriffs *rabbinisch* unter christlichen Gelehrten ersetzte Zunz ihn später durch den von ihm geprägten Sammelbegriff *jüdische Literatur*. KRONE, Kerstin von der, Wissenschaft in Öffentlichkeit: Die Wissenschaft des Judentums und ihre Zeitschriften, Berlin/Boston 2012 (= Studia Judaica 65), 1 (Anm. 2). Für eine ausführliche Darstellung zum Verhältnis Wissenschaft und Judentum im 19. und frühen 20. Jahrhundert siehe: ebd.

gelegt, auf denen die heutige Judaistik aufbaut.³⁴ Zunz' thematisch breit angelegtes Forschungsfeld der »Wissenschaft des Judentums« führte zu einer Auffächerung und Spezialisierung in einzelne Bereiche wie jüdische Geschichte, jüdische Philosophie, jüdische Kunst, jüdische Musik, usw. Durch Zunz' Ausdifferenzierung des Faches in Einzeldisziplinen konnte auch die Teildisziplin »jüdische Jesusforschung« entstehen.³⁵

Bis 1945 blieben Juden (und Jüdinnen) durch die christlich geprägte Mehrheitsgesellschaft von der universitären Erforschung des Judentums ausgeschlossen; ihre Ergebnisse ignoriert oder bekämpft. Antisemitische Vorurteile an deutschsprachigen Universitäten sind für die Ausgrenzung judaistischer Wissenschaft paradigmatisch, ebenso eine Bevormundung durch christliche Theologen.³⁶ Schon Leopold Zunz stellte den christlichen Theologen im Umgang mit Juden und ihrem Einfluss auf den Staat ein schlechtes Zeugnis aus:

> [Theologen] haben jüdische Bücher stets nur aus einem einseitigen Standpunkte und die Juden nur als Kirchenmaterial [sic] betrachtet: Als Zeugen oder als Widersacher des siegenden Christenthums, d. h. als Rabbiner, und die Nicht-Theologen wurden gewöhnt, Juden, jüdische Werke und hebräische Sprache als Stücke der sie nichts angehenden Gottesgelahrtheit [sic] anzusehen. Diese Theologen diktierten den Staaten die Gesetze gegen die Juden, und unter der Herrschaft solcher Hass und Verachtung der Juden nährenden Einrichtungen wuchs ein Juden verfolgender Pöbel auf.³⁷

Im ersten Teil des Zitats beklagt Zunz eine überhebliche Haltung christlicher Theologen gegenüber Juden und ihren Schriften. Als Beispiel für ein vorwiegend einseitiges christliches Interesse dient ihm das Werk *Antiquitates Judaicae* (»Jüdische Altertümer«), das der jüdisch-römische Geschichtsschreiber Josephus Flavius (37-100) 93 n. Chr. verfasste.³⁸ Innerhalb der frühen Kirchengeschichte wird das Werk seit Eusebius von Caesarea (260-339) häufig rezipiert, aber nicht wegen der darin enthaltenen Informationen über die Geschichte des jüdischen Volkes, mit der Josephus versuchte dem weit verbreiteten Antijudaismus in der hellenistischen Welt zu be-

---

34 Vgl. ebd., 1-3.
35 Die wissenschaftliche Auseinandersetzung mit jüdischer Kultur und Tradition förderte nicht nur einen Diskurs im öffentlichen Raum, sondern ermöglichte positive Zugänge zu einem unter Christen weit vorherrschenden Negativbild des Judentums. Vgl. SCHUBERT, Kurt, Jüdische Geschichte, München ⁷2012 (= Beck'sche Reihe 2018), 102. Zudem wurde die Gestalt Jesu in der Antike nicht nur von vorwiegend protestantischen Theologen, sondern auch von jüdischen Forschern untersucht. Vgl. LENZEN, Jüdische Jesusbilder, 466.
36 Vgl. SCHÄFER, Peter/HERRMANN, Klaus, Judaistik an der Freien Universität Berlin 2012, 53, 57.
37 ZUNZ, LEOPOLD, Die jüdische Literatur, in: DERS. (Hg.), Zur Geschichte und Literatur, Berlin 1845, 1-21, hier: 20f.
38 Vgl. JOSEPHUS, Flavius, Jüdische Altertümer: Vollständige Ausgabe, Wiesbaden 2012.

gegnen, sondern wegen zweier kleiner Abschnitte (Ant 18,63f; 20,200)[39], die direkt bzw. indirekt die Existenz Jesu in einer nicht-christlichen Quelle bezeugen.[40]

Im zweiten Teil des Zitates kritisiert Zunz den Einfluss, den christliche Theologen auf den Staat ausübten, wobei seine Erfahrungen im protestantisch geprägten Preußen im Hintergrund stehen. Seit der altpreußischen Union 1817 durch König Friedrich Wilhelm III. bestand eine Verwaltungs-, keine Bekenntnisunion der evangelischen Kirchen in Preußen. Um 1830 hatte sich daraus eine beinahe verstaatlichte Kirche »des Königs, der Generäle und Generalsuperintendenten«[41] entwickelt,

---

39 Der erste Abschnitt (Ant 18,63f), das sogenannte *Testimonium Flavianum* scheint von christlichen Autoren gefälscht oder zumindest interpoliert zu sein. Diese Textkritik trifft besonders auf die Stelle über Jesus zu: »Dieser war der Christus«. Hingegen scheint die Notiz in Ant 20,200 über die Hinrichtung des Jakobus durch den vom Hohepriester Ananus geleiteten Synhedrion im Jahr 62 über die Verurteilung und Steinigung des Jakobus »als Bruder Jesu, der Christus genannt wird« authentisch. Vgl. THEIßEN, Gerd/MERZ, Annette, Der historische Jesus: Ein Lehrbuch, Göttingen ⁴2011, 74–82, hier: 74f. Siehe auch: KLAUSNER, Jesus von Nazareth (1930), 67–72.

40 »Die literarischen Hauptziele des Josephus bestanden in der Verteidigung des Judentums und in der religiösen Interpretation der Geschichte seines Volkes für die Zeit nach der Zerstörung des Zweiten Tempels (70 n. Chr.)«, so Michael Tilly im Vorwort zur angegebenen Neuauflage. Tilly charakterisiert Josephus Werk »Gegen Apion« (*Contra Apionem*), wie dieser sein Judentum mitunter polemisch gegen »verfälschende Böswilligkeit judenfeindlicher Autoren wie des alexandrinischen Grammatikers Apion [verteidigte und sich] bei der Darstellung der Geschichte des Judentums zur Wehr setzte, indem er danach trachtete, sie gravierender Fehler zu überführen, nämlich der mangelnden Übereinstimmung, der fehlenden Wahrheitsliebe und des geringen Alters ihrer Quellen.« TILLY, Michael, Vorwort zur Neuauflage, in: JOSEPHUS, Flavius, Der Jüdische Krieg und Kleinere Schriften: Mit der Paragraphenzählung nach Benedict Niese, hg. v. Michael Tilly, Wiesbaden ⁴2012, 7–10, hier: 8f. Josephus, der vornehme Jerusalemer Priestersohn, fiel im Judentum in Ungnade. Während des jüdisch-römischen Krieges (66–74) war er nämlich zu den Römern übergelaufen. Ausführlich schreibt er in *De bello Judaico* (»Über den Jüdischen Krieg«), wie Jerusalem von den Römern belagert und schließlich (70) zerstört wurde. Diese ausführliche Schilderung rezipierten Kirchenväter, wie der genannte Eusebius oder bereits Origenes (185–254) besonders gerne. Denn darin sahen sie ein heilsgeschichtliches Zeugnis der Vorankündigung Jesu über die Tempelzerstörung (Mk 13,1–3 parr). Vgl. TILLY, Michael, Das Judentum, Wiesbaden ⁶2015, 106f.

41 MIECK, Ilja, Preußen von 1807 bis 1850: Reformen, Restauration und Revolution1992, hier: 169. Seit 1828 gab es in Preußen das Amt der Generalsuperintendenten. Diese wurden direkt vom König ernannt und übten bischöfliche Gewalt aus. Im Grunde waren die Superintendenten Staatsbeamte und die Kirche eine Staatskirche. Die preußischen Herrscher waren seit der Konversion des Kurfürsten Johann Sigismund von Brandenburg im Jahre 1613 calvinistischen Glaubens. Hingegen hielten seine Untertanen am lutherischen Bekenntnis fest. Zum 300jährigen Jubiläum des Augsburger Bekenntnisses (von Philipp Melanchthon verfasst), sollte nach der errungenen Verwaltungsunion (1817) unter König Friedrich Wilhelm III. bis 1830 eine Bekenntnisunion zwischen reformierten und lutherischen Gemeinden entstehen. Die Bestrebungen verliefen sich. Es blieb bei der Verwaltungsunion. Vgl. HUND, Johannes, Das Augustana-Jubiläum von 1830 im Kontext von Kirchenpolitik, Theologie und kirchlichem Leben, Göttingen 2016 (= Veröffentlichungen des Instituts für Europäische Geschichte Mainz 242), 283, 286, 288f.

wodurch Theologen zwar keine Gesetze gegen die Juden »diktierten«, wie Zunz schreibt, aber einen erheblichen Einfluss auf den Staat nehmen konnten.

Im Laufe des 19. Jahrhunderts befreite sich die »Wissenschaft des Judentums« von der Bevormundung christlicher Theologen und stellte sich gegen die von Zunz im ersten Teil des Zitats geschilderte jüdische Ausgrenzung. Als emanzipative Reaktion auf die universitäre christliche Theologie wurde 1872 die liberale *Hochschule für die Wissenschaft des Judentums* (HWJ) in Berlin gegründet, die zwischenzeitlich von 1883 bis 1922, und erneut von 1933 bis zu ihrer endgültigen Schließung 1942 in *Lehranstalt für die Wissenschaft des Judentums* umbenannt wurde. Sie war keine universitäre, aber eine akademische Bildungsinstitution zu deren Gründungsmitgliedern neben Ludwig Philippson und Salomon Neumann auch Abraham Geiger zählte, der bereits 1854 das *Jüdisch-Theologische Seminar* in Breslau, (offiziell: *Jüdisch-Theologisches Seminar Fraenckel'sche Stiftung*) mitgegründet hatte und der sich für Deutschland mit der HWJ eigentlich eine Institution für eine jüdische Theologie mit offiziellem universitärem Status wünschte. Zur innerjüdischen Dynamik gehört, dass auf die Gründung der HWJ, die mit ihrer liberalen Ausbildung auch Frauen offenstand – darunter die weltweit erste Rabbinerin Regina Jonas (1902-1944)[42] – ein Jahr später die Gründung des *Rabbinerseminars für das orthodoxe Judentum* in Berlin folgte. Sowohl das konservative Seminar in Breslau als auch das orthodoxe Seminar in Berlin wurden 1938, wie die *Lehranstalt für die Wissenschaft des Judentums* 1942, durch die Nationalsozialisten geschlossen.[43]

Zunz und seine Mitstreiter konnten ihr Ziel, universitäre Institute für jüdische Studien einzurichten, nicht verwirklichen.[44] Erst mit einigem Abstand zur der historischen Zäsur, die die Shoah darstellt, entstanden solche Institute deutschsprachi-

---

42 Regina Jonas verfasste 1930 ihre halachische Abschlussarbeit an der *Lehranstalt für die Wissenschaft des Judentums* mit dem Titel: »Kann die Frau das rabbinische Amt bekleiden?« Sie wurde 1935 nach bestandener Rabbinerprüfung als erste Frau weltweit durch Rabbiner Max Dienemann ordiniert. 1942 wurde sie mit ihrer Mutter nach Theresienstadt deportiert und 1944 im Konzentrationslager Auschwitz-Birkenau ermordet. Vgl. JONAS, Regina, Halachische Arbeit: Kann die Frau das rabbinische Amt bekleiden?, (Abschlussarbeit: Lehranstalt für die Wissenschaft des Judentums), Berlin 1930, 1; KLAPHECK, Elisa, Regina Jonas: Die weltweit erste Rabbinerin, Leipzig ²2019 (= Jüdische Miniaturen 4).

43 Das erste Rabbinerseminar Europas wurde in Padua (1829) gegründet, gefolgt von Metz (1830, bzw. ab 1859 in Paris), Breslau (1854), London (1855), Berlin (1872 und 1873), Budapest (1877) und Wien (1893). Von diesen existieren heute nur noch jene in Paris, London und Budapest. In den USA kam es ebenso zu Gründungen, anders als ihre europäischen Pendants existieren dort alle weiterhin, wie das in Cincinnati 1875 von Isaac Mayer Wise gegründete liberale *Hebrew Union College*, das mit dem von Stephen S. Wise 1922 gegründeten New Yorker *Jewish Institute of Religion* zusammengeführt wurde; das erste konservative *Jewish Theological Seminary*, das 1886 in New York gegründet wurde, ebendort die von Isaac Elchanan 1897 gegründete orthodoxe *Yeshiva University*. Vgl. MORGENSTERN, Matthias, Art. Rabbinerseminar, in: EJGK (2011-2016) [DOI: 10.1163/2468-2845_ejgk_COM_0717]; RABINOWITZ, Louis Isaac, Art. Rabbinical Seminaries, in: EJ 17 (²2007), 22-23.

44 Durch die im 19. Jahrhundert im Umfeld der Berliner Universität entstandene »Wissenschaft des Judentums« und die akademische Disziplin einer »Wissenschaft vom Judentum« bzw. Judaistik zieht sich der Bruch der Shoah. Neben dem traditionellen Disziplinbe-

gen Raum.⁴⁵ Aus der Gründerzeit der deutschsprachigen Rabbinerseminare im 19. Jahrhundert existiert in Zentral- und Osteuropa lediglich die im Jahr 1877 in Ungarn gegründete *Landesrabbinerschule* in Budapest.⁴⁶ Heute⁴⁷ heißt die Einrichtung Jewish Theological Seminary – University of Jewish Studies, Hungary und besitzt seit dem Jahr 2000 universitären Status.⁴⁸ Zurück zu jenen Pionieren, die

griff »Judaistik«, etablierte sich seit ca. 1980 jener der »Jüdischen Studien«, der analog zu den aus dem anglophonen Raum stammenden *Jewish Studies* zu verstehen ist. Ebenso entstanden in den 1980er Jahren in den USA und in Israel die interdisziplinär ausgerichteten *Israel Studies*, die alle Aspekte der israelischen Geschichte und Kultur untersuchen. Vgl. BRAUN, Christina von/BRUMLIK, Micha (Hgg.), Handbuch jüdische Studien, Köln/Weimar/Wien 2018 (= UTB 8712), 5–7, 12; STEMBERGER, Günter, Einführung in die Judaistik, München ²2017, 5f, 9f, 17–22; LENZEN, Verena, Im Spiegel der Zeit: Judaistik und jüdisch-christliche Dialogforschung in Luzern, in: LENZEN, Verena (Hg.), Das Studium des Judentums und die jüdisch-christliche Begegnung, Göttingen 2013, 13–26. ZADOFF, Noam, Science and Politics: On the Presence and Future of Israels Studies in Germany, in: LEHNARDT, Andreas (Hg.), Judaistik im Wandel: Ein halbes Jahrhundert Forschung und Lehre über das Judentum in Deutschland, Berlin/Boston 2017, 81–92.

45 Erst in den 1960er Jahren entstanden die ersten Institute für Judaistik an Universitäten. Chronologisch und nach Ländern geordnet sind dies: Das Institut für Judaistik an der Freien Universität Berlin seit 1964 mit Jacob Taubes (1923–1987) und an der Universität Wien seit 1966 durch Kurt Schubert (1923–2007) als deren Gründungsleiter. Als eigenständiges universitäres Fach wurde Judaistik in der Schweiz an der Universitären Hochschule Luzern 1971 durch den Kurt-Schubert-Schüler Clemens Thoma eingeführt (1981 Gründung des Instituts für Jüdisch-Christliche Forschung). Vgl. STEMBERGER, Einführung in die Judaistik, 16; LENZEN, Verena, Symposium »Das Studium des Judentums und die jüdisch-christliche Begegnung« Institut für Jüdisch-Christliche Forschung, Luzern 2011, in: https://www.unilu.ch/agenda/archiv/symposium-das-studium-des-judentums-und-die-juedisch-christliche-begegnung-1022/ (Abruf: 9.7.2018); BODENHEIMER, Alfred, Langsamen Schritts in die Selbstverständlichkeit, in: LEHNARDT, Judaistik im Wandel, 25.

46 Seit ihrer Gründung gehört es einer ungarisch-jüdischen Strömung an, die sich stark von der Orthodoxie abgrenzt und sich als »Neologie« bezeichnet. Wie auch die ersten konservativen Seminare in den USA, geht die Landesrabbinerschule in Budapest auf das Breslauer Seminar zurück. Vgl. SCHREIBER, Alexander, Art. Landesrabbinerschule, in: EJ 12 (²2007), 470.

47 Als die Nationalsozialisten am 19. März 1944 in Ungarn einmarschierten, konfiszierte die SS am nächsten Tag das Seminargebäude. Dabei betrat Adolf Eichmann die Einrichtung: »He went directly to the library, locked it over, then looked its door and took the keys with him. His intention was to transfer the library to Germany.« CARMILLY-WEINBERGER, Moshe, One Hundred Years of the Seminary in Retrospect, in: DERS. (Hg.), The Rabbinical Seminary of Budapest 1877–1977: A Centennial Volume, New York 1986, 3–48, hier: 33. – Die Bücher waren für ein krudes Projekt der Nazis in Frankfurt am Main bestimmt – dem geplanten »Museum für eine ausgestorbene Rasse«. Das Seminargebäude diente nun als Zwischengefängnis für tausende ungarische Jüdinnen und Juden und politische Gegner, die mehrheitlich nach Auschwitz deportiert wurden. Nach dem Krieg stellte sich die Frage, ob es überhaupt noch ein Rabbinerseminar benötigt. Mit der Unterstützung aus den USA und Großbritannien konnte am 22. März 1945 der Lehrbetrieb mit 35 Studenten wieder aufgenommen werden (1943–1944 waren es 172 Studenten). Vgl. ebd., 33f; 144.

48 Siehe: Jewish Theological Seminary – University of Jewish Studies, Ungarn, in: https://or-zse.hu/en/ (Abruf: 16.2.2022).

sich eine solche Gleichstellung bereits im 19. Jahrhundert gewünscht haben. Neben Leopold Zunz war Abraham Geiger (1810–1874) ohne Frage einer der bedeutendsten Vorreiter in der Erforschung des Judentums im 19. Jahrhundert und gilt ebenso als ein Weichensteller der jüdischen Jesusforschung in der säkularen Moderne. Er war die intellektuelle Leitfigur des liberalen Judentums, die die moderne Wissenschaft mit der traditionellen Gelehrsamkeit eines Rabbiners verband und sich gegenüber doppelten wissenschaftlichen Standards im »christlichen Staat« emanzipierte.[49] Nicht nur in der christlichen Bibelwissenschaft wurde seine Forschung gleichsam zur theologischen Herausforderung, sondern auch im traditionellen jüdischen Denken.[50] Geiger versucht in seinem Hauptwerk *Die Urschrift und Uebersetzungen der Bibel in ihrer Abhängigkeit von der inneren Entwicklung des Judentums* (1857)[51] zu zeigen, wie sich jüdische Religions- und Textgeschichte zwischen 200 v. Chr. und 200 n. Chr. gegenseitig beeinflussten. Geigers Beschreibung der Redaktionsgeschichte durch die Einbeziehung neuer Quellentexte, wie die Targumliteratur oder rabbinischer Texte, war für protestantische Theologen Neuland. Ihrer Aufmerksamkeit konnte sich Geiger gewiss sein, wies er doch eine nicht unumstrittene Kontinuität zwischen biblischem und talmudischem Judentum nach und interpretierte das Pharisäertum neu.[52]

Das vorherrschende christliche Negativbild der Pharisäer als einer Partei der Heuchler, die engstirnig die Gesetze Mose auslegten, brach Geiger in seiner *Urschrift* auf, doch konnte er keine substanzielle Wandlung des christlichen Pharisäerbildes herbeiführen. Noch heute scheint »[d]ie Hässlichkeit der Pharisäer [...]« in christlichen Predigten »ein wesentliches Element der christlichen Darstellung der Herrlichkeit Jesu zu sein«[53], eine vermeintliche Profilierung der eigenen religiösen Identität, die – ernst genommen – die gesamte christliche Botschaft in Frage stellt und eine »Lehre des Respekts« missachtet.

Geiger untersuchte in seiner *Urschrift* auch das Neue Testament aus einer jüdischen Perspektive und verortete Jesus als erster im pharisäischen Judentum:

---

49 KRONE, Wissenschaft in Öffentlichkeit, 248f.
50 Vgl. HESCHEL, Susannah, Der jüdische Jesus und das Christentum: Abraham Geigers Herausforderung an die christliche Theologie, aus dem Amerikanischen übersetzt von Christian Wiese, Berlin 2001 (engl. 1998) (= Sifria 2), 140, 179; zur *Urschrift* allgemein: siehe: 139–180.
51 In der *Urschrift* untersucht er im ersten Teil die »Geschichte der Bibel von der Rückkehr aus dem Exil bis zu den Makkabäern« und im zweiten Teil die »Geschichte der Bibel von den Makkabäern bis zur hadrianischen Zeit«. Der dritte Teil behandelt die »Ursachen und Gründe der abweichenden Textrecensionen. Erster Abschnitt. Mangel an kritischer Sorgfalt«. GEIGER, Abraham, Urschrift und Übersetzungen der Bibel in ihrer Abhängigkeit von der inneren Entwicklung des Judentums, Frankfurt a. M., ²1928 (Breslau 1857).
52 Geiger stellt die These auf, dass die Pharisäer die sadduzäische Halacha veränderten. Diese innere »Dynamik« religiöser Praxis im antiken Judentum diente Geiger als Rechtfertigung seiner eigenen liberalen Reformbestrebungen gegenüber der jüdischen Orthodoxie in Deutschland. Vgl. HESCHEL, Susannah, Der jüdische Jesus und das Christentum, 179.
53 Ebd., 178.

Er war ein Jude, ein pharisäischer Jude mit galiläischer Färbung, ein Mann, der die Hoffnungen der Zeit theilte und diese Hoffnungen in sich erfüllt glaubte.[54]

Eine Konfrontation mit der protestantischen Theologie[55] folgte, blieb aber für die christliche Bibelwissenschaft weitgehend folgenlos.[56]

Geiger stellte das christliche Kontrastbild, das Jesus als eine Art Antithese zum pharisäischen Judentum zeichnet, in Frage. Er brach die dahin geltende Trennung zwischen Jesus und dem Judentum auf, und damit auch das christliche Interpretationsmonopol für die historische Jesusforschung. Hatte das Christentum einst Jesus vom Judentum getrennt, so setzte nun eine Gegenbewegung ein. Geiger trachtete danach die exklusive Verbindung zwischen Jesus und dem Christentum zu lösen, weil Jesus aus seiner Sicht nichts lehrte, was nicht bereits im Judentum vorhanden war. Mit dieser Situierung konfrontierten Abraham Geiger seine christlichen Kollegen im argumentativen Ringen die Gestalt Jesu. Ein Kampf um die Deutungshoheit der historischen Gestalt Jesu entbrannte unter jüdischen und christlichen Forschern.[57]

Im Zuge der Aufklärung beschäftigten sich auch christliche Theologen erstmals unter rein historischen Gesichtspunkten mit der Gestalt Jesu. Der methodische Anstoß kam jedoch nicht von theologischer Seite, sondern von dem Hamburger Gymnasialprofessor für orientalische Sprachen, Hermann Samuel Reimarus (1694–1768). Beeinflusst vom englischen Deismus untersuchte er in seiner (zunächst) nur an

---

54 GEIGER, Abraham, Das Judenthum und seine Geschichte bis zur Zerstörung des zweiten Tempels: In 12 Vorlesungen, Breslau ²1865 (1864), 117. Eine hervorragende wissenschaftliche Darstellung zu Geigers Arbeit, insbesondere zur Problematik des jüdischen Jesus in der protestantischen Theologie bietet: HESCHEL, Susannah, Der jüdische Jesus und das Christentum.

55 Die große Empörung katholischer Theologen blieb ohnehin aus, da diese sich aufgrund von antimodernistischen Strömungen in der röm.-kath. Kirche nur vereinzelte an der historischen Jesusforschung beteiligten. Eine erste Öffnung brachte die Enzyklika *Divino afflante Spiritu* (1943) von Papst Pius XII. Er erlaubte damit die historisch-kritische Methode, aber erst mit der am Zweiten Vatikanischen Konzil (1962-1965) promulgierten dogmatischen Konstitution *Dei verbum* erlangte die historisch-kritische Methode in der katholischen Bibelexegese ihren Durchbruch, jedoch »damit so gleichsam auf Grund wissenschaftlicher Vorarbeit das Urteil der Kirche reift« (DV 12). Zum Thema Antimodernismus siehe: WOLF, Hubert (Hg.), »In wilder zügelloser Jagd nach Neuem«: 100 Jahre Modernismus und Antimodernismus in der katholischen Kirche, Paderborn u. a. 2009 (= Römische Inquisition und Indexkongregation 12).

56 Vgl. KRONE, Wissenschaft in Öffentlichkeit, 250.

57 Vgl. HESCHEL, Der jüdische Jesus und das Christentum, 214. – Weitere jüdische Gelehrte nahmen sich im Lauf des 19. Jahrhunderts dem historischen Jesus und dem Christentum als Forschungsgegenstand an, darunter Isaak Markus Jost (1793-1860), Salomon Steinheim (1789-1866), Samuel Hirsch (1815-1889), Heinrich Graetz (1817-1891) und Salomon Formstecher (1808-1889). Sie bauten grundsätzlich auf den Hauptargumenten des ersten modernen jüdischen Jesusforschers auf, denen des Franzosen Joseph Salvador. Vgl. LENZEN, Jüdische Jesusbilder, 466; VAHRENHORST, »Nicht Neues zu lehren, ist mein Beruf...«, 101–136; HOMOLKA, Jewish Jesus Research and its Challenge to Christology Today, 52.

Freunde adressierten *Apologie oder Schutzschrift für die vernünftigen Verehrer Gottes*[58] das Leben Jesu unter primär historischen Geschichtspunkten. Mit Reimarus setzt die bis heute maßgebliche methodische Trennung zwischen dem historischen Jesus und dem von den Aposteln geglaubten Christus ein. Reimarus gehört in die sogenannte erste Phase der Leben-Jesu-Forschung, die Jesus noch aus der jüdischen Religion seiner Zeit heraus zu verstehen versuchte.[59]

Wie der evangelische Theologe Albert Schweitzer (1875–1965) in seiner wegweisenden *Geschichte der Leben-Jesu-Forschung* zeigen wird, ist den Forschungsergebnissen ein Strukturelement inhärent, nämlich der Projektion, der je eigenen Ideale der Jesus-Forscher in die historische Person Jesu hinein.[60] Doch selbst Schweitzer war dem nicht gefeit, insofern er das gravierende Problem nicht erkannte, »das entstand, wenn sich Christen mit dem religiösen Leben der historischen Gestalt Jesu auseinandersetzten: er war Jude. Jesus mochte der erste und größte Christ [...] gewesen sein, doch er lebte und lehrte das Judentum.«[61] Diese systemische Blindheit zeigt sich beispielhaft in der Tatsache, dass man in Schweitzers Studie Abraham Geiger, Moses Mendelssohn, oder Leo Baeck vergebens sucht, obwohl wie bereits erwähnt seine Ehefrau Helene (1879–1957) aus einem jüdischen Elternhaus stammte.[62]

Ein weiteres bedeutendes, christlicherseits eher verkanntes Werk der jüdischen Auseinandersetzung mit dem Christentum stammt von Rabbiner Leo Baeck (1873–1956). Im Jahr der Reichspogromnacht 1938 veröffentlichte er im Berliner Schocken Verlag seine Schrift *Das Evangelium als Urkunde der jüdischen Glaubensgeschichte*. Darin verweist er auf den jüdischen Ursprung und die jüdischen Überlieferungstraditionen, die den neutestamentlichen Evangelien zugrunde liegen.[63] Jesus von Nazareth reiht er, wie auch Abraham Geiger, in die Gruppe der Pharisäer ein und betont stets das Jüdische im Menschen Jesu, »der in allen den Linien und Zeichen seines Wesens das jüdische Gepräge aufzeigt«.[64]

Bereits 1901 schrieb Baeck in Auseinandersetzung mit den Thesen des protestantischen Theologen und Kirchenhistorikers Adolf von Harnack: »Man muss die Juden kennen, wenn man das Evangelium verstehen will.«[65] Baecks Zurechtweisung zielt auf die Harnack'sche Wunschbildprojektion seines Protestantismus in die histori-

---

58 G. E. Lessing veröffentlichte posthum zwischen 1774 und 1778 sieben Fragmente aus Reimarus' Werk, ohne Nennung des Autors. Ein Gesamtwerk erschien erst 1972. Vgl. REIMARUS, Hermann Samuel, Apologie oder Schutzschrift für die vernünftigen Verehrer Gottes: hg. v. Gerhard Alexander, Frankfurt a. M. 1972.
59 Vgl. THEISSEN/MERZ, Der historische Jesus, 23.
60 SCHWEITZER, Geschichte der Leben-Jesu-Forschung, 48.
61 HESCHEL, Der jüdische Jesus und das Christentum, 213.
62 Für eine ausgezeichnete Sammlung von relevanter Textpassagen zur Jesusforschung siehe: ZAGER, Werner, Jesusforschung in vier Jahrhunderten: Texte von den Anfängen historischer Kritik bis zur »dritten Frage« nach dem historischen Jesus, Berlin/Boston 2014.
63 Vgl. LENZEN, Jüdische Jesusbilder, 467f.
64 BAECK, Leo, Das Evangelium als Urkunde der jüdischen Glaubensgeschichte, Berlin 1938 (= Bücherei des Schocken-Verlages 87), 69.
65 Ebd., Harnack's Vorlesungen über das Wesen des Christenthums, in: Monatsschrift für Geschichte und Wissenschaft des Judentums 45/2 (1901), 97–120, hier: 118.

1 Voraussetzungen jüdischer Jesusforschung

schen Anfänge des Christentums ab, die Harnack als das Eigentliche, das Spezifische, als »das Wesen des Christentums« beschreibt. Den historischen Jesus lässt er verschwinden.[66] Baeck kritisiert daran, dass Harnack »sein Urtheil mit dem der dargestellten Zeit« verwechselt, und »sich selbst mit Jesus«.[67] Entgegen der Harnack'schen Thesen betont Baeck die räumlich-zeitliche Verbindung der Gestalt Jesu zu seinem Judentum:

> Die meisten Darsteller des Lebens Jesu unterlassen es, darauf hinzuweisen, dass *Jesus* in jedem seiner Züge durchaus ein *echter jüdischer Charakter* ist, dass ein Mann wie er nur auf dem Boden des Judenthums, nur dort und nirgend anders, erwachen konnte. Jesus ist eine echt jüdische Persönlichkeit, all sein Streben und Thun, sein Tragen und Fühlen, sein Sprechen und Schweigen, es trägt den Stempel jüdischer Art, das Gepräge des jüdischen Idealismus, des Besten, was es im Judentum gab und giebt, aber nur im Judenthum damals gab. Er war ein Jude unter Juden.[68]

Während protestantische Exegeten mit einer Abkehr vom theologischen Liberalismus das Suchen nach dem historischen Jesus abwerteten, begann mit der wissenschaftlichen jüdischen Jesusforschung die Untersuchung der Person Jesus von Nazareth in seinem jüdischen Milieu aus jüdischen Perspektiven. So kamen Aspekte in den Blick, die in der christlichen Leben-Jesu-Forschung verkehrt oder ausgeblendet wurden.[69]

Haskala, Judenemanzipation und »Wissenschaft des Judentums« bilden die Voraussetzung für die positive Annäherung an einen jüdischen Jesus. Ähnlich verhält es sich mit den folgenden Zugängen und Erkenntnissen der jüdischen Jesusforscher. Sie zeigen, dass es nicht das eine jüdische Bild Jesu gibt. Was aber allen jüdischen

---

66 HARNACK, Adolf von, Das Wesen des Christentums: Sechzehn Vorlesungen vor Studierenden aller Fakultäten im Wintersemester 1899/1900 an der Universität Berlin gehalten von Adolf v. Harnack, Tübingen ³2012.
67 Ebd., 99, 101. Harnacks Bild von Judentum und Pharisäern zur Zeit Jesu steht dem wissenschaftlichen Bild entgegen, wie es sich im 19. Jahrhundert in der Wissenschaft des Judentums darstellte. Leo Baeck ist der bekannteste, aber nicht alleinige jüdische Kritiker dieser Thesen. Zu nennen sind u. a. die Rabbiner Ackermann Aaron (1867–1912), Judentum und Christentum, Leipzig 1903; Eschelbacher Joseph (1848–1916), Das Judentum und das Wesen des Christentums, Berlin 1905; Perles Felix (1874–1933), Was lehrt uns Harnack?, Frankfurt a. M. 1902; Schechter Solomon (1847–1915), Higher Chriticism – Higher Antisemitism (1903), in: Seminary Addresses and Other Papers, Cincinnati 1915; Schreiner Martin (1863–1926), Die jüngsten Urteile über das Judentum, Berlin 1902; Vogelstein Hermann (1870–1942), Die Anfänge des Talmud und die Entstehung des Christentums, Königsberg 1902. Vgl. MEHNERT, Gottfried, Jüdische Wissenschaft im Dialog mit evangelischer Theologie: Auseinandersetzung mit Adolf Harnack, Marburger Rabbinerprüfungen, Marburger Verein zur Abwehr des Antisemitismus, Berlin/Münster 2017 (= Forum Christen und Juden 16), 41–46.
68 BAECK, Harnack's Vorlesungen über das Wesen des Christenthums, 118. – Als Kritiker Harnacks ist auch Joseph Klausner anzuführen. Harnack betrachtet laut Klausner Jesu Lehre unter völlig menschlichen Gesichtspunkten, die ewig gültig seien; er hebt den historischen Messiasbegriff gänzlich auf und gibt der jüdischen Umgebung kaum eine Bedeutung. Vgl. KLAUSNER, Jesus von Nazareth, 125.
69 Vgl. THEIßEN/MERZ, Der historische Jesus, 27.

Bildern gemein ist, ist die zweifellose Feststellung des Judeseins Jesu sowie seine Verwurzelung in der pharisäischen Tradition. Mit dieser Feststellung bildet ein jedes von ihnen ein zu großes Bild für einen zu kleinen christlichen Rahmen – vorerst.

2 Klassiker jüdischer Jesusforschung

Haskala, Judenemanzipation und »Wissenschaft des Judentums« bilden den Hintergrund, auf dem sich im 20. Jahrhundert der Wandel jüdischer Perspektiven auf Jesus von einem traditionell-religiösen Feindbild hin zu einer modernen jüdischen Identifikationsfigur abzeichnet. Im Judentum verwurzelte Wissenschaftler setzten sich mit der historischen Gestalt Jesu auseinander so entstand die jüdische Jesusforschung. Zentrale Punkte, auf denen sie aufbaut, sind die historische Herangehensweise sowie die Erkenntnis um Jesu jüdische Identität und seine jüdische Lebenswelt. Die jüdische Jesusforschung führte entgegen der damaligen traditionellen jüdischen und christlichen Sichtweise zum Ergebnis, dass Jesus stärker mit dem Judentum verbunden ist, als diese Traditionen es darlegten und zuließen. Jesus wurde damit zur Figur der eigenen jüdischen Religionsgeschichte.[70]

Auch mit der Shoah, die in einer christlich dominierten Gesellschaft stattfinden konnte, endete dieses jüdische Interesse nicht, bekam aber, wie sich an den Arbeiten Schalom Ben-Chorins und David Flussers zeigen wird, nicht zuletzt durch den jüdisch-christlichen Dialog einen anderen Stellenwert. Hatten sich Rabbiner und jüdische Wissenschaftler schon vor der Shoah von einer antijüdischen und antisemitischen Vereinnahmung beispielsweise von Jesus als »Arier«[71] abgegrenzt und Jesu jüdische Identität explizit herausgearbeitet, gab es nach 1945 keinen Weg hinter diese Erkenntnis zurück.

---

70 Seit der zweiten Hälfte des 18. Jahrhunderts bis heute zeichnet sich ein nachhaltiger Wandel der Gestalt Jesu im Judentum ab, ein Wandel, der sich nicht nur in der exegetischen Jesusforschung, sondern auch in der sich entfaltenden belletristischen jüdischen Jesusliteratur des 20. Jahrhunderts nachvollziehen lässt. Dazu die treffende Analyse der Literaturwissenschaftlerin Neta Stahl. Es sei darauf verwiesen, dass sie in *Other and Brother* den literarischen Wandel jüdischer Perspektiven auf Jesus von einem traditionell-religiösen Feindbild hin zu einer modernen jüdischen Identifikationsfigur demonstriert. Ihre Analyse zur jüdischen Jesusliteratur des 20. Jahrhunderts ist zur vorangegangenen und zeitgleichen Jesusforschung kompatibel. Der Wandel in der Wahrnehmung der belletristischen Jesusfigur basiert jedoch auf der jüdischen Jesusforschung. Durch die Transformation der Gestalt Jesu verwandelte sich seine Stellung in mehrheitlich liberalen jüdischen Kreisen von einem bedrohlichen Gott der Christenheit hin zu einem jüdischen Bruder: »Jesus serves in this historiography as ultimate Other – whom, for a century, many Jewish writers have struggled to bring back home and transform into a brother.« STAHL, Neta, Other and Brother: Jesus in the 20th-century Jewish Literary Landscape, New York 2013, 194.
71 HESCHEL, Susannah, The Aryan Jesus: Christian Theologians and the Bible in Nazi Germany, Princeton 2008.

2 Klassiker jüdischer Jesusforschung

Als Pionier der jüdischen Jesusforschung im 20. Jahrhundert hat Joseph Klausner zu gelten.[72] Mit seiner 1922 in Jerusalem erschienenen Jesus-Studie – der ersten, die je auf Hebräisch verfasst wurde – schuf er einen Meilenstein jüdischer Jesusforschung vor der Shoah.[73] Diese Studie inspirierte als zentraler Anknüpfungspunkt nachfolgend nicht nur theologische, sondern auch literarische Jesusinterpretationen[74], wie z. B. die seines Großneffen, des 2018 verstorbenen israelischen Schriftstellers Amos Oz. In seinen Romanen bewahrt Oz ein Andenken an Joseph Klausner und sein Werk. Als meistübersetzter israelische Schriftsteller vermittelt er damit stark verdichtet die Leistungen Klausners jüdischer Jesusforschung an eine breite internationale Öffentlichkeit. Der Einfluss Klausners auf Oz' persönlich-literarisches Jesusbild kommt am Ende des Abschnitts zu Klausner explizit zur Sprache.[75] Anlass dafür ist ein Aspekt, den beide in ihrer jeweiligen Auseinandersetzung mit Jesus teilen und der in Klausners Jesus-Studie deutlicher zum Vorschein tritt, wenn man ihn durch die Brille von Oz betrachtet: Für beide stellen Judentum und Humanismus eine Einheit dar. Diese Einheit lässt sich im Sinne eines ethischen Monotheismus' verstehen. Durch die Hinzunahme von Oz' Jesusbild gewinnt die abschließende Betrachtung seines Großonkels zur Bedeutung Jesu für Jüdinnen und Juden an Klarheit.

Klausners Jesus-Studie entwickelte sich bereits in den 1930er Jahren zu einem Klassiker und diente später als verstärkender Multiplikator für die wissenschaftliche Auseinandersetzung mit einem jüdischen Jesus. So konnten jüdische Forscher ab den 1960er Jahren an Klausner anknüpfend eigene Herangehensweisen an Jesus formulieren.[76]

---

72 Mit Klausners Jesus-Studie beginnt die »eigentliche moderne jüdische Leben-Jesu-Forschung«. BEN-CHORIN, Schalom, Theologia Judaica: Gesammelte Aufsätze, 1. Bd., Tübingen 1982, 3.

73 Der schwedische Theologe Gösta Lindeskog zeigt in seiner Dissertation 1938 einen Überblick zu jüdischen Stellungnahmen, die er im Austausch mit Joseph Klausner und anderen jüdischen Gelehrten wie Ismar Elbogen (1874–1943), oder Claude Joseph Goldsmid-Montefiore (1858–1938) erarbeitete. LINDESKOG, Gösta, Die Jesusfrage im neuzeitlichen Judentum: Ein Beitrag zur Geschichte der Leben-Jesu-Forschung, Mit einem Nachwort zum Nachdruck, Darmstadt 1973 (Uppsala 1938).

74 In Palästina stammten die literarischen Jesusinterpretationen meist aus der zionistischen Literatur zwischen 1922 und den 1940er Jahren. Nennenswert Autoren sind: Uri Zvi Greenberg, Avraham Shlonsky, Natan Bistritsky, Aharon Avraham Kabak, Hayyim Hazaz, und Avigdor Hameiri. Vgl. STAHL, Other and Brother, 6, 13.

75 Zur Beziehung Amos Oz' zu seinem Großonkel Joseph Klausner siehe: WILK, Sina-Christin, Religion als identitätsstiftendes Moment bei Amos Oz: Zum autobiographischen Roman »Eine Geschichte von Liebe und Finsternis«, Saarbrücken 2012.

76 Einen knappen Überblick von Veröffentlichungen über Jesus und das Christentum von jüdischen Autorinnen und Autoren aus dem 20. Jahrhundert bietet in alphabetischer

Im deutschsprachigen Raum war es vor allem Schalom Ben-Chorin, der einen jüdischen Jesus der breiten christlichen Öffentlichkeit erschlossen hat. Dies geschah über eine ganz eigene intuitiv-philosophische Zugangsweise, die, obwohl oft kritisiert, es lohnt genauer zu untersuchen. Vorausgegangen war Ben-Chorins jüdischer Auseinandersetzung mit Jesus die intensive Beschäftigung mit der Christusfigur, die bereits in seinen Kindertagen in seiner katholisch geprägten Heimat in Bayern begann und schließlich 1941 in Jerusalem zur Publikation *Die Christus-Frage an den Juden*[77] führte. Neben einer vertieften religionsgeschichtlichen und exegetischen Zugangsweis, die den klassischen Fragen zum historischen Jesus nachgeht, interessiert sich Ben-Chorin ganz persönlich für die Bedeutung, die Jesus als Jude für ihn hat. Die Auseinandersetzung mit der ethisch-religiösen Lehre Jesu ist dabei für Ben-Chorin zentral. Trotz methodischer Unschärfen in seinem historischen Jesusbild, wie beispielsweise in der Darstellung Jesu als »typischen Rabbiner« oder als jüdischen Charismatiker, war Ben-Chorin jedoch intuitiv einer richtigen Spur gefolgt, wie sich in späteren Arbeiten u. a. von Pinchas Lapides (1922–1997) *Rabbi von Nazaret*[78] oder bei Géza Vermes (1924–2013), in der Rede von Jesus als »galiläischer Chassid«[79] zeigte. Seine persönliche Antwort auf die Bedeutung Jesu für Ben-Chorin lautet: Jesus ist mein jüdischer Bruder. Über sich selbst hinausgehend, fragt Ben-Chorin nach der Bedeutung Jesu für sein Volk. Er sucht die Antworten angesichts der Shoah und der Staatsgründung Israels 1948. Wie sein Lehrer Martin Buber (1878–1965) gilt Ben-Chorin als Brückenbauer des jüdisch-christlichen Dialogs nach dem Zweiten Weltkrieg. Ben-Chorins Dialogarbeit geschieht im Schatten der Shoah. Mit seinem zentralen Werk *Bruder Jesus* streckte er als tiefgläubiger Jude die Hand zum interreligiösen Dialog, zur geschwisterlichen Versöhnung und zum Frieden unter den Religionen aus.

Neben Ben-Chorins *Bruder Jesus* zählt David Flussers Jesus-Monographie zu den verbreitetsten deutschsprachigen Jesusbüchern, die in zahlreiche andere Sprachen übersetzt wurde und bis heute immer wieder neu herausgegeben wird. Flusser

---

Reihenfolge: Lenzen, Verena, Einleitung, in: Ben-Chorin, Schalom, Bruder Jesus: Der Nazarener in jüdischer Sicht, Gütersloh 2005 (= Werke/Schalom Ben-Chorin. Hrsg. u. eingel. v. Verena Lenzen unter Mitwirkung v. Avital Ben-Chorin; Bd. 4), VII–XVII, hier: XIII, n24. – Als prominente Verteterinnen des 21. Jahrhunderts sind darüber hinaus zu nennen: Susannah Heschel (*1952) Abraham Geiger and the Jewish Jesus (1998), Paula Fredriksen (*1951), From Jesus to Christ, New Haven London 1988, Dies., Jesus of Nazareth, New York 1999; Dies. When Christian were Jews, New Haven London 2018; Adele Reinhartz (*1953), Jesus of Hollywood, New York 2007; oder Amy-Jill Levine (*1956), The Misunderstood Jew: The Church and the Scandal of the Jewish Jesus, San Francisco 2006.

77 Ben-Chorin, Schalom, Die Christus-Frage an den Juden: Vortrag, gehalten in der Newman School of Mission »Thabor« in Jerusalem vor einem Kreis christlicher Theologen, am 17. Oktober 1940. Wiederholt am 16. Januar 1941 vor jüdischen Hörern, Jerusalem 1941 (= Niru Nir Heft 2).

78 Lapide, Pinchas, Der Rabbi von Nazaret: Wandlungen des jüdischen Jesusbildes, Trier 1974.

79 Vermes, Géza, Jesus der Jude. Ein Historiker liest die Evangelien = Jesus the Jew. A Historian's Reading of the Gospels, übers. v. Alexander Samely, bearbeitet v. Volker Hampel, Neukirchen-Vluyn 1993 (engl. 1973), 64–66, 71.

misst den synoptischen Evangelien nicht nur eine hohe historische Bedeutung zu, sondern vermag aus ihnen sogar eine biographische Entwicklung Jesu herauszuarbeiten. Seine Aussagen gipfeln darin, dass Jesus ein messianisches Bewusstsein hatte. Flusser erforschte komparatistisch jesuanische und rabbinische Gleichnisse, die ihn zu einem der renommiertesten Gleichnisforschern seiner Zeit machte und wichtige Impulse für die weitere Erforschung dieser setzte. Der Einfluss seiner Jesus-Studien bewirkte auf evangelikale US-Christen eine positive Deutung von Tora und Judentum. Zudem gehörte er zu jenen frühen Jesusforschern, die sich nach der Shoah zuerst auf christologische Fragen einließen. Dabei zeigt er, dass christologisches Denken nicht erst mit den ersten kirchlichen Dogmen oder der hellenistischen Philosophie entstand, sondern die Wurzeln der Christologie zeitlich vor der Geburt Christi liegen und im Judentum angelegt sind. Die Auseinandersetzung der christologischen Ansätze Flussers bilden dann auch die Brücke zum dritten Teil dieser Arbeit.

2.1 Joseph Klausner (1874–1958): Jesus von Nazareth (1922)

Joseph Gedaliah Klausner (1874–1958) wurde 1874 in Olkeniki bei Vilnius, im damaligen russischen Zarenreich geboren und starb 1958 in Jerusalem. 1885 übersiedelte seine Familie nach Odessa. Dort besuchte Klausner eine Jeschiwa und erlernte neben Mathematik, Geschichte und Geographie, die russische, deutsche und hebräische Sprache; zugleich beschäftigte er sich intensiv mit Bibel- und Talmudstudien. Aus Krankheitsgründen konnte er das Lateinische Gymnasium nicht besuchen, erhielt aber Privatunterricht in griechischer und lateinischer Sprache, sowie in Französisch, Englisch und Altslavisch. In Odessea schloss er sich der Bewegung für die Wiederbelebung der hebräischen Sprache an, eine Leidenschaft, die ihn Zeit seines Lebens begleitete. Ab 1897 studierte er in Heidelberg semitische und moderne Sprachen, Geschichte und Philosophie. Nach Abschluss seiner Studien kehrte Klausner zunächst nach Odessa zurück und lehrte dort Judaistik, bevor er 1919 nach Jerusalem immigrierte. Von 1925 bis 1945 dozierte er dort als Professor für jüdische Geschichte und neuhebräische Literatur an der Hebräischen Universität.[80] Sein Jesus-Buch ישו הנוצרי: זמנו חייו ותורתו (*Jesus von Nazareth. Seine Zeit, sein Leben und seine Lehre*) erschien 1922 in Jerusalem (Verlag Stibel). Es ist damit die erste geisteswissenschaftliche Jesus-Deutung, die auf Neuhebräisch zur historischen Gestalt Jesus, aus jüdischer Hand, geschrieben wurde, ohne die Bestrebung, Juden zur christlichen Religion zu bekehren oder sie vom Judentum fernzuhalten. Dem hebräisch lesenden Adressatenkreis legte Klausner damit eine innovative Jesus-Studie ohne feindselige

---

80 Vgl. Editorial Staff, Art. Klausner, Joseph Gedaliah, in: EJ 10 (1971-1972), 1091f.; siehe auch Curriculum vitae, in: KLAUSNER, Joseph, Die Messianischen Vorstellungen des jüdischen Volkes im Zeitalter der Tannaiten: kritisch untersucht und im Rahmen der Zeitgeschichte dargestellt, Uni Heidelberg, Dissertation 1901, Berlin (Druck bei Joseph Fischer in Krakau, Grodgasse 62) 1904, ohne Seitenangabe.

oder apologetische Haltung vor.[81] Dennoch löste das Buch einen »ungeheuren Skandal«[82] unter Juden und Christen aus, da er die zentrale christliche Heilsfigur als überzeugten, vollgültigen und reformorientierten Juden präsentierte. Nur drei Jahre nach der Erstveröffentlichung 1922 folgten 1925 eine englische und 1930 eine deutsche Übersetzung des Buches. Aufgrund fundierter Kenntnisse der jüdischen Tradition und der rabbinischen Literatur war es Klausner möglich, Jesus als Juden seiner Zeit zu porträtieren.[83] »He stresses the Jewishness of Jesus, claiming that he was a proud Jew and never abandoned Judaism, and that he regarded himself as the Jewish messiah. Klausner holds that Jesus' humanistic message, though sometimes more extreme and impracticable than similar contemporary Jewish doctrines, fitted the Judaism of the time.«[84]

In der Beilage zur dritten, erweiterten Auflage von 1952 setzte Klausner sich kritisch mit den Ergebnissen der in der christlichen neutestamentlichen Forschung zu dieser Zeit dominierenden formgeschichtlichen bzw. traditionsgeschichtlichen Schule auseinander.[85] Diese entwickelte das »Differenzkriterium«, ein religions-methodischer Vergleich. Damit sollte der Kern der authentischen Jesusüberlieferung zu finden sein, wenn in Bezug auf Jesus alles ausgeklammert würde, was aus dem Judentum oder dem Urchristentum ableitbar war.[86] Gegenargumente zog Klausner aus dem Kohärenzkriterium, demzufolge die inhaltliche Übereinstimmung aller fraglichen Quellen als wichtiges Indiz für die Historizität Jesu gelten. Klausner weist damit in beachtlicher Weise eine einseitige neutestamentliche Methodik der Leben-

---

81 Vgl. KLAUSNER, Jesus von Nazareth, 9f.
82 Oz, Amos, Eine Geschichte von Liebe und Finsternis = סיפור על אהבה וחושך, Roman – Aus dem Hebräischen von Ruth Achlama, Berlin 2016 (hebr. 2002), 154. Im Roman wird als Erscheinungsjahr 1921 für Klausners Jesus-Buch angegeben, es erschien aber erst 1922.
83 Editorial Staff, Art. Klausner, Joseph Gedaliah, in: EJ 10 (1971–1972), 1091f.
84 FLUSSER, David, Art. History of Christianity, in: EJ 10 (1971–1972), 1094f.
85 Die wichtigsten Argumente, siehe in Teil II, Kap. 1.3 »Wissenschaft des Judentums«. Zusammenfassend sind nach Klausner die wichtigsten Argumente der »formgeschichtlichen Schule« (R. Bultmann, M. Dibelius, K. L. Schmidt u. a.): 1. Selbst das Markusevangelium, als ältestes der vier Evangelien, ist zu spät entstanden, um darin historisch-biographisches Material zur Person Jesu zu finden, sondern sei »Predigt und Glaubenspropaganda«. Zur Zeit ihrer Abfassung gab es »christliche« Gemeinden, die bereits unter dem paulinischen Einfluss waren. Die Evangelien selbst seien eine Art Anekdoten-Erzählung mit polemischer Schärfe, wie das Genre der »Diatribe« (gr. διατριβή), das vor allem unter den gebildeten Hellenen weit verbreitet war. 2. Die Abschnitte der Evangelien haben keine zugrundliegende Chronologie bzw. auch keinen pragmatischen Zusammenhang und lassen daher keine wirkliche Biographie Jesu zu. Ebenso verhält es sich mit der Quellenschrift Q (»Logienquelle«), die hauptsächlich in Matthäus und Lukas vorkommt. Sie bietet mit Sicherheit keine wirklichen Aussprüche Jesu, sondern diente der Predigt und sammelt pointierte Sentenzen, sogenannte »Apophthegmen« (gr. ἀπόφθεγματα) ohne historische Wahrheit. 3. Die Abschnitte der Evangelien und die »Logia« lassen Einblicke und Rückschlüsse in die Geschichte der Anfänge der Kirche zu, haben aber keine historische Bedeutung für eine Rekonstruktion von Jesu Leben. Vgl. KLAUSNER, Joseph, Jesus von Nazareth: Seine Zeit, sein Leben und seine Lehre, Jerusalem ³1952, 575–578.
86 Vgl. THEIßEN/MERZ, Der historische Jesus, 23.

Jesu-Forschung konstruktiv zurück. Vor allem wird von ihm die starke Betonung des »Differenzkriteriums« hinterfragt, demzufolge eben die Unähnlichkeit zwischen Jesus und seinem Judentum bzw. Urchristentum auf wirkliche Originalität Jesu schließen lässt. Dieses Argument führte bei christlichen Theologen oft dazu, Jesus in seinem Judentum »un-jüdisch« darzustellen, weil er nicht aus seiner jüdischen Tradition heraus verstanden, sondern in Opposition zu seinem Judentum gestellt wurde.[87]

a) Motive – Methoden – Kritik

In der Erforschung des soziokulturellen Kontexts der Zeit des Zweiten Jerusalemer Tempels fällt Klausners Interesse auf die in dieser Periode einzuordnende historische Gestalt Jesus von Nazareth, die er wegen seiner Einheit von Leben und Lehre einen »großen Neuerer«[88] nennt.

Klausner würdigt Jesus aus jüdischer Perspektive durch eine konsequente Situierung seiner Gestalt in den genuin jüdischen Verstehenshorizont seiner Epoche. Mit dieser Verortung vertritt Klausner jenen methodischen Ansatz, der heute in der neutestamentlichen Exegese seine Evidenz hat: Der historische Kontext von Politik, Ökonomie und religiösem Leben zur Zeit Jesu sind nicht unabhängig von Jesu Lehre zu untersuchen, und umgekehrt.[89] Sinngemäß mit Heinrich Graetz hält Klausner fest, »daß wer immer die Bedeutung von Jesus herabsetzt, damit zugleich den Wert des Judentums schmälert, aus dem Jesus seine Lehre geschöpft hat«[90].

Indem Klausner weder dem Judentum den Vorzug vor dem Christentum gibt noch umgekehrt, ist er seiner Zeit weit voraus, nimmt er damit doch die Prinzipien heutiger jüdischchristlicher Forschung vorweg. Sein Anspruch ist, mit wissenschaftlicher Objektivität an die Thematik heranzugehen und zu zeigen, worin sich beide Religionen »gleichen und wodurch sie sich unterscheiden, ohne im Geringsten ein Urteil abzugeben, ob diese Unterschiede Vorzüge oder Fehler des einen oder anderen sind«[91].

Klausners religionsvergleichender Ansatz formuliert eine koexistenzielle Grundhaltung von jüdischer und christlicher Religion. Er wollte »eine Vorstellung vom Anderssein und der Verschiedenheit von Judentum und Christentum«[92] aufzeigen, die auf einen gemeinsamen Ursprung zurückgeht. Heute bilden Judentum und Christentum – bei aller Verbundenheit – zwei differente und eigenständige Religionen. Aus der wissenschaftlichen Analyse der religiösen Unterschiede leitete Klausner eine Eigenständigkeit des Judentums und seine Existenzberechtigung ab.[93] Au-

---

87 Vgl. GRUNDEN, Fremde Freiheit, 10.
88 KLAUSNER, Jesus von Nazareth, 8.
89 Vgl. ebd., 10f.
90 Vgl. ebd., 146.
91 Vgl. ebd., 9.
92 Ebd., 8.
93 Vgl. ebd., 9.

ßergewöhnlich ist das angewendete Verfahren deshalb, weil die Koexistenz beider Religionen ausgehend von der Gestalt Jesu durchbuchstabiert wird und dieser dabei sowohl Bindungs- als auch Trennungsglied ist. So zeigt der Geschichtsverlauf, dass das Bekenntnis einer jüdischen Person zu Jesus im institutionellen Verständnis von Kirche und Synagoge darüber entschied, ob jemand Christ oder Jude ist. Klausner war bewusst, dass die angewendete Methode sowohl bei Juden als auch bei Christen zu Kritik führen würde. Christliche Theologen, so seine sich bewahrheitende Annahme, würden seiner Studie eine rein subjektive Perspektive unterstellen »weil sein Verfasser Jude ist und hebräisch schreibt«.[94]. Klausner einen Subjektivitätsvorwurf zu machen oder ihm zu unterstellen »Proselyten unter den Christen zu machen«, weist dieser mit Blick auf die christlichen Kritiker zurück, da gerade sie selber »für die Juden fortwährend Missionsgesellschaften gründen«[95]. Von apologetischen und missionarischen Vertretern der unterschiedlichen Religionen distanziert sich Klausner klar. Ihr überheblichkeitsorientiertes Gehabe, in dem sie den Vorzug der eigenen Religion über den der anderen stellen und dadurch abwerten, lehnt er deutlich ab.[96]

Klausner widerlegt ein scheinbar einheitliches Pharisäer-Bild im Neuen Testament durch die Einbeziehung außerbiblischer Quellen. Es ist ein verzerrtes Pharisäer-Bild, das Klausner damit korrigiert, indem er zeigt, dass es keine einheitliche pharisäische Strömung zur Zeit Jesu gab. Dabei verweist er u. a. auf den talmudischen Typus des Liebespharisäer nach der Schule des Hillel.[97] Einer christlichen Agitation, die versucht das Judentum durch die negative Beurteilung einzelner Personen oder Gruppierungen als nachteilhaft darzustellen, gebietet Klausner Einhalt:

> Was würden die christlichen Gelehrten sagen, wollten wir das Christentum weder nach seinem Stifter, noch nach seinen ersten Kirchenvätern, Heiligen und Märtyrern beurteilen, sondern nach den vielen heuchlerischen und scheinheiligen Christen aller Zeiten? Eine Religion [...] sollte nach ihren Lehrprinzipien und ihren besten Vertretern beurteilt werden, und nicht auf Grund der mehr oder weniger großen Zahl unwürdiger Anhänger, denn ihre Besten und nicht ihre Schlechtesten entscheiden über ihren wahren Wert.[98]

Dieser nüchternen Beurteilung einer Religion entspricht auch Klausners Anspruch, »im Rahmen der objektiven Wissenschaft zu bleiben und jede subjektive-religiöse oder nationale Tendenz zu vermeiden, die außerhalb des Bereichs der Wissenschaft läge«.[99] In seinem Werk hält er diesen Anspruch meist ein, da er die historische, literaturwissenschaftliche, philologische und judaistische Fachkompetenz seiner Zeit bündelt und damit die besondere Beziehung Jesu zu seinem Judentum und jene der Juden zu Jesus hervorhebt.[100] An einem Punkt jedoch unterläuft Klausner

---

94 Ebd.
95 Ebd.
96 Vgl. ebd., 8.
97 Vgl. ebd., 302.
98 Ebd., 290.
99 Ebd., 8.
100 Vgl. ebd., 9.

seinen Anspruch von Objektivität: Als Zionist legt er auch national-jüdische Maßstäbe an, um den historischen Jesus zu bestimmen. Dass dies nicht möglich ist, gesteht er sich jedoch – unwillig – selbst ein, denn die Gestalt und Lehre Jesu, wie sie Klausner herausarbeitet, ist nicht in politisch-nationalen Kategorien, und damit auch nicht in zionistischen fassbar.[101]

b) Quellen und Aufbau der Arbeit

Gründliche Kenntnisse des zeitgenössischen Judentums Jesu, das ebenso das Judentum seiner Jüngerinnen[102] und Jünger war, sind für Klausner erforderlich, um überhaupt historische Aussagen über Jesus treffen zu können und so die Ursprungsgeschichte des Christentums zu verstehen.[103] Schon in seiner an der Philosophischen Fakultät der Heidelberger Universität eingereichten Dissertation zum Thema *Die messianischen Vorstellungen des jüdischen Volkes im Zeitalter der Tannaiten* (1901) verweist Klausner im Vorwort auf die Relevanz seiner Untersuchung für das Christentum:

> Das tannaitische Zeitalter ist zugleich die glänzendste Periode des Urchristenthums. In den 300 Jahren, welche mit Hillel dem Aelteren beginnen und mit Jehuda I., dem Redacteur der Mischnah und dem letzten Tannaiten, zu Ende sind, entsteht das Christenthum in Galiläa, entwickelt und verbreitet sich über den ganzen antiken Erdball und wird zur Weltreligion. Die messianischen Vorstellungen des jüdischen Volkes in diesen drei Jahrhunderten können daher auch für die Forscher des Urchristenthums nicht gleichgiltig sein. Und durch die im vorliegenden Werke versuchte Trennung der messianischen Vorstellung der Tannaiten in *vorhadrianischer* Zeit von den tannaitischen Vorstellungen der *nachhadrianischen* Periode, wird es den Christologen viel leichter, die ursprünglichen christologischen Vorstellungen von den späteren zu unterscheiden. Möge das Werk nicht blos zum Verständnis der älteren jüdischen Messianologie beitragen, sondern auch die kritische Erforschung der ursprünglichen Christologie fördern![104]

Die Herkunftsgeschichte Jesu aus dem galiläisch-palästinischen Judentum und die insbesondere in den synoptischen Evangelien enthaltene Lehre Jesu kann nur im Zusammenhang mit Talmud und Midrasch[105] Auskunft über die Relevanz seiner

---

101 Vgl. GRUNDEN, Fremde Freiheit, 8.
102 »Petrus besaß eine Schwiegermutter (Mk 1,30) und verkündete offenkundig nachösterlich zusammen mit seiner Frau, wie auch die Brüder Jesu mit den ihren – vgl. 1 Kor 9,5.« STOWASSER, Martin, Ehescheidung und Wiederheirat in der neutestamentlichen Überlieferung, in: PZB 25/2 (2016), 73-97, hier: 73.
103 Vgl. KLAUSNER, Jesus von Nazareth, 112.
104 KLAUSNER, Joseph, Die Messianischen Vorstellungen des jüdischen Volkes im Zeitalter der Tannaiten: kritisch untersucht und im Rahmen der Zeitgeschichte dargestellt, Uni Heidelberg, Dissertation 1901, Berlin (Druck bei Joseph Fischer in Krakau, Grodgasse 62) 1904, V.
105 Die jüdischen Quellen zu Jesus aus Talmud und Midrasch sind gering, meist polemisch und apologetisch; sie leugnen jedoch die historische Existenz Jesu nicht. Trotz der Darstellung als »Frevler in Israel«, der Zauberei betrieb, sein Volk irreleitete, die Worte der Weisen verspottete, die Tora eigenmächtig auslegte oder ihr etwas zufügte, »so blieb er doch in jeder Beziehung ein Sohn Israels« und die Tannaiten schätzten ihn aufgrund seiner Schriftauslegung im Geiste des haggadischen Midrasch mehr als die Propheten der

Lehre im damaligen Palästina geben, die zu Annahme oder Ablehnung führte.[106] Diese Kontextualisierung gilt Klausner als Echtheitskriterium für die Lehre und Existenz Jesu.[107] Vehement tritt er gegen die im 20. Jahrhundert wiederkehrende, zu Beginn des 18. Jahrhunderts entstandene Ansicht aus der Leben-Jesu-Forschung ein, dass Jesus nie gelebt habe.[108]

Klausner weiß als Historiker um die tendenziösen Aussagen in Talmud und Midrasch, die Jesus als Bastard einer Ehebrecherin mit einem gewissen Römer namens ben Pandera verunglimpfen. Eingängig untersuchten diese Stellen zuletzt beispielsweise die Judaisten Johann Maier und Peter Schäfer.[109] Letzterer zeigt, wie darin die neutestamentliche Geburtsgeschichte Jesu zu einer talmudischen »Gegenerzählung«[110] umformuliert wurde, die nichts von einer davidischen Abstammung Jesu wissen möchte.[111]

Lediglich an zwei Stellen[112] in der Textfülle des Talmud spricht sich der Text gegen Jesu jüdische Abstammung aus. Es sind dunkle Untertöne, in denen dort die neutestamentliche Familiengeschichte Jesu nachklingt. Der Kontext der diskursiv geführten rabbinischen Debatten um die Abstammungserzählung Jesu ist eingebettet in Fragen, ob es am Schabbat erlaubt oder verboten sei, Buchstaben zu schreiben (es ist verboten), darunter zählt auch die Frage nach Tätowierungen.

Heiden und bezeugten ihm einen Anteil an der kommenden Welt. Vgl. KLAUSNER, Jesus von Nazareth, 19, 56.
106 Vgl. ebd., 55–57.
107 Vgl. GRUNDEN, Fremde Freiheit, 9.
108 Vgl. KLAUSNER, Jesus von Nazareth, 138.
109 Im Babylonischen Talmud wird hier Jesus namentlich nicht genannt, sondern in in unterschiedlichster Schreibweise ein gewisser »Ben Stada/Pandera/Panthera oder Pantiri«. Nach Peter Schäfer handelt es sich dabei um Patronyme für Jesu Vater; Johann Maier lehnte dies ab: Siehe dazu: SCHÄFER, Peter, Jesus im Talmud, Tübingen ³2017, 29; MAIER, Johann, Jesus von Nazareth in der talmudischen Überlieferung, Darmstadt ²1992 (= Erträge der Forschung 82), 243, 264–267. – Siehe auch: SCHÄFER, Peter, Jüdische Polemik gegen Jesus und das Christentum: Die Entstehung eines jüdischen Gegenevangeliums, hg. v. Heinrich Meier, München 2017 (= Themen/Carl Friedrich von Siemens Stiftung 103); ULMER, Rivka, Art. Jesus: Rabbinic Judaism, in: EBR (2017), [DOI: 10.1515/ebr.jesus].
110 Ekkehard Stegemann (1945–2021) verweist darauf, dass der Begriff »Gegenerzählung« von David Biale, Professor für jüdische Geschichte, und seinem Jerusalemer Lehrer Amos Funkenstein stammt. Sie führten den Begriff ein »um polemische Umdeutungen kollektiver Erinnerungen und subversive Angriffe [...] zu charakterisieren«. STEGEMANN, Ekkehard W., Wenn Jesus in die Hölle versetzt wird: Peter Schäfer auf den Spuren eines »Gegenevangeliums« im Talmud (vom 26. Januar 2008), in: NZZ 21 (2008), 72.
111 Vgl. SCHÄFER, Jesus im Talmud, 29.
112 bSchab 104b; bSanh 67a. Die Parallelstellen finden sich nicht in herkömmlichen Talmudausgaben, stehen aber in einer nicht von christlicher Seite zensierten Talmudhandschrift (online) zur Verfügung. Siehe: Babylonischer Talmud, Manuscript München Codex Hebraicus 95, Paris 1342, in: http://www.seforimonline.org/babylonian-talmud-manuscript-munich-codex-hebraicus-95/ (Abruf: 11.11.2019). Abgesehen von achtzehn Blatt enthält der Codex Hebraicus 95 den gesamten Talmudtext auf 570 großformatigen Pergamentblättern.

Die in diesem Zusammenhang nicht namentliche genannte Figur (die aber mit Jesus zu identifizieren sein wird),[113] entstammt einer nicht erlaubten Verbindung zwischen seiner Mutter Miriam/Maria, einer angeblichen Ehebrecherin oder Prostituierten, mit einem römischen Soldaten. Der Unbekannte wird hier zum *mamzer*, einem illegitimen Kind. Der Begriff *mamzer* ist ein Schimpfwort, und bedeutet so viel wie »Bastard«. In den mittelalterlichen *Toledot Jeschu* (übersetzt in etwa »Lebensgeschichte Jesu«) wird dieser Begriff ebenfalls verwendet und sogar noch gesteigert, s. u.). Wenn nun Miriam/Maria eine Ehebrecherin war, dann hätte sie nach biblischem Verständnis die Strafe der Steinigung (vgl. Dtn 22,22) verdient, und der legale Kindes-Status als Bastard hätte diesen und all seine Nachkommen aus der »Versammlung des Herrn« (Dtn 23,3) ausgeschlossen. Diese Erzählung ist somit die radikale Gegenerzählung zur neutestamentlichen Erzählung von der Jungfrauengeburt durch Maria.[114] So polemisch im Talmud die Herkunft Jesu dargestellt wird, so sehr bleibt der Diskurs jedoch gleichzeitig im rabbinischen Kontext verhaftet. Der Status eines *mamzer* ist sicher kein besonders positiver, aber im innerjüdischen Diskurs immerhin ein legaler Status.

Dass diese Anschuldigungen gegen Jesus bzw. seine Mutter im Judentum des 2. Jahrhunderts weit verbreitet waren, belegen Texte von Celsus[115] und Tertullian[116]

---

113 Siehe: SCHÄFER, Jesus im Talmud, 33–36.
114 Siehe dazu: BOYARIN, Daniel, Dying for God: Martyrdom and the Making of Christianity and Judaism, Stanford, California 1999, 154, Anm. 27.
115 Origenes (185–253/4) spiegelt nur in Zitaten die nicht erhaltene Schrift *Alethês Logos* des paganen Philosophen Kelsos wider, die Mitte des 2. Jahrhunderts verfasst wurde. Darin lässt Kelsos einen Juden auftreten, der mit Jesus selbst gesprochen hatte und diesem vorwirft, »dass er sich fälschlich als den Sohn einer Jungfrau ausgegeben habe«. Tatsächlich aber stamme »er [Jesus] aus einem jüdischen Dorf und von einer einheimischen armen Handarbeiterin, [...] diese sei von ihrem Manne, der seines Zeichens ein Zimmermann gewesen, verstoßen worden, als des Ehebruchs schuldig.« Weiter bringt er [der Jude] vor »von ihrem Manne verstoßen und unstet und ehrlos umherirrend, hätte sie den Jesus heimlich geboren. Dieser habe aus Armut sich nach Ägypten als Tagelöhner verdungen und dort sich an einigen Zauberkräften versucht, auf die die Ägypter stolz seien; er sei dann zurückgekehrt und habe sich viel auf diese Kräfte eingebildet und sich ihretwegen öffentlich als Gott erklärt.« ORIGENES, Contra Celsum (Gegen Kelsos), I, 28: Aus dem Griechischen übersetzt von Paul Koetschau. (Bibliothek der Kirchenväter, 1. Reihe, Band 52 und 53) München 1926. (Translation, Deutsch); https://bkv.unifr.ch/works/136/versions/154 (Abruf: 30.8.2024). Jesus wird hier als Sohn einer Ehebrecherin dargestellt, die von ihrem Mann verstoßen wurde. Der Sohn der Ehebrecherin erlernte in Ägypten Zauberkräfte und gab sich sogar als Gott aus. Eine Wiederholung dieser Anschuldigungen finden sich in einem weiteren Zitat, dort nennt der Jude zudem den Beruf und den Namen von Jesu Vater. »Doch wir wollen uns nun wieder zu den Worten zurückwenden, die Celsus den Juden sagen läßt, zu der Behauptung nämlich, ›die Mutter Jesu sei von dem Zimmermann, mit dem sie verlobt war, verstoßen worden, weil sie des Ehebruchs überführt worden sei und von einem Soldaten namens Panthera geboren habe.‹« ORIGENES, Contra Celsum, I, 32; vgl. ebd., I, 69.
116 Der Kirchenvater Tertullian (um 150–220) schreibt in seinem christlich apologetischen Werk *De spectaculis* (ca. 200), im Zusammenhang mit dem jüngsten Gericht, dass dort jene

übereinstimmend. Die Erwähnungen im Talmud stärkten Klausners These, dass diese Anschuldigungen schon sehr früh im Judentum, eben im 2. Jahrhundert, kursierten.[117] Wie schwierig eine Datierung der Stellen und der rechte Umgang mit ihnen ist, wurde in der judaistischen Fachwissenschaft detailliert diskutiert.[118] Unabhängig von ihrer jeweiligen Forschungsfrage sind sich beide zumindest in einer Sache erstaunlich einig: Der Talmud enthält keine Textstellen, in denen ein »historischer« Jesus zu finden ist.[119] Diese Einigkeit ist für die Leserschaft nützlich, um bei den umstrittenen und provokanten Jesusstellen nicht in ein altbekanntes polemisches Spannungsfeld von christlichem Antijudaismus oder jüdischer Apologetik gezogen zu werden. Die Jesus-Passagen haben *per se* einen Wert im genuin innerjüdisch-

---

Heiden und Juden bestraft werden, »die gegen die Person des Herrn [Christus] selbst gefrevelt haben«, die ihn den »Sohn des Zimmermanns und der Dirne« genannt haben und als »Sabbatschänder« verhöhnten und als vom »Teufel« besessen beschimpften. Zudem wird der Vorwurf erhoben, die Juden haben Jesus »misshandelt, durch Anspeien besudelt, mit Galle und Essig getränkt« und letztlich haben Jesu »Schüler [ihn] heimlich entwendet [...], um nachher sagen zu können, er sei auferstanden«. Am Schluss schreibt Tertullian noch hämisch-ironisch, dass es wohl der Gärtner sei, der Jesus »beiseite geschafft hat, damit nicht durch die Menge der Besucher sein Salat beschädigt würde.« TERTULLIAN, De spectaculis (Über die Schauspiele), 30, 6: Aus dem Lateinischen übersetzt von Dr. K. A. Heinrich Kellner. In: Tertullian, private und katechetische Schriften. (Bibliothek der Kirchenväter, 1. Reihe, Band 7) München 1912, 101-136. (Translation, Deutsch); https://bkv.unifr.ch/works/23/versions/35 (Abruf: 6.2.2021).

117 SCHÄFER geht davon aus, dass in Babylonien bereits ab dem 2. Jahrhundert eine Version von Tatians *Diatessaron* vorlag. Diese Evangelienharmonie nimmt die vier Evangelien auf, versucht eine einheitliche Lebens- und Wirkungsgeschichte Jesu zu erzählen und zeigt dabei eine Vorliebe für das Johannesevangelium. Das *Diatessaron* beginnt mit dem Johannesprolog und fügt die synoptischen Evangelien in ihren strukturellen Aufbau ein. Darauf, so Schäfer, reagieren die talmudischen Jesus-Stellen am Ende des 3., anfangs des 4. Jahrhunderts. Zudem könnte der Bavli aber auch auf die Peschitta, dem Neuen Testament der syrischen Kirche reagieren. Das *Diatessaron* wird im 5. Jahrhundert von der Peschitta abgelöst, die die einzelnen Evangelien überliefert. Vgl. Jesus im Talmud, 18, 248f., 259. Mit der Verbreitung von Evangelien-Texten bis nach Babylonien erklärt Schäfer nachvollziehbar, wie es zu einer Auseinandersetzung in den rabbinischen Akademien über Leben und Tod Jesu kommen konnte. Der historische Wert der vorwiegend babylonischen Talmud-Texte liegt für Schäfer in den »fein gesponnene[n] Gegenerzählungen« (17) zu den Evangelien. Es ist sozusagen die Wirkungsgeschichte der Evangelien, die sich in den talmudischen Texten wiederfindet. Was die Abstammung Jesu betrifft, so wird diese parodiert durch eine »Gegenerzählung« zur Jungfrauengeburt, wie sie im Matthäus- und Lukasevangelium steht. Jesus ist, wie in der wiedergegebenen Polemik durch die Kirchenväter dargelegt, die Frucht eines Ehebruches.
118 So kommen Johann Maier und Peter Schäfer zu unterschiedlichen Forschungsergebnissen in der Bewertung der talmudischen Jesuspassagen. Jedoch sind ihre methodischen Prämissen grundverschieden, da ihr Disput eigentlich ein Perspektivenstreit ist: Maier untersucht, ob ein historischer Jesus im Talmud zu finden ist; Schäfer hingegen geht der Spur einer Historizität des »erzählten Jesus« nach. Maier verdeutlicht akribisch, wie schwierig die talmudische Quellenlage ist. Schäfer hingegen gelingt es, diese Quellenlage klar auf seine Fragestellung hin zu kontextualisieren. Vgl. SCHÄFER, Jesus im Talmud, 18f.
119 Vgl. Ebd. 192; MAIER, Jesus von Nazareth in der talmudischen Überlieferung, 273.

talmudischen Diskurs, in den sie hinein verwoben sind. Darüber hinaus bieten sie Einblicke in die Existenz jüdischer Debatten und Diskussionen, die das Jesusbild einer christlichen Gesellschaft reflektieren.[120]

Wer die teils polemischen Stellen, wie schon Klausner, aus einer aufgeklärten Perspektive liest, kann sich heute mit einer apologetischen Begründung dieser Stellen kaum zufriedengeben.[121]

Diese Haltung gilt auch im Umgang mit der romanhaften jüdischen Volkslegende *Toledot Jeshu* (hebr. תולדות ישו, Geschichte Jesu), die am Anfang der zweiten Hälfte des ersten Jahrtausends entstand und im Mittelalter weit verbreitet war. Bis ins 20. Jahrhundert hinein wurde sie christlicherseits als jüdische »Schmähschrift«[122] bezeichnet; viel treffender kann sie aber als eine »Äußerung des jüdischen Überlebenskampfes«[123] verstanden werden.[124] Die negativen talmudischen Aussagen über Jesus sind darin teils gesteigert.[125] Sie enthalten zwar keine historischen Aussagen über Jesus, bringen aber dennoch – so Klausner – sehr wohl zum Ausdruck, von welchem Geist gegenüber der Begründungsfigur der christlichen Religion die »Juden im frühen Mittelalter beseelt waren«[126].

---

120 Vgl. MAIER, Jesus von Nazareth in der talmudischen Überlieferung, 274; SCHÄFER, Jesus im Talmud, 18f. – Die talmudische Auseinandersetzung mit Jesus bzw. Christus bildet einen gegenseitigen Profilierungsprozess anhand eines sich herausbildenden rabbinischen Judentums und eines sich parallel dazu immer stärker dogmatisch absichernden Christentums heraus. »Vor allem die im Christentum allmählich konkrete Gestalt annehmende Idee einer göttlichen Zweiheit (Vater und Sohn) bzw. Dreiheit (Vater, Sohn und Heiliger Geist) hat im rabbinischen Judentum deutlichere Spuren hinterlassen als bisher meist angenommen.« SCHÄFER, Peter, Die Geburt des Judentums aus dem Geist des Christentums: Fünf Vorlesungen zur Entstehung des rabbinischen Judentums, Tübingen 2010 (= Tria corda 6), IX.

121 Siehe: KRUPP, Michael, Messias, Tübingen 2018, 166.

122 Die literarische Darstellung entspricht aus heutiger Sicht mit Johann Maier am ehesten einer »satirischen, parodierenden Erzählung (im Sinne des mittelalterlichen Romans)«. MAIER, Johann, Art. Toledot Jeschu, in: Kleines Lexikon des Judentums (²1987), 301.

123 SCHLICHTING, Günter, Ein jüdisches Leben Jesu: Die verschollene Toledot-Jeschu-Fassung Tam ū-muʿād; Einleitung, Text, Übersetzung, Kommentar, Motivsynopse, Bibliographie, Tübingen 1982 (= Wissenschaftliche Untersuchungen zum Neuen Testament 24), V.

124 Vgl. SCHÄFER, Peter, Introduction, in: SCHÄFER, Peter/MEERSON, Michael/DEUTSCH, Yaacov (Hgg.), Toledot Yeshu (»The life story of Jesus«) revisited: A Princeton conference, Tübingen 2011 (= Texts and Studies in Ancient Judaism 143), 1–11, hier: 3. – Deutsch spricht davon, dass die *Toledot Jeshu* die christliche Jesus-Erzählung »upside down« wiedergeben und meint damit, dass die neutestamentlichen Erzählungen als Fakten in den *Jeshu* akzeptiert werden, aber die Erzählungen konträr zur christlichen Deutung stehen. So werden Wundergeschichten über Jesus für wahr gehalten, aber dadurch erklärt, dass Jesus diese Wunder nicht tun konnte, weil er der Sohn Gottes war, sondern weil er Magie betrieb und durch den Diebstahl des göttlichen Namens (des »Schem«) übernatürliche Kräfte erlangte. Vgl. DEUTSCH, Yaacov, Art. Jesus: Medieval Judaism, in: EBR (2017), [DOI: 10.1515/ebr.jesus].

125 Siehe dazu: BERGMANN, Juda, Art. Toledot Jeschu, in: Jüdisches Lexikon 4 (1930), 973–974, hier: 974.

126 KLAUSNER, Jesus von Nazareth, 66. – Die *Toledot Jeshu* sagen nicht nur etwas darüber aus, wie Juden im Mittelalter über Jesus dachten, sondern eröffnen mittlerweile andere Frage

Klausners knapp 600-seitige Studie ist in acht einzelne Bücher unterteilt. In mühevoller Arbeit und angetrieben vom »Suchen nach der Wahrheit«,[127] verwendete er exegetisch-theologische und philosophisch-historische Quellen aus jüdischer, christlicher und paganer Tradition in Verbindung mit umfangreicher Sekundärliteratur. Die Arbeit selbst lässt sich inhaltlich in zwei Teile gliedern, deren erster Teil (Buch 1–2) sich mit der allgemeinen Quellenlage zu Jesus beschäftigt.[128] Das erste Buch behandelt die Quellentexte zu Jesus, die Klausner nach Ursprung, Sprache und Bedeutung ordnet. Sie ermöglichen einen Einblick in unterschiedliche Zeitstimmungen, Umgebungen, politische Bedingungen, religiöse und ethische Anschauungen. Im zweiten Buch wird konkret das politische, ökonomische und religiöse Leben zur Zeit Jesu untersucht. Im historischen Kontext der Periode des Zweiten Tempels deutet Klausner Jesu Lehre. Der zweite Teil (Buch 3–8) stellt den Versuch einer Rekonstruktion der Lebensgeschichte Jesu entlang der synoptischen Evangelien dar. Besonders hervorzuheben ist dabei Buch 8, das sich mit der Lehre Jesu beschäftigt und diese zum einen in den Kontext seiner Lebenswelt einbettet, zum anderen einen Bogen zur Lebenswelt der Jüdinnen und Juden in Klausners Gegenwart schlägt.[129]

Zusammenfassend hält Klausner in Bezug auf die griechischen und römischen Quellen von jüdischen oder paganen Autoren fest, dass diese wenig Informationen zu Jesus enthalten. Lägen ausschließlich diese Quellen vor, wüssten wir nur, dass Jesus als ein Jude aus Judäa gelebt hat, er als »Messias« bezeichnet wurde, Wunder tat, im jüdischen Volk lehrte und dass er unter Pontius Pilatus auf Betreiben einer Anzahl an Juden (nicht aller) hingerichtet wurde, ähnlich wie nach ihm sein Bruder Jakobus, der durch den Hohepriester Annas zum Tode verurteilt wurde. Darüber hinaus wird berichtet, dass eine Gruppierung namens »Christen« auf ihn zurückgeht, die bereits um 50 n. Chr. in Rom größere Gemeinden bildete, deretwegen die Juden aus Rom vertrieben wurden, und die sich seit der Zeit Kaiser Neros so weit ausgebreitet hatte, dass sie starker Verfolgung ausgesetzt war, weil sie Jesus als Gott verehrten.[130]

---

horizonte, nicht nur warum sie geschrieben und erzählt wurden, wer Interesse daran hatte sie zu lesen, sie abzuschreiben oder umzuschreiben, sondern auch wer sie schmähte, attackierte oder fürchtete. Vgl. BARBU, Daniel/DEUTSCH, Yaacov (Hgg.), Toledot Yeshu in Context: The Jewish »Life of Jesus« in Ancient, Medieval, and Modern History, Tübingen 2020 (= Texts and Studies in Ancient Judaism = Texte und Studien zum Antiken Judentum 182), 3.

127 KLAUSNER, Jesus von Nazareth, 10f.
128 Klausner gruppiert die Quellen wie folgt: 1) Hebräische Quellen (Talmud und Midrasch, »Toldoth Jeschu«), 2) griechisch-lateinische Quellen (Flavius Josephus, Tacitus, Suetonius, Plinius der Jüngere), 3) Paulusbriefe, 4) ersten Kirchenväter (Justin der Märtyrer, Papias), 5) apokryphe und pseudepigraphische Evangelien, 5) kanonische Evangelien. Vgl. KLAUSNER, Jesus von Nazareth, 16.
129 Vgl. ebd., 10f.
130 Vgl. ebd., 78.

In sein umfangreiches Quellenstudium schließt Klausner auch die Kritik der Leben-Jesu-Forschung ein. Dabei will er die Evangelien und Jesus, vom »mystischen und dogmatischen Nebel« gelichtet, historisch durch die Kenntnisse des zeitgenössischen Judentums bewerten.[131] Dabei kommt Klausner zu folgendem Ergebnis in Bezug auf die neutestamentlichen Schriften.

c) Neues Testament

Die Briefe des Völkerapostels Paulus sind die ältesten Texte des Neuen Testaments.[132] Unabhängig vom exakten Todesjahr Jesu lässt sich sagen, dass nach seinem Tod nur wenige Jahre vergingen, bis Paulus, der Diaspora-Jude mit römischem Bürgerrecht zwischen 32–34 seine Berufung zur Christusnachfolge erlebte.[133] Paulus' zentrales theologisches Thema ist der gekreuzigte und auferstandene Gottessohn.[134] Damit belegt er sowohl die Existenz Jesu als auch seinen Kreuzestod; für Klausner ist Paulus' Bedeutung für den historischen Jesus damit abgehandelt.[135] Über Jesu Existenz und die Strahlkraft seiner Persönlichkeit hinaus findet er bei Paulus keinen historischen Wert zu Jesu Leben und Wirken, denn Paulus erhebt »den geistigen Jesus über den physischen [...], den Jesus, der vom Tode auferstand, über den, der als Mensch lebte und Menschenwerk vollbrachte«[136].

In der Folge legt Klausner in seinem Jesusbuch den Fokus auf die (kanonischen) Evangelien, da sich in den anderen, oft noch jüngeren neutestamentlichen Schriften kaum etwas zum historischen Jesus finden lässt.[137] Die Schwierigkeit besteht nun darin, dass es den Evangelien weniger um eine historische Analyse Jesu geht als vielmehr um die »Verkündigung, Ausbreitung und Festigung des neuen Glaubens«[138]. Diesen Zeugnischarakter der Evangelien berücksichtigt Klausner, wenn er sie als historische Quellen heranzieht und sie somit als Historiker untersucht.

Vor allem das Johannesevangelium trägt dabei den Charakter eines religionsphilosophischen Buches. »Der Zweck des vierten Evangeliums war, Jesus als den Logos,

---

131 Vgl. ebd., 165.
132 Nicht alle Episteln, die Paulus als Autor anführen, stammen tatsächlich von ihm. Jene originalen Paulusbriefe hingegen sind der Zeit Jesu näher als irgendein anderes christliches oder nichtchristliches Literaturzeugnis.
133 Vgl. Klausner, Jesus von Nazareth, 79f.
134 Vgl. ebd., 81.
135 Vgl. ebd., 80.
136 Ebd., 80f. Trotz der spärlichen historischen Informationen zu Jesus, die Klausner den paulinischen Schriften entnimmt, widmete er ihm 1939 sein Anschlusswerk *Von Jesus zu Paulus*. Für Klausner hat Paulus als geistiger Wegweiser maßgeblich die Entwicklung des Christentums beeinflusst, da er es verstand, »die Methoden der Aggada und des Midrasch der jüdischen Weisen mit jenen hellenistischen Gedankengängen zu verbinden«. Ebd., 79.
137 Historisch verweisen beispielsweise die antisemitisch gelesenen und romfreundlichen Stellen in der Apostelgeschichte auf den Ablösungs- und Profilierungsprozess des entstehenden Christentums vom antiken Judentum, so Klausner. Vgl. Klausner, Von Jesus zu Paulus, 208–210.
138 Ebd„ 91.

das ›Wort Gottes‹, im extremen philonischen Sinne darzustellen«[139]. Religionshistorisch erklärt Klausner die theologische Gewichtung im Evangelium damit, dass zu Beginn des 2. Jahrhunderts bereits viele Heiden Christen geworden waren und »der neue Weg« bereits in Kontrast zum Judentum stand.[140]

Grundsätzlich unterscheidet Klausner die synoptische von der johanneischen Jesusdarstellung. Der Zwei-Quellen-Theorie folgend beginnt er mit Markus als dem ältesten Evangelium und charakterisiert es durch seine zahlreichen Erzählungen. Auf Markus folgt in der Darstellung Klausners das Matthäusevangelium, in dem der göttliche Ursprung Jesu betont und damit zugleich ein »tiefer Haß gegen die Juden und besonders gegen die Pharisäer«[141] ausgedrückt wird. In seiner Rezeption der Zwei-Quellen-Theorie hebt Klausner im Matthäusevangelium die »Logien« mit ihrem dialogisch strukturierten Prinzip hervor. Bei Lukas werden die »Logien« mit den Handlungen Jesu durch eine erkennbare chronologische Strukturierung verknüpft. Der griechische Geist, den das Lukasevangelium atmet, sei weiter als das Matthäusevangelium von der Bindung zum Judentum entfernt und polarisiere folglich nicht mehr mit der gleichen Intensität gegen die Pharisäer, so Klausners Argumentation.[142]

Insgesamt fehlt es den Evangelien Klausner zufolge an einer chronologischen Abfolge der Sprüche und Handlungen Jesu. Das liegt ihm zufolge daran, dass das Material, das die späteren Jünger der Apostel über Jesus sammelten, nicht zur Erstellung einer Lebensbeschreibung dienen sollte, sondern eine klar religiöse Zielsetzung hatte. Hinter dem Prozess der Transmission der Lehre Jesu, der sich in den Evangelien manifestierte, steht eine historische Wirklichkeit. Diese angemessen zu verstehen, fordert die Einbeziehung der Forschungen auf allen Gebieten des Judentums zur Zeit des Zweiten Tempels. Jesu Handlungsspielräume bewegen sich stark im pharisäischen Judentum seiner Zeit. Dass Jesu Lehre und Handlungen in ihrer Eigenart den *halachischen*, *aggadischen* oder *midraschischen* Überlieferungen gleichen, ist – so Klausner – kein Zufall, stehen sie doch in der Tradition z.B. eines Hillel oder Schammai. Die überlieferte Verstehens-Struktur – ob sie mit dem Inhalt übereinstimmt, ist in einem zweiten Schritt zu betrachten – ist der Nachweis für die Historizität Jesu. Nur aus Israel konnte der historische Jesus hervorgehen, den die meisten Juden jedoch nicht als Messias anerkannten, ebenso wenig seine Lehre als Weg zur Erlösung.[143]

d) (Dis-)Kontinuität

Die Frage, warum am Beginn der christlichen Religion ein Jude steht, der die jüdischen Gesetze und Bräuche pflegte, aber dessen späteren Anhänger vorwiegend

---

139 Ebd., 165.
140 Vgl. ebd.
141 Ebd.
142 Vgl. ebd.
143 Ebd., 166–168.

Nichtjuden waren, stellte sich bereits der französische Aufklärer Voltaire. In seinem *Dialogue du douteur et de l'adorateur* erwidert der Zweifler dem Gottesverehrer:

> »Auch ich bin der Ansicht das die jüdische Religion geschmacklos und widerwärtig ist. Aber schließlich war doch Jesus, den du verehrst, ein Jude. Er wahrte stets das jüdische Gesetzt und erfüllte all ihre Bräuche.« Bestürzt antwortete darauf der Gottesverehrer: »Das ist eben der große Widerspruch: er selbst war Jude, seine Jünger aber waren keine Juden.«[144]

Klausner distanziert sich von Voltaire mit den Worten, dieser sei »keineswegs ein Freund der Juden«[145] gewesen, nimmt aber seine Gedanken von einer scheinbaren Diskontinuität der Glaubenstradition Jesu und seiner Anhänger in frappierender Weise auf:

> Wir sehen zwei Tatsachen vor uns: erstens, dass Jesus als Jude geboren wurde, in Israels Mitte lebte und starb und in jeder Beziehung Jude war; zweitens aber, daß seine Jünger und noch mehr deren Jünger sich von Israel entfernten, oder vielmehr, daß die übergroße Mehrheit der Juden die Lehre Jesu nicht annahm, sich ihm während seines ganzen Lebens widersetzte, und selbst dann nicht christlich wurde, als schon die ganze Welt sich immer mehr dem Christentum genähert hatte. Das Christentum wurde in Israels Mitte geboren, aber Israel als Volk hat es mit aller Macht zurückgestoßen. Wo liegt der Grund dafür?[146]

Klausner konfrontiert Juden und Jüdinnen mittels jüdischer Perspektive mit einem blinden Fleck ihrer eigenen Religionsgeschichte. Er bezeichnet Jesus »in jeder Beziehung« als Juden und ordnet ihn von Beginn seines Buches an in die jüdische Religionsgeschichte ein, obwohl dieser für die Mehrheit der Jüdinnen und Juden keine religiöse Bedeutung hat. Dass Jesus eine andere, nicht-religiöse, Geltung zukommt, zeigt Klausner im Laufe seiner Studie. Dabei stellt er schon zu Beginn eine generelle Ablehnung der Lehre Jesu durch die Mehrheit des jüdischen Volkes fest und bündelt sie in folgender These:

> Hätte Jesu Lehre nicht irgend etwas der jüdischen Weltanschauung Widerstreitendes enthalten, dann hätte niemals aus ihr eine neue Lehre, die dem Geiste des Judentums in solch hohem Masse entgegengesetzt war, hervorgehen können: *ex nihilo nihil fit*. Auch wenn Jesu Lehre nicht von vornherein gegen das damalige Judentum gerichtet war, waren [sic] doch zweifellos in ihr schon der Keim enthalten, aus denen [sic] früher oder später eine nichtjüdische, ja sogar eine antijüdische Lehre sich entwickeln konnte und mußte.[147]

Klausner thematisiert hier einen scheinbaren Widerspruch zwischen Jesu Lehre und seinem Judentum und nimmt später spezifische kritische Vorwürfe Jesu an einzelnen Punkten der damaligen Strömungen des antiken Judentums auf. Daraus eine antijüdische Lehre im Christentum abzuleiten, ist zu problematisieren. Übersehen

---

144 Zit. nach ebd. Original: Voltaire, Dialogue du douteur et de l'adorateur: avec Les dernières paroles d'Épictète à son fils/par M. l'abbé de Tilladet Voltaire. et les Idées/de La Mothe Le Vayer, Genève 1751, in: https://gallica.bnf.fr/ark:/12148/bpt6k108451q/f1.image (Abruf: 23.7.2020).
145 KLAUSNER, Jesus von Nazareth, 7.
146 Ebd.
147 Ebd., 8.

wird dabei, dass antijüdische Spuren in den neutestamentlichen Schriften weniger mit der Lehre Jesu selbst zusammenhängen als vielmehr mit dem Entstehungskontext der neutestamentlichen Schriften und ihren späteren redaktionellen Überarbeitungen. Die Frage nach einem besonderen oder ungewöhnlichen Profil der jesuanischen Lehre und Haltung im damaligen soziokulturellen Umfeld ist notwendig, um die Gestalt Jesu nicht einseitig (christlich) zu charakterisieren. Denn christlicherseits besteht ein tendenziöser Hang, Jesus gegen sein Judentum auszuspielen, mit der Konsequenz, sein eigenes Judesein im Christentum verschwinden zu lassen, jüdisch-christliches Gesprächspotenzial auszusparen und Anknüpfungspunkte für antisemitische Theologien zu bieten.

Vor allem protestantische Theologen versuchten genau dies mittels historisch-kritischer Methode, nämlich »in dem historischen Jesus etwas zu finden, was nicht Judentum ist«[148]. So ist beispielsweise der Ansatz, Jesus mit der Gruppe von Pharisäern in Verbindung zu bringen exegetisch stimmig, aber nicht um aus dieser Verbindung eine reine Konkurrenz abzuleiten. Klausners Studie macht genau dies nicht. Sie zeigt die geistige Nähe Jesu und nicht seine Distanz zu den Pharisäern und belegt darüber hinaus eine mangelnde Differenzierung zwischen den damaligen pharisäischen Gruppen. Der Talmud kennt zumindest sieben pharisäische Gruppen[149], die in den Evangelien zu einer einzelnen Gruppe verschmelzen.[150] Diese unzutreffende Verallgemeinerung in den Evangelien führt zu jenem Antipharisäismus, der Christen als Referenz zur Vorurteilsbildung gegenüber Juden diente. Ohne andere pharisäische Gruppen zu benennen, gelang es christlichen Theologen, die Pharisäer zu homogenisieren und als scheinbar einheitliche Opposition Jesus gegenüberzustellen, sodass das ganze Judentum als Gegensatz zur Lehre Jesu auftrat. »So blieb ihnen vom Christentum nichts als – *Haß gegen das Judentum*.«[151] Klausner selbst vermeidet eine derartige extreme Ansicht und glättet durch historische Evidenz die Verzerrung einer pharisäischen Einheitslehre. Das Wort »Pharisäismus« kann nach Klausners Lektüre nicht mehr mit dem Wort »Heuchelei« gleichgesetzt werden. Zudem führt er einen großen Verdienst der Pharisäer darin an, dass sie es waren, die den »Gedanken der Entwicklung in die jüdische Religion«[152] brachten, indem sie die Religion dem Leben erschwerend oder erleichternd anpassten.

---

148 Ebd., 138.
149 Der Talmud kennt den Pharisäer aus Furcht und den Pharisäer aus Liebe, sowie fünf weitere extreme Typen, deren Frömmigkeit bis zur körperlichen Selbstverletzung führte: »Sieben Arten von Pharisäern gibt es: den ›schichmi‹ (buckeligen) Pharisäer, den ›nikpi‹ (verwundeten?) Pharisäer, den ›kizai‹ (zur Ader gelassenen?) Pharisäer, den ›medochia‹ (mit einem Stößel gestoßenen?) Pharisäer, den Pharisäer, der sagt: ›Was ist noch meine Pflicht – ich will es tun!‹, den Pharisäer aus Furcht und den Pharisäer aus Liebe«. [Anm. 336: Sota 22 b; auch jer. Sota 5, 7; jer. Berachoth 9, 7, wo einige Worte anders lauten, ebenso in Aboth de R. Nathan, Version A. c. 37, Version B. c. 45, ed. Schechter 55 a u. 124.], ebd., 288.
150 Vgl. Klausner, Jesus von Nazareth, 288f., 442.
151 Ebd., 138.
152 Ebd., 298.

2 Klassiker jüdischer Jesusforschung

Vor dem Hintergrund des oft schwierigen Verhältnisses von christlicher Theologie und Judentum sowie beider Religionen zueinander gelingt Klausner in mühevoller Detailarbeit eine Meisterleistung, indem er wie kein anderer vor ihm exegetisch-historisch das Judesein Jesu darlegt und damit überzeugend eine Position vertritt, die einer feindlichen Haltung gegenüber Jesus im Judentum entgegenwirkt. Klausner arbeitet mit historischer Trennschärfe und schließt nicht von den institutionalisierten Religionen seiner Zeit auf die religiösen Verhältnisse zur Zeit Jesu.

Dabei setzt sich Klausner nicht nur auf wissenschaftlicher Ebene gegen jüdische Abgrenzungsstrategien gegenüber dem Christentum und seiner zentralen Glaubensfigur ein, die in einigen Talmudpassagen und den unterschiedlichen Versionen der *Toledot Jeshu* Niederschlag gefunden haben, sondern er arbeitet auch im familiären Kontext nachhaltig gegen abwertende Jesusdarstellungen, wie sich sein Großneffe Amos Oz erinnert:

> Als kleiner Junge besuchte ich eine äußerst traditionelle orthodoxe jüdische Schule in Jerusalem. Wir wurden angewiesen, jedes Mal, wenn wir an einer Kirche oder einem Kreuz vorübergingen, unsere Augen abzuwenden [...]. Onkel Joseph aber sagte, das dürfe ich niemals tun: ›[...] sieh ganz genau hin, denn Jesus war einer von uns [...].‹ Ich war schockiert.[153]

Es handelt sich hierbei um die persönlichen Worte von Amos Oz, die zeigen, wie »Onkel Joseph« jenen jüdischen Diskurs durchbricht, der im radikalen Widerspruch zur Verachtung Jesu stand. Auf die Nachfrage Oz', ob Jesus denn kein Christ war, antwortete sein Onkel mit einem nachsichtigen Lächeln und einer einfachen Antwort, die er Zeit seines Lebens nie vergessen konnte, weil sie bei Amos Oz eine »kleine kognitive Krise«[154] auslöste:

> Jesus wurde schließlich nicht von einem Priester in einer Kirche getauft, oder? Niemals, sein ganzes Leben nicht [...] ist er zur Beichte gegangen. Er hat sich nie bekreuzigt; es gab nie einen Grund dafür. Was für ein Christ soll er also gewesen sein?[155]

Eine ähnliche Antwort wie Amos Oz erhalten auch die Leserinnen und Leser in Klausners Jesus-Buch:

> Es gibt [...] keinen Schritt in der Lebensgeschichte Jesu und keine Zeile in der Darstellung seiner Lehre, die nicht den Stempel des prophetischen und pharisäischen Judentums und das Siegel des Landes Palästina kurz vor der Zerstörung des Zweiten Tempels trügen.[156]

Der Grund, aus dem die Frage nach der Religionszugehörigkeit Jesu aufgeworfen wird, hängt mit dem Verhältnis des Judentums Jesu und der im Entstehen begriffenen Kirche zusammen, die sich auf Jesus beruft. Religionen entstehen nicht aus dem Nichts, und so baut auch das Christentum auf bestehende jüdische Fundamente auf. Wie viel von der einen zur anderen Religion übernommen, transformiert oder abgestoßen wird, gehört zu einem umfangreichen Ablösungs- und Profilierungspro-

---

153 Oz, Jesus und Judas, 11f.
154 Ebd., 13.
155 Ebd.
156 WELLHAUSEN, Julius, Einleitung in die drei ersten Evangelien, Berlin 1905, 113 zit. nach KLAUSNER, Jesus von Nazareth, 572.

zess. In diesem komplexen, über die Jahrhunderte hinweg andauernden und schwierigen Prozess entstanden so aus antiken jüdischen Strömungen sowohl rabbinisches Judentum als auch Christentum.[157] Um nicht voreilig von einer jüdischen oder christlichen Religion zu sprechen, ist mit dem Religionsphilosophen und orthodoxen Juden Daniel Boyarin festzuhalten:

> Wir sprechen nicht über eine eigenständige Institution, eine abgesonderte Sphäre der »Religion«, noch weniger über einen »Glauben« für Juden. Wir sprechen über den Komplex von Ritualen und anderen Praktiken, Glaubensüberzeugungen und Werten, Geschichte und politische Loyalitäten, der das Zugehörigkeitsgefühl zum Volk Israel ausmachte, nicht über eine Religion, die Judentum genannt wird.[158]

Boyarins Ansatz findet sich in ähnlicher Form bereits bei Klausner, indem dieser Jesus nicht als Christus, sondern als einen Juden seiner Zeit darstellt, der nicht in abgesonderten Sphären zu beschreiben ist, sondern sein Judentum »auf die Spitze trieb«, wie es Klausner das erste Mal in der dritten Auflage seines Jesusbuches festhielt:

> Denn Jesus legte, ohne daß es ihm bewußt geworden wäre, nur das Fundament zu einer neuen Religion, indem er jüdische Gedanken auf die Spitze trieb und sie überbetonte – aber das war auch alles; und nur durch seinen unnatürlichen Tod als leidender Messias wurde er die zentrale Gestalt, um die herum sich die neue Religion entwickelte. Aber das reale Gebäude des christlichen Glaubens als einer Religion und Kirche errichtete Paulus, der hellenistische Jude, der in Tarsus geboren war, in Jerusalem erzogen wurde, die Septuaginta las, ein reiches Griechisch schrieb – und zu Füßen Raban Gamaliels studiert hatte.[159]

Klausner geht der Frage nach, was in der Lehre Jesu in Kontinuität zu seinem Judentum steht und wo in einer spezifisch jesuanischen Neuakzentuierung Diskontinuitäten angelegt sind, auf die das spätere Christentum aufbaut. Wo Jesus jüdische Gedanken nach Klausner »auf die Spitze trieb«, sich von seinen Zeitgenossen unterschied, oder wie oben von ihm formuliert, gar »irgend etwas der jüdischen Weltan-

---

157 Noch an der Seelisberg Konferenz war das Bild, um das Verhältnis von Juden- und Christentum zu beschreiben von der Mutter-Tochtermetaphorik bestimmt: das Judentum als die Mutterreligion des Christentums. Dieses Bild geht u. a. auf den Römerbrief zurück, in dem das Judentum als Wurzel des Christentums bzw. der jungen Kirche gedeutet wird. Mittlerweile wird in der jüdisch-christlichen Verhältnisbestimmung eher von Geschwistern oder Partnern gesprochen. In einer Studie untersucht der israelische Historiker Israel Yuval drei Begriffspaare, Jakob-Esau, Pessach-Ostern und Märtyrertod-Ritualmordbeschuldigung. Darin zeigt er eine geschwisterliche Beziehung der beiden Religionen, die von scharfer gegenseitiger Polemik geprägt war: Yuval, Israel, Zwei Völker in deinem Leib: Gegenseitige Wahrnehmung von Juden und Christen in Spätantike und Mittelalter, Göttingen 2007 (= Jüdische Religion, Geschichte und Kultur 4).
158 Boyarin, Daniel, Die jüdischen Evangelien = The Jewish Gospel. The Story of the Jewish Christ: Die Geschichte des jüdischen Christus, Übersetzt von Armin Wolf, Würzburg 2015 (engl. 2012) (= Judentum – Christentum – Islam 12), 28.
159 Klausner, Joseph, Jesus von Nazareth: Seine Zeit, sein Leben und seine Lehre, Jerusalem ³1952, 542.

schauung Widerstreitendes« beanspruchte, wird in den folgenden Abschnitten in einzelnen Themenbereichen herausgearbeitet.

e) Jesu Lehre und Selbstverständnis

Klausners These zur Eigenart der jesuanischen Lehre baut darauf auf, dass sie von hellenistisch-philosophischen Gedanken unbeeinflusst blieb.

> Es muss stets daran erinnert werden, dass das Christentum die Frucht einer Verbindung von jüdischer Religion mit griechischer Philosophie ist [...]. *Jesus von Nazareth jedoch war allein das Produkt Palästinas und des reinen, unvermischten, von keinerlei fremdem Einfluß berührten Judentums.* [...] Seine Lehre lässt sich durch das biblische und pharisäische Judentum seiner Zeit vollkommen und ausnahmslos erklären.[160]

Klausner zeichnet Jesus beinahe als Patrioten Galiläas, den die ansässige heidnische Bevölkerung nicht beeinflusste. Jesus sah sich als Teil des auserwählten Volkes Israel, wie die synoptischen Evangelien belegen, und nie selbst als »Prophet oder Messias der Nichtjuden«[161]. Es gibt keine Indizien, die darauf schließen lassen, dass der aramäisch sprechende Jesus Griechisch verstand, seine Sprüche zeigen auch keine Hinweise auf die Rezeption hellenistischer Literatur.[162] Mit Blick auf Jesu Lehre, fährt Klausner fort, dass,

> in allen Evangelien sich auch nicht eine ethische Lehre findet, die nicht im Alten Testament, der apokryphischen und pseudepigraphischen, talmudischen und midraschischen Literatur der Zeit Jesu ihre Parallele hätte.[163]

Klausner geht davon aus, dass jenen Aussprüchen aus Mischna, Talmud und Midrasch, die Parallelen zur Lehre Jesu aufweisen aber erst nach den Evangelien niedergeschrieben wurden, eine mündliche Überlieferungstradition im Volk vorausging.[164] Exemplarisch lässt sich das gut an Ähnlichkeiten zwischen rabbinischen Texten und dem Vaterunser-Gebet, das zur Bergpredigt gehört, zeigen.

Er bezeichnet das Vaterunser-Gebet als »vielleicht die einzige religiöse Zeremonie oder Institution (außer der Ernennung der zwölf Apostel), die Jesus« selbst

---

160 KLAUSNER, Jesus von Nazareth, 505.
161 Vgl. ebd., 506.
162 Vgl. ebd., 505.
163 Ebd., 534.
164 »»Mit welcherlei Maß ihr messet, wird euch gemessen werden« [Anm. 120: Matth. 7,2], in derselben Form auch in der Mischna [Anm. 121: M. Sota I, 7 und zahlreiche Parallelstellen (angeführt bei J. Klausner, Historia Jisraelith, IV, S. 48. Anm.)] vor. [...] So steht der Satz: ›Wer ein Weib ansieht, ihrer zu begehren, hat schon mit ihr die Ehe gebrochen in seinem Herzen‹ [Anm. 126: Matth. 5,28] in folgender Form im Talmud: ›Wer mit Absicht auf eine Frau schaut, ist so zu beurteilen, als ob er mit ihr ehelich verkehrt hätte‹ [Anm. 127: Massachet Kalla I] oder nach dem Wortlaut des früheren Amoräers *R. Simon ben Lakisch*: ›Du sollst nicht sagen: nur wer mit seinem Körper Ehebruch begeht, wird Ehebrecher genannt; auch wer mit seinen Augen Ehebruch begeht, wird Ehebrecher genannt.‹ [Anm.128: Levit. Rabba c. 23].« Ebd. 534f.

kreierte. Es sei »schön, volkstümlich und herzlich, kurz und von inniger Frömmigkeit«[165] und weiter:

> Doch findet sich jeder einzelne Satz des »Vater Unser« in jüdischen Gebeten und Aussprüchen des Talmud: »Unser Vater in dem Himmel« ist ein echt jüdischer Ausdruck, der in vielen jüdischen Gebeten vorkommt. Ein altes Gebet, das man am Montag und Donnerstag vor dem Einheben der Thorarolle in den heiligen Schrein spricht, beginnt viermal mit der Formel: »Möge es Dein Wille sein, unser Vater im Himmel«[166]. Die Worte: »Möge Dein Name gepriesen sein und dein Reich kommen«, stehen in dem so viel angewandten Kaddisch-Gebet, dessen einzelne Teile sehr frühen Ursprungs sind: »Es werde gepriesen und geheiligt sein großer Name in der Welt, die er geschaffen hat nach seinem Willen, und möge Er sein Reich kommen lassen«[167]. »Dein Wille geschehe im Himmel wie auf Erden«, finden wir in dem »kurzen Gebet« (genau wie bei Jesus!) des schon erwähnten älteren Tannaiten R. Elieser. »Was ist ein kurzes Gebet?« R. Elieser sagte: »Tue deinen Willen im Himmel und gib Wohlgefallen auf Erden denen, die sich fürchten, und tue, was Recht in deinen Augen ist.«[168] Der Satz »Unser tägliches Brot gib uns heute!« befindet sich nicht nur im Alten Testament: »Gib mir Brot nach meinem Bedarf«[169], sondern auch in einer Version des kurzen Gebets: »Möge es Dein Wille sein, Ewiger unser Gott, jedem Einzelnen zu geben, was er braucht, und jedem Körper genug für seinen Mangel«[170]. »Vergib uns unsere Schulden!« ist der sechste Segensspruch des »Achtzehngebets«, und auch in *Ben Sira* finden wir: »Vergib des Nächsten Sünde und dann, wenn du betest, werden deine Sünden vergeben werden. Der Mensch trägt dem Menschen nach, und von dem Ewigen erfleht er Heilung (Vergebung)?«[171] Schließlich kommt auch die Bitte »Führe uns nicht in Versuchung!« in einem talmudischen Gebet vor: »Und führe uns nicht in Sünde und nicht in Schuld und nicht in *Versuchung*«[172] dieses Gebet wurde unter die ersten Segenssprüche des jüdischen Gebetsbuches aufgenommen, das bis auf den heutigen Tag von der Judenheit der ganzen Welt benutzt wird.[173]

Mit den Verweisstellen, die sich in den Fußnoten finden, verdeutlicht Klausner die auffallende Nähe von neutestamentlichen Aussagen Jesu zur rabbinischen Literatur und umgekehrt. Klausner schließt daraus:

> Wenn wir uns all diese [sic] erhabenen ethischen Lehren erinnern, von denen es noch viele gleichwertige im jüdischen Schrifttum gibt, dann müssen wir zu dem Schluß kommen, daß Jesus kaum eine einzige Maxime ausgesprochen hat, die dem Judentum von Grund aus fremd gewesen wäre.[174]

---

165 Ebd. 537.
166 Anm. 148: Siddur Rab Amram Gaon, ed. Frumkin, Jerusalem 1912, S. 158.
167 Anm. 149: Zwi Karl, Ha-Kaddisch (Haschiloach, Bd. 35, S. 45).
168 Anm. 150: Tos. Berachoth 3, 11; b. Berachoth 29 b, vgl. Lukas 2, 14: »Wohlgefallen unter den Menschen«.
169 Anm. 151: Sprüche 30, 8.
170 Anm. 152: Tos. Berachoth 3, 11; b. Berachoth 29 b.
171 Anm. 153: Ben Sira 28, 2–5, vgl. Talmud Rosch-hasch. 17 a und b; Joma 23 a und 87 b; Meg. 28 a; jer. B. Kama 8, 10; Tachuma Wajero, § 30 (ed. Buber, S. 104 Anfang).
172 Anm. 154: Berachoth 60 b. Vgl.: »Nie soll der Mensch sich selbst in Versuchung bringen« (Sanhedrin 107 a).
173 KLAUSNER, Jesus von Nazareth, 537f. Der leichteren (rabbinischen) Quelleneinsicht wegen, sind die Literaturverweise im Zitat angeführt und direkt übernommen.
174 Ebd., 539.

Neben diesen rabbinischen Quellenverweisen zum Vaterunser-Gebet untermauert Klausner zahlreiche seiner Aussagen mit Sekundärliteratur, darunter Strack/Billerbecks *Kommentar zum Neuen Testament aus Talmud und Midrasch*[175], oder das vom protestantischen Tübinger Theologieprofessor Gerhard Kittel herausgegebene Buch *Die Probleme des palästinensischen Spätjudentums und das Urchristentum*[176], das Klausner wegen der enthaltenen talmudischen Kenntnisse schätzte.[177] Kittel selbst steht Klausners Jesus-Studie deutlich weniger wohlwollend gegenüber. Er streitet zwar nicht das Judesein Jesu ab, wie es bei den »arischen Jesusbildern« versucht wird, kritisiert unter anderem aber, dass Klausner lediglich die liberalen Theologen der Leben-Jesu-Forschung rezipierte, vornehmlich Wrede, Bousset, Wellhausen, Weiß, Schweitzer und Meyer, nicht aber die konservativen Neutestamentler (Weiß, Zahn, Schlatter und Feine). Obwohl Kittel durchaus eine objektive Darstellung Jesu in Klausners Studie anerkennt und auch »auf jeder Seite wertvolle Beobachtungen, Hinweise auf rabbinische Belege u. dgl.« lobte, so schlägt diese Bewunderung in nur wenigen Sätzen in eine abwertende Beurteilung um:

> Es kann ja nicht anders sein, als daß der Jude, der dies Stück jüdischer Geschichte bearbeitet, manches zur Belehrung für uns Nichtjuden sieht und manches zu sagen weiß (so das große, sehr wertvolle Buch über die Zeitgeschichte; ferner die Ausführungen über den Täufer und seine Stellung im Judentum der Zeit, über das Pharisäertum der Zeit Jesu; über den Prozeß Jesu u. a. m.). Doch ist von dem allen nichts der Art, daß ein an irgendeinem Punkt neuer, jenen Durchschnittstypus sprengender Aufriß der Geschichte Jesu sich ergäbe.[178]

Kittel wirft Klausner vor, keinen wirklich neuen Beitrag zur Jesusforschung zu leisten. Besonders das letzte Buch von Klausners Jesusstudie, das mit der Frage einleitet: »Was ist Jesus für die Juden?«, erscheint Kittel letztendendes überflüssig, da es nur eine Antwort geben könne: die christliche. Klausner hebt in seinem letzten Kapitel die Ethik Jesu hervor und stellt sie zugleich in eine Spannung zur Verwirklichung in der realen Praxis, die in Teilen seiner zionistischen Einstellung geschuldet ist. Diese Spannung kritisiert Kittel deutlich, in dem er über Klausner von einer

---

175 STRACK, Hermann/BILLERBECK, Paul, Kommentar zum Neuen Testament aus Talmud und Midrasch, 6 Bde., München 1922-1961 (Klausner verwendet für seine Studie die drei ersten Bände. 1922-1928).
176 KITTEL, Gerhard, Die Probleme des palästinensischen Spätjudentums und das Urchristentum, Stuttgart 1926.
177 Vgl. KLAUSNER, Jesus von Nazareth, (Anm. 161), 539–541. Kittel verfasste bereits 1923 eine Rezension zu Klausners hebräischer Erstveröffentlichung im *Theologischen Literaturblatt*. Darin würdigt er Klausners Buch, »das nichts gemein hat mit antichristlichen Schmähschriften des Judentums etwa von der Art der Toldot Jeschua. Er spricht von Jesus im Ganzen mit der Ehrfurcht, mit der der Jude von einem der Großen seines Volkes redet.« KITTEL, Gerhard, Jeschu ha-noṣri: Ein Hebräisches Leben Jesu eines modernen jüdischen Gelehrten, in: Theologisches Literaturblatt 44/1 (1923), 241–246, hier 243, in: http://idb.ub.uni-tuebingen.de/opendigi/thlb_044_1923#p=127&tab=ocr, siehe auch 257–262.
178 KITTEL, Jeschu ha-noṣri, 245.

gleichzeitigen »Bewunderung und Verurteilung der Ethik Jesu« spricht. Kittel kann diese Spannung nicht goutieren und schreibt darüber:

> [Diese Spannung] mag eine Andeutung sein, daß die Formeln des Verfassers bei all seinem Streben nach Gerechtigkeit eben doch nicht ausreichen, das Phänomen der Persönlichkeit Jesu zu erschöpfen. Der, dem Jesu Anspruch nicht Irrtum, sondern Wahrheit und Wirklichkeit ist, wird sich darüber nicht wundern, sondern dem noch vieles hinzuzufügen wissen. Doch wächst damit die Erörterung von selbst über die historische Fragestellung hinaus. Daß, wie Klausner richtig erkannt hat, die Lehre Jesu einschließlich seiner Ethik ihre ganze Verankerung in seinem rein supranaturalistischen Messianismus hat, macht für den einen ihren ganzen Unwert, für den andern ihren ganzen Wert aus. In der Tat, dem Nationaljudentum und seiner Gesetzesreligion steht in der Lehre des Juden Jesus eine andere Weltanschauung gegenüber, mit der es für das Judentum keinen Kompromiß gibt: es kann nur sie ablehnen oder sich selbst aufgeben![179]

Kittels anfängliche Würdigung der Expertise Klausners schlägt am Ende um: Klausner könne das Phänomen der Persönlichkeit Jesu nie verstehen, da es entweder die eine jüdische Weltanschauung gibt oder die andere – für Kittel einzig richtige – christliche Weltanschauung. Dieses dualistische Urteil ist das Gegenteil dessen, was Klausner in seiner differenzierten Studie, Jesus in seinem zeitgenössischen Judentum zu verstehen, versuchte. In der Aussage Kittels, dass es für das Judentum keinen Kompromiss geben dürfe, klingt demgegenüber eher nach einer politischen Kampfansage als einer wissenschaftlichen Feststellung. Auf diesem Hintergrund spricht es Bände, dass das spätere NSDAP-Mitglied Kittel in dem ab 1933 erscheinenden *Theologischen Wörterbuch zum Neuen Testament* Klausners Jesus-Studie teils lautstark ignorierte, wenn er beispielsweise behauptet, Jesus habe grundlegend anders gebetet als die Jüdinnen und Juden seiner Zeit.[180] Kittel hebt Jesus aus seiner jüdischen Gebetsumgebung heraus. Die Ähnlichkeit zwischen den Aussprüchen und Gleichnissen Jesu zur rabbinischen Literatur oder dem Vaterunser-Gebet, die Klausner exegetisch nachweist, übergeht Kittel, um einen exegetisch nicht evidenten Exklusivitätsanspruch der Gebetsform Jesu zu betonen.[181]

---

179 Ebd., 262.
180 Vgl. HIMMELBAUER, Markus, Das Jüdische im Christentum suchen: Erneuerung aus dem Geist des christlich-jüdischen Dialogs, Gedanken zum 17. Januar: Tag des Judentums 2018, in: http://www.feinschwarz.net/das-juedische-im-christentum-suchen-glaubenserneuerung-aus-dem-geist-des-christlich-juedischen-dialogs/#more-11377 (Abruf: 4.9.2024). – In einer kritischen Einleitung zum Nachdruck des ThWNT behandelt L. Bornmann u. a. die Rolle Kittels im ThWNT und im Nationalsozialismus: KITTEL, Gerhard/FRIEDRICH, Gerhard (Hg.), Theologisches Wörterbuch zum Neuen Testament, Darmstadt 2019, XII–XVII.
181 Gerhard Kittel wäre prädestiniert gewesen, Jesus in einer Nähe zum Judentum darzustellen, denn sein Vater Rudolf brachte 1909 eine textkritische Edition der hebräischen Bibel, die *Biblia Hebraica*, umgangssprachlich unter »Kittel« bekannt, heraus, deren Folgeausgabe die maßgebliche kritische Ausgabe, die *Biblia Hebraica Stuttgartensia* ist. Unter dieser kenntnisreichen Ausgangsposition zu biblischen Texten wäre es ein Einfaches gewesen, Jesus aus seinem jüdischen Kontext heraus zu beschreiben, aber Gerhard Kittel versuchte

Wie anders Klausner, der im Überschwang sogar formulieren kann, »die Evangelien [seien] einfach aufgrund des im Talmud und Midrasch vorhandenen Materials verfasst worden«[182], nur um kurz darauf festzuhalten, dass in den Evangelien trotzdem »etwas Neues« liegt.[183] Einzelne Beispiele seien dazu im Folgenden genannt.

Anders als in der talmudischen Haggada oder in den Midraschim, wo ethische Aussprüche oft in »Diskussionen der Halacha und der Erörterung unwichtiger Angelegenheiten«[184] untergehen, ist die Ethik in den Evangelien durch einen einzelnen Mann vorgetragen, der ihr »den Stempel seiner Eigenart aufdrückt[e]«[185]. Diese von bzw. auf eine Person hin fokussierte ethische Lehre unterstreicht Klausner in ihrer Einmaligkeit, hält aber dennoch fest, dass etwa Jesus ben Sirach[186] oder auch Hillel der Ältere[187] zwar »auf keinem niederen ethischen Niveau«[188] stehen als Jesus, sich beide aber

---

bewusst eine Differenz zwischen Jesus und seinem zeitgenössischen jüdischen Kontext zu konstruieren. Vgl. BOUREL, Dominique, Martin Buber: Was es heißt, ein Mensch zu sein: Biografie, Aus dem Französischen übersetzt von Horst Brühmann, Gütersloh 2017, 470f.

182 KLAUSNER, Jesus von Nazareth, 540.
183 Ebd.
184 Ebd.
185 Ebd., 541.
186 Jesus Sirach schrieb die um 185 v. Chr. später nach ihm benannte Schrift. Darin zeigt sich eine nachhaltige Veränderung im Verständnis des Tun-Ergehen-Zusammenhang. In den älteren biblischen Texten findet sich die Vorstellung, dass gutes Handeln zu gutem Ergehen führt, schlechtes Handeln aber zu schlechtem Ergehen. In beiden Fällen konnte Gott bzw. göttliche Gerechtigkeit als Grund für das Ergehen verstanden werden, was zu einer Kennzeichnung der einen Gruppe als »Gerechte« der anderen als »Sünder« oder »Frevler« führte. Ab einem gewissen Zeitpunkt ändert sich diese biblische Vorstellung dahingehend, dass gute Werke nicht getan wurden, weil sie von Gott »belohnt« werden, sondern weil sie moralisch richtig bzw. gut sind. Dies zeigt sich deutlich bei Jesus Sirach, der in gewisser Weise eine neue, jüdische Ethik formuliert (vgl. 27,30–28,7). Die Einteilung in Sünder oder Gerechte wird bei Jesus Sirach von der Aussöhnung mit dem Nächsten abhängig gemacht. Sie bestimmt, ob jemand als Sünder oder als Gerechter vor Gott steht, ein Gedanke, der sich in den Evangelien findet (vgl. Lk 6,37–38). Vgl. FLUSSER, David, Jesus, Reinbek bei Hamburg ⁶2017, 78; SEGAL, Moshe Zevi/BATHJA, Bayer, Art. Ben Sira, Wisdom of, in: EJ 3 (²2007), 376–378.
187 Hillel d. Ä. lebte um die Zeitenwende (gest. ca. 10 n. Chr.). Er stammte aus Babylonien, wo er seine Ausbildung erhielt, und war Mitglied des Synhedrions in Jerusalem, daher der Ehrentitel »der Ältere«. Neben Schammai gilt er als Gründer einer Lehr-Schule (Bet Hillel). Die Regelung des Schuldenerlasses (Prosbul) und sieben exegetische Regeln zur Schriftauslegung werden ihm zugeschrieben, wie auch folgende Legende: Ein Nichtjude kam zu Hillel und wollte die ganze Lehre des Judentums erfahren, während er auf einem Fuß stehe, Hillel antwortete: »Was dir nicht lieb ist, das tue auch deinem Nächsten nicht; das ist die ganze Gesetzeslehre, alles Andere ist nur die Erläuterung, gehe und lerne sie.« (bSchab31a) Klausner schreibt während Hillel »äußerst friedliebenden« ist, »ist Jesus als Prediger hoher Sittlichkeit ein Mann des Kampfes, der über die Pharisäer und die sadduzäischen Priester scharfe Worte sagt, den Wechslern im Tempel unter Anwendung von Gewalt entgegentritt und schließlich für seine Ideen den Märtyrertod erleidet.« KLAUSNER, Jesus von Nazareth, 541f.; WALD, Stephen G., Art. Hillel, in: EJ 9 (²2007), 108–110; KRUPP, Michael, Hillel und Jesus, Tübingen 2013.
188 KLAUSNER, Jesus von Nazareth, 541.

ebenso mit der Halacha und somit mit der eher rechtlichen Auslegung der Tora befassen. Jesus vermischt ethische Fragen nicht mit halachischen Erörterungen, profanen Kenntnissen oder gerichtlichen Fragen. Abgesehen von den Wundererzählungen finden sich bei Jesus fast ausschließlich ethische Sprüche und Gleichnisse, mit denen er sich intensiver befasst als der als friedliebend zu beschreibende Hillel.[189] Als pharisäischer Zeitgenosse Jesu bewertet Hillel ethische und kultische Gebote (Tauchbad, Pessachopfer usw.) gleich wichtig, da sie ihren normativen Wert aus der Offenbarung gewinnen.[190]

Eine Akzentverschiebung von halachischen Vorschriften zugunsten ethischer erläutert Klausner anhand der Perikope Mk 2,23-28, die von der Heiligung des Schabbats handelt. Prinzipiell gilt für Jesus, dass der Schabbat für den Menschen geschaffen ist und nicht umgekehrt. Diese Ansicht stimmt vollkommen mit der pharisäischen überein, derzufolge die Einhaltung des Schabbatgebots in einer Notsituation aufzuheben ist, um das Leben eines Menschen zu retten. Klausner zeigt nun in Bezug auf den Schabbat, dass Jesus auch dann heilt, wenn keine unmittelbare Notsituation vorliegt (vgl. Mk 3,1-6; Lk 6,6-11) und somit den halachischen Schwerpunkt der pharisäischen Lehre zu Gunsten eines ethischen Handelns verschob. Dabei ignoriert Jesus das halachische Schabbatgebot nicht vollkommen. Es behält seine Geltung, jedoch mit der genannten Akzentverschiebung.[191] Obwohl Jesus den Interpretationsrahmen der Pharisäer übertritt (oder zumindest ausweitet), hält Klausner daran fest, dass Jesus sehr wohl »bis zu seinem letzten Tag pharisäischer Jude blieb«[192]. Wie aber Klausner selbst am Ende seiner Jesus-Studie bemerkt, weicht Jesu Lehre von der pharisäischen Art, die Halacha und die Haggada zu verbinden, ab. Er relativiert seine Aussage dahingehend, dass Jesus nur als ausgezeichneter Haggadist bezeichnet werden kann und damit nicht vollkommen den Pharisäern zuordenbar ist.[193] Damit lässt sich der neutestamentlich vermittelte Jesus keiner Partei zur Zeit des Zweiten Tempels zuordnen. An dieser Klausner'schen Festlegung wird später Schalom Ben-Chorin in seiner Jesusdarstellung anknüpfen.

Klausner zeigt einerseits Akzentverschiebungen in der Lehre Jesu gegenüber der klassisch-pharisäischen Lehre auf, findet aber gleichermaßen im Vergleich zur Lehre Hillels Steigerungen der jesuanischen Ethik ins Extreme. Letzteres macht dies anhand der »goldenen Regel« deutlich, die bei Hillel wie folgt lautet: »Was dir verhaßt ist, tue deinem Nächsten nicht.« Diese negative Formulierung wendet Jesus ins positive und steigert sie damit: »Was du willst, daß andere dir tun, das tue auch ihnen!«[194]

---

189 Vgl. ebd., 541f.
190 Vgl. ebd., 304.
191 Vgl. ebd., 379-381.
192 Ebd., 376.
193 Vgl. ebd., 567.
194 Ebd., 551. Klausner führt in Anm. 185f an, dass die negativ formulierte »goldene Regel« bei Hillel, aber auch in Tobit 4,15, bei Philo (durch Eusebius, Preperatio Evangelica, VIII, 7,6) und in der Didache I,1 überliefert ist. Die positive formulierte »goldene Regel« findet sich beispielsweise im Aristeasbrief.

Eine radikale ethische Forderung Jesu, die keinerlei pharisäische Parallelen kennt, ist die jesuanische Fassung des Gebots der Feindesliebe, die mit Jesu Gottesbegriff und über diesen auch mit seinem Selbstverständnis verbunden ist. Klausner sieht darin den richtenden und barmherzigen Gott (für reuige Sünder) hinter einem nur guten Gott für Böse und Gute (vgl. Mt 5,45), wie ihn Jesus verkündet, verschwinden. Für Klausner ist eindeutig, dass sich Jesus »niemals in irgendeinem Sinne für göttlich hielt«,[195] »denn niemand ist gut, denn einer – Gott (Mk 10,18; Lk 17,19)«[196]. Als »Sohn Gottes«, wie es die spätere Trinitätslehre formulierte, betrachtete sich Jesus nicht. Gott als »Abba« Vater anzusprechen, entspricht durchaus der talmudisch-midraschischen Literatur.[197] Die Abba-Anrede ist nicht exklusiv bei Jesus zu finden, jedoch verwendet er die Abba-Anrede für Gott weit häufiger als die Pharisäer und jüdischen Gelehrten der ersten Jahrhunderte n. Chr.[198] es taten, was nach Klausner einen ganz klaren Grund hat:

> Jesus hielt sich vom ersten Tag seiner Taufe durch Johannes an für den Messias, und als solcher stand er Gott näher als alle anderen Sterblichen. [...] Der Messias steht [...] Gott am nächsten und ist in einem engeren Sinne der Sohn des himmlischen Vaters aller Menschen.[199]

---

195 Ebd., 524.
196 Ebd.
197 Im Babylonischen Talmud beispielsweise erachtet Schimon ben Schetach Choni den Kreiszieher als eine Art ungezogenes Kind, weil er sich gegenüber Gott kindisch benimmt, aber Gott gewährt ihm dennoch seinen Willen und er bittet ihn dann auch noch um folgendes: »›Vater, (Abba) führe mich warm baden‹, ›Gib mir Nüsse, Mandeln, Pfirsiche und Granatäpfel‹, und er gewährt ihm alles.« (bTaan 23a) Dieser kurze Auszug zeigt in der Abba-Anrede eine Innigkeit in der Gottesbeziehung, wie sie sich auch bei Jesus (Mk 14,36; Mt 16,39; Lk 22,42) und in der jungen Kirche findet: »Weil ihr aber Söhne seid, sandte Gott den Geist seines Sohnes in unsere Herzen, den Geist, der ruft: Abba, Vater.« (Gal 4,6); »Denn ihr habt nicht einen Geist der Knechtschaft empfangen, sodass ihr immer noch Furcht haben müsstet, sondern ihr habt den Geist der Kindschaft empfangen, in dem wir rufen: Abba, Vater!« (Röm 8,15). Vgl. VERMES, Jesus der Jude. Ein Historiker liest die Evangelien, 193f. DERS., Ḥanina ben Dosa, in: JJS 24/1 (1973), in: https://www.jjs-on line.net/archives/fulltext/633, 51–64, hier: 52 54 [DOI: 10.18647/633/JJS-1973]. Für eine breite Untersuchung der Abba-Anrede, siehe: SCHELBERT, Georg, ABBA Vater: Der literarische Befund vom Altaramäischen bis zu den späten Midrasch- und Haggada-Werken in Auseinandersetzung mit den Thesen von Joachim Jeremias, Göttingen 2011 (= Novum Testamentum et Orbis Antiquus. Studien zur Umwelt des Neuen Testaments 81).
198 Gemeint sind die Tannaiten, die als Gesetzeslehrer (Rabbinen) bezeichnet werden. Sie lebten überwiegend in Palästina und waren für den Inhalt der Mischna verantwortlich. Es gibt unterschiedliche Angaben zu den Zählarten der tannaitischen Generationen. Stemberger nennt fünf Hauptgenerationen. Generell beginnt die Zählung mit den Schulen von Hillel dem Älteren und Schammai und endet mit der Endredaktion der Mischna unter Jehuda HaNasi (um 200). Die tannaitische Periode dauerte folglich vom 1. bis zum Beginn des 3. Jahrhunderts. Auf sie folgt bis ins 6. Jahrhundert die Generation der Amoräer. Diese kommentierten die Texte der Tannaiten. Vgl. STEMBERGER, Einleitung in Talmud und Midrasch, 81–87.
199 KLAUSNER, Joseph, Jesus von Nazareth: Seine Zeit, sein Leben und seine Lehre, Jerusalem ³1952, 526.

Hier begibt sich Klausner nahe an eine christliche Interpretation des Verhältnisses Jesu zu Gott. Klausner nimmt es als gegeben an, dass sich Jesus in einer besonderen Gottesnähe sah, die sich durch ein exklusives »familiäres« Beziehungsverhältnis zum himmlischen Vater ausdrückt. Klausner lehnt aber diese überbetonte und exklusive Gottesnähe insofern ab, als diese von einem »reinen monotheistischen Gottesbegriff« im Judentum wegführt. Hier sieht er die vorhandenen Ansätze für eine spätere Trinitätstheologie. Der Text ist insofern von Bedeutung, weil die Doppeldeutigkeit der Abba-Anrede in einer Passage vorkommt. Die Idee einer besonderen Gottesnähe ist ein jüdischer Gedanke, wie er sich bei einem »Zaddik« (Gerechten) bzw. »Chassid« (Frommen) wiederfindet, der sich wie ein Sohn von Gott geliebt weiß. Der Unterschied zu Jesu Gottesbegriff gegenüber dem der Zaddikim bzw. Chassidim besteht jedoch darin, dass innerhalb dieser Gruppierungen die Gottesbeziehung egalitär und nicht exklusiv zum himmlischen Vater besteht.[200]

Diese exklusive Gottesbeziehung ist ebenso wie das Gebot der Feindesliebe Jesu eng mit dessen Gottesbegriff verbunden. Es ist jenes zweite Element, mit dem nach Klausner der jesuanische Gottesbegriff für das Judentum unannehmbar wird. Die radikale ethische Forderung Jesu zur Feindesliebe rührt insofern aus seinem Gottesbild, als das für Jesus alle Menschen gleich von Gott geliebt sind und daher auch alle Jünger ihr Gegenüber gleich lieben sollen (vgl. Mt 5,45). Klausner formuliert die Konsequenz, zu der eine solch radikale ethische Forderung zur Feindesliebe führt:

> [A]lle sind gleich vor Gott. Daraus folgt, daß Gott nicht die *absolute Gerechtigkeit* ist, sondern nur das *Gute*, vor dem niemand böse ist (»Niemand ist gut, denn einer – Gott«). Er ist nicht mehr der »Gott des Gerichts«, obwohl der Termin des letzten »Gerichtstages« beibehalten wird; mit anderen Worten: *er ist nicht mehr der Gott der Geschichte*.[201]

Klausner distanziert sich vom jesuanischen Gottesbegriff, denn der Sünder kann im jüdischen Denken nicht auf derselbe Stufe wie der Gerechte stehen (anders sieht es natürlich mit dem reuigen Sünder aus). Jener aber, der die Welt zerstört, die

---

200 »Zaddik« und »Chassid« sind Begriffe, die von biblischer Zeit bis hinein ins Mittelalter gebräuchlich waren. Bei allen Unterschieden, die im Gebrauch der Begriffe im Laufe der Zeit festzustellen sind, bliebt die Grundbedeutung jedoch gleich: Der Gerechte (Zaddik) steht dabei im Gegensatz zum Frevler (Rascha) und als Chassid wird nur jemand bezeichnet, der in eine besondere Nähe zu Gott steht oder in seinem Verhalten im herkömmlichen Frömmigkeitsethos heraussticht. Im osteuropäischen Chassidismus der zweiten Hälfte des 2. Jahrtausends änderten sich die Grundbedeutungen: Die Zaddikim sind hier die charismatischen Anführer eine Gruppe, Chassidim ihre Anhänger. Für Israel ben Elieser (ca. 1700–1780) weist ein Zaddik zwei Komponenten auf, indem er als Individuum auf einer höheren spirituellen Ebene als andere Menschen steht und direkt mit Gott verbunden ist sowie, dass er für jeden Juden verantwortlich ist: »every Jew is a limb of the Shekhinah«. Er hält die Mizvot (Gebote) und erbarmt sich des Sünders, indem er, mystisch formuliert, zu diesem geistig hinabsteigt, um ihn wieder aus der Tiefe zur Gemeinschaft mit Gott zuführen. Vgl. HAIM HILLEL, Ben-Sasson/RUBINSTEIN, Avraham, Art. Israel ben Eliezer Ba'al Shem Tov, in: EJ 10 (^{2}2007), 743–748, hier: 476; TALABARDON, Chassidismus, 17.
201 KLAUSNER, Jesus von Nazareth 527.

sittliche und natürliche Weltordnung durchbricht, für den lohnt ein weiteres Leben nicht, was Klausner am Bild der »Sintflut« veranschaulicht. Gott kann nicht bloß Gerechtigkeit garantieren, er muss auch selbst gerecht sein. Dies kommt Klausner zufolge in der doppelten Anrede an Gott zum Ausdruck: »Unser Vater, unser König«[202].

Klausner beurteilt das Gottesbild Jesu als für das »*individuelle* sittliche Bewusstsein« förderlich, nicht jedoch für eine kollektive jüdische Auffassung von Gott, da Jesu sittlicher Individualismus für das »allgemeine, soziale, nationale, und universale Bewußtsein, dem die ›Weltgeschichte das Weltgericht‹ ist, [...] Ruin und Chaos«[203] bedeutet.

Als Prediger hoher Sittlichkeit ist Jesus ein Kämpfer gegen unlautere Pharisäer, der auch die saddzuäische Priesterschaft scharf kritisiert z. B. wegen der Geldwechsler im Tempel. Für seine ehernen ethischen Ideale stirbt Jesus den Märtyrertod.[204] Klausner diskutiert Jesus ausgehend von einem Bild des echten »pharisäische[n] Jude[n]«[205], weil er alle Zeremonialgesetze erfüllt, dabei stellt Klausner aber die Frage nach dem, wodurch sich Jesus von seinem Judentum doch auch unterscheidet, weil er die »*nationale* Seite des Zeremonialgesetzes«[206] nicht in seiner Lehre für den Zusammenhalt des jüdischen Volkes unter der Römerherrschaft berücksichtigt. Jesus verkennt sozusagen nach Klausner die religiöse Bedeutung des Zeremonialgesetzes im Vergleich zum Sittengesetz.[207] Er bescheinigt Jesus deshalb ein allgemein fehlendes nationales Empfinden. Warum aber diese Diskrepanz zum Zeremonialgesetz oder zur »*jüdisch-nationalen* Geschichte?«[208] Die Antwort findet Klausner im radikalen Ethos Jesu, das er sich nur in Verbindung mit seinem Glauben, konkret mit seiner eschatologischen Vorstellung und anhand seines Gottesbegriffes erklären kann.

Jesu Ethos beinhaltet »Unjudentum«[209], weil er die jüdische Ethik überbetont lehrt. Die radikal ethischen Anschauungen waren zudem individualethisch und nicht auf das Volk Israel beschränkt, damit offen für Nicht-Juden. Mit der Aufhebung des Zeremonialgesetzes durch Paulus kam es schließlich zur »Christianisierung der unbeschnittenen *Heiden*«[210]. Die asketischen und weltabgewandten Elemente in Jesu Lehre brachten die für das Christentum typische Erscheinung hervor, die das Judentum nicht kennt, wie die Institution des Mönchtums, so Klausner. Ein zölibatäres Leben um des »Gottesreiches willen« wäre für das Judentum weltabge-

---

202 Ebd., 528.
203 Ebd., 528.
204 Ebd., 542.
205 Ebd., 376.
206 Ebd., 516.
207 Vgl. ebd., 515.
208 Ebd., 516.
209 Ebd., 546.
210 Ebd., 515.

wandt, nimmt doch die Familie dort einen zentralen Platz ein.[211] Dass bei Jesus die familiären Strukturen wegfallen, er sich von seiner Familie löst und unverheiratet bleibt, erscheint Klausner für Juden untypisch.

Jesu radikale ethische Anschauungen und die daraus abgeleiteten Entwicklungen waren für das Judentum der falsche Weg, so Klausner, weil es immer auch nationalen Charakter besitzt. Aus Gründen der »nationalen Selbsterhaltung« und dem »Festhalten an dem großen Menschheitsideal« konnte das Judentum die vom »Leben abgewandte Ethik« Jesu nicht übernehmen.[212] Klausners Bild vom Judentum trägt hier klar zionistische Züge, die mit der universalistischen Ethik Jesu nicht kompatibel sind:

> Das Judentum ist weder nur Religion, noch nur Ethik, sondern die Summe aller Bedürfnisse eines Volkes, die sämtlich auf religiöser Grundlage ruhen, also eine nationale Weltanschauung auf religiöser-ethischer Basis.[213]

Obwohl die Ermahnungen Jesu auf den Raum Palästinas und dort besonders auf Pharisäer und Priester in Jerusalem beschränkt waren, zeichnet sich nach Klausner in der ethischen Lehre Jesu ab, warum sein Volk ihn ablehnen musste:

> [Jesus] trennte nicht nur das nationale Leben von der Religion, um ihr etwa eine besondere Sphäre anzuweisen, sondern er ignorierte es völlig und setzte an seine Stelle ein religiös-ethisches System, das allein mit seinem eigenartigen Gottesbegriff verknüpft war. Damit hob Jesus das Judentum als die innere Lebenskraft des Volkes und auch das Volk selber auf. Denn eine Religion, die nur einen allgemeinen Gottesbegriff und eine für alle Menschen geeignete Ethik besitzt, kann nicht irgendeinem besonderem Volk zugehören: sie durchbricht vielmehr, bewußt oder unbewußt, alle nationalen Schranken.[214]

Erneut wird in diesen Worten Klausners zionistische Haltung deutlich. Unabhängig davon kann er jedoch als Historiker sehen, dass Jesu universalistische Ethik an eine religiös-theologische Vorstellung anknüpft. Klausner hält diese für anational, weswegen sie ihm zufolge vom jüdischen Volk mehrheitlich abgelehnt wurde. Den Zusammenhang einer universalistischen Ethik Jesu verglichen mit den Propheten Israels beleuchtet Klausner nur kurz. Erklären lässt sich dies dadurch, dass die Propheten die politische Dimension ihrer Botschaft stärker gewichteten als die Befolgung religiöser Zeremonialgesetze. Das Verhältnis Jesu zum Zeremonialgesetz, das dieser nicht aufhebt aber auch nicht einfordert, erinnert eben stark an die Propheten Israels. Zwar setzen sich beispielsweise auch Jeremia oder Deuterojesaja für die Schabbatheiligung ein, oder Ezechiel für die Beschneidung, so Klausner, aber in der Regel spielt die politische Dimension bei den Propheten eine größere Rolle.[215] Das Zeremonialgesetz verhält sich »wie zu einem alten Lappen auf dem neuen

---

211 »Das Christentum stellt gleichsam die (systematische, nicht historische) Verbindung zwischen Judentum und Buddhismus her.« Ebd., 549.
212 Ebd., 543.
213 Ebd., 542.
214 Ebd., 543.
215 Vgl. ebd., 516, 519.

2 Klassiker jüdischer Jesusforschung   157

messianischen Kleid und setzt seine religiös-ethische Bedeutung herab«[216]. Jesus »entwurzelt das Volk aus seiner Nationalität« und die Propheten setzten sich, soweit es für den »national-religiösen Bestand des Volkes« unerlässlich ist, für die Befolgung des Zeremonialgesetzes ein.[217] Klausners zionistische Brille ermöglicht ihm nur einen einseitigen Blick auf die Propheten und hindert ihn eine Ähnlichkeit zu Jesus zu sehen. Warum Klausner das »Unjüdische« in Jesus jedoch so klar benennt, hat seinen eindeutigen Grund und leuchtet schnell ein: Klausner kontextualisiert die Lehre Jesu im Rahmen der römischen Herrschaft, unter der die Einhaltung des Zeremonialgesetzes für die Erhaltung der jüdischen Identität unbedingt notwendig war. Nur das Einhalten der Tora konnte ein Weiterbestehen der jüdischen Religionsgemeinschaft gewährleisten und eine Assimilierung an die polytheistische Umgebung verhindern, denn die »rein sittlichen Gebote sind ja bei allen Völkern die gleichen«.[218] Klausner hält für eine jüdische Volkszusammengehörigkeit wenig von einem »abstrakten Glauben und eine[r] allgemein menschlichen Ethik; es braucht eine praktische Religiosität, Formen, die die religiöse Idee zum Ausdruck bringen und das Leben des Alltags mit der Heiligkeit der Religion durchdringen«[219].

Jesu ethische Vorschriften haben für das Individuum zwar hohen Wert, können aber niemals als Forderung für eine ganze Nation aufgestellt werden. Zwar ist seine Ethik eine jüdische, so Klausner, aber durch seine Überbetonung wurde sie »*nichtjüdisch* und führte zu *Unjudentum*.«[220] Wenn man die radikal ethischen Regeln vom täglichen Leben abtrennt, dann sind sie Glaubensregeln, die nur an das »Gefühl von Priestern, Mönchen und einigen rein geistig-religiös eingestellten Individuen appellieren«[221]. Mit Verweis auf das Christentum führt Klausner die spanische Inquisition an, die so sehr »am *Leben* interessiert war und religiöse Politik trieb« und somit nicht einmal mit der weltfremden und idealistischen Ethik Jesu in Berührung kam. Dieser Widerspruch im Christentum liegt nach Klausner direkt in der extremen und utopischen Ethik Jesu begründet, »für den die Gesellschaft nichts und die einzelne Seele alles bedeutet«.[222] Aus dieser radikalen Ethik entwickelte sich Klausner zufolge im Christentum eine nur schwer lebbare Moral.[223]

Für Klausner ist die Ethik Jesu für politische und nationale Agenden nicht tauglich. Nation und Religion gehören aber für das Judentum untrennbar zusammen, wie auch das pharisäische Judentum (abgesehen von Jesus) in seinen ganzen Schattierungen Wirklichkeit und reales Leben miteinander in der Heiligung des Alltags verbindet. Eine extreme Sittlichkeit kann bei dieser allumfassenden pharisäischen

---

216 Ebd., 516.
217 Ebd.
218 Ebd.
219 Ebd.
220 Ebd., 546.
221 Ebd.
222 Ebd., 548.
223 Vgl. ebd., 564.

Ethik nicht aufkommen, so Klausner, und fährt mit einer weiteren Beschreibung des Judentums fort:

> Das Judentum ist eine alles umfassende und umschließende politisch-nationale und soziale Kulturform, die deshalb neben den erhabensten Sätzen abstrakter Ethik auch Zeremonialgesetze rein religiöser Art sowie völlig irdische und profane Anschauungen enthält.[224]

Die Haltung Jesu, dass »Religion mehr als nur Glaube und Ethik« ist, nämlich »*der Weg des Lebens*«, ist das Ende praktisch-religiöser Formen, die das Leben durch eine Alltagsreligion heiligen; dadurch »entwurzelte er das Volk aus seiner Nationalität«, so Klausner.[225]

Einen weiteren Grund, warum das Volk Jesus und seine Lehre ablehnte, sieht Klausner in der »Selbstaufhebung, die ein Bestandteil der Lehre Jesu ist«[226]. Wer Jesu extreme ethische Standpunkte verstehen will, muss nach Klausner zuerst den »besonderen Charakter seines Glaubens an das Jüngste Gericht und an das Gottesreich (›die Tage des Messias‹)«[227] begreifen.

f)   Eschatologie

Der Frage der Messianität Jesu widmet Klausner eingehend sein ganzes Kapitel[228] mit der Schlussfolgerung, dass in Jesus während der Taufe durch Johannes das Bewusstsein seiner Messianität aufblitzte, er diese aber vor seinen Jüngern bis in Cäsarea Philippi verheimlichte, weil es ihm seit der Verhaftung des Täufers fern lag eine politische Bewegung gegen die Römer ins Leben zu rufen.[229]

Zur Zeit Jesu herrschte eine weit verbreitete Vorstellung vom sogenannten »Gottesreich«. Ohne viel Erklärung war im Volk dieses jüdische Ideal bzw. das Bild von einer besonderen messianischen Zeit bekannt. »Himmelreich« bzw. »Gottesreich« sind dabei zwei idente Begriffe einer spezifisch jüdischen Vorstellung, dass das Gottesreich eine Herrschaft des Guten in der Welt ist. Es enthält damit sowohl irdisch-materielle als auch geistige Aspekte. Dieses Gottesreich wird zuvor durch die »Tage des Messias« in Israel eingeleitet, die eine Zeit der despotischen Unterdrückung bilden und von einer religiösen und sozialen Dystopie gekennzeichnet sind. Am Ende dieser Zeit steht das Gericht Gottes, durch das die Reuigen, die Guten und die Gerechten von den unzähligen Frevlern und Sündern getrennt werden, damit »*eine neue Welt*« entsteht und mit ihr die Messianische Zeit, in der auch die Gerechten zu neuem Leben erwachen.[230]

---

224 Ebd., 549.
225 Ebd., 516.
226 Ebd., 543.
227 Ebd., 552.
228 Vgl. ebd., 5. Buch: Jesus offenbart sich als Messias, 399–426.
229 Vgl. ebd., 553.
230 Vgl. Klausner, Jesus von Nazareth, 553–556.

So etwa sah das jüdische Ideal vom Gottesreiche oder vom messianischen Zeitalter zur Zeit Jesu aus. Und dieses selbe Ideal schwebte auch ihm vor, als er seine große Verkündigung begann, daß »das Himmelreich nahe ist«. Auch ihm kam es vor allem an auf Gerechtigkeit und Gutes tun, auf Verzeihung und Vergebung, auf Demut und Gottesfurcht, auf das Schwinden von Rache und Groll, von Bedrückung und Gewalt, von Roheit [sic] und Begierde, und vor allem von Heuchelei und Scheinheiligkeit: nicht mehr also sollten nebensächliche Zeremonialgesetze wie das rituelle Waschen der Hände, das Eintauchen der Geräte, das Verzehnten von Gemüse usw. als Hauptsache, und die wichtigsten zwischenmenschlichen Gebote als Nebensache gelten.[231]

Der Glaube an dieses irdische Gottesreich sprach vor allem die ärmliche Bevölkerung, Bauern und Fischer an. Diesen irdischen und durchaus politischen Messianismus teilte Jesus mit vielen Juden seiner Zeit. Mit einer Ausnahme: Jesus glaubte nicht an eine bewaffnete Herbeiführung des Gottesreichs, sondern an das Kommen des Reiches durch die Hilfe Gottes allein, durch Buße und gutes Handeln der Juden.[232] Die Offenbarung seiner eigenen Messianität hielt Jesus für verfrüht, und er predigte vom Reich Gottes, damit eine große Bewegung bußfertiger und gut handelnder Menschen in Israel entsteht, die das Gottesreich herbeiführen und »damit die Stunde seiner eigenen Offenbarung näherbringen«[233].

Viele messianische Gestalten traten in der jüdischen Geschichte auf. So glaubte Rabbi Akiva, das Bar Kochba (gestorben 135) der Messias sei.[234] Die Pharisäer fürchteten sich aber im Allgemeinen vor den politischen Folgen eines aktiven Messianismus und die spätere talmudische Literatur lässt eine gewisse Distanz zu einer Messiasfigur erkennen, hält aber begeistert an der Vorstellung der messianischen Zeit fest, in der der Messias nur ein Werkzeug zur Erlösung sein wird und nicht auf einer Stufe mit Gott steht.[235]

In den ersten zwei Jahrhunderten blieb der Gedanke unter den ersten Christusgläubigen an die Wiederkunft des Messias Christi, die Parusie, stark. Auch Paulus war von diesem Gedanken ganz erfüllt. Aus der Parusieverzögerung entwickelte sich im Christentum die Vorstellung eines »tausendjährigen Reichs« (Chiliasmus), in dem eine äußerst fruchtbare Zeit ohne materiellen Mangel anbricht.[236]

---

231 Ebd., 556.
232 Ebd., 559.
233 Ebd., 560.
234 Rabbi Akiva (etwa 50–135 n. Chr.), jüdischer Märtyrer unter Kaiser Hadrian getötet, gehörte er zu den bedeutendsten Lehrern seiner Zeit. Während des Bar-Kochba Aufstandes gegen die Römer (132–135 n. Chr.) erklärte er den gleichnamigen jüdischen Anführer zum religiös-politischen Messias der Juden (vgl. jTaan 4,8/68d) Vgl. weiter FREEDMAN, Harry/ WALD, Stephen G., Art. Akiva, in: EJ 1 (²2007), 562f.; LEHNHARDT, Pierre/OSTEN-SACKEN, Peter von der, Rabbi Akiva. Texte und Interpretationen zum rabbinischen Judentum und zum Neuen Testament (= Arbeiten zur neutestamentlichen Theologie und Zeitgeschichte 1), Institut Kirche und Judentum, Berlin 1987, 307–317.
235 KLAUSNER, Jesus von Nazareth, 559, 563.
236 Eine Vorstellung ähnlich der der Propheten und der hebräischen Literatur wie z. B. »Das Mahl des Leviathan«, »Der Leviathan und der wilde Ochse«, oder »Der wohlbewahrte Wein« Ebd., 558, 561.

Die Hoffnung auf eine baldige Wiederkunft kam beispielsweise im Ausruf der ersten Christusgläubigen »Marana ta – unser Herr, komm« (vgl. 1 Kor 16,22) zum Ausdruck, worin sich die Sehnsucht nach dem baldigen »Tag des Gerichts« und dem Beginn des »Gottesreichs« zeigt. Klausner sagt zu dieser Auffassung, dass sie die »extreme und asketische Ethik«[237] Jesu erklärt. Sie ist Selbstzweck und von einer eschatologischen Vorstellung ihrer »Vollendung« kennzeichnet, die zur »extreme[n] Diesseitsverneinung seiner Ethik«[238], passt, alles zu verkaufen, mit den Zöllnern und Sündern zu verkehren oder keine Ehe einzugehen. Denn am »Tag des Gerichts« werden die Guten von den Bösen gesondert (vgl. Mt 13,44–52). Klausner kritisiert Jesu Haltung zum Gottesreich und zu seiner eigenen Messianität:

> Hätten die Jünger nicht auf sein [Jesu] Wiedererscheinen gewartet, dann wäre das Christentum nie entstanden. Selbst als jüdische Sekte konnten sich seine Jünger, und Paulus eingeschlossen, nur durch den Glauben an Jesus als Messias halten, der am Tag des Gerichts zur Rechten Gottes erscheinen und die Jünger vor der Hölle bewahren werde. Ohne diese irrtümliche Überzeugung hätte Jesus, der pharisäische Jude, nicht eine so extreme und individualistische Ethik lehren können, mit der weder die menschliche Gesellschaft, noch Staat oder Volk zu leben vermag, die aber ganz dem Geist und den Bedürfnissen der Armen und Bedrückten seines und aller Völker in jener furchtbaren Zeit der grausamen und gierigen römischen Weltherrschaft entsprach.[239]

Die Spiritualisierung des politischen Messias hin zu einem nur religiösen Messias-Bewusstsein Jesu ist eine Neuinterpretation der zur Zeit Jesu vorherrschenden jüdischen Messiasvorstellungen. Diese Akzentverschiebung erklärt zusammen mit den jüdisch-eschatologischen Vorstellungen von den »Tagen des Messias«, dem »Gericht Gottes« und der »Gottesherrschaft« die Radikalisierung der ethischen Lehren Jesu.

Jesus zufolge war das Gottesreich bereits angebrochen, die meisten Juden mussten diese Vorstellung, die auf »unerfüllte Hoffnung« baute, ablehnen. Klausner sieht dennoch etwas Positives im heutigen Christentum und verweist bei dessen Existenz auf eine eher hegelianische oder durchaus theologische Formulierung. Klausner sagt, das Christentum sei ein Ergebnis »im Proleß der menschlichen Geschichte, die von einer höheren Vernunft gelenkt wird und deren Wege Wahrheit und Gerechtigkeit sind«[240]. Durch Jesus konnte das Christentum »den Monotheismus und die prophetische Sittlichkeit«[241] bewahren, so Klausner. Den heidnischen Völkern wurde das Judentum – mittels Christentum – ein »Licht für die Völker«[242] und Jesus sogar »ein Licht den Völkern«[243].

---

237 Ebd., 562.
238 Ebd., 562.
239 Ebd., 562f.
240 Ebd., 564.
241 Ebd.
242 Vgl. ebd.
243 Ebd., 572.

g) Gleichnisreden und Wunder

In der Darstellung der Evangelien verschmelzen die unterschiedlichen pharisäischen Gruppen zu einer einzigen. Dass Jesus dabei die gleichen traditionellen didaktischen Mittel wie die Pharisäer verwendete, fällt nicht ins Auge, weil vielmehr der bereits angesprochene Antipharisäismus in den Vordergrund tritt, der die Streitgespräche zwischen Jesus und *den* Pharisäern als christlich antithetisch erscheinen lässt, obwohl es sich um innerjüdische Streitgespräche handelt. Klausner vermittelt einerseits die Nähe Jesu zu den Pharisäern, andererseits macht er auf den Unterschied zwischen der pharisäischen Torainterpretation und jener von Jesus aufmerksam: Das Volk sah, »die Verschiedenheit zwischen Jesus und den Schriftgelehrten darin, daß jener nicht in homiletisch ausgelegten Bibelversen, sondern in Gleichnissen und Parabeln sprach«[244].

Jesu speziellen Modus des Erzählens, wie ihn die synoptischen Evangelien übereinstimmend überliefern – »er predigte, als ob er Autorität hätte, und nicht wie die Schriftgelehrten«[245], die ihre Lehren auf Schriftstellen bezogen –, führt Klausner auf einen Übersetzungsfehler zurück. Mit H. P. Chajes[246] geht Klausner von einem hebräischen Urevangelium aus. Im Zuge der Übersetzung wurde das *moschl* (מושל), das sowohl »Gleichnisredner« als auch »Besitzer von Herrschaft/Autorität« bedeuten kann falsch ins Griechische übersetzt. Nach dieser These wollte der Schreiber des Urevangeliums lediglich ausdrücken, »daß Jesus wie ein Gleichnisredner (מושל, oder nach Lukas במשל, durch ein Gleichnis), nicht aber wie die Schriftgelehrten sprach«; um eine besondere Autorität des Redners ging es nicht[247].

Gleichnisse, wie z. B. *Vom Licht unter dem Scheffel* (Mt 5,14f.; Mk 4,21f.; Lk 8,16; 11,33) oder *Vom Senfkorn* (Mt 13,31f.; Mk 4,30–32; Lk 13,18f.) weisen im Gegensatz zu exegetisch genauen Auslegungen zur Tora, wie sie den Schriftgelehrten zugeschrieben werden, zwei Vorteile auf: Sie binden den einfachen Zuhörer durch die bildhaften Gleichnisse an seine Worte und gleichzeitig verdecken sie die Botschaft. So schlussfolgert Klausner: »Jesus lehrte also in Gleichnissen, weil er fürchtete, daß das Volk noch nicht reif sei, den inneren Sinn seiner neuen Botschaft zu verstehen.«[248] Waren die Gleichnisse eine Methode der Verkündigung, so unterstrich er durch Bezugnahme auf die Heilsgeschichte und die bekanntesten biblischen Gestalten, dass er in der Tradition Israels stand.

Was die Wunder Jesu betrifft, so erklärt Klausner sie als eine typische Erscheinungsweise der pharisäischen Religiosität und als »unentbehrliche[n] Faktor, ohne den er das einfache Volk in Galiläa nicht hätte anziehen können«[249]. Jesus besaß

---

244 Ebd., 361.
245 Mk, 1,22; Mt 7,29; Lk 4,32 zit. nach ebd., 360.
246 Vgl. CHAJES, Hirsch Perez, Markus-Studien, Berlin 1899, 10–12.
247 KLAUSNER, Jesus von Nazareth, 361.
248 Ebd., 362.
249 Ebd.

nach Klausner eine »außergewöhnliche Suggestionskraft«[250], »da er sich ja im Innern seines Herzens für den Messias hielt und nach damaliger Auffassung eben mit übernatürlichen Kräften begabt sein mußte«[251].

Klausner interpretiert die Wunder Jesu als durch Suggestionskraft bewirkt – hier bestehen Parallelen zu liberalen Leben-Jesu Forscher wie Reimarus, Strauss und Renan, die die These vertraten, Jesus habe keine wirklichen Wunder gewirkt. Auch Klausner zufolge war das Wirken von Wundern zur Zeit Jesu in der jüdischen Vorstellungswelt ein Privileg Gottes: »Er allein tut Wunder« (Ps 72,18). Dennoch unterscheidet sich Klausner von den genannten Forschern darin, dass er dem historischen Jesus ein Messiasbewusstsein einräumte und in diesem Rahmen »nach damaliger Auffassung« auch »übernatürliche Kräfte« zugestand. Klausner erteilt damit aus seiner aufgeklärten Sicht den Wundern Jesu eine Absage, jedoch hält er für die Zeit Jesu fest, dass Jesus Dinge getan haben muss, die seine Zeitgenossen durchaus als Wunder wahrnahmen.

h) »Geheimnis Jesu«

> Wer nichts ist als Visionär und Mystiker, wirkt nur auf Männer mit gleich starker visionärer Kraft, und sein Einfluß geht bald vorüber. Wer nichts als Lebensklugheit und Sinn für praktische Fragen besitzt, wirkt nur auf die Vernunft, während das Herz unberührt bleibt; nie aber wurde in dieser Welt etwas Großes vollbracht, woran nicht das Herz begeisterten Anteil nahm. Nur wo mystischer Glaube mit praktischem Verstande gepaart ist, entsteht eine starke, dauernde Wirkung. Eine solche Doppelnatur war Jesus von Nazareth, und sie gerade wirkte auf seine Anhänger und durch deren Vermittlung auf die folgenden Generationen.[252]

Das Bild, das Klausner von Jesus skizziert, ist von Gegensätzen geprägt, die sich in der »Doppelnatur« Jesu verbinden. Klausner vertritt die Ansicht, dass Jesus sich zu Lebzeiten als Messias sah, ein ungeheures Selbstvertrauen besaß und dennoch milde, demütig und friedfertig auftrat. Die Popularität Jesu unter seinen Anhängern lässt Klausner nach dem Geheimnis seiner Wirkung fragen und nennt dafür mehrere Gründe. Jesus war ein Mann des einfachen Volkes, dessen leicht verständlichen Gleichnisse und Sprüche meist ihren spezifischen Sitz im Leben der Dorf- und Kleinstadtbevölkerung hatten. So konnte Jesus eine breite Schar in Galiläa erreichen. Jesus zu diesem »Am-Haaretz«, dem einfachen ungebildeten Teil des Volkes, zu zählen wäre jedoch verfehlt, denn er kannte die Traditionen der Ältesten, die Bibel und die Methoden der pharisäischen Schriftauslegung, mit der er seine Anhänger in Auseinandersetzung mit den Torakundigen beeindruckte.[253] Jesus zum Propheten zu erklären, wäre für Klausner aufgrund seines geringen politischen Weitblicks ebenso verfehlt wie Jesus jedwedes Gespür für politische Realität abzusprechen.

---

250 Ebd., 368.
251 Ebd., 363.
252 Ebd., 569.
253 Vgl. ebd., 566f.

2 Klassiker jüdischer Jesusforschung

Man denke nur an seine scharfe Antwort auf die Frage nach dem Tribut an den Kaiser: »So gebet dem Kaiser, was des Kaisers ist, und Gott, was Gottes ist.« (Mt 22,21) oder sein Auftreten bei den Geldwechslern im Tempel.[254] Klausner kommt zur folgenden Charakterbeschreibung Jesu:

> Jesus ist also ein pharisäischer »Rabbi«, aber doch kein Halachist, sondern ein Haggadist. Er sammelt die Armen und Bedrückten um sich und sagt ihnen, daß »sein Joch sanft und seine Last leicht« sei. Er fühlt Mitleid mit dem einfachen Volk, das »wie die Schafe sei«[255], die keinen Hirten haben«[256]; er steht auch außerhalb der drei Parteien seiner Tage und ist weder ein vollkommener Pharisäer, noch ein Sadduzäer oder Essäer. Andererseits fordert er, daß der Mensch um seinetwillen alles aufgebe – Familie, Haus, Besitz und sogar sein eigenes Selbst (»Er soll auch seine Seele hassen«), denn nur wer dazu fähig ist, sei als Jünger geeignet, in das Gottesreich zu kommen und der Tage des Messias teilhaftig zu werden. Diese liebreiche Beziehung zu seinen Anhängern einerseits und die Strenge der sittlichen Forderungen andererseits waren ganz dazu angetan, auf die Menschen zu wirken und sie für das Neue zu begeistern, das zugleich so leicht und so schwer war.[257]

Die Kunst eines Haggadisten liegt in der Methode der Lehre, die sein Erzählen ist. Dazu gehört es wie ein Schriftgelehrter in Gleichnissen zu reden. Klausner bezeichnet Jesus daher als »Künstler der Gleichnisse«[258], weil er in einfachster Form tiefste ethische Weisungen vermittelt. Diese Gleichnisse wiederum sind kurz, schön, und stammen aus dem alltäglichen Leben des »Am-Haaretz« in Galiläa. Wer die Pointe nicht verstand, konnte zumindest hinter den Gleichnissen ihren Wert erahnen, so Klausner.

Wie die Gleichnisse gehören auch Jesu Sprüche in das Repertoire methodischen Lernens. Sie sind so kurz, scharf und schneidend, dass sie leicht mündlich von den Jüngern weitergegeben werden konnten. Klausner führt einige dieser »volkstümliche Epigramme«[259] an:

> Nicht die Gesunden, die Kranken bedürfen des Arztes.
> Lasst die Toten ihre Toten begraben.
> Blinde Führer der Blinden.
> Die eine Mücke durchseihen und ein Kamel verschlucken. [...]
> Es ist leichter, daß ein Kamel durch ein Nadelöhr geht, als daß ein Reicher ins Himmelreich kommt.
> Der Reiche gibt Almosen von seinem Überfluß und die Witwe von ihrem Mangel.
> Der Geist ist willig, doch das Fleisch ist schwach.
> Wer frei von Sünden ist, werfe den ersten Stein.
> Besser geben als nehmen.[260]

---

254 Ebd., 568f.
255 Matth. 11, 28–30 [Anm. 230].
256 Markus 6, 34; Matth. 9, 36; 14, 14; 15,32. »Wir führen hier nicht alle einschlägigen Stellen an, da die meisten schon in den früheren Teilen des Buches zitiert wurden.« [Anm. 231].
257 Ebd., 567f.
258 Ebd., 570.
259 Ebd.
260 Ebd., 570.

Diese Sprüche Jesu treffen den Kern einer Sache genau und erklären nach Klausner, warum Jesu Lehre trotz den Kontroversen um seine Person nicht in Vergessenheit geriet. Die Sprüche bildeten sogar eine Basis für den neuen Glauben, obwohl dieser »selbst nichts Neues enthält – d. h. nichts, was nicht schon im Judentum enthalten war«[261]. Mit Blick auf Jesu Kreuzestod, den Klausner als Unrecht, aber im Sinne der formalen Gerichtsbarkeit als rechtens beurteilt, verlieh er Jesu »Lehre eine Krone himmlischen Glanzes«[262]. Die Kreuzigung selbst war eine typisch römische Todesstrafe. Die Juden trugen also dafür nicht die Verantwortung.[263] »Höchstens eine kleine Gruppe der aristokratischen sadduzäischen Priesterschaft hatte Anteil an seiner Verhaftung, dem ersten Verhör und der Auslieferung an Pilatus.«[264] Von den zwei Anklagepunkten, die das Synhedrion gegen Jesus vorbrachte – Gotteslästerung und messianische Anmaßung – zählte für die Römer nur der zweite Punkt: Jesus als »König-Messias« war ein Verrat am römischen Kaiser. Mit der Kreuzigung, »schließt die Lebensgeschichte Jesu, und es beginnt die Geschichte des Christentums«[265]. Der Auferstehungsglauben hat nach Klausner den Stellenwert einer Vision:

> Diese Vision wurde als beglaubigtes Zeugnis für die Auferstehung Jesu, für seine Messianität und für die Nähe des Gottesreichs die Grundlage des Christentums. Ohne sie wäre wohl das Andenken an Jesus völlig in Vergessenheit geraten, oder man hätte sich mit der Sammlung seiner erhabenen ethischen Aussprüche und einiger Wundererzählungen begnügt.[266]

Auferstehung als Vision bedeutet für Klauser im Grunde nichts anderes als eine Legende, die zum Impetus der Verklärung geriet, in der Jesu menschliche Fehler getilgt und seine Stärken überbetont wurden, sodass er schließlich eine übernatürliche Stellung einnahm als »halb Jude und halb Heide«[267].

Ungeachtet des Einflusses der griechischen Philosophie auf das Christentum ist die Klausner'sche Formulierung »halb Heide« in Bezug auf Jesus kaum angemessen, erklärt sich aber als Anklage an die christliche Interpretation, die Jesu Judesein zu Gunsten seines göttlichen Wesens verdunkelte. Klausner versucht damit zu verdeutlichen, dass Jesus in einer jüdischen Gedankenwelt lebte und keine griechische Philosophie lehrte. Seine »Doppelnatur« ist geprägt von einem autoritativen Auftreten mit einer prophetischen Stimme und mit einer mahnenden, die sich in auf Selbstkorrektur zielenden Gleichnissen und Sprüchen äußert, deren Inhalte nicht durch eine unglaubwürdige Lebensführung gebrochen, sondern, in radikaler Authentizität gelebt, wahres Menschsein sichtbar machen. »Das Geheimnis« des Charakters Jesu und seines Wirkens sieht Klausner in seinem Menschsein, in seiner Wirkung und Strahlkraft. Daher endet Klausners Jesus-Buch auch nicht thematisch

---

261 Ebd., 571.
262 Ebd.
263 Vgl. ebd., 484f.
264 Ebd., 485.
265 Ebd., 493.
266 Ebd., 499.
267 Ebd., 571.

mit der Kreuzigung, sondern mit der »Lehre Jesu«, deren bleibender Wert im hohen ethischen und humanitären Anspruch liegt.

i) Fazit: Zusammenschau von Klausners und Amos Oz' Ansicht über Jesu Bedeutung für Juden

Klausners Jesus-Buch ist eine wissenschaftliche Studie, die seit ihrer ersten deutschen Übersetzung im Jahr 1930 besonders im liberalen deutschsprachigen Judentum große Verbreitung fand und Wirkung entfaltete. Noch nach der Ernennung Hitlers zum Reichskanzler 1933 erschienen 1934 zunächst eine zweite und dann eine zweite, erweiterte Auflage. Zu einer dritten Auflage in deutscher Sprache kam es erst nach der Shoah im Jahr 1950; 1952 folgen eine dritte, erweiterte Auflage. Klausners Jesus-Studie stellt somit eine Konstante in der wissenschaftlichen Auseinandersetzung mit dem jüdischen Jesus dar, die mit der hebräischen Erstveröffentlichung 1922 begann, wie die Rezension Gerhard Kittels im *Theologischen Literaturblatt*[268] belegt, und nicht mit der Shoah endete. Bis heute besteht ein Interesse an Klausners Jesus-Studie, die zuletzt 2021 im im Suhrkamp Verlag in Berlin erschien.[269]

Im Jahr 1922, dem Jahr seiner Erstveröffentlichung, richtete sich das Buch zunächst an einen hebräisch sprechenden, jüdischen Adressatenkreis im damaligen britischen Mandatsgebiet Palästina, dessen zurückhaltende bis ablehnende Haltung gegenüber Jesus bzw. dem Christentum auf eine lange Tradition zurückging oder zumindest durch Jesus-Stereotypen des religiös-orthodoxen Judentums beeinflusst war; die oben wiedergegebene Anekdote[270] aus der Schulzeit seines Großneffe Amos Oz mag dies veranschaulichen. Der Adressatenkreis von Klausners hebräischer Ausgabe ist insofern ein ganz neuer, weil sich in Palästina damals durch die verstärkte Zuwanderung eine jüdische Bevölkerung bildete, der man die Bedeutung Jesu jetzt ganz anders darstellen konnte als das in der Diaspora der Fall gewesen war: an dem Ort, an dem Jesus selbst gelebt und gewirkt hat. Nicht zu unterschätzen ist dabei die Tatsache, dass Klausner sich im vorstaatlichen Israel nicht dem argwöhnischen Blick der Kirchen aussetzen musste. Wie sehr der kirchliche Einfluss bzw. der Einfluss christlich geprägter Gesellschaften die jüdische Beschäftigung mit der Figur Jesus behinderte, mag die Tatsache belegen, dass in den ersten 27 Jahre nach der Staatsgründung Israels 187 hebräische Schriften von Dissertationen bis hin zu Gedichten veröffentlicht wurden, die Jesus thematisierten. In einem guten Vierteljahrhundert wurden also im jüdischen Staat Israel mehr Schriften auf Hebräisch über Jesus verfasst als seit Beginn der Haskala in ganz Europa. Dafür bedurfte es,

---

268 KITTEL, Jeschu ha-noṣri, 243, siehe auch 257–262.
269 KLAUSNER, Joseph, Jesus von Nazareth: Seine Zeit, sein Leben und seine Lehre, Mit einem Nachwort von Christian Wiese, Berlin 2021. Diese Ausgabe folgt der dritten erweiterten Auflage, die 1952 im *The Jewish Publishing House Ltd.* in Jerusalem, erschienen ist.
270 Siehe Abschnitt d) (Dis-)Kontinuität.

so Pinchas Lapide, »des freien Geistesklimas der Eigenstaatlichkeit«.[271] Jesus war kein jüdisches Tabu mehr. Dementsprechend offen lautet Klausners erste Schlussfolgerung zur Bedeutung Jesu für die Juden:

> »Jesus war kein Christ« – aber er wurde doch ein Christ. Seine Geschichte und seine Lehre sind heute getrennt von denen des Volkes Israel. Das jüdische Volk hat seine Lehre nicht angenommen, und seine Jünger und Anhänger haben bis auf den heutigen Tag die Juden und das Judentum verspottet und verfolgt.[272]

Als Historiker spannt Klausner einen weiten Bogen von der Bedeutung Jesu für die Juden in der Antike über das Mittelalter bis hin in die Gegenwart, wenn er fragt, was Jesus den Juden heute bedeutet. Für eine Geschichte des jüdischen Volkes in der Zeit des Zweiten Tempels kann es keine Darstellung geben, »die nicht auch die Geschichte Jesu und eine Würdigung seiner Lehre einschlösse«[273]. Auch im Kontext einer welthistorischen Darstellung kann kein Jude »weder Maimonides noch Jehuda Halevi«[274], Jesu Bedeutung oder die seiner Lehre leugnen. Was aber bedeutet Klausners Ansicht nach Jesus dem jüdischen Volk seiner Zeit? Jesus kann keinesfalls ein Gott, noch Gottes Sohn im Sinne des christlichen Trinitätsdogmas oder der verheißene Messias Israels sein. Ersteres wäre für das jüdische Volk blasphemisch und das Zweite entspräche nicht dem jüdischen Verständnis, nach dem das Gottesreich auf Erden, die »Tage des Messias«, noch ausstehen.[275] Klausners Fazit, das er im politischen Kontext des vorstaatlichen Israels fällt, lautet:

> Doch ist Jesus für das jüdische Volk *ein Lehrer hoher Sittlichkeit und ein Gleichnisredner ersten Ranges.* [...] Doch ist seine Sittenlehre eine erhabene, gewählter und originaler in der Form als jedes andere hebräische ethische System. [...] Und wenn einst der Tag kommen wird, wo diese Ethik die Hülle ihrer mystischen und mirakelhaften Umkleidung abstreift, dann wird Jesu Buch der Ethik einer der erlesensten Schätze der jüdischen Literatur aller Zeiten sein.[276]

Mit der Situierung Jesu im Judentum unterstreicht Klausner, dass Jesus als Jude geboren wurde und als Jude starb. Dies sensibilisiert für ein jüdisches Jesusbild unter Juden und Christen. Die Bedeutung Jesu für die Juden fasste Klausner für Oz ähnlich wie in seiner Jesus-Studie zusammen: er war

> einer von uns, einer unserer bedeutendsten Moralisten, einer unserer größten Visionäre.[277]

Dieses jüdische Bekenntnis zu Jesus enthält nicht nur eine Würdigung seines Judeseins, sondern zugleich eine Wertschätzung der jüdischen Strömungen seiner Zeit.

---

271 Lapide, Pinchas, Ist das nicht Josephs Sohn?: Jesus im heutigen Judentum, Stuttgart/München ¹1976, 43.
272 Klausner, Jesus von Nazareth, 572.
273 Ebd.
274 Ebd., 573.
275 Vgl. ebd.
276 Ebd., 573f.
277 Klausner, zitiert aus den Erinnerungen von Oz, in: Oz, Jesus und Judas, 12.

Klausner verzichtet in seiner primär an jüdische Leser gerichteten Jesus-Studie darauf, auf antichristliche Vorurteile zurückzugreifen. Im Gegenteil, er fordert im besten Sinne der Aufklärung geradezu auf, das Neue Testament zu lesen, um sich ein Bild vom Juden Jesus zu machen. Die Bedeutung Jesu für Juden gibt Klausner nicht nur seinem jüdischen Leserkreis auf den Weg mit, sondern auch seinem Großneffen Amos Oz. Ihn ermutigte Klausner in dieser Hinsicht explizit:

> Wenn du einmal groß bist, mein Lieber, lies bitte [...] das Neue Testament, und du wirst entdecken, daß er von unserem Fleisch und Blut gewesen ist, durch und durch eine Art Zaddik oder Wundertäter. Zwar war er ein Träumer ohne jeglichen Sinn für Politisches, aber es gebührt ihm ein Platz im Pantheon der Großen Israels, [...]. Du mußt wissen, daß diejenigen, die mich anklagen, nur die Juden von gestern sind, von engem Horizont und geringer Auffassungsgabe, wie Würmer im Meerrettich. Und damit du, mein Lieber, Gott behüte, nicht einer von denen wirst, lies bitte die guten Bücher: lies, lies und lies noch einmal.[278]

Von Kindesbeinen an entwickelte sich Jesus dadurch für Oz nicht zum Feindbild. Für seinen Großonkel hatte derartiges nichts und schon gar nichts in einer jüdisch-religiöse Erziehung verloren. Klausner selbst war die jüdische Tradition, besonders die Festtage, äußerst wichtig, aber auf dem Hintergrund seiner zionistischen Einstellung stand er für eine Modernisierung der jüdischen Gesellschaft.[279] Welche Rolle die Person Jesus, wie in den Evangelien vorgestellt, für einen Juden in einer modernen jüdischen Gesellschaft nach Klausner einnehmen kann, der die Zeremonialgesetze zwar einhält, aber weder einfordert noch betont, wurde bereits thematisiert. Klausner schätzt die jüdische Tradition, zu der er auch das Zeremonialgesetz zählt, als moralische Instanz und als historischen Teil der Zugehörigkeitsmerkmale zum jüdischen Volk. Es ist die hohe Moral Jesu, die Joseph Klausner beeindruckt, und diese Bewunderung bewahrt auch Amos Oz in seinem Roman *Eine Geschichte von Liebe und Finsternis* (2002):

> In seiner [Joseph Klausners] Sicht war Jesus von Nazareth »einer der hervorragendsten Juden aller Zeiten, ein Mann von wunderbarer Moral, der die Hartherzigen verabscheute und darum kämpfte, dem Judentum seine ursprüngliche Schlichtheit wiederzugeben [...].«[280]

Das »Buch der Ethik«, die Evangelien, gehört zu jenen Büchern, die zu Oz' Bedauern, im Unterrichtsstoff in den »jüdischen Schulen in Israel und auch in anderen Ländern«[281] nicht gelesen werden.[282] Bereits im Alter von 16 Jahren war ihm bewusst,

---

278 KLAUSNER zit. nach einer Erinnerung seines Großneffen: Oz, Eine Geschichte von Liebe und Finsternis, 155.
279 Vgl. WILK, Religion als identitätsstiftendes Moment bei Amos Oz, 68f.
280 Oz, Eine Geschichte von Liebe und Finsternis, 833.
281 Oz, Jesus und Judas, 15.
282 Die Darstellung Jesu in repräsentativen Geschichtsbüchern für den staatlich-israelischen Unterricht sind jedoch bereits seit der Staatsgründung durchwegs positiv. Die Schulbuch

dass ihm ohne die Lektüre des Neuen Testaments die Deutung kulturell bedeutsamer Werke, wie die Kunst der Renaissance, die Romane Dostojewskis oder die Musik Johann Sebastian Bachs nicht möglich wären, da er sie nie verstehen würde.[283] Es begann sozusagen seine persönliche »Annäherung an Jesus von Nazareth«, als er von Zuhause weg in den Kibbuz Hulda zog.

> Ich las die Evangelien. Ich liebte Jesus auf den ersten Blick: seine Sanftmut, sein Sinn für Humor, seine wunderbare Einfachheit, seine Wärme, die ich durch die Seiten hindurch spürte. Ich liebte ihn. Ich war nicht seiner Meinung, aber das ist nur normal. Zwei Israelis sind in diesem Land niemals einer Meinung – damals nicht und heute auch nicht. Ich war anderer Meinung, was seine Vision allumfassender Liebe anbelangte.[284]

In nur wenigen Zeilen verdichtet, schildert Oz, wie er in seiner kleinen komplexen Welt Jesus im Neuen Testament begegnete. Die Lehre und Orthopraxis des einfachen Zimmermannssohns sowie seine Gleichnisse faszinierten Oz, wohingegen er dessen radikales Ethos, darin seinem Großonkel Joseph Klausner gleich, ablehnte. Ein anderes verbindendes Merkmal zwischen Oz und Klausner findet sich in der literarischen Annäherung an Jesus, in seinem Roman *Judas* (2015). Darin behandelt Oz das Thema »Jesus in den Augen der Juden«. Oz baut damit im Roman eine Brücke zwischen der jüdischen Jesusrezeption des 19. und 20. Jahrhunderts hinein in das dritte Millennium. Die einst begonnene und anhaltende Beschäftigung mit Jesus ist für die jüdische Seite »Ausdruck einer neuen Freiheit und eines neuen Selbstbewusstseins«[285]. Oz folgt damit seinem Großonkel Joseph Klausner als Brückenbauer für die jüdische Jesusrezeption vor und nach der Shoah.

Joseph Klausner und Amos Oz verzichten auf polemische und apologetische Jesusdeutungen. Beide schaffen es auf ihre wissenschaftliche bzw. literarische Weise, die tradierten Bilder von Jesus zu überdenken und bringen Ambiguität in die neutestamentliche Jesusfigur. Die Mehrdeutigkeit wird insofern auch den christlich kanonischen Texten gerecht, in denen es unterschiedliche Jesusbilder gibt. Klausner und Oz irritieren mit einem ungewöhnlichen Jesusbild, weil sie ihrer Leserschaft Jesus ohne göttliche Konturen zeigen.

Für Joseph Klausner war Jesus nicht der Messias und Heiland der Welt, sondern ein »rebellische[r] jüdische[r] Rabbi [...] ein aufrührerischer Jude, ein leidenschaftlicher Kritiker des jüdischen Establishments seiner Zeit«[286]. Er wollte keine neue Religion begründen, sondern das Judentum seiner Zeit reformieren, es »von einigen

---

autoren stützten sich im zu vermittelnden jüdischen Jesusbild auf die Historiker Heinrich Graetz, Simon Dubnov und eben Joseph Klausner. Siehe dazu das Kapitel »Jesus in israelischen Schulbüchern« in: LAPIDE, Ist das nicht Josephs Sohn?, 47–80, hier: 50–52.
283 Vgl. Oz, Jesus und Judas, 15.
284 Oz, »Und ich glaube an Kompromisse.« Dankrede des Preisträgers anlässlich der Verleihung des Mount Zion Award in Jerusalem am 29.10.2017, 45.
285 HOMOLKA, Walter, Wessen Jesus? Zwischen Geschichte und Wirkungsgeschichte: Nachwort von Rabbiner Walter Homolka, in: Oz, Amos, Jesus und Judas: Ein Zwischenruf, Ins Deutsche übersetzt von Susanne Naumann. Mit einem Nachwort von Rabbiner Walter Homolka, Ostfildern 2018, 67–91, hier: 89.
286 Oz, Jesus und Judas, 11f.

2 Klassiker jüdischer Jesusforschung

hässlichen, abstoßenden Auswüchsen befreien, die nicht zu seinem Wesen gehörten«[287]. Jesus war für Klausner ein Jude, der das Judentum seiner Zeit durch seine Botschaft vom Gottesreich und durch Feindesliebe sensibilisieren wollte. Dass Jesus keinen Wert mehr auf das Zeremonialgesetz legte, nicht auf die Einhaltung der Halacha pochte, ist für Klausner ein Manko, denn er betrachtet diese als identitätsstiftenden Faktor für das Volk Israel, das sich dadurch Jahrhunderte in der Diaspora halten konnte.

Für den säkularen Juden Amos Oz erübrigte sich die Frage nach der Messianität Jesu. Nach Jesu Kreuzestod legt er seinem Protagonisten im Roman Jesus und Judas folgende Worte in den Mund:

> [I]ch hätte sehen müssen, dass er trotz allem nur aus Fleisch und Blut war, so wie wir. Größer als wir alle, wunderbarer als wir alle, aber aus Fleisch und Blut.[288]

Im Alter von sieben Jahren hatte ihm seine Großmutter Shlomit Klausner anhand der »Messiasfrage« den Unterschied zwischen Juden und Christen erklärt. Es sei jene Frage, die mit »viel Hass, Verfolgung, Blutvergießen und Feindseligkeit« gegenüber dem Nichtglauben der Juden an Jesus beantwortet wurde, so seine Großmutter. Und wenn der kommende Messias nicht Jesus sein sollte,

> »dann wird sich die gesamte Christenheit bei den Juden entschuldigen müssen. Bis dahin [...] heißt es: Leben und Leben lassen. Lasst uns in die Augen schauen, und ja, lasst und einander tolerieren. Lasst uns ganz neugierig aufeinander sein.«[289]

Joseph Klausners und Amos Oz' Bewunderung für Jesus könnte ebenso unter dem Leitspruch »Judentum und Humanismus« stehen, der sich mit ihrem Jesusbild verbinden lässt. Klausner hob dabei stärker das Judentum Jesu hervor und Oz Jesu zutiefst menschliche Art, die er in seiner Nächstenliebe und Anziehungskraft verwirklicht sah.

Klausners Anspruch lag darin Jesus als Juden darzustellen und ihn damit wieder zurück ins Judentum zu holen. Erfolgreich hob er Jesu Judentum hervor und reintegrierte ihn somit in die jüdische Religionsgeschichte. Für Klausner galt Jesus als »der jüdische Moralist par excellence«[290]. Immer wieder betonte er, dass die von Jesus verkündete Ethik im jüdischen Denken fußt. Es ist bezeichnend, dass Klausner Jesu Ethik im Hintergrund der jüdischen Religion einordnet. Das Judentum als monotheistische Religion impliziert eine Ethik, die dem Judentum im Verhältnis zum Christentum aber oft abgesprochen wurde. Die von Klauser im Judentum zu verordnende Ethik Jesu wird im Blick auf das Verständnis des ethischen Monotheismus deutlich. Die Theorie des ethischen Monotheismus wurde im Reformjudentum for-

---

[287] Ebd., 11.
[288] Ebd., 297.
[289] Oz, »Und ich glaube an Kompromisse.« Dankrede des Preisträgers anlässlich der Verleihung des Mount Zion Award in Jerusalem am 29.10.2017, 42.
[290] Ebd., 154.

muliert; Hermann Cohen führte sie aus.²⁹¹ Sie war auch Reaktion »auf den üblichen christlichen Vorwurf der ›Äußerlichkeit‹, des bloßen Ritualismus, v. a. auf die Behauptung der ethischen Überlegenheit des Christentums, die gern anhand der Ethik Jesu auf dem Hintergrund einer polemisch verzerrten Darstellung jüdischer Ethik erhoben wurde.«²⁹²

Jesu hohe Ethik war Klausner jedoch zu idealistisch und zu individualistisch orientiert. Sie diente nicht dem Wohl des ganzen jüdischen Volkes. Deswegen lehnte Klausner sie ab, denn aus pragmatisch-zionistischen Gründen hätte eine solche Ethik nichts zur jüdisch-israelischen Nationswerdung beitragen können. Sie wäre dem zionistischen Projekt entgegengestanden. Besonders kontraproduktiv für die Gründung eines jüdischen Staates wäre dabei aus Klausners Sicht Jesu Forderung nach Besitz- und Gewaltlosigkeit gewesen. Klausner bewundert zwar Jesus in seiner geforderten und gelebten Nächstenliebe, diese war aber für den aufgeklärten nationalliberalen Zionisten untauglich, wenn es um den Kampf für eine jüdische Heimstätte für alle Juden und der Verteidigung des (späteren) Staates Israel ging.

Amos Oz teilt mit seinem Großonkel im Kern das Urteil über die jesuanische Ethik, denn er lehnte wie dieser die Vision einer universalen Liebe ab. Diese schien Oz zu irreal wie die darin eingeschlossenen »Forderung, die andere Wange hinzuhalten«²⁹³ (Mt 5,38-40; 43-48; Lk 6,27-36). Oz war aber dennoch berührt vom Jesus der Evangelien, da dieser visionär, zärtlich, humorvoll sowie direkt war und wie Oz schrieb »seine Lehren so voller Überraschungen stecken und so voller Poesie sind«²⁹⁴. Oz' Romanfigur Judas beschreibt Jesus in ähnlicher Bewunderung für seine einfache Botschaft, die das Herz ergriff mit seiner »Botschaft von Liebe und Erbarmen und von Verzicht und Freude des Glaubens«²⁹⁵. Natürlich kann nicht die Romanfigur für das Jesusbild von Oz sprechen, aber im Rahmen seines Buches *Jesus und Judas* (2018) machte er an einer Stelle deutlich, dass die »Macht der Liebe [...] in gewisser Weise die Lehre Jesu, die Lehre des Judentums«²⁹⁶ ist. Die Macht der

---

291 COHEN schreibt: »Gott ist einzig – dies ist der neue Gedanke, mit dem der [biblische] Monotheismus in die Welt tritt. Dieser Gedanke erhebt Einspruch gegen alles sonstige Denken, das nur Einheit anerkennt, für die Einzigkeit aber eigentlich gar keine Verwendung zu haben scheint. Die Welt hat Einheit, aber diese besteht aus einer Unendlichkeit von Welten. Was könnte die Einzigkeit mehr bedeuten über das hinaus, was so schon in der Einheit gelegen ist? So steht es um die Welt: läßt sich dasselbe nun auch von Gott feststellen? Bedeutet die Einheit Gottes etwa nur, daß die Vielheit der Götter vielmehr eine Einheit bildet? Schon an dieser Frage sieht man, daß die Einheit für den Monotheismus nicht genügen kann: Gott muß der Einzige sein.« COHEN, Hermann, Jüdische Schriften: Mit einer Einleitung von Franz Rosenzweig herausgegeben von Bruno Strauß, Ethische und religiöse Grundfragen, Berlin 1924, 89. Siehe als Einführung zum »ethischen Monotheismus«: BERNHARDT, Reinhold, Monotheismus und Trinität. Gottesehre im Kontext der Religionstheologie, Zürich 2023, 80-104.
292 MAIER, Johann, Art. Ethik/Ethos, in: Kleines Lexikon des Judentums (²1987), 95f, hier: 96.
293 Oz, Jesus und Judas, 17.
294 Ebd., 16.
295 Oz, Judas, 293.
296 Oz, Jesus und Judas, 44.

Liebe besitzt für Oz die Fähigkeit Gegensätzliches, Animositäten und den Antagonismus zu überwinden. Jedoch bedeutet es für ihn nicht, die andere Wange hinzuhalten. Hier lässt sich eine Parallele zu Klausner ziehen, der ebenso Jesu Gebot der Feindesliebe nicht zustimmte. Als Humanist glaubt Oz, der das zionistische Erbe seines Großonkels in Ehren hielt und doch selbst kein Zionist war, allgemein an Kompromisse im Zwischenmenschlichen aber auch im Politischen. So engagierte Oz sich beispielsweise in der Friedensbewegung »Schalom achschaw« (»Frieden jetzt«), die sich für ein gewaltfreies Zusammenleben zwischen Israelis und Palästinensern sowie für eine Zweistaatenlösung einsetzt.

Natürlich lebten Klausner und Oz in unterschiedlichen (politischen) Zeiten, doch ihr Jesusbild scheint sich trotzdem nur wenig voneinander zu unterscheiden. Es steht unter dem Leitwort »Judentum und Humanismus«[297].

2.2 Schalom Ben-Chorin (1913–1999): Bruder Jesus (1967)

Schalom Ben-Chorin wurde 1913 als Fritz Rosenthal in München geboren und gab sich 1931 seinen hebräischen Namen, der übersetzt »Friede, Sohn der Freiheit« bedeutet.[298] Er stammt aus einer alteingesessenen assimiliert-jüdischen Familie aus Bayern und wuchs in der Nähe des Wallfahrtsortes St. Maria-Eich auf. Ben-Chorin sagt von sich, er habe zuerst »an der Hand« des katholischen Dienstmädchens die katholische Frömmigkeit kennengelernt, bevor er sein Judentum und seinen »Bruder Jesus« entdeckte.[299] Ben-Chorin besuchte mit anderen jüdischen Kindern seiner Klasse den christlichen Religionsunterricht und lernte dort Katechismus und Neues Testament kennen.[300]

Eine bewusste Hinwendung jenes jungen Kindes, das regelmäßig zu den hohen jüdischen Feiertagen, Jom Kippur (Versöhnungsfest) und zwei Tagen Rosch HaSchana (Neujahrsfest) die Synagoge besuchte, hin zu einem gelebten Judentum geschah mit dem 9. November 1923. dem Tag des Hitler-Putschs in München. Retrospektiv schreibt Ben-Chorin: »Damals wurde ich als Jude wiedergeboren.«[301] Er begann die

---

297 Die Worte »*Judentum und Humanismus*« waren in kantigen Buchstaben über dem Hauseingang von Joseph und seiner Ehefrau Zippora (Fania) Klausner angebracht. Diese Worte passierend betrat Amos Oz an vielen Schabbattagen mit seinen Eltern das Haus des kinderlosen Ehepaars Klausner. Schon früh vermittelte ihm sein Großonkel ein ungewöhnlich menschliches und dezidiert jüdisches Jesusbild. Oz, Eine Geschichte von Liebe und Finsternis, 108.
298 Weshalb Fritz Rosenthal sich zu Ben-Chorin umbenannte siehe: BEN-CHORIN, Schalom, Jugend an der Isar, Gütersloh 2001 (= Werke/Schalom Ben-Chorin. Hrsg. u. eingel. v. Verena Lenzen unter Mitwirkung v. Avital Ben-Chorin; Bd. 1), 46–51.
299 Vgl. DERS., Ich lebe in Jerusalem, 6.
300 Vgl. DERS., Schalom, Jesus im Judentum, Wuppertal 1970 (= Schriftenreihe für christlich-jüdische Begegnung Bd. 4), 73f.
301 DERS., Jugend an der Isar, 11.

Bibelübersetzung von Leopold Zunz zu lesen und entwickelte eine Faszination für den biblischen Abraham, die bis zum Ende seines Lebens anhalten sollte.[302]

Im Alter von 15 Jahren (1928) wandte sich Ben-Chorin bewusst der jüdischen Orthodoxie zu. In der Weihnachtsnacht entsagte er dem bürgerlichen »Klimbim«[303] des assimilierten Elternhauses und zog von dort aus. Ein Jahr lang lebte er dann bei einer befreundeten streng orthodoxen Familie. Im Nachhinein hält Ben-Chorin über die Orthodoxie fest, dass sie »das an sich Richtige bis ins Absurde vortreibt«[304]. Sie blieb eine Episode in seinem Leben.

Ben-Chorins Weg von der jüdischen Orthodoxie zur deutschen Moderne führte über seine Buchhändlerlehre und sein Studium in München. Brod, Rilke, George, Hofmannsthal und Thomas Mann[305] sind die »Fixsterne [s]einer Jugend« und beeinflussten Ben-Chorin in dieser frühen, lyrischen Schaffenszeit nachhaltig. Poetische Kraft und religiöser Ausdruck verbinden sich in seinen Werken.[306] Neben der Buchhändlerlehre studierte er ab 1931 Germanistik, Theater- und Religionswissenschaften, Kunstgeschichte und Judaistik. Er ist wohl zum populärsten Schüler des jüdische Religionsphilosophen Martin Buber geworden.[307]

Als Hitler 1933 an die Macht kam, brach für Ben-Chorin jede Illusion eines deutsch-jüdischen Zusammenlebens auseinander. Am 1. April 1933 (»Boykottsamstag«) wurde er nicht das letzte Mal von der Gestapo verhaftet und misshandelt. Mit der Einführung des sogenannten Arierparagraphen 1934 musste er Lehre sowie Studien abbrechen und emigrierte 1935 nach Palästina.[308]

Ben-Chorin engagierte sich in der zionistischen Bewegung, die angesichts der Aussichtslosigkeit der Lage für Jüdinnen und Juden in Deutschland mehr und mehr die einzige Zukunftsperspektive war. Seine erste Begegnung mit der zionistischen Weltbewegung[309] erlebte er als 22-jähriger Berichterstatter der niederländische

---

302 Vgl. LENZEN, Verena, Schalom Ben-Chorin: Ein Leben im Zeichen der Sprache und des jüdisch-christlichen Gesprächs, Berlin 2013 (= Jüdische Miniaturen 142), 15.
303 BEN-CHORIN, Jugend an der Isar, 11.
304 Zur orthodoxen Lebensphase von Ben-Chorin siehe: Ebd., 11–24, hier: 11, 17.
305 Vgl. ebd., 96. Siehe auch: LENZEN, Verena, Schalom Ben-Chorin: Begegnungen. Porträts bekannter und verkannter Zeitgenossen, Gerlingen 1991.
306 Die Gedichtbändchen »Das Messiasspiel« (München 1933) angelehnt an Hoffmannstahl »Jedermann«, »Die Lieder des ewigen Brunnens« (München 1934) und »Das Mal der Sendung« (München 1935) angelehnt an den George und Rilke. Vgl. BEN-CHORIN, Jugend an der Isar, 94.
307 Ben-Chorin gibt seine Gespräche mit Martin Buber zum Thema Jesus und Christentum (1966) hier wieder: DERS., Zwiesprache mit Martin Buber, Gütersloh 2004 (= Werke/ Schalom Ben-Chorin. Hrsg. u. eingel. v. Verena Lenzen unter Mitwirkung v. Avital Ben-Chorin; Bd. 3), 42–53, 95.
308 Näheres zur Zeit während Ben-Chorins Buchhändlerausbildung und als Student in München siehe: DERS., Jugend an der Isar, 75–87.
309 Ben-Chorin war in seiner Münchner Jugend Mitglied der »Kadima«, des Bundes jüdischer Pfadfinder, der sich zwar nicht explizit als zionistisch, wohl aber als national-jüdisch bezeichnete. Vgl. DERS., Ich lebe in Jerusalem, 8, 29.

Zeitschrift *Der Ruf*,[310] in deren Auftrag er am 19. Zionistenkongress 1935 in Luzern teilnahm.[311] Ben-Chorin, der damals unter seinem Geburtsnahmen Rosenthal publizierte, sah und hörte in Luzern die politischen Wegbereiter des Staates Israels.

> Wie seltsam und wetterleuchtend war ein Zionistenkongreß in diesen Tagen in der Schweiz, in relativer Nähe jenes Dritten Reichs, in dem Juden kein freies Wort mehr sprechen konnten.[312]

Der Zionistenkongress in der Innerschweiz bot einen internationalen Ideenaustausch, der aufgrund der jüdischen Berufsverbote und Boykotte immer drängender wurde.[313] Ein Ausweg war für viele Jüdinnen und Juden die Rückkehr in das Land der biblischen Ahnen. Diese war für Ben-Chorin untrennbar mit einer religiösen Erneuerung verbunden. Eine hebräische Renaissance war für ihn nur mit einer »echte[n] Reformation des Judentums«[314] vorstellbar. Einen Monat nach dem Zionistenkongress schiffte sich Ben-Chorin 1935 in Triest ein und erreichte im Herbst die »Destination [s]eines Herzens Jerusalem«[315]. Seine religiöse Heimat fand Ben-Chorin schließlich im Reformjudentum, das die hebräische Renaissance, von der er träumte, verwirklichte. Als Vorbild diente das Modell des deutschen liberalen Judentums. Im Jahr 1958 gründete er zusammen mit anderen deutschsprachigen Juden in Jerusalem die erste Reformsynagoge im Staat Israel, die Har-El Gemeinde.[316]

---

310 Herausgegeben von Nathan Birnbaum (1864–1937), auf ihn gehen die Begriffe »Zionismus« und »Ostjudentum« zurück. Zuerst war er Wegbegleiter von Theodor Herzl, machte er sich jedoch später für den Diaspora-Nationalismus stark.
311 Zum Luzerner Kongress 20.07.–6.9.1935 reisten insgesamt 492 Delegierte, damit war dieser bis dato der größte je durchgeführte Zionistenkongress; darunter die zionistische Prominenz: Chaim Weizmann (1874–1952), David Ben-Gurion (1886–1973), Nachum Sokolov (1859–1936), Wladimir Jabotinsky (1880–1940) oder Golde Myerson (1898–1978), die als erste israelische Premierministerin Golda Meir Geschichte schrieb. Vgl. KAUFMANN, Uri Robert, Die jüdische Welt trifft sich in Luzern: Der Zionistenkongress des Jahres 1935, in: Jahrbuch Historische Gesellschaft Luzern 26 (2008), 29–44, hier: 32, 34.
312 BEN-CHORIN, Jugend an der Isar, 136.
313 Vgl. ebd., 136f. In Luzern hielt der amerikanisch-liberalen Rabbiners Stefan Wise (1874–1949) eine flammende Rede gegen die umfangreichen Sanktionierungen des nationalsozialistischen Machtapparats: »Was aber an den Juden gesündigt wird, übersteigt die schlimmsten Qualen in der Leidensgeschichte dieses Volkes. [...] [T]ausende Familien, tausende Kinder sind *zum Untergang verurteilt*, ja direkt zum Hunger, *da den Juden auch die Lebensmittel verweigert werden*. Wo in aller Welt hat man solche Grausamkeit gesehen?« WISE, Stefan, Der Zionistenkongress und die Judenverfolgung in Deutschland: Referat Dr. Stefan Wise, in: Die Stimme 479 (1935), 1.
314 BEN-CHORIN, Ich lebe in Jerusalem, 77.
315 Ebd., 9. Zwischen 1934 und 1948 emigrierten im Rahmen einer »Alija«, einer großen Einwanderungsbewegung, rund 115.000 Jüdinnen und Juden ins Britische Mandatsgebiet Palästina. Vgl. SKOLNIK, Fred, Art. Aliyah, in: EJ 1 (²2007), 660–661, hier: 661.
316 Ben-Chorins Motive zur Gründung einer Reformgemeinde in Jerusalem siehe: BEN-CHORIN, Ich lebe in Jerusalem, 77–90.

Aufgrund seines Engagements im jüdisch-christlichen Dialog und seiner in Teilen sehr ungewöhnlichen Herangehensweise an die Figur Jesus wurde er häufiger der Judenmission verdächtigt, was sicher nicht sein Anliegen war.[317] Dialog war für Ben-Chorin im Kern antimissionarisch, denn »Dialog ist Unterredung, während Mission Überredung darstellt.«[318] Im Schatten der Shoah setzte er die jüdisch-christliche und deutsch-israelische Dialogarbeit Jahrzehnte bis zu seinem Tod 1999 in Jerusalem fort.

Eine erste, dezidiert theologische Auseinandersetzung mit Jesus erfolgte bereits in dem 1941 im Jerusalemer Eigenverlag Romema erschienenen Heft *Die Christus-Frage an den Juden*.[319] Seine jüdisch-religiösen Gegenwartsfragen wurden immer stärker zu Beiträgen des jüdisch-christlichen Dialogs. In der Trilogie *Die Heimkehr* beschäftigt sich Ben-Chorin wieder mit dem Neuen Testament, konkret mit den drei zentralen neutestamentlichen Figuren, *Bruder Jesus* (1967), *Paulus* (1970) und *Mutter Mirjam* (1971).[320] *Bruder Jesus* bildet dabei das zentrale Werk seines theologischen Schaffens,[321] das insgesamt brückenbauend und versöhnungsstiftend für die deutschsprachigen Christen war.[322]

Ben-Chorins Sicht auf Jesus hatte sich durch die Erfahrung der Emigration, erzwungen durch die jüdische Verfolgung und die Shoah grundlegend gewandelt. Diesen Prozess bezeichnet er selbst als eine »Befreiung des Jesusbildes von der christlichen Übermalung«[323].

> Aus dem katholischen Bayern, wo mir in Kirchen und Kapellen, auf Feldkreuzen und im Herrgottswinkel der Bauernstuben das Bild des Gekreuzigten begegnete und sich dem jüdischen Kinde schmerzlich einprägte, führte mein Weg in das Land Jesu, das Land Israel, und in die Stadt seiner Passion, die Stadt Jerusalem, in der ich seit über dreißig Jahren ansässig bin. So vieles in diesem Lande und in dieser Stadt und so vieles im Judentum auch noch

---

317 Bereits 1940, noch während des Krieges, wagte er mit dem schottischen Pfarrer von Tiberias, George L. B. Sloan, einem Schüler des reformierten Theologen Karl Barth, einen »interreligiösen Gedankenaustausch in Palästina«. LENZEN, Verena, Einleitung, in: BEN-CHORIN, Schalom, Ich lebe in Jerusalem, IX–XXII, hier: XVIII.
318 BEN-CHORIN, Weil wir Brüder sind, 154–159, hier: 157.
319 DERS., Die Christus-Frage an den Juden: Vortrag, gehalten in der Newman School of Mission »Thabor« in Jerusalem vor einem Kreis christlicher Theologen, am 17. Oktober 1940. Wiederholt am 16. Januar 1941 vor jüdischen Hörern, Jerusalem 1941 (= Niru Nir Heft 2).
320 Die Triologie *Die Heimkehr* erschien mit der zweiteiligen Autobiographie *Jugend an der Isar* (1972) und *Ich lebe in Jerusalem* (1972) sowie *Zwiesprache mit Martin Buber* (1978) als gesammelte Neuausgabe in: BEN-CHORIN, Schalom, Ausgewählte Werke Hrsg. v. Verena Lenzen, Darmstadt 2019.
321 Vgl. LENZEN, Schalom Ben-Chorin, 79.
322 LAPIDE, Yuval (Hg.), Ohne Wurzelsaft keine Baumkraft: Die wegweisende Theologie dreier großer deutsch-jüdischer Brückenbauer Franz Rosenzweig – Martin Buber – Schalom Ben-Chorin; Anthologie Franz Rosenzweig, Martin Buber und Schalom Ben-Chorin, München 2014, 6.
323 BEN-CHORIN, Bruder Jesus, Der Nazarener in jüdischer Sicht, Gütersloh 2005 (= Werke/ Schalom Ben-Chorin. Hrsg. u. eingel. v. Verena Lenzen unter Mitwirkung v. Avital Ben-Chorin; Bd. 4), 5.

2 Klassiker jüdischer Jesusforschung

unserer Tage verlieh den Berichten des Evangeliums eine brennende Aktualität, die mich nicht mehr losgelassen hat.[324]

Diese Worte stecken geographisch den interkulturellen Rahmen ab, in dem sich Ben-Chorins Jesusbild veränderte. Damit sei auch nachdrücklich betont, dass es sich bei *Bruder Jesus* nicht um eine strenge wissenschaftliche Studie handelt, dem Werk aber dennoch eine »erkenntnisleitende Funktion«[325] für ein jüdisch-christliches Bekenntnis nach der Shoah zukommt.

Aus jüdischer Sicht war es keineswegs selbstverständlich, nach Auschwitz die durchaus familiäre Anrede »Bruder Jesus« zu verwenden, denn die Shoah hatte die jüdisch-christlichen Beziehungen grundlegend erschüttert.[326] Wenn Ben-Chorin nun doch vom »Bruder Jesus« spricht, knüpft er bei seinem Lehrer, dem jüdischen Religionsphilosophen Martin Buber an und beeinflusst damit »die Rezeptionsgeschichte der Jesusfigur im modernen Judentum, der Theologie und der Literatur«[327] maßgeblich. Buber hatte in seinen Zwei Glaubensweisen (1950) festgehalten:

> Jesus habe ich von Jugend auf als meinen großen Bruder empfunden.[328]

Ben-Chorin schrieb seinen *Bruder Jesus* vornehmlich für eine christliche Leserschaft, deren christlich-dogmatischer Sprachgebrauch nicht vom Begriff »Bruder« geprägt war, sondern von Titeln wie »Jesus, der Erhöhte«, »der Verherrlichten«, der »Messias« oder der »Sohn Gottes.«[329] Der Bruder-Titel selbst wurzelt aber, wie die anderen Titel, in der Theologie des Neuen Testaments[330] und ermöglicht einen unmittelbaren, intimen, geschwisterlichen sowie persönlichen Ausdruck der Beziehung eines Menschen zu Jesus.[331] Die christliche Rede von »Jesus Christus als Bruder« nähert sich insofern der jüdischen Anrede »Bruder Jesus« an, in dem dabei Jesu Menschsein eingeholt wird, das die Herausforderung zum menschlichen Handeln impliziert, wie es Jesus vorlebte.

---

324 Ebd., 5f.
325 GRUNDEN, Fremde Freiheit, 77.
326 Vgl. ebd.
327 Vgl. KUSCHEL, Jesus in der deutschsprachigen Gegenwartsliteratur, 228.
328 BUBER, Martin, Zwei Glaubensweisen, Zürich 1950, 15.
329 Jene Formulierung die Jesus Christus als *Dominus et Deus* (Herr und Gott) bezeichnet bzw. ihn in der Form »Dank sei Gott dem Herrn« preist, steht die eher junge liturgische Formulierung, ihn als »unseren Bruder und Herrn« zu preisen gegenüber. *Dominus et Deus* wurde für den römischen Kaiser gebraucht und führte im frühen Christentum zu Konflikten um den Kaiserkult, da der darin enthaltene religiöse Anspruch in Widerspruch stand mit dem Bekenntnis zu Jesus Christus als Herrn und Gott.
330 Vgl. Mt 25,40; 8,10; Hebr 2,1.
331 Vgl. KUSCHEL, Karl-Josef, Jesus in der deutschsprachigen Gegenwartsliteratur, Zürich 1984 (= Ökumenische Theologie 1), 228.

a) Motive – Methoden – Kritik

Mehrere miteinander verflochtene Motive stehen hinter Ben-Chorins Auseinandersetzung mit Jesus von Nazareth, die auf Erfahrungen seiner Kindheit und Jugend in Bayern zurückreichen und danach stark mit seiner Wahlheimat Palästina/Israel verbunden sind.[332] Ben-Chorin blieb sein Leben lang an Jesus interessiert und findet biographisch bedingt unterschiedliche Zugänge zu ihm. Drei Namen stehen exemplarisch für die Pluralität dieser Zugänge: Max Brod, Joseph Schnitzer und der bereits bekannte Joseph Klausner. Sie stehen für Ben-Chorins literarische, theologische und historische Annäherung an einen jüdischen Jesus, wie sie in seinem Buch *Bruder Jesus* konvergieren. Deswegen dient dieses auch als die Hauptquelle für Ben-Chorins Jesusdeutung.

Bruder Jesus ist als ein Beitrag nach der Shoah zu verstehen, der die Kenntnisse und die Achtung vor dem Juden Jesus förderte.[333] Damit verbesserte Ben-Chorin zugleich den jüdisch-christlichen Dialog in den deutschsprachigen Ländern und die deutsch-israelischen Beziehungen. Die Auseinandersetzung mit Jesus setzte bei Ben-Chorin jedoch in literarischer Form bereits vor dem Zweiten Weltkrieg ein. Im Gedichtzyklus mit dem Titel *Der Rabbi von Nazareth* schrieb er, anknüpfend an Joseph Klausner, dass Jesus allmählich den Platz »im Pantheon des Volkes Israels« einnimmt und an jener Seite steht »welche die Revolution des Herzens in Israel vollzogen«[334]. Datiert München 1934, wurde der Zyklus 1935 in München veröffentlicht. Ort und Jahr verweisen auf die lebensgefährliche Situation, in der sich Ben-Chorin als Jude äußerte.[335] Gewidmet ist der Zyklus jener Person, die ihm nach eigenen Worten half, »das wahre Gesicht des Jesus von Nazareth zu erkennen: *Max Brod*«[336]. Dieser war es, der für Ben-Chorin »die Brücke zwischen der Dichtung, dem

---

332 Vgl. BEN-CHORIN, Jugend an der Isar, 85.
333 In *Die Antwort des Jona* (1956) und *Als Gott schwieg. Ein jüdisches Credo* (1986) versuchte Ben-Chorin die Shoah theologisch zu deuten Vgl. LENZEN, Verena, Art. Schalom Ben-Chorin, in: Metzler Lexikon jüdischer Philosophen (2003), online; LENZEN, Verena, Schalom Ben-Chorin (1913-1999) – Gespräch von Existenz zu Existenz, in: BSTEH, Petrus/PROKSCH, Brigitte (Hgg.), Wegbereiter des interreligiösen Dialogs, Wien/Berlin/Münster 2012 (= Spiritualität im Dialog 4), 137–142, hier: 140f.
334 ROSENTHAL, Fritz (Ben-Chorin), Der Rabbi von Nazareth: Ein Zyklus, in: DERS. (Hg.), Das Mal der Sendung: Der Lieder des ewigen Brunnens, neue Folgen, München 1935, 61–73, hier: 62.
335 BEN-CHORIN, Schalom, Aus Tiefen rufe ich: Biblische Gedichte, Hamburg-Bergstedt 1966, 58.
336 ROSENTHAL, Der Rabbi von Nazareth, 62. Der in Prag geborene Max Brod (1884–1968) wird vornehmlich mit dem ihm befreundeten Franz Kafka (1884–1925) assoziiert, dessen literarischer Nachlassverwalter Brod wurde. Beide waren jüdischer Herkunft und zentrale Protagonisten des Prager Zionismus. Brod gründete den Prager Kreis dem neben Kafka auch Franz Werfel, Oskar Baum, Hugo Bergmann, Felix Weltsch usw. angehörten. Es war eine Gruppe deutschsprachiger Literaten mit meist jüdischer Abstammung. Brod war promovierter Jurist und emigrierte am 14. März 1939, wenige Stunden vor der Besetzung der Tschechoslowakei durch die Nationalsozialisten, mit seiner Frau Elsa (geborene Taussig)

Geist und der Botschaft des Glaubens schlug«[337] und zwar durch die zwei Bücher: *Heidentum, Christentum, Judentum* (1921)[338] sowie *Rëubeni, Fürst der Juden* (1925)[339]. Neben diesen beiden Büchern hebt Ben-Chorin aber noch Brods Jesus-Roman *Der Meister* (1952) hervor. Diesen bezeichnet er als den »schönsten« und »großartigsten« Roman im »Kampf um Wahrheit«.[340]

Brod bedient sich des Genres des historischen Romans und verbindet es mit fiktionalen Gestalten und Umstände, ohne dabei einen Anspruch auf historische Wissenschaftlichkeit zu erheben. Er zeichnet seine Jesusfigur durch und durch jüdisch; wenn messianische oder göttliche Züge an Jesus herangetragen werden, werden sie von jüdischer Seite zurückgewiesen, wie auch in Ben-Chorins *Bruder Jesus*.[341] An einer einzigen Stelle kommt in einem Dialog die Frage auf, ob sich der Meister Jesus für einen Propheten oder gar für den Messias hält; die Antwort von Jesu fiktiver Schwester lautet »Ich glaube wohl, daß er sich in der Stille seines Herzens manchmal für den Auserwählten hält, den Retter Messias.«[342]

---

nach Palästina. Er wirkte dort als Dramaturg an der Habimah, des späteren israelischen Nationaltheaters in Tel Aviv.

337 BEN-CHORIN, Jugend an der Isar, 100.

338 BROD, Max, Heidentum, Christentum, Judentum: Ein Bekenntnisbuch, München 1921. Brod hält in einer Analyse für seine Zeit fest, dass eine »Amalgambildung von Heidentum und Christentum« aufgekommen ist und, »dass das Christentum sich von seinem jüdischen Ursprung fortentwickelt hat und eine europäische Angelegenheit arischer Völker geworden ist. Diese gern gesehene ›Entjudung‹ des Christentums ist nichts als ein anderer Ausdruck für die christlich-heidnische Amalgambildung.«(21) Das Judentum bezeichnet er als »Diesseitswunder« gegenüber der »Diesseitsfortsetzung« (Heidentum) und der »Diesseitsverneinung« (Tendenz des europäischen Christentums), weil es differenziert zur diesseitigen Welt steht, zu »[e]ine[r] Weltlichkeit nicht um ihrer selbst willen, sondern um Gottes Willen, dessen Thron die Welt ist, und um des Wunders willen, das den Menschen so nahe an seinen liebeglühenden Gott entrücken kann [...]. Dieses Wunder, das dem Menschen geschieht, stellt ihn nicht aus dem Leben heraus, wie christliche Doktrin verlangt, vielmehr erst dieses Wunder macht ihn fähig [...], mitten im Leben durch gnadengesegnete Tat wirksam zu werden.«(17)

339 BROD, Max, Rëubeni, Fürst der Juden: Ein Renaissanceroman, München 1925. Dieses Buch enthält viele Aspekte der zionistischen Prager Moderne. Brod erhielt für diesen historischen Roman 1930 den tschechoslowakischen Staatspreis für deutschsprachige Autoren. Vgl. HÖHNE, Steffen, Max Brods zionistischer Roman Rëubeni. Fürst der Juden, in: brücken – Germanistisches Jahrbuch Tschechien-Slowakei 23/1-2 (2015), 65–77, hier: 70.

340 BEN-CHORIN, Schalom, Vorwort, in: KOCH, Hans-Gerhard/ZIMMERMANN, Hans Dieter (Hgg.), Max Brod, Der Meister: Roman, Mit einem Vorwort von Schalom Ben-Chorin, Göttingen 2015, 7–13, hier: 12; vgl. TAUSSIG, Ernst F., Ein Kampf um Wahrheit: Max Brod zum 65. Geburtstag, Tel-Aviv 1949, 3, 44f. (Festschrift); weiteres zu Brod und dem Prager Kreis, in: HÖHNE, Steffen/LUDEWIG, Anna-Dorothea/SCHOEPS, Julius H. (Hgg.), Max Brod (1884–1968): Die Erfindung des Prager Kreises, Köln/Wien 2016 (= Intellektuelles Prag im 19. und 20. Jahrhundert 9).

341 Vgl. KOCH, Hans-Gerhard/ZIMMERMANN, Hans Dieter (Hgg.), Max Brod, Der Meister: Roman, Mit einem Vorwort von Schalom Ben-Chorin, Göttingen 2015, 245, 402.

342 Ebd., 248. Wieder anders äußert sich der Hellene Meleagros zu Jesus, über den er nach seiner Kreuzigung sagt: »Man kann diesen Menschen ebensogut einen Gott nennen. [...]

Anders als Brod bezieht Ben-Chorin in seinem Jesusbuch christliche Jesusdeutungen dezidiert mit ein – um deren dogmatische Züge im Verlauf seines *Bruder Jesus* sukzessive auszublenden. So gelangt er zu einem jüdischen Jesus, dem Ziel seiner Arbeit.

Ben-Chorins extrinsische Motivation, sich Jesus explizit wissenschaftlich anzunähern, ist mit dem katholischen Dogmatiker Joseph Schnitzer (1859–1939) verbunden, dessen Vorlesungen er in seiner Studienzeit in München besuchte, darunter eine Einführung in die Evangelien und urchristlichen Gemeinden. Unter anderem seine Kritik an der antimodernistischen Enzyklika (*Pascendi a divinis*, 1907) von Papst Pius X. führte zum Entzug seiner Lehrerlaubnis an der katholischen Fakultät in München, sodass Schnitzer dort ab 1913 an der philosophischen Fakultät am Lehrstuhl für Religionswissenschaft lehrte. Ihm widmete Ben-Chorin seinen ersten theologischen Versuch *Die Christus-Frage an den Juden* (1941).[343] In dieser Schrift beschäftigt sich Ben-Chorin mit der sehr persönlichen Frage, wer Jesus für ihn als Jude ist, eine Frage, die er später in *Bruder Jesus* wieder aufnimmt und zunächst mit dem Begriff der »Heimholung«, später mit dem der »Heimkehr« Jesu ins Judentum thematisiert.[344] Mit beiden Begriffen beschreibt Ben-Chorin einen Vorgang, der den jüdischen Charakter in Jesu Leben und Lehre erschließt.[345]

Ben-Chorins Absicht war es nicht, mit *Bruder Jesus* eine fachwissenschaftliche Studie über Jesus von Nazareth zu verfassen, sondern eine wissenschaftlich fundierte »jüdische Sicht auf die Gestalt Jesu«[346] zu formulieren. Obwohl Bruder Jesus kaum Fußnoten und nur eine knappe Bibliographie enthält, sowie viele subjektive Elemente, so setzten sich dennoch gleichermaßen Laien wie Fachleute mit Ben-Chorins Jesus ernsthaft auseinander.

Für mich als Hellenen war immer alles dichtgedrängt voll von Göttern. Mir ist nun ein Gott in Gestalt eines Menschen erschienen, im Wort und im Fleisch, das die Kraft hat, sich hinzuopfern, wenn sein Weg der Liebe dahin führt, wo das Opfer nötig wird.« Ebd., 518. Diese lyrische Sicht auf Jesu Opfergang artikuliert Brod andernorts mit Blick auf die Diesseitsverneinung, wie er sie als den bestimmenden Faktor des Christentums charakterisiert: »Aus dem ganzen diesseitigen Leben, das in zunehmender Dämmerung erlischt, wählt der Christ einen einzigen Komplex aus, auf den alles Licht sich konzentriert, nur dieser ist ihm wichtig und erlebenswert: es ist der Opfertod des Heilands, der als stellvertretende Genugtuung (satisfactio vicaria) für alle Sünde des Irdischen erfolgt ist und die Gnade, die Brücke zu einer reineren Welt, und zwar die *einzige* Brücke geschaffen hat.« BROD, Heidentum, Christentum, Judentum, 15.

343 Vgl. BEN-CHORIN, Jugend an der Isar, 83–87; LACHNER, Raimund, Art. Schnitzer Joseph, in: BBKL IX (1999), 582–588.
344 V. a. der Begriff der Heimholung ist aus heutiger Sicht politisch derart vorbelastet, dass man ihn im vorliegenden Kontext kaum verwenden würde. So war es unter den Nationalsozialisten beispielsweise üblich von der »Heimholung« Österreichs ins Reich zu reden; vgl. den Titel folgender Publikation: *Heim ins Reich. Zeitschrift für den Anschluß Deutschösterreichs und das Selbstbestimmungsrecht der anderen angrenzenden deutschen Gebiete des ehem. Oesterreich-Ungarn*, Düsseldorf, 1921. Vgl. BEN-CHORIN, Bruder Jesus, 68, 172, 174.
345 Vgl. THEISSEN/MERZ, Der historische Jesus, 27.
346 BEN-CHORIN, Bruder Jesus, 165.

2 Klassiker jüdischer Jesusforschung

Als Hauptquelle für *Bruder Jesus* verwendet Ben-Chorin die neutestamentlichen Evangelien.[347] Diese sind für ihn »nicht heilige Schrift im kanonischen Sinne, aber [...] mit Rabbiner Leo Baeck, eine Urkunde der jüdischen Glaubensgeschichte.«[348] Er berücksichtigt die Leben-Jesu-Forschung[349] und stützt sich in seinen Aussagen auf die Bibel Israels[350] und den Talmud[351]. Gelegentlich fließt auch andere rabbinische Literatur in seine Jesus-Monographie ein.[352] Im Rückgriff auf diese ihm vertrauten Texte und mittels der Ergebnisse exegetischer und realgeschichtlicher Forschung versucht Ben-Chorin in einer Gesamtschau die menschliche Gestalt Jesu zu erkennen und spricht jener zudem, wie Gabriele Grunden treffend formuliert, eine »präsentische Bedeutung«[353] für das heutige Judentum zu. Ben-Chorins Darstellung versucht die neutestamentliche Überlieferung von der rabbinischen Traditionsliteratur her zu verstehen. In jeglicher Hinsicht bleibt Ben-Chorin den traditionellen, jüdisch-orthodoxen Glaubensstandpunkten treu, die Messianität, Gottessohnschaft und Auferstehung Jesu ablehnen. Anknüpfungspunkte an den christlichen Diskurs findet er hier beispielsweise bei dem protestantischen Exegeten Ernst Käsemann (1906–1998), der die Messianität Jesu für ein historisches Produkt des Gemeinde-Kerygmas hält: Erst mit der paulinischen Rede vom gekreuzigten Auferstandenen, die bewusst auf einen nicht-jüdischen Adressatenkreis hin geöffnet wurde, kam seiner Ansicht nach der Messias-Gedanke in die hellenistisch-römische Welt.[354] Dass Jesus sich für den Messias gehalten haben könnte, lässt, wie gezeigt, Joseph Klausner als Option offen. Alle christologischen Zugänge zu Jesus lehnt Ben-Chorin für sich ab. Damit ist klar, sein *Bruder-Jesus* will keine wie auch immer (falsch) verstandene jüdische Christologie sein.

---

347 Zu den von ihm rezipierten Übersetzungen zählen die Lutherbibel (i. d. R. in der Fassung von 1956), die Züricher Bibel (1931) sowie Übersetzungen von Hans Bruns (1961), Franz Sigge (1958) und die Übersetzungen aus Kommentaren zum Neuen Testament. Daneben zieht er für die hebräischen Übersetzungen des Neuen Testamentes von Franz Delitzsch (1877) und Isaac Salkinson (1886) heran. Wie Klausner nimmt Ben-Chorin an, dass sich hinter dem griechischen Evangelientext »eine hebräische Ur-Überlieferung aufzeigen läßt«. Ebd., 165.
348 Vgl. ebd., 3.
349 Besonders Rudolf Bultmann: *Jesus* (1926), *Jesus Christus und die Mythologie* (1964) und *Neues Testament und Mythologie, das Problem der Entmythologisierung der neutestamentlichen Verkündigung* (in: Herbert Reich, *Kerygma und Mythos*, 1954). Vgl. ebd., 179.
350 Lutherbibel (in der Fassung von 1964), Buber-Rosenzweig (1929) und Tur-Sinai (H. Torczyner, 1959). Vgl. ebd., 165.
351 GOLDSCHMIDT, Lazarus, Der babylonische Talmud, Berlin 1930.
352 Für eine frühe kritische Auseinandersetzung mit dem talmudisch-rabbinischen Diskurs, wie er sich in den rabbinischen Gleichnissen verglichen zu den Gleichnissen Jesu anbietet siehe: FLUSSER, David, Die rabbinischen Gleichnisse und der Gleichniserzähler Jesus: Das Wesen der Gleichnisse, Bern/Frankfurt a. M./Las Vegas 1981 (= Judaica et Christiana 4).
353 GRUNDEN, Fremde Freiheit, 78.
354 Vgl. BEN-CHORIN, Bruder Jesus, 7.

Um die spärlichen historischen Fakten zu Jesus, sein Leben und seine Lehre zu deuten, greift Ben-Chorin auf Ergebnisse der historisch-kritischen Exegese,[355] Methoden der vergleichenden Religionswissenschaft und ein im Rationalismus des frühen 20. Jahrhunderts wurzelndes Verständnis von Intuition zurück, das Anleihen in der zeitgenössischen Psychologie macht. »Intuition« sollte daher im wissenschaftlichen Diskurs nicht vorschnell ignoriert oder gar im Sinne von »Bauchgefühl«, einem Neologismus der 1990er Jahre,[356] abgetan werden. Intuition ist für Ben-Chorin eine

> lebenslange Vertrautheit mit dem Text, der [...] subjektiv interpretiert wird [...]. Diese Interpretation erfolgt aus dem Gefühl einer tiefen Verwandtschaft mit der Gestalt Jesu und der jüdischen Welt, in der er lebte, lehrte und litt.[357]

Zwei unterschiedliche, aber miteinander verbundene Ansätze lassen sich hinter Ben-Chorins Intuitionsbegriff erkennen: Erstens der klassisch-rationalistische Intuitionsbegriff[358], der in der philosophischen Tradition bis Anfangs des 20. Jahrhunderts vorherrschend war und zweitens ein zeitgenössisches, psychologisch-alltagsbasiertes Intuitionsverständnis.[359] Bei ersterem Intuitionsverständnis, das bis heute in der Philosophie wirkmächtig ist, gilt die Intuition als höchste Erkenntnisform, die Einsichten in selbstevidente Wahrheiten bietet.[360]

Ben-Chorins zweites Intuitionsverständnis stimmt mit jenem der zeitgenössischen Psychologie überein. Dort spricht man von »Expertenintuition«, wenn jemand über großes Fachwissen verfügt und durch schnelle und besonders unbewuss-

---

355 Ein klassisches Werk protestantischer Theologen, das die Ähnlichkeiten von neutestamentlichen Texten mit rabbinischer Literatur quellenmäßig darstellt und deren ersten Bände auch Joseph Klausner schätzte und Ben-Chorin ebenso stark heranzieht ist STRACK, Hermann/BILLERBECK, Paul, Kommentar zum Neuen Testament aus Talmud und Midrasch, 6 Bde., München 1922-1961.
356 Vgl. INSTITUT FÜR DEUTSCHE SPRACHE, Bauchgefühl: Online-Wortschatz-Informationssystem Deutsch/Neologismenwörterbuch, in: https://www.owid.de/service/artikel/308797 (Abruf: 28.7.2020); »Bauchgefühl«, in: DWDS – Digitales Wörterbuch der deutschen Sprache, hrsg. v. d. Berlin-Brandenburgischen Akademie der Wissenschaften, in: https://www.dwds.de/wb/Bauchgefühl (28.7.2020).
357 BEN-CHORIN, Bruder Jesus, 4.
358 Dieses Verständnis steht in der Tradition der platonischen Ideenschau (daher der lat. Begriff *intueri*, anschauen, betrachten): Intuition als intellektuelle Anschauung. Die philosophische Wurzel des Intuitionsbegriffes findet sich in der epikureischen Philosophie, die von *epibolé* spricht (griech. ἐπιβολή, schlagartiges Erfassen). Die intuitive Erkenntnis (schlagartiges Erfassen) steht seit der Antike im Gegensatz zur diskursiven Erkenntnis (schrittweise Herleitung). Vgl. KOBUSCH, Theo (1976), Art. Intuition, in: HWPH, 4, 524–540; hier: 524f.
359 Der inhaltliche Wandel des Intuitionsverständnisses hin zum Irrationalen lässt sich anhand tiefenpsychologischer Studien wie jenen von C. G. Jung (1875–1961) nachvollziehen. Vgl. KOBUSCH Theo (1976), Art. Intuition, in: HWPh, 4, 524–540; hier: 534.
360 René Descartes ist ein Vertreter des vernunftbasierten Intuitionsverständnisses (als Erkenntnisform *a priori*). Vgl. MAMIN, Cyrill, Intuition und Erkenntnis, Paderborn 2020, 1f.

te Denkprozesse zutreffende Ableitungen macht. Ben-Chorin scheint sich hier auf »lebenslange Vertrautheit mit dem Text«[361] Expertise zu berufen.

Selbst wenn Ben-Chorins intuitive Schlussfolgerungen in der wissenschaftlichen Forschung zum historischen Jesus nicht unmittelbar anknüpfungsfähig sind, sollten sie dennoch nicht einfach ignoriert werden. Exemplarisch zeigt sich das an seinem Verständnis dessen, welchen Anspruch Juden an den Familienstand eines Rabbiners zur Zeit Jesu stellten und den Schlüssen, die Ben-Chorin im Blick auf Jesus daraus zieht. Grundsätzlich gilt, dass gewonnene Erkenntnisse zu Jesus auch deduktiv nachprüfbar sein müssen: Auf den Geistesblitz muss die argumentative Kleinarbeit folgen.[362] Dass Ben-Chorin diesem Anspruch nicht immer gerecht wird, zeigt sein Umgang mit der Frage, ob Jesus verheiratet war. Für Klausner war es untypisch, dass Jesus im Kontext seiner Zeit unverheiratet blieb; er erklärt dies jedoch detailliert mit Jesu radikalem Ethos in Verbindung mit den eschatologischen Vorstellungen seiner Zeit. Also salopp formuliert, wenn es ohnehin mit der irdischen Welt zu Ende geht, dann erübrigt es sich zu heiraten. Ben-Chorin hingegen ist der Ansicht, dass jener Jesus, der in den Evangelien als Rabbi angesprochen wurde, »wie jeder Rabbi in Israel, verheiratet war«[363]. Für Ben-Chorin ist die Anrede Jesu als Rabbi der ausreichende Faktor, um mit einem Talmudzitat[364] und nicht vorhandenen Belegtexten aus den Evangelien seine Ansicht eines verheirateten Jesus zu stützen. Spekulativ meint Ben-Chorin: »Seine Jünger und seine Gegner hätten ihn gefragt, wenn er von diesem allgemeinen Brauche abgewichen wäre.«[365] Hier fehlt die argumentative Kleinarbeit. Gerade weil die neutestamentlichen Schriften zur Ehelosigkeit Jesu »schweigen«, lässt sich seit jeher darüber lediglich nur spekulieren und historisch-exegetisch nichts beitragen.

---

361 Zu diesem zeitgenössisch psychologisch beeinflussten Intuitionsverständnis kommt auch eine phänomenologische Qualität in der Argumentation hinzu. Ben-Chorin spricht als Experte vom »Gefühl einer tiefen Verwandtschaft«. BEN-CHORIN, Bruder Jesus, 4. Dieses Gefühl der Verwandtschaft/Bekanntschaft soll für Experten als weitere Garantie für die Zuverlässigkeit bei intuitiven Ableitungen gelten. Passend hierzu die Konzeption Bertrand Russells »knowledge by acquaintance«, die durchaus kontrovers diskutiert wird. Dessen These lautet, dass ein Gefühl der Bekanntschaft/Verwandtschaft für die Zuverlässigkeit einer intuitiven Ableitung eines Experten darstellt. Vgl. MAMIN, Intuition und Erkenntnis 104–110. Die unterschiedlichen Funktionen der »Intuition« wie sie z. B. bei C. G. Jung oder bei Sigmund Freud als Methode der Psychoanalyse verwendet wurde, wäre hier näherhin zu untersuchen.
362 Unabhängig der Thematik ist die Unterscheidung zwischen Entdeckungs- und Begründungszusammenhang hilfreich. Vgl. ebd., 199.
363 BEN-CHORIN, Bruder Jesus, 89.
364 »Wer kein Weib hat, ist ohne Freude, ohne Segen, ohne Glück, ohne THORA, ohne Mauer (gegen Begierde), ohne Frieden ein Mann ohne Weib ist kein Mensch. (B. Jebamoth 62b)« zit. nach ebd., 88.
365 Ebd., 89. Für die Einzelargumente eines verheirateten Jesus siehe auch: BEN-CHORIN, Schalom, Mutter Mirjam: Maria in jüdischer Sicht, Gütersloh 2006 (= Werke/ Schalom Ben-Chorin. Hrsg. u. eingel. v. Verena Lenzen unter Mitwirkung v. Avital Ben-Chorin Bd. 6), 138.

Ben-Chorin setzt mit der Frage, ob Jesus als Rabbiner verheiratet war, zudem ein Wissen über ihre damaligen Aufgaben und Pflichten voraus. Die Anrede bzw. der Titel »Rabbi« könnte aber bei fehlendem Fachwissen zu falschen Assoziationen hinsichtlich einer institutionellen Qualifikation wecken. Von der Antike bis heute unterliegt der Terminus »Rabbi« nicht nur einem Bedeutungs-, sondern auch einem Funktionswandel. Zudem kam es im 20. Jahrhundert im liberalen Judentum zu einer Gleichstellung der Geschlechter insofern auch Frauen zu Rabbinerinnen ordiniert wurden. Klausner spricht nur zurückhaltend mit der Verwendung von Anführungszeichen von Jesus als einem »pharisäische[n] ›Rabbi‹«[366]. Jesus wurde nicht ordiniert, darüber ist sich auch Ben-Chorin im Klaren, seine Aussage aber, Jesus sei »wie jeder Rabbi in Israel, verheiratet«, ist ahistorisch und anachronistisch zugleich, setzt sie doch eine institutionalisierte Form von Rabbinertum voraus, die sich so erst nach der Tempelzerstörung 70 n. Chr. definierte. Vor der Tempelzerstörung war Rabbi (»mein Meister«) eine Ehrenbezeichnung für einen Schriftgelehrten. Erst zur Zeit der Talmudim wurde »Rabbi« ein Gelehrtentitel, der mit einer förmlichen Ordination (»Smicha«) verbunden war. Die palästinischen Gelehrten wurden als »Rabbi« und die babylonischen Gelehrten als »Rav« angesprochen. Ihre Kompetenz bezog sich auf die Auslegung und Anwendung der Tora, besonders hinsichtlich halachischer Fragestellungen.[367] »Rabbi« ist für Ben-Chorin einer der wichtigsten Titel, um Jesus aus jüdischer Sicht zu charakterisieren. Diesen setzte er prominent in den Titel seinen Gedichtzyklus »Der Rabbi von Nazareth«.

Die jüdische Sicht und die christliche Sicht auf Jesus, sind nach Ben-Chorin voneinander klar zu unterschieden. Dabei lautet sein hermeneutischer Obersatz für die Interpretation Jesus: »Der Glaube Jesu einigt uns, [...] aber der Glaube an Jesus trennt uns.«[368] Ben-Chorins christlich-theologischer Sprachjargon darf nicht über seinen jüdische Hermeneutik hinwegtäuschen.[369] Er steht dafür, die Christologien

---

366 KLAUSNER, Jesus von Nazareth, 567.
367 Eine besondere Funktion im Gottesdienst erhielten die Rabbinen erst im Hochmittelalter. Sie wurden immer mehr zu Repräsentanten ihrer Gemeinde, gegenüber anderen Gemeinden nach innen und, gegenüber muslimischen und christlichen Autoritäten, nach außen. Neben seelsorglichen und administrativen Aufgaben traten ab dem 18. Jahrhundert auch liturgische und homiletische Aufgaben, sowie der Aufbau der Gemeinde hinzu. Das Amt des Rabbiners glich sich damit dem des evangelischen Pastors an. Im 19. Jahrhundert verschob sich die Ausbildung der Rabbiner von Talmudhochschulen hin zu Rabbinerseminaren. Vgl. TILLY, Das Judentum, 109–111.
368 Ebd., 5. Ähnlich formuliert der reformierte Theologe Leonhard Ragaz (1868–1954) mit dem Ben-Chorin in engem Austausch stand: »Diese Tatsache ist es, die uns einigt und zugleich trennt, oder doch zu trennen scheint.« RAGAZ, Leonhard, Judentum und Christentum: Ein Wort zur Verständigung, Erlenbach-Zürich/München/Leipzig 1922 (= Flugschriften der Quelle 4), 8.
369 Es sei angemerkt, dass »[...] Christentum, christlicher Glaube, nicht der Glaube Jesu ist, sondern Glaube an Jesus als den Christus bedeutet.« Je nach Perspektive kann aber auch der scheinbar verbindende »Glaube Jesu« ebenso trennend sein. Judentum und Christentum haben das antike pharisäische Judentum als Wurzel. Beide aber entwickelten »ihre

der frühen Kirche als »geschichtlich gezogene Demarkationslinien«[370] nicht zu überschreiten. Wenn Ben-Chorin Evangelien-Texte intuitiv auslegt, dann also ohne dogmatische Implikationen, wie sie bewusst oder unbewusst in christlichen Jesusdeutungen enthalten sind.[371] Offensichtlich ist, dass eine ganz andere Zugangsweise zu Jesus als durch die Kirche, an deren Beginn der Jesusdeutung steht das Christusverständnis. Wenn Ben-Chorin z. B. den Terminus »Nachfolge Jesu« verwendet, so handelt es sich um Ben-Chorins eigene Begriffsdefinition und nicht um eine christliche. Dem christlichen Leserkreis erscheint die gebrauchte Begrifflichkeit Ben-Chorins bekannt, aber der Inhalt letztlich neuartig bzw. originell im positiven Sinne des Wortes. Dieser Sinn erschließt sich erst im Leseprozess. Dazu sei kurz das Beispiel der »Nachfolge Jesu« angeführt.

In der Tora findet Ben-Chorin den Nachfolge-Gedanken dort, wo ein Mensch von Gott gerufen wird, um eine Aufgabe für das Volk Israel und im Heilsplan Gottes zu erfüllen. Es sei nur die Abraham-Erzählung genannt. Abraham gehorcht dem Ruf Gottes und zieht aus der Stadt Ur im Land Chaldäa weg (Gen 12,1.4). Ben-Chorin kann sich mit dieser biblischen Figur besonders gut identifizieren, da er wie Abraham in ein neues Land (Israel) aufbricht. Ben-Chorin folgt seinen Angaben nach einem Ruf Jesu, jedoch ist es nicht die christliche Nachfolge Jesu, denn sie enthält den über Generationen verbindenden christlichen Glauben an Jesus Christus.[372] Dennoch sieht auch Ben-Chorin sich in die Nachfolge Jesu gerufen, ohne dabei die christliche Jesusnachfolge zu imitieren.

> Ich spüre seine brüderliche Hand, die mich faßt, damit ich ihm nachfolge. Es ist *nicht* die Hand des Messias, diese mit den Wundmalen gezeichnete Hand. Es ist bestimmt *keine göttliche*, sondern eine *menschliche Hand*, in deren Linien das tiefste Leid eingegraben ist.[373]

Ben-Chorin findet, wie im Zitat eindrücklich erkennbar, einen jüdisch-individuellen Weg der Nachfolge Jesu. Seine Darstellung von Nachfolge Jesu war im protestantischen wie katholischen Kontext anknüpfungsfähig.

---

jeweilige Identität in wechselnder Bezogenheit aufeinander und [in] Abgrenzung voneinander.« SCHREINER, Stefan, Von der Vergegnung zur Begegnung: Schalom Ben-Chorins Beitrag zum jüdisch-christlichen Gespräch, in: Lamed, Zeitschrift Stiftung Zürcher Lehrhaus 169/3 (2007), 21–25, hier: 23, 24. Bischof Felix Gmür plädiert dafür, die Alterität und Differenz nicht als Ausdruck der Trennung, sondern als Ausdruck von Diversität zu akzeptieren. Das Verbindende wird dabei nicht in Einzigkeit aufgelöst, sondern als das stets Andere akzeptiert. Er spricht deshalb aus christlicher Sicht lieber von Unterscheidung und formuliert: »Der Glaube Jesu eint uns – aber der Glaube an Jesus unterscheidet uns.« GMÜR, Felix, Jesus, der Jude. Vortrag im Rahmen der Veranstaltungsreihe zum 75-Jahr-Jubiläum der Konferenz gegen Antisemitismus in Seelisberg am 20. Juli 2022 in der Luzerner Hofkirche, in: https://www.jcrelations.net/de/artikel/artikel/75-jahre-seelisberg-jesus-der-jude.html (Stand: 1.9.2022).
370 BEN-CHORIN, Theologia Judaica, 3.
371 Vgl. ebd., 1.
372 Vgl. BENKE, Christoph, In der Nachfolge Jesu: Geschichte der christlichen Spiritualität, Freiburg 2018, 12, 24, 253.
373 BEN-CHORIN, Bruder Jesus, 4.

Der protestantische Bultmannschüler Herbert Braun (1903–1991) steht Ben-Chorins Nachfolgegedanken sehr nahe. Er bedeutet für ihn zuerst: »mit Jesus zu glauben und wie er, nicht primär an ihn«[374]. Passagen seines Buches wurden beispielsweise in der Erklärung der Deutschen Bischöfe *Über das Verhältnis der Kirche zum Judentum* von 1980 rezipiert.[375]

Folgender spezifischen Einschränkung seiner Vorgehensweise ist sich Ben-Chorin bewusst: In *Bruder Jesus* versucht er kein »*Leben* Jesu« im klassisch historisch-kritischen Sinne, sondern nur »ein *Bild* Jesu – in jüdischer Sicht«[376] zu zeichnen. Das muss betont werden, um keine falschen Ansprüche zu erheben. Ben-Chorin ist damit einer und nicht der jüdische Autor, der Jesu Judesein entdeckte. Er betont selbst, es handle sich »um *eine*, nicht um *die* jüdische Sicht«[377] auf die Gestalt Jesu. Diese Sicht ist ein Zeugnis für seine innerjüdische Begegnung mit Jesus, die er als existenziell bezeichnet. Wie im Anschluss an die Leben-Jesu-Forschung deutlich wurde, so weiß auch Ben-Chorin um das Problem der Rekonstruktion eines historischen Jesus. Aus einer existenziellen Perspektive heraus versucht er Jesus von Nazareth zu ergründen, um zu einer klaren Position im jüdisch-christlichen Gespräch zu gelangen:

> Dazu ist es nötig, daß man den Wurzelgrund des anderen kennt. Hier hat sich ein Jude bemüht, den Wurzelgrund des Christentums, das Evangelium kennen zu lernen, und ist dabei auf ein kostbares Stück eigenen Ackers gestoßen. Möchte doch der Christ, der hinabsteigt zu den Quellen des Judentums, in ihnen die lebendigen Wasser erkennen, aus denen Jesus von Nazareth geschöpft hat.[378]

In seinem Leben und besonders durch sein *Bruder Jesus* Buch versucht er den Wurzelgrund des Christentums nachzugehen. Mit den »Quellen des Judentums« meint Ben-Chorin nicht nur das Alte Testament, sondern genauso das Judentum zur Zeit Jesu, das ein postbiblisches Judentum war. Durch die Kenntnis dieser jüdischen Welt kann die Welt Jesu erschlossen werden.[379] Dabei bildet diese jüdische Welt weder den bloßen Rahmen noch den dunklen Hintergrund, um Jesus von ihr abzuheben, sondern die Quelle, um besser zu verstehen, wie und was er lebte und lehrte.

---

374 Ebd.
375 Vgl. Die Deutschen Bischöfe, Über das Verhältnis der Kirche zum Judentum vom 28. April 1980, 1980, 4.
376 BEN-CHORIN, Bruder Jesus, 166.
377 Ebd., 166.
378 Ebd., 167.
379 »Wenn ein Christ bei der Suche nach seiner eigenen Identität sich fragt. Bin ich ein Christ? Warum bin ich ein Christ? Was ist mein Christentum?, dann muß er dem Judentum begegnen als der Welt in der sein Meister, sein Rabbi, gelebt hat.« BEN-CHORIN, Weil wir Brüder sind, 170f.

b) Christus-Frage

An den Wurzelgrund des Christentums zu gehen, bedeutet für Ben-Chorin, sich ganz persönlich in seiner jüdischen Identität der Messias-/Christusfrage zu stellen. Als Einzelner – nicht als Repräsentant, aber durchaus als Vorbild für andere Jüdinnen und Juden – stellt sich Ben-Chorin dieser Frage in dem im Jahr 1941 erschienenen Heft *Die Christus-Frage an den Juden*. Es war Joseph Schnitzer, der Ben-Chorin in seiner Vorlesung über das Urchristentum 1932 »zum ersten Male die hier gestellte Frage in ihrer Grösse und Unabdingbarkeit enthüllte«[380], wie Ben-Chorin im Vorwort des Heftes schreibt. Die darin enthaltenen zentralen Thesen – die historisch der Darstellung durch Joseph Klausner und dichterisch durch Schalom Asch folgen – seien hier wiedergegeben.

Von keiner anderen religiösen oder philosophischen Idee ist der Jude aus Sicht von Ben-Chorin als Jude und Teil des Bundesvolkes Israels so angefragt wie durch das Evangelium, da dieses den Anspruch trägt, das Gesetz zu erfüllen. Das Evangelium Jesu Christi als Jude gering zu achten, bezeichnet er als »Bagatellisierung« und sogar als »Blasphemie«.[381] Solche Bagatellisierungsversuche sind auf jüdischer Seite zahlreich und münden oft in den Versuch, in Jesus einen (gescheiterten) Messias unter vielen zu sehen. Doch trotz des Kreuzestodes Jesu, der durchaus als Scheitern verstanden werden kann, scheiterten Messiasse wie Bar-Kochba oder Sabatai Zwi anders. Im Gegensatz zu diesen Messiasgestalten bedeute der Messias Jesus jedoch eine Zäsur der Geschichte. »Mit Jesus von Nazareth hatte Gott etwas vor, das darf jüdischer Glaube nicht leugnen, wenn er sich selber die Treue halten will.«[382] Es ist also Gott, der Juden durch die Kirche provoziert. Das christliche Verheißungs-Erfüllungs-Schema, demzufolge sich die Verheißungen des Alten Testament im Neuen Testament erfüllen, lehnt Ben-Chorin ab. Von einem Christus-Zeugnis des Alten Testaments bleibt der Jude unberührt. Juden lehnen die christlich gesetzten Prämissen ab, die nur Theologen mittels christlich-theologischer Exegese vorfinden. Die Christusfrage stellt sich für einen Juden daher nicht exegetisch, sondern, so Ben-Chorin, im Raum des Geschichtlichen.[383]

> Das hochentwickelte Judentum, über ein verzweigtes theologisches System, ein noch verzweigteres kanonisches Recht und eine uralte Tradition verfügend, und die junge Gemeinde, die noch kaum ein geschriebenes Buch, nur den Glauben an die Frohe Botschaft besass, die ihr im Gekreuzigten und Auferstandenen geworden war, standen einander gegenüber und rangen – einen Atemzug Gottes lang – um die Herrschaft des bekannten Erdkreises. Sie fiel der Kirche Christi zu. [...] Israel verschwand nicht [...]. Dass Israel *und* die Kirche in der Welt bestehen, das kann nur heissen, dass Gott Israel durch die Kirche fragen will, und dass derselbe einzige, wahre und lebendige Gott die Kirche durch Israel fragen will. Und das heisst, dass sie einander Rede und Antwort stehen müssen – um Gottes willen.[384]

---

380 Ben-Chorin, Die Christus-Frage an den Juden, 1f.
381 Ebd., 5.
382 Ebd., 9; vgl. Ben-Chorin, Weil wir Brüder sind, 172.
383 Vgl. Ben-Chorin, Die Christus-Frage an den Juden, 12.
384 Ebd., 14.

Im geschichtlichen Raum sind Kirche und Synagoge aufeinander verwiesen. Als missionierende Kirche ist diese gezwungen, so Ben-Chorin, alle Welt, auch die Synagoge, mit der Christusfrage zu konfrontieren. Die Synagoge wird darauf beständig ablehnend antworten. Wegen ihres missionarischen Charakters und weil die Juden das Heil für alle Welt herbeiführen, muss die Kirche dennoch immer wieder die Christusfrage stellen. Das »Heil kommt von den Juden« (Joh 4,22) und so werden sie zum Heilsfaktor der christlichen Eschatologie. Es ist eine einseitig vorausgesetzte Verbundenheit, da das Judentum theologisch nicht auf das Christentum verwiesen ist. Umgekehrt setzt das Christentum das Judentum voraus. Die Kirche will eine legitime Stellung vor dem Judentum einnehmen. Das Nein der Synagoge zu Christus bedeutet nicht ein Nein zur Kirche. Ben-Chorin verweist auf die Apostelgeschichte, in der im fünften Kapitel eine solche Legitimierung stattfindet. Ein Pharisäer namens Gamaliel, ein vom ganzen Volk angesehener Gesetzeslehrer, argumentiert in der Versammlung des Hohen Rates für die zu bestrafenden Apostel, die an den auferstandenen Jesus glauben:[385] »Lasst ab von diesen Menschen [Aposteln] und lasst sie gehen! Ist dies Vorhaben oder dies Werk von Menschen, so wird's untergehen; ist's aber von Gott, so könnt ihr sie nicht vernichten – damit ihr nicht dasteht als solche, die gegen Gott streiten wollen. Da stimmten sie ihm zu.« (Apg 5,38f.)[386]

Die Kirche wird hier als von Gott, und damit auch vom Judentum als gewollt dargestellt. Natürlich aus einer Schrift mit klarem Zeugnischarakter für Jesus Christus, aber es geht Ben-Chorin um den geschichtlichen Raum[387] und wie dort das Gespräch zwischen Juden und Christen geführt wird. Es soll in einer anerkennenden Haltung geschehen. Dies ist auch ganz im Sinne seines Lehrers Martin Buber, der wie Ben-Chorin die christliche Grundthese von Jesus als dem Messias ablehnt und dennoch respektvoll formulieren kann:

> Daß die Christenheit ihn [Jesus] als Gott und Erlöser angesehen hat und ansieht, ist mir immer als eine Tatsache von höchstem Ernst erschienen, die ich seiner- und meinetwillen zu begreifen suchen muß.[388]

Buber und Ben-Chorin wollen ein geschwisterliches Miteinander von Kirche und Synagoge. Inhaltlich ihrer Zeit voraus erhalten beide eine Bestätigung in der amerikanisch-jüdischen Stellungnahme *Dabru Emet* (2000) zum jüdisch-christlichen Dialog: »Jews can respect Christians' faithfulness to their revelation just as we expect

---

385 Ebd., 12–17.
386 Gemäß Luther-Bibel (2017).
387 Durch Jesu und Pauli Verkündigung, letztlich durch die Wirkungsgeschichte des Christentums ist das »Glaubensgut Israels Gemeinbesitz der Welt geworden. Durch [Jesus] beten Millionen Menschen in der Welt zum Gott Abrahams, Isaaks und Jakobs, der für sie auch der Vater Jesu Christi ist, was das Judentum nicht nachvollziehen kann. Es bleibt aber der gemeinsame Gott – und es bleibt die gemeinsame Hoffnung auf das Reich Gottes [...]. So sind wir beide, Christen und Juden, im Wartestand der Heilsgeschichte und sollten dort nicht untätig verharren, sondern in gemeinsamen Werken des Friedens, der Gerechtigkeit und der Liebe dem Wiederkommenden [Messias] oder Kommenden den Weg bahnen.« BEN-CHORIN, Weil wir Brüder sind, 179.
388 BUBER, Zwei Glaubensweisen, 11.

Christians to respect our faithfulness to our revelation.«[389] *Dabru Emet* führt darüberhinausgehend aus, dass es unüberwindbare Unterschiede zwischen Christen und Juden gibt, die sich nicht eher auflösen, bis Gott die gesamte Welt erlöst. Diese Annahme gründet in der Schrift,[390] ein Argumentationsmuster, das sich ganz ähnlich bei Ben-Chorin findet. Er fokussiert auf die heilsgeschichtliche Dimension von Kirche und Synagoge im geschichtlichen Raum, in dem das Gespräch beginnt, und bindet dies dann in der Exegese zurück an die Schrift. Dort eint Christen und Juden die Erwartung des Reichs Gottes. Die Vorstellungen, wer das Reich Gottes bringt, divergieren jedoch. Der Jude lehnt Jesus als Messias, als Bringer des Gottesreiches ab, da aus jüdischer Sicht die Welt trotz Jesus weiterhin unerlöst geblieben ist. Aber »die Erwartung des Reiches Gottes für diese Erde ist ihnen gemeinsam«[391].

Die Synagoge kann den Messias Jesus nicht anerkennen, weil die Welt bis heute trotz ihm unerlöst blieb.[392] Hier zeigt Ben-Chorin wie verschieden jüdischer und christlicher Erlösungsbegriff sind. Zugespitzt lässt sich nach Ben-Chorin sagen, dass der christliche Erlösungsbegriff stärker auf das Innere des Menschen gerichtet ist, dessen Seele wegen der Sünde erlösungsbedürftig bleibt. Der jüdische Erlösungsbegriff zielt hingegen nicht nur auf die Seele des Einzelnen, sondern schließt die ganze Welt als erlösungsbedürftig ein – in Bezug auf seelischen und leiblichen sowie individuellen und gesellschaftlichen Übel. Hier zeigt sich, wie universalistische und partikularistische Vorstellung im Judentum oszillieren. Mit Blick auf das Reich-Gottes lehnt Ben-Chorin einen personellen Messias ab, der dieses Reich auf Erden umsetzt. Dieses Reich schafft Gott, es ist dann das Reich der Erlösung, »es ist das Reich des neuen Herzens«[393]. Zur Frage, inwiefern der Mensch zum Reich Gottes beitragen kann, äußert sich Ben-Chorin wie folgt: »Das Kommen des Reiches Gottes war uns stets in erster Linie Gabe, und erst in zweiter Linie Aufgabe.«[394] Mit diesem sinngemäßen Zitat von Leonhard Ragaz will Ben-Chorin ausdrücken, dass es Aufgabe Gottes ist, die Welt zu erlösen und erst sekundär die Aufgabe des Menschen, der in dieser Welt am Reich Gottes mitbaut:[395] »Jüdische Existenz ist tragische Existenz. Immer wieder beginnen, inmitten des Reiches der Sünde am Reiche Gottes zu bauen

---

389 Dabru Emet, A Jewish Statement on Christians and Christianity. New York Times und Baltimore Sun, 10. September 2000.
390 Vgl. ebd.
391 BEN-CHORIN, Die Christus-Frage an den Juden, 17. Explizit verweist Ben-Chorin darauf, dass dieser Gedanke von dem reformierten Theologen Leonhard Ragaz (1868–1945) stammt, dessen Frau Clara (1874-1957) zu den Teilnehmerinnen der Seelisberg Konferenz 1947 zählte.
392 Die Unerlöstheit der Welt bleibt ein Hauptargument gegen den Messias Jesus: »Krieg und Hass, Unrecht und Unterdrückung, Sünde und Tod, [sind] auch nach der Opfertat von Golgotha« nicht verschwunden. In der jüdischen Orthodoxie wird lediglich an einem Messias aus dem Hause David festgehalten. Als dem Reformjudentum zugehörig legt Ben-Chorin den Akzent auf eine messianische Zeit, die er als Reich Gottes, beschreibt. Vgl. BEN-CHORIN, Schalom, Das Judentum der Gegenwart, Meitingen/Freising 1970, 21f.
393 BEN-CHORIN, Die Christus-Frage an den Juden, 31.
394 RAGAZ, Leonhard, zit. nach: Ebd.
395 Vgl. BEN-CHORIN, Die Christus-Frage an den Juden, 31. Ben-Chorin und Ragaz, die seit 1938 in einem Briefwechsel standen, können sich in der Reich Gottes Thematik einigen. Siehe:

– wohl wissend, dass nur die totale Wandlung des Menschenherzens das Reich errichten kann – das heisst jüdisch leben.«[396]

c) »Revolution des Herzens« – Jesus und der Chassidismus

Bevor Ben-Chorin 1967 *Bruder Jesus* veröffentlichte, verknüpfte er in der Vorbemerkung zum bereits erwähnten Gedichtzyklus *Der Rabbi von Nazareth* (München, 1934) die neutestamentliche Jesusfigur mit anderen Personen aus der jüdischen Religionsgeschichte. Ben-Chorin tat dies unter einem religiös-ethischen Gesichtspunkt in der ihm eigenen intuitiv-philosophischen Herangehensweise. Trotz aller berechtigten Kritikpunkte erscheint es lohnend, die Vorstellung von Jesus als Zaddik in Ben-Chorins Frühwerk nachzuspüren, da hier bereits Vieles angelegt ist, das später breit und kontrovers diskutiert wurde, wie die Frage, ob Jesus nicht auch ein Chassid nach talmudischer Tradition war.

In den Vorbemerkungen zum Gedichtband hält Ben-Chorin für sich fest, Jesus sei nicht unter die Propheten, Apostaten, oder Schriftgelehrten Israels einzuordnen. Stattdessen sei Jesus als »Rabbi von Nazareth« der »echteste Sohn« Israels:

> Den Christen ward Jesus ein Gott, dem Islam ein Prophet, nur das eigene Volk verstieß seinen echtesten Sohn. [...] Sein Platz ist an der Seite jener, welche die Revolution des Herzens in Israel vollzogen, an der Seite des Rabbi Israel Baal Schem und der anderen großen Führer des Chassidismus. Dort ist der Platz des Rabbi von Nazareth und derjenige seiner Schüler, die ihm »im Fleische kannten«.[397]

Ben-Chorin verknüpft Jesus als »Rabbi von Nazareth« mit der zentralen Gestalt des Chassidismus in Polen-Litauen, Rabbi Israel ben Elieser, genannt Baal Schem Tov (»Meister des guten Namens«; ca. 1700–1760). Ganz in der Tradition talmudischer Debatten zwischen Rabbinen unterschiedlicher Jahrhunderte, die eine bereichernde Form des diskursiven Denkens im Judentum darstellt, zielt Ben-Chorin mit seinem Vergleich von Jesus und Baal Schem Tov nicht auf historische Tatsachen ab, sondern auf eine religiös-ethische Haltung, die er als eine »Revolution des Herzens« bezeichnet. Diese Haltung findet er in Jesus und in anderen Figuren der Geschichte Israels bewahrt, allen voran in Gestalten der für das osteuropäische Judentum des 18./19. Jahrhunderts prägenden Frömmigkeitsbewegung, dem Chassidismus.[398]

VETTER, Susanne (Hg.), Wegbereiter des christlich-jüdischen Dialogs: Leonhard Ragaz und Schalom Ben-Chorin. Briefwechsel 1938–1945. Zum 50. Todestag von Leonhard Ragaz am 6. Dezember 1995, Darmstadt 1995. Im Duktus der Familienmetapher zwischen Christen und Juden sieht Ragaz nur, »[...] eine *Fortführung* des in Israel Angebahnten und zwar als *Fortführung auf der gleichen Linie*. [...] ›Dein Reich Komme‹ – ist die zentrale Bitte des Christen. Alles Reden und Tun Jesu dreht sich um dieses Eine, der Herrschaft Gottes auf Erden, ihre Art, ihr Kommen.« RAGAZ, Judentum und Christentum, 21.

396 BEN-CHORIN, Die Christus-Frage an den Juden., 32.
397 ROSENTHAL, Der Rabbi von Nazareth, 62.
398 Der Begriff Chassidismus steht für zeitlich voneinander unabhängig auftretenden Frömmigkeitsbewegungen in der Geschichte des Volkes Israel. Davon seien fünf genannt:

Ausgangspunkt für Ben-Chorins Überlegungen ist hierbei die Tatsache, dass sowohl im Chassidismus als auch in der Jesusbewegung eine charismatische Figur im Zentrum eines Anhänger- und Schülerkreises steht. Diese bringt den Gläubigen Gott nicht in erster Linie durch die Halacha, sondern über Gleichnisse, Erzählungen, Wunder und ein Leben in der Nachfolge näher. Die zentrale Figur wird im Chassidismus von der jeweiligen Gruppe, den Chassidim (חסידים/Frommen), als Zaddik (צדיק/ Gerechter) verstanden. Ben-Chorin vertritt die Auffassung, dass die »Herzenshaltung« eines Zaddik, also eines osteuropäischen, chassidischen Rabbi, auch auf Jesus zutrifft. Wenn Ben-Chorin von Jesu Jüngern als Chassidim[399] spricht, dann schwingt besonders diese Vorstellungswelt mit. Die Chassidim werden durch eine spirituelle Leitfigur, abseits der tradierten Gelehrsamkeit zu einem Leben mit Gott geführt.[400] Intensive Lehrgespräche mit seinem Schülerkreis, den der Zaddik zuvor als Wanderprediger wirksam aufbaute, prägen die Meister-Schüler Beziehung.

Worauf aber zielt Ben-Chorins religiös-ethischer Vergleich Jesu mit jenen osteuropäischen Anführern der Chassidim? Die entscheidende Antwort findet sich bei

---

1. Jene ersten »Chassidim«, die gegen die griechische Besatzung (Seleukiden) in Judäa und vermutlich auch in Galiläa um 175 v. Chr. in 1 Makk 2,29-38 erwähnt werden und die Vorläufer der drei Hauptströmungen im Judentum zur Zeit Jesu bilden: Pharisäer, Sadduzäer und Essener; 2. die »Chassidim Rischonim« zur Zeit des Zweiten Tempels, die in der rabbinischen Literatur vom Begriff her irreführend als die »ersten Chassidim« bezeichnet werden; 3. die im 12./13. Jahrhundert in den mittelalterlichen Zentren jüdischen Lebens in Regensburg, Speyer, Worms und Mainz lebenden »Chaside Aschkenas«, also die »Frommen Deutschlands«, die für ihre Askese bekannt waren und während der Kreuzzüge den Märtyrertod starben (»Kiddusch ha-Schem« – »Heiligung des Namens«); 4. die »Chassidim«, die im 18./19. Jahrhundert in Osteuropa als Erweckungs- und Reformströmung im Schatten der Aufklärung entstanden; 5. unterschiedliche chassidische Gemeinschaften, die im Amerika, Europa und Israel unserer Zeit leben, darunter die Chabad-Bewegung des »Lubawitscher Rebbe«, oder die durch Debora Feldmanns autobiographischen Roman *Unorthodox* bekannt gewordene Satmarer-Bewegung. Vgl. BECKER, Michael, Wunder und Wundertäter im frührabbinischen Judentum: Studien zum Phänomen und seiner Überlieferung im Horizont von Magie und Dämonismus, Tübingen 2002 (= Wissenschaftliche Untersuchungen zum Neuen Testament. R. 2 144), 372 (Anm. 425).; KRUPP, Michael, Jesus und die galiläischen Chassidim, Jerusalem/Tübingen 2014, 9f.; FELDMAN, Deborah, Unorthodox: The Scandalous Rejection of my Hasidic Roots, New York 2012; TALABARDON, Susanne, Chassidismus, Tübingen 2016 (= Jüdische Studien 2).
399 Vgl. BEN-CHORIN, Bruder Jesus, 128.
400 Baal Schem Tov schrieb zudem Schutzamulette gegen Krankheiten und Dämonen. Der Zulauf an umherwandernden Schülern verdankte er besonders seinen einfachen Erzählungen, die im Gegensatz zur talmudischen Gelehrsamkeit der Rabbinen standen. Die Talmudgelehrten seiner Zeit, die sogenannten Mitnagdim (Ablehnenden), lehnten die Chassidim mit ihrem ausgeprägten Wunderglauben und ihrer ekstatischen Frömmigkeit ab. Der wohl bekannteste der Mitnagdim und damit Gegner der Chassidim war Eliezer Zalman (1720-1797), der Gaon von Wilna (der Weise von Vilnius). Vgl. HAIM HILLEL, Ben-Sasson/RUBINSTEIN, Avraham, Art. Israel ben Eliezer Ba'al Shem Tov, in: EJ 10 ([2]2007), 743-748.

Ben-Chorins Lehrer Martin Buber (1878–1965).⁴⁰¹ Mit einem Satz lässt sich die Haltung »Revolution des Herzens« aus Bubers Schrift *Mein Weg zum Chassidismus* (1918) deuten:

> Gott ist in jedem Ding zu schauen und durch jede reine Tat zu erreichen.⁴⁰²

In der chassidischen Lehre findet Buber die »Größe des schlichten Lebens, der heiligende Umgang mit der Welt, gelebte Gemeinschaft und charismatische Führung«.⁴⁰³ Die chassidische Lehre ist für Buber die Vollendung des Judentums; Ben-Chorin knüpft an dieser Vorstellungswelt an und findet sie ebenso in Jesus verwirklicht.

Der Wandel von Männern, die vormals mehrheitlich ein traditionell religiöses Leben führten und sich dann zum chassidischen Leben zuwandten, setzt ein mit einer Bekehrung, der Erfahrung eines »unerklärlichen Wandel des Herzens«⁴⁰⁴ und der darauffolgenden intensiven Bindung an den Zaddik.⁴⁰⁵

Im Mittelpunkt der spirituellen Lehre steht die »Dvekut« (דבקות), eine »Treue«, die sich in einer tiefen subjektiven Gemeinschaft mit Gott verwirklicht. Für die Chassidim und ihre spirituellen Anführer waren die traditionelle Gelehrsamkeit, die zur richtigen Auslegung der Halacha führte, nicht weiter entscheidend. Die »Dvekut« löste damit Talmud- und Torastudium ab, »das Wort Gottes, das ein für allemal feststeht« erfuhr durch den Chassidismus einen neuen Interpretationsrahmen.⁴⁰⁶ Die Zaddikim verlangten aber nicht alte jüdische Rituale und Traditionen einfach

---

401 Die Jahrzehntelange Begegnung mit Buber hält Ben-Chorin in seinem Buch *Zwiesprache mit Martin Buber* (1966) fest. Buber brachte durch seine Interpretation die Geschichte und Lebenswelten der jüdischen Chassidim Osteuropas einem breiten deutschsprachigen Publikum nahe. Buber ist der frühe Anknüpfungspunkt für Ben-Chorins Rede von einer »Revolution des Herzens«. Zahlreiche Publikationen wie *Die Geschichte des Rabbi Nachmann* (1906), *Die Legende des Baalschem* (1907), *Der große Maggid und seine Nachfolge* (1921), *Das verborgene Licht* (1924), *Die chassidischen Bücher* (1928), oder *Die Erzählungen der Chassidim*, das während der Shoah ab 1938 entstand und zuerst 1946 hebräisch und 1949 deutsch veröffentlicht wurde, kannte und schätze Ben-Chorin. Umgekehrt beeindruckte Ben-Chorins erstes Buch *Die Seltsame Gemeinde – ein Legendenbuch* (1931), das dem chassidischen Legenden Bubers nachempfunden war, diesen jedoch nicht. Vgl. Lenzen, Verena, Einleitung, in: Ben-Chorin, Schalom, Zwiesprache mit Martin Buber, Gütersloh 2004 (= Werke/Schalom Ben-Chorin. Hrsg. u. eingel. v. Verena Lenzen unter Mitwirkung v. Avital Ben-Chorin; Bd. 3), XI–XXV, hier: XV und 1.
402 Buber, Martin, Schriften zum Chassidismus, München 1963 (= Werke/Martin Buber Bd. 3).
403 Lenzen, Verena, Einleitung in: Ben-Chorin, Zwiesprache mit Martin Buber, XV.
404 Katz, Jacob, Tradition und Krise: Der Weg der jüdischen Gesellschaft in die Moderne, aus dem Englischen von Christian Wiese. Mit einem Vorwort von Michael Brenner, München 2002, 244.
405 Vor allem die jüdischen Feste, insbesondere der Schabbat, werden vom traditionellen Festtag mit der Familie, zu einer chassidischen Festzeit mit dem Zaddik. Teilweise gestaltet sich die religiöse Beziehung des Chassid zum Zaddik enger als zur eigenen Familie. Vgl. Ebd.
406 Scholem, Gershom, Die jüdische Mystik in ihren Hauptströmungen, Frankfurt a.M. 1980, 366. Anders als in den traditionellen Gemeinden, in denen das Torastudium der Männer weiterhin in der Jeschiwa gepflegt wurde, zentrierte sich das religiöse Alltagsleben der Chassidim weniger im Rahmen der Familie als vielmehr um den Zaddik herum. Vgl. Katz, Tradition und Krise, 235, 240.

aufzugeben, ihr Ziel bestand allerdings darin, den Einzelnen in die spirituelle Gemeinschaft mit Gott zu führen. Gebote, die diesen Zweck nicht erfüllten, galten als obsolet. So wurde eine Individualisierung des persönlichen Glaubensleben vorangetrieben.

Ben-Chorins Vergleich zwischen Jesus und einem osteuropäischen Zaddik des 18. Jahrhunderts lässt folgende Übereinstimmungen erkennen: eine starke Bindung des Jünger-/Anhängerkreises an die Führungsgestalt, eine wenig formalistisch regulierte Frömmigkeit, eine nachrangige Halacha und eine vorrangige Haggada, einen ausgeprägten Wunderglauben und eine besondere Gottesnähe. Die Männerwelt der Chassidim deckt sich jedoch nicht mit der Haltung Jesu gegenüber Frauen und ihrer Rolle in den Evangelien. Ben-Chorin hebt dazu Maria Magdalena, Johanna und Susanna, die die Bewegung um Jesus begleiteten (vgl. Lk 8,1–3) hervor.[407]

Ben-Chorins intuitiv geprägte Annäherung an Jesus als Zaddik sollte Jahrzehnte später der Oxforder Religionshistoriker und Judaist Géza Vermes[408] in *Jesus the Jew* (1973) in einer historischen Auseinandersetzung aufnehmen. Er unterstreicht das Bild von Jesus als Chassid und sieht als Anknüpfungspunkt – wie Ben-Chorin – Übereinstimmungen in der religiös-ethischen Lehre, wählt als Gegenüber des Vergleichs aber nicht den osteuropäischen Chassidismus des 18. Jahrhunderts sondern die Chassidim der Zeit des Zweiten Tempels, eine Gruppe, die Ben-Chorin zwar kannte, aber aufgrund noch fehlender historischer Forschung nicht einordnen konnte.[409] Jesus als »galiläischer Chassid«[410] war für Vermes der Schlüssel, mit dem er Jesu Auftreten und Wirken deutete.[411]

In detaillierten Quellenstudien arbeitet Vermes heraus, dass die rabbinische Literatur durchaus charismatische jüdische Wundertäter kannte, denen eine besondere Qualität von Gottessohnschaft zugeschrieben wurde.[412] Zu ihnen gehören Figuren

---

407 Siehe bes. das Kapitel »Jesus und die Frauen«, in: BEN-CHORIN, Bruder Jesus, 83–90.
408 Vermes ist der Sohn ungarischer Juden, die zum Katholizismus konvertierten; er selbst war katholischer Priester, bis er die Kirche verlies und sein Judentum neu entdeckte.
409 Vgl. BEN-CHORIN, Bruder Jesus, 14.
410 VERMES, Jesus der Jude, 71.
411 Die Chassidim zur Zeit des Zweiten Tempels, sieht Vermes als Reminiszenz aus der rabbinischen Literatur bezeugt. Vgl. VERMES, Géza, Vom Jesus der Geschichte zum Christus des Dogmas = Christian Beginnings. From Nazareth to Nicaea, AD 30-325: Aus dem Englischen von Claus-Jürgen Thornton, Berlin 2016 (engl. 2012), 17–51; vgl. DERS., Jesus der Jude, 64–66. – Teilweise besteht jedoch eine große Skepsis in der neutestamentlichen Forschung gegenüber traditionsgeschichtlichen Bezügen zu rabbinischen Quellen, von denen ausgehend Vermes Jesus als Chassid bestimmt. Durch die Inbezugnahme rabbinischer Texte werden aber Analogien und Unterschiede zur Jesustradition sichtbar, die forschungsgeschichtlich durch Vermes' Studien nicht mehr aus der neutestamentlichen Forschung wegzudenken sind, besonders die Bezüge zu jüdischen »Wundertäter« in frührabbinischer Tradition, wie Choni dem Kreiszieher (und seine Enkel) und Chanina ben Dosa. Beide sind wegen ihrer Regenwunder bekannt und erinnern dabei an den Propheten Elija. Vgl. BECKER, Wunder und Wundertäter im frührabbinischen Judentum, 290–378, 417–442, siehe bes. 294–298.
412 Vgl. VERMES, Vom Jesus der Geschichte zum Christus des Dogmas, 39–51.

wie Choni der Kreiszieher[413] und Chanina ben Dosa[414]. Zentral ist hierbei mit Blick auf den Jesus-Vergleich die Tatsache, dass auch diese Figuren im Spektrum des Pharisäertums des Zweiten Tempels verortet werden können,[415] sich aber – ver-

---

[413] Choni lebte im Palästina des 1. Jahrhunderts v. Chr. und gilt in talmudischer Tradition als erster namentlich bekannter Chassid. Er wird in der ältesten schriftlichen Überlieferung, bei Josephus Flavius (Ant. 14.22–44), mit dem Namen Onias identifiziert und als »ein Gerechter und Gott wohlgefälliger Mann« (14.22) beschrieben, der sich in einem Streit zwischen den hasmonäischen Hohepriestern Aristobul II. und Hyrkanus II. auf keine Seite schlug und deswegen nach Josephus vom aufgebrachten Mob getötet wurde. Die Hohepriester waren Brüder und ihr Streit um die Herrschaft wird auf 67–63 v. Chr. datiert. Hier ein Beispiel für Chonis Gottvertrauen: »Er zog einen Kreis und stellte sich in seine Mitte. Er sprach vor Ihm: HERR der Welt, deine Söhne haben mir ihr Angesicht zugewandt, denn ich bin wie ein Haussohn vor dir. Ich schwöre bei deinem großen Namen, dass ich von hier nicht weiche, bis du es über deinen Söhnen regnen lässt. Da begann der Regen [...].« (mTaan 3,8) zit. nach: KRUPP, Jesus und die galiläischen Chassidim, 47. Die frech fordernde Art Chonis, mit der er Gott um Regen bittet, ist mit den Gleichnisse Jesu von der bittenden Witwe (Lk 18,1–8) und dem bittenden Freund (Lk 11,5–13) zu vergleichen. Vgl. ebd., 59. – Für eine genauere Textanalyse von mTaan 3,8 in Verbindung zu Paralleltraditionen (tTaan 2,13 bzw. 3,1) siehe BECKER, Wunder und Wundertäter im frührabbinischen Judentum, 298–304; Chanina wird zudem wie Jesus als ein neuer Elija beschrieben, für den Gott die künftige Welt erschaffen hat (bBer 61b). Vgl. VERMES, Vom Jesus der Geschichte zum Christus des Dogmas, 39–41.

[414] Chanina ben Dosa lebte im 1. Jahrhundert n. Chr. Er zählt zur ersten Tannaiten Generation und war ein Schüler von Jochanan ben Sakkai, Begründer des Lehrhauses in Javne. Hier ein Beispiel für Chaninas Gottvertrauen: »Es sagte Rav Jehuda im Namen von Rav: An jedem Tag erschallt eine Himmelsstimme und sagt: Die ganze Welt wird um meines Sohnes Chanina ernährt, und Chanina, meinem Sohn, genügt eine Schote Johannisbrot von einem Schabbatabend zum anderen.« (bTaan 24b) zit. nach: KRUPP, Jesus und die galiläischen Chassidim, 66. – Chanina wird zudem wie Jesus als ein neuer Elija beschrieben, für den Gott die künftige Welt erschaffen hat (bBer 61b). Vgl. VERMES, Vom Jesus der Geschichte zum Christus des Dogmas, 42–49. – Weiter heißt es zu Chanina in der Mischna, dass mit ihm die »Männer der Tat« (mSot 9,15) (אנשי מעשה) ausgestorben sind. Wie sich diese Gruppierung zu den Chassidim verhält oder sogar mit ihnen identisch sein könnte, ist wissenschaftlich nicht geklärt. Das Interpretationsspektrum der »Männer der Tat« reicht von »Wundertätern« bis hin zu »frommen Wohltätern«. Zur Diskussion siehe: BECKER, Wunder und Wundertäter im frührabbinischen Judentum, 368–375; 290–378, 417–442, siehe bes. 294–298; KAPLAN, Zvi, Art. Ḥanina ben Dosa, in: EJ 8 (²2007), 323.

[415] Die Chassidim sind laut Vermes »[u]nterhalb des im Wesentlichen am Gesetz orientierten Judentums [als] eine weniger formelle Frömmigkeitsströmung [einzuordnen], die sich mit den Propheten verband und sich von ihnen, den einflussreichen Sprachrohren Gottes, inspirieren ließ. Charismatische heilige Männer hielten sie [sc. die Frömmigkeitsströmung] bis hinab ins Zeitalter der Rabbinen lebendig.« VERMES, Vom Jesus der Geschichte zum Christus des Dogmas, 12, siehe auch: 17–51. – Misstrauen erregten die Chassidim einerseits, weil sie pharisäisch/rabbinische Halacha weniger strikt befolgten und andererseits individuell-ethische Entscheidungen trafen. Ohne dass von einer eigenen Frömmigkeitsströmung im antiken Judentum gesprochen werden könnte, gehören die Chassidim »zweifelsohne zu der Gruppe der Pharisäer, der auch Jesus am nächsten stand.« KRUPP, Jesus und die galiläischen Chassidim, 13. Günter Stemberger geht davon aus, dass

gleichbar mit Jesus – für das sich als normativ herausbildenden Judentum als Lebens- und Glaubensbeispiele verbieten.[416] Die Gemeinsamkeiten gehen jedoch über die Wundertätigkeit und Ablehnung hinaus; sie betreffen ebenso die Zugehörigkeit zur einfachen Bevölkerung Galiläas und ein ähnliches Armutsideal. Einen signifikanten Unterschied gibt es im Verständnis dessen, was Gottessohnschaft meint. Die Gottessohnschaft von Chanina wie auch Choni ist nach Vermes und angesichts der rabbinischen Quellendeutung keine göttliche Sohnschaft, sondern drückt eine innige Gottesnähe aus, die jene eines gottesfürchtigen Juden übersteigt. So wird Choni als »Haussohn« Gottes bezeichnet, dem Gott keine Bitte abschlagen kann und Gott ruft Chanina aus dem Himmel zu, der Sohn zu sein, dessentwillen er die Welt ernährt.[417]

Wie sieht es neben der Gottessohnschaft mit anderen Wesensmerkmalen aus, mit denen allgemein die Chassidim und Jesus in Verbindung gebracht werden? Ein Wunderglaube ist nicht nur für die frühen Rezipienten der Texte, sondern allgemein für die jeweilige Zeit vorhanden und nichts Besonderes. Sich jedoch auf ein Wunder zu verlassen, wie es die Chassidim tun und zugleich ihre besondere Gottesnähe damit ausdrücken, verbietet das »normative« Judentum jener Zeit bzw. genauer gesagt das rabbinische Judentum.[418] Dazu merkt Vermes an:

> Gott heilt, nicht der fromme Beter. Aber das ist eine nüchterne, moderne Sichtweise der Dinge. Im Sinne der Zeitgenossen eines Choni oder Chanina ereignete sich das Wunder – sei es Regen oder Heilung – aufgrund seiner Worte.[419]

Im Ergebnis lässt sich für Vermes »das Aufkommen des Christentums« ohne die Verbindung zu diesem charismatischen Judentum der Spätzeit des Zweiten Tempels »nicht begreifen«.[420]

Die thematisch aufgenommene Spur, in der Jesus wie ein Chassid erscheint, soll damit enden, dass kurz die wichtigsten Ähnlichkeiten und Unterschiede zwischen den Chassidim der Zeit des Zweiten Tempels und Jesus im Spiegel aktueller Forschung festgehalten werden. Neben der erwähnten sozialen Zugehörigkeit der Chassidim und Jesus zur einfachen Bevölkerung Galiläas und dem ähnliches Armutsideal gelten für sie folgende übereinstimmenden Zuschreibungen: Wundertätigkeit, Verfügbarkeit über die Natur (Regen bzw. Stillung des Sees) und Dämonenaustreibung. Eine Sündenvergebung durch die Chassidim ist nicht bekannt, außerdem gaben sich die Chassidim nicht als Messias preis, dieser An- bzw. Zuspruch findet sich nur bei Jesus wieder, so der Forschungskonsens nach Michael Krupp. Zwar gibt es auch Rabbi Akiva, der Bar Kochba zum Messias erklärte aber von einem Messias Jesus ist in den rabbinischen Quellen nichts zu lesen. Jesus

---

Chanina ben Dosa kein Pharisäer oder Rabbi war, er bezeichnet ihn als Charismatiker, Wundertäter und Gesundbeter. Vgl. STEMBERGER, Einleitung in Talmud und Midrasch, 78.
416 Vgl. Ebd., 15.
417 Vgl. mTaan 3,8; bTaan 24b;
418 Siehe: bTaan 20b.
419 VERMES, Vom Jesus der Geschichte zum Christus des Dogmas, 45.
420 Ebd., 51; vgl. DERS., Jesus der Jude. Ein Historiker liest die Evangelien, insb. 64–66.

erschien, als die rabbinische Literatur verschriftlicht wurde, eher im Gegensatz zu seinem Volk stehend und vielmehr als die Glaubensfigur einer neuen Religion, die sich bereits etabliert hatte.[421] Zu den genannten Unterschieden zwischen Jesus und den Chassidim kommt ein wesentliches Quellenproblem hinzu, das Vermes als in der rabbinischen Literatur bezeugte »Reminiszenz der Chassidim« bezeichnet. Diese Reminiszenz der chassidischen Bewegung, als in vorchristliche Zeit zurückreichend, ist nach Michael Becker aber, wie er durch eine gründliche traditionsgeschichtliche Rekonstruktion anhand der Textquellen zeigt, eine

> Fiktion – die teilweise von den rabbinischen Texten selbst unterstützt wird [...]. Dies heißt nicht, daß es eine derartige Bewegung nicht gegeben hat, sondern nur, daß Honi und Hanina nicht als Beispiele genuiner Hasidim gelten können; sie wurden erst später an dies Interpretationsschema angepaßt.[422]

Nach Michael Becker bleiben Choni und Chanina »charismatische Solitäre«[423], die sich in ihrer vorrabbinischen Ähnlichkeit, dennoch zu sehr von einer chassidischen Bewegung im rabbinischen Judentum absetzten. Sie sind Beispiele für charismatische Einzelgestalten in vorrabbinischer Zeit. Textkritisch zeigt Becker, wie Choni und Chanina in der rabbinischen Traditionsliteratur zu Chassidim gemacht wurden.[424]

Für diesen Seitenblick auf Choni und Chanina mit Bezügen zu Jesus halte ich es für unwesentlich, ob es sich bei Choni und Chanina der talmudischen Tradition folgend um Chassidim handelte oder ob sie besser als »Wunder«-Charismatiker bezeichnet werden sollten.[425]

Es ging darum zu zeigen, welche besonders enge Gottesbeziehung beide als Söhne Gottes aufweisen, die der Jesustradition sichtbar ähnlich ist. Daneben tritt die »Wundertätigkeit« von Choni und Chanina als ein innerjüdisches Denk- und Interpretationsmuster auf, auf dessen Verstehenskontext (Gottesbeziehung und Wundertätigkeit) die Jesustradition aufbauen konnte und damit auch Jesu »Wunder« nicht im Vorhinein von der ersten Generation der Christen missverstanden werden mussten, da einfach eine neue Form eines zeitgenössischen Judentums entstand. Das charismatische Vollmachtskonzept in der »Wundertätigkeit« tangiert bei Jesus die Frage nach der Entstehung einer frühen Christologie, die sich bei den beiden »Wundertätern« nicht stellt. Ein gravierender Unterschied zu Jesus besteht im eschatologischen Verständnis, indem er die Nähe des Reich Gottes als angebrochen verkündet und sie sich andererseits in seinen »Wundern« realisierte.[426]

---

421 Vgl. Krupp, Jesus und die galiläischen Chassidim, 13, 16–18, 61, 104–108.
422 Becker, Wunder und Wundertäter im frührabbinischen Judentum, 378.
423 Ebd.
424 Zur vertieften Auseinandersetzung siehe: Ebd., 290–378.
425 An Vermes anknüpfend versucht besonders Shmuel Safrai (1919-2003) eine chassidische Bewegung zu rekonstruieren, in die er Jesus einbezog aufgrund der Verortung der Chassidim nach Galiläa, aufgrund der Übereinstimmungen eines Armutsideals, der Überbetonung von Taten gegenüber dem Torastudium und der Einbeziehung von Frauen in den Kontext der Bewegung der Chassidim. Vgl. Safrai, Shmuel, Teaching of Pietists in Mishnaic Literature, in: JJS 16/1-2 (1965), 15–33 [DOI: 10.18647/516/JJS-1965].
426 Becker, Wunder und Wundertäter im frührabbinischen Judentum, 439, 442.

Über Ben-Chorins intuitive Annäherung Jesu zu den Zaddikim des osteuropäischen Chassidismus, die sich geeint durch die »Revolution des Herzens« in einer besonderen Gottesnähe wähnten, führte Vermes' »galiläischer Chassid« Jesus zu der engen Gottesbeziehung von Choni dem Kreiszieher und dem Wundertäter Chanina ben Dosa. Diese Gottesbeziehungen orientieren sich wenig an religionsgesetzlichen Vorgaben. Ben-Chorin lotet in *Bruder Jesus* zunächst eine jüdische Innensicht auf die Gestalt Jesus innerhalb der jüdischen Strömungen in Palästina aus. An dessen Ende steht das Urteil über einen letztlich aber in seiner Gottesbeziehung gescheiterten Jesus, der aber für Ben-Chorin auch nach der Shoah eine jüdische Identifikationsfigur bleibt. Ben-Chorins Jesusbild ist abgelöst von kirchlich-dogmatischen Vorgaben. Es ist für ihn kein triumphierender Christus, sondern ein gescheiterter Jesus, mit dem er sich identifiziert. Dies, weil Jesus, wie die Chassidim ein Revolutionär der Herzen Israels ist, der sie nicht durch intellektuelles Torastudium gewinnt, sondern durch eine religiös-ethische Lehre bewegt.

d) Eine jüdische Innensicht auf die Gestalt Jesu

Bekenntnishaft schreibt Ben-Chorin: »Jesus ist der ewige Bruder, nicht nur der Menschenbruder, sondern mein *jüdischer Bruder*«[427]. Der Fokus von Ben-Chorins *Bruder Jesus* liegt auf dem Judesein Jesu, das zugleich sein Menschsein betont, oder pointierter »nur« sein Menschsein in klarer Abgrenzung zu jeglicher Art von Christologie festhält. Von einem jüdischen Jesus als »wahren Gott [...] kann im ganzen Neuen Testament nicht die Rede sein [...].«[428] Ben-Chorin nimmt eine *»jüdische Innensicht«*[429] ein, in der es weder Christus als eine zweite Person der Trinität, noch als den einen einzigen Gerechten gibt. Keine Person könne – so Ben-Chorin – stellvertretend für die Sünden der Menschen vor Gott als Opfer zur Erlösung auftreten. Dieses Sühnedenken, das auf einen Einzelnen fußt, disqualifiziert Jesus aus jüdischer Perspektive: »[H]ier wird Jesus seiner Leiblichkeit entkleidet, [...] der *Juden Jesus*, dieser Ur- und Nur-Jude, [wird] nicht realistisch gesehen, dem eine Stellvertretung im Glauben völlig wesensfremd war.«[430] Ben-Chorin sieht eine prozesshafte Entwicklung in der Christologie, die »die menschliche Seite Jesu mehr und mehr seiner ›göttlichen Natur‹ opferte [...]«[431]. Diesen Prozess einer in Jahrhunderten gewachsenen ausformulierten Christologie unterzieht er einer radikalen Umkehr, indem er Jesus von der »Übermalung der christlichen Ikonologie«[432] reinigt. So gelangt er zur jüdischen Gestalt Jesu, die er dann im Kontext der Vorstellungen des zeitgenössischen palästinischen Judentums beschreibt.

---

427 BEN-CHORIN, Bruder Jesus, 4.
428 Ebd., 45.
429 Ebd., 5.
430 Ebd.
431 Vgl. ebd.
432 Vgl. ebd.

Die Göttlichkeit Jesu kann durch rein historische Methoden nicht belegt werden: weder in einer jüdisch-wissenschaftlichen, aber auch nicht in einer christlich-wissenschaftlichen Sicht, da die Methode stets die gleiche ist.[433] Für Ben-Chorin ist Jesus ebenso wenig Messias oder Prophet. Auch wenn Jesus eine messianische Sendung erkennen lässt, bleibt diese aber in einem »*Messiasgeheimnis* Jesu«[434] verborgen; messianische Anspielungen seiner Jünger verbietet er. Jesus ist für Ben-Chorin lediglich der

> Menschensohn im Sinne des Menschen schlechthin. [...] Der fragende Jesus ist unser Bruder, nicht der erhöhte Christus, der den menschlichen Bereich mit den Höhen und Tiefen des Mythos vertauscht hat.[435]

Zwar proklamierten nach Ben-Chorin die Jünger Jesus als Messias, aber von Jesus als Messias zu sprechen ist für ihn eine »kerygmatische Korrektur von späterer Hand«[436]. Für das Prophetenamt fehlen Jesus Ben-Chorin zufolge die typischen Wendungen prophetischer Rede, wie »so spricht der Herr«, die davon künden, dass dieser im Namen Gottes spricht; der Bote tritt hier ganz hinter dem Absender der Botschaft zurück. Jesus ist aber gerade kein bloßer Überbringer göttlicher Wahrheiten, kein Prophet, sondern er spricht aus »eigener Vollmacht, ohne Gottessprüche zu vermitteln und zu verkündigen.«[437] Auch Hinweise auf das für die Prophetie typische Sehertum – Visionen wie bei Jesaja, Jeremia oder Ezechiel – fehlen bei Jesus. Zwar erweckt er, wie die Propheten Elija und Elischa Tote zum Leben, aber während diese beten, befiehlt Jesus dem Toten Lazarus, dem Jüngling zu Nain oder der Tochter des Jairus aufzustehen; wiederum aus eigener Vollmacht und nicht weil Gott es aufträgt.[438] Totenerweckungen und Wundererzählungen interpretiert Ben-Chorin als Zeugnis Jesu »unauslöschlichen Eindrucks«, den er in der Be-

---

433 »[...], dass [Jesus] wirklich als Mensch Gott *war* und dies in Gleichnissen verhüllt und doch immer unmissverständlicher zu erkennen gab, überschreitet die Möglichkeiten der historisch Methode. Umgekehrt – wenn man von dieser Glaubensüberzeugung her die Texte mit historischer Methode und ihrer inneren Offenheit für Größeres liest, öffnen sie sich, und es zeigt sich ein Weg und eine Gestalt, die glaub-würdig sind.« Ratzinger, Joseph/Benedikt XVI., Jesus von Nazareth: Erster Teil. Von der Taufe im Jordan bis zur Verklärung, Freiburg i. Br. ¹2007, 21f. Ratzingers Buch, besonders die Art und Weise, wie er historische Methodik und »innere Offenheit für Größeres« aufeinander bezieht, löste eine breite Kontroverse aus, die darauf zielte, ein vielfältigeres Jesusbild zu diskutieren. Vgl. Häring, Hermann (Hg.), »Jesus von Nazareth« in der wissenschaftlichen Diskussion, Wien/Berlin/Münster 2008 (= Wissenschaftliche Paperbacks 30); Häring, Hermann (Hg.), Der Jesus des Papstes: Passion, Tod und Auferstehung im Disput, Berlin/Münster 2011 (= Wissenschaftliche Paperbacks 31); Söding, Thomas (Hg.), Das Jesus-Buch des Papstes: Die Antwort der Neutestamentler, Freiburg i. Br./Basel/Wien 2007; Tück, Jan-Heiner (Hg.), Annäherungen an »Jesus von Nazareth«: Das Buch des Papstes in der Diskussion, Ostfildern 2007.
434 Ben-Chorin, Bruder Jesus, 7.
435 Ebd., 97.
436 Ebd., 7.
437 Ebd.
438 Vgl. ebd., 7f.

völkerung hinterließ. Jesus tritt im Sinne einer Heiltätigkeit als Arzt auf in einer Zeit, in der das Heilige und das Heilende noch nicht voneinander getrennt waren.[439]

Die Frage, inwieweit Jesus ein Lehrer war, nimmt Ben-Chorin aus Sicht der zwei großen pharisäischen Schulen zu seiner Zeit in den Blick: die von Hillel und Schammai. Beide sind geprägt von der halachischen Auslegung der Tora. Letztere vertritt eine striktere Auslegung, während die Schule des Hillel der »milderen Interpretation huldigte«[440]. Im Gegensatz zu Joseph Klausner und später auch zu David Flusser ordnet Ben-Chorin Jesus nicht der Schule Hillels ein. Für Ben-Chorin passt er aber auch nicht in die Schule Schammais. Jesus ist in Teilen milde wie Hillel und in Teilen strenger als Schammai.[441] Daher geht Ben-Chorin von einer »Dritten Autorität« neben den beiden besagten Schulen aus, die mit dem Charakteristikum der »*Verinnerlichung des Gesetzes* wobei die *Liebe* das entscheidende und motorische Element bildet«[442] und sich zentral in der Anwendung der Nächstenliebe ausdrückt, zu beschreiben ist. Als vornehmlicher Adressatenkreis dieser Liebesbotschaft galten die Armen, Mühseligen, Bedrängten, kurz: die Außenseiter der Gesellschaft.[443]

Obwohl er Jesus als eine dritte Autorität neben den Schulen des Hillels und Schammais anführt, lehnt Ben-Chorin es ab, ihn wie diese als Lehrer zu bezeichnen.[444] Er sieht Jesus zwar auf der »Linie der Gesetzeslehrer seiner Zeit«, den sogenannten Tannaiten[445], die durch Auslegung der Tora und durch Gleichnisse lehrten. Eine Schüler-Lehrer-Beziehung, wie z. B. bei Paulus, der, gelegentlich als ein Schüler von Rabban Gamaliel I. geführt wird, fehlte bei Jesus jedoch. Daraus zieht Ben-Chorin den Schluss, dass Jesus »kein Tamid Chacham, kein Gelehrtenschüler«[446] gewesen sein kann, ohne ihm dabei aber exzellente Kenntnisse in seiner (teils unorthodoxen) Interpretationsweise der hebräischen Bibel abzusprechen. Ohne eine Schüler-Lehrer-Beziehung ist eine autoritative Lehrmeinung in der jüdischen Tradi-

---

439 Vgl. ebd., 37–39.
440 Vgl. ebd., 8.
441 Hillel und Jesus verbindet beispielsweise die Goldene Regel, wohingegen von Schammai berichtet wurde, er habe einen Nicht-Juden, der die Lehre des Judentums lernen wollte, aus dem Haus gejagt. Vgl. BEN-CHORIN, Bruder Jesus, 8f. – Zur Verbindung von Hillel, Schammai und Jesus, siehe auch: DELITZSCH, Franz, Jesus und Hillel mit Rücksicht auf Renan und Geiger, Erlangen ³1879; VERMES, Vom Jesus der Geschichte zum Christus des Dogmas, 78; STEMBERGER, Einleitung in Talmud und Midrasch, 75f; KRUPP, Michael, Hillel und Jesus, Tübingen 2013.
442 BEN-CHORIN, Bruder Jesus, 8.
443 Vgl. BEN-CHORIN, Theologia Judaica, 22.
444 Eine gegenteilige Meinung vertritt Ben-Chorin, wenn er sagt, dass Jesus »sozusagen die Schule Jesu, Beth-Midrasch Jeschu« begründete. Vgl. BEN-CHORIN, Bruder Jesus, 45.
445 Klausner identifiziert Jesus nicht als Tannait, aber er erwähnt, dass die erste tannaitische Generation nach der Zerstörung des Tempels Jesus »völlig« als Juden betrachtete, selbst wenn er als ein »Frevler in Israel« angesehen wurde, der »in jeder Beziehung ein Sohn Israels« blieb. Vgl. KLAUSNER, Jesus von Nazareth, 56.
446 BEN-CHORIN, Bruder Jesus, 9.

tion aber nicht denkbar. Tatsächlich gibt es auch talmudische Legenden[447], die Jesus als Schüler des Lehrers Jehoschua Ben-Perachja darstellen. Der Legende zufolge kam es zu einem Zerwürfnis zwischen Jesus und seinem Lehrer, weil Jesus sich der Magie verschrieb.[448] Ben-Chorin war es wichtig den christlichen Lesern seiner Jesus-Monographie diese in der Regel unbekannten, apologetischen und in Teilen auch polemischen Erzählungen über Jesus nicht vorzuenthalten.

Die Figur namens Jesus taucht in den Traktaten Sanhedrin und Sota als sekundär eingetragener Name in einer Erzählung auf, die in ihren Ursprüngen in die Zeit des Hasmonäerkönigs Alexander Jannai, also gut 100 Jahre vor Jesu Geburt datiert wird.[449] Die Jesusfigur der Erzählung wird als frivoler Schüler dargestellt, dessen Verhalten seinen Lehrer dazu führt, ihn aus seiner Gemeinschaft auszuschließen, woraufhin die Jesusfigur sich einem ägyptischen Ziegelsteinkult zuwendet. Auf diesem Götzendienst liegt schlussendlich der Fokus dieser Jesuserzählung.[450]

Diese Erzählung kann also nicht als Beleg dafür dienen, dass Jesus von Nazareth in einem Schülerverhältnis gelebt hat. Wie aber sind dann seine Torakenntnisse zu erklären? Ben-Chorin zufolge hatte Jesus herausragende autodidaktische Fähigkeit, die er wohl in Nazareth erwarb, sodass er selbst auf dem intellektuellen Niveau der Schriftgelehrten Streitgespräche mit ihnen führen konnte. Als sein Vorbild oder sein geistiger Mentor, ist »sein Vater im Geiste, [...] Johannes der Täufer«[451] zu nennen. Von diesem habe er die Taufe als Motiv der Umkehr/Buße übernommen. Dafür steht der ethisch-jüdische Zentralbegriff der Theschuba (תשובה), der übersetzt sowohl »Umkehr« als auch »Antwort« bedeuten kann und ein wichtiger Begriff der Rabbinen wurde: »Die Tore der Umkehr sind allzeit geöffnet, und eine Stunde der vollen Umkehr ist besser als das Leben in der zukünftigen Welt.«[452]

Ben-Chorin stellt auch die Frage, welcher religionspolitischen Gruppierung Jesus in seiner Zeit angehörte. In Anschluss an Leo Baeck, Joseph Klausner und die exegetisch-neutestamentliche Forschung seiner Zeit erstaunt es nicht, dass auch er Jesus der Gruppe der Pharisäer zuordnet, »freilich zu einer inneren Opposition innerhalb

---

447 Ben-Chorin bezieht sich auf bSota, 47a, bSan 107b und jHag 2,2; vgl. KLAUSNER, Jesus von Nazareth, 25f.
448 Vgl. BEN-CHORIN, Bruder Jesus, 9f.
449 bSanh 107b und bSot 47a: Siehe für eine genauerer Auseinandersetzung die Stelle Sanhedrin und die Bemerkungen zu den Bavli-Handschriften und ihre Zensur: SCHÄFER, Jesus im Talmud, 70f., 268–270.
450 Schäfer zeigt, dass erst die letzte redaktionelle Bearbeitungsschicht des Traktats Sanhedrin »Jesus von Nazaret« in den meisten Handschriften namentlich nennt. Zudem enthält er eine Selbstkritik am jüdischen Umgang mit Jesus, denn der angesehene Lehrer Jehoschua ben Perachja trägt die Verantwortung für die Entstehung des Christentums; er als Lehrer hätte Jesus vom Götzendienst abhalten sollen. Für eine genaue Auseinandersetzung siehe: Ebd., 69–82; 278f. – Schon Joseph Klausner schrieb dazu: »Jesus als Anbeter eines Ziegelsteins – nichts kann absurder sein! Und Jesus als Schüler von Jehoschua ben Perachja und Zeitgenosse von Simon ben Schetach sowie des Königs Jannaj, [...] gibt es eine größere historische Unmöglichkeit?« KLAUSNER, Jesus von Nazareth, 28.
451 BEN-CHORIN, Bruder Jesus, 23.
452 Ebd., 32.

dieser größten Gruppe«[453] des zeitgenössischen Judentums. Wenn Jesus Kritik an den Pharisäern äußerte, so an den »gefärbten Pharisäern«, vor denen der Talmud (bSot 22b) warnt, »weil sie als *scheinheilige Moralisten* auftreten, nach außen eifern und nach innen ein zügelloses Leben führen«[454]. Zwar führt Ben-Chorin, wie schon Klausner, die Pharisäer als vielschichtige Gruppierung nach der Tradition des Jerusalemer Talmuds in ihren sieben Typen[455] auf, in Ben-Chorins Darstellung mischt sich jedoch seine ablehnende Haltung gegenüber der jüdischen Orthodoxie seiner Zeit, auf die er die christlicherseits jahrhundertelang gepflegten Vorurteile gegenüber den Pharisäern überträgt:

> Wir können an der Realität und Problematik der heutigen jüdischen Orthodoxie die Pharisäer des Neuen Testaments wie in einem Spiegel erkennen. Tiefer Ernst, bedingungslose Hingabe an das Gesetz Gottes, minutiöse Pflichttreue gegenüber diesem Gesetz zeichnen die Enkel der Pharisäer noch heute aus. Andererseits sehen wir bei ihnen die Gefahr einer Entartung, von der das Neue Testament fast ausschließlich spricht. Diese Entartung besteht darin, daß der Gläubige in einen Panzer von 613 Geboten und Verboten eingeschnürt wird, so daß der Regung des lebendigen Glaubens oft nicht mehr der nötige Raum gegeben ist. Die Welt der Pharisäer und die Welt der heutigen jüdischen Orthodoxie ist ein geschlossenes System, das in sich durch lückenlose Logik nahtlos gefügt bleibt.[456]

Ben-Chorin verurteilt bedauerlicherweise die an sich vielschichtige Gruppierung der orthodoxen Juden seiner Zeit; obwohl er noch zuvor das einheitliche Bild der Pharisäer im Neuen Testament aufbrach, vereinheitlicht er in negativer Weise die jüdische Orthodoxie seiner Zeit.[457]

Wie schon Albert Schweitzer vor ihm, sieht Ben-Chorin im kurzen öffentliche Auftreten Jesu (vom 30. bis zum 31. oder 33. Lebensjahr) eine innere Entwicklung in drei Stadien ablaufen, die von »tragischer Enttäuschung«[458] dominiert ist:[459]

---

453 Ebd., 12.
454 Ebd.
455 Ben-Chorin folgt hier der Aufzählung in talmudischer Tradition, wie schon Joseph Klausner und benennt die Typen in ähnlicher Weise: »Sieben Pharisäer (*peruschim*) gibt es: den Schulter-Pharisäer, der vor aller Welt seine Frömmigkeit zur Schau trägt, den Nachlese-Pharisäer, der immer noch ein Gebot erfüllen zu müssen meint, den Ausgleich-Pharisäer, der gute und böse Handlungen verrechnet, indem er Sünden begeht und danach Gebote erfüllt, den Sparsamkeits-Pharisäer, der damit prahlt, sich alles abzusparen, um gute Werke zu verrichten, den Schuld-Pharisäer, der die Leute auffordert, ihm die ihm gegebenen Sünden anzugeben, aber dann den Pharisäer, der das Gute in der Furcht vor Gott tut, wie Hiob, und der Pharisäer, der das Gute aus Liebe zu Gott tut, wie Abraham. (j Berachoth IX, 14b)« zit. nach: Ebd., 11; vgl. Klausner, Jesus von Nazareth, 288.
456 Ben-Chorin, Bruder Jesus, 10f.
457 Häufig wird in zwei orthodoxe Hauptrichtungen, die in modern-orthodoxes Judentum und ultraorthodoxes Judentum unterteilt. Es gibt viele orthodoxe Gruppierungen, die sich je nach Herkunfts- bzw. Ursprungsland, oder ob chassidisch oder nicht-chassidisch unterscheiden.
458 Ebd., 14.
459 Die drei Stadien: Eschatologie, Introversion und Passion. Vgl. ebd., 14f.

1. Eschatologie: Jesus erwartet die unmittelbar anbrechende Gottesherrschaft und sendet die Jünger in die Städte Israels, um dort das Kommen des Menschensohnes zu verkündigen. Dieser solle kommen noch ehe ihre Verkündigung abgeschlossen sei.[460] Doch die Jünger kehrten zurück, ohne dass der Menschensohn erschienen ist. Der sich daran anschließende Reflexionsprozess leitet über in das zweite Stadium.

2. Introversion: Die Naherwartung vom Reich Gottes als geschichtliches Ereignis ist ausgeblieben und wird auf eine innere Naherwartung des Glaubenden verschoben, jedoch als ein »bereits vollzogenes seelisches Faktum«[461]. Diese Umdeutung der Gottesherrschaft hat bereits mit Jesus begonnen.[462] Doch die Verinnerlichung und Etablierung des Gottes Reiches in der Gemeinde ändert nicht die äußere Drangsal. Es folgt ein freiwillig gewählter Opfergang, von »jüdischen und römischen Behörden« angestoßen.

3. Passion: Jesu Leben, die Verkündigung des Reiches Gottes endet mit der Kreuzigung und dem Verzweiflungsschrei »mein Gott, mein Gott, warum hast du mich verlassen?« (Mt 27,46; Mk 15,34; gemäß Ps 22,2). Diese letzten Worte Jesu bezeugen sein Gefühl der Gottverlassenheit am Lebensende.

Hier endet »Jesus in jüdisch-historischer Sicht als ein tragisch Scheiternder«[463]. Jesus scheiterte dreimal an seiner eigenen Eschatologie und damit war er auch ein »tragisch Irrender«[464]. Es ist damit ein Kontrapunkt zur christlichen Heilsgeschichte gesetzt, die sich aufsteigend aus Leben, Tod und Auferstehung bis hin zur Wiederkunft Christ fortsetzt. Ben-Chorin schreibt überraschend, dass diese Gottverlassenheit am Kreuz Jesu »Größe keinen Abbruch« tut und auch nicht dem »jüdischen Geschichtsverständnis«. Ben-Chorin sieht Jesus als einen, dessen »Auge aus Liebe zu Israel verblendet wurden«,[465] ähnlich wie bei Rabbi Akiba, der etwa 100 Jahre später Bar-Kochba für den Messias hielt. Auch er blieb wie Jesus im jüdischen Volksbewußtsein, jedoch als Scheiternder.

Aus Schalom Ben-Chorins jüdischer Innensicht hatte Jesus das jüdische Gesetz ganz verinnerlicht und es in Liebe getätigt. Er war ein Pharisäer, der in innerer Opposition zu den moralischen und gesetzlichen Rigoristen seiner Zeit stand. Als »Ur- und Nur-Jude« durchlief er die drei beschriebenen Stadien. Darüber hinaus zeugt er in seiner Gesamtschau von der »Erinnerung an einen Menschensohn«[466].

---

460 »Wenn man euch in der einen Stadt verfolgt, so flieht in eine andere. Denn, amen, ich sage euch: Ihr werdet nicht zu Ende kommen mit den Städten Israels, bis der Menschensohn kommt.« (Mt 10,23)
461 BEN-CHORIN, Bruder Jesus, 15.
462 Als Beleg für Umdeutung zieht Ben-Chorin Lk 17,20f. heran: »Als Jesus von den Pharisäern gefragt wurde, wann das Reich Gottes komme, antwortete er: Das Reich Gottes kommt nicht so, dass man es beobachten könnte. Man kann auch nicht sagen: Seht, hier ist es! oder: Dort ist es! Denn siehe, das Reich Gottes ist mitten unter euch.«
463 Ebd.
464 Ebd.
465 Ebd.
466 Ebd., 16.

e) Menschensohn

Am ausführlichsten widmet sich Ben-Chorin dem Titel »Menschensohn« für Jesus, gerade vor dem Hintergrund, dass er mit Bultmann davon ausgeht, dass Jesus sich selbst nicht für einen/den »Messias« gehalten hat, gleichzeitig jedoch der Begriff »Menschensohn« original jesuanisch ist.[467]

Drei Bedeutungen für den Menschensohn-Titel geht Ben-Chorin nach.

1. Ben-Chorin spricht von einer dogmatischen Vorstellung vom Menschensohn, die der traditionellen christlichen Interpretation folgender Passage aus dem Buch Daniel entspricht. Dort wird der »Bar-Enosch«[468] (aramäisch für »Menschensohn«) wie folgt vorgestellt:

> Immer noch hatte ich die nächtlichen Visionen: Da kam mit den Wolken des Himmels einer wie ein Menschensohn (Bar-Enosch). Er gelangte bis zu dem Hochbetagten und wurde vor ihn geführt. Ihm wurden Herrschaft, Würde und Königtum gegeben. Alle Völker, Nationen und Sprachen dienten ihm. Seine Herrschaft ist eine ewige, unvergängliche Herrschaft. Sein Reich geht niemals unter. (Dan 7,13-14)

Dieser Bar-Enosch wird von Stephanus und der Urgemeinde in Jerusalem als der erhöhte Christus, als der eschatologische Menschensohn identifiziert:

> Er [Stephanus] aber, erfüllt vom Heiligen Geist, blickte zum Himmel empor, sah die Herrlichkeit Gottes und Jesus zur Rechten Gottes stehen und rief: Siehe, ich sehe den Himmel offen und den Menschensohn zur Rechten Gottes stehen. (Apg 7,55f.)[469]

Ben-Chorin vertritt die These, dass sich Jesus nicht mit dem eschatologischen Bar-Enosch aus der nächtlichen Vision des Daniels identifizierte. Ben-Chorins These zielt auf eine anthropologisch-existenzielle jüdische Innensicht auf Jesus ab, als Alternative zum erhöhten Christus, dem eschatologischen Menschensohn. Die die Leidensankündigungen Jesu – der Menschensohn muss noch viel leiden – widerspricht dem Bild vom Menschensohn bei Daniel. Ben-Chorins existenzielle Deutung des »Titels« Menschensohn leitet er von Jesu Antwort auf die Frage eines Schriftgelehrten ab, der ihm nachfolgen will: »Jesus antwortete ihm: Die Füchse haben Höhlen und die Vögel des Himmels Nester; der Menschensohn aber hat keinen Ort, wo er sein Haupt hinlegen kann.« (Mt 8,20) Ben-Chorin sieht hierin die menschliche

---

467 Vgl. ebd., 91f.
468 Ben-Chorin gibt das aramäische בַּר אֱנָשׁ mit »Bar-Enosch«, statt, wie sonst üblich mit »Bar-Enasch« wieder.
469 Ergänzend zur Apg 7,55f. sei erwähnt, dass das himmlisch-visionäre Gegenbild des Stephanus, seine Steinigung erst anbahnte. Entscheidend für diese jüdische Hinrichtungspraxis war, dass er Jesus zweimal anbetete in Apg 7,59 und Apg. 7,60. »Durch die betende Vergöttlichung Jesu setzt Stephanus [...] durch den Gebetsakt [...] Jesus mit dem Gott Israels gleich [...]. Er setzt ihn an die Stelle des Gottes Israels [...]. Das aber ist ein kapitaler Widerspruch gegen Israels religiöse Basis.« TREITLER, Wolfgang, Jesus Josefs Sohn. Der Messias als Tor des Bundes, Paderborn 2023, 103.

Existenz des Menschensohns hervortreten, der als »unbehauster Mensch« in der Welt lebt, nicht aber den danielschen Menschensohn.[470]

2. Ben-Chorin geht der prophetischen Vorstellung des Wortes Menschensohn »Ben-Adam« als Leitmotiv des Propheten Ezechiel nach. »Während der Bar-Enosch mit dem daniel'schen Motiv eine eschatologische Größe darstellt, stellt der Ben-Adam im Sinne des Ezechiel eine prophetische Größe dar, rangmäßig also eine Stufe tiefer.«[471] Konsequenterweise muss Ben-Chorin nun diese prophetische Vorstellung des Menschensohnes aber ablehnen, da er eingangs Jesus als Propheten negierte, um nicht in sichtbare Aporien seiner Aussagen zu treten.

3. Den beiden biblischen Texten entnommenen Menschensohn-Begriffen stellt Ben-Chorin einen dritten an die Seite, der dem zur Zeit Jesu gängigen Sprachgebrauch entnommen ist: der Menschensohn als »Barnasch«. Ben-Chorin deutet den Begriff als eine Vulgärform von Bar-Enosch:

> Barnasch meint jedermann, irgendwer. Das ist der Mensch schlechthin. Der Mensch, wie du und ich, der in seiner Geringfügigkeit exemplarische Mensch. Als diesen Menschen, der in seiner Menschlichkeit exemplarisch lebt, unbehaust und den Leiden ausgesetzt, hat sich Jesus selbst verstanden [...], nicht als Prophet oder Messias, sondern als unser Bruder vor uns. Und da er der Menschensohn ist, bricht in ihm die Frage des Menschen auf: »Wer bin ich?«[472]

Ben-Chorin verknüpft die Frage nach dem Menschensohn zunächst mit der Frage, wer Jesus denn sei. Er stellt sich dabei gegen die zeitgenössisch verbreitete neutestamentlich-wissenschaftliche Position, nichts über Jesu Selbstverständnis aussagen zu können. Anhand des Christusbekenntnis des Petrus in Cäsarea Philippi[473], in dem Petrus Jesus als den »Christus Gottes« bekennt, stellt Jesus die existenzielle Frage, die in Mt 16,15 »Für wen halten die Menschen den Menschensohn?« lautet. Die Frage nach dem Menschensohn wird nun von Ben-Chorin zur Grundfrage nach dem Menschen überhaupt umformuliert, in die Frage »Wer bin ich?« und letztlich zu einem »Bin ich es?« gesteigert. Um die Frage, wer Jesus ist, zu beantworten, geht Ben-Chorin den Antworten der Jünger nach, für wen sie Jesus halten. Die lukanische Version des Christusbekenntnisses (Lk 9,20) lautet: »Für den Christus Gottes.« In der matthäischen Version bekennt Petrus: »Du bist Christus, des lebendigen Gottes Sohn« (Mt 16,16) und bei Markus (Mk 8,29) »Du bist Christus.« Hier

---

470 Vgl. BEN-CHORIN, Bruder Jesus, 92f.
471 Ebd., 93.
472 BEN-CHORIN, Bruder Jesus, 93. – Zum Begriff »Menschensohn« als Umschreibung für »ein Mensch wie du und ich«, siehe auch: VERMES, Jesus der Jude, 144–174.
473 »Und es geschah: Jesus betete für sich allein und die Jünger waren bei ihm. Da fragte er sie: Für wen halten mich die Leute? Sie antworteten: Einige für Johannes den Täufer, andere für Elija; wieder andere sagen: Einer der alten Propheten ist auferstanden. Da sagte er zu ihnen: Ihr aber, für wen haltet ihr mich? Petrus antwortete: Für den Christus Gottes. Doch er befahl ihnen und wies sie an, es niemandem zu sagen. Und er sagte: Der Menschensohn muss vieles erleiden und von den Ältesten, den Hohepriestern und den Schriftgelehrten verworfen werden; er muss getötet und am dritten Tage auferweckt werden.« (Lk 9,18-22)

wird Jesus von den Jüngern als messianischer König proklamiert. Nach Ben-Chorin darf dies aber nicht dogmatisch verstanden werden, sondern als eine Art Königstitulatur im Sinne des Königspsalms Ps 2:

> Den Beschluss des HERRN will ich kundtun. Er sprach zu mir: Mein Sohn bist du. Ich selber habe dich heute gezeugt. Fordere von mir und ich gebe dir die Völker zum Erbe und zum Eigentum die Enden der Erde. (Ps 2, 7-8)

Ben-Chorin lässt hier auf der Textebene zu, dass Jesus von den Jüngern als messianischer König proklamiert wird, tendiert aber anderseits zu einer Interpretation, die Jesus als »Sohn des lebendigen Gottes« im Sinne von »Sohn Israels« versteht (zu dieser Gleichsetzung vgl. Hos 2,1). Auch die Formulierung »Du bist Christus« enthält den Königstitel, da es zu übersetzten ist als »Du bist der Messias«, der gesalbte König: HaMelech HaMaschiach. Diese Textebene ist nach Ben-Chorin letztlich in das Bekenntnis der christlichen Gemeinde eingeschrieben, das Petrus kollektiv und retrospektiv wiedergibt.[474]

Mit dieser anthropologischen, aber doch stark reduzierten, psychologisierenden Frage, »wer bin ich?«, knüpft Ben-Chorin an den Barnasch an, drängt gleichzeitig exegetisch eschatologische oder prophetische Aussagen zurück und betrachtet sie vielmehr als kerygmatische Engführungen eines christlichen Jesus. An dieser Stelle tut sich ein interessanter Moment in Ben-Chorin Jesus-Bild auf.

Für Ben-Chorin äußert sich Jesus in der Antwort auf die Frage, für wen ihn die Jünger halten, als ein Mensch, der sich mit dem Geheimnis seines Lebens konfrontiert sah. Ben-Chorin spitzt die existenzielle Frage »wer bin ich?« sogar noch weiter zu ins: »Bin ich es?«[475] Damit konterkariert Ben-Chorin die johanneischen Ich-Worte und bleibt bei einem verwirrten Menschen stehen, der sich selbst zur Frage wurde. Dies macht für Ben-Chorin das Besondere (s)einer heutigen »jüdischen Innensicht« auf Jesus aus: dass sie ihn als gescheiterten Jesus wahrnehmen kann. Sie skizziert einen unsicheren, sich fürchtenden Jesus, der sich nur als Menschensohn im Sinne des Barnasch, des Menschen schlechthin empfand. Dieser fragende Mensch, nicht der erhöhte Christus, wird ihm zum jüdischen Bruder.[476]

f) Gleichnisse – Meschalim

Die neutestamentlichen Gleichnisse bzw. Gleichnisreden sind bekanntermaßen etwas typisch jesuanisches, aber bei Weitem kein Alleinstellungsmerkmal Jesu. Vielmehr stellen ihn die Gleichnisse mitten in die Toraauslegung seiner Zeit.

Das Gleichnis – hebräisch Maschal (Pl. Meschalim) – gehört zu den wichtigsten Bestandteilen des Midrasch, der Toraauslegung. Die palästinischen Rabbinen verwendeten die Gleichnisse stärker als ihre babylonischen Vertreter. Von Jesus sind zahlreiche Gleichnisse bekannt, daher kann Ben-Chorin sagen, dass dieser »ganz

---

474 Vgl. ebd., 94.
475 Ebd., 95.
476 Ebd., 97.

und gar ein Jude in der Tradition seines Heimatlandes«[477] war. Der ursprüngliche »Sitz im Leben« bestand darin, das Gleichnis mündlich vorzutragen und nicht abzulesen, dabei kam der Improvisation des geschriebenen Wortes, die improvisierte Deutung der gelesenen Tora-Worte eine wesentliche Bedeutung zu.[478]

Im Anschluss an Joseph Klausner deutet Ben-Chorin die Gleichnisse im Rahmen der frühjüdischen Tradition und der rabbinischen Gelehrsamkeit Palästinas. Dazu gehört, die Meschalim im Kontext der Haggada und der zeitgenössischen Tannaiten zu betrachten. Die jesuanischen Gleichnisse stehen also formgeschichtlich in der Tradition der Meschalim tannaitischer Prägung. Im Gegensatz zu Klausner erscheinen Ben-Chorin jedoch die jesuanischen Bilder nicht poetisch, sondern realistisch, weil sie aus Jesu Landschaft und seiner täglichen Umgebung stammen.[479] Die Kritik an Klausner, weil er Jesus als »Dichter wie jeder Verkünder einer neuen Ethik« bezeichnet, wird diesem nicht gerecht. Klausner spricht zwar von »poetischen Schilderungen«, aber zugleich davon, dass eben gerade »deren Stoff aus dem täglichen Leben entnommen war«[480].

Die Gleichnisse Jesu treten entweder situationsgebunden im Streitgespräch mit den Pharisäern oder in der Unterweisung mit den Jüngern auf. Ben-Chorin teilt die Gleichnisse in drei Gruppen auf: eine Gruppe thematisiert Pflichten zwischen Mensch und Gott, die nächste Pflichten zwischen Menschen, und die letzte Gericht und Reich Gottes; bei Jesus überwiegen die eschatologischen Gleichnisse. Bei der Deutung des Gleichnisses vom barmherzigen Samariter (Lk 10,30–37; Gruppe »Pflichten zwischen Menschen«) hebt Ben-Chorin hervor, dass die Person, die auf dem Weg von Jericho nach Jerusalem überfallen wird, nicht explizit als Jude benannt wird. Für ihn war es einfach ein Mensch, der unter die Räuber kam und er deutet das Gleichnis Jesu dahingehend, dass es gleich ist, ob jemand einem Menschen derselben Religion oder desselben Volkes rettet: »Wer eine Seele rettet, wer ein Menschenleben rettet, der hat damit eine ganze Welt gerettet, und das ist der Vollzug des Liebesgebotes.«[481] Um sein Verständnis von Nächstenliebe zusammenzufassen, zitiert Ben-Chorin Hermann Cohen: »[...] die Nächstenliebe ist die Fernstenliebe. Der mir fernste Mensch, der nicht zu meinem Volke gehört, nicht zu meiner Religion, nicht zu meinem Sprachkreis, kann in einer bestimmten Situation mein Nächster sein, nämlich dann, wenn er mein bedarf.«[482]

Jesus gibt keine Antwort auf die einleitende Frage der Schriftgelehrten im Gleichnis des barmherzigen Samariter, wer denn ihr Nächster sei, sondern nennt den Imperativ der Tat.[483] Obwohl Jesus die Jünger in erster Linie zu den Schafen aus dem Hause Israel sandte und ihnen verbot, in das Haus eines Samaritaners zu

---

477 BEN-CHORIN, Bruder Jesus, 63.
478 Vgl. ebd.
479 Vgl. ebd., 64.
480 KLAUSNER, Jesus von Nazareth, 361f.
481 BEN-CHORIN, Bruder Jesus, 75.
482 Cohen, Hermann sinngemäß zit. nach: ebd.
483 Vgl. ebd.

gehen (vgl. Mt 10,5-7), führt Ben-Chorin das Gleichnis des barmherzigen Samariters, die Begegnung Jesu mit der samaritanischen Frau am Jakobsbrunnen (vgl. Mk 7,24-30) sowie seine Begegnung mit der Kanaaniterin (vgl. Mt 15,21-28) an, um zu zeigen, dass es gerade nichtjüdische Menschen sind, »die in Jesus eine Wandlung hervorrufen, seine starre nationale Haltung auflockernd ins schlechthin Humane«[484] zu öffnen.

In Bezug auf Fragen der nationalen Haltung Jesu sei an das Vaterunser erinnert, das Klausner en detail als jüdisches Gebet interpretierte. Das Vaterunser konnte Ben-Chorin ohne Einschränkung mitbeten. Sein jüdischer Glauben war darin aufgehoben.[485] Dieses Privatgebet, das Jesus seine Jünger lehrte, enthält keinen Bezug zu Israel und ist daher für Ben-Chorin ein »Herzensgruß des einzelnen«[486], das der nationalen Komponente entbehrt. In seiner schlichten und geschlossenen Struktur ist das Gebet ein Höhepunkt. »Es ist zeitlos, obwohl es ganz den Geist seiner Zeit atmet.«[487]

Die Bergpredigt (Mt 5-7) ist für Ben-Chorin ebenso ein »Stück jüdischen Lehrgutes [...], das sich organisch in die Tradition des rabbinischen Judentums einfügt«[488]. Dass es keinen Antagonismus zum Judentum enthält, wie eine der »jüdischen Wurzel entfremdete christliche Theologie«[489] es hineininterpretiert, zeigt Ben-Chorin Klausner nachahmend an den Seligpreisungen, deren Parallelen in der jüdischen prophetischen und talmudischen Tradition er nachzeichnet.[490]

g) Gedenken – Sikkaron

Ben-Chorin legt Wert darauf, darzulegen, dass durch Jesus jüdische Riten und Traditionen situationsgebunden eine bewusste Neuinterpretation erfahren haben. Exemplarisch zeigt er dies anhand des letzten Mahls Jesu vor seinem Tod in Jerusalem, das er im Rahmen der Pessachfeierlichkeiten als Sedernacht interpretiert, und aus dem sich die christliche Eucharistiefeier herleitet. Inwieweit es sich bei dieser Mahlzeit tatsächlich um ein Sedermahl gehandelt hat, sei dahingestellt. Für den vorliegenden Zusammenhang steht die jüdische Sicht Ben-Chorins auf Jesus im Mittelpunkt, die durchaus einer christlichen Interpretation entsprechen könnte und teils im Widerspruch zu anderen seiner Aussagen steht. Auch verschwimmen aufgrund des belletristischen Charakters seiner Arbeit und seines Schreibstils in Bruder Jesus bei Ben-Chorin häufig die Ebenen, was er dem historischen Jesus zuschreibt, was der Interpretation der Evangelisten und was seine eigene Deutung in Anlehnung oder im Gegensatz dazu ist. Hat er zuvor stellvertretendes Leiden abgelehnt,

---

484 Ebd., 71.
485 Vgl. ebd., 77.
486 Ebd., 81.
487 Ebd., 82.
488 Ebd., 45.
489 Ebd., 50.
490 Besonders anhand der Propheten Jesaja, Amos, und den Psalmen. Vgl. ebd., 46-51.

schreibt er jetzt, dass sich Jesus in der Nacht vor seinem Tod »als leidender Gottesknecht voll bewußt wird«[491]. Ben-Chorin spricht weiter vom »Opfergang«, der ein »*Messianisches* Prädikat«[492] erhält. Die Spitze der Aussagen zur Sedernacht und zum Pessachmahl ist jene:

> Erstens, die Mazza, das ungesäuerte Brot, das Jesus als Aphikoman an die Jünger der Tischrunde verteilt, symbolisiert seinen Leib, der nun zerbrochen wird. Zweitens der Becher des Zorns, der in den Becher des vergossenen Blutes zur Vergebung der Sünden für viele (ganz Israel) umgedeutet wird. Drittens das Eintauchen des Symbolgerichtes, vermutlich des Bitterkrauts, denn um die Bitternis des Todes geht es nun, das zum Erkennungszeichen des Verräters wird. Die vierte bewußte Abwandlung des Seder-Rituals besteht in der Fußwaschung (Joh. 13,4ff).[493]

Die Umdeutung des Mahls besteht darin, »der Erinnerung an den Auszug aus Ägypten die Erinnerung an die eigene Opfertat hinzuzufügen, hier zu einer Synthese im Akt des Sikkaron, der heiligen Erinnerung zu gelangen.«[494] Ben-Chorin versucht damit die Eucharistie in einem affirmativen jüdischen Deutungshorizont zu erklären, in dem diese nicht vom Sederabend getrennt wurde. Seine Rede vom zweiten sündenvergebenden Becher kann aber kaum anders als soteriologisch verstanden werden, auch einen Verweis auf eine kerygmatische Hinzufügung der Bedeutung dieses Mahles unterläßt Ben-Chorin. Zudem weist er die Aufforderung Jesu zur Fußwaschung an die Jünger keinesfalls zurück:

> Gerade in der dieser Nacht der Erhöhung demütigt sich der Meister, in welchem die Jünger nicht nur den König der Nacht, sondern den König der Juden sehen. In dieser Nacht, wo ganz Israel betont, daß es aus der Knechtschaft erlöst ist, betont Jesus, daß sich die Knechte (Gottes) nicht überheben dürfen. Er schließt seine Erklärung des neugeschaffenen Rituals, der Abwandlung des alten, mit dem Vermerk: »Wenn ihr solches wisset, selig seid ihr, wenn ihr's tut«[495]

Mit dem Aufruf Jesu an die Jünger im Johannesevangelium (13,17), in Zukunft wie er zu handeln, hinterläßt Jesus eine bleibende Aufgabe. Diese dienende Haltung verbindet Ben-Chorin mit der Haltung, die sich in der Olivenhainszene in Getsemani zeigt. »Hier steht [...], ergriffen von Todesfurcht, der wahre Mensch vor uns, der mit Furcht vor dem Tode geboren wird, dessen Leben immer Leben zum Tode hin ist und dessen Sinnen und Trachten immer die Flucht vor dem Tode bleibt.«[496] Weder »Held« noch »Halbgott« oder »Mythos«, sondern der um sein Leben zitternde und von »Angst« wie »Todesfurcht« erfüllte, »wahre Mensch« Jesus zeigt die menschlichen Gefühle seiner »orientalisch-jüdische[n] Natur«[497]. Sowohl in der

---

491 BEN-CHORIN, Bruder Jesus, 110.
492 Ebd., 111.
493 Ebd., 120.
494 Ebd., 121.
495 Ebd., 120f.
496 Ebd., 129.
497 Die »orientalisch-jüdische Natur« ist für Ben-Chorin im Hebräerbrief »realistisch angedeutet«: »Er hat in den Tagen seines irdischen Lebens mit lautem Schreien und unter Tränen Gebete und Bitten vor den gebracht, der ihn aus dem Tod retten konnte [...].« (Heb 5,7) Vgl. Ebd., 129, 132.

Fußwaschung als auch in seinen Ängsten in Getsemani öffnet Jesu die Vulnerabilität seiner menschlichen Existenz, mit der Ben-Chorin seine Ablehnung des Dogmas der Zweinaturenlehre begründet.

Jesus fügt in seiner Todesnacht dem Seder-Mahl eine weitere bleibende Deutung hinzu. Er modifiziert das jüdische Ritual vom Auszug aus Ägypten mit der Rede vom fünften Becher, dem bitteren Todesbecher, der an ihm vorübergehen möge.[498] Die kollektive Erfahrung des Exodus verbindet Ben-Chorin mit der individuellen Angst eines Menschen, der um diese Erfahrung der Befreiung weiß und selbst noch im Seder-Mahl ein Zeichen für Befreiung setzt, indem »der König der Juden« seine Macht zum Dienst der Fußwaschung umkehrt. Er hofft, dass der »nächtliche Würgegott«[499] ihn noch befreit, so wie Isaak durch das Blut des Widders befreit wurde. Jesus vollzog einen »Akt des Sikkaron«, indem er ganz auf Gott vertraut, sich sogar mit den Worten Ben-Chorins im »Gehorsam« unter den Willen des Vaters stellt, sich »demütigen« zu lassen, doch diese heilige Erinnerung wird zur »Vollendung der Tragödie«[500], denn Jesus will weder das Leid noch den Lohn für sein Leiden, so Ben-Chorin. Am Ende seiner Jesus-Monographie positioniert Ben-Chorin Jesus mit seinem letzten Kapitel »I.N.R.I. oder der Fluch des Gehenkten« in der jüdisch-christlichen Geschichte, und zwar ausgehend vom leeren Grab: »Hier endet die Geschichte Jesu. Hier beginnt die Geschichte Christi.«[501]

h) Fazit

Ben-Chorin, dem Mitbegründer des Reformjudentums in Israel, gelang es auf einzigartige, kritische, aber nicht unproblematische Weise, die jüdischen Konturen eines historischen Jesus sichtbar zu machen: eines Wanderpredigers, der durch Maschal (Gleichnis) und Drascha (Predigt) lehrte, ein bis drei Jahre in Galiläa umherzog, Kranke heilte, Dämonen austrieb und einen mehr oder weniger festen Schülerkreis um sich scharrte, bis er ins nationale und geistige Zentrum nach Jerusalem zog, wo nicht seine Botschaft scheiterte, aber sein irdisches Leben endete.[502] So wie das religiöse Judentum von den Visionen der Propheten Israels lebt, so kommt auch Jesus, dem Wanderprediger, nach Ben-Chorin diese präsentische und zukunftsorientierte Bedeutung zu, weil er darin »eine zentrale Gestalt der jüdischen Geschichte und Glaubensgeschichte«[503] ist. Der Gott der Propheten Israels, der Gott Jesu fordert von den Völkern nicht die Einhaltung des Jerusalemer Tempelkultes, sondern »immerwährende unteilbare Verantwortung vor *ihm* [...in:] Zedek und

---

498 »Mein Vater, wenn es möglich ist, gehe dieser Kelch an mir vorüber. Aber nicht wie ich will, sondern wie du willst.« (Mt 26,39)
499 Ebd., 132.
500 Ebd., 133.
501 Ebd., 163.
502 Vgl. ebd., 98f.
503 Ebd., 6.

Mischpat (Recht und Gerechtigkeit), Chessed und Rachamim (Liebe und Erbarmen)«⁵⁰⁴.

Der jüdische Religionswissenschaftler Pinchas Lapide (1922–1997) präzisiert mit Seitenblick auf die christlichen Kirchen, warum Schalom Ben-Chorins *Bruder Jesus* auf so großes Interesse stieß. Grundverschiedene theologische Aussagen in Dogmatik, Hermeneutik und Exegese lösten eine »Identitätskrise« des Christusbildes aus. Diese Zerrissenheit gewann durch einen literarisch vermittelten Jesus in »seiner Heimat neue Substanz, Relevanz und Glaubwürdigkeit«⁵⁰⁵. Lapide ordnet *Bruder Jesus* in die Reihe folgender jüdischer Jesusbilder ein:

> Die Gestalt Jesu wurde vermenschlicht, fern aller Vergöttlichung in den christlichen Kirchen und ebenso fern aller Verteuflung, wie sie in den Schmähschriften des jüdischen Mittelalters vorkommen. Diese Autoren suchen weder den Gottessohn der Evangelien noch den ketzerischen Volksverführer des Talmuds, sondern den Menschenbruder, der einer Welt voll Unmenschlichkeit ein vorbildliches Judesein vorgelebt hat.⁵⁰⁶

Zu diesem Jesusbild zählt auch jenes von Joseph Klausner. Anders als dieser schrieb Ben-Chorin jedoch nicht für eine jüdische Leserschaft. *Bruder Jesus* wurde in zahlreiche Sprachen, darunter ins Japanische übersetzt, doch nie ins Hebräische. Ähnlich wie Klausner am Ende seines Jesusbuches die Frage nach der Bedeutung Jesu für die Juden stellte, stellt sie Ben-Chorin im ersten Kapitel *Zur Gestalt Jesu* Angesichts des uralten Judenhasses und der Shoah. Ben-Chorin antwortet, dass Jesus von Nazareth nicht nur in den christlichen Kirchen fortlebt, sondern »in seinem Volke, dessen Martyrium er verkörpert«⁵⁰⁷:

> Ist der leidende und am Kreuz verhöhnt sterbende Jesus nicht ein Gleichnis für sein ganzes Volk geworden, das, blutig gegeißelt, immer wieder am Kreuze des Judenhasses hing? Und ist die Osterbotschaft seiner Auferstehung nicht wiederum ein Gleichnis für das heute wieder auferstandene Israel geworden, das sich aus der tiefsten Erniedrigung und Schändung der dunkelsten zwölf Jahre seiner Geschichte zu neuer Gestalt erhebt?⁵⁰⁸

Ben-Chorin vergleicht den Kreuzestod Jesu mit den Leiden des jüdischen Volkes und die christliche Auferstehungsbotschaft mit der erfüllten Sehnsucht nach einem jüdischen Staat und seiner Errichtung. In diesen in mehrerlei Hinsicht gewagten Vergleichen⁵⁰⁹ treten die zwei geschichtlichen Zäsuren aus Ben-Chorins Biographie

---

504 Ebd., 107.
505 Lapide, Ist das nicht Josephs Sohn?, 48.
506 Ebd., 18.
507 Ben-Chorin, Bruder Jesus, 16.
508 Ebd.
509 Einem Vergleich des Leidens Jesu mit dem der Juden in der Shoah widerspricht beispielsweise Elie Wiesel. Das Kreuz ist für ihn ein Symbol der Folter und des Todes, dessen christliche Interpretation einer passiven Form eines erlösenden Leidens er ablehnt: »Für die jüdische Tradition ist der Tod kein Mittel, das der Mensch gebrauchen sollte, um Gott zu verherrlichen. Jeder Mensch ist letzter Selbstzweck, ist lebendige Ewigkeit, und keiner hat das Recht, ihn zu opfern, nicht einmal Gott. Für den Juden kommt jede Wahrheit aus dem Leben und nicht aus dem Tode. Die Kreuzigung stellt für uns keinen Fortschritt,

deutlich vor Augen: die Shoah und die Staatsgründung Israels. Beide versucht er theologisch mit den Kategorien von Tod und Auferstehung Jesu zu deuten. Der Vergleich mit dem auferstandenen Israel nach der Shoah gerät auf der Deutungsebene jedoch spätestens dadurch in eine Schieflage, dass Ben-Chorin ja andernorts, aus jüdischer Perspektive nachvollziehbar, die Auferstehung Jesu ablehnt und damit der gekreuzigte Jesus zurückbleibt. Gleichzeitig wird die christliche Botschaft als Deutungshorizont für das Schicksal des jüdischen Volks im 20. Jh. herangezogen. In einem christlich-theologischen Sprachjargon stellt er den nun existierenden Staat Israel als Ergebnis eines höheren Plans Gottes dar. Ben-Chorin blickt auf den Gekreuzigten und sieht an ihm das Gesicht des leidenden jüdischen Volkes und im leidenden jüdischen Volk den Gekreuzigten.

> Noch einmal blicken wir auf den Juden Jeschua Ben-Joseph aus Nazareth, der verhöhnt und verlassen am Kreuz hängt. [...] Der gemarterte Leib blutet aus zahllosen Wunden. So sehen wir ihn noch einmal, den Juden am Kreuze. Seine Stimme dringt durch die Jahrhunderte. »Was ihr einem der Geringsten meiner Brüder getan, das habt ihr mir getan.«[510]

Ben-Chorin richtet die Worte Jesu mahnend an den unmittelbaren christlichen Leser seines Buches. Er gibt dem historischen Jesus keine christologische, sondern eine jüdisch-präsentische Bedeutung im Rahmen eines Versuches, die Shoah theologisch durch eine Art jüdische Kreuzestheologie zu deuten.

Ben-Chorins »Kreuzestheologie« steht außerhalb eines christologischen Deutungshorizonts. Ähnliche Versuche gab es zuvor in Elie Wiesels (1928–2016) Erzählung *Die Nacht zu begraben, Elischa* (1958) und davor in Itzchok Katzenelsons (1886–1944) jiddischem Lied *Dos lid fun oysgehargetn yidishn folk* (dt. »*Das Lied vom ausgerotteten jüdischen Volk*«).[511] Die durch Ben-Chorin hervorgehobenen jüdischen Leiden Jesu führen vor Augen, warum dieser ihn als seinen jüdischen Bruder identifiziert, warum er ihn einen »Ur- und Nur-Juden«[512] nennt. Es ist der gemarterte und leidende jüdische Mensch, diesen Jesus nennt Ben-Chorin seinen Bruder.

Ähnlich wie in der Reflexion über Klausners Herangehensweise an Jesus, der an ihm einen zionistischen Maßstab anlegte, aber letztlich aufgrund methodischer Genauigkeit keinen »zionistischen« Jesus konstruierte, schlägt bei Ben-Chorin dessen persönlich-intuitive Annährung an Jesus durch und bildet damit eine markante Parallele zur christlichen Leben-Jesu-Forschung. Diese erschopfte sich bekanntlich nicht nur in der historischen und theologischen Wissenschaft, sondern war im

---

sondern einen Rückschritt dar.« WIESEL, Elie, Adam oder das Geheimnis des Anfangs: Brüderliche Urgestalten, Freiburg i. Br./Basel/Wien 1980, 81. Siehe weitere kritische Aspekte zum Vergleich zwischen Jesu Leiden und dem Leiden des jüdischen Volkes in: MCAFEE BROWN, Robert, Birkenau und Golgota: Herausforderungen für christlichen Neubeginn, in: DERS., Elie Wiesel: Zeuge für die Menschlichkeit, Freiburg i. Br. 1990, 179–203.
510 BEN-CHORIN, Bruder Jesus, 164.
511 Vgl. SCHREINER, Stefan, Von der Vergegnung zur Begegnung: Schalom Ben-Chorins Beitrag zum jüdisch-christlichen Gespräch, in: Lamed, Zeitschrift Stiftung Zürcher Lehrhaus 169/3 (2007), 21–25, hier: 22.
512 BEN-CHORIN, Bruder Jesus, 165.

Grunde zutiefst eine Frage nach der je eigenen Identität. Als jüdischer Autor bleibt Ben-Chorin im Kern der jüdisch-traditionellen Sicht in der Ablehnung der kirchlichen Christologie treu. Seine Deutung der Auferstehung als Gleichnis ist wiederum für die mehrheitlich christliche Leserschaft wenig zufriedenstellend; diese will die Auferstehung als einmaliges historisches Ereignis und nicht lediglich als Gleichnis verstanden haben. Darin zeigt sich andererseits deutlich, dass Ben-Chorin mit Blick auf Jesus nicht die gewachsenen und mittlerweile institutionell gefassten theologischen Grenzen zwischen Judentum und Christentum verwischt. Ben-Chorins Jesus ist strikt theozentrisch in der jüdischen Religion seiner Zeit situiert. Damit bleibt eine Christozentrik eine rein christliche Glaubensangelegenheit.

2.3 David Flusser (1917–2000): Jesus (1968)

Über die religions- und bibelwissenschaftliche Fachwelt hinaus zählt David Gustav Flusser (1917–2000) zu den bekanntesten jüdischen Jesusforschern des 20. Jahrhunderts. Er wurde in Wien geboren und wuchs in Böhmen auf. Mütterlicher- und väterlicherseits lassen sich die jüdischen Wurzeln der Familie bis ins 17. Jahrhundert zurückverfolgen.[513] Zwar erhielt Flusser in seiner Kindheit jüdischen Religionsunterricht, aber ansonsten nahm ein religiöses oder ein zionistisches Judentum keinen Platz in seiner jüdischen Familie ein, die assimiliert lebte und sich mit dem Tschechentum identifizierte. Während seiner Kindheit und Jugend wuchs er in Rekonitz, später im Marien-Wallfahrtsort Freiberg in Böhmen (tschech. *Příbram*) auf. Flusser erlebte in seiner Heimat weder politischen noch religiösen Judenhass:

> [...] I did not experience any sort of Christian aversion to my Jewish background. In particular, I never heard any accusation of deicide directed against my people.[514]

Zurückzuführen ist diese judenfreundliche Atmosphäre auf die Politik des tschechoslowakischen Präsidenten Tomáš Garrigue Masaryk (1918–1935), der der Ev. Kirche der Böhmischen Brüder (tschech. *Českobratrská církev evangelická*) angehörte und schon damals für eine Unvereinbarkeit von Antisemitismus und christlichem Glauben stand:[515]

---

513 Flussers Mutter Bertha war wegen der Geburt ihres Sohnes nach Wien gekommen. Dem Neugeborenen, der kurz vor dem jüdischen Neujahrsfest am 17. September 1917 geboren wurde, hatte man kaum Lebenschancen zugesprochen. Mit einem halben Lebensjahr kam er zurück nach Rekonitz, wo er dann bis zum 6. Lebensjahr lebte. Dort waren seine Vorfahren seit 1618 ansässig gewesen. Sie waren in der Glasherstellung tätig, woher sich auch der Nachname ableiten lässt. Die Flussers hatten das (richtige) Fließen der heißen Glasmasse vorzubereiten und zu überwachen. Vgl. Thoma, Clemens, David Flusser zum 60. Geburtstag: Eine fragmentarische Biographie, in: FrRu XXXVIII/105/108 (1976), 27–29, hier: 27.
514 Flusser, David/Notley, R. Steven, Jesus, Jerusalem ²1998, 16.
515 Masaryk setzte sich als Philosophieprofessor in Prag gegen die antisemitische Vorverurteilung des jüdischen Schustergesellen Leopold Hilsner ein. Dieser wurde des Ritualmordes an Anežka Hrůzová, einem 19-jährigen katholischen Mädchen, angeklagt und in der

> [...] ich bin überzeugt, wer Jesum zu seinem Führer in der Religion hat, kann kein Antisemit sein. Das ist mir so klar, nicht weil Jesus selbst ein Jude war, weil die Apostel Juden waren und weil das alte Christentum, speziell der Katholizismus, sehr viel Jüdisches an sich hat, nein; aber wenn ich Jesus annehme, kann ich nicht Antisemit sein. Eines oder das andere, Christ oder Antisemit.[516]

Die politische Haltung gegenüber Jüdinnen und Juden änderte sich schlagartig nach Masaryks Tod im Jahr 1938.

Noch in der Ära Masaryks hatte David Flusser 1936/37 sein Studium der klassischen Philologie und Germanistik in Prag aufgenommen. Während der Studienzeit reifte Flussers Interesse am Christentum. Dies ist eng verknüpft mit der Person Josef Perls, einem Pastor der Ev. Brüder-Unität (tschech. *Jednota bratrská*), mit dem er während seines Studiums eine Wohnung teilte.

> I spent many evenings conversing with him [Josef Perl, pastor of the Unity of Bohemian Brethern] at the local YMCA in Prague. The strong emphasis which this pastor and his fellow brethren place on the teaching of Jesus and on the early, believing community in Jerusalem stirred in me a healthy, positive interest in Jesus, and influenced the very understanding of my own Jewish faith as well.[517]

Als in Prag der nationalsozialistische Druck stärker wurde, wollte Flusser in die Schweiz fliehen. Pastor Perl versuchte ihm über die »Auskunftsstelle für Flüchtlinge« zu helfen.[518] Der Weg in die Schweiz blieb Flusser jedoch verschlossen. Als Hitler 1939 in Prag einmarschierte, gelang ihm kurz danach noch die Flucht nach Palästina, konkret nach Jerusalem.

Mit der Emigration begann Flusser sein religiös-jüdisches Leben[519], einen Schritt, den er seinen Eltern verheimlichte, da nach ihrer Ansicht ein solches Leben unfrei

---

Nähe der böhmischen Stadt Polna 1899 zum Tode verurteilt. Den Ritualmord als Aberglauben deklarierend strebte Masaryk eine Revision des Prozesses an. Als »Judenfreund« beschimpft und von seinen Studierenden ausgepfiffen wurde ihm der Lehrauftrag durch den Rektor entzogen. Es kam zwar nicht zu einer Revision des Prozesses, aber die Anklage wegen Ritualmordes wurde fallengelassen. Letztlich führten Masaryks Interventionen sowie internationaler Druck dazu, das Todesurteil über Hilsner aufzuheben. 1901 wandelte Kaiser Franz Joseph I. das Urteil in eine lebenslange Haft um. Während des Ersten Weltkrieges 1918 begnadigte der letzte österreichische Monarch, Kaiser Karl, Leopold Hilsner. Nach 19 Jahren Haft als Unschuldiger, lebte er bis zu seinem Tod 1928 unter dem Namen Heller in Wien. Vgl. HADLER, Frank, Art. Hilsner-Affäre, in: EJGK 3 (2011-2016), 43–46 [DOI: 10.1163/2468-2845_ejgk_COM_0313].

516 MASARYK zit. nach: RYNCHOVSKY, Ernst, Im Kampf gegen den Ritualmord-Aberglauben, in: RYCHNOVSKY, Ernst (Hg.), Masaryk und das Judentum: Unter Mitwirkung von Prof. Dr. Oskar Donath und Prof. Dr. Friedrich Thieberger, Prag 1931, 166–273, hier: 169f.
517 FLUSSER/NOTLEY, Jesus, 16.
518 Die »Auskunftstelle für Flüchtlinge« wurde 1938 von Leonard Ragaz und seiner Frau Clara Ragaz-Nagid gegründet. Auf Clara Ragaz-Nagids Engagement in der Flüchtlingshilfe im Zweiten Weltkrieg sei hier explizit hervorgehoben, da es zur jüdisch-christlichen Dialogarbeit und darüber schließlich zur Teilnahme an der Seelisberg-Konferenz 1947 führte.
519 Flusser beschrieb sich selbst mit Blick auf den europäischen Kontext als orthodoxer Jude. In Israel wäre er hingegen der Strömung des konservativen Judentums zuzuschreiben gewesen.

mache. Der junge Flusser hatte mit anfänglichen Schwierigkeiten in Jerusalem zu kämpfen, doch eine Rückkehr nach Böhmen, wo er sich von 1947–1950 erneut aufhielt, brachte keine neue Lebensperspektive. Das Böhmen seiner Kindheit und Jugend existierte nur mehr in seinen Erinnerungen. 1955 heirate Flusser Chana Levy, mit der er zwei Kinder, Jochanan und Uri, hatte.[520] Dem noch jungen Staat Israel stand Flusser zwar distanziert gegenüber, kehrte aber dennoch dorthin zurück. Er empfand für den Staat Israel kein nationalistisches Hochgefühl und sprach davon, dass er eher »immer ein schlechter«, »nie ein guter Zionist«[521] war.[522]

Während seiner Zeit in Jerusalem setzte Flusser sein Studium der Altphilologie und jüdische Geschichte fort. Nach seiner Promotion 1957 war er 1962–1988 Professor für vergleichende Religionswissenschaften an der Hebräischen Universität in Jerusalem.[523] Zu seinem Spezialgebiet zählte die Erforschung der Zeit des Zweiten Tempels und der Anfänge des Christentums. Flusser war Philologe (aramäisch, hebräisch, griechisch, lateinisch, moderne Sprachen), Exeget (Neues Testament) und Historiker (jüdische, griechische und christliche Geschichte der Spätantike). Er interessierte[524] sich zeitlebens besonders für den jüdischen Kontext der neutestamentlichen Schriften, für die Entstehung des Christentums (und parallel des rabbinischen Judentums), sowie für die Schriftrollen vom Toten Meer. In der Erforschung des historischen Jesus knüpfte Flusser an Joseph Klausner an. Gefördert wurde Flusser in Jerusalem vom Altphilologen Johannes (Jochanan) Lewy (1901–1945) und vom Religionshistoriker Gershom Scholem (1897–1982).[525]

---

520 Vgl. ebd., 7; N. N., Art. Flusser, David, in: EJ 7 (²2007), 91; Über den Autor, siehe: FLUSSER, David, Jesus, Reinbek bei Hamburg ²¹1999, 160; THOMA, Clemens, David Flusser zum 60. Geburtstag: Eine fragmentarische Biographie, in: FrRu XXXVIII/105/108 (1976), 27–29; FLUSSER, Jochanan, Art. Chana Flusser (vom 3.6.2016), in: https://irgun-jeckes.org/-חנה-פלוסר-גמלתם-טוב-ולא-רע-כל-ימי-חייה-מ/ (Abruf: 4.6.2023).
521 Ebd.
522 Vgl. ebd., 28; RUSTERHOLZ, Heinrich, »... als ob unseres Nachbars Haus nicht in Flammen stünde«: Paul Vogt, Karl Barth und das Schweizerische Evangelische Hilfswerk für die Bekennende Kirche in Deutschland 1937–1947, Zürich 2015, 60; BRASSEL-MOSER, Ruedi, Art. Leonhard Ragaz, in: HSL, https://hls-dhs-dss.ch/de/articles/009059/2012-01-12/ (Abruf: 17.6.2022).
523 Flusser wurde an der Hebräischen Universität in klassischer Philologie promoviert, jedoch nicht im Jahr 1955, wie Thoma schreibt, sondern 1957, siehe dazu: https://www.nli.org.il/he/newspapers/hrt/1957/05/02/01/article/46?&dliv=none&e=-------he-20--1--img-txIN%7ctxTI--------------1&utm_source=he.wikipedia.org&utm_medium=referral&utm_campaign=%22%D7%93%D7%95%D7%93+%D7%A4%D7%9C%D7%95%D7%A1%D7%A8%22&utm_content=itonut (Abruf: 18.8.2024). Vgl. THOMA, David Flusser zum 60. Geburtstag, 28.
524 Weiters beschäftigte sich Flusser mit vergleichender Literaturwissenschaft (deutsche, skandinavische und tschechische Literatur), und mit indischer und iranischer Kultur. Vgl. VOLKMANN, Michael, David Flusser und der jüdische Jesus, in: Blickpunkt.e 2 (2018), in: http://www.imdialog.org/bp2018/02/volkmann_flusser_bp218-2.pdf, 7–9, hier: 7.
525 Von Flusser sind zwanzig Buchtitel, insgesamt über tausend Aufsätze auf Deutsch, Tschechisch, Englisch, Hebräisch und anderen Sprachen erschienen. Viele Aufsätze sind in Sam

Im Jahr 1968 erschien Flussers Jesu-Monographie unter dem schlichten Titel *Jesus*; sie erlangte viele Neuauflagen und wurde 1999, in der 21. Auflage, schließlich überarbeitet. Von dieser überarbeiteten Neuausgabe sind bis 2017 sechs weitere Auflagen erschienen, sodass sich alleine von der deutschsprachigen Jesus-Monographie insgesamt 27 Auflagen zählen lassen.[526] Hinzu kommen zahlreiche Übersetzungen,[527] die sie damit weltweit zu einer der weitverbreitetsten Jesus-Monographien überhaupt machen. Neun Jahre nach David Flussers Tod – er starb an seinem Geburtstag im Jahr 2000 in Jerusalem – veröffentlichte der Magnes und Davir Verlag der Hebräischen Universität in Jerusalem 2009 die erste hebräische Übersetzung.[528] Damit war sie mehr als 40 Jahre nach ihrer Erstveröffentlichung auch einem hebräischsprachigen Publikum zugänglich gemacht worden. Seine größte Wirkung entfaltete die Jesus-Studie aber fraglos im deutschen Sprachraum. Dem Judaisten und Pionier des jüdisch-christlichen Dialogs im deutschsprachigen Raum, Ernst Ludwig Ehrlich (1921–2007)[529] zufolge vermittelt Flussers Jesu-Monographie »tiefe Einsichten in ein jüdisches Verstehen Jesu«[530]. Der evangelische Theologe und Judaist Mi-

---

melbänden enthalten, dazu eine Auswahl. *Auf Deutsch*: Entdeckungen im Neuen Testament, Bd.1, Neukirchen 1987 (2. Auflage 1992), Bd. 2., Neukirchen 1999; Das essenische Abenteuer, Winterthur 1994. *Auf Englisch*: Judaism an the Origins of Christianity, Jerusalem 1988; Auf Hebräisch: יהדות ומקורות הנצרות (Jerusalem 1979). Zahlreiche verlinkte Flusser-Artikel und -Interviews finden sich in: https://www.jerusalemperspective.com/welcome-to-our-site/ (Abruf: 17.8.2024).

526 Mehr als 100.000 Exemplare wurden alleine bis 1999 (21. Auflage) verkauft. Seit 2016 wird das Monographie-Bändchen zu Jesus zudem als E-Book vom Rowohlt-Verlag herausgegeben. FLUSSER, David, Jesus, Reinbek bei Hamburg ²¹1999; FLUSSER, David, Jesus, Reinbek bei Hamburg ⁶2017.

527 Fremdsprachige Erstveröffentlichungen z. B. in engl. u. niederl. 1969, franz. und schwed. 1970, ungar. 1995, ital. 1997, russ. 1999. Siehe dazu die Angaben der Deutschen Nationalbibliothek in: https://portal.dnb.de/opac.htm?method=showNextResultSite&currentResultId=tit+all+%22Jesus%22+and+per%3D%22David+Flusser%22%26any%26books&currentPosition=30 (Abruf: 29.8.2020).

528 Die hebräische Ausgabe ישו (»Jesus«) 2009 basiert auf der amerikanischen Übersetzung aus dem Jahre 1997. Sie wurde unter der Mitarbeit von Arieh Kofsky, Serge Ruzer, und Steven R. Notley herausgegeben. Es blieb bei der Erstauflage der 2009 auf Hebräisch einer israelischen Gesellschaft zugänglich gemachten Jesus-Studie. Vielleicht ist die entworfene Deutung des gesetzestreuen Juden Jesu für eine junge moderne israelische Leserschaft zu antiquiert, oder schlicht zu religiös gefärbt. Nicht etwa, dass die Botschaft Jesu in ihren ethischen oder politischen Qualitäten etwas verloren hätte, aber Jesus als den »gesetzestreuen« Juden hervorzuheben, ist wohl für viele säkulare Israelis kein ansprechendes Jesusbild. Zu sehr ist für einen Teil der israelischen Gesellschaft Religion und Toraobservanz mit einer negativen Färbung behaftet. Zur Zeit der Erstveröffentlichung ging eine dynamisierende Kraft von der Beschäftigung mit Flussers jüdischen Jesus auf eine christliche Leserschaft aus, die heute nicht mehr in Israel zu gewinnen ist. Siehe dazu: https://www.haaretz.co.il/literature/1.1277983 (Abruf: 29.8.2020).

529 Siehe: HAN, Sara, Ernst Ludwig Ehrlich, Jüdisch-christlicher Dialog als Lebensaufgabe, Stuttgart, 202f.

530 EHRLICH, Ernst Ludwig, Art. Jesus Christus: Judentum, in: TRE 17 (1976-2004), 68–71, hier: 70.

chael Krupp äußert sich in persönlicher Weise zu Flussers wissenschaftlichen Leistungen:

> Ich habe viele Lehrer im Neuen Testament gehabt, keiner kannte dieses Buch so gut wie er, und keiner diesen Jesus so intim wie er, auch keiner von den Juden.[531]

a) Motive – Methoden – Kritik

Hinter David Flussers wissenschaftlicher Auseinandersetzung mit dem historischen Jesus stehen biographische Erfahrungen. Flusser berichtet über mehrere von der Ev. Brüder-Unität (tschech. *Jednota bratrská*) initiierten Begegnungen, in denen über Jesu Lehre und die Anfänge der christlichen Gemeinden gesprochen wurde. Es sind Treffen einer kirchlichen Minorität innerhalb der Tschechoslowakei der 1920er Jahre, die keine judenmissionarische Absicht verfolgte und weder antijüdische Stereotypen noch Vorurteile bediente. Zur Ev. Brüder-Unität hatte Flusser Zeit seines Lebens eine starke Affinität, wie auch zu den Waldensern, Mennoniten und Quäkern. Dort sah er die Impulse, die von der jüdischen Botschaft Jesus ausgingen, eher verortet als bei den Mehrheitskirchen.[532] Dass Flusser sich auf dem Weg des Dialogs mit den Ev. Brüder-Unität seiner eigenen religiösen Identität vergewisserte, ist ein Prozess, der sich auch der komparativen Theologie zeigt. Sie verfolgt in ihren Zielen, u. a.

> wie die anderen Religionen aus der Sicht der eigenen Religion adäquat wahrgenommen und eigeordnet werden können. Zugleich überlegt sie, welche Rückwirkungen die Deutung der anderen Religionen auf das eigene Selbstverständnis haben. Es geht also nicht nur darum, wie die anderen Religionen theologisch gewürdigt werden können, sondern auch wie sich meine Selbstwahrnehmung durch die anderen Religionen verändert.[533]

Positive Begegnungen mit den Ev. Brüder-Unität führten bei Flusser einerseits zu einer Reflexion über seinen eigenen jüdischen Glauben und andererseits zu einer wissenschaftlichen Auseinandersetzung mit dem christlichen Glauben. Josef Perl öffnete Flusser eine positive Jesus-Interpretation im Rahmen der »böhmischen Brüder« und machte ihn darüber hinaus mit Schriften des Schweizer Theologen Leonhard Ragaz (1868–1945) bekannt, der auch in der Entwicklung von Ben-Chorins Jesus-Bild eine Rolle gespielt hatte.[534]

---

531 Krupp, Michael, Religionen in Israel 1 (2001) 2, zit. nach: Volkmann, David Flusser und der jüdische Jesus, 7.
532 Vgl. Majer, Martin, Jüdisches in Jesus-Texten. Spuren und Rekonstruktionen, Tübingen ¹2018 (= Biblische Raritäten 23), 18.
533 Stosch, Klaus von, Komparative Theologie als Wegweiser in der Welt der Religionen, Paderborn 2012, 17.
534 Perl stand selbst im persönlichen Kontakt mit Ragaz. Ähnlich wie bei Ben-Chorin löste Ragaz einen neuen Zugang zum Alten und Neuen Testament aus. Als Mitbegründer der sozial-religiösen Bewegung war Ragaz eng mit der 1906 gegründeten Zeitschrift »Neue

Die persönlichen Erfahrungen der Anerkennung trotz religiöser Unterschiede hatte Flusser bereits in seiner katholisch geprägten Heimatstadt Příbram erlebt, die ihm einen »lebendigen Kontakt mit dem Katholizismus« ermöglichte. »[Diese] schon frühe Beziehung zum Christentum und die günstige Interpretation desselben im Kreis der böhmischen Brüder« sind seine christlichen Schlüsselerfahrungen. Nach seinem humanistisch-jüdisch geprägten Glauben[535] bezeichnet Flusser diese Schlüsselerfahrung als die zweite von drei Wurzeln, die ihn zur Beschäftigung mit dem Christentum führte. Die dritte Wurzel, das an sich »wissenschaftliche Interesse«[536] am Christentum, sind die positiven Begegnungen mit Christinnen und Christen, die bei Flusser eine Reflexion über seine eigene und die christliche Religion ausgelöst hatten. Seine Beweggründe zur Beschäftigung mit dem Christentum führten *à la longue* dazu, sich im jüdisch-christlichen Dialog nach der Shoah zu engagieren.

Flussers methodischer Ansatz ist als in erster Linie von der klassischen Philologie geprägt zu beschreiben.[537] Sein Anliegen ist dabei vielfach ein literarkritisches, insofern er die Abhängigkeit von Texten und ihre Bearbeitungsschichten transparent zu machen sucht. Untersuchungsgegenstand sind für seine Jesusstudie primär die kanonischen Texte, vorwiegend die synoptischen Evangelien, die er im Kontext des zeitgenössischen Judentums der Zeit Jesu interpretiert. Er selbst charakterisiert sein Arbeiten als »konsequente Philologie«,[538] verbunden mit dem Anliegen christlichen Leser die synoptischen Evangelientexte in jüdischen Lebenszusammenhängen zu erschließen. Die starke Berücksichtigung der sozio-kulturellen und religiösen Umstände zur Zeit des Zweiten Tempels macht Flussers Jesusforschung auch zu einer philologisch-historischen Untersuchung.[539]

Flussers Arbeit wurde vor allem wegen seiner Ablehnung der in der neutestamentlichen Exegese v.a. im deutschsprachigen Raum vorherrschenden Zwei-Quellen-Theorie kritisiert und im wissenschaftlichen Kontext teils wenig rezipiert. Die nach ihren Hauptvertretern benannte Lindsay[540]-Flusser-Hypothese setzt der Zwei-

---

Wege« verbunden, die er von 1941–1944 illegal erscheinen ließ, um der damaligen Vorzensur zu entgehen. Vgl. THOMA, Clemens, David Flusser zum 60. Geburtstag, 27–29; BRASSEL-MOSER, Ruedi, Art. Leonhard Ragaz, in: HSL, https://hls-dhs-dss.ch/de/articles/009059/2012-01-12/ (Abruf: 17.6.2022).
535 Vgl. THOMA, David Flusser zum 60. Geburtstag, 28.
536 FLUSSER, David zit. nach: THOMA, David Flusser zum 60. Geburtstag, 28.
537 Vgl. GRUNDEN, Fremde Freiheit, 43–45.
538 FLUSSER, David, Entdeckungen im Neuen Testament: Jesusworte und ihre Überlieferung, Neukirchen-Vluyn 1987 (= Entdeckungen im Neuen Testament 1), V.
539 Vgl. FLUSSER/NOTLEY, Jesus, 10.
540 Robert Lindsey (1917–1995), ein amerikanischer Baptist, der viele Jahre in Jerusalem lebte, bemerkte bei (Rück-)Übersetzungen vom Griechisch geschriebenen Markusevangelium ins Hebräische, dass die lukanischen Parallelstellen näher am Hebräischen sind als die markinischen Stellen, die stark griechisch redigiert wurden. Lindseys Hypothese lautet kurz:

Quellen-Theorie einen »Ur-Markus« entgegen. Dabei wird von einem alten Erzählstoff ausgegangen, der sich in Markus wiederfindet, aber eben nicht mit dem kanonischen Markusevangelium identisch ist.[541] Matthäus aber verwendete hauptsächlich das heutige Markusevangelium als Vorlage.[542] Im Ergebnis vertritt Flusser die Ansicht, das Lukasevangelium sei das älteste der synoptischen Evangelien, was zu einer Marginalisierung seiner Forschung im (deutschsprachigen) akademischen Diskurs führte.

Im deutschen Sprachraum wenig bekannt fand David Flussers Hypothese im evangelikal-amerikanischen Raum großen Anklang. Gemeinsam mit Robert Lindsay, dem anderen Namensgeber der These, gehört er zu den Gründungsmitgliedern der *Jerusalem School of Synoptic Research (JSSR)*.[543] Die von dieser Schule vertretene Herangehensweise an die (synoptischen) Evangelien lässt sich in drei Stichpunkten zusammenfassen: 1. die Wichtigkeit des Hebräischen als schriftliche und gesprochene Sprache, auch im Bereich der Tradierung religiöser Lehren, z. B. der Gleichnisse[544]; 2. die Bedeutung der jüdischen Kultur für die Interpretation der synoptischen Evangelien, und 3. das Erkennen von sprachlichen Semitismen in den synoptischen Evangelien, um linguistische und kulturelle Informationen aus ihrer literarischen Beziehung herzuleiten.[545] Dadurch erfolgt die Untersuchung der synoptischen

---

    Lukas und Matthäus schöpfen neben der »Spruchquelle«, (er nennt sie »Anthologie«, eine direkte griechische Übersetzung eines Hebräischen Originals) auch aus einer vormarkinischen Urquelle – wohingegen der Redaktor des heutigen Markusevangeliums Lukas als Vorlage benutzte (Lk ist damit nach der Lindsey-Flusser Hypothese das älteste Evangelium).

541 Flusser, Jesus, 12.
542 »Daraus folgt: Wenn Matthäus und Lukas fast den gleichen Wortlaut bieten, dann ist es unser Markus und nicht der alte Bericht, der sich in Matthäus widerspiegelt. Und wenn sich Matthäus und Lukas gegen Markus ähneln, dann sind sie sehr glaubwürdig, denn dann hängen sie meistens beide vom alten Markus-Bericht ab. [...] Wenn alle drei Evangelien einen bestimmten Abschnitt überliefern, dann ist Lukas der glaubwürdigste. Markus hat ja den Text stark bearbeitet und Matthäus ist hauptsächlich dann wertvoll, wenn er mit Lukas mehr oder weniger übereinstimmt. In diesen Fällen enthält er den Wortlaut des alten vormarkinischen Berichts oft besser als Lukas. Dieselbe freie Wahl, zwischen Matthäus und Lukas zu entscheiden, gibt es selbstverständlich dann, wenn Markus fehlt.« Flusser, Die rabbinischen Gleichnisse und der Gleichniserzähler Jesus, 196f.
543 Im Konsortium der JSSR vertraten nicht alle Forschenden die Lindsey-Flusser-Hypothese. Vgl. Chilton, Bruce, Implications and Prospects of Jewish Jesus Research: A review Essay, in: Journal of the Study of the Historical Jesus 16/1 (2018), 62–79, hier: 68.
544 Da fast alle rabbinischen Gleichnisse auf Hebräisch überliefert sind, spricht sich Flusser dafür aus, dass Jesus selbst hebräisch und nicht aramäisch gelehrt haben soll und verweist auf die großen Ähnlichkeiten zu den jesuanischen Gleichnissen. Vgl. Flusser, David, Bemerkungen eines Juden zur christlichen Theologie, München 1984 (= Abhandlungen zum christlich-jüdischen Dialog 16), 32.
545 Jerusalem School of Synoptic Research, Three Assumptions of the Jerusalem School, in: https://web.archive.org/web/20070928040950/http://www.js.org/Methodology/index.htm (Abruf: 17.6.2022).

Evangelien »within the context of the language, land and culture in which Jesus lived.«[546]

Genau diese Zugangsweise macht Flussers Jesus-Buch seit 1968 so erfolgreich und veränderte das Denken vieler evangelikaler US-Christen.[547] Dazu sagt der amerikanische Bibelwissenschaftler Bruce Chilton:

> Flusser portrays Jesus' teaching as a development within Jewish thought that shows no signs of a trajectory outside that orbit, with providing a platform on the basis of which Christianity emerged. [...] In aggregate, the result was to open Evangelical Christianity to the Judaism of Jesus in a way that had not occurred before.[548]

Evangelikale Christen nahmen Flussers literarkritisch-historischen Ansatz als eine willkommene Alternative zur historisch-kritischen Methode auf. Flussers Einfluss auf Evangelikale Christen in den USA führte zu jenem

> recourse to the Torah as a sufficient paradigm of Jesus' activity. The result endorsed a tendency within some segments of Evangelicalism to make Law prominent in a way it had not been before.[549]

Neben Flussers Ansatz sind eine puritanische Theologie, biblizistische und andere fundamentalistische Ansprüche zu nennen, die bei evangelikalen Christen ein nie dagewesenes Interesse an der Tora geweckt haben. Dieses Interesse hält bis heute an. Zuletzt überarbeitete Steven Notley 2007 Flussers Jesus-Buch und veröffentlichte es unter neuem Titel.[550] Der hermeneutische Zugang, den Flusser und die *JSSR* für die historische Jesusforschung wählten, ist plausibel, die große Bedeutung, die sie der hebräischen Sprache[551] gegenüber dem Aramäischen[552] für die Untersu-

---

546 Jerusalem School of Synoptic Research, Jesus' Last Week, in: https://web.archive.org/web/20080516224214/http://www.js.org/ (Abruf: 17.6.2022).
547 Mit Verweis auf Bruce Chilton macht Walter Homolka auf Flussers Einfluss auf evangelikale Christen aufmerksam, siehe dazu: Homolka, Der Jude Jesus – Eine Heimholung, 138f.
548 Chilton, Bruce, Implications and Prospects of Jewish Jesus Research: A review Essay, in: Journal of the Study of the Historical Jesus 16/1 (2018), 62–79, hier: 68.
549 Ebd., 69.
550 Flusser, David/Notley, R. Steven, The Sage from Galilee: Rediscovering Jesus' genius, Grand Rapids, Mich./Cambridge, UK ⁴2007.
551 Martin Majer versucht Hebräische Texte anhand einfacher Beispiele aus den griechischen Evangelien-Texten durch seine Lern-Erfahrung mit David Flusser zu rekonstruieren, siehe: Majer, Jüdisches in Jesus-Texten. Spuren und Rekonstruktionen, 23–59.
552 Die kanonischen Evangelien wurden auf Griechisch geschrieben und die alttestamentlichen Zitate verdanken sich griechischer Übersetzungen. Wie aber die mündlichen und/oder schriftlichen Vorstufen einzelner synoptischer Evangelien aussahen, ob Hebräisch und/oder Aramäisch wird diskutiert. Für Q nimmt man wegen ihrer theologischen Ausrichtung auf Israel an (vgl. Q 3,7-9; 22,28-39), dass sie vermutlich in (Nord-) Palästina entstand. »Sowohl die überwiegende Zweisprachigkeit Palästinas im 1. Jh. n. Chr. als auch die Probleme exakter Rückübersetzungen sprechen eher für eine ursprüngliche in griechischer Sprache abgefasste Logienquelle, was eine Vorgeschichte einzelner Logien in Aramäisch nicht ausschließt.« Schnelle, Udo, Einleitung in das Neue Testament, Göttingen/

chung der griechisch geschriebenen synoptischen Evangelien beimisst, hat einen eigenen Wert.[553] Flussers literarkritisch-historischer Ansatz führte jedoch auch zu unbeabsichtigten Anachronismen, indem er ausgehend von einem rabbinischen Judentum ein normatives Judentum zur Zeit Jesu rekonstruierte, das es so nicht gab, wie der renommierte Judaist Günter Stemberger scheibt:[554]

> Das rabb. Judentum hat wohl nie die einzige Ausprägung jüdischen Lebens dargestellt; und es ist auch erst durch eine Entwicklung von Jahrhunderten zum ›normativen‹ Judentum geworden, als das man es gerne für die ganze Periode gesehen hat.[555]

In der neutestamentlichen Forschung deutschsprachiger Provenienz ist die Lindsay-Flusser-Hypothese mit ihrer Lukaspriorität und der Datierung des Markusevangeliums immer eine Minderheitsmeinung geblieben. Der evangelische Theologen Werner Georg Kümmel (1905–1995) urteilte hart über Flussers Jesusbild, das

> nicht nur methodisch unhaltbar ist, sondern eine Verzerrung der geschichtlichen Wirklichkeit im Interesse der völligen Einfügung Jesu in das Judentum darstellt.[556]

Zwar spricht sich Kümmel nicht gegen eine Verankerung Jesu im Judentum aus, aber er lehnt sich gegen die Darstellung eines gesetzestreuen historischen Jesus, *wie* ihn Flusser darstellte. Würde nun nur das Urteil über Flussers methodischen Ansatz zählen, könnte hier mit Kümmel ein Endpunkt in der Diskussion gesetzt werden.[557] Doch damit würden die Impulse, die von Flusser nichtsdestotrotz auf die neutestamentliche Wissenschaft ausgingen, ausgeblendet.[558] So muss, trotz aller berechtigter Kritik an Flussers Methode seine Jesus-Deutung angemessen in der Geschichte der Jesusforschung verortet werden. Als Flusser seine Jesus-Studie 1968 veröffentlichte, tat er dies beinahe ausschließlich durch eine Analyse der synoptischen Evangelien »um [damit] zu zeigen, daß es möglich ist, eine Lebensgeschichte

---

Bristol, CT, U.S.A. ⁹2017, 252. Als Versuch aramäische Quellen für Q^{LK} und Q^{MT} anzunehmen, siehe: CASEY, Maurice, An Aramaic approach to Q: Sources for the Gospels of Matthew and Luke, Cambridge 2002 (= Society for New Testament Studies Monograph Series 122).

553 Vgl. CHILTON, Implications and Prospects of Jewish Jesus Research, 68.
554 Dieser Anachronismus ist in der rabbinischen Historiographie selbst angelegt, die explizit an die Zeit vor der Tempelzerstörung im Jahre 70 n. Chr. anknüpfte und eine uniforme Größe bilden wollte, die es so nicht gab. Die Historiographen begannen die Idealvorstellung eines Judentums mit den geistigen Stammvätern der rabbinischen Bewegung in Hillel und Schammai und ihren Schulen und schlossen auch deren Ahnen bis in die Zeit Simeons des Gerechten und Esra ein, sowie eine Kontinuität, die bis zu Mose zurückreichte. Vgl. STEMBERGER, Einleitung in Talmud und Midrasch, 15.
555 STEMBERGER, Einleitung in Talmud und Midrasch, 15.
556 KÜMMEL, Werner G., 40 Jahre Jesusforschung (1950–1990), hg. v. Helmut Merklein, Weinheim 1994 (= Bonner biblische Beiträge 91), 128.
557 Die Zwei-Quellen-Theorie zur Lösung des synoptischen Problems bleibt in der neutestamentlichen Forschung im Vergleich zu Alternativmodellen jene Hypothese, »die mit dem *geringsten Schwierigkeitsgrad* die *meisten Phänomene* erklärt«. SCHNELLE, Einleitung in das Neue Testament, 242.
558 Vgl. HOMOLKA, Der Jude Jesus – Eine Heimholung, 138f.

Jesu zu schreiben«[559]. Diese Fokussierung auf die Synoptiker war im Blick auf den Ausgang der sogenannten ersten beiden Phasen (oder *Quests*) der christlichen Leben-Jesu-Forschung kühn.[560] Endete bekanntlich die erste Phase im 19. Jahrhundert mit der Aufdeckung persönlicher Ideale, die Wissenschaftler auf Jesus projiziert hatten, so schlug das Pendel der zweiten Generation liberaler Jesusforscher im 20. Jahrhundert in die andere Richtung aus. Kaum ein gesichertes Wissen über einen historischen Jesus blieb übrig. Mehr oder weniger beschränkten sich die Ergebnisse auf Jesu Existenz bzw. seinen Kreuzestod. Flusser hingegen scheint am Übergang zur sogenannten dritten Phase der Leben-Jesu-Forschung zu stehen, die Jesus als galiläischen Juden wahrnimmt.[561] Flussers Augenmerk liegt dabei bei alledem auf einem irdischen Jesus,

> der die Sprache seines Volkes sprach und in den jüdischen Traditionen lebte, der den jüdischen Glauben an den einen Gott der Welt und die Überlieferungen ›unseres Lehrers Mose‹ nicht aufheben, sondern in ihrem tiefsten Sinn zur Geltung bringen wollte.[562]

b) Die biographische Entwicklung Jesu

Der irdische Jesus ist für Flusser ein »jüdische[r] Wundertäter und Prediger«[563] gewesen, dessen biographische Entwicklung Flusser aus den synoptischen Evangelien zu rekonstruieren versucht. Im zufolge entwickelte Jesus ein ausgeprägtes »Hoheitsbewusstsein«. Dieses »Hoheitsbewusstsein« ist für Flusser eine Brücke zwischen dem historischen Jesus und dem »nachösterlichen« Christusglauben. Sollten die Hoheitsansprüche, wie »gewisse Kathederchristen« behaupten »kirchlich-nachösterlich« sein, dann verliert für Flusser »der christliche Glaube jeden Anspruch auf seine Glaubwürdigkeit«[564].

Als historisch unzweifelhaft stand für Flusser am Beginn von Jesu Wirken die Taufe durch Johannes am Jordan, mit der der Bewusstwerdungsprozesss in Jesu (vgl. Lk 3,21-22; Mt 3,17; Mk 1,11) beginnt. Eine himmlische Stimme spricht Jesus als »Sohn Gottes« bzw. »Knecht Gottes« an und sagt: »Ich habe meinen Geist auf ihn gelegt« (Jes 42,1), und Jesus damit »erwählt, berufen und auserkoren«[565]. Der laut Flussers These hier angestoßene Prozess entwickelte sich möglicherweise sogar

---

559 FLUSSER, Jesus, 7.
560 Die Einteilung in Phasen oder im amerikanischen in *Quests* ist insofern künstlich, da sie sich einerseits auf eine bestimmte Form liberaler Exegese bezieht und anderseits in der Begrifflichkeit eine stetigen Forschungsfortschritt und eine Einheitlichkeit der Forschung suggeriert. Vgl. REISER, Marius, Kritische Geschichte der Jesusforschung: Von Kelsos und Origenes bis heute, Stuttgart ²2017 (= Stuttgarter Bibelstudien 235), 88.
561 Vgl. VOLKMANN, David Flusser und der jüdische Jesus, 8.
562 FLUSSER, Jesus, 14.
563 Ebd., 9.
564 FLUSSER, David, Bemerkungen eines Juden zur christlichen Theologie des Judentums, in: THOMA, Clemens, Christliche Theologie des Judentums, Aschaffenburg 1978 (= Der Christ in der Welt: Reihe 6, Das Buch der Bücher Bd. 4a, b), 6–32, 25.
565 FLUSSER, Jesus, 30.

dahingehend weiter, dass Jesus sich selbst mit dem Menschensohn aus dem Buch Daniel (7,9–14) identifiziert haben könnte, auch wenn Jesus aber von ihm nur in der dritten Person spricht (vgl. Mt 19,28; 25,31–46; Lk 22,28–30; 22,67–69). Erst bei der Verklärung Jesu am Berg mit Mose und Elija, so Flusser, wurde Jesus seine wahre Gottessohnschaft bewusst (Lk 9,28–36).

> Jesus verbindet sein Bewußtsein der Sohnschaft, seine Bestimmung als prophetischer Künder und das Wissen um sein tragisches Ende auch in dem Gleichnis von den Weingärtnern (vgl. Lk 20,9–19).[566]

Jesus ahnte also, wie im Gleichnis angedeutet, dass er in Jerusalem sterben müsse, so Flusser, denn auch er ist ein Gottesknecht, der in den Weinberg (Symbol für das Volk Israel) gesandt und von den Besitzern des Weinbergs (auf die Sadduzäer verweisend) getötet wird.[567] Einen solchen biographischen Bewusstwerdungsprozess für den historischen Jesus anzunehmen, zog Kritik auf sich, die der genannte Werner Georg Kümmel auch »angesichts des literarischen Charakters der Evangelien als methodisch verfehlt«[568] formulierte und Flusser methodische »Willkürlichkeiten«[569] vorwirft.

Im Prinzip treibt Flusser die Rede von einem biographischen Bewusstwerdungsprozess mit der Frage, ob Jesus sich als Messias verstand, auf die Spitze. Für Flusser ist Jesus »sicher schon zu Lebzeiten von manchen für den Messias gehalten«[570] worden, sonst hätte Pilatus nicht auf das Kreuz »Jesus der König der Juden« schreiben lassen, um vor den tödlichen Folgen eines Messiasprätendenten zu warnen. Nach Flusser hat Jesus sein »messianisches Inkognito«[571] so lange wie möglich wahren wollen, da er zunächst auf das Kommen des Menschensohns (vgl. Dan 7,9–14) wartete, doch er überzeugte sich schließlich davon:

> daß er selbst der kommende Menschensohn sei. Ansonsten wäre das Gespräch bei Caesarea Philippi, die Worte Jesu an Petrus und schließlich Jesu Antwort an den [sic] Hohepriester unverständlich. Sie sagten zu ihm: »Wenn du der Christus bist, dann sag es uns!« Er antwortete ihnen: »Wenn ich es euch sage, glaubt ihr mir ja doch nicht; und wenn ich euch etwas frage, antwortet ihr nicht. Von nun an wird der Menschensohn zur Rechten der Macht Gottes sitzen.« (Lk 22,67–69)[572]

Diese uneindeutige Antwort Jesu im Evangelium lässt eine eindeutige Identifikation Jesu mit dem Menschensohn offen. Auf der historischen Ebene kann diese Frage nicht geklärt werden. Flusser tendiert aber dazu die jüdische Vorstellung eines kommenden Menschensohnes, die manchmal verknüpft mit dem Kommen des Messias war, zumindest für die letzte Phase in Jesu Leben gleichzusetzen. Flusser deutet damit eine Übereinstimmung Jesu mit dem Menschensohn als Eingeständnis für

---

566 Ebd., 104.
567 Vgl. ebd., 105.
568 Kümmel, 40 Jahre Jesusforschung (1950–1990), 127.
569 Ebd. 128.
570 Flusser, Jesus, 111.
571 Ebd.
572 Ebd.

Jesu Messianität vor den Hohepriestern mit der Konsequenz, dass die Hohepriester Jesus an die Römer übergaben, die aus politischen Gründen keine messianische Bewegung duldeten. In diesen messianischen Ansprüchen sieht Flusser den Hauptgrund für die Kreuzigung Jesu.[573] Letztlich interpretiert Flusser auch die Kreuzesinschrift I.N.R.I als Zeugnis des Selbstbewusstseins Jesu. Dem Versuch, daraus einen Personenkult zu seinen Lebzeiten abzuleiten, hält Flusser die Worte Jesu entgegen: »Nicht jeder, der zu mir sagt: Herr! Herr!, wird in das Himmelreich kommen, sondern wer den Willen meines Vaters im Himmel tut.« (Mt 7,21)[574]

Nach Flusser führte letztlich also Jesu »Hoheitsbewusstsein« zu seinem Tod. An dieser Stelle sei die Frage nach der Schuld an Jesu Tod aufgegriffen. Flusser lehnt aus literarkritischen Gründen eine historische Sitzung einer ordentlichen Versammlung des Hohen Rates, dem Synhedrion im Haus des Hohenpriesters ab (vgl. Mk 14,53-65; Mt 26,57-68; Lk 22,66). Synhedrion meint hier nach Flusser eine »formelhafte Bezeichnung des Tempelausschusses«[575], nicht den Hohen Rat selbst, der sich im Raum traf, »in dem das Synhedrion gewöhnlich tagte«[576]. Kein oberstes jüdisches Gericht habe Flusser zufolge Jesus zum Tode verurteilt.[577] Ein eher vergessener jüdischer Landsmann Flussers, Paul Winter (1904-1969), lehnte ebenso eine Anhörung Jesu vor dem Hohen Rat direkt vor dem Pessachfest ab, denn diese sei lediglich ein Vorverhör im Auftrag der Römer gewesen, das Pontius Pilatus anordnete, weil er in Jesus einen möglichen oder wirklichen Messiasprätendenten sah.[578] Letztlich bleibt in Mt 27,26 oder Mk 15,15 offen, warum Jesus gekreuzigt wird, dort votiert der römische Präfekt Pilatus, Barabas anstelle von Jesus freizulassen und befiehlt Jesus zu geißeln und zu kreuzigen. Somit trägt nach Flusser Pilatus die Hauptschuld an der Kreuzigung Jesu, aber[579] Teile der sadduzäischen Tempelaristokratie Mitschuld, denn sie überlieferten Jesus an Pilatus, da sie Angst hatten ihren

---

573 Vgl. FLUSSER, Jesus, 112.
574 Vgl. FLUSSER/NOTLEY, Jesus, 176.
575 FLUSSER, Jesus, 124.
576 Ebd., 127.
577 Vgl. ebd., 124f.
578 Siehe dazu: WINTER, Paul, On the Trial of Jesus, Berlin 1961 (= Studia Judaica Bd. 1). Eine Zusammenfassung seiner Thesen findet sich in: WINTER, Paul, Zum Prozeß Jesu, in: ECKERT, Willehad Paul/EHRLICH, Ernst Ludwig (Hgg.), Judenhaß, Schuld der Christen?, Essen 1964, 93-101.
579 Flusser vertrat damals schon die heute herrschende Ansicht, dass es sich beim Prozess Jesus um einen römischen Strafprozess handelte. Mit den Worten von Kneucker und Welan: »Die Ergebnisse um Kaiphas können zwar formal als Voruntersuchung oder als ›jüdisches Verfahren‹ gedeutet werden, wir halten sie jedoch für eine Vorbesprechung über die juristischen Argumente für und gegen die Anträge an Pilatus. [...] Ein Prozess nach jüdischen Recht ist [...] nicht anzunehmen, und schon deshalb unwahrscheinlich, weil in der Nacht - noch dazu am Vorabend des Pessachfestes - offizielle Gerichtsverhandlungen [...] nie und nirgends stattfinden würden. Das ›Volk‹ war im Prozess nicht anwesend, es konnte und durfte nicht mitwirken. Der römische Strafprozess kannte in der Regel keine Öffentlichkeit.« KNEUCKER, Raoul/WELAN, Manfried, Hans Kelsen zitiert den Prozess Jesu. Die Fragen des Pilatus, Wahrheit - Gerechtigkeit - Glaube, Wien ²2024, 39f.

Einfluss im Tempel zu verlieren. Jesus drohte nicht nur mit der Zerstörung und dem Wiederaufbau des Tempels, sondern war ein potenzieller Unruhestifter geworden, an dessen Mund seine Anhänger hingen.

> Jesus bedeutete also für die Hohepriester eine Gefahr; denn sie waren beim Volk verhaßt – und darum lieferten sie ihn an die Römer aus und beschuldigten ihn messianischer Umtriebe.[580]

Die Kreuzigung, so Flusser, sei daher das Ergebnis »des grausamen Spiels nackter Interessengegensätze und, äußerlich gesehen, ohne jeden Zusammenhang mit dem Menschen Jesus und seinen Anliegen«[581].

Nach Flusser lieferten einige Sadduzäer Jesus an Pilatus aus, der ihn töten ließ. Die Pharisäer spielen also in der Schuld-Debatte um Jesu Tod gar keine Rolle. Sie werden bei Flusser in diesem Zusammenhang nicht einmal erwähnt.[582] Erscheinen die Pharisäer im Neuen Testament meist als Gegenspieler Jesu, so versuchen sie Flusser zufolge in erster Linie, getreu der Tora zu leben – wie es auch Jesus tut.[583] Diesem Verhältnis zur Tora gilt es im Folgenden nachzugehen.

c) Tora: Gesetz, Moral und Liebe

Tora bedeutet im Wesentlichen »Weisung«, deren Einhaltung nach jüdischem Verständnis zu einem gelingenden Leben des Volkes Israel vor Gott führt. Dazu gehören auch Gebote und Rechtsvorschriften, die das menschliche Miteinander gelingen lassen sollen und in der eigenen Lebensführung Orientierung geben. Diese ursprüngliche Bedeutung geht meist verloren, wenn christlicherseits von der Tora als »Gesetz« gesprochen wird und man dieses sogar als Gegensatz zum Evangelium positioniert.[584] Die ganze Lehre der Tora, kann wie es Hillel formulierte im Gebot der Nächstenliebe zusammengefast werden, ohne dabei die Einzelgebote aufzuhe-

---

580 Flusser, Bemerkungen eines Juden zur christlichen Theologie, 13.
581 Flusser, Jesus, 136.
582 Siehe dazu: Flusser, David, Die letzten Tage Jesu in Jerusalem: Das Passionsgeschehen aus jüdischer Sicht, Bericht über neueste Forschungsergebnisse, Stuttgart 1982, 88–108; Ders., Bemerkungen eines Juden zur christlichen Theologie, 10–19; Ders., Jesus, 113–139.
583 Siehe aktuell zur Debatte: Sievers, Joseph/Levine, Amy-Jill/Schröter, Jens (Hgg.), Die Pharisäer. Geschichte und Bedeutung, aus dem Englischen übersetzt von Claus-Jürgen Thornton, Freiburg i. Br./Basel/Wien 2024.
584 Siehe dazu die Auseinandersetzung mit 2 Kor 3,6: »Denn der Buchstabe tötet, der Geist aber macht lebendig« in Kapitel »1 Das Wirken einer paulinischen Antithese« in der Hinführung dieser Arbeit. – Die Verengung der ursprünglichen Wortbedeutung von Tora hängt auch mit der Übersetzung des hebräischen Wortes *tora* ins griechische Wort *nomos*, das lateinisch mit *lex* wiedergegeben und schließlich ins deutsche mit »Gesetz« übersetzt wurde zusammen. Tora ist aber eben nicht (nur) Gesetz und vor allem kein Gegensatz zu Evangelium. Siehe: Ebach, Jürgen, Hören auf das, was Israel gesagt ist – hören auf das, was in Israel gesagt ist, in: Evangelische Theologie 62/1 (2014); Wengst, Klaus, Christsein mit Tora und Evangelium: Beiträge zum Umbau christlicher Theologie im Angesicht Israels, Stuttgart 2014.

ben. Wenn die Rabbinen die Lehre der Tora in der Gottebenbildlichkeit des Menschen verstanden wissen, dann ist darin die Frage wer denn mein Nächster sein schon vorweg beantwortet.[585]

Auf dem Hintergrund dieses Verständnisses von Tora kann Flusser bei Jesus gleichwohl eine »Umwertung der üblichen Werte«[586] feststellen. In Jesu Forderung der »ungeteilten Liebe« für Sünder und Außenseiter der Gesellschaft sieht Flusser eine neue Moral, die die damalige normative Moral nicht nur hinterfragte, sondern sie mit neuen Vorzeichen versieht, worin Flusser auch eine andere Verhältnisbestimmung zur Tora festmacht.[587] Dabei sei gleich mit Flusser ganz richtig festgehalten, dass Jesu Botschaft nicht von einer Kritik am jüdischen Gesetz ausgeht, sondern am Umgang mit ihm. Flusser spricht von einem revolutionären Ansatz in Jesu Verkündigung, der aus drei Punkten besteht: »im radikalisierten Liebesgebot, im Ruf nach einer neuen sittlichen Grundeinstellung und in der Idee des Königreichs der Himmel.«[588] Dieser revolutionäre Ansatz stellt aber die Tora als weiterhin gültige göttliche Richtschnur, um ein erfülltes jüdischen Leben zu führen, nicht in Frage. Die halachischen Aspekte der Tora, die neben moralischen und ethischen bestehen, gelten weiter. Nach Flusser müssen christliche Forscher und Denker damit fertig werden, dass Jesus ein »gesetzestreuer Jude«[589] war und die Tora lehrte und nach ihr handelte. Die Tora lehren ist dabei etwas anderes als sie zu verkünden. Es wäre nicht richtig zu sagen, Jesus verkündete die Tora, weil sie eben keine Botschaft ist, sondern etwas, was zum (jüdischen) Leben dazugehört und deshalb gewusst werden muss. »Bis Himmel und Erde vergehen, wird kein Jota und kein Häkchen des Gesetzes vergehen [...]. Wer auch nur eines von den kleinsten Geboten aufhebt und die Menschen entsprechend lehrt, der wird im Himmelreich der Kleinste sein. Wer sie aber hält und halten lehrt, der wird groß sein im Himmelreich.« (Mt 5,18-20)

Im Zitat unterstreicht Jesus die Gültigkeit des Gesetzes, eingeschlossen der Kaschrut, der jüdischen Speisegesetze.[590] Eine tatsächliche Akzentverschiebung, die Flusser als »eigentümliche Problematik«[591] in Jesu Beziehung zur Tora sieht, darf nicht dahingehend interpretiert werden, dass Jesus die Gesetze brach, sondern dass er »die sittliche Seite der Gebote gegenüber der rein formellen Seite der Gesetzespraxis hervorgehoben«[592] hat.

---

585 PETZEL, Paul/RECK, Norbert (Hgg.), Von Abba bis Zorn Gottes. Irrtümer aufklären, das Judentum verstehen, Ostfildern 2017, 174-176.
586 FLUSSER, Jesus, 14.
587 Flusser verwendet synonym die Begriffe Tora und Gesetz und findet Bubers Übersetzung von Tora als »Weisung« treffender als jene mit Gesetz. Vgl. FLUSSER, Bemerkungen eines Juden zur christlichen Theologie, 22f.
588 FLUSSER, Jesus, 68.
589 Ebd., 44.
590 Sie verbieten beispielsweise den Verzehr bestimmter Tiere (vgl. Lev 11,3-7) den Genuss von Blut, weil darin die gottgegebene Lebenskraft enthalten ist (vgl. Lev 17,11f) oder den gemeinsamen Verzehr von Milch und Fleisch (vgl. Ex 23,19; 34,26; Dtn 14,21).
591 FLUSSER, Jesus, 44f.
592 Ebd., 50.

Warum die Frage nach Jesu Verhältnis zur Tora wichtig ist, lässt sich auch ohne Blick auf die sittliche Seite der Gebote einfach erklären. Hätte Jesus in Wort und Tat gegen die Tora verstoßen, dann hätte er auch mit seiner jüdischen Umwelt gebrochen. Es würde gegenwärtig wenig Sinn machen, das Judesein Jesu, historisch oder theologisch zu würdigen, wenn er die hohe Bedeutung der Tora für die religiöse jüdische Identität zurückgewiesen hätte.

Das Gegenteil ist auch der Fall. Was die halachischen Vorschriften betrifft, so sieht Flusser, wenn überhaupt nur einen einzigen Gesetzesverstoß, der dem synoptischen Jesus vorgehalten werden könnte, und zwar in der Erzählung vom Ährenraufen am Schabbat (vgl. Lk 6,1–5).

Liest man die Erzählung unter halachischen Gesichtspunkten, lassen sich drei Verstöße gegen die Halacha finden: 1) Ährenabreißen wird als Ernten und damit als Arbeiten eingestuft, folglich ein Verstoß gegen das Schabbatgebot; 2) Fehlen des rituellen Händewaschens vor dem Essen; 3) Zerreiben der Ähren mit den Händen.

Die ersten beiden Punkte sind für Flusser keine Verstöße Jesu, weil erstens das Abreißen der Ähren eine sekundäre Hinzufügung des griechischen Übersetzers des Urberichtes darstellt, um die Szene noch stärker zu veranschaulichen und damit nicht historisch war.[593] Die unterlassene rituelle Händewaschung der Jünger vor der Mahlzeit stand als Gesetzesverstoß im Raum (vgl. Mk 7,1–23). Hier argumentiert Flusser aber, dass es sich um eine rabbinische Bestimmung (vgl. tBer 5,13) handelt, die nicht aus der Tora stammt, sondern nachträglich eingeführt wurde.[594] Der dritte Punkt, das Zerreiben der Ähren, ist für David Flusser der einzige mögliche Verstoß, aber der angesehene Rabbi Jehuda erlaubt dies auch.[595] Darüber hinaus betrifft der Vorwurf des Ährenraufens sowie der des Unterlassenen Händewaschens bei genauerem Hinsehen ohnehin nicht Jesus, sondern immer nur seine Schüler, die Jünger.[596] Sie waren also offensichtlich in der religiösen Praxis »laxer« als ihr Lehrer, der moralische Werte über einen rituellen Selbstzweck stellte, weil nach Flusser »das strikte Wahren ritueller Reinheit eine moralische Laxheit fördern kann«[597].

Anhand der Perikope von der Heilung eines Mannes am Schabbat (Lk 6,6–11) zeigt Flusser, dass es Jesus bei vermeintlichen Übertretungen der Halacha in erster Linie darum ging, Heuchelei und den »Starrsinn der Stockfrommen«[598] bloßzustellen. Als solche fungiert die Gruppe der Pharisäer in den Evangelien auf literarischer Ebene. Jesus heilt die chronisch gelähmte Hand eines Mannes gerade am Schabbat. Die Frage der Perikope ist, inwiefern Jesus dadurch eines der wichtigsten Gebote

---

593 Durch die Hinzufügung des Ährenabreißen wird nach Flusser der »einzige Verstoß in die synoptische Tradition einfügt.« Ebd., 50.
594 Wie es bereits dadurch ersichtlich wird, dass die Schriftgelehrten diese Bestimmung als »Überlieferung der Alten« (Mk 7,5) und Jesus sie als die »Überlieferung der Menschen« (Mk 7,8) bezeichnete. Das Händewaschen vor der Mahlzeit kann also nicht aus der Tora abgeleitet werden.
595 Vgl. FLUSSER, Jesus, 45.
596 Vgl. ebd., 48.
597 Ebd., 46.
598 Ebd., 49.

des Judentums verletzt. Richtig ist, dass es beim kleinsten Verdacht auf Lebensgefahr bis heute im Judentum geboten ist Leben zu retten. Nach Flusser war aber auch diese Heilung am Schabbat erlaubt, da Jesus nicht durch eine mechanische Tat, sondern nur durch seine Worte die gelähmte Hand des Mannes heilte. Anders die Heilung des Blinden am Schabbat, die, wie sie Johannes (9,14–16) erzählt, halachisch verboten wäre. Dort spie Jesus auf den Boden, formte einen Teig aus Speichel und legte dem Blinden den Teig auf die Augen und heilte diesen. Vergleichbar damit ist die Erzählung beim synoptischen Jesus (vgl. Mk 8,22–26). Dort wird der Blinde in Betsaida von Jesus geheilt, jedoch mit dem kleinen Unterschied zu Johannes, dass es dort kein Schabbat war.[599] Hier zeigt Flusser die Unterschiede von einem synoptischen und johanneischen Jesus auf: der historische Jesus hält die Tora, der kerygmatische hält sie nicht.

Viele Christinnen und Christen kennen die jüdischen Gesetzesbräuche zur Zeit Jesu nicht; Flusser erklärt sie daher eingehend. Dabei macht er deutlich, dass nicht der gesetzestreue Pharisäer der Gegenspieler eines ebenso gesetzestreuen Jesus ist, sondern der »Stockfromme«, der fanatische religiöse »Eiferer«. Flusser bezeichnet diese so, weil sie die Menschlichkeit und Nächstenliebe vernachlässigen. Bei den religiösen Eiferern führt die Übertreibung im Rituellen zum sittlichen Defizit. Dieses Defizit ist jedoch kein Bruch mit der sittlich-rituellen Einheit, denn Flusser sieht diese erst mit der Aufklärung des 18./19. Jahrhunderts im Judentum aufbrechen. Davor galt die Tora als Richtlinie für ein moralisches und zugleich heiligendes Leben. Damit wird auch eine spirituelle Bedeutung der Speisegebote eingeholt. Sittlichkeit und Heiligkeit bilden eine Einheit für das jüdische Zusammenleben, wie sie in der religiösen Gesetzgebung geregelt ist. Hätte Jesus dagegen verstoßen, dann hätte er auch direkt das soziale jüdische Zusammenleben abgelehnt und letztlich der Tora ihre Heiligkeit abgesprochen. Jesus lehrt also keine antinomistische Ethik, sondern tritt gegen eine überstrapazierte religiöse Ritualisierung auf.[600]

> Das Wichtige an der Lehre Jesu und seiner Botschaft an die leidende Menschheit [...] wird nicht kleiner und unbedeutender, wenn man erkennt, daß Jesus mit beiden Füßen in der Tradition des Judentums stand. Die frohe Botschaft Jesu wird durch sein Judesein noch größer und verständlicher. Wenn man die Predigt Jesu von ihrem jüdischen Hintergrund loslöst, wird sie absurd und utopisch.[601]

Mit Blick auf Jesu halachisches Verständnis und seiner Kritik an erstarrten religiösen Formen schlägt Flusser, ebenso wie Ben-Chorin, eine Brücke zum Chassidismus des 18. Jahrhunderts, der als Gegenbewegung zum als institutionell erstarrt wahrgenommenen Rabbinismus entstand.[602] Die Spannung, die hier zwischen Rituellem

---

599 Vgl. ebd., 45–50.
600 Vgl. FLUSSER, Bemerkungen eines Juden zur christlichen Theologie, 19.
601 FLUSSER, Jesus, 23.
602 Siehe: KATZ, Jacob, Tradition und Krise: Der Weg der jüdischen Gesellschaft in die Moderne, Aus dem Englischen von Christian Wiese. Mit einem Vorwort von Michael Brenner, München 2002; TALABARDON, Susanne, Chassidismus, Tübingen 2016 (= Jüdische Studien 2).

und Sittlichem gesehen wird, sei mit einer Anekdote illustriert, die Flusser von einem Jerusalemer Chassid übernommen hat:

> Nach einem Pogrom trafen sich zwei Juden, die aus der Stadt geflüchtet waren, unter einem Baum. Beide hielten etwas unter ihrem breiten Mantel versteckt, das Teuerste, was sie aus der Mordstätte gerettet hatten. Da fragte der eine den anderen: »Was hast du gerettet?« – »Eine Schriftrolle des Gesetzes Mosis aus der brennenden Synagoge.« – »Und was hast du da unter deinem Mantel?« – »Ein Kind.«[603]

Der erste steht für Rabbi Elijahu, dem bildlich das Gesetz alles bedeutete; er gilt als der größte Gegner der Chassidim. Der zweite, der das Kind rettet, steht für Baal Schem Tov, den Begründer des Chassidismus. Durch diese extreme Kontrastierung zeigt Flusser den ähnlichen Umgang mit halachischen Vorschriften im Chassidismus und bei Jesus auf. Beide, Chassidim und Jesus, lehnen das Gesetz nicht ab, sondern kritisieren jene, die im Streben nach ritueller Reinheit oder rigoroser Gesetzlichkeit, menschliche Aspekte innerhalb der Religion verdunkeln.[604] Jesu Beziehung zur Halacha liegt, wie auch schon Klausner sagte, auf einer stärkeren Betonung der sittlichen Seite gegenüber einer rituellen Seite der Tora. Dabei darf keinesfalls ein absoluter Gegensatz zum Rituellen abgeleitet werden. Weder Jesus noch die Chassidim kritisieren die Tora als solche, wohl aber den Umgang mit ihr.

So sind auch die im Christentum zentralen Gebote der Nächsten- und Feindesliebe im Kontext jesuanischer Tora-Auslegung und dem Ringen, um das rechte Tun zu verstehen.

Dabei ist die Frage nach der Gerechtigkeit des Menschen und vor Gott zentral.[605] Die »Goldene Regel«, wie sie von Hillel überliefert ist oder das Gebot der Nächstenliebe (vgl. Lev 19,18) geben hierzu Orientierung und finden sich ebenso in der jesuanischen Lehre (Goldene Regel in Mt 7,12; Gebot der Nächstenliebe in Mt 22,39). Viele Bezugspunkte zeigen, wie tief Jesu ethisches Denken in der jüdischen Umwelt wurzelt. Flusser sieht Jesus, »der eigentlich kein Pharisäer war, den Liebespharisäern aus der Schule Hillels«[606] am nächsten. Besonders in der Bedeutung des bibli-

---

603 Flusser, Jesus, 29.
604 Vgl. ebd., 29–31.
605 So blieb die jüdische Moral nicht einfach bei der alten biblischen Einteilung in Sünder und Gerechte stehen, sondern veränderte sich ab einem gewissen Zeitpunkt. Für diesen Wendepunkt führt Flusser jenes Denken an, in dem gute Werke nicht in berechnender Absicht getan werden, weil sie von Gott belohnt werden, sondern getan werden, weil sie moralisch sind. Eine nachhaltige Veränderung dieses Lohndenkens findet sich im Judentum bei Jesus Sirach, in dessen gleichnamiger Schrift, die um 185 v. Chr. entstand. Er lässt das alte ausgleichende Gerechtigkeitsdenken zurück und formuliert eine neue jüdische Ethik (vgl. Jesus Sirach 27,30–28,7). Die Einteilung in Sünder oder Gerechter wird bei Jesus Sirach von der Aussöhnung mit dem Nächsten abhängig gemacht. Sie bestimmt, ob jemand als Sünder oder als Gerechter vor Gott steht. Ein Gedanke, der sich auch bei Jesus findet (vgl. Lk 6,37–38).
606 Flusser, Jesus, 78.

schen Gebotes der Gottes-[607] und der Nächstenliebe[608], die Jesus miteinander verbindet:

> Du sollst den Herrn, deinen Gott, lieben mit ganzem Herzen, mit ganzer Seele und mit deinem ganzen Denken. Das ist das wichtigste und erste Gebot. Ebenso wichtig ist das zweite: Du sollst deinen Nächsten lieben wie dich selbst. An diesen beiden Geboten hängt das ganze Gesetz und die Propheten. (Mt 22,36–40)

Den Nächsten zu lieben, schließt bei Jesus auch die Feindesliebe ein. Zwar gibt es eine Generation nach Jesus beispielsweise bei Rabbi Chanina ben Dosa Forderungen, den Feind nicht zu hassen, das radikale Gebot: »Liebt eure Feinde und betet für die, die euch verfolgen [...]« (Mt 5,44), bleibt jedoch ein jesuanisches Proprium, das im Judentum nicht rezipiert wird. Flusser sagt dazu:

> Das Gebot der Feindesliebe ist so sehr Jesu Eigentum, daß wir es im Neuen Testament nur aus seinem Munde hören.[609]

Flusser zeigt anhand Jesu halachischer, moralischer und ethischer Vorstellungen wie unmöglich es ist, Jesus ohne den Hintergrund seiner jüdischen Lebenswelt zu verstehen. Dazu gehört wesentlich auch die in der damaligen Zeit bekannte Vorstellung vom Himmel- bzw. vom Gottesreich, die Jesu Umgang mit den Außenseitern der Gesellschaft erklärt. »Amen, ich sage euch: Die Zöllner und die Dirnen gelangen eher in das Reich Gottes als ihr« (Mt 21,32). Die Bedeutung des Gottesreiches in der jesuanischen Verkündigung war bereits Thema im Zusammenhang mit der Eschatologie im Abschnitt über Klausner. Inhaltlich an Klausner anknüpfend präzisiert Flusser:

> Er [Jesus] ist der einzige uns bekannte antike Jude, der nicht nur verkündet hat, daß man am Rand der Endzeit steht, sondern gleichzeitig, daß die neue Zeit des Heils schon begonnen hat.[610]

Zu dieser Verkündigung zählt Flusser die Gleichnisse Jesu vom aufgehenden Sauerteig (vgl. Mt 13,33) und dem Salz der Erde und dem Licht der Welt (vgl. Mt 5,13–16). Zur endzeitlich angebrochenen Gottesherrschaft, die Jesus verkündigt und sich besonders an die Außenseiter der Gesellschaft richtet, gehört auch eine »göttlich gewollte Bewegung«. Flusser nennt diese nicht Kirche oder Gemeinde, sondern eine »Gemeinschaft von Nachfolgern«[611]. Jesus wird die zentrale Figur (vgl. Mt 12,30; Lk 11,23) einer neuen Bewegung, die ihren Anfang mit Johannes dem Täufer gefunden hat. Das bedeutet das Reich Gottes ist nicht nur durch eine bereits angebrochene endzeitliche Herrschaft Gottes charakterisiert, sondern auch durch eine zu ihr gehörende anwachsende Bewegung auf Erden gekennzeichnet. In der Verkündigung der Botschaft vom Reich Gottes setzt Jesus mit der Nächsten- und Feindesliebe die

---

607 »Darum sollst du den HERRN, deinen Gott, lieben mit ganzem Herzen, mit ganzer Seele und mit ganzer Kraft.« (Dtn 6,5)
608 »Du sollst deinen Nächsten lieben wie dich selbst. Ich bin der HERR.« (Lev 19,18)
609 FLUSSER, Jesus, 74.
610 Ebd., 96.
611 Ebd., 97.

bisherige Einteilung in Sünder und Gerechte außer Kraft.⁶¹² Unauflöslich ist für Flusser die Spannung zwischen schon begonnener, aber noch nicht vollendeter Endzeit.

d) Gleichnisse

Vergleichbar mit der abwertenden Haltung gegenüber den Pharisäern als homogener Opposition gegenüber Jesus findet sich im Christentum bis heute die Tendenz die neutestamentlichen Gleichnisse als etwas genuin jesuanisches anzusehen.⁶¹³ Wurden rabbinische Gleichnisse überhaupt wahrgenommen, dann nur, um sie gegenüber den »besseren« Gleichnissen Jesu abzuwerten.⁶¹⁴

> Bei sehr vielen, die sich mit Jesus und seinen Worten befassen, gibt es eine Tendenz, Jesus gegen das Judentum seiner Zeit auszuspielen. [...] Vielen fällt es leicht, Jesus dem antiken Judentum gegenüber abzugrenzen und isoliert ins Licht zu setzten. Dies fließt leichter in die Feder und in die Predigtworte, weil sie die jüdischen Quellen nur oberflächlich kennen und sie tendenziös interpretieren.⁶¹⁵

Je nach Definition, was ein Gleichnis ist, werden heute bis zu 100 jesuanische Gleichnisse gezählt. Gleichnisse bilden im Judentum zur Zeit Jesu eine gängige Methode zur moralischen Unterweisung der Bevölkerung, die an biblische Vorbilder anknüpft⁶¹⁶ – gleichwohl ist die Fülle der jesuanischen Gleichnisse ebenso bemerkenswert wie die schriftliche Überlieferung; verschriftlichte rabbinischen Gleichnisse finden sich erst in späterer Zeit.⁶¹⁷

In seinem Hauptwerk zur Gleichnisforschung *Die rabbinischen Gleichnisse und der Gleichniserzähler Jesus* (1981), zeigt Flusser, wie ähnlich jesuanische und rabbinische Gleichnisse sind.⁶¹⁸ Ausgehend vom Vater der modernen Gleichnisforschung, Adolf

---

612 Vgl. FLUSSER, David, Das Christentum – eine jüdische Religion, München 1990, 46.
613 »Jesu Gleichnisse sind [...] etwas völlig Neues«, schreibt der fundierte Kenner des antiken Judentums: JEREMIAS, Joachim, Die Gleichnisse Jesu, Göttingen ⁹1984, 9.
614 FLUSSER, Die rabbinischen Gleichnisse und der Gleichniserzähler Jesus, 13.
615 Ebd., 12.
616 »2 Sam 12,1-3 (›Natanparabel‹); 14, 1-11; 1 Kön 20,35-40; Jes 5,1-7 (Weinberglied); 28,23-29 (Gleichnis von der Arbeit des Bauern); Fabeln: Ri 9,8-15; 2 Kön 14,9f.; vgl. auch Ez 17,3-10;19,2-10.10-14; 21,1-5; 24-3,5.« zit. nach: HENGEL/SCHWEMER, Jesus und das Judentum, 398. – Zudem gibt es mit hoher Wahrscheinlichkeit auch tannaitische Gleichnisse aus dem 1.-2. Jahrhundert. Vgl. THEIßEN/MERZ, Der historische Jesus, 286. – Ein einziges Gleichnis findet sich auch als Fragment in den Schriften von Qumran (4Q302 Frag. 2 II). Der Grund der geringen Anzahl liegt wohl darin, dass der religiös elitären Qumrangemeinde, Gleichnisse zu volkstümlich erschienen. Vgl. HENGEL/SCHWEMER, Jesus und das Judentum, 398f.
617 Vgl. FLUSSER, Die rabbinischen Gleichnisse und der Gleichniserzähler Jesus, 19-21.
618 Das Werk ist in einer lebendigen Sprache geschrieben, doch der Aufbau ist disparat und eine Vertiefung in die einzelnen Kapitel ist wegen eines fehlenden Methodenteils und inhaltlicher stark voneinander abweichender Themen, die unsystematisch angeordnet sind, schwer zugänglich. Sie reichen von strukturellen, ästhetischen und Gattungsfragen

Jülicher,[619] der kritisch rezipiert wird, und Joachim Jeremias[620] beschreitet Flusser auch recht unkonventionelle Wege, wenn er beispielsweise den russischen Formalisten Viktor Schklowskij, der die schriftstellerische Tätigkeit als integralen Bestandteil der sozialen Tätigkeit betrachtete, und den Schweizer Literaturwissenschaftler und Märchenforscher Max Lüthi einbezieht.[621] Letzteres verwundert bei Flusser nur auf den ersten Blick, denn als Humanist stimmen für ihn Gleichnisse und Märchen in einer Sache tatsächlich stark überein: Sie funktionieren durch ihre festgesetzten moralischen Standpunkte.[622]

Einen markanten Unterschied zu den rabbinischen Gleichnissen macht Flusser schnell deutlich: Jesus kommentierte keine Toratexte. Flusser nimmt eine lange mündliche Überlieferungstradition bis zur Verschriftlichung der rabbinischen Gleichnisse an. Mit den jesuanischen Gleichnissen stimmen diese folgendermaßen überein: [623]

> Nicht nur in ihrer Thematik, in ihren Sujets[624], in den Motiven und in der dialektischen Verbindung zwischen den Sujets und der Morallehre gehören die Gleichnisse Jesu zu den rabbinischen Gleichnissen, sondern auch in ihrer ästhetisch wirksamen Vortragsweise.[625]

Besonders im Fokus auf die Themen Gastmahl und Arbeit sind sich jesuanische und rabbinische Gleichnisse sehr ähnlich.[626] Daher vergleicht Flusser den Ausspruch des Rabbi Tarfon (gelebt um ca. 100 n. Chr.) in den Sprüchen der Väter (mAv II, 15f) mit den Worten Jesu in Mt 9,37f (Lk 10,2). Der Text lautet:

> Rabbi Tarfon sagt: »Der Tag ist kurz und die Arbeit ist gross, die Arbeiter sind träge und der Lohn ist reich und der Arbeitsherr drängt.« Er pflegte auch zu sagen: »Nicht liegt es auf dir, die Arbeit zu vollenden, und du bist nicht frei, müssig zu sein. Wenn du viel Weisung gelernt hast, ist zuverlässig dein Arbeitsherr (wörtlich der Herr deiner Arbeit), dir den Lohn deines Werkes zu bezahlen.«[627]

über historische Fragen bis hin zu Interpretationsfragen einzelner Gleichnisse. Flusser geht in seinem Buch auch Fragen der vermeintlichen und wirklichen Allegorese nach sowie Fragen nach dem Ursprung und der Vorgeschichte der jüdischen Gleichnisse. Dabei behandelt er ihre Sujets und Zwecke. Er bietet eine vertiefte Auseinandersetzung mit dem Gleichnis der zehn Jungfrauen, der synoptischen Frage, der Verstockungsproblematik, der Jubelrufe. Auch mit dem epischen Still der Gleichnisse Jesu setzt er sich auseinander. Eine Überblick bietet das Inhaltsverzeichnis: FLUSSER, Die rabbinischen Gleichnisse und der Gleichniserzähler Jesus, 9.

619 JÜLICHER, Adolf, Die Gleichnisreden Jesu, Darmstadt ²1963 (1910).
620 JEREMIAS, Joachim, Die Gleichnisse Jesu, Göttingen ¹¹1998 (1947).
621 Vgl. FLUSSER, Die rabbinischen Gleichnisse und der Gleichniserzähler Jesus, 32, 35.
622 Vgl. ebd., 44.
623 Ebd., 19–21.
624 Mit »Sujet« meint Flusser nicht die Erzählung: »Das Sujet ist das Thema, in welchem die verschiedenen Situationen, Motive, eingewoben sind. Was wir Motive nennen, ist im ganzen klar: es sind die einfachsten epischen Einheiten, aus denen das Sujet zusammengesetzt ist.« Ebd., 36.
625 Ebd., 311.
626 Vgl. ebd., 37.
627 Zit. nach ebd. 141.

Das jesuanische Gleichnis ist ähnlich wie das rabbinische, jedoch zielt jenes eindeutig auf die Verkündigungstätigkeit der Jünger Jesu ab:

> Die Ernte ist groß, der Arbeiter aber sind wenig. So bittet den Herrn der Ernte, dass er Arbeiter in seine Ernte entsendet.[628]

Hier appelliert Jesus eindeutig an seine Jünger, hinauszugehen und zu verkündigen. Um die Gleichnisse als jüdische Gleichnisse verstehen zu können, versucht Flusser die christliche Leserschaft von der »hindernden Starre der Vorurteile«[629] zu befreien, indem er sie in eine jüdische Zuhörerschaft zu verwandeln versucht, d. h. mehr oder weniger christologische Perspektiven in den Gleichnissen auszuschalten. Im hier angeführten Beispiel wird aber deutlich, dass es zu einer Spannung der Deutung kommt und eine messianische oder christologische Deutung nicht per se falsch ist mit Blick auf Jesu Botschaft von der Botschaft des Reiches Gottes, die verkündigt werden soll.

Das Fazit seines Buches lautet, dass jesuanische Gleichnisse nur dann richtig verstanden werden können, wenn sie auch der rabbinischen Gleichnisgattung zugeschrieben werden können.[630] In der Interpretation der Gleichnisse setzt der Humanist Flusser einen eindeutigen Schwerpunkt in der steten Betonung ihrer theologisch-moralischen Absicht, die jesuanische und rabbinische Gleichnisse unbestreitbar vermitteln wollen.[631]

> Das Gleichnis bringt den Hörer dazu, die Geschichte auf ein paralleles Gebiet zu übertragen und anzuwenden, wobei die Erzählung aus dem täglichen Geschehen, auf den moralischen Imperativ der richtigen Handlungsweise vor Gott zielt.[632]

Mit diesem moralischen Deutungsimperativ wendet sich Flusser gegen die kirchlich stark eschatologische Deutung jesuanischer Gleichnisse. So sieht Flusser die Pointe

---

628 Mt 9,37f (Lk 10,2) zit. nach ebd.
629 Ebd., 312.
630 Hier steht Flusser in der Tradition von Paul Fiebigs (1876–1949) früh geäußerten Annahme, jesuanische und rabbinische Gleichnisse bildeten eine Gattung. Seine Thesen wurden wenig rezipiert. Hier sei lediglich kritisch angemerkt, dass Fiebig ein Unterstützer der nationalsozialistischen Rassenlehre war. Siehe: Fiebig, Paul, Neues Testament und Nationalsozialismus: 3 Univ.-Vorlesungen über Führerprinzip, Rassenfrage, Kampf, Dresden/Leipzig 1935 (= Schriften der Deutschen Christen Heft 11); Fiebig, Paul, Altjüdische Gleichnisse und die Gleichnisse Jesu, Tübingen 1904; Fiebig, Paul, Die Gleichnisse Jesu im Lichte der rabbinischen Gleichnisse des neutestamentlichen Zeitalters, Tübingen 1912; Fiebig, Paul, Rabbinische Gleichnisse, Leipzig 1929. – Fortgesetzt wurde Flussers und Fiebigs Forschung von Peter Dschulnigg (1943-2011). Alle drei Forscher richten sich dabei gegen Jülicher, der Zweck und Form der Gleichnisse durch den Rückbezug auf die griechisch-römische Rhetorik bestimmte und nicht durch den Referenzrahmen rabbinischer Gleichnisse. Vgl. Erlemann, Kurt, Gleichnisse: Theorie – Auslegung – Didaktik, Tübingen 2020, 66. Siehe auch: Dschulnigg, Peter, Rabbinische Gleichnisse und das Neue Testament: Die Gleichnisse der PesK im Vergleich mit den Gleichnissen Jesu und dem Neuen Testament, Habilitationsschrift, Bern 1988 (= Judaica et Christiana 12).
631 Vgl. Flusser, Die rabbinischen Gleichnisse und der Gleichniserzähler Jesus, 13, 33f.
632 Ebd., 33.

des Gleichnisses vom Weizen und vom Unkraut (Mt 13,24–30; 36–43) nicht in einer eschatologischen Größe, sondern im »realisierende[n] Eschaton«[633], das Jesus verkündet. In seiner historisch-literarisch kontextuellen Gesamtschau spricht sich Flusser gegen eine kerygmatische Auslegung der jesuanischen Gleichnisse aus. Sein Vergleich mit rabbinischen Gleichnissen zielte insgesamt darauf, die Gleichnisse Jesu aus ihrem jüdischen Kontext heraus zu verstehen und zu zeigen, dass Jesus nicht der exklusive Erfinder der Gattung Gleichnisse ist.[634]

Trotz teils heftiger Fachkritik[635] trägt Flusser einen wichtigen Aspekt zur Gleichnisforschung bei.[636] Als prominenter jüdischer Jesusforscher läutete Flusser auf breiter Ebene eine nachhaltige theologische Trendwende in seinem Vergleich der jesuanischen Gleichnisse mit den rabbinischen Gleichnissen ein, indem er die Beurteilung rabbinischen Gleichnisse nicht schlechter oder unvollkommener darstellte als die jesuanischen Gleichnisse. Er zeigt Parallelen auf, in denen Jesus und die Rabbinen in der Botschaft und den Bildern ihrer Gleichnisse aus der gemeinsamen jüdischen Gedankenwelt schöpfen, ohne, wie Bernd Kollmann scheibt, dass »eine direkte Beeinflussung in der einen oder anderen Richtung gegeben wäre«[637].

e) »Jüdische« Christologie

David Flusser vertritt die These, Judentum und Christentum seien »*eine* jüdische Religion«.[638] Dazu passt, dass Flusser das Vaterunser-Gebet (vgl. Mt 6,9–10) mit den Worten würdigt, es sei ein

---

633 Ebd., 64.
634 Ebd., 13f.
635 WEDER, Hans, Flusser, David: Die Rabbinischen Gleichnisse und der Gleichniserzähler Jesus: Rezension, in: Theologische Literaturzeitung 109/3 (1984), 195-198
636 Zur Vertiefung des Themas Gleichnisse siehe: ERLEMANN, Kurt, Gleichnisse: Theorie – Auslegung – Didaktik, Tübingen 2020.
637 KOLLMANN, Bernd, Jesus als jüdischer Gleichnisdichter, in: New Testament Studies 50/4 (2004), 457-475, hier: 460 [DOI: 10.1017/S0028688504000268]. Kollmanns Gegenuberstellung der rabbinischen und jesuanischen Gleichnisse sei hier wiedergegeben: »Die Gleichnisse Jesu und der Rabbinen schöpfen unabhängig voneinander aus dem gleichen Repertoire jüdischer Bilder und Erzählmuster. Da die rabbinischen Gleichnisse der Schriftauslegung dienen, sind sie oft durch eine Strafftheit der Gedankenführung und eine Konzentration auf die wesentlichen Züge der Handlung gekennzeichnet. Ihre neutestamentlichen Gegenstücke spiegeln die soziale Wirklichkeit lebendiger wider und weisen eine ausgeprägtere Erzählstruktur auf, um für die Gottesherrschaft zu werben. Dabei wird das Geschick der Sünder im Gegenüber zum Geschick der Gerechten thematisiert und die Integration von Randgruppen Israels in die Gottesherrschaft verteidigt. Diese unverwechselbaren Züge der Gleichnisse Jesu berechtigen nicht zur Abwertung der rabbinischen Gleichnisse.« Ebd., 457.
638 These 53 in: FLUSSER, David, Thesen zur Entstehung des Christentums aus dem Judentum, in: FrRu XXVII/101-104 (1975), 181-184, hier: 184. Diese These vertritt er auch explizit in seinem Buch, Das Christentum – eine jüdische Religion, München 1990.

großartiges, inniges Gebet; [...] genauso christlich wie jüdisch, und dem Juden ist es so nahe, daß er es mitbeten kann, ohne dabei zu merken, daß es ein Gebet einer angeblich fremden Religion ist.[639]

Judentum und Christentum stehen als »eine jüdische Religion« auf dem Boden der (alttestamentlichen) Gottebenbildlichkeit (theozentrischer Anthropozentrismus),[640] was Vorstellungen einer humanistischen Religion impliziert. Da Flusser das Christentum als jüdische Religion versteht, kann es nicht verwundern, dass er sich auch zu christologischen Fragen äußert. Er tut dies unter Bezugnahme der Interpretation der Glaubenswelt Jesu in der literarischen Abhängigkeit der Evangelien von anderer jüdischer Literatur. Für einen Juden führt dies zu einer ungewöhnlichen Jesus-Deutung Flussers, der diese aber ohne Geltungsanspruch für seinen persönlichen Glauben äußert.

Flusser präsentiert sich als orthodoxer Juden, der Christen versteht, aber mit ihnen nicht in der Sache Jesu übereinstimmt; von Jesus spricht er als »mein Meister und euer Gott«[641]. Dass Jesus göttlich gedeutet werden konnte, hat nach Flusser aber nicht erst mit dem Einfluss der griechischen Philosophie auf das Christentum begonnen, sondern nimmt in der Glaubenswelt Jesu ihren Ausgang, in der die »jüdischen Voraussetzungen der Christologie«[642] liegen. Irritierend ist diese Aussage deswegen, weil für gewöhnlich die Christologie mit der Interpretation eines nachösterlichen und auferstandenen Christus ansetzt bzw. mit der frühkirchlichen Dogmenentwicklung im Kontext hellenistischer Einflüsse und in der Regel nicht mit dem Judentum verbunden wird. Bei der literarischen Erschließung der Evangelien entdeckt Flusser jedoch jüdische Aspekte, die mit der kirchlichen Christologie verwandt sind: einerseits im Johannesevangelium, andererseits bei den Synoptikern.[643] Dass teilweise christliche Theologen Jesus in einer vorösterlichen Christologie bei den Synoptikern sein Hoheitsbewusstsein absprechen, dann aber im Johannesevangelium eine nach-österliche Christologie wiederzuerkennen vermögen, wenn sie dort von Jesus als dem Christus sprechen, ist für Flusser nicht nachvollziehbar. Er vermag nämlich jüdische Anknüpfungspunkte für frühes christologisches Denken

---

639 FLUSSER, Bemerkungen eines Juden zur christlichen Theologie, 31.
640 Der Begriff »theozentrischer Anthropozentrismus« bleibt bei Flusser recht unklar. Er könnte bedeuten, dass mit der Ehrfurcht vor dem einzelnen Menschen die Ehrfurcht vor Gott einhergeht bzw. bei dessen Fehlen, verloren geht. Dazu sagt Flusser selbst in Anlehnung an den Mischna-Traktat Sanhedrin (4,5): »Die Idee, dass jedes einzelne menschliche Wesen die ganze Menschheit aufwiegt, ist der besondere jüdische Beitrag zum Humanismus, auch wenn man in der großen Welt manchmal diese tiefe Ehrfurcht vor dem Einzelnen vergiesst.« FLUSSER, David, Hillels Selbstverständnis und Jesus, in: FrRu XXVII (1975), 172-175, hier: 174.
641 »Mein Meister und euer Gott«, so soll Flusser seine Beziehung und jene der Christen zu Jesus beschrieben haben. Überliefert von Marcel Dubois OP (1920-2007), erster katholischer Philosophieprofessor und Dominikaner an der Hebräischen Universität in Jerusalem. Vgl. VOLKMANN, David Flusser und der jüdische Jesus, 7.
642 FLUSSER, Das Christentum – eine jüdische Religion, 8.
643 Vgl. FLUSSER, Jesus, 9.

aufzuzeigen.⁶⁴⁴ Eine »jüdische« Christologie zu schreiben bedeutet nicht, dem christlichen Glauben sein Alleinstellungsmerkmal abzusprechen, nur weil einzelne Motive jüdisch sind, so Flusser. Denn es lasse sich ohnehin zwischen einem »vorchristlichen und nachchristlichen jüdischen Glauben« unterscheiden.⁶⁴⁵

Flusser sieht in den synoptischen Evangelien Jesus in erster Linie als »Wundertäter und Prediger« beschrieben. Soteriologische Anspielungen gibt es zwar auch dort, aber darin wird versucht Jesus »nicht so sehr« als einen »Erlöser der Menschheit«⁶⁴⁶ darzustellen. Anders gelagert ist der Fall für Flusser beispielsweise in Texten wie dem Hebräerbrief, dem Philipperbrief oder der Offenbarung wie Flusser beispielsweise in seinem Aufsatz *Jesus in the context of history* (1969)⁶⁴⁷ zeigt. In seinen späteren Schriften arbeitet Flusser diese jüdischen Bezüge zur Christologie immer klarer hervor.⁶⁴⁸ Eine Zusammenschau von Flussers Aussagen und Thesen zur Christologie findet sich in den 57 *Thesen zur Entstehung des Christentums aus dem Judentum* (1975). Dabei gibt die erste These den Rahmen für alle anderen Jesus-Studien Flussers vor:

> Jesus war Jude, lebte den jüdischen Glauben und ist für ihn gestorben. Er wurde unter das Gesetz gestellt (Gal 4,4) und wollte kein »Reformator« des Judentums werden.⁶⁴⁹

In seinem Jesus-Buch von 1968 wollte Flusser (noch) keine »Brücke zwischen dem historischen Jesus und dem christlichen Glauben schlagen«⁶⁵⁰, was sehr deutlich im letzten Satz des Buches zum Ausdruck kommt. Bis das Werk in seiner überarbeiteten Fassung 1999 – ein Jahr vor Flussers Tod – erschien, lautete er: »Und Jesus verschied.«⁶⁵¹ Die Auferstehung – das zentrale Element der Christologie – spielt für Flusser (wie für die Mehrheit der Jüdinnen und Juden) keine Rolle. Dies gilt nach Flusser jedoch nicht für die Jüngerinnen und Jünger Jesu. Sehr wohl konnten diese Jesus in seinem Selbstverständnis als den Messias oder kommenden Menschensohn des Buches Daniel verstehen.⁶⁵² In diesem Verständnis geht Flusser teilweise mit

---

644 Vgl. Ders., Das Christentum – eine jüdische Religion, 77.
645 Ders., Bemerkungen eines Juden zur christlichen Theologie des Judentums, 27.
646 Ders., Jesus, 9.
647 Ders., Jesus in the Context of History in: Toynbee, Arnold (Hg.), The Crucible of Christianity: Judaism, Hellenism and The Historical Background to the Christian Faith, London 1969, 225–234. Der Aufsatz wird im folgend auf Deutsch (Der jüdische Ursprung der Christologie) zitiert, aus: Flusser, David, Bemerkungen eines Juden zur christlichen Theologie, München 1984 (= Abhandlungen zum christlich-jüdischen Dialog 16), 54–65.
648 Für die Auseinandersetzung mit der Christologie siehe beispielsweise: Ders., Bemerkungen eines Juden zur christlichen Theologie; Ders., Bemerkungen eines Juden zur christlichen Theologie des Judentums; Ders., Das Christentum – eine jüdische Religion.
649 These 1 aus: Flusser, Thesen zur Entstehung des Christentums aus dem Judentum, 181.
650 Ders, Jesus, 14.
651 Auf dieses kleine Detail verweist: Volkmann, David Flusser und der jüdische Jesus, 8; Flusser, Jesus, 133.
652 Die christliche Deutung von Jesus Christus als Menschensohn im Buch Daniel weicht von der jüdischen Deutung ab. Die jüdische Deutung versteht unter dem Menschensohn

Klausners Ansicht d'accord: Beide verstanden Jesus innerhalb der unterschiedlichen jüdischen Strömungen seiner Zeit; für beide steht fest, dass Jesus sich voll und ganz mit dem Glauben seines Volkes, des Volkes Israel, identifizierte. Hinzu kommt, dass weder Flusser noch Klausner Anstoß an einem möglichen messianischen Selbstbewusstsein Jesu nahmen. Anders als Klausner sieht Flusser darin aber den christologischen Anknüpfungspunkt für die jüdischen Christusgläubigen des 1. Jahrhunderts.[653] Obwohl Klausner nicht, wie Flusser, von jüdischen Voraussetzungen für eine Christologie spricht, wird bei beiden deutlich, dass nicht erst pagane Einflüsse zur Entwicklung der Christologie führten, sondern bereits im antiken Judentum später ausformulierte christologische Denkmuster angelegt waren. Flusser zeigt, dass die »christologische Glaubensweise« an Jesus, »nicht etwas ganz Neues gewesen ist«[654]:

> Der Glaube an die sühnende Kraft des Kreuzes wurde sicher gleich nach dem Tod Jesu entfaltet, so daß allein sein Opfertod als Sühne für die Welt angesehen wurde, und die Erscheinungen des Auferstandenen bekamen damals ihren vollen Glaubensinhalt. Das erhabene Selbstverständnis des »vorösterlichen« Jesus und seine Gottessohnschaft wurde ins Göttliche gesteigert, und Christus wurde zur Immanenz Gottes, zu seiner Herrlichkeit. Dadurch wurde jetzt das Christusdrama bis zur Erschaffung der Welt zurückverlängert, da Christus mit dem die Welt erschaffenden Wort gleichgesetzt wurde. Das Ende wurde schon durch den »historischen« Jesus festgesetzt, der ja von dem beim jüngsten Gericht richtenden Menschensohn gesprochen hatte.[655]

Flusser benennt hier fünf Punkte, in denen die Christologie an jüdischen Vorstellungen anknüpft: Sühnetod, Auferstehung, Immanenz Gottes/Hypostasen, Präexistenz und Menschensohn. Hintergründig steht Christologie, so Flusser, dem streng jüdisch-monotheistischen Denken keinesfalls entgegen. Die jüdischen Bezüge, die zur »christologischen Glaubensweise« in der ersten Phase des Christentums führten, beleuchtet der folgende Abschnitt.[656]

f) Jüdische Wurzeln in der Christologie

Ausgehend von der These, dass Jesus sich selbst als Menschensohn und Messias versteht – auch wenn er sich in den neutestamentlichen Texten nie selbst so bezeichnet – sieht Flusser jüdische Elemente in der Christologie angelegt. Damit stellt er sich gegen die Auffassung, christologisches Denken sei erst durch die Verbindung des Christentums mit dem Hellenismus entstanden. Flusser argumentiert beinahe

---

eine kollektive Größe, die für die Heiligen Israels, die Erwählten und nicht für eine einzelne Person steht. Vgl. FLUSSER, Bemerkungen eines Juden zur christlichen Theologie, 58.
653 Vgl. HENGEL/SCHWEMER, Jesus und das Judentum, 501; FLUSSER/NOTLEY, Jesus, 10.
654 FLUSSER, David, Nachwort, in: BUBER, Martin (Hg.), Zwei Glaubensweisen: Mit einem Nachwort von David Flusser, Gerlingen ²1994 (1950), 187–247, 235.
655 EBD.
656 Vgl. ebd., 236.

wie ein christlicher Theologe, indem er in fünf Punkten einen jüdischen Zugang zur Christologie entwirft.

1) *Präexistenz und Jungfrauengeburt:* Zunächst stellt Flusser die Vorstellung von Christi Präexistenz, die für die Entwicklung der kirchlichen Christologie maßgeblich sein wird, und die Jungfrauengeburt, die für die Mariologie von zentraler Bedeutung ist, im Vergleich mit anderen antiken jüdischen Vorstellungsweisen vor. Wenn auch die Herkunft Jesu in der eigentlichen Christologie eine geringe Rolle spielt, so nennt sie Flusser dennoch im Kontext der Christologie und verknüpft so das Judesein Jesu mit dem Präexistenzgedanken.

Die Vorstellungen einer übernatürlichen Empfängnis stammen nach Flusser aus mythologisch-orientalisch geprägten, jüdischen Kreisen. Als Gewährsmann für eine übernatürliche Empfängnis nennt Flusser Philo von Alexandrien, der in seiner Schrift *Über die Cherubim* (40–47) die übernatürliche Empfängnis der Kinder biblischer Frauen (Sara, Lea, Rebekka, Zippora) anführt, die nicht durch den Samen ihrer Männer, sondern durch den göttlichen Samen gezeugt werden. Eine ähnlich übernatürliche Empfängnis wird von Melchisedek im Slavischen Henochbuch berichtet, der ebenso ohne irdischen Erzeuger geboren wurde. Der nur aus Gen 14 und Ps 110 bekannte Melchisedek ist eine mythische Gestalt, mit breiter Rezeption in der Spätzeit des Zweiten Tempels.[657] Unter Bezugnahme auf Psalm 110 beschreibt beispielsweise Heb 7,3 die Bedeutung Melchisedeks folgendermaßen:

> Er ist ohne Vater, ohne Mutter, ohne Stammbaum und hat weder Anfang der Tage noch Ende des Lebens. So gleicht er dem Sohn Gottes und bleibt Priester in Ewigkeit. (Lut 2017)

Flusser will im Zusammenhang mit der übernatürlichen Empfängnis zeigen, »daß die Zeit reif war für die Geburtsstunde des Christentums – nicht in der hellenistischen und sicherlich nicht in der heidnischen Welt, aber im Land Israel, wo Jesus und seine ersten Jünger lebten«[658].

Flusser verbindet die übernatürliche Empfängnis mit dem Präexistenzgedanken. Diese »patrilineare« Sichtweise auf Jesu Herkunft wird durch eine »matrilineare« Sichtweise ergänzt, die Jesus klar im Judentum verortet. Maria/Miriam ist darin für Flusser das gesicherte historische »Bindeglied zwischen Jesus und dem jüdischen Volk«[659]. Doch nicht nur in ihrem Schmerz um den getöteten Sohn wird sie Teil der Leidensgeschichte des jüdischen Volkes. Die Mutter Jesu symbolisiert als Jüdin eine »mater dolorosa«[660], stellvertretend die »schmerzensreiche jüdische Mutter, deren Sohn ein Opfer des Judenhasses geworden ist«[661]. Die Kreuzigung als eine Manifestation des Judenhasses, gehört nach Flusser zur Geschichte des jüdischen Martyriums, womit er einen Bogen aus der Zeit Jesu bis in seine von der Aufarbeitung der Shoah geprägte Gegenwart schlägt. Er nimmt auch die Schmerzen jener

---

657 Vgl. FLUSSER, Bemerkungen eines Juden zur christlichen Theologie, 54–57.
658 Ebd., 57.
659 FLUSSER, Das Christentum – eine jüdische Religion, 29.
660 Die jüdische Deutung Mariens als »mater dolorosa« findet sich bereits bei: BEN-CHORIN, Mutter Mirjam, 57–76.
661 FLUSSER, Das Christentum – eine jüdische Religion, 27.

unzähligen jüdischen Mütter in den Blick, die ihre toten Kinder wegen des Judenhasses, am Kreuz, in der Shoah, aber auch in den Kämpfen zur Verteidigung des Staates Israel beweinten. Im Kontext der Kreuzigung als jüdisches Martyrium hebt Flusser Maria als Identifikationsfigur für die Überlebenden hervor. Als Jüdin teilt Maria eine schmerzhafte Erfahrungsgeschichte über Jahrhunderte hinweg mit vielen anderen jüdischen Müttern, deren Kinder wegen ihrer jüdischen Herkunft getötet wurden. So kann die Jüdin Maria für Flusser im Kontext der Kreuzigung Jesu zur vermittelnden Schlüsselfigur in der Frage genuiner Leiderfahrung von Christen und Juden im Dialog werden.[662]

2) *Der präexistente Menschensohn:* Für Flusser ist es auch ohne die Verbindung von Kirche und hellenistischer Philosophie möglich, Jesus alleine aus der jüdisch-religiösen Vorstellungswelt seiner Zeit heraus als Sohn des himmlischen Vaters zu verstehen und ihn auch mit dem Menschensohn identifizieren zu können. Dieser Menschensohn ist

> die höchste, gottähnliche Vorstellung des Erlösers, die das alte Judentum je kannte. Er ist der unmittelbare Stellvertreter Gottes; in ihm spiegelt sich sozusagen Gottes Herrlichkeit wider. Aus diesem Grunde ist er – nach einer Darstellung im Buch Henoch – präexistent, ein Gedanke, auf den auch zuweilen in der rabbinischen Literatur bei Betrachtung über den Messias hingewiesen wird.[663]

Am prominentesten steht hier der jüdische Gedanke der Präexistenz des Menschensohnes im Mittelpunkt, an den das christliche Denken anknüpft. Dort steht am Anfang das göttliche Wort des Johannesevangeliums, durch das die Welt ins Sein gerufen wird. Es ist präexistent. Hier stellt sich Flusser aber selbst die Frage, ob der christliche Logos-Gedanke noch mit dem jüdischen Monotheismus kompatibel ist. Denn warum stellten nicht bereits die synoptischen Evangelien Jesus viel deutlicher als erlösenden Gott dar? Für eine Antwort muss sich Flusser einer eigenen religionsgeschichtlichen Hypothese bedienen. Diese bezeichnet er als »Wagnis« und nimmt an, dass Jesus in den synoptischen Quellen anhand seiner Taten als ein »Wunderrabbi« dargestellt wird, aber nicht eindeutig als Erlöser, weil sein irdisches Leben durch die Kreuzigung mit einer Katastrophe endete, die trotz der Auferstehung nicht ganz abgesprochen werden kann. Unter den missionierenden Juden wurde Jesus als auferstandener Wundertäter verkündet. Nur seine Worte, so Flusser, blieben für die Eingeweihten unverändert, in denen Jesu Sendungs- und Hoheitsverständnis erhalten blieb.[664] Flusser bringt für die Frage nach der Präexistenz als einen Ursprung für die Christologie noch Jesus Sirach ins Spiel, der im Judentum zu Beginn des 2. Jahrhunderts v. Chr. bereits die Weisheit Gottes (gemeint ist das mosaische Gesetz, die Tora) als präexistent beschreibt, die »vom Munde Gottes ausging« (Sir 24,3) oder der Geist Gottes, der »über dem Wasser schwebte« (Gen 1,2). Diese Präexistenzgedanken sind wiederum dem christlichen Präexistenz-

---

662 Vgl. ebd., 23–29.
663 FLUSSER, Bemerkungen eines Juden zur christlichen Theologie, 59.
664 Vgl. DERS., Das Christentum – eine jüdische Religion, 82f.

gedanken des göttlichen Logos verwandet. Christus selbst kann mit Gottes Immanenz, als Spiegelbild Gottes, identifiziert werden.

> Durch die Gleichsetzung des präexistenten Menschensohnes mit dem Wort erlangte Christus prähistorische Bedeutung noch vor seiner Menschwerdung: durch Ihn wurde die Welt erschaffen.[665]

3) *Göttliche Hypostasen und Immanenz Gottes:* Mit hypostatischen Termini meint Flusser Transzendenzbegriffe für Gott. Diese sind seit dem 2. Jahrhundert v. Chr. in hellenistisch-jüdischen Schriften (z. B. Weisheit Salomos; Schriften Philos von Alexandrien) belegt. Gott wird umschrieben als die Weisheit, der Geist, das Wort, die Macht oder die Herrlichkeit. Diese Tradition wird im rabbinischen Judentum und der jüdischen Mystik weitergeführt. Die hypostatischen Termini sind Wege, Vorstellungen von Gott zu entwickeln, ohne gegen das Bilderverbot zu verstoßen oder Gottes unaussprechlichen Namen zu artikulieren. Die Begriffe stehen für Gott selbst und seine Immanenz in der Welt, können aber gleichzeitig auch Eigenschaften Gottes bezeichnen. Die hypostatischen Begriffe sind im Judentum austauschbar, da es sich immer nur um die eine Hypostase Gottes handelt. An der Vieldeutigkeit der hypostatischen Begriffe konnten gnostisches und trinitätstheologisches Denken fruchtbar anknüpfen. Christlicherseits werden die »austauschbaren« jüdischen hypostatischen Termini zu drei Hypostasen (Vater, Sohn und Heiliger Geist), die eine Einheit bilden. So konnte der Begriff des Wortes für den präexistenten Logos verwendet werden, der der Hypostase des Sohnes entspricht und der Geist wurde zur dritten Hypostase, dem Heiligen Geist, so weit Flusser.[666] Was bei Flusser so einleuchtend klingt, muss mit Vorbehalt betrachtet werden. Denn die hypostatischen Termini können jüdisch auch lediglich als Emanationen Gottes und nicht als Hypostasen verstanden werden.

4) *Sühnetod:* Flusser macht die Rede von der sühnenden Kraft des Martyriums stark, um einen jüdischen Ursprung der Christologie zu erklären. Er lässt dabei offen, ob Jesus selbst sich als Sühnopfer verstanden hat. Anders verhält es sich bei den Jüngerinnen und Jüngern, die Jesus nachfolgten. Sie sahen eine Verbindung der Passion Jesu zur sühnenden Funktion des Märtyrertodes, wie sie im Judentum bei den Makkabäerbüchern überliefert ist (vgl. 2 Makk 7 und 4 Makk 5–18). Im 2. Makkabäerbuch ist der Martyrertod in der eindrücklichen Erzählung von den sieben Brüdern und ihrer Mutter eingebunden. Bevor der jüngste Bruder starb, sagte er:

> Ich will Leib und Leben um der Gesetze meiner Väter willen dahingeben wie meine Brüder und zu Gott schreien, dass er bald seinem Volk gnädig werde, [...]. Der Zorn des Allmächtigen aber, der mit Recht über unser ganzes Volk ergangen ist, möge an mir und meinen Brüdern zum Stehen kommen. (2 Makk 7,37–38)

Neben dem Aspekt der sühnenden Funktion des Märtyrertodes wird Strafe für die Sünden des Volkes als Grund für den Tod benannt. Wer aber für die Treue zur Tora

---

665 FLUSSER, Bemerkungen eines Juden zur christlichen Theologie, 61.
666 Vgl. ebd., 60f.

gestorben ist, wird zum ewigen Leben auferweckt (vgl. 2 Makk 7,9). Dass dem Tod Jesu von seinen Jüngerinnen und Jüngern diese sühnende Funktion zugesprochen wurde, erhält im christlichen Glauben eine zentrale Bedeutung:

> Die messianischen Motive, die auf Jesu Auffassung seiner Sendung sowie seiner Lehre und andere jüdische Quellen zurückgehen, verschmolzen zu einer Einheit mit der jüdischen Vorstellung von der sühnenden Kraft des Martyriums.[667]

Eine grundsätzliche Unterscheidung zwischen jüdischer und christlicher Vorstellung vom Sühnetod besteht darin, dass im Judentum der Tod des einzelnen Märtyrers repräsentativen Charakter innerhalb des kollektiven Märtyrertums besitzt. Im Christentum hingegen gibt es viele, die für den Glauben an Christus sterben, aber es gibt nur den einen einzigen Sühnetod Jesu:

> Denn Gott hat die Welt so sehr geliebt, dass er seinen einzigen Sohn hingab, damit jeder, der an ihn glaubt, nicht verloren geht, sondern ewiges Leben hat (Joh 3,16).[668]

Das christliche Verständnis einer *theologia crucis* hat nach Flusser in der jüdischen Auffassung der sühnenden Funktion des Märtyrertodes ihren Ursprung.[669] In der christlichen Theologie hingegen ahmt der Märtyrertod zwar die Passion Christi nach, sühnende Funktion hat jedoch allein der Kreuzestod Jesu.[670] Damit erhält das Kreuz Christi seine einmalige Heilsfunktion. Flusser spricht von einer »Exklusivität des Heilsweges«[671], wie er ihm in der langen jüdischen Glaubensgeschichte nicht begegnete.[672]

Verena Lenzen weist in ihrer Studie *Jüdisches Leben und Sterben im Namen Gottes* (1995) auf eine wesensmäßige Unterscheidung zwischen jüdischem und christlichem Martyrium hin. Im Tod Jesu wird der Gedanke des frühjüdischen Märtyrertodes aus den Makkabäerbüchern christlich weitergeführt,

> doch die christliche Auffassung des Martyriums unterscheidet sich wesensmäßig von dem gewaltsamen Tod, den Juden und Jüdinnen dem Ungehorsam gegen die Torah und den Einen Gott Israels vorzogen. Sie wurden somit Blutzeugen des göttlichen Wortes und Bundes.[673]

Dagegen wurden die Christen Blutzeugen für den auferstandenen und in den Himmel aufgefahrenen Jesus Christus. Das impliziert den Gedanken der Unsterblichkeit, wie Flusser diesen in antiken jüdischen Vorbildern wie z. B. Elija, Melchisedek und Henoch anschlussfähig für Jesus Christus bestätigt findet.

---

667 Flusser, Bemerkungen eines Juden zur christlichen Theologie, 63.
668 Ders., Das Christentum – eine jüdische Religion, 51f.
669 Siehe dazu These 33 in: Flusser, Thesen zur Entstehung des Christentums aus dem Judentum, 183.
670 Das Blut der Märtyrer sühnt und versöhnt nicht mit Gott, denn »Christus ist für unsere Sünden gestorben« (1 Kor 15,3).
671 Flusser, Nachwort, 228.
672 Ebd., 227f.
673 Lenzen, Jüdisches Leben und Sterben im Namen Gottes, 87.

Wie Ben-Chorin kann Flusser dem Kreuzestod Jesu eine präsentische Bedeutung abgewinnen. Flusser verbindet Maria, wie oben gezeigt, eng mit dem jüdischen Martyrium ihres Sohnes, da das »Kreuz Jesu sowohl zur Christologie als auch zum jüdischen Martyrium«[674] gehörte.[675]

5) *Auferstehung:* Die Auferstehung Christi und die Himmelfahrt sind zugleich der Sieg über Sünde und Tod. Das sühnende Kreuzesgeschehen in Verbindung mit der Auferstehung vereint die zwei zentralen christologischen Aspekte. Ihre jüdischen Vorbilder sind bekannt, doch das Zusammentreffen beider führte zu einem neuen Glauben. Dieser kennzeichnet sich durch einen inneren Glaubensvollzug. Erlösung geschieht nicht materiell, sondern existenziell:

> Der Glaube ist jetzt an den gekreuzigten und auferstandenen Helden gekettet, und von ihm dem Gottgleichen strahlt der Glaube zurück.[676]

Flusser führt den christlichen Gläubigen teils wie in einem religiösen Psychogramm vor. Er klärt über den Ursprung christlicher Glaubensinhalte auf. Weder die jüdischen Wurzeln des Christentums noch Gott als Schöpfer und Erhalter der Welt oder die Gottes- und Nächstenliebe sind die Brennpunkte einer Christin oder eines Christen, sondern der Glaube an den gestorbenen und auferstandenen Christus.[677]

Flusser lehnt diese christlichen Glaubensinhalte für sich ab, sieht aber in der christlichen »Auferstehungslehre eine Identität zwischen dem jüdischen Jesus und dem auferstandenen Herrn«[678] bewahrt. Damit entwirft Flusser im Prinzip eine jüdische Christologie, da er nicht zwischen dem historischen Jesus und dem kerygmatischen Christus unterscheidet. Der Glaube an den auferstandenen Christus bindet er an die irdische Existenz Jesu. Eine Trennung würde den Glauben Jesu an seinen persönlichen Gott Israels zu einem unpersönlichen Gott machen, ihn vom Gott Abrahams und Sarahs, Isaaks und Rebekkas, Jakobs und Leas sowie Rachel trennen. Der historische Jesus, der nach den Gesetzen der Bibel Israels lebte und diese auslegte, war in seiner menschlichen Natur zweifelsohne Jude. Auf diesen Juden Jesus, der mit seinem Volk und Gott Israel verbunden ist, ist der christliche Glaube ausgerichtet und aus diesen jüdischen Wurzeln sieht Flusser ihn wachsen:[679] einerseits die jüdischen Vorstellungen vom Martyrium und andrerseits die Vorstellung von Jesus als Gottessohn, vom Kommen des Menschensohnes sowie weitere jüdische mythische und messianische Lehren. Diese jüdischen Wurzeln enthalten eine zentrale Bedeutung hin zu einem universalen Christentum:

---

674 FLUSSER, Das Christentum – eine jüdische Religion, 24.
675 Zur Mariendeutung Flussers siehe: Ebd., 12–29. Hier ist nicht der Platz um auf den Marienverehrer Flusser einzugehen. Für einen wahren Marien-Hymnus von Flusser siehe: FLUSSER, David, Marienleben, in: FLUSSER, David/PELIKAN, Jaroslav/LANG, Justin, Maria. Die Gestalt der Mutter Jesu in jüdischer und christlicher Sicht, Freiburg i. Br. 1985, 8–16.
676 FLUSSER, Nachwort, in: BUBER, Martin (Hg.), Zwei Glaubensweisen: Mit einem Nachwort von David Flusser, Gerlingen ²1994 (1950), 187–247, hier: 232.
677 Vgl. ebd.
678 FLUSSER, Das Christentum – eine jüdische Religion, 162.
679 Vgl. ebd., 62–66.

Wenn der Märtyrer zugleich der Messias ist, dann hat sein Sühnetod, weltweite Bedeutung, er wird zur Erfüllung des Gesetzes und der Propheten [...]. Sein Sühnetod erfüllte den Sinn der Fleischwerdung des präexistenten Menschensohnes. Die Auferstehung erhob ihn wieder auf den ihm gebührenden Platz in der Höhe an der Seite seines Vaters.[680]

In der Zusammenschau all dieser Aspekte plausibilisiert Flusser, dass Jesus, der ab dem Ende des 1. Jahrhunderts von Christen »Gott« genannt wurde, schon zu Lebzeiten (von wenigen) als göttlich angesehen wurde und die Christologie erst am Ende des 2. Jahrhunderts unter Rückgriff auf die griechische Philosophie, wie Flusser es nennt, »hellenisiert«[681] wurde.

g) Fazit

In einer bestimmten jüdischen Tradition zu stehen und die neutestamentlichen Schriften zu lesen, bedeutet für Flusser, sich als orthodoxer Jude seiner biblischen Hermeneutik bewusst zu sein. Dass er sowohl das Hebräisch zur Zeit Jesu beherrschte als auch klassisches Griechisch und Koinê, in der die Evangelien geschrieben wurden, kam ihm für das Erkennen von Zusammenhängen von *gewordenen* Texten und ihren Schichten zur Hilfe.[682] Das Besondere bei Flusser ist, dass er keine Auseinandersetzung mit der historisch-kritischen Jesusforschung suchte, sondern sich dem neutestamentlichen Jesus durch seine biblische Hermeneutik unter philologisch-historischer Methodik annäherte.[683] Damit wurde der oft starre Blick, den die christliche Theologie, der paulinischen Tradition folgend, auf Kreuz und Auferstehung richtete, entlastet und auch auf die Glaubenswelt des irdischen oder besser des erinnerten Jesus gerichtet. Flusser entkräftete durch seine Forschung und sein breites Engagement im jüdisch-christlichen Dialog öffentlichkeitswirksam antijudaistische Vorurteile gegen das antike und heutige Judentum.

Teils heftige Kritik erntete Flusser von christlicher neutestamentlicher Seite, weil er letztlich in prominenter Weise durch die Lindsey-Flusser Hypothese die etablierte Zwei-Quellen-Theorie ablehnte und dem historischen Jesus ein hohes Selbstbewusstsein zusprach. Diese Kritik an der Zwei-Quellen-Theorie behinderte bzw. erschwerte die weitere Rezeption seiner Jesus-Forschung in der neutestamentlichen Exegese.

Wenn damals christliche Theologen und Exegeten dem historischen Jesus sein »erhabene[s] Selbstverständnis« absprachen, reagierte Flusser ebenso harsch und warf diesen einen »pseudowissenschaftliche[n] und pseudorationalistische[n] Kritizismus« vor, in dem sie zeigen wollen, dass Jesus »ein gewöhnlicher vernünftiger

---

680 FLUSSER, Bemerkungen eines Juden zur christlichen Theologie, 64.
681 These 39 in: FLUSSER, Thesen zur Entstehung des Christentums aus dem Judentum, 183.
682 Vgl. MAIER, Jüdisches in Jesus-Texten. Spuren und Rekonstruktionen, 17, 20.
683 Vgl. VOGLER, Werner, Jüdische Jesusinterpretationen in christlicher Sicht, Weimar 1988 (= Arbeiten zur Kirchengeschichte 11), 69.

Jude gewesen ist, [aber] dann könne ihn das Judentum restlos heimholen«[684]. Für Flusser ist neben der paulinischen Lehre und Verkündigung, gerade das erhabene Selbstbewusstsein Jesu »the germ from which the future christology would sprout«[685].

Den Kreuzestod Jesu verortet Flusser im Kontext des jüdischen Martyriums. Damit beleuchtet er einen verdrängten Teil der Christologie. Leidens- und Todeserfahrung Jesu bleiben kein isolierter Teil der christlichen Passion Christi, sondern werden als kollektive Leiderfahrung des jüdischen Volkes betrachtet. Das Kreuz lediglich als christliches Macht- oder Erlösungssymbol zu interpretieren, schließt Flusser jüdischerseits aus und ebenso die Rede vom Gehenkten, der durch Gott verflucht ist (vgl. Dtn 21,23). Jesus am Kreuz ist für Flusser ein offensichtliches Beispiel für das jüdische Martyrium. Diese Deutung nimmt vor Flusser in künstlerischer Form Marc Chagall in seinem Bild die *Weiße Kreuzigung* von 1938 vor.[686] Dort findet sich das Leid des Gekreuzigten Jesus in gegenseitiger Verwiesenheit auf jüdische Pogrome im Schtetl wieder. Chagall identifiziert Jesus mit dem jüdischen Leid und umgekehrt. Diese Verbindung zeigt Jesus dezidiert als Opfer des Judenhasses, der unabhängig von der Zeit der Geschehnisse stets auf dieser Seite bleibt. Damit wird ein Moment eröffnet, welches christlichen Kreuzigungsdarstellungen verschlossen bleibt. Die Deutung der Kreuzigung als Folge des Judenhasses zu interpretieren, übernimmt auch Flusser und wendet sich damit zugleich gegen den Mythos der Juden als Christusmörder.[687]

Wie Klausner und Ben-Chorin stellt auch Flusser direkt die Frage nach der Bedeutung Jesu für die Juden. Ansätze einer Antwort finden sich in seinen Kommentaren zu den Gleichnissen, in der Flusser auf deren moralische Absicht abhebt:

»Es schadet uns Heutigen ganz und gar nicht, wenn wir aus den Gleichnissen Jesu zu lernen versuchen, wie man richtig leben soll.«[688] Neben dieser ethisch-moralischen Bedeutung von Jesus gibt Flusser auch eine stärker der religiösen Lebenspraxis verantwortete Auskunft. So kann der »Jude von Jesus lernen [...], wie er beten soll, was der richtige Sinn des Sabbats ist, wie man fasten soll, was die Bedeutung des Königreichs des Himmels und des Jüngsten Tages ist. Immer wird der aufgeschlossene Jude von der Ansicht Jesu tief beeindruckt, und er versteht: Da spricht ein Jude zu den Juden.«[689]

---

684 FLUSSER, David, zit. nach: BUBER, Martin (Hg.), Zwei Glaubensweisen: Mit einem Nachwort von David Flusser, Gerlingen ²1994 (1950), 237f.
685 FLUSSER/NOTLEY, Jesus, 176.
686 Zahlreiche weitere jüdische Künstler hielten die Kreuzigung des Juden Jesu fest z. B. Moshe Hoffman, *Woodcut from 6,0000,001-series* (1967), Efrat Natan, *Roof-Work – Golgotha*, 1979 oder Ilana Lewitan, *Adam wo bist Du?* 2020. Siehe Abbildungen in: HOMOLKA, Der Jude Jesus – Eine Heimholung, 6, 14, 19.
687 Eine Aufarbeitung des Mythos der Juden als Christus- bzw. Gottesmörder bis hinein in die gegenwärtige Kunst, siehe: COHEN, Jeremy, Christ Killers: The Jews and the Passion from the Bible to the Big Screen, New York 2007.
688 FLUSSER, Die rabbinischen Gleichnisse und der Gleichniserzähler Jesus, 14.
689 DERS., David, Inwiefern kann Jesus für Juden eine Frage sein?, in: Concilium X/10 (1974), 596–599, hier: 598.

Die Antwort auf die Frage nach der Bedeutung Jesu für die Juden sei hier in sehr persönlichen Worten wiedergegeben, die Flusser gegen Ende seines Lebens in einer Art persönlichem Jesusbekenntnis im Vorwort der letzten von ihm mitherausgegebenen und -überarbeiteten englischen Neuausgabe seines Jesus-Buches formuliert (die letzte deutsche Neuausgabe 1999 enthält diese Bemerkungen nicht):

> I have not written this book to describe Jesus from the »Jewish standpoint.« The truth of the matter is that I am motivated by scholarly interest to learn as much as I can about Jesus, but at the same time being a practicing Jew and not a Christian, I am independent of any church. I readily admit, however, that I personally identify with Jesus' Jewish *Weltanschauung*, both moral and political, and I believe that the content of his teachings and the approach he embraced have always had the potential to change our world and prevent the greatest part of evil and suffering.[690]

Diese Auseinandersetzung mit der jüdischen Weltanschauung kann Christinnen und Christen helfen, mit dem historischen oder zumindest dem erinnerten Jesus die vorgefassten eigenen Glaubensstandpunkte, die sich aus dem Neuen Testament generieren, zu überdenken und im eigenen Glauben zu wachsen. Im Grunde kann es durch die Einnahme dieser jüdischen Perspektive zu einer selbstkritischen Betrachtungsweise des (jüdisch-)christlichen Weltbilds kommen, das in aller Regel durch eine neutestamentliche Monoperspektive geprägt ist. Christinnen und Christen erhalten noch heute mit Flusser eine jüdische Zugangsweise zu dem erinnerten Jesus oder zu den unterschiedlichen pharisäischen und anderen zeitgenössischen jüdischen Gruppen zur Zeit Jesu. Es ist eine Beobachtung, die die Profilierung der christlichen Identitätsbildung auf Kosten antijudaistischer Motive unterbindet. Damit blieben Flussers Impulse nicht auf den Kontext der historischen Leben-Jesu-Forschung beschränkt, sondern machten Defizite in der systematischen Theologie sichtbar. Am deutlichsten wohl in den christologischen Überlegungen zu den jüdischen Ursprüngen der Christologie, die von der Präexistenz über die Jungfrauengeburt bis hin zur Auferstehung Christi reichen. Flusser zeigt unmissverständlich, dass in den jüdischen Voraussetzungen der Christologie das Potenzial liegt, dass die christliche Identität nicht erst mit einem »nachösterlichen« Christusglauben beginnt.

3 Zusammenfassung

Die Beiträge zur jüdischen Jesusforschung vom 18. bis zur Mitte des 20. Jahrhunderts blieben von den christlichen Theologen und ihren Kirchen mehrheitlich unbeachtet. Weder religiöse jüdische Autoritäten noch jüdische Wissenschaftler wurden

---

690 FLUSSER/NOTLEY, Jesus, 15. Nach Flusser Tod im Jahr 2000 gab R. Steven Notley noch einmal Flussers Jesus-Buch heraus, in dem er andere Aufzeichnungen Flussers integrierte, aber keine neuen Ansichten hervorbringt, erschienen im Verlag Eerdmans als: FLUSSER, David/NOTLEY, R. Steven, The Sage from Galilee: Rediscovering Jesus' genius, Grand Rapids, Mich./Cambridge, UK ⁴2007.

christlicherseits rezipiert. Doch deren intellektuelles Bemühen durch philologische, philosophische, exegetische oder historisch-kritischer Auseinandersetzung mit Jesus von Nazareth war letztlich so fundiert, dass christliche Theologie reagieren mussten, um nicht auf wissenschaftlicher Ebene ihre jahrhundertealte und gewachsene Expertise über Jesus von Nazareth zu verlieren. Der Katalysator für die jüdische Auseinandersetzung mit dem historischen Jesus ergibt sich aus dem Zusammenwirken vor allem dreier Faktoren: Haskala, jüdischer Emanzipation und »Wissenschaft des Judentums«. Sie öffneten innerjüdisch jenen Freiraum, der eine ungezwungene Auseinandersetzung mit Jesus von Nazareth ermöglichte. Jüdische Akteure erforschten darin ungestört mittels wissenschaftlicher Methoden, aber außerhalb der Universitäten das eigene Judentum und trafen auf die darin unumgehbare Gestalt eines historischen Jesus. Diese Forschung steht zeichenhaft für die jüdische Emanzipation, für ein neues jüdisches Selbstbewusstseins. Das wichtigste Desiderat dieser jüdischen Jesusforschung liegt darin, Jesus als Teil der eigenen jüdischen Religionsgeschichte zu verstehen. Für Theologie und Kirche hätte sich daraus bereits im 18. und 19. Jahrhundert selbstkritisch das Judesein Jesu als ein Faktum für die eigenen christliche Glaubenslehre ableiten lassen können.

Die Einbeziehung eines jüdischen Jesusbildes in Theologie und kirchliche Lehre blieb aber Seitens der relevanten Akteure in der christlichen Mehrheitsgesellschaft Europas aus. Die kirchlichen Autoritäten sahen weder die Notwendigkeit, noch hatten sie Interesse daran, einen jüdischen Jesus und noch weniger einen jüdischen Christus zu verkünden. In der christlich-theologischen Wissenschaft war das unter anderen Vorzeichen nicht anders. So konnten ideologische Agitatoren Anfang des 20. Jahrhunderts Jesus für völkische und faschistische Zwecke instrumentalisieren, bis hin zur Konstruktion eines arischen Jesus. Innerkirchlich und binnentheologisch wurde dieser zwar von der breiten kirchlichen Basis abgelehnt, doch für kirchlich-distanzierte Personen war es die Möglichkeit, vollkommen mit jüdisch-christlichen Banden zu brechen, die jüdischen Wuzeln des Christentums zu bestreiten und explizit das Judesein Jesu ablehnend zu propagieren. Das sollte sich erst nach der Shoah ändern.

Parallel zu den beschriebenen Entwicklungen – oder vielleicht besser Entartungen – entwickelte sich seit Beginn des 20. Jahrhundert eine klassisch-moderne jüdische Jesusforschung auf dem Desiderat der ihnen vorausgegangen Forschungsergebnisse. Die drei ausgewählten Vertreter Joseph Klausner (1871–1958), Schalom Ben-Chorin (1913–1999) und David Flusser (1917–2000) versuchen auf dem Hintergrund je eigener methodischer und hermeneutischer Zugänge das Judesein Jesu vollumfänglich im Rahmen des zeitgenössischen Judentums des 1. Jahrhunderts zu verstehen. Vollumfänglich meint hier, dass die Lehren und Taten Jesu, eines jüdischen Charismatikers mit prophetischen Zügen, seine ganze Persönlichkeit als im jüdischen Kontext (Land, Sprache, Strömungen, Glaubenstraditionen, Glaubensvermittlung etc.) verankert wahrgenommen werden. Diese historische Kontextualisierung, die Jesu Wirken im palästinischen Judentum seiner Zeit fixiert, wird von den Autoren berücksichtigt, ohne die »geschichtlich gezogene Demarkationslinie« (Ben-Chorin) von Judentum und Christentum zu überschreiten. Sie (re-)formulierten zudem bleibende ethische Impulse anhand des jüdischen Jesus für das gegenwärtige Judentum und letztlich auch für die Zukunft des Christentums.

Aufgrund unterschiedlicher biographischer Erfahrungen und wissenschaftlichen Prägungen setzen die einzelnen Autoren in ihren Jesusdarstellungen sehr eigene Akzente. Eingehend wurden diese hermeneutischen Aspekte für ihre jeweiligen Jesusbilder in dem vorausgegangenen Abschnitt ausführlich dargelegt.

Joseph Klausner gelangte im Rahmen der Erforschung der Geschichte des Judentums zur Zeit des Zweiten Jerusalemer Tempels zu Jesus. Seine hebräisch verfasste Jesus-Studie besticht durch ein genaues Quellenstudium. Als Historiker arbeitete er den historischen Wert der Evangelien heraus. Nicht die christliche Heilsgeschichte und Christus, sondern die Profangeschichte mit ihrer historischen Gestalt Jesu von Nazareth steht im Fokus seiner Untersuchung. Er versucht Jesus als einen Juden darzustellen, der für seine Zeit zugleich ein untypischer Jude war. Diese Paradoxie lässt sich selbst am Ende seiner Jesus-Studie nicht völlig auflösen. Die in Spannung zueinander stehende Beschreibung Jesu erwächst im Vergleich jener Textabschnitte, in denen Klausner sein Hauptanliegen, ein »richtiges Bild des historischen Jesus«[691] zu geben, mit denen, in denen sich seine biographisch und zeitbedingte zionistischen Hermeneutik zeigt. Es ist diese politische Ader Klausners, die in seiner Jesus-Studie mehrmals deutlich hervortritt. Erst in seinem Fazit hebt er diese Spannung teilweise auf. Klausner demaskiert seinen konzipierten Jesus am Ende, indem er durchbuchstabierte, dass Jesus für kein nationales Judentum bewundert oder gar in Anspruch genommen werden kann, sondern als hervorragender Sittenlehrer und Gleichnisredner. Jesu Ethik sieht Klausner dabei tief im Judentum verwurzelt und somit als eine jüdische Ethik an. Die Religion dient ihm als ethische Grundlage des Gewissens, in der sich Judentum und Humanismus vereinen.

Schalom Ben-Chorins Zugang zu Jesus ist stark biographisch und literarisch geprägt. Zwei Schlagwörter für seine subjektive und philosophisch-intuitive Beschäftigung mit Jesus lauten »Bruder Jesus« und »Heimholung« bzw. »Heimkehr«. In Jesus erkennt Ben-Chorin einerseits seinen jüdischen Bruder, der das Leiden des jüdischen Volkes, »dessen Martyrium er verkörpert«, und andererseits einen tragisch Scheiternden. Das tut aber »seiner Größe keinen Abbruch«[692], so Ben-Chorin, der auch nicht an eine Auferstehung des gekreuzigten Jesus glaubt. Ben-Chorin fokussiert in seiner anthropologischen Perspektive auf Jesu wahres Menschsein, zu der die Möglichkeit des Scheiterns gehört, wie sie in den »*wahren* letzten Wort Jesu«[693] enthalten sind: Warum dieser Verlassenheitsschrei? Mit diesem ist nach Ben-Chorin alles in Gottes Hände gelegt. Mehr zu denken, zu fühlen oder zu handeln, erlaubt der Tod nicht. Wenn Gott christlich gesprochen wahrer Mensch wurde, dann gehört für Ben-Chorin das Scheitern zum Leben und zum Menschsein, auch zum Menschsein Jesu, wie dies Ben-Chorin über seinen Bruder Jesus aussagt. Damit wird die jüdische Jesusforschung zur Herausforderung für den christlichen Glauben, denn

---

691 Klausner, Jesus von Nazareth, 10.
692 Ben-Chorin, Bruder Jesus, 15.
693 Ebd.

das Scheitern ohne Auferstehung nimmt keinen Platz in der Christologie ein. Jesus Christus kann zwar nicht auf eine rein anthropologische, humanistische Sichtweise reduziert werden, aber für Christen scheint das Judesein Jesu eine Sicherung zu sein, die davor warnt, Jesus im rein Göttlichen aufzulösen.

Sein subjektiver Blick auf das Menschsein seines Bruder Jesus verdient bleibende Anerkennung. Auch wenn Theologen in der Regel wegen der unsystematischen und subjektiven Herangehensweise Ben-Chorins seine Arbeiten zu Jesus oft als populärwissenschaftlich bezeichnen und teils jüdische Stimmen von einem »jüdischen Theologen für Christen« sprechen, so darf Ben-Chorins Engagement und seine Haltung vor allem im Nachkriegsdeutschland in einen jüdisch-christlichen Dialog eingetreten zu sein, nicht geringgeschätzt werden. Es war ein Dialog, den Ben-Chorin auf weiter Strecke über Jesus führte.

David Flusser macht nicht nur deutlich, dass Jesus Jude war, sondern zeigt auf, dass auch in der Christologie jüdische Ursprünge zu finden sind. Er ist der erste, der dies benennt, wird aber, wie das nächste Kapitel zeigt, nicht der letzte bleiben. Zu den Hauptargumenten zählt er Jesu hohes Selbstverständnis, wie es sich im Titel Gottessohn und Menschensohn ausdrückt. Beide Auffassungen für Jesus knüpfen an ältere jüdische Traditionen an und erscheinen damit nicht erstmals bei einem neutestamentlichen Jesus. Flusser zeigt, wie der Gedanke des Sühnetods Jesu aus dem jüdischen Sühnegedanken des Märtyrertodes hergeleitet wird, anhand dessen sich christlicherseits eine Kreuzestheologie entwickelte (*theologia crucis*). Jüdische Nebenmotive für eine Christologie nehmen Paulus und Johannes auf. Diese reichen von der wundersamen Geburt Jesu, die Flusser mit dem Präexistenzgedanken verbindet, oder die Umschreibung der Eigenschaften und des Namens Gottes in sogenannte Hypostasen bis hin zu biblischen Auferweckungstraditionen.

So deutlich verschieden akzentuiert die drei Zugangsweisen zum jüdischen Jesus nicht nur im Detail sind, so augenfällig sind auch die Gemeinsamkeiten. Allen dreien ist an der »Rehabilitierung« der in den synoptischen Evangelien so negativ dargestellten Pharisäer als deutlich vielschichtigere Gruppierung innerhalb des Judentums in der Spätzeit des Zweiten Tempels gelegen. Zu den gemeinsamen Anliegen der drei Jesusforscher kann auch die positive Perspektive auf die Pharisäer und die Entlarvung des christlichen Gottesmordvorwurfes gezählt werden. Nicht weniger denn Klausner oder Ben-Chorin schätzt auch Flusser die Gleichnisse Jesu. Er misst ihnen »eine wichtige Grundlage für die christlich-sittliche Lebensführung«[694] bei und würdigt die ethische Haltung die Jesus in den Gleichnissen betont. Über Klausner und Ben-Chorin hinausgehend widmet Flusser den Gleichnissen sogar eine eigene Studie: *Die rabbinischen Gleichnisse und der Gleichniserzähler Jesus* (1990).

Bei allem Interesse an Jesus als Juden zeige die drei Ansätze aber auch auch das Ringen, sich als Jude des 20. Jahrhunderters zu diesem Juden zu verhalten, der sich christlich nur schwer ohne den dogmatischen Spiegel erschließen lässt. Was aber bedeutet umgekehrt Jesu jüdische Identität für das Christentum? Die Erträge der jüdischen Jesusforschung des 20. Jahrhunderts irritierten wie ihre Vorläufer den

---

694 FLUSSER, Die rabbinischen Gleichnisse und der Gleichniserzähler Jesus, 12.

christlichen Blick auf Jesus. Mit der Geburt durch Maria ist Jesus ganz und gar Jude; was dieses Judesein ausmacht, erzählen die Evangelien, wie sie dahingehend hilfreich im Rahmen der jüdischen Jesusforschung interpretiert werden. Das Chalkedonese wird neben der Geburt durch Maria von einer ersten Geburt vor der Zeit sprechen und damit Menschsein und Gottsein Jesu Christi in Einheit und gleichzeitiger Unterschiedenheit artikulieren. In der Betrachtung der menschlichen Natur Jesu geriet im Laufe der Jahrhunderte das Wissen um seine jüdische Identität aus dem Blick. Die jüdische Jesusforschung, vor allem ihr Blick auf die Synoptiker, korrigiert diesen christlichen Silberblick auf Jesus. Hierin keinen Angriff auf die eigene christliche Identität zu sehen, der es gilt wehrhaft entgegenzutreten, um so dem Verlust vermeintlicher Glaubenswahrheiten entgegenzuwirken, bedarf eine Haltung, die ich als dialogisch bezeichnen möchte. Sich an dieser Stelle existenziell in Frage stellen zu lassen, ist ein Schritt – vielleicht der entscheidende – christlich motiviertem Antisemitismus den Nährboden zu entziehen und christologisches Denken antisemitismusfrei zu gestalten. Wie eines der zentralen altkirchlichen Dogmen – das Chalkedonse – zum Schlüssel werden kann, die jüdischen Stimmen in die Christologie einzubeziehen, zeigt der letzte Teil der Arbeit.

III »Wahrer Gott« und »wahrer Mensch«. Die Bedeutung des jüdischen Jesus für systematische Theologie und Kirche

In diesem dritten Hauptkapitel steht die Frage nach der Bedeutung der jüdischen Identität Jesu Christi für die christliche Glaubenslehre im Fokus. Es geht dabei um das radikale Ernstnehmen des Menschseins Jesu. Unweigerlich fällt der Blick dabei auf sein Judesein. Dem Grundanliegen des Chalkedonense folgend, gilt es das Menschsein Jesu in Balance mit seinem Gottsein zu halten und seine Göttlichkeit nicht gegen die Menschlichkeit auszuspielen oder unter- bzw. überzubetonen.

Ohne die jüdische Existenz Jesu inkarnationschristologisch zu verankern, dient(e) gerade Jesu vorbildhaftes Menschsein – wie es sich neutestamentlich aber nur durch sein Judesein vermittelt – als die Vorlage schlechthin für exemplarische christliche Nachfolge Jesu.[1] Auch wenn Jesu Identität als Jude von der Sache her nicht von der Hand zu weisen ist, wurde sie in ihren Konsequenzen für die christliche Theologie kaum reflektiert. Wenn jedoch Jesu Menschsein nur entkoppelt von seiner jüdischen Identität eine Rolle für das Christentum spielt, dann stellt sich die ernste Frage, welche Art Christologie die christliche Lehre heute sein will, wenn sie mit Jesu Judesein weiter nichts zu tun haben soll.

Die klassische jüdische Jesusforschung eröffnete ein polyphones Bild vom Judesein Jesu. David Flusser erweiterte das klassische Spektrum der jüdischen Jesusforschung noch zusehends, indem er die Frage nach dem Juden Jesus auch mit christologischen Anfragen verband. Einerseits werden im Folgenden die Errungenschaften der jüdischen Jesusforschung für die Christologie berücksichtigt, anderseits werden

---

1 Zu einer Nachfolgechristologie gehört nach dem katholischen Theologen Johann Baptist Metz (1928–2019): »Christus darf nie so gedacht werden, dass er nur gedacht ist. Eine Christologie im synoptischen Paradigma bildet sich deshalb nicht primär im subjektivlosen Begriff und System, sondern in der Nachfolgegeschichte. Sie trägt nicht nachträglich, sondern grundsätzlich narrativ-praktische Züge. Eine Christologie ohne diese Fundierung führt in die geschichtsfernen Erlösungsträume der Gnosis mit ihrem latenten metaphysischen Antisemitismus.« Metz' Nachfolgechristologie zeichnet sich durch »intelligible-praktische Kategorien der Erinnerung und der Erzählung« aus. Das Christentum beschreibt Metz daher auch als eine »Erinnerungs- und Erzählgemeinschaft in der Nachfolge Jesu«; so der Auftrag Jesu beim letzten Abendmahl: »Tut dies zu meinem Gedächtnis« (Lk 22,19f). Diese Gemeinschaft bedarf in der christologischen Reflexion den Einbezug in die Geschichte und führt dabei zum Juden Jesus zurück. Die christologischen Dogmen der Kirche sind nach Metz nicht aufzugeben, sie müssen aber rückgebunden werden an ihren biblischen Ursprung und dort zeigt sich Jesus, besonders in den synoptischen Evangelien als Jude seiner Zeit. METZ, Johann Baptist, Memoria passionis: Ein provozierendes Gedächtnis in pluralistischer Gesellschaft, Freiburg i.Br./Basel/Wien ²2006, 61f., siehe auch: Anm. 100.

auch Ansichten zu einer »jüdischen Christologie«, wie sie einst von Flusser angestoßen wurden, weitergeführt, z. B. von dem jüdischen Religionsphilosophen Daniel Boyarin. Ausgewählte lehramtlich-katholische Verlautbarungen über die jüdische Identität Jesu Christi werden dabei für die christologische Reflexion ebenso berücksichtigt wie die jüdische Jesusforschung mit ihrem breiten Blickfeld auf das Judesein Jesu. Hinzu kommen auch die vorhandenen Aspekte zur Berücksichtigung der jüdischen Identität Jesu aus katholisch- wie protestantisch-theologischer Sicht.

Zunächst wirft der erste Abschnitt jedoch einen Blick auf eine von jüdischer Seite vorgetragene Forderung: Es geht um die Einbeziehung des Judeseins Jesu in inkarnationschristologische Entwürfe, ohne dabei auf diesem Weg gleichzeitig das Judentum christlicherseits zu vereinnahmen. Dabei ist hervorzuheben, dass jüdische Denkerinnen und Denker wie etwa prominent Martin Buber den christlichen Inkarnationsglauben einhellig ablehnen. Diese Ablehnung markiert dabei eine essenzielle Grenze zwischen Juden- und Christentum. Dies ist besonders für den jüdisch-christlichen Dialog zu beachten, denn »in der speziellen Gottesfrage liegt das empfindlichste Zentrum allen jüdisch-christlichen Dissens«. Jüdinnen und »Juden können die Einbeziehung Christi in die Göttlichkeit hinein nicht akzeptieren«.[2] Obwohl diese Grenze besteht, heißt das jedoch nicht, dass eine Inkarnationschristologie abzulehnen wäre, nur weil sie von jüdischer Seite in Frage gestellt ist. Auf eine jüdische Expertise zu Jesus dem Juden sollte bzw. darf aber allein deswegen schon nicht verzichtet werden, weil so das ureigene Korrektiv für eine antisemitismusfreien Christologie aufgegeben würde. Es geht darum, diesen Christus besser zu verstehen, dessen Judesein Christinnen und Christen (meist) fremd ist, weil ihnen das Judentum in seiner historischen und gegenwärtigen Vielgestalt zumeist unbekannt ist. Jüdinnen und Juden sind nicht nur in der Theologie meist eine dogmatische Abstraktion, sondern auch in der Gesellschaft; oft werden sie zum Objekt einer speziellen Hermeneutik, nicht aber zu dem, was sie tatsächlich sind: Subjekte lebendiger Wirklichkeit.

Ab welchem Punkt Christologie das Judentum hierbei unlauter vereinnahmt, ist indes nicht eindeutig zu bestimmen, da die Grenzziehung interkonfessionell wie interreligiös sehr unterschiedlich vorgenommen wird. Es sei in diesem Zusammenhang mit Pinchas Lapide (1922–1997) und Amy-Jill Levine (*1956) auf zwei jüdische Forschende verwiesen, die vielleicht etwas überraschend explizit dazu anhalten, Jesu jüdische Identität im christlichen Inkarnationsglauben zu berücksichtigen. Paradoxerweise wird dies also in Bezug auf die Menschwerdung Gottes gefordert, die im Judentum als Glaubenskategorie abgelehnt wird. Diese Forderung geschieht nicht um die theologischen Grenzen zu verwischen, sondern um ein vertieftes Verständnis von Inkarnation zu gewinnen.

---

2 THOMA, Clemens, Art. Gott, in: Lexikon der jüdisch-christlichen Begegnung (1994), 134–138, hier: 136f.

1 Inkarnation und Judesein Jesu: zwischen Vereinnahmung und segensreicher Integration

Die synoptischen Evangelien geben beredtes Zeugnis davon, dass Jesus von Nazareth in der Erinnerung der ersten Generationen von Christusgläubigen eng mit seinem Judentum verbunden war und dies positiv gesehen wurde: Jesus wurde als Sohn einer jüdischen Mutter am achten Tag beschnitten (vgl. Lk 2,21)[3], betete die Psalmen und erfüllte als gesetzestreuer Jude die Tora (vgl. Mt 5,17, Lk 16,17); er pilgerte zu den Wallfahrtsfesten zum Jerusalemer Tempel (vgl. Lk 12,14) und lebte die Tradition Israels.[4] Dennoch lag der christologische Fokus in der Geschichte der Dogmenbildung stark auf der Menschwerdung des präexistenten göttlichen Logos, ohne jedoch Jesu Judesein darin explizit zu benennen oder zu berücksichtigen. Jesu jüdische Identität wurde erst im 20. Jahrhundert Thema der Christologie.

Als »wahrer Mensch und wahrer Gott« ist Jesus von Nazareth für die christologischen Dogmen von Bedeutung, jedoch nicht explizit als Jude. Dies erklärt sich dadurch, dass Judesein keine eigene ontologische Kategorie darstellt. Ontologie ist aber nicht die einzige Form über Jesus Christus theologisch nachzudenken, wie das neutestamentliche, besonders synoptische Zeugnis selbst zeigt, das in narrativer Form auf einen konkreten Jesus Christus in der Geschichte zurückverweist. Von den ontologischen Denkstrukturen her erklärt sich jedoch, warum der katholische Theologe Karl Rahner SJ (1904–1984) in seinem Nachdenken über die Menschwerdung des göttlichen Logos, dem Judesein Jesu keine große Bedeutung zusprach und dass obwohl das Interesse seines Ordensgründers Ignatius von Loyola (1491–1556) am konkreten Menschen Jesus in diesem den Wunsch weckte, sein ganzes Leben in Palästina dem »Land Jesu« zu verbringen.[5] Nur unter Androhung der Exkommunikation verließ er das Land wieder.[6] Ignatius interessierte sich »in einer intensiven Weise für den ganz konkreten Jesus«, so immerhin Rahner, aber für den konkreten Juden Jesus interessierte er sich nicht. Rahner schreibt, die Theologie denkt über die Menschwerdung Gottes in den Kategorien »der Inkarnation und der hypostatischen Union nach [...] und [ist] eigentlich wenig an der Konkretheit Jesu interessiert«[7]. Er tätigte diese Aussagen in einem Gespräch mit dem jüdischen Denker

---

3 Siehe auch Gal 4,4. Jesus wurde beschnitten, wie es das Gesetz vorsieht (Gen 17,9-14).
4 Vgl. Tück, Jan-Heiner, Gelobt seist Du, Niemand: Paul Celans Dichtung – eine theologische Provokation, Freiburg i. Br./Basel/Wien 2020 (= Poetikdozentur Literatur und Religion 5), 291.
5 Vgl. Lapide, Pinchas/Rahner, Karl, Heil von den Juden?: Ein Gespräch, Mainz ³1989, 56.
6 Im Jahr 1523 machte Ignatius eine Pilgerreise ins Heilige Land mit dem Ziel, dort zu bleiben. Aufgrund der politischen Unruhen im osmanischen Reich sollte er Palästina auf Geheiß der Franziskaner verlassen. »Das ist der Typ, den sie entführen, und wir müssen ihn dann wieder zurückkaufen. Dazu fehlt uns das Geld.« Nach der Androhung des Provinzials exkommuniziert zu werden, verließ er das Land. Ignatius von Loyola, Der Bericht des Pilgers: Übersetzt und erläutert von Burkhart Schneider. Mit einem Vorwort von Karl Rahner, Freiburg i. Br./Basel/Wien ³1977, 46f.
7 Lapide/Rahner, Heil von den Juden?, 56.

Pinchas Lapide (1922–1997) Ende der 1980er Jahre. Das Gespräch zeigt, wie Rahner ganz und gar im theologischen Denken seiner Zeit beheimatet war. Doch Lapide warf im Gespräch ein, dass »Jesu Judesein nicht abstrahiert von der Inkarnation« zu denken sei,[8] da es sich dabei nicht primär um eine »biologische« Fragestellung[9] sondern vielmehr um seine jüdische Geisteswelt und sein Glaubensgut drehe. Dazu äußerte Rahner zunächst:

> [Viele] Auffassungen Jesu, die für ihn faktisch jüdisch sind und die auch für mich verpflichtend sind, sind doch im Grunde allgemein menschliche Selbstverständlichkeiten, die vielleicht in einer großartigen Weise auch im damaligen Judentum vor Jesus verkündigt und natürlich auch von Jesus selbst realisiert wurden, bei denen aber ihre jüdische Herkunft bei Jesus für den Christen von heute uninteressant ist.[10]

Für Lapide beschränkte sich Jesu Judesein jedoch nicht auf derartige Allgemeinplätze. Er regte Rahner vielmehr dazu an, über die jüdische Tradition zu reflektieren, die Jesus lebte und aus der er lebte. Er lieferte Rahner überzeugende Beweise, um »Jesu geistiges Judesein als unverzichtbarer Bestandteil der Christologie« anzuerkennen. Dazu zählte Lapide folgende Punkte auf, die nicht von Jesus und seinem Judentum zu trennen sind: das Vaterunser, die Bergpredigt und die Gleichnisse Jesu. Als weiteren Punkt führt Lapide an, dass Jesus Aramäisch sprach. Er artikulierte seinen Glauben in dieser Sprache. Die Evangelien hingegen sind nur griechische »Übersetzungen«. Es geht Lapide also um genuin kulturelle Aspekte, die Jesu Judesein bestimmen. So überrascht wie überzeugt von Lapides Herangehensweise antwortet Rahner recht kurz, aber konzise:

> Ja, ich kann durchaus zugeben, daß die jüdische Geisteswelt zur Zeit Jesu für unsere Christologie von unverzichtbarer Bedeutung ist.[11]

Lapide führte hier typische Untersuchungsfelder der jüdischen Jesusforschung an, um Rahner für eine Berücksichtigung des Judeseins Jesu in der Christologie zu gewinnen. Zwar nahm Rahner dieses nicht in seine christologische Deutung auf, aber im Gespräch mit Lapide rang ihm dieser zumindest das allgemeine Zugeständnis ab, die jüdische Geisteswelt Jesu sei von »unverzichtbare[r] Bedeutung« für die Christologie.

Rahners Schwierigkeiten Jesu Judesein in die Christologie einzubeziehen, rühren an die Frage, welches historische Faktum im Blick auf Jesus glaubensrelevant ist und welches irrelevant. Wie Lapide anführt, geht es um kulturelle Aspekte, wenn von »jüdischer Geisteswelt« die Rede ist. Diese Frage betreffend schreibt der Jesuit

---

8 Ebd., 58.
9 Für Karl Rahner scheint nur die Herkunft Jesu aus Israel eine Rolle zu spielen, nicht aber sein Judesein. Rahner: »[W]enn wir Christen uns so vor den Juden zu Jesus Christus zu bekennen wagen, dann muss [...] immer und vor allem heute noch eines gesagt werden. Der, den wir glauben, bekennen und lieben als den Sohn Gottes, als unsere Erlösung und Hoffnung, ist aus ihrem Geschlecht.« RAHNER, Karl, Bekenntnis zu Christus, in: SCHULTZ, Hans Jürg (Hg.), Juden, Christen, Deutsche, Stuttgart 1961, 151–158, hier: 156.
10 LAPIDE/RAHNER, Heil von den Juden?, 59f.
11 Ebd., 61.

Christian Rutishauser, dass grundsätzlich »natürliche Faktoren, die der Schöpfungswirklichkeit angehören, keine Rolle spielen. Kulturell bestimmte Faktoren fallen jedoch auf verschiedene Weise ins Gewicht.«[12] Er meint damit die religiöse Zugehörigkeit Jesu zum Judentum und dessen Praktiken, die sein Leben bestimmten. Zu den natürlichen Faktoren zählt er einzelne Akzidenzien wie Hautfarbe, Alter, biologisches Geschlecht, die unrelevant sind. »Für eine Heilsrelevanz und eine dogmatische Fragestellung im engeren Sinn sind somit vor allem seine ethischen und religiösen Wahrheitsansprüche bedeutend.«[13] Rutishauser unterstreicht wie Lapide, dass die kulturelle bzw. »jüdische Geisteswelt« Jesu zu der das Vaterunser, die Bergpredigt und die jesuanischen Gleichnisse gehören, christologisch relevant sind, weil Jesus Jude war und durch seine Kultur, Religion und Sprache geprägt wurde.

Das Gespräch zwischen Rahner und Lapide ist ein prominentes Beispiel dafür, dass jüdische Denker einer Integration des Judeseins Jesu in einem inkarnationschristologischen Zusammenhang Positives abgewinnen können. Zur Inkarnationschristologie gehört wesentlich das Menschsein Jesu, das eine Anknüpfung an sein Judesein im Spitzensatz johanneischer Theologie ermöglicht:

> Das Wort ist Fleisch geworden und hat unter uns gewohnt (Joh 1,14).

Mit den Worten der jüdischen Neutestamentlerin Amy-Jill Levine schließt ein Ernstnehmen der Inkarnation gerade die Anliegen der klassischen jüdischen Jesusforschung mit ein:

> If one takes the incarnation [...] seriously, then one should take seriously the time when, place where, and people among whom this event occured.[14]

Damit spricht sich auch Levine dafür aus, Jesu Judentum, seine jüdische Identität sowie seine Verwurzelung im Volk Israel für den christlichen Inkarnationsglauben zu berücksichtigen. Levine regt mit Nachdruck dazu an, eine selbstkritische christliche Sicht auf die Inkarnationschristologie einzunehmen, auch wenn diese für ihren

---

12   RUTISHAUSER, Christlichen Glauben denken, 147.
13   Ebd. Reinhold Bernhardt, sieht wie Rutishauser und auch Rahner eine inkarnationstheologische Bedeutung darin, dass Jesus »unter ärmlichen Bedingungen in einem entlegenen Winkel des Römischen Reiches zur Welt kam, [...] zeigt sich doch daran schon die Kenosis des Gotteswortes, die dann kreuzestheologisch zum Ausdruck kommt«. Dass Jesus ein Mann, ein Jude, der Sohn eines Zimmermanns aus Galiläa war, spielt für Bernhardt nur eine geringe theologische Rolle, da alle diese und weitere Persönlichkeitsmerkmale Jesu in seinem Menschsein zusammenfließen und der Aspekt auf der Menschwerdung des Gotteswortes liegt, deswegen spricht er sich auch gegen eine »theologische Aufladung des Judeseins Jesu« aus, nicht jedoch gegen dessen Berücksichtigung. »Ließe sich das Kerygma nicht an die Person Jesu in ihrer konkreten Historizität zurückbinden, dann wäre es ein bloßer Mythos. Die konkrete Historizität dieser Person besteht aber in ihrem Judesein.« BERNHARDT, Reinhold, Zur theologischen Bedeutung des Judeseins Jesu, in: DANZ, Christian/EHRENSPERGER, Kathy/HOMOLKA, Walter (Hgg.), Christologie zwischen Judentum und Christentum: Jesus, der Jude aus Galiläa, und der christliche Erlöser, Tübingen 2020 (= Dogmatik in der Moderne 30), 355–375, hier: 361, 371.
14   LEVINE, Amy-Jill, The Misunderstood Jew: The Church and the Scandal of the Jewish Jesus, San Francisco 2006, 7.

und den jüdischen Glauben selbst eine bleibende Zumutung darstellt, da in Jesus Christus, nicht der »einmalig höchste Fall des Wesensvollzugs der menschlichen Wirklichkeit«[15] beschrieben werden kann, wie es Karl Rahner postulierte.

Auch wenn sich mit Lapide und Levine zwei prominente jüdische Stimmen aus der Wissenschaft für die Einbeziehung Jesu Judeseins in den Inkarnationsglauben aussprechen, ist dies keineswegs ein mehrheitsfähiger Standpunkt innerhalb des Judentums. Martin Buber bringt einen der stärksten Vorbehalte gegenüber dem Inkarnationsgedanken vor. In seiner Stuttgarter Rede *Die Brennpunkte der jüdischen Seele* (1930) sprach er von der »Inkarnationslosigkeit des Judentums« als dem radikalen Trennungsmoment zum Christentum:

> [D]ie Inkarnationslosigkeit des dem »Fleisch« sich offenbarenden und ihm in der gegenseitigen Beziehung gegenwärtigen Gottes und die Zäsurlosigkeit der auf Erfüllung ausgerichteten und immerdar Entscheidung erfahrenden Menschengeschichte sind das letztlich Sondernde zwischen Judentum und Christentum. Wir »einen« Gott, indem wir lebens- und sterbensmäßig seine Einheit bekennen; wir einen uns ihm nicht. Der Gott, den wir glauben, dem wir angelobt sind, vereint sich nicht mit menschlicher Substanz auf Erden. Eben das aber, daß wir nicht vermeinen, uns ihm einen zu können, befähigt uns, so inbrünstig danach zu verlangen, »daß die Welt in der Königsherrschaft des Gewaltigen zurechtgebracht werde«.[16]

Buber definiert die Zäsurlosigkeit und den Inkarnationsglauben als das »Sondernde« zwischen Juden- und Christentum. Beides gehört für Buber zusammen, denn mit der Inkarnation geht die christliche Deutung der Zeiterfahrung einher. Anders als im Judentum mit seinem »Schöpfungskalender«, wird im Christentum die Zeit von Christi Geburt an gezählt.[17]

---

15 RAHNER, Karl, Zur Theologie der Menschwerdung Gottes, in: DERS, Schriften zur Theologie, Bd. 4, Einsiedeln 1960, 137–155, hier: 143. Auch von Stosch spricht in der Tradition Rahners von der Inkarnation als »singuläre Höchstform der menschlichen Zuwendung Gottes«. Weiters führt er aus, dass sich Gott auch in anderer Weise dem Menschen zuwendet, ist natürlich »denkbar, aber in einem Menschen ist die volle Gestalt dieser Zuwendung nur in Jesus da«. Die Inkarnation ist nicht gegen die bleibende Erwählung Israels gerichtet. Israel braucht »keine christologische Vermittlung, sondern es genügt, dass Gott sich Israel in seinem Wort sagt [sic]. Dieses Wort ist dann zwar aus christlicher Sicht in Jesus Christus Fleisch geworden, sodass es dasselbe Wort ist, in dem Gott sich in Jesus Christus inkarniert und in dem Gott Israel erwählt und liebt. Aber die erste Liebe Gottes braucht keinen Bezug auf Jesus Christus. Israel kennt schon den einen Gott und seine Liebe zum Menschen.« STOSCH, Klaus von, Die Einzigkeit Jesu Christi als Implikat der Einzigkeit Israels: Plädoyer für eine mutual inklusive Lesart der Christologie in der Israeltheologie, in: DANZ, Christian/ EHRENSPERGER, Kathy/HOMOLKA, Walter (Hgg.), Christologie zwischen Judentum und Christentum: Jesus, der Jude aus Galiläa, und der christliche Erlöser, Tübingen 2020 (= Dogmatik in der Moderne 30), 291–309, hier: 297.

16 BUBER, Martin, Die Brennpunkte der jüdischen Seele, in: KUSCHEL, Karl-Josef (Hg.), Martin Buber Werkausgabe: Bd. 9: Schriften zum Christentum, Gütersloh 2011 (= Martin Buber Werkausgabe Band 9), 128–137, hier. 135f.

17 Vgl. WOHLMUTH, Josef, Jüdischer Messianismus und Christologie, in: EvTh 59/4 (1999), 286-203, hier: 286f.

1 Inkarnation und Judesein Jesu

Nach jüdischer Ansicht wird Gott aber nicht Mensch. Damit steht Buber in der mittelalterlichen Tradition des sogenannten halachischen Schittuf-Vorwurfs. Schittuf meint dabei eine Art und Weise der »Verbindung, Zugesellung, Assoziierung, Vermischung, Vergesellschaftung«[18] innerhalb der strengen monotheistischen Gottesverehrung, wie sie aus jüdischer Sicht beispielsweise im johanneischen Satz »Ich und der Vater sind eins« (Joh 10,30) zum Ausdruck kommt.[19] Im jüdischen Sinne wird Israels Monotheismus abgeschwächt bzw. verdunkelt, wenn Jesus als Gott und Mensch mit dem Gott Israels verbunden wird. »Schittuf« schließt jedoch nicht den Vorwurf mit ein, das Christentum sei ein »Götzendienst« oder eine polytheistische Religion, sondern eben »Schittuf« und »[d]as Volk Gottes der Juden dagegen bekenne sich aus Treue zur Sinai-Offenbarung zur absoluten Einheit und Einzigkeit Gottes«[20]. Die Inkarnation, wie sie Buber ablehnt, bedeutet jedoch nicht, sich nicht aus jüdischer Sicht kritisch damit auseinanderzusetzen, wofür dieser und viele andere jüdische Denker stehen.[21] In einem Gespräch mit dem Neutestamentler Karl Ludwig Schmidt (1933) äußerte sich Martin Buber über den sich offenbarenden jüdischen Gott:

> Wir sagen nicht: So kann sich Gott nicht offenbaren. Wir sprechen nur keiner seiner Offenbarungen die Unüberbietbarkeit zu, keiner den Charakter der Inkarnation. Über jeden, aber auch jeden Moment der geschehenden Zeit weist jenes futuristische Wort des Herrn [sc. Ex 3,14] in unbedingter Weise hinaus; Gott ist jeder seiner Manifestationen schlechthin überlegen.[22]

In Bubers Ablehnung der Inkarnation zeigt sich bereits deutlich ein Unterschied zu der einst emanzipatorisch zwischen Juden und Christen geführten historischen Jesusforschung, die aufzeigte, dass der historische Jesus von niemandem exklusiv[23] beansprucht werden kann. Die Inkarnation, aber auch die Gottheit Jesu und die

---

18 THOMA, Clemens, Art. Schittuf, in: Lexikon der jüdisch-christlichen Begegnung (1994), 359–362, hier: 359.
19 Siehe dazu besonders das 1. Kapitel »Gott – wer oder was ist das« von E. Dirscherl, in: DIRSCHERL, Erwin/WEIẞER, Markus, Dogmatik für das Lehramt: 12 Kernfragen des Glaubens, Regensburg 2019, 23–54, hier: 51.
20 THOMA, Clemens (Hg.), Christliche Theologie des Judentums, Aschaffenburg 1978 (= Der Christ in der Welt: VI. Reihe, Das Buch der Bücher Bd. 4a/b), 190.
21 Neben Buber und Wyschogrod, wobei letzterer der sich mit dem Gedanken einer »Einwohnung Gottes in Israel« kritisch an den christlichen Inkarnationsgedanken annäherte, seien beispielsweise weitere jüdische Denker zu nennen wie: Stéphane Mosès und Emanuel Levinas. Vgl. MADRAGULE BADI, Inkarnation in der Perspektive des jüdisch-christlichen Dialogs, Paderborn 2006.
22 BUBER, Martin, Kirche, Staat, Volk und Judentum, in: DERS., Der Jude und sein Judentum. Gesammelte Aufsätze und Reden, Darmstadt 1993, 544–556, hier: 549.
23 Friedrich-Wilhelm Marquardt, auf den noch näher eingegangen wird, definierte seine Christologie weniger exklusiv, sondern vielmehr exemplarisch: »Christologie nennen

Trinität werden aus jüdischer Sicht als nicht vereinbar mit dem Monotheismus Israels betrachtet, da Gott nicht in einem endlichen Wesen, in einem sterblichen Körper gedacht werden kann.[24] Gegenüber diesen drei christlichen Glaubensaussagen, so der jüdische Religionsphilosoph Michael Wyschogrod (1928–2015), »werden alle anderen christlichen Behauptungen, wie die, daß Jesus der Messias sei, bestenfalls zweitrangig«[25].

Doch Michael Wyschogrod kann der Inkarnation mit Berufung auf den Johannesprolog – anders als Buber – insofern etwas abgewinnen, als er darin Ähnlichkeiten zur jüdischen Vorstellung der Schechina[26] erkennt, der »Einwohnung« Gottes in seinem Volk. Gott ist in der Geschichte bei seinem Volk mit seiner göttlichen Gegenwart, wie er im Offenbarungszelt am Sinai mit seinem Wort wohnt (Ex 19f.; 33,7–35; 40, 34–38).[27] Der Gedanke der jüdischen Schechina ist dem Inkarnationsgedanken insofern ähnlich, als »die Transzendenz Gottes über das Motiv der Einwohnung mit der Immanenz in der Geschichte in Verbindung«[28] gebracht wird. Dass

---

wir die Auslegung des christlichen Bekenntnisses zu Jesus, dem Juden. Dieser Aufgabe nähern wir uns durch die Eingrenzung eines christlichen Verständnisses Jesu von Nazareth. Es hat seine Grenze darin, dass Jesus auch außerhalb der Kirche lebt und erkannt wird.« MARQUARDT, Friedrich-Wilhelm, Das christliche Bekenntnis zu Jesus, dem Juden: Eine Christologie, Bd. 1, Gütersloh 1990, 11. Marquardt lehnte für Jesus die Bezeichnung »Messias Israels« ab, da dieser mehrheitlich nicht von ganz Israel bekannt wurde und wird und dieses Bekenntnis im Gegensatz zu den Völkern auch nicht benötigt, hier kommt der exemplarische Charakter seiner Christologie zu tragen: »Gott ist ›in Jesus‹, wie er zugleich in Israels Mitte ›wohnt‹ und ›zeltet‹: Immanuel – Gott mit uns«. MARQUARDT, Friedrich-Wilhelm, Das christliche Bekenntnis zu Jesus, dem Juden: Eine Christologie, Bd. 2, Gütersloh 1991, 53. Gegen die Bezeichnung »Messias Israels« siehe: Ebd., 214–217.

24 Christlicherseits wird dies naturgemäß anders gesehen. Siehe dazu nur: STRIET, Magnus (Hg.), Monotheismus Israels und christlicher Trinitätsglaube, Freiburg i. Br. 2004 (= Questiones Disputatae 210).

25 WYSCHOGROD, Michael, Inkarnation aus jüdischer Sicht, in: EvTh 55/1 (1995), 13–28, hier: 15 [DOI: 10.14315/evth-1995-0104].

26 In Bezug auf die Schechina und Joh 1,14 arbeitete der evangelische Systematiker Friedrich-Wilhelm Marquardt heraus, den Hauptvers für das Inkarnationsdogma »zweizeilig zu interpretieren«: »Man muss Johannes lesen als einem zweisprachig denkenden Theologen, der zuerst den Heiden gesagt hat, das Wort ward Fleisch. Die Heiden können das verstehen, die Juden weder verstehen noch akzeptieren. Deshalb sagte er dasselbe [in der Logik des Parallelismus Membrorum], was er den Heiden heidnisch gesagt hat, jetzt den Juden jüdisch, so daß sie es verstehen können: das Wort ›zeltete mitten unter uns‹.« MARQUARDT, Friedrich-Wilhelm, Ein freudiges Ja zu den Thesen von Tiemo Rainer Peters, in: MANEMANN, Jürgen/METZ, Johann Baptist (Hgg.), Christologie nach Auschwitz: Stellungnahmen im Anschluß an Thesen von Tiemo Rainer Peters, Münster ²2001 (= Religion – Geschichte – Gesellschaft 12), 86–93, hier: 90.

27 Vgl. RUTISHAUSER, Christlichen Glauben denken, 142; siehe zu Schechina auch 156f.

28 TÜCK, Jan-Heiner, Der Jude Jesus – ›die Tora in Person‹?: Zu einem neueren christologischen Topos im jüdisch-christlichen Dialog, in: DANZ, Christian/EHRENSPERGER, Kathy/

1 Inkarnation und Judesein Jesu

Gott aber in einem einzelnen Menschen, Jesus von Nazareth, »wohnt« – *habitavit* (Joh 1,14)[29], lehnt Wyschogrod strikt ab. Er plädiert aber dafür, die

> Einpflanzung Jesu in sein Volk ernst zu nehmen, wenn das Israel, das ihn hervorbrachte und dessen (spirituelle, geographische, sprachliche, intellektuelle usw.) Grenzen er nie verließ, mehr ist als bloße Kulisse [...], dann muss das, was für Jesus wahr ist, im wesentlichen [sic] auch für das jüdische Volk wahr sein. Und das schließt die Inkarnation ein.[30]

Diese Inkarnation sollte aus seiner Sicht jedoch nicht (nur) im christlichen Sinne verstanden werden:

> Es stimmt, das Judentum vergißt nie das Dialektische, den transzendenten Gott, der nicht nur jenseits des Raums, sondern auch jenseits der Zeit ist und tatsächlich auch die Kategorien des menschlichen Denkens übersteigt. Doch diese Transzendenz bleibt in dialektischer Spannung mit dem Gott, der bei Israel in seiner Unreinheit wohnt (Lev 16,16), der der vertraute Gefährte des Juden ist, ob im Salomonischen Tempel oder in den Tausenden von kleinen Gebetsräumen [...]. Das Judentum ist daher inkarnatorisch – wenn wir unter diesem Begriff die Vorstellung verstehen, daß Gott in die Welt des Menschen eintritt, daß er an bestimmten Orten erscheint und dort wohnt, so daß sie dadurch heilig werden. Das Christentum hat diese Tendenz konkretisiert, sie so zugespitzt auf eine spezifische Inkarnation, daß die jüdische Tendenz zur Räumlichkeit dabei eine körperliche Form annimmt.[31]

Wyschogrods Annäherung an die Inkarnation findet ihre Parallele zur historischen Jesusforschung auf folgender Ebene: So wie die jüdische Jesusforschung bei der Christologie an ihre jüdischen Grenzen stößt, so gelangt Wyschogrods jüdische Vorstellung der Inkarnation an ihre christliche Grenze. Universell lässt sich Inkarnation also jüdisch denken, jedoch mit einem Vorbehalt in der Konkretion der einmaligen historischen Person Jesu. Ähnlich wie David Flusser, der die Grenze christologischen Denkens hinaus bzw. vorverschob, indem er die jüdischen Wurzeln der Christologie aufschlüsselt und sich so der christlichen Sicht auf Jesus beinahe angleicht, zeigt Wyschogrod dies explizit in Bezug auf die Inkarnation und wo diese jüdischerseits letztlich an eine Grenze stößt. Es ist immer bei der konkreten Person Jesus.

Um eine Christologie zu entwerfen, die Jesu Judesein integriert, und damit über den Kern des christlichen Glaubens reflektiert, wer Jesus Christus als Person für Christinnen und Christen war, ist und sein wird, braucht es einen Dialog mit der jüdischen Theologie und Philosophie. Eine christologische Spurensuche kann nur im gleichberechtigten Dialog mit dem Judentum geschehen – die Schlüsse für den christlichen Glauben und seine Glaubenssätze daraus zu ziehen, sind (Haus-)Aufgabe der christlichen Theologie. Es können dabei, mit dem evangelischen Theologen Christoph Schwöbel (1955–2021) gesprochen, die

---

HOMOLKA, Walter (Hgg.), Christologie zwischen Judentum und Christentum: Jesus, der Jude aus Galiläa, und der christliche Erlöser, Tübingen 2020 (= Dogmatik in der Moderne 30), 183–207, hier: 205.

29 Vgl. den Wortlaut in der Vulgata: »et verbum caro factum est et habitavit in nobis.«
30 WYSCHOGROD, Michael, Inkarnation aus jüdischer Sicht, in: EvTh 55/1 (1995), 13–28, hier: 26 [DOI: 10.14315/evth-1995-0104].
31 Ebd., 22.

Herausforderungen und Inspirationen der jüdischen Jesusforschung nicht in die Selbstbezüglichkeit christologischer Reflexion transformiert werden. Es braucht die konkreten Gesprächspartnerinnen und Gesprächspartner, die durch ihre Expertise dazu beitragen, dass die stets neue Aufgabe der Formulierung einer angemessen christlich-theologischen Christologie sich jenseits von Ausgrenzung und Vereinnahmung des Judentums bewegt. [...] Dabei ist klar, dass die Aufgabe einer angemessenen Christologie keine gemeinsame Aufgabe werden kann.[32]

Schwöbel fordert für neue christologische Konzepte die Einbeziehung jüdischer Gesprächspartnerinnen und -partner. Ihr Wissen sei im eigenen christlichen Nachdenken über Jesus Christus zu berücksichtigen; ihre Perspektiven können verhindern, dass Christologien gegenüber dem Judentum ausgrenzend oder vereinnahmend wirken. Gemeinsame Aufgabe, das hält auch Schwöbel fest, kann die Christologie aber nie werden. Hier besteht keine Spannung in der Aussage, denn Ausgrenzung meint zuallererst die Folgen einer Christologie zu bedenken, damit nicht eine antijüdische Christologie entsteht und darauf sind besonders jüdische Forschende sensibilisiert, die daher im Diskurs über die Inkarnation auch nicht ausgegrenzt werden dürfen.

Ein Beispiel für eine Christologie, die jeder Vereinnahmung des Judentums kategorisch entgeht, dabei aber das Judentum zu einer Religion unter anderen Religionen macht, stammt vom evangelischen Theologen Christian Danz. Er verabschiedet sich von der Zweinaturenlehre[33] und schreibt, dass es sich bei der »christologische[n] Beschreibung der christlichen Religion nicht um Aussagen über die geschichtliche Person Jesu von Nazareth und ihrer Besonderheit [handelt], sondern um eine reflexive Erfassung der Struktur des christlichen Glaubens«[34]. Danz' Christologie kommt letztlich ganz ohne einen Bezug zum Judesein Jesu aus bzw. verneint ein objektives Gegenüber einer Christuswirklichkeit, sprich »die realistisch-gegenständliche Fassung der Christologie«[35]. Danz entgeht damit jedem Inklusivismus des Judeseins Jesu und des Judentums in der Christologie. Jesus Christus ist in Danz' Christologie, »der Ausdruck der reflexiven Struktur des Glaubensaktes«[36].

---

32 Schwöbel, Christoph, Jüdische Jesusforschung und die Aufgaben der Christologie – ein Gesprächsbeitrag, in: Danz, Christian/Ehrensperger, Kathy/Homolka, Walter (Hgg.), Christologie zwischen Judentum und Christentum: Jesus, der Jude aus Galiläa, und der christliche Erlöser, Tübingen 2020 (= Dogmatik in der Moderne 30), 271–290, hier: 288.

33 Die Zweinaturenlehre bildet für Danz einen »verfehlten Ansatzpunkt für die christologische Reflexion«, denn sie sei weder dazu in der Lage »die Einheit der Person Christi verständlich zu machen, noch lässt sich unter der Voraussetzung einer Einheit der beiden Naturen in dem Gottmenschen dessen Menschsein behaupten«. Danz, Grundprobleme der Christologie, 193.

34 Danz, Christian, Christologie als Bestätigung der jüdischen Religion? Überlegungen zur Lehre von Jesus Christus im Zeitalter des religiösen Pluralismus, in: Danz, Christian/Ehrensperger, Kathy/Homolka, Walter (Hgg.), Christologie zwischen Judentum und Christentum: Jesus, der Jude aus Galiläa, und der christliche Erlöser, Tübingen 2020 (= Dogmatik in der Moderne 30), 123–144, hier: 134f.

35 Ebd.

36 Danz, Grundprobleme der Christologie, 193.

Der katholische Theologe Klaus von Stosch nimmt kritisch Bezug darauf und wendet dagegen ein, dass Jesus Christus als »eine Wirklichkeit von außen auf mich zukommt, die ich nicht zuerst aus mir selbst hervorgebracht habe«. Von Stosch plädiert dafür, dass sich eine Christologie an »historisch kritisch eruierbaren Fakten über diesen Jesus von Nazareth bewähren« muss, wie beispielsweise durch seine Existenz oder seinen Kreuzestod. Zwar legitimieren diese historischen Fakten alleine nicht den Glauben, »[a]ber sie können ihn falsifizieren«[37]. Die Verbindung von Geschichte und Heilsgeschichte findet sich etwa in der Inkarnationslehre oder in der Sühnefunktion des Kreuzestodes Christi. Sein Tod hat nach Paulus eine theologische Bedeutung, weil er für die Sünden der Menschen starb, begraben wurde und der Schrift zufolge am dritten Tag auferstand (vgl. 1 Kor 15,1–5). Von Stosch bindet seine Christologie an geschichtliche Ereignisse zurück und hält klassisch an einer christologisch-eschatologischen Vorstellung fest, die er aber unter einem mutual inklusiven Versöhnungsvorschlag andeutet, wissend darum, dass messianische Vorstellungen im Judentum aufgrund der zahlreichen Messiasprätendenten in der Geschichte dort skeptisch betrachtet werden. Sein »Plädoyer für eine mutual inklusive Lesart der Christologie in der Israeltheologie«[38] zielt darauf, dass im Eschaton Juden und Christen in ihre Besonderheit bewahrt bleiben, aber so transformiert werden, »dass ihre Unterschiede nur noch als Bereicherung wahrgenommen werden«[39].

Die Frage nach der Vereinnahmung des Judentums in der christlichen Theologie ist eine heikle. Zielt die Antwort auf die Frage nach einer judenmissionarischen Christologie, ist sie aus meiner Sicht und mit den Worten des Paulus ganz klar mit ›Nein‹ zu beantworten, denn nicht Christus, sondern »Gott rettet ganz Israel« (Röm 11,26). Jedoch kann unter Vereinnahmung durchaus eine gewisse inklusivistisch christliche Perspektive auf das Judentum verstanden werden. Diese auszuschließen wäre widersinnig, weil das Christentum schlicht auf das Judentum verwiesen ist, nicht nur religionsgeschichtlich, wie durch eine gemeinsame Schrifttradition, sondern auch theologisch. So schreibt Rainer Kampling:

> Ausgehend von der Heiligen Schrift, und zwar in ihrer Gesamtheit, gibt es um des Glaubens Willen keine andere Möglichkeit als die, die Frage nach der Selbigkeit Gottes im Judentum und Christentum zu bejahen.[40]

Deshalb ist aus christlicher Sicht die christliche Beziehung zum Judentum eine ganz grundsätzliche, denn es ist derselbe Gott, von dem das Alte und Neue Testament kündet. Ob die christliche Verbundenheit mit der jüdischen Identität Jesu und letztlich mit dem Judentum als Vereinnahmung oder Verbundenheit erachtet wird, muss – bei allem guten Willen christlicherseits – die jeweilige jüdische Seite beantworten. Wichtig erscheint, dass die Frage nach dem konkreten Judesein Jesu nicht

---

37 Siehe im obigen Band: STOSCH, Die Einzigkeit Jesu Christi als Implikat der Einzigkeit Israels, 291–309, hier: 298.
38 Ebd., 291.
39 Ebd., 307.
40 KAMPLING, Rainer, 50 Jahre »Nostra aetate«: Derselbe Gott im Judentum und im Christentum?, in: HerKorr 1 (2016), 25–27; hier 27.

in eine destruktive Vereinnahmung des Judentums mündet, denn dies würde wohl tatsächlich als heilsgeschichtliche Vereinnahmung empfunden werden können. Die Einbeziehung der Stimmen jüdischer Forscherinnen und Forschern in christliches Denken bewahrt vor der Gefahr einer falschen Vereinnahmung des Judentums in der Christologie und zugleich davor, Antisemitismen in die christliche Theologie einzutragen. Welche Rolle das Judesein Jesu christologisch also einnimmt, zeigt sich anhand der Folgen, die jene Christologien für Jüdinnen und Juden nach sich ziehen, also ob die Christologie für sie zum Fluch oder zum Segen wird.

2 Relevanz und Grenzen der jüdischen Jesusforschung in Kirche und Theologie

Die jüdische Jesusforschung, die mit der Aufklärung begann, wurde in der christlichen Theologie erst nach der Shoah im Kontext des jüdisch-christlichen Dialogs als Gewinn gewürdigt. Heute kann sie nicht mehr aus der christologischen Reflexionsebene ausgeblendet werden, weil sie als solches für die Christologie irreversible Einsichten bereithält, die im Folgenden dargestellt werden. Zunächst wird dabei ausgelotet, warum Jesu jüdische Identität mit der Aufklärung, in der Jesus als Jude erkannt wurde, als solche nicht in die damaligen reflexiven christologischen Denkbemühungen integriert wurde. Danach werden die Gründe aufgeführt, die aufgrund und nach der Shoah einen Paradigmenwechsel in der Anerkennung der jüdischen Jesusforschung in der Theologie einleiteten.

2.1 Jesu Judesein im Spannungsverhältnis zwischen Dogma und Schriftinterpretation

Den Rahmen für ein christliches Verständnis der »Menschwerdung Gottes« bzw. konkreter der Fleischwerdung des göttlichen Logos (Joh 1,1)[41] in Jesus von Nazareth findet in der Inkarnationstheologie ihren Ausdruck. Warum Jesu Judesein als Teil dieser Menschwerdung über Jahrhunderte und selbst mit Beginn der Aufklärung in der Theologie keine Rolle spielte, wirft Fragen auf. Hätte solche Reflexion nicht spätestens mit dem wachsenden Interesse am historischen Jesus einsetzen müssen? Hier scheint in der wissenschaftlichen methodischen Errungenschaft der Aufklä-

---

41 Eine zu allgemeine Rede von »Menschwerdung Gottes in Jesus Christus« könnte von Gläubigen dahingehend missverstanden werden, dass Adonai, der Gott Israels, der Schöpfer von Himmel und Erde Menschengestalt angenommen hatte. Es ist aber Gottes Wort gemeint, die zweite göttliche Person, die in Jesus inkarnierte. Alles andere depotenziert Gott, oder vergöttlicht den Menschen. Es heißt nicht ὁ θεὸς sei Fleisch geworden, sondern Joh 1,14: »Und das Wort ist Fleisch geworden« (Καὶ ὁ λόγος σὰρξ ἐγένετο). Vgl. WOHLMUTH, Josef, Jesus der Bruder Christus der Herr: Neue Perspektiven im jüdisch-christlichen Dialog?, in: DIRSCHERL, Erwin/TRUTWIN, Werner (Hgg.), Redet Wahrheit – Dabru Emet, Münster 2004 (= Forum Christen und Juden 4), 91–112, hier: 98, 108.

rung, den historischen Jesus vom dogmatischen Christus zu scheiden, selbst eine entscheidende Weichenstellung für die Ausgrenzung eines jüdischen Jesus aus christologischen Reflexionen mitbegründet zu sein. Denn trotz der unglaublichen Fülle exegetischer Forschung, in der Jesu Judesein erschlossen wurde, blieb die systematische Theologie davon lange Zeit überwiegend unberührt.[42] Andererseits, wie sollte aus dogmatischer Sicht der heilsgeschichtlichen Gestalt und Bedeutung Jesu Christi Rechnung getragen werden, wenn dies allein mittels der historisch-kritischen Forschung geschehen sollte, die diese theologischen Aspekte methodisch gar nicht in den Blick nehmen konnte.[43] Titel und Bezeichnungen für Jesus wie »Messias« oder »Sohn Gottes« können aus streng historisch-kritischer Perspektive analysiert und nachgewiesen werden, aber ob der historische Jesus der Messias und Sohn Gottes war, ist eine heilsgeschichtliche Frage, die sich dieser spezifischen Methode verschließt. Bedenkt man nun die Inkarnationstheologie[44], dann zeigt sich darin jedoch äußerst deutlich die Verschränkung von Geschichte und Heilsgeschichte sowie das Dilemma, vor dem die Dogmatik angesichts der Schriftinterpretation durch die historisch-kritische Methode stand.

Es erhärtet sich bei näherer Betrachtung der Verdacht, dass die Nicht-Berücksichtigung des Judeseins Jesu in der Christologie mit der sich etablierenden Arbeitsteilung zwischen Exegese und Systematik in Folge der Aufklärung zusammenhängt. Diesen Verdacht behandelt Norbert Reck in seinem für eine breite Leserschaft geschriebenen Buch *Der Jude Jesus und die Zukunft des Christentums* (2019). In dessen dritten Kapitel »Ein Riss«[45] analysiert er das belastete Verhältnis zwischen den beiden theologischen Disziplinen Exegese und Dogmatik. Reck beschreibt anschaulich die angespannte Beziehung, deren Krise für ihn mit der Aufklärung und der

---

42 Vermittlungsansätze, um die Diskrepanz zwischen einem irdischen Jesus der historisch-kritischen Forschung und dem dogmatischen Christus der Kirche zu kitten, gab es durchaus. Beispielsweise das Buch *L'Evangile de Jésus-Christ* (Paris 1928), das 1946 auf Deutsch erschien. Der Autor ist Marie-Joseph Lagrange OP (1855-1938), der 1890 die *École biblique et archéologique française de Jérusalem* gründete. Auch seine gegründeten Zeitschriften *Revue Biblique* (1892) und *Études Bibliques* (1903) bestehen bis heute. Er setzte sich für die Anwendung der historisch-kritischen Methode in der katholischen Exegese ein. Vgl. MURPHY-O'CONNER, Jerome, Art. Lagrange, Marie-Joseph, in: LThK 6 (^{3}2006), 588; WELTE, Michael, Art. Lagrange, Marie Joseph, in: BKKL 4 (1992), 994.
43 Hier sei nur an das an David Friedrich Strauß anschließende wirkmächtige Entmythologisierungsprogramm des protestantischen Theologen Rudolf Bultmann (1884-1976) erinnert. Dabei werden Menschwerdung Gottes oder Auferstehung Jesu Christi als Mythos betrachtet, die nicht eliminiert, sondern entmythologisiert und »existential« interpretiert werden. Siehe: HAMMANN, Konrad, Rudolf Bultmann: Neues Testament und Mythologie (1941), in: WISCHMEYER, Oda (Hg.), Handbuch der Bibelhermeneutiken: Von Origenes bis zur Gegenwart, Berlin/Boston 2016, 905–919; VORGRIMLER, Herbert, Art. Entmythologisierung, in: Neues Theologisches Wörterbuch (^{6}2016), 153f.
44 Gleiches gilt natürlich für die Verschränkung eines präexistenten und auferstandenen Sohn Gottes im historischen Menschen Jesus von Nazareth.
45 Siehe dazu: RECK, Der Jude Jesus und die Zukunft des Christentums, 39–66.

damit einsetzenden Bibel- und Dogmenkritik[46] beginnt. Die Folgen dieser unausgewogenen Beziehung zwischen den beiden Fächern sind nach Reck bis heute erkennbar. Sie wirken sich auf die Lage des westlichen Christentums[47] aus, die Reck wie folgt beschreibt:

> Während viele Menschen der Gegenwart sich angesichts der kleinteiligen Analysen der Exegese fragen, warum sie so etwas denn wissen sollen, fragen sie sich angesichts der Darlegung der Dogmatik, warum sie die Geschichte von Jungfrauengeburt, Gottessohnschaft, Sühnetod und Totenauferstehung denn glauben sollten. Die Bedeutung des christlichen Glaubens versank im Riss zwischen Exegese und Dogmatik.[48]

Pointiert benennt Reck die Folgen einer fehlenden gegenseitigen Verständigung der beiden Disziplinen. Diese Unausgewogenheit zwischen Dogmatik und Exegese zog nach Reck ein Ungleichgewicht zwischen dem Verhältnis von irdischem Jesus und dem Sohn Gottes nach sich, das Folgen für die christliche Haltung gegenüber dem Judentum hatte.[49] Reck formuliert das Grundproblem konkret dahingehend, dass, wenn der irdische Jesus »zugunsten des Gottessohnes geopfert« wird, »die neutestamentliche Darstellung aus dem Gleichgewicht« gebracht wird.[50] Er zielt damit eine Distanz zum irdischen Jesus in der Christologie ab, die dort ihren Ursprung nimmt, wo die Schlüsselbegriffe des noch jungen Christentums nicht mehr (auch) jüdisch, sondern allein griechisch verstanden wurden.

---

46 Als Beispiel sei prominent der Orientalist Hermann Samuel Reimarus (1694-1768) genannt, der »die strengen Sätze der sogenannten Orthodoxie« ablehnte, darunter fällt das zentrale Dogma der Gottessohnschaft Christi, dass ihm unvernünftig erschien. REIMARUS, Hermann Samuel, Apologie oder Schutzschrift für die vernünftigen Verehrer Gottes Alexander, Gerhard (Hg.), Frankfurt a. M. 1972. Bd I, 126 (Der vollständige Text wurde erst 1972 veröffentlicht).

47 Unter westliche Kirchen werden die (römisch-)katholische Kirche (lateinische Kirche mit 23 katholischen Ostkirchen), die vorreformatorischen Kirchen (Waldenser und Hussiten bzw. hussitische Traditionen der Böhmischen und Mährischen Brüder, »Herrnhuter Brüdergemeine«) und reformatorischen Kirchen (lutherische, reformierte, unierte Kirche) und ihre Folgekirchen bezeichnet. Auch die anglikanische Kirche und die altkatholische bzw. in der Schweiz christkatholische Kirche genannt, zählen zu den westlichen Kirchen. Zu den Ostkirchen zählen die Kirchen der Orthodoxie, die Altorientalischen Kirchen, und die Apostolische Kirche des Ostens. Das Begriffspaar West- und Ostkirche hängt mit der Teilung des römischen Reiches (395 n. Chr.) in ein West- und Oströmisches Reich zusammen. Bereits seit dem Ersten Konzil von Konstantinopel entstand eine schleichende Kirchenspaltung und Distanz zwischen den Päpsten in Rom und den Patriarchen in Konstantinopel, die ins morgenländische Schisma von 1054 mündete. 1965 wurde die gegenseitige Exkommunikation durch Papst Paul VI. und Patriarch Athenagoras I. aufgehoben, ohne jedoch zu einer Gemeinschaft der beiden Kirchen zu führen. Vgl. Stiftung Pro Oriente: Ostkirchen, in: https://www.pro-oriente.at/Ostkirchen/ (Abruf: 15.7.2018). KLAUSNITZER, Kirche, Kirchen und Ökumene, 201–209; HAHN, Udo, Das 1 x 1 der Ökumene: Das Wichtigste über den Dialog der Kirchen, Neukirchen-Vluyn 2003, 16–26; BAYER, Axel, Art. Morgenländisches Schisma, in: LThK 7 (³2006), 470–474.

48 RECK, Der Jude Jesus und die Zukunft des Christentums, 66.
49 Vgl. ebd., 88.
50 Ebd., 89.

Das veränderte Verständnis der Schlüsselbegriffe beginnt nach Reck dort, wo sich die Mitglieder der Jesusbewegung vom Judentum losgelöst haben. Daher sind auch Antijudaismen nicht in den neutestamentlichen Texten und ihren Christologien nachzuweisen, sondern bei jenen heidenchristlichen Auslegern, den Kirchenvätern, die die eigene christliche Identität auf Kosten der jüdischen Identität gestärkt haben.[51] Die ersten christusgläubigen Juden hatten keinen Grund Jesus nicht in ihren jüdischen Kategorien zu verstehen:

> Sie waren ja selbst Juden und identifizierten Jesus mit diesen traditionellen jüdischen Begriffen, ohne dass damit ein Anflug von Judenfeindlichkeit entstand. Sie hatten keinerlei Probleme, Jesu Menschsein, Judesein und seine Messianität im Sinne ihrer Tradition zusammenzudenken. Zwar mochten viele andere Juden ihnen nicht zustimmen, aber die Rede über Jesus Christus war kein Akt der Feindseligkeit gegenüber dem Judentum.[52]

In diese Argumentationslinie lässt sich das Denken David Flussers hinsichtlich einer »jüdischen Christologie« einreihen. Dass Jesus ein jüdisches Leben führte, als Jude den Kreuzestod erlitt und die an ihn glaubenden Juden ihn als einen auferstandenen Juden verstanden, war für sie selbstverständlich. In einer in der Folgezeit immer stärker heidenchristlich dominierten Kirche mit ihrer heidenchristlich geprägten Theologie gehörte hingegen Jesu jüdische Identität nicht weiter zu ihrem christlichen Selbstverständnis. Der Historiker David Nirenberg stellt dazu fest, dass, als die »Jesusbewegung in späteren Generationen immer griechischer wurde«, »Fragen über jüdische Glaubensregeln« in den Hintergrund traten und

> »christologische« Fragen über die Bedeutung des Leidens Jesu und das Wesen seiner Göttlichkeit nun dringlicher wurden. Paulus' »Andersrede« [Allegorie] erwies sich als unschätzbar wertvoll bei der Beantwortung dieser Frage, machte sie dabei aber auch zu »Fragen über das Judentum«, weil sie es ermöglichte, jeden Interpretationsunterschied, der aus der Spannung zwischen Wörtlichem und Allegorischem erwuchs, auf den Unterschied zwischen Juden und Christen zu übertragen.[53]

Schon in den ersten Jahrhunderten änderte sich die Wahrnehmung des Jesusbildes bei denen, die an Jesus glaubten, und jenen, die diesen Glauben ablehnten. Der Völkerapostel Paulus setzte dafür die wesentlichen Voraussetzungen. Diese Veränderung gehört zu jenem religionsgeschichtlichen Prozess, der mit dem Bild der sich trennenden Wege von Judentum und Christentum (»*parting of the ways*«) beschrieben wird. Eine maßgebliche Rolle in diesem Trennungsprozess spielte die christologische und die ekklesiologische Lehrentwicklung.[54] Ekklesiologisch kam es sogar zu einem innerchristlichen Abgrenzungsprozess gegenüber den sogenannten »juden-

---

51 Vgl. Frankemölle, Hubert, Christen und Juden gemeinsam ins dritte Jahrtausend?, in: Ders. (Hg.), Christen und Juden gemeinsam ins dritte Jahrtausend: »Das Geheimnis der Erlösung heißt Erinnerung«, Frankfurt/Paderborn 2001, 273–297, hier: 278.
52 Reck, Der Jude Jesus und die Zukunft des Christentums, 89.
53 Nirenberg, David, Anti-Judaismus = Anti-Judaism: The Western Tradition: Eine andere Geschichte des westlichen Denkens, Aus dem Englischen von Martin Richter, München 2015 (engl. 2013), 106.
54 Henrix, Christus im Spiegel, 67.

christlichen Sekten« (beispielsweise Ebioniten und Nazarener), die ab der Mitte des 2. Jahrhunderts unter anderem in Schriften von Justin, dem Märtyrer, und den Chronisten Hegesippos als Häretiker gekennzeichnet wurden, indem sie »Juden« genannt werden.[55] Wie sehr sich die heidenchristliche Polemik gegen Heidenchristen richtet, die mit judenchristlichen Anschauungen sympathisierten, zeigt die vehemente Warnung vor »judaisierenden« Heidenchristen, so beispielsweise bei Ignatius von Antiochien, der die Philadelphier zu Beginn des 2. Jahrhunderts zurechtweist:

> Wenn aber bei euch einer judaistische Lehren verkündigt, so höret nicht auf ihn! Denn es ist besser von einem Beschnittenen das Christentum zu hören, als von einem Unbeschnittenen judaistische Lehren.[56]

In dem sich entwickelnden rabbinischen Judentum entstand jüdischerseits ein Jesusbild, das Jesus als abtrünnigen Juden deklarierte, während christlicherseits das jüdische Jesusbild durch eine kontinuierliche Aufwertung der heidenchristlichen Christologie in den Hintergrund trat; hier gingen die »Aufwertung Christi mit der Abwertung von Juden und Judentum«[57] (erstmals) Hand in Hand. Die Ausdehnung des Christentums im Mittelmeerraum ließ die Anzahl jener Gläubigen wachsen, die als sogenannte »Heidenchristen« bereits im 2. Jahrhundert in der Kirche dominierten und die neutestamentlichen »Schlüsselbegriffe nicht mehr jüdisch, sondern griechisch verstanden, wo also der Sohn Gottes nicht mehr zugleich als Jude gedacht werden konnte«[58]. Es wurde eine heidenchristlich geprägte Christologie formuliert, die sich auf Jesus Christus im Neuen Testament bezog, ohne seinem Judesein eine (explizite) Bedeutung beizumessen.

Auf diesem Weg konnte sich das entstehende Christentum in der antiken römisch-hellenistischen Welt »inkulturieren«. Ein metaphysischer Transformationsprozess der Identität Christi wurde in der christologischen Reflexion nicht über Jesu jüdische Identität, sondern ontologisch vorangetrieben. Diesen Prozess beschrieb Herbert Vorgrimler (1929–2014) so, dass »die in der Bibel in Gestalt dynamischer Erzählungen wiedergegebene einzigartige Qualität Jesu in hellenistische Wesensaussagen ›übersetzt‹ wurde«[59]. Diese »Übersetzung« ist Teil der bis ins 7./8. Jahrhundert getroffenen begrifflichen und dogmatisch-kirchlichen Entscheidungen zu Jesus Christus. Maßgeblich waren dafür die Konzilien des 4. und 5. Jahrhunderts. Den Anfang bildet dabei das Konzil von Nizäa (325) mit der Formulierung der *Homoousios*, der Wesensgleichheit von Gott-Sohn mit Gott-Vater. Es ist grundlegend für

---

55 Nirenberg, Anti-Judaismus, 104.
56 Ignatius von Antiochien. Brief an die Philadelphier, 6.1., in: https://bkv.unifr.ch/de/works/105/versions/121/divisions/49170.
57 Reck, Der Jude Jesus und die Zukunft des Christentums, 89.
58 Ebd.
59 Vorgrimler, Herbert, Art. Jesus Christus, in: Neues Theologisches Wörterbuch ([6]2016), 321–327, hier: 324.

alle weiteren ökumenischen Konzilien und setzt den Beginn des besagten Transformationsprozesses in der Kirche.⁶⁰

Adolf von Harnack (1851–1930), der protestantische Dogmenhistoriker, der im Zusammenhang seiner Auseinandersetzung mit der »Wissenschaft des Judentums« von Rabbiner Leo Baeck auf seine falsche Distanzierung von Jesus zu seinem Judentum hingewiesen wurde (erfolglos), schrieb die einprägsame, jedoch tendenziöse Formulierung zur Hellenisierungsthese des Christentums:

> Das Dogma ist in seiner Conception und in seinem Ausbau ein Werk des griechischen Geistes auf dem Boden des Evangeliums.⁶¹

Damit drückt Harnack folgerichtig aus, dass der inhaltliche Gehalt des Dogmas nicht unabhängig vom Neuem und Altem Testament erfasst wurde und somit biblisch rückgebunden bleibt. Gleichzeitig enthält die Formulierung aber auch den Aspekt der Hellenisierung des Christentums, indem die frühchristliche Theologie sich mehr vom griechischen Geist als vom Geist des Evangeliums hat inspirieren lassen.⁶² Was Harnack nicht erwähnt ist, dass der Boden des Evangeliums jüdisch ist, besonders das Alte Testament. Anders formuliert, das Evangelium ist die notwendige Bedingung für dogmatische Aussagen gewesen, aber die Vertrautheit mit der jüdischen Vorstellungswelt, in der Jesus von Nazareth lebte, tritt im Dogma zurück. Eine jüdische Rückgebundenheit in der Ausformulierung der Dogmen spielte für Harnack keine Rolle.⁶³

---

60 Konzil v. Nizäa, 325 mit der Formel der Wesenseinheit von Gottvater und Sohn (*homoousios*); Konzil v. Konstantinopel 381 mit der Deutung der göttlichen Trinität als drei Hypostasen eines Wesens, das Konzil von Ephesos 431 mit Maria als Gottesgebärerin und das Konzil von Chalkedon 451 mit der Kompromissformel, dass Jesus Christus, der menschgewordene Logos, eine Person in zwei Naturen, in dieser Person unvermischt, unveränderlich, untrennbar und unteilbar in einer Hypostase vereinigt sind. Vgl. Vorgrimler, Herbert, Art. Jesus Christus, in: Neues Theologisches Wörterbuch (⁶2016), 321–327, hier: 324.

61 Harnack, Adolf von, Lehrbuch der Dogmengeschichte I, Freiburg i. Br. 1886 [Nachdruck: Darmstadt 1990], 20.

62 Jedoch bilden der Johannesprolog 1,1–18, die Selbstaussagen des johanneischen Jesus in 8,42; 10,30; 14,9, der Philipperhymnus 2,6–11 und der Christushymnus in Kol 1,15–20 oder weitere Aussagen wie z. B. Hebr 1,1–14 u. a. wichtige biblische Grundlagen für die Entfaltung christologischer Dogmen. Vgl. Henrix, Israel trägt die Kirche, 187.

63 Hans Hermann Henrix macht den Begriff der »Anverwandlung« stark und plädiert dafür, dass die christologischen Konzilsentscheidungen weniger als Auszüge eines biblischen und jüdischen Denkens verstanden werden, als vielmehr darin nach den Spuren einer »Anverwandlung hellenistischer Denkformen und nicht-biblischer oder nicht-jüdischer Kategorialität an jüdisch-neutestamentliche Gehalte und Kategorien« zu suchen sei. Mit dem Begriff der »Anverwandlung« geht Henrix den lohnenden Weg, die Kategorialität

Hier darf jedoch nicht die Bedeutung des griechischen Denkens für das Judentum vergessen werden. Dafür steht unter anderem die Übersetzung der hebräischen Bibel ins Griechische, die sogenannte Septuaginta (LXX) inklusive der in ihr enthaltenen jüdischen Schriften aus hellenistischer Zeit, die in griechischer Sprache entstanden sind (z. B. Buch der Weisheit). Auch Philo von Alexandrien (ca. 20 v. Chr. – 50 n. Chr.) oder Flavius Josephus (ca. 38. v. Chr. – ca. 100 n. Chr.) sind jüdische Zeugen für eine positive Auseinandersetzung mit dem Hellenismus. Während das sich konstituierende rabbinische Judentum in seinem Abgrenzungsprozess gegenüber der entstehenden Kirche griechisch-hellenistisches Gedankengut ablehnte, setzte sich die konstruktive Auseinandersetzung mit diesem Denken in der frühen Kirche fort. Deutlich findet sie sich in der Funktion des *Homoousios* wieder. Darin wird in einer philosophisch-hellenistischen Denkart ein monotheistisches Gottesverständnis in Jesus von Nazareth artikuliert, das sich gegenüber dem Subordinatianismus des Arius abgrenzt, der Christus als Gott untergeordnet versteht. Nur der *eine* Gott kann Erlösung schenken. Dass er *ein* Gott ist, wird durch das *Homoousios* in einer vom hellenistischen Denken geprägten Welt verständlich gemacht.[64] An dieser Stelle baut sich eine zunehmende Spannung auf: Die getroffenen dogmatischen Entscheidungen der mehrheitlich heidenchristlichen Kirche basieren zwar auf dem biblischen Zeugnis, jedoch ohne Jesus dogmatisch als Juden bzw. Israeliten zu würdigen. Das Judesein Jesu Christi war kein explizites Thema auf den Konzilien.

Um die Dogmatisierung des *Homoousios* auf dem Konzil von Nizäa besser zu verstehen, muss die vorausgehende Gebetspraxis der Gemeinden in den Blick genommen werden. Diese ist für die Dogmatisierung von hoher Bedeutung. Es wurde nicht nur zu Jesus und dem Vater gebetet, bereits vor den Konzilien von Nizäa und Konstantinopel betete die christliche Gemeinde zu Jesus und dem Heiligen Geist. Damit war die Frage aufgeworfen, ob bzw. wie Jesus und der Heilige Geist zu Gott gehören, denn etwas oder jemand anderen als Gott anzubeten, wäre Götzendienst gewesen. Damit wird deutlich, dass sowohl das *Homoousios* von Nizäa als auch die Trinitätstheologie von Konstantinopel in der frühen Gebetspraxis der Christinnen und Christen begründet sind. Diese Gebetspraxis wird dann im nizäno-konstantinopolitanischen Glaubensbekenntnis sogar als Argument für die Gottheit des Sohnes und des Heiligen Geistes angeführt, wenn es heißt:

> Wir glauben an den Heiligen Geist, [...] der mit dem Vater und dem Sohne zugleich angebetet und mitverherrlicht wird. (DH 150)

---

der griechischen Philosophie, mit der die christologischen Dogmen formuliert wurden, mit der jüdischen Identität Jesu Christi zu verknüpfen. Sein Ansatz einer »Judewerdung« des Sohnes Gottes versteht er als »Interpretament der Christologie der Inkarnation«. Siehe dazu das Kapitel »Menschwerdung des Sohnes Gottes als Judewerdung zur christologischen Ernstnahme des Judeseins Jesu«, in: Ebd., 177–200.

64 »Nur wenn der präexistente Logos (Wort) und Sohn Gottes von der Welt, in der er wirkt, seinem Wesen (usia) nach klar unterschieden und wirklich nichts anderes als Gott selbst ist, kann er etwas in die Welt bringen, was diese nicht selbst bieten kann: Gemeinschaft mit Gott, Erlösung, unvergängliches Leben.« KESSLER, Hans, Art. Christologie, in: Schneider, Theodor (Hg.), Handbuch der Dogmatik (Bd. 1), Düsseldorf 1995, 241–442, hier 338.

Hier betet, wie Erwin Dirscherl hervorhebt, die christliche Gemeinde nicht nur mit Jesus zum Vater, sondern sie betet auch zu ihm, was letztlich unweigerlich zu innerjüdischen Debatten führen musste.

> Das Beten zu Jesus ist der Unterschied zum jüdischen Glauben, der eine theologische Klärung unumgänglich werden lässt.[65]

Dass die Kirche aus Heiden und Juden in ihrer Verhältnisbestimmung zum Hellenismus – entgegen markionitischen Tendenzen – am Alten Testament festhielt und es damit den ersten Teil der »zweigeteilten Einheit« (Christoph Dohmen) der christlichen Bibel definierte, zeigt bei allen substitutionstheologischen Bestrebungen der Kirche, dass ihr bewusst war, dass sie sich selbst bzw. Jesus Christus nicht ohne die Heiligen Schriften Israels verstehen konnte und auch weiterhin nicht ohne sie verstehen kann. Der jüdische Historiker Yosef Hayim Yerushalmi (1932–2009) spricht in diesem Zusammenhang von einer in der Kirche bestehenden »awareness of a Jewish matrix«, und meint damit konkret:

> The decision to preserve the Jews has always appeared to me linked to an even more primal decision made in the early centuries, one which involved an intense inner struggle whose outcome was long in doubt. It was the decision to retain the Jewish Scriptures in the Christian canon, and to posit a direct continuity between the two.[66]

Dieser gesamte Kanon enthält und bewahrt dabei den Glauben an Jesus Christus mit seiner jüdischen Identität, ohne dies kirchlich jemals dogmatisiert haben zu müssen.

Dass heute eine dogmatische Perspektive auf Jesus Christus die Kontinuität zwischen den beiden Testamenten deutlich positiv zu deuten weiß, indem sie den Eigenwert der Bibel Israels nicht auslöscht oder substituiert, sei durch Erwin Dirscherls dogmatische Interpretation des Anfangs des Matthäusevangeliums dargelegt. Dessen erster Satz eröffnet den ganzen neutestamentlichen Kanon und stellt Jesus Christus verbunden mit den großen Glaubensfiguren des Volkes Israels dar.

---

65 Vgl. DIRSCHERL, Erwin, Die Herausforderung für eine Christologie im Angesicht von Jesu Judentum: Das theozentrische Beten und Fragen Jesu als bleibende Herausforderung des christlichen Glaubens an den einen Gott, in: DANZ, Christian/EHRENSPERGER, Kathy/HOMOLKA, Walter (Hgg.), Christologie zwischen Judentum und Christentum: Jesus, der Jude aus Galiläa, und der christliche Erlöser, Tübingen 2020 (= Dogmatik in der Moderne 30), 209–227, hier: 220.

66 YERUSHALMI, Yosef Hayim, Response to Rosemary Ruether, in: FLEISCHNER, Eva (Hg.), Auschwitz: Beginning of a New Era?: Reflections on the Holocaust; Papers given at the International Symposium on the Holocaust, held at the Cathedral of Saint John the Divine, New York City, June 3-6, 1974, New York 1977, 97–107, hier: 101.

Seine Herkunft wird mit den Heiligen des Alten Testaments[67], wie diese katholisch bezeichnet werden können, verbunden: »Buch der Geschichte Jesu Christi, des Sohnes Davids, des Sohnes Abrahams.« (Mt 1,1). Diese Heiligen gehören zur Genealogie Jesu Christi, deren »Einleitung« mit dem Stammvater Abraham und König David anhebt. Hier lässt sich der matthäische Stammbaum Jesu als »Schnittstelle von Altem und Neuem Testament« deuten. Dazu Erwin Dirscherl weiter:

> Der Evangelist hält beide Geschichten im Wissen um ihre Unterschiedenheit so zusammen, dass die Vorgeschichte der Geschichte Jesu Christi nicht als entwertet und überholt dargestellt, sondern als nicht überholbare Vor-Gabe des Wortes Gottes und als bleibendes Gegenüber gewürdigt wird. Wie sonst sollte von der radikalen und ewigen Treue Gottes gesprochen werden können?[68]

Dass heute eine solch positive Deutung des Alten Testaments aus dogmatischer Sicht möglich ist, hängt ebenso mit der sich seit der Aufklärung etablierenden historisch-kritischen Forschung zusammen.

Mit ihr geriet auch der jüdische Jesus wieder ins Blickfeld der christlichen (und jüdischen) Beschäftigung mit Jesus, und mit ihm letztlich die von ihm gelebte jüdische Tradition, die aufs engste mit der Bibel Israels verbunden war. Durch die exegetische Beschäftigung mit dem historischen Juden Jesus wurde eine Basis für eine neue Schriftinterpretation geschaffen. Auch wenn sich der historische Perspektivenwechsel betreffend Jesu Judesein bei christlichen Forschern zunächst eher zuungunsten des Judentums entwickelte, indem ein Gegensatz zwischen ihm und seiner jüdischen Umwelt konstruiert wurde, setzte sich letztlich eine positive Bezugnahme auf Jesus, den Juden, durch.[69]

Die christologische Auseinandersetzung über das Judesein Jesu in der Moderne wurzelt also in der Aufklärung. Die Schwierigkeiten christlicher Dogmatik, dies an-

---

67 Obwohl die Verbundenheit der beiden Testamente unbestritten ist, zeigt sich in der liturgischen Praxis der römisch-katholischen Kirche eine Vergessenheit in der Verehrung der alttestamentlichen Heiligen. Für eine Analyse mit Lösungsansätzen dieser unzufriedenstellenden Situation siehe: SCHNABEL, Nikodemus Claudius, Die liturgische Verehrung der Heiligen des Alten Testaments in der lateinischen Kirche, Dissertation, Universität Wien 2013. Die katholische Liturgie bietet zudem Anknüpfungspunkte für die Wertschätzung der jüdischen Identität Jesu Christi nach dem Prinzip: *lex orandi - lex credendi*.
68 DIRSCHERL, Erwin, Der Ursprung des Messias: Die Bedeutung des Judeseins Jesu für die Dogmatik, in: SÖDING, Thomas (Hg.), Zu Bethlehem geboren?: Das Jesus-Buch Benedikts XVI. und die Wissenschaft, Freiburg i. Br. 2015, 189–207, hier: 204.
69 Unter einer strengen historischen Methodik des 19. Jahrhunderts konnte Jesus nicht mehr als »wahrer Gott«, als inkarniertes oder präexistentes Gotteswort angesehen werden. Die neuzeitliche Prämisse, die sich an der Erfahrung und dem Experiment orientierten, ließ keinen Platz für dogmatische Aussagen. Wollte man Jesus nun dennoch christlich als besonderen Menschen darstellen, betonte man Vorstellungen und Verhaltensweise Jesu, stellte sie in Kontrast zum Judentum, was zu Plattitüden führte. Erstaunlich ist, dass es gerade die »Gefangenen des Fortschrittsglaubens des 19. Jahrhunderts« waren, »die Jesus über das Judentum hinausgehen lassen«. FENSKE, Wolfgang, Wie Jesus zum »Arier« wurde: Auswirkungen der Entjudaisierung Christi im 19. und zu Beginn des 20. Jahrhunderts, Darmstadt 2005, 252.

zuerkennen und konstruktiv einzubeziehen, lagen an der »heidenchristlichen Brille«, durch die diese Disziplin es sich über die Jahrhunderte hinweg angewöhnt hatte, Jesus Christus zu lesen. Erkenntnisse der historisch-kritischen Lesart des Neuen Testaments, wie eben die jüdische Identität Jesu, waren lange Zeit christologisch kaum zu integrieren. Hierbei sei auf Norbert Recks dargelegte Ausdifferenzierung der wissenschaftlichen Disziplinen Dogmatik und Exegese verwiesen.

Die »interpretative Wende«[70] hin zum Gesamtbild eines jüdischen Jesus findet sich weder in der Erforschung von Einzelaspekten des neutestamentlich vermittelten Jesus noch in den über die Jahrhunderte bewahrten einzelnen christlichen Erinnerungen an Jesu Herkunft aus dem Judentum (z. B. im Rahmen der christlichen Liturgie und Kunstgeschichte). Diese Wende wurde beispielhaft von den vorgestellten Klassikern der modernen jüdischen Jesusforschung vollzogen, weil

> [d]as Bild des jüdischen Jesus [...] die radikal neue Interpretation eines stets bekannten Textes [war], nichts anderes. Im Wesentlichen ist es eine interpretative Wende um einhundertachtzig Grad [...].[71]

Den christlichen Leserinnen und Lesern war diese Lesart bis dahin verschlossen. Dabei darf nicht vergessen werden, dass dies auch an einer von Generation zu Generation vererbten antijüdischen Lesart des Neuen Testaments lag,[72] die ein »antijüdisches Vergessen fixierte und dadurch andere Interpretationen, das heißt andere Lesarten des Textes beinahe unmöglich machte«[73]. Vergessen waren damit auch die jüdischen Wurzeln des Christentums. Barbara U. Meyer stellt fest, dass letztlich eine Christologie, die das Jüdischsein Jesu ins reflexive Denken zu integrieren versucht, auch eine Erinnerungsfunktion einnimmt, mit der weitere Fragen nach der persönlichen Identität der Gläubigen und ihrer Zugehörigkeit eröffnet werden:

> The Jewish identity of Jesus encourages a continuing conversation between scripture and dogma. Perceiving the Jewishness of Jesus not only as a historical fact but as a memory leads to a critical theological reflection that opens further discourses of identity and belonging. The critical function of Jesus' Jewishness evolves from the identity gap between Jesus and his followers and believers, the overwhelming majority of whom today are not Jewish. (For Jesus-believing Jews, his Jewishness does not have this critical function).[74]

2.2 Christologische Umbrüche angesichts der Shoah

Erst aufgrund der Shoah, die in einer christlich geprägten und vormals scheinbar kultivierten Gesellschaft stattfand, änderte sich die christliche Wahrnehmung des

---

70 Heller, Die Auferstehung des jüdischen Jesus, 14.
71 Ebd.
72 Siehe Hinführung Kapitel 1–3.
73 Heller, Die Auferstehung des jüdischen Jesus, 11.
74 Meyer, Barbara, The Dogmatic Significance of Christ Being Jewish, in: Cunningham, Philip A. u. a. (Hgg.), Christ Jesus and the Jewish People Today: New Explorations of Theological Interrelationships, Foreword by Walter Cardinal Kasper, Grand Rapids, Michigan/Rome 2011, 144–156, 154f.

gekreuzigten und auferstandenen Christus mit Blick auf sein Judesein.[75] Auch wenn ursprünglich von den Initiatoren nicht unmittelbar intendiert, leisteten die jüdischen und christlichen Teilnehmenden der Seelisberg-Konferenz (1947) in der dritten, mit religiösem Antisemitismus befassten Kommission auf dem Weg der *Zehn*

---

75 An dieser Stelle seien zuerst nur einige Namen aus der deutschsprachigen Theologie genannt, die aufgrund der Shoah ab der Mitte des 20. Jahrhunderts an der christlichen Wahrnehmung des Judentums und des Juden Jesus gearbeitet haben und danach einzelne Studien: »Günter Biemer, Jürgen Ebach, Peter Fiedler, Hubert Frankemölle, Ferdinand Hahn, Hanspeter Heinz, Hans Hermann Henrix, Rainer Kampling, Berthold Klappert, Hans-Joachim Kraus, Peter Kuhn, [Verena Lenzen], Gerhard und Norbert Lohfink, Friedrich-Wilhelm Marquardt, Johann Baptist Metz, Franz Mußner, Peter von der Osten-Sacken, Rudolf Pesch, Rolf Rendtorff, Martin Stöhr, Clemens Thoma, Klaus Wengst, Josef Wohlmuth und Erich Zenger.« MÜLLER, Matthias, Christliche Theologie im Angesicht des Judentums: Bausteine einer Phänomenologie des Wartens, Stuttgart 2009, 330, Anm. 13 (im Original sind die Namen in Kapitälchen gesetzt). Eine Pionierin war unter ihnen die US-Amerikanerin Rosemary Radford Ruether (1936-2022), die in der deutschsprachigen Theologie stark rezipiert und kritisiert wurde. Einige theologische (systematische und exegetische) Dissertationen, die eine jüdisch perspektivierte Christologie einnehmen oder dafür eine kritische hermeneutische Auseinandersetzung bieten sind: Bock, Martin, »Ihr aber, wer sagt ihr, daß ich sei?« (Mk 8,29): Christologische Fragestellungen im christlich-jüdischen Gespräch nach 1945, Frankfurt a.M./Berlin 1998 (= Beiträge zur theologischen Urteilsbildung 4); GRUNDEN, Gabriele, Fremde Freiheit: Jüdische Stimmen als Herausforderung an den Logos christlicher Theologie, Münster 1996 (= Religion – Geschichte – Gesellschaft 5); GROHMANN, Marianne, Aneignung der Schrift: Wege einer christlichen Rezeption jüdischer Hermeneutik, Neukirchen-Vluyn 2000; MEYER, Barbara, Christologie im Schatten der Shoah – im Lichte Israels: Studien zu Paul van Buren und Friedrich-Wilhelm Marquardt, Zürich 2004; MADRAGULE BADI, Jean-Bertrand, Inkarnation in der Perspektive des jüdisch-christlichen Dialogs, Paderborn 2006; NIEKAMP, Gabriele, Christologie »nach Auschwitz«: Kritische Bilanz für die Religionsdidaktik aus dem christlich-jüdischen Dialog, Freiburg im Breisgau 1994 (= Lernprozeß Christen, Juden 8); KUTSCHERA, Rudolf, Das Heil kommt von den Juden (Joh 4,22): Untersuchungen zur Heilsbedeutung Israels, Frankfurt a.M. u.a. 2003 (= Österreichische biblische Studien 25); PETZEL, Paul, Was uns an Gott fehlt, wenn uns die Juden fehlen: Eine erkenntnistheologische Studie, Mainz 1994; PETERSEN, Birte, Theologie nach Auschwitz?: Jüdische und christliche Versuche einer Antwort, Mit einem Beitrag über den aktuellen Stand der Diskussion von Norbert Reck (Magisterarbeit), Berlin ²1998 (= Veröffentlichungen aus dem Institut Kirche und Judentum 24); VASEL, Stephan, Philosophisch verantwortete Christologie und christlich-jüdischer Dialog: Schritte zu einer doppelt apologetischen Christologie in Auseinandersetzung mit den Entwürfen von H.-J. Kraus, F.-W. Marquardt, P. M. van Buren, P. Tillich, W. Pannenberg und W. Härle, Gütersloh 2001. Drei wichtige Sammelbände: HÜNERMANN, Peter/SÖDING, Thomas (Hgg.), Methodische Erneuerung der Theologie: Konsequenzen der wiederentdeckten jüdisch-christlichen Gemeinsamkeiten, Freiburg i. Br./Basel/Wien 2003 (= QD 200); HOPING, Helmut/TÜCK, Jan-Heiner (Hgg.), Streitfall Christologie: Vergewisserungen nach der Shoah, Freiburg i. Br./ Basel/Wien 2005 (= QD 214); GÖLLNER, Reinhard (Hg.), Streitfall Jesus: Der notwendige Diskurs um die vielfältigen Jesusbilder, Berlin/Münster 2010 (= Theologie im Kontakt 18) Zwei wichtige Studien aus den letzten Jahren stammen von: HENRIX, Hans Hermann, Israel trägt die Kirche: Zur Theologie der Beziehung von Kirche und Judentum, Berlin/Münster 2019 (= Forum Christen und Juden 17); MEYER, Barbara, Jesus the Jew in Christian memory: Theological and philosophical explorations, Cambridge University Press 2020.

2 Relevanz und Grenzen der jüdischen Jesusforschung in Kirche und Theologie

Thesen einen nicht zu unterschätzenden Beitrag zu einer positiven Wende im Verhältnis von Judentum und Christentum. Sie wurden vom Ökumenischen Rat der Kirchen rezipiert und fanden Eingang in das Konzilsdokument *Nostra aetate* des Zweiten Vatikanums. Seelisberg prägt und trägt bis heute die jüdisch-christlichen Beziehungen. Doch auch diese Pionierleistung hat Vorgänger. Schon vor 1947 gab es in der (protestantischen) Theologie etwa bei Dietrich Bonhoeffer (1906–1945) und Karl Barth (1886–1968) Ansätze, die wenn auch nicht dem christlich-jüdischen Dialog verschrieben waren, dennoch christlichen Antisemitismus ablehnten.

Bonhoeffer war einer der ersten, der während der nationalsozialistischen Herrschaft begonnen hatte über die geschichtliche Bedeutung des Judeseins Jesu zu sprechen. In seiner Ethik von 1940/1 schreibt er:

> Der mit dem Bewußtsein der Zeitlichkeit verbundene und sich jeder Mythologisierung widersetzende Begriff des geschichtlichen Erbes ist allein dort möglich, wo der Eingang Gottes in die Geschichte an einem bestimmten Ort und Zeitpunkt, nämlich die Menschwerdung Gottes in Jesus Christus, das Denken – bewußt oder unbewußt – bestimmt. Hier wird die Geschichte ernst, ohne daß sie heiliggesprochen würde. Gottes Ja und Gottes Nein zur Geschichte, wie es in der Menschwerdung und Kreuzigung Jesu Christi vernommen wird, bringt in jeden geschichtlichen Augenblick eine unendliche nicht aufzuhebende Spannung. Die Geschichte wird nicht zum vergänglichen Träger ewiger Werte, sondern sie wird durch Leben und Sterben Jesu Christi erst recht zeitlich. Gerade in ihrer Zeitlichkeit ist sie von Gott bejahte Geschichte. Die Frage nach dem geschichtlichen Erbe ist also nicht die zeitlose Frage nach den ewig gültigen Werten der Vergangenheit. Vielmehr gibt sich hier der selbst in die Geschichte gestellte Mensch Rechenschaft von der Gegenwart, wie sie von Gott in Christus angenommen ist. [...] Der geschichtliche Jesus Christus ist die Kontinuität unserer Geschichte. Weil aber Jesus Christus der verheißene Messias des israelitisch-jüdischen Volkes war, darum geht die Reihe unserer Väter hinter die Erscheinung Jesu Christi zurück in das Volk Israel. Die abendländische Geschichte ist nach Gottes Willen mit dem Volk Israel unlöslich verbunden, nicht nur genetisch, sondern in echter unaufhörlicher Begegnung. Der Jude hält die Christusfrage offen. [...] Eine Verstoßung d[er/des][76] Juden aus dem Abendland muß die Verstoßung Christi nach sich ziehen; denn Jesus Christus war Jude.[77]

Bonhoeffer verknüpft hier in seinem ethisch-dogmatischen Denken sein christliches Bekenntnis deutlich mit der Historizität Jesu, in dem er Jesu Christi Judesein inkarnationschristologisch ernstnimmt. Zudem ist durch die Verbundenheit Gottes mit Israel die Verstoßung der Juden ein antijüdisches Handeln gegen Gottes Willen.[78] Um die Bedeutung Jesu Christi als Jude zu unterstreichen setzt er mit der Menschwerdung Gottes in der Geschichte ein. Damit verwehrt er sich jedes Mythologisieren der Inkarnation und der Kreuzigung Jesu. Dieser Jesus, der für Christen der Messi-

---

76 Im Text abgekürzt, daher Singular oder Plural nicht erkennbar.
77 BONHOEFFER, Dietrich, Ethik, Gütersloh 1992 (= Dietrich Bonhoeffer Werke 6), 94f.
78 Vgl. dazu die neunte Seelisberg-These (1947): »Es ist zu vermeiden, dass der gottlosen Meinung Vorschub geleistet wird, wonach das jüdische Volk verworfen, verflucht und für ein ständiges Leiden bestimmt sei.«.

as⁷⁹ ist und das Heil Gottes bringt, bringt es auf dem Weg über das israelitische-jüdische Volk zu uns, den Heidenchristen. Wer nun das jüdische Volk verstößt, das Christus den Christen geschenkt hat, der verstößt Christus selbst. Bemerkenswert ist Bonhoeffers Zitat, weil darin dogmatisches, ethisches und historisches Denken auf einzigartige Art und Weise miteinander verflochten sind, denn eine praktische Verstoßung der Juden geht mit der faktischen Verstoßung Jesu Christi einher.

Auch für Karl Barth (1886–1968) war Jesu Judesein notwendigerweise relevant, weswegen er sich gegen die Ansicht auflehnte,

> dass wir an Jesus Christus glauben, der nun eben *zufällig* ein Israelit war, der aber ebenso gut auch einem anderen Volk hätte entstammen können. Nein, hier muss man ganz streng denken. Denn Jesus Christus [...] war notwendig Jude. An dieser Tatsache ist nicht vorbeizusehen, sondern sie gehört zu der konkreten Wirklichkeit Gottes und seiner Offenbarung.⁸⁰

An einer anderen Stelle nimmt er noch konkreter zur Bedeutung von Jesu Judesein für die Inkarnationstheologie Stellung:

> Das Wort wurde nicht – ›Fleisch‹, Mensch ›erniedrigter und leidender Mensch in irgendeiner Allgemeinheit, sondern *jüdisches* Fleisch. Die ganze kirchliche Inkarnation- und Versöhnungslehre wurde abstrakt, billig, bedeutungslos in dem Maß, als man das für eine beiläufige und zufällige Bestimmung zu halten begann.‹⁸¹

Ein Blick auf Bonhoeffer und Barth zeigt, dass es protestantische Theologen waren, die ein grundsätzliches Umdenken hinsichtlich ihrer christologischen Traditionen nach bzw. noch während der Shoah forderten. Doch blieb es zunächst nur bei vereinzelten theologischen Stellungnahmen, dass zum Menschsein Jesu auch konkret sein Judesein gehört. In der wissenschaftlichen Theologie ragt auf protestantischer Seite der Berliner Dogmatiker Friedrich-Wilhelm Marquardt (1928–2002) hervor.⁸² Auf katholischer Seite sind etwa der Exeget Franz Mußner (1916–2016), der Dogmatiker Joseph Wohlmuth (1938*) und der Fundamentaltheologe Johann Baptist Metz

---

79 Der Fokus soll hier nicht auf der Spannung zwischen Jesus als Messias für Israel und der Aussage, dass jüdischerseits die Christusfrage offengehalten wird, liegen. Siehe dazu das Kapitel »›Der Jude hält die Christusfrage offen‹ Weg und Wende Dietrich Bonhoeffers in der Israelfrage«, in: Klappert, Bertold, Miterben der Verheißung: Beiträge zum jüdisch-christlichen Dialog, Neukirchen-Vluyn 2000 (= Neukirchener Beiträge zur systematischen Theologie 25), 58–105.
80 Barth, Karl, Dogmatik im Grundriss im Anschluss an das apostolische Glaubensbekenntnis, München 1947, 84.
81 Barth, Karl, Kirchliche Dogmatik. Bd. VI/1, Zollikon 1953, 181f.
82 Siehe dazu die Dissertation des protestantischen Theologen Stephan Vasel. Er nimmt einerseits Pioniere der evangelischen Systematik in den Blick, die eine christliche Israeltheologie entwickelten und andererseits philosophische Ansätze, die einen philosophisch-theologisch begründeten Antijudaismus vermeiden sollen. Diskutierenswert und aufschlussreich sind seine abschließenden 45 Thesen einer »doppelt apologetischen Theologie«, die in ihrer Zielsetzung stets israeltheologisch und philosophisch verantwortet sein soll: Vasel, Philosophisch verantwortete Christologie und christlich-jüdischer Dialog. – Siehe auch: Pangritz, Andreas, Evangelische Theologie im Angesicht des Judentums. Zur Erneuerung des christlich-jüdischen Verhältnisses, Stuttgart 2024.

(1928–2019) zu nennen. Letzterer nicht, weil er wie Marquardt das Judesein Jesu in der Christologie beinahe zum Credo erhob, sondern weil er generell in der systematisch-katholischen Forschung ein Umdenken nach der Shoah einforderte:

> Wir Christen kommen niemals mehr hinter Auschwitz zurück, über Auschwitz hinaus aber kommen wir, genau besehen, nicht mehr allein, sondern nur noch mit den Opfern von Auschwitz.[83]

Auf die Frage weshalb Jesu Judesein innerhalb der systematischen Theologie nach der Shoah überhaupt zu thematisieren sei, gab Friedrich-Wilhelm Marquardt eine klare Antwort im ersten Band seiner zweiteiligen Christologie, mit dem programmatischen Titel *Das christliche Bekenntnis zu Jesus, dem Juden* (1990, 1991)[84]:

> Die bisherige kirchliche Dogmatik hat mit Jesus von Nazareth die Offenbarung der ›Menschlichkeit Gottes‹ verbunden, aber ein Zeugnis einer Gott verbundenen und von Gott verpflichteten Menschlichkeit der Menschen, auch nur der Christus Glaubenden, ist in der Zeit der Judenvernichtung daraus nicht geworden.[85]

Hier formuliert Marquardt, warum die Katastrophe, die Christinnen und Christen mit Auschwitz verbinden, seines Erachtens weniger die Frage nach Gott, als vielmehr die Frage nach Jesus Christus betrifft. Marquardts Kritik richtet sich gegen jene Aspekte eines zweitausendjährig kirchlich geformten Christusglaubens, der Gleichgültigkeit und Hass gegenüber Jüdinnen und Juden in der Gesellschaft zuließ und teils verstärkte. Die katholischen Theologin Rosemary Radford Ruether (1936–2022) stellte die These auf, dass der Antijudaismus wie die »linke Hand der Christologie«[86] wirkte. Wegen ihrer pauschalisierenden Form wurde die provokante

---

83 METZ, Johann Baptist, Christen und Juden nach Auschwitz: Auch eine Betrachtung über das Ende bürgerlicher Religion, in: METZ, Johann Baptist (Hg.), Jenseits bürgerlicher Religion: Reden über die Zukunft des Christentums, München/Mainz 1980 (= Gesellschaft und Theologie: Forum politische Theologie 1), 29–50, hier: 31, 47.
84 MARQUARDT, Friedrich-Wilhelm, Das christliche Bekenntnis zu Jesus, dem Juden: Eine Christologie, Bde. 2, Gütersloh 1990/1991.
85 DERS., Das christliche Bekenntnis zu Jesus, dem Juden: Eine Christologie, Bd. 1, Gütersloh 1990, 105.
86 Siehe: MARQUARDT, Das christliche Bekenntnis zu Jesus, dem Juden, 105. Im Original schrieb Ruether: »Anti-Judaism developed theologically in Christianity as the left hand of Christology. That is to say, anti-Judaism was the negative side of the Christian claim that Jesus was the Christ.« »Anti-Judaism and ecclesial triumphalism arise as two sides of the same antithesis.« RADFORD RUETHER, Rosemary, Anti-Semitism and Christian Theology, in: FLEISCHNER, Eva (Hg.), Auschwitz: beginning of a new era?: Reflections on the Holocaust; Papers given at the International Symposium on the Holocaust, held at the Cathedral of Saint John the Divine, New York City, June 3–6, 1974, New York 1977, 79–92, hier: 79, 84.

These von Marquardt u. a. zurückgewiesen.[87] Einen direkten »gesetzlich-notwendigen Zusammenhang«[88] zwischen Antijudaismus und Christologie ließ Marquardt nicht gelten. Wäre Ruethers Zusammenhang tatsächlich evident, wäre, beginnend mit den neutestamentlichen Christologien, jede Christologie antijüdisch und eine (nicht-antijüdische) Reinterpretation der biblischen und dogmatischen Tradition schlicht unmöglich.[89] So sei mit David Flusser darauf verwiesen, der für die Zeit des Neuen Testaments unmissverständlich sagte:

> Jesu Lehre war jüdisch, und das Gleiche gilt für die Christologie und alle ihre Bestandteile.[90]

Diese Aussage ist nachvollziehbar, wenn auch der Gedanke der Inkarnation Judentum und Christentum trennt, da die Voraussetzungen für die Anfänge der Christologie oder die Inkarnation nicht ohne die Weisheits- und Logosspekulation möglich waren.[91] Was nun Marquardt und Ruether in ihren entgegengesetzten Haltungen mit Bonhoeffer eint, das ist ihr Verweis auf die Orthopraxis; Christologien sollen und dürfen keinesfalls zu Antijudaismus noch zu Gleichgültigkeit gegenüber Jüdinnen und Juden führen. In Christologien, die sich explizit gegen Antijudaismus wenden, ist immer auch eine ethische Dimension der Christologie enthalten.

---

87 Ruethers provokante These ging dahin, »Christologie und Antijudaismus [als] zwei Seiten derselben exegetischen Tradition«, oder als »reziproke Beziehung zwischen messianischer und antijüdischer Auslegung« der synoptischen Tradition darzustellen. RUETHER RADFORD, Rosemary, Nächstenliebe und Brudermord: Die theologischen Wurzeln des Antisemitismus, aus dem Amerikanischen von Ulrike Berger, München 1978, 66, vgl. dazu auch 93. – Der jüdische Historiker Yosef Hayim Yerushalmi (1932–2009) lehnte Ruethers Thesen weitestgehend ab: »But even if we grant that Christian teaching was a necessary cause leading to the Holocaust, it was surely not a sufficient one. The crucial problem in the shift from medieval to modern anti-Semitism is that while the Christian tradition of ›reprobation‹ continued into the modern era, the Christian tradition of ›preservation‹ fell by the wayside and was no longer operative.« YERUSHALMI, Yosef Hayim, Response to Rosemary Ruether, in: FLEISCHNER, Eva (Hg.), Auschwitz: Beginning of a New Era?: Reflections on the Holocaust; Papers given at the International Symposium on the Holocaust, held at the Cathedral of Saint John the Divine, New York City, June 3–6, 1974, New York 1977, 97–107, hier: 103.

88 Vgl. MARQUARDT, Marquardt, Das christliche Bekenntnis zu Jesus, dem Juden, 105.

89 Vgl. VASEL, Stephan, Philosophisch verantwortete Christologie und christlich-jüdischer Dialog, 127.

90 FLUSSER, David, Das Schisma zwischen Judentum und Christentum, in: EvTh 40/2 (1980), 214–239, hier: 216 [DOI: 10.14315/evth-1980-0205]. Flusser nennt zwei Gründe für eine anti-jüdische Strömung im Christentum, die mit dem Heidenchristentum zusammenhängt. Einerseits den jüdischen Ursprung des Christentums, also eine Art christlicher Selbsthass, und andererseits die Ablehnung der großen Mehrheit des jüdischen Volkes für die Neue Botschaft. Die Spannung zwischen Judentum und Christentum war für Flusser eine historische Notwendigkeit, damit die ehemaligen »Heiden« Teil einer Weltreligion werden konnten. »Diese Notwendigkeit besteht nun nicht mehr. Das Christentum kann sich aus dem Judentum und mit Hilfe des Judentums erneuern. Dann wird es eine humane Religion werden.« Ebd., 239.

91 Vgl. SKARSAUNE, Oskar, Altkirchliche Christologie – jüdisch/unjüdisch, in: EvTh 59/4 (1999), 267–285.

Die Shoah fand aber – und das ist eben das Beschämende für jene anderen an Christus Glaubenden, von denen Marquardt spricht – in einer christlich geprägten Gesellschaft statt, in der die Menschlichkeit erodierte. So zeichnete sich der christliche Glaube für Jüdinnen und Juden nicht als die befreiende und in der Praxis erlösende Wirklichkeit aus, die er zumindest christlicherseits verspricht. Dass die christliche Haltung der tätigen Nächstenliebe von Christinnen und Christen in überwiegender Zahl gegenüber Jüdinnen und Juden unterlassen wurde, betrifft die Christologie.[92]

Die Frage nach der christlichen Schuld und Verantwortung führte zu unterschiedlichen, teils überkonfessionellen Ansätzen einer Neubestimmung der Christologie, die teils bereits genannt wurden. In diesem Zusammenhang sei aber auch der amerikanische, presbyterianische Theologe Robert McAfee Brown (1920–2001) angeführt, der sich intensiv mit den Konsequenzen der Shoah für die Theologie auseinandersetzte. Er nahm ein bereits aus der Kunst bekanntes Bild auf: Jesus, der unter die Opfer geratene Jude, der wegen seines Judeseins »mit den Juden in Auschwitz gewesen wäre«. Brown vertrat deswegen eine »Christologie von unten«, in der Jesus von Christen zuerst bewusst als Jude und nicht als Person, die zur Rechten Gottes sitzt, wahrgenommen wird. Er plädierte für einen Blickwechsel auf Jesus, der die Christinnen und Christen daran erinnert, »daß es ein *Jude aus dem ersten Jahrhundert* ist, den sie als Gottes menschgewordene Gegenwart bezeugen«[93]. Diese inkarnationschristologische Implikation bringt zum Ausdruck, dass sich der göttliche Logos nicht in irgendeinem Menschen zu irgendeiner Zeit inkarnierte, sondern eben in einem konkreten Menschen, in Jesus von Nazareth. Warum aber konnte diese Erkenntnis so lange nicht in die Christologie integriert werden?

Marquardt erklärte dies in seiner christologischen Arbeit damit, dass er für die Christologie ein »heimliche[s] Gesetz der kirchlichen Theologie« insgesamt erkannte,

> demzufolge das Historische nicht als solches das Theologische ist. Ein historischer Jesus von Nazareth ist bedeutungslos ohne das Wort Gottes, das er spricht, das aus ihm und durch ihn spricht, das er selbst durch und durch ist. Daher kommt es, daß die historischen

---

92 Elie Wiesel (1928–2016), Überlebender mehrerer Konzentrationslager, formulierte die pointierte wie provokante These über das Christentum: »Der nachdenkliche Christ weiß, daß in Auschwitz nicht das jüdische Volk, sondern das Christentum gestorben ist.« WIESEL, Elie, zit. nach: BROWN, Robert McAfee, Elie Wiesel: Zeuge für die Menschheit, Aus dem Amerikanischen von Reinhold Boschert, Freiburg i. Br. 1990, 184. – An Wiesels Aussagen lässt sich mit einer Formulierung des katholischen Theologen Wolfgang Treitler anknüpfen, der schreibt, dass »in Auschwitz [...] auch die traditionelle Christologie zugrunde« gegangen sei. TREITLER, Wolfgang, »Jerusalem hat die Zeit seiner Heimsuchung nicht erkannt« (NA 4). Zur offenen Frage nach dem Messias Jesus von Nazareth, in: HIMMELBAUER, Markus u. a. (Hgg.), Erneuerung der Kirchen: Perspektiven aus dem christlich-jüdischen Dialog, Freiburg 2018 (= QD 290), 168–195, hier: 192.
93 BROWN, Elie Wiesel, 198.

Kennzeichen seines Existierens aufgehoben werden in den dogmatischen Gedanken einer »wahren Menschheit«. (Das »Menschliche« ist das entschränkte Historische.)⁹⁴

Genauer bestimmt Marquardt das universale Verhältnis von »Menschsein« in Relation zum »Gottsein«. Dabei entspricht »Judesein«, wie er erläutert, nur einem partikularen Teil von »Menschsein«:

> Der Begriff des »Menschen« steht höher als der des »Juden«, weil er begrifflich zu »Gott« zu passen scheint; der »Größe« Gottes kann nur das Menschsein als solches, das Menschsein aller Menschen, dienen und entsprechen. Und »Gott« und [»]Mensch«, das ist eine Beziehung von solcher Allgemeinheit, daß einzelne historische Bestimmungen zwar dadurch nicht geleugnet zu werden brauchen, aber an Bedeutung verlieren.⁹⁵

Das Judesein Jesu findet in dieser Form inkarnationschristologischen Denkens, das in ihrer Art auf Allgemeinheit zielte, keinen – wie Marquardt schreibt – »nennenswerten« Platz in der Verkündigung. Marquardt nennt die Christologie, die das Judesein Jesu unberücksichtigt lässt, sogar »unbiblisch«, weil das Neue Testament Jesus geradezu als Juden vor Israel und der Völkerwelt verkündet.⁹⁶

Die hier mehrfach angeführten Verweise auf ein Ernstnehmen des historischen Jesus als Juden treffen sich unverkennbar mit dem Anliegen der jüdischen Jesusforschung, gehen aber in ihrer ethischen Dimension über diese hinaus. Alle christologischen Bemühungen schließen eine moralische christliche Selbstkritik mit ein bzw. gehen aus ihr hervor, die nur unter dem Aspekt der europäischen Geschichte, die mit dem Antijudaismus verbunden ist, zusammenhängt.

Im nächsten Schritt soll, bevor weitere Überlegungen zum Judesein Jesu Christi eröffnet werden, angesichts der Beiträge jüdischer Jesusforschung, die Aufgabe der Christologie genauer ausgelotet werden, jedoch nicht ohne deren deutliche Grenzen sowohl jüdischerseits als auch christlicherseits zu benennen.

2.3 Jüdische Jesusforschung und das Judesein Christi

Die in Teil II dieser Arbeit behandelten jüdischen Jesus-Deutungen des 20. Jahrhunderts (Klausner 1922, Ben-Chorin 1967 und Flusser 1968) sind Zeugnisse einer positiven Auseinandersetzung mit Jesus und seinem Judentum. Sie sind frei von judenfeindlichen Interpretationen, die etwa in den ersten beiden Phasen der christlichen Leben-Jesu-Forschung das jüdische an Jesu missachteten oder das Judentum seiner Zeit abwerteten. Jüdinnen und Juden fanden so einen (ersten) Zugang zu Jesus und Christinnen und Christen erlaubte die Forschung einen anderen Blick auf »ihr« Neues Testament. Besonders Ben-Chorins und Flussers Jesus-Studien sind Teil der jüdisch-christlichen Dialogarbeit nach der Shoah. Sie zeigen Jesus als Juden und ermöglichten über den Blick auf den jüdischen Jesus einen positiven Zugang zum

---

94 Marquardt, Friedrich-Wilhelm, Das christliche Bekenntnis zu Jesus, dem Juden: Eine Christologie, Bd. 1, Gütersloh 1990, 138.
95 Marquardt, Das christliche Bekenntnis zu Jesus, dem Juden, 138f.
96 Vgl. ebd., 139.

zeitgenössischen Judentum, der ohne die Herabwürdigung von Juden(tum) auskommt.

Markionitische, doketistische, judenmissionarische, substitutionstheologische, völkische, arische u. a. Jesusdeutungen, aber auch mariologische Konzeptionen[97], die die Augen vor dem Judesein Mariens verschließen, stehen im genauen Gegensatz zu den christologischen Ansätzen in den Seelisberg-Thesen (1947), in *Nostra aetate 4* (1965) und dem Rheinische Synodalbeschluss (1980). Diese kirchlich-theologischen Grundlagendokumente bauen den Antijudaismus ab und ebnen die Bahn für eine antisemitismussensible und -freie Christologie.

Die jüdische Jesusforschung machte das Judesein Jesu zuerst aber zu einer Herausforderung für das Judentum selbst, indem »jüdische Identität nicht mehr im Gegensatz zu Jesus, den die Christen als den Christus bekennen, definiert werden kann«[98]. Durch die Jesus- oder Christusfigur ein identitätsstärkendes Feindbild aufzubauen – wie es Abgrenzung- und Identitätsbildungsprozess der ersten Jahrhunderte geschehen war –, war nicht mehr möglich, ohne sich damit selbst zu beschädigen. Umgekehrt entfiel Jesus auch als jene christliche Projektions- und Kontrastfläche, in der versucht wurde ihn im Gegensatz zu seinem Judentum darzustellen. Insgesamt eröffnete die historische Kontextualisierung Jesu Juden und Christen diesen als eine Gestalt des palästinischen Judentums zu erkennen und bot ihnen zugleich einen Zugang zu seinem Judentum. Über Jesus wurde hier also von jüdischer Seite eine nicht nur vorurteilsfreie Sicht auf Jesus ermöglicht, sondern zugleich ein christliches Interesse für das Judentum selbst evoziert.

Auf theologischer Ebene stellt die jüdische Jesusforschung die Substitutionslehre als Ganzes in Frage, denn die Interpretation Jesu als der Christus, durch den Israel aus dem göttlichen Heilsplan von der Kirche abgelöst worden sei, passt nicht in das Konzept jüdischer Identitätsbildung. Christoph Schwöbel nennt dies eines der »eindrücklichsten Charakteristika der jüdischen Jesusforschung, dass sie es vermocht hat, die Gestalt Jesu aus der Geschichte der christlichen Judenfeindschaft herauszulösen und ihn nicht mehr als Exponat des Anderen, sondern als Repräsentanten des eigenen zu verstehen«[99].

Mit der historischen Kontextualisierung Jesu im Judentum wurde es für die christliche Theologie unmöglich, »Jesus als Kontrastfigur zum Judentum zu profilieren«[100]. Beispielsweise wird die neutestamentliche Gegenüberstellung von Jesus und den Pharisäern von allen jüdischen Jesusforschern gut begründet abgelehnt. Auch Dank ihnen werden sie heute als innerjüdische Debatte über die richtige Auslegung der Tora gelesen oder, auf der Ebene der Verfasser der Texte, als Reflex

---

97 Siehe dazu in dieser Arbeit den Abschnitt in »I 2.2.b) Die jüdische Mutter«.
98 SCHWÖBEL, Jüdische Jesusforschung, 272.
99 SCHWÖBEL, Christoph, Jüdische Jesusforschung und die Aufgaben der Christologie – ein Gesprächsbeitrag, in: DANZ, Christian/EHRENSPERGER, Kathy/HOMOLKA, Walter (Hgg.), Christologie zwischen Judentum und Christentum: Jesus, der Jude aus Galiläa, und der christliche Erlöser, Tübingen 2020 (= Dogmatik in der Moderne 30), 271–290, hier: 272.
100 Ebd., 273.

einer Auseinandersetzung zwischen einem sich etablierenden rabbinischen Judentum nach der Tempelzerstörung und dem sich konstituierenden Christentum verstanden. Die christliche Rede vom Judentum als Gesetzesreligion verliert mit der Darstellung Jesu als eines gesetzestreuen Juden ebenfalls ihre selbstprofilierende Bedeutung als Gnadenreligion. Christlicherseits löste diese Wahrnehmung ein Ende der Kontrastierung Jesu gegenüber dem Judentum aus und führte sogar zu deren Gegenteil, Jesus nur noch in starker Verbindung zum Judentum betrachten zu können.[101] Inwiefern aber der historische Jesus auch in die christologische Selbstreflexion aufgenommen wird, ist eine Herausforderung, die sich die Theologie selbst stellen muss. Schwöbel nennt hier als besonders relevante Ausflüchte in christliche Immunisierungsstrategien, die nicht weiter zu halten sind, da in ihnen »Aspekte des Christusglaubens der historischen Rückfrage entzogen« werden. Sie sind äußerst problematisch, da »die Geschichtsbezogenheit des christlichen Glaubens auf dem Spiel steht, die ein entscheidendes Verbindungsstück zum Judentum darstellt«[102]. Schwöbel konkretisiert, indem er auf problematische disjunktive Varianten aus der Vergangenheit aufmerksam macht:

> [Diese] reichen von dem Postulat einer Christusidee zum Christuskerygma und zur Deutung christologischer Aussagen als Aussagen über die Selbstbeziehung des christlichen Glaubens. Eine besonders markante Station dieser Tendenz, die christologischen Glaubensvorstellungen und Lehrgehalte der historischen Rückfrage zu entziehen, sind die theologischen Reaktionen auf Arthur Drews' Buch »Die Christusmythe« (1910). In Reaktion auf die hier pointiert präsentierte Möglichkeit der Nichtexistenz Jesu bemerkt man bei vielen theologischen Entwürfen der Folgezeit das Bemühen, die Gefahr der Bestreitung christologischer Aussagen durch historische Befunde zu bannen.[103]

Mit einer Enthistorisierung des Christusereignisses ist der Tendenz gnostische Ansichten ins Christentum zu tragen Tür und Tor geöffnet, die in der Geschichte des Christentums aber bereits im 2. Jahrhundert geschlossen wurde. Bei einer strengen Unterscheidung zwischen historischem Jesus und dogmatischen Christus besteht wiederrum die Gefahr, bei fehlender oder widersprüchlicher historischer Grundlage dem Glauben an die Inkarnation selbst den Boden zu entziehen, wie im Extremfall bei der Annahme, es habe nie einen historischen Jesus gegeben. Umgekehrt ist aber mit der bloßen historischen Bindung bzw. Kontextualisierung Jesu von Nazareth noch nichts gewonnen. Beispielsweise erhalten Jesu Geburt oder sein Kreuzestod erst durch die inkarnationstheologischen, sühnetheologischen oder anderen theologischen Deutungen einen konstitutiven Bezug innerhalb der Geschichte. Deutlich findet sich die christlicherseits verschränkte Beziehung von Geschichte und Heilsgeschichte bei Paulus wieder:

---

101 Vgl. ebd., 273f.
102 Ebd., 274.
103 Schwöbel, Jüdische Jesusforschung und die Aufgaben der Christologie – ein Gesprächsbeitrag, 274.

2 Relevanz und Grenzen der jüdischen Jesusforschung in Kirche und Theologie 277

> Wenn es keine Auferstehung der Toten gibt, ist auch Christus nicht auferweckt worden. Ist aber Christus nicht auferweckt worden, dann ist unsere Verkündigung leer, leer auch euer Glaube. (1 Kor 15,13f.)

Wie sehr die historische Verneinung der Gestalt Jesu noch Anfang des 20. Jahrhunderts auf Ablehnung jüdischerseits stieß, zeigen die Worte Friedrich T. Aschkenasys:

> Hat ja gerade die moderne Wissenschaft (Wrede, Drews u. A.) bewiesen, daß ein Jesus von Nazareth niemals gelebt hat, daß der synoptische Jesus bloß ein Phantasiegebilde ist, das totgeborene Kind des um diese Zeit aufgeblühten Synkretismus. Gemach, gemach, meine Herren, es geht doch nicht an, im Weg von wissenschaftlichem Hokus-Pokus eine Tatsache wegzuleugnen, die bald 2000 Jahre alt, eine ganze Welt in Atem und Glauben hält, und diese Welt somit einfach zum Narren zu machen. Hat der Katholizismus den Menschen Jesus *vergöttert und damit den Menschen im Geiste getötet*, so tut die betreffende Wissenschaft desgleichen in schlimmerer Form, indem sie überhaupt nicht ihn, sondern bloß sein Phantom sehen will und weil sie seine Göttlichkeit nicht zugeben kann, gießt sie das Kind mit dem Bade aus, verleugnet die Tatsache Jesu, den Menschen vollständig, was schließlich nur *einen weiteren Schritt, eine konsequente Fortbewegung von der geschichtlichen Wahrheit weg* bedeutet.[104]

Hier reiht sich die Kritik des jüdischen Autors in jene der allgemeinen jüdischen Jesusforschung ein, die Christus nicht als Gott verehren kann. Doch wesentlich deutlicher kritisierte Aschkenasy die gravierende Verneinung eines irdischen Jesus, weil damit auch der Verlust, der ohnehin oft wenig gewürdigten jüdischen Elemente im Christentum einhergeht. Aschkenasy nimmt hier als jüdischer Forscher ernst, was beinahe 100 Jahre später erst als ein Gewinn der jüdischen Jesusforschung für die Christologie bezeichnet werden wird; gemeint ist die Rekonstruktion der historischen Gestalt Jesu:

> Um das Leben, den Tod und die Lehre des großen Nazareners richtig zu erfassen [...] haben wir einen Führer in dem geschichtlichen Zusammenhange desselben mit dem Judentum, als auch in Jesu glühendem Bekenntnis zum Alten Testamente[105].

Die jüdische Jesusforschung fordert die christologische Reflexion heraus, sich auch der »Strittigkeit geschichtsbezogener christologischer Aussagen zu stellen«, hält dabei aber gleichzeitig vor Augen, dass Jesus »nicht als Element der eigenen religiö-

---

104 ASCHKENASY, Friedrich T., Auf Gottes Wegen, Leipzig 1928, 155f. Aschkenasy bezieht sich bei der Historizität Jesu auch auf talmudische Jesusstellen, »deren Entstehungszeit durchaus nicht feststeht«, aber »der Unmut allein, daß sie den Menschen Jesum im ganzen und großen übereinstimmend mit den Evangelien bestätigen, muß der entgegengesetzten Behauptung gegenüber als voller Beweis seiner historischen Existenz angesehen werden«. Ebd., 158.
105 Ebd., 160. Nebenbei bemerkt, ein Zitat das Aschkenasys Haltung zu Jesus wiedergibt: »Einmal in Hunderten von Jahren erscheint ein Genie am Horizont, als Meteor, der vergeht und niemals können Genies gezüchtet werden. Sie müssen geboren sein und sind in der ganzen Menschheitsgeschichte mit einer ganz bescheidenen Höchstzahl erschöpft, es sind die Gesalbten Gottes, die die Menschheit entweder kreuzigt, wie Jesus, oder sie vergöttert, wie Jesus, weil sie sie nicht begreift, weil sie so grundverschieden sind von den Anderen.« Ebd., 159.

sen Identitätssicherung zu instrumentalisieren« ist,[106] schon gar nicht in einer antithetischen Beziehung, in der durch Abgrenzung zum Anderen die eigene Identität gestärkt und profiliert wird. Jüdische und christliche Identität wird nicht durch Abgrenzung, sondern »gemeinschaftlich, wie persönlich, in der Beziehung zu Gott konstituiert«, so Schwöbel. Diese transzendente Gottesbeziehung ist im Judentum anschaulich durch das *Schma Israel* (Dtn. 6,4f.) gegeben und im Christentum etwas komplexer durch Jesus Christus. Dabei ist christlicherseits die Beziehung zu Gott nicht eine Beziehung zu einem anderen Gott, aber dieser erschließt und vermittelt sich für den christlichen Glauben durch Jesus Christus im Heiligen Geist. Das dieser transzendente Gott sich in Jesus Christus erschließt, verweist bereits auf eine kritische jüdische Rückfrage an die Inkarnationstheologie, da hier die Transzendenz Gottes aus jüdischer Sicht aufgehoben scheint. Die Auseinandersetzung mit der jüdischen Jesusforschung und der Christologie zeigt auf, dass Religionsidentitäten nicht durch Aus- oder Abgrenzung zu stabilisieren sind, sondern durch eine transzendente Konstitution der religiösen Identität, d. h. im absoluten Vertrauen auf Gott, wie es sich beispielsweise in Gebeten manifestiert. Dazu Schwöbel erhellend:

> Das Gespräch zwischen jüdischer Jesusforschung und Christologie kann darum als Gespräch über Jesus und Gott und nicht primär als Auseinandersetzung über Christentum und Judentum geführt werden. Die Einsicht in die Relativität der eigenen Religion ist ein Implikat des absoluten Vertrauens auf Gott.[107]

Schwöbel ist in seiner historisch-theologischen Auseinandersetzung wichtig, den »Sitz im Leben« der Jesusforschung nicht aus den Augen zu verlieren. Dieser liegt im zeitgenössischen Judentum »das sich im Versuch, Klarheit über den Juden Jesus *damals* zu gewinnen, zum Christentum *heute* in Beziehung setzt«. Dabei kommt nicht eine andere Beziehung in den Blick:

> Indem sich christliche Theologie und jüdische Jesusforschung auf Jesus beziehen, beziehen sie sich immer auch auf den Gott, auf den sich Jesus in seinem Leben und Sterben bezog[108].

Im Diskurs über jüdische Jesusforschung als Beitrag zur christologischen Selbstreflexion stellt Schwöbel die Grundfrage aller christologischen Fragen in den Mittelpunkt: »Wer ist Jesus Christus für uns heute?« Mit Dietrich Bonhoeffer hebt Schwöbel hervor, dass dabei nicht die Was-, sondern die Wer-Frage zentral ist, und stellt damit die Frage nach der personalen Identität Jesu noch vor ontologischen Fragen.[109] Auf die Frage nach der Identität Jesu spielt, wie für jede personale Identität,

---

106 Vgl. Schwöbel, Jüdische Jesusforschung, 275.
107 Schwöbel, Jüdische Jesusforschung und die Aufgaben der Christologie – ein Gesprächsbeitrag, 276.
108 Ebd., 287.
109 »Wer ist denn dieser?« (Mk 4,41) ist nach René Dausner nicht eine christologische Frage, sondern eine »christologische Grundfrage«. Die im neutestamentlichen Text gestellt, und in den Christologien von Walter Kasper, Michael Welker, oder Josef Ratzinger/Benedikt XVI. wesentlich ist. Vgl. Dausner, René, Christologie in messianischer Perspektive. Zur Bedeutung Jesu im Diskurs mit Emmanuel Levinas und Giorgio Agamben, Paderborn 2016, 37–41.

die Beziehungen zu anderen Menschen eine essenzielle Rolle. Wie u. a. Joseph Klausner kritisch hervorhob, ist Jesu Beziehung zu seiner Familie relativiert durch seine Gottesbeziehung. Auf der narrativen Ebene des Neuen Testaments ist diese Beziehung Jesu zu seinem himmlischen Vater

> dauernd miteinander verflochten. Auffällig ist, dass in der Aufnahme der Rede des Alten Testaments von der *ruach* die Beziehung zu Gott als eine gesehen wird, die durch den Geist vermittelt ist. Das gilt für Jesu Geburt, seine Taufe, jede wichtige Station seines Lebens, seinen Tod und seine Auferstehung. Es gibt keine geistlose Christologie![110]

Hier beginnt Schwöbel, das Judesein Jesu auch in einem trinitarischen Kontext zu deuten. Er hält fest, dass auf der narrativen Ebene die Wer-Frage im Neuen Testament nicht ausschließlich anhand seiner menschlichen Züge (z. B. als Fresser und Säufer vgl. Mt 11,19) oder seiner Familienbande (vgl. Lk 4,22) erschlossen werden kann. Jesu Identität wird für ihn im Neuen Testament immer auch von Gott her erschlossen. Hier unterscheidet sich Schwöbels (christliches) Denken deutlich beispielsweise von Schalom Ben-Chorin. War der Jesus im Petrus-Bekenntnis bei Ben-Chorin einzig der gescheiterte Mensch,[111] ist das Bekenntnis für Schwöbel ein Text, in dem die

> Identität Jesu in den beiden Beziehungen ausgesagt [wird], die seine Identität durchgängig bestimmen: »Du bist der Messias, der Sohn des lebendigen Gottes!« (Mt 16,16)[112]

In diesem Bekenntnis zu Jesus als dem Messias und Sohn Gottes liegt neben dem Glauben an seine Auferstehung, die für Christinnen und Christen damit Jesus als Messias und Gottessohn bestätigt, die markanten bleibenden Unterschiede sowohl zwischen Jüdinnen und Juden (die nicht an Jesus glauben) als auch zu Christinnen und Christen.[113]

Deutlich wird bereits, dass die christologische Frage »Wer ist Jesus?« auch mit der Frage zusammenhängt »Wer war Jesus?«. Nur weil Jesus Christus war, was er war, kann er sein, was er ist. Jesu Dasein zeichnet sich auf der narrativen Ebene des Neuen Testaments durch sein »proexistentes« jüdisches Leben aus. Konkret war es ein menschliches Leben für die anderen. Darin ereignet sich »wahres Menschsein im wirklichen Menschsein«[114]. Dieses Leben Jesu Christi ist ein humanisierendes und nicht ein dehumanisierendes Beispiel für die Welt. Eine Christologie, die diese Dimension seines menschlichen Seins unberücksichtigt lässt, verkehrt die Proexistenz Christi.

Ein wichtiger Aspekt der jüdischen Jesusforschung für die Christologie besteht in der Anerkennung des Menschseins Jesu im Sinne eines proexistenten Lebens. Schwöbel hebt dabei die Erinnerungsfunktion in der »Für-Struktur des Daseins

---

110 Ebd., 279.
111 Siehe dazu den Abschnitt bei Schalom Ben-Chorin »II 2.2.e) Menschensohn«.
112 SCHWÖBEL, Jüdische Jesusforschung und die Aufgaben der Christologie – ein Gesprächsbeitrag, 279.
113 Ebd.
114 Ebd., 285.

Jesu«[115] hervor. In der Deutung seines proexistenten Lebens für Marginalisierte und Entrechtete, für Kranke und Ausgegrenzte, konnte sich aber auch ein Negativbild der damaligen Religion oder Kultur für heute einschleichen, indem diese für das Unrecht verantwortlich gemacht werden.[116] Hier hält Schwöbel mit der jüdischen Jesusforschung entgegen:

> In Jesu Dasein für andere offenbart sich ein Grundzug der schöpferischen Gerechtigkeit des Gottes Israels, die in der Interpretation des Neuen und Alten Testamentes nicht gegen das Judentum gewendet werden darf. [...] Jesu Proexistenz ist die Praxis dieses Gottesverständnisses Israels.[117]

Schwöbel ruft ins Bewusstsein, dass aber das Judesein Jesu in der Christologie trotz der positiven Anstöße der jüdischen Jesusforschung noch nicht adäquat in die christologische Reflexion aufgenommen wurde. Er fragt:

> Umfasst das Sein Jesu Christi das Sein des Juden Jesus, oder hat sich Christologie von diesem konkreten Bezugspunkt christologischer Rede, der ihr durch die jüdische Jesusforschung vor Augen gestellt wird, häufig allzu leicht verabschiedet? Kann sich die Christologie die Aufgabe zumuten, die Rede von der Gottheit und Menschheit Jesu Christi, von Anhypostasie und Enhypostasie[118], an der konkreten Existenz des Juden Jesus, der im christlichen Glauben als Christus bekannt wird, zu überprüfen und gegebenenfalls zu modifizieren und zu präzisieren?[119]

Die Fragen werden von Schwöbel nicht beantwortet. Darin zeigt sich ein sowohl in der christlichen Ökumene als auch im christlich-jüdischen Dialogkontext vorhandenes Unbehagen, jene notwendige Reflexion des Judeseins Jesu für die Christusglaubenden von heute voranzutreiben. Die Findung einer angemessenen Christologie erklärt er primär als eine christliche Aufgabe. Angesichts des christlichen Antijudaismus solle die christliche Theologie aber dankbar sein, wenn jüdische Vertreterinnen und Vertreter der Jesusforschung sie dabei unterstützen.[120]

---

115 Ebd.
116 Vgl. ebd., 285f.
117 SCHWÖBEL, Jüdische Jesusforschung und die Aufgaben der Christologie – ein Gesprächsbeitrag, 286.
118 Die Enhypostasielehre geht auf das Konzil von Chalkedon (451) zurück. Dabei geht es um die Verhältnisbestimmung der menschlichen und göttlichen Natur Christi, die »keine eigenen Hypostasen oder Personen darstellen, sondern jede von beiden Naturen in Relationen zur einen Person Christi und der einen Hypostase der Trinität in drei Hypostasen ›enhypostatisch‹ existiert«. Im Anschluss an Leontius von Jerusalem und anderer neuchalkedonischer Ausleger heißt dies, dass die menschliche Natur Christi nur durch ihre Person (*hypostasis*) im göttlichen Logos existiert, also nicht ohne die göttliche Natur. Die menschliche Natur Christi ist also selbst keine Hypostase (*Anhypostasie*). Durch die Inkarnation nimmt die göttliche Hypostase bzw. Person, die menschliche Natur an. MARKSCHIES, Christoph, Art. Enhypostasie/Anhypostasie, in: RGG⁴ (online) [DOI: 10.1163/2405-8262_rgg4_SIM_04363].
119 Ebd., 288.
120 Vgl. ebd., 288f.

2 Relevanz und Grenzen der jüdischen Jesusforschung in Kirche und Theologie

Ein Blick in die jüngere Vergangenheit zeigt, dass zu einem christlich-theologisch besetzten Thema, wie es die Christologie darstellt, bereits durchaus pointierte Aussagen von jüdischer Seite vorliegen, wie sie in den Studien des jüdischen Jesusforschers David Flusser, der sich besonders exponiert zu den Ursprüngen der Christologie im »vorchristlichen Judentum« äußerte. Er bezeichnete diese als *per se* jüdisch und verortete sie nicht erst in der späteren heidenchristlich-hellenistischen Lehrentwicklung. Flusser erarbeitete also nicht nur wichtige Fragen zum Judesein Jesu, sondern auch zu einem jüdischen Christus.

Auf sehr induvidelle Art und Weise drängte Flusser darauf, die Christologien der ökumenischen Konzilien aus einer Perspektive wahrzunehmen, in der die menschliche und *nota bene* auch die göttliche Sohnschaft Jesu jüdisch sind.

> Ist der historische Jesus, der weniger wichtige, ein Jude gewesen, und der kerygmatische Christus ein internationales himmlisches Wesen? Zwischen dem historischen jüdischen Jesus und zwischen Christus zu unterscheiden, wäre erstens monophysitisch. Nach der Kirchenlehre gibt es in Jesus nicht eine, nur göttliche Natur, sondern zwei verschiedene Naturen, die göttliche und die menschliche, und die menschliche Natur ist zweifelsohne jüdisch. Obzwar das vielleicht gewagt klingt, man kann dieser Konsequenz nicht ausweichen: Auch die göttliche Sohnschaft, wie sie die Kirche lehrt, ist eigentlich jüdisch, denn es geht da nicht um einen unpersönlichen Gott der Philosophen [...], sondern um den persönlichen Gott Israels. Zwischen Jesus und dem nachösterlichen Christus zu unterscheiden, wäre auch doketistisch, denn die Kirche glaubt, daß Jesus körperlich auferstanden ist. Es gibt also auch in der richtigen Auferstehungslehre eine Identität zwischen dem jüdischen Jesus und dem auferstandenen Herrn.[121]

Die frühkirchlichen christologischen Dogmen unter dem Vorzeichen von Jesu Judesein wahrzunehmen, bestätigt den biblischen Glauben an Jesus Christus, der innerkirchlich durch die Konzilien griechisch-philosophisch durchdrungen wurde. Flusser plädiert dafür, die christologischen Dogmen deutlicher unter diesem Vorzeichen zu betrachten, da eine andere Sichtweise zu kirchlichen Häresien geführt hätte, die sie ja gerade in den Dogmen einst zu überwinden anstrebten. Dieser jüdischen Perspektive auf Jesus Christus können Christinnen und Christen, die in der Tradition zu den ökumenischen Konzilien stehen, sich eigentlich gar nicht verweigern.[122] Das allgemeine Anliegen der jüdischen Jesusforschung, Jesus als Juden zu verstehen, wird von Flusser dahingehend bestärkt, es im Rahmen der Konzilsentscheidungen zu bedenken – ein Anliegen, das sich mit Matthias Müller aus christlicher Sicht wie folgt formulieren lässt:

> Christen begegnen dem Judentum nicht *neben* sondern *in* seinem Bekenntnis zu Jesus Christus. Die Herkünftigkeit und Menschlichkeit Jesu ist weiterhin nicht in erster Linie von einem philosophischen oder anthropologischen Prinzip her zu entschlüsseln, sondern in seinem Judesein zu finden.[123]

---

121 FLUSSER, Das Christentum – eine jüdische Religion, 162.
122 Inwiefern dies theologisch anders gesehen werden kann, zeigt Christian Danz. Siehe dazu Abschnitt »1. Inkarnation und Judesein Jesu«, besonders Fußnote 33.
123 MÜLLER, Christliche Theologie im Angesicht des Judentums, 333.

Dieses Judesein erschließt sich aus der Herkunft Jesu aus Israel und seinem bleibenden Judesein. In der »zweigeteilten Einheit« (C. Dohmen) der christlichen Bibel zeigt sich, was fehlen würde, würde Jesus nicht als Jude/Israelit »gelesen« werden. Der Gott Israels ist durch die Bibel Israels kein unbekannter Gott. Jesus kannte diesen Gott Israels, mit seinen Gebeten, Erzählungen wie Rechtsvorschriften. Die evangelische Theologin Barbara U. Meyer schreibt dazu:

> He knows this God's word when he becomes God's Word. [...] Given the covenantal context, it becomes clear that Jesus' Jewishness is not only his central attribute but the heart of God's revelation. Had Jesus not been Jewish, he could not have led the peoples to the God of Abraham and Sarah, Moses and Miriam. The opening of the covenant for all people is sealed in Jesus' being Jewish.[124]

In ihrer Arbeit *Jesus the Jew in Christian Memory* (2020) verweist sie darauf, dass Jesu Judesein der wichtigste Verbindungspunkt zwischen Christentum und Judentum bildet. In dieser Nähe aber liegt auch die größte Gefahr der Verletzlichkeit und der Delegitimierung gegenüber dem Judentum.[125]

> The memory of Jesus the Jew keeps Christianity vulnerable. This vulnerability, without seeking to idealize it, can help Christians stay in touch with the needs of an unredeemed and deeply wounded world. Christianity is not feasible in itself; in fact, Christianity never existed by itself, neither historically not dogmatically. Since the decision of mainstream churches to define themselves positively and not as the negation of others, the most adequate Christian way to think about beliefs and deeds (ethics and dogmatics) is in conversation with non-Christians who know Jesus in ways Christians do not.[126]

Diesen Weg, Jesus als Juden kennenzulernen, ist einer, der mit der jüdischen Jesusforschung begonnen hat und der heute in einer Christologie, die sein Judesein berücksichtigt, weitergeht. Rücksichtnahme heißt konkret dialogisch Christologie betreiben, also in der Begegnung mit Jüdinnen und Juden, mit Menschen jüdischen Glaubens im Hier und Jetzt – und nicht durch ein christlich geprägtes Wunsch-, vielleicht auch Zerrbild.

3 Römisch-katholische Positionierungen zu Jesu Judesein

Am Anfang des jüdisch-christlichen Dialogs stand die interreligiöse Zusammenarbeit zur Bekämpfung des Antisemitismus, die mit der Seelisberg-Konferenz 1947 begann und durch die katholisch-jüdische Neubestimmung mit *Nostra aetate* zu einem weiteren Umdenken führte. Diese Wende zeigt auf, wie eine »Tradition der

---

124 MEYER, Barbara, The Dogmatic Signifiance of Christ Being Jewish, in: CUNNINGHAM, Philip A. u. a. (Hgg.), Christ Jesus and the Jewish People Today: New Explorations of Theological Interrelationships, Foreword by Walter Cardinal Kasper, Grand Rapids, Michigan/Rome 2011, 144–156, hier: 150.
125 Vgl. MEYER, Jesus the Jew in Christian memory, 181.
126 Ebd., 187.

Verachtung und der Feindschaft«[127], die beinahe 2000 Jahre andauerte, beendet werden konnte. Somit könnte die moderne jüdisch-christliche Begegnung nach 1945 eine Hoffnungsgeschichte auch für andere Konflikte werden.[128] Mahnend merkte der Theologe Ulrich Winkler an:

> Solange ein christlich soteriologischer Exklusivismus gilt, kann die bleibende Erwählung der Juden nicht zur Sprache kommen. Hier hat *Nostra aetate* unhintergehbare Klarstellungen getroffen. Das ist eine gute Sache. Eine andere ist es jedoch, im Lichte dieser Erklärung und der theologischen Erneuerung des Konzils angemessen Dogmatik zu betreiben.[129]

Aus der Zahl der lehramtlichen Texte, die auf Jesu Judesein Bezug nehmen, sind im Folgende exemplarisch solche ausgewählt, die Jesu jüdische Identität unterstreichen und es ablehnen, vom Zufall der Inkarnation in Israel zu sprechen.[130] Ob auf

---

127 LENZEN, Von Seelisberg nach Rom, 46.
128 »If Jews and Christians can become partners after nearly 2,000 years of theological delegitimization and physical conflict, then peace is possible between any two peoples anywhere. That peace would be our most powerful witness to God's presence in human history and to our covenantal responsibility to carry God's blessing to the world. It is the very essence of which the messianic dream is made of.« Council of Centers on Jewish-Christian Relations, Statement on a Jewish Understanding of Christians and Christianity 24. May 2011, in: https://www.ccjr.us/dialogika-resources/documents-and-statements/jewish/cjcuc2011may24 (Abruf: 8.4.2022).
129 WINKLER, Ulrich, Wege der Religionstheologie, Von der Erwählung zur komparativen Theologie, Innsbruck 2013, 17 (siehe dazu bes. das Kapitel Israeltheologie 101–186).
130 Siehe dazu die Ausführungen bei: HENRIX, Israel trägt die Kirche, 177–200. Henrix plädiert dafür, die in einem Gespräch zwischen Papst Benedikt XVI. und Rabbiner Jacob Neusner (Buch: *Ein Rabbi spricht mit Jesus. Ein jüdisch-christlicher Dialog*, München 1997) enthaltenen Aspekte, in denen der emeritierte Papst von Jesus Christus als »Tora in Person«, »lebendige Tora Gottes« oder »Tora selbst« spricht oder, wie Henrix sagt, von Jesus als die »inkarnierte Tora«, theologisch weiterzuverfolgen. Vgl. ebd., bes. 183f.; 192–196. Henrix' Anliegen bedürfte einer eingehenden kritischen Untersuchung, bei der darauf zu achten wäre, dass die Tora nicht christologisch vereinnahmt und überboten wird. Einen kritischen Einwand gegen die Auffassung, dass Jesus »als Person gewordene Tora« zu verstehen ist, bietet Karl-Heinz Menke: »Die Tora ist Interpretation des ewigen Logos und nicht umgekehrt der Fleisch gewordene Logos die Veranschaulichung der Tora. Das Befolgen der Tora führt die Israeliten in die Gemeinschaft mit JHWH und ist deshalb Vermittlung desselben Heils, das auch Jesus verkündet hat. Aber die Tora als solches *ist* im Unterschied zu Jesus Christus nicht die Gemeinschaft mit JHWH (das ewige Leben).« MENKE, Karl-Heinz, Jesus ist Gott der Sohn: Denkformen und Brennpunkte der Christologie, Regensburg ³2012, 33. Siehe auch Jan-Heiner Tück, der die Bezeichnung »Jesus als lebendige Tora Gottes« ablehnt, da dies »einer Abwertung der (toten?) Tora des Mose gleichkommt« und daher die Rede von Jesus als der »Verwirklichungsgestalt« der Tora spricht. Die Bestimmungsgröße Jesus und Tora sind bei Tück so konstelliert, dass einerseits die Tora in ihrem jüdischen Eigenwert erhalten bleibt und eben nicht christologisch absorbiert wird. TÜCK, Jan-Heiner, Der Jude Jesus – ›die Tora in Person‹?: Zu einem neueren christologischen Topos im jüdisch-christlichen Dialog, in: DANZ, Christian/EHRENSPERGER, Kathy/HOMOLKA, Walter (Hgg.), Christologie zwischen Judentum und Christentum: Jesus, der Jude aus Galiläa, und der christliche Erlöser, Tübingen 2020 (= Dogmatik in der Moderne 30), 183–207, hier: 202.

dieser Grundlage aber von einer absoluten Notwendigkeit der Inkarnation in Israel oder eher von einer bedingten Notwendigkeit gesprochen werden muss, soll kritisch betrachtet werden.

Im Jahr 1985 wurde das vatikanische Dokument *Hinweise für eine richtige Darstellung von Juden und Judentum in der Predigt und in der Katechese der katholischen Kirche* von der »Kommission für die religiösen Beziehungen zum Judentum« herausgegeben. Darin wird unter Nummer 12 und 15 betont, dass Jesus immer Jude blieb und die Inkarnation im Volk Israel und in einer jüdischen Familie geschah:[131]

> 12. Jesus war Jude und ist es immer geblieben; seinen Dienst hat er freiwillig auf »die verlorenen Schafe des Hauses Israel« (Mt 15,24) beschränkt. Jesus war voll und ganz ein Mensch seiner Zeit und seines jüdisch-palästinischen Milieus des 1. Jahrhunderts, dessen Ängste und Hoffnungen er teilte. Damit wird die Wirklichkeit der Menschwerdung wie auch der eigentliche Sinn der Heilsgeschichte nur noch unterstrichen, wie er uns in der Bibel offenbart worden ist (vgl. Röm 1,3f.; Gal 4,4f).
>
> 15. So ist der Sohn Gottes in einem Volk und einer menschlichen Familie Mensch geworden (vgl. Gal 4,4; Röm 9,5) Das verringert keineswegs die Tatsache, dass er für alle Menschen geboren worden und für alle gestorben ist. Er hat so die zwei Völker [Juden und Heiden] in seinem Fleisch zu einem gemacht.

Wie Hans Hermann Henrix betonte, wird hier von Seiten der römischen Kurie angeregt, die Inkarnation »sehr konkret zu bedenken«[132]. Dabei richtet sich der lehramtliche Blick auf den neutestamentlichen Kontext Jesu, das jüdisch-palästinische Milieu im 1. Jahrhundert. Dieser (Kon-)Text öffnet den Blick auf Jesus als einen jüdischen Menschen seiner Zeit. Der historische Blick auf die Zeit Jesu ist dabei ebenso ein heilsgeschichtlicher Blick. So wird in Nummer 15 die Inkarnation Jesu als Sohn Gottes in einer menschlichen Familie zum Ausdruck gebracht. Die Bestimmung »menschliche Familie« kann dahingehend präzisiert werden, dass Jesus in einer »jüdischen Familie« Mensch geworden ist – und zwar durch eine jüdische Mutter – und dass er am achten Tag nach der Geburt beschnitten wurde (vgl. Lk 2,21). Henrix ging dazu über die »Menschwerdung des Sohnes Gottes als Judewerdung«[133] zu betonen. Gegen eine solche »Zuspitzung«, (die sich inhaltlich in ähnlicher Weise auch bei Marquardt findet)[134] sprach sich Barbara U. Meyer aus, da die Rede von der »Judewerdung« eine »paränetische oder zumindest anamnetische Aufgabe erfüllen« kann, jedoch keine »kritische Reflexion der Inkarnationschristo-

---

131 Kommission für die religiösen Beziehungen zum Judentum, Hinweise für eine richtige Darstellung von Juden und Judentum in der Predigt und in der Katechese der katholischen Kirche vom 24. Juni 1985, in: Henrix, Hans Hermann/Rendtorff, Rolf (Hgg.), Die Kirchen und das Judentum: Dokumente von 1945-1985, Bd. 1., Paderborn/Gütersloh 1988, 92-103, hier: 98.
132 Henrix, Israel trägt die Kirche, 178.
133 Ebd., 177.
134 Zu sagen: »Der ›wahre Mensch‹ ist wahrer Jude«, so Marquardt, Das christliche Bekenntnis zu Jesus, dem Juden, 138, bedeutet im Kontext der Inkarnation eine christologische Überhöhung des Judeseins Jesu und lenkt von der Soteriologie der Inkarnation weg.

logie« gewinnt.¹³⁵ Die »Judewerdung« ist insofern nicht notwendig, da Gott aufgrund seiner Absolutheit eine Wahlfreiheit zugesprochen werden muss und er nicht den Weg der Inkarnation in einen jüdischen Menschen hätte wählen müssen. *De facto* hat er diesen Weg gewählt, so das christliche Offenbarungsverständnis. Damit ist das Judesein Jesu aber nur bedingt notwendig, wodurch die Freiheit Gottes gewahrt bleibt. Die Postulierung einer absoluten Notwendigkeit würde, wie Reinhold Bernhardt schreibt, in ein »analytisches Urteil in einer zirkulären Argumentation« führen.¹³⁶ Bernhardt plädiert dafür das Judesein Jesu »nicht zu einer heilsgeschichtlichen Notwendigkeit« zu überhöhen, »an der sich die Christologie insgesamt entscheidet. Es handelt sich dabei vielmehr um eine theologisch bedeutsame, weil für das Verständnis der Person und des Werkes Jesu wichtige Konkretisierung seines Menschseins«¹³⁷.

Jesu Zugehörigkeit zu Israel unterstrich Papst Johannes Paul II. in einer durchaus heilsgeschichtlichen Interpretationsweise. Auch hier wäre von einer bedingten heilsgeschichtlichen Notwendigkeit und keiner absoluten zu sprechen. Gott hätte anders handeln können, aber er erwählte Israel zu seinem Volk, aus dem der christliche Messias stammte. Die jüdische Wahrnehmung Jesu für die Inkarnationstheologie hat Papst Johannes Paul II. in einer Ansprache an die Mitglieder der Päpstlichen Bibelkommission (11. April 1997) konkretisiert. Dabei weitet er das Momentum der Inkarnation dahingehend, dass es einer Vorbereitung in einer »Einbindung in Jahrhunderten« bedurfte, die im Alten Testament ihren Anfang mit dem Volk Israel nahm. Weiter unterstrich Papst Johannes Paul II., dass Jesus mit der Inkarnation ein »echte[r] Sohn Israels« wurde.

> In der Tat kann man das Mysterium Christi gar nicht vollends zum Ausdruck bringen, wenn man nicht auf das Alte Testament zurückgreift. Die menschliche Identität Jesu wird von seiner Bindung an das Volk Israel her bestimmt, war er doch aus dem Geschlecht Davids und ein Nachkomme Abrahams, und es handelt sich dabei nicht nur um eine physische Zugehörigkeit. Jesus nahm an den synagogalen Zeremonien teil, bei denen die Texte des Alten Testaments gelesen und kommentiert wurden, und so nahm er auch auf menschliche Weise Kenntnis von jenen Texten. Er nährte damit Geist und Herz, indem er sich ihrer dann in seinen Gebeten bediente; auch sein Verhalten war ganz von ihnen durchdrungen. So wurde er ein echter Sohn Israels, tief verwurzelt in der langen Geschichte seines Volkes. [...] Spricht man Christus seine Verbindung mit dem Alten Testament ab, dann bedeutet das, ihn von seinen Wurzeln zu trennen und sein Mysterium allen Sinnes zu entleeren. In der Tat bedurfte auch die Fleischwerdung einer Einbindung in Jahrhunderte der Vorbereitung, um ihren Sinngehalt erkennen zu lassen; denn sonst wäre Christus nur,

---

135 MEYER, Christologie im Schatten der Shoah – im Lichte Israels, 100.
136 BERNHARDT, Reinhold, Zur theologischen Bedeutung des Judeseins Jesu, in: DANZ, Christian/ EHRENSPERGER, Kathy/HOMOLKA, Walter (Hgg.), Christologie zwischen Judentum und Christentum: Jesus, der Jude aus Galiläa, und der christliche Erlöser, Tübingen 2020 (= Dogmatik in der Moderne 30), 355–375, hier: 365. »Jesus Judesein ist nicht in einem absoluten Sinne (aufgrund göttlicher Setzung) notwendig, sondern eine faktische Eigenschaft seines von Gott angenommen Menschseins und damit bedingt notwendig.« Ebd., 365.
137 Ebd., 374.

gleich einem Meteoriten, der zufällig auf die Erde fällt, ohne jegliche Verbindung mit der menschlichen Geschichte empfunden worden. Von ihren Anfängen an hat die Kirche diese Verwurzelung der Fleischwerdung in der Geschichte und folglich auch die Eingliederung Christi in die Geschichte des Volkes Israel gut verstanden.[138]

Die Rede davon, dass die Inkarnation zufällig in Israel geschah, erteilte Papst Johannes Paul II. eine deutliche Absage. Zudem setzte er sich für ein theologisches Ernstnehmen der Menschwerdung des Gotteswortes ein, dieses nicht allgemein in einem Menschen, sondern in einem jüdischen Menschen christologisch zu bedenken:

> Manche Menschen betrachten die Tatsache, dass Jesus Jude war und dass sein Milieu die jüdische Welt war, als einfachen kulturellen Zufall, der auch durch eine andere religiöse Tradition ersetzt und von der die Person des Herrn losgelöst werden könnte, ohne ihre Identität zu verlieren. Aber diese Leute verkennen nicht nur die Heilsgeschichte, sondern noch radikaler: Sie greifen die Wahrheit der Menschwerdung selbst an und machen eine authentische Auffassung der Inkulturation unmöglich.[139]

Auch in dem vatikanischen Dokument aus dem Jahr 2015 *Denn unwiderruflich sind Gnade und Berufung, die Gott gewährt (Röm 11,29)* heißt es in der Nummer 14 zu Jesus von Nazareth: »Voll und ganz Mensch, Jude seiner Zeit, Nachkomme Abrahams, Sohn Davids, geprägt von der gesamten Tradition Israels, Erbe der Propheten, steht Jesus in Kontinuität mit seinem Volk und dessen Geschichte.«[140]

Wie sich nur an diesen wenigen Beispielen zeigt, gibt es keinen lehramtlichen Grund, Jesu jüdische Identität nicht im inkarnationschristologischen Denken aufzunehmen. Im Gegenteil, Aussagen wie: »Jesus war Jude und ist es immer geblieben«, oder der »Sohn Gottes ist in einem Volk« Mensch geworden, »er ist ein echter Sohn Israels« oder weiter es ist »kein kultureller Zufall«, dass gerade im Volk Israel die Menschwerdung geschah, sprechen für das Ernstnehmen (nicht aber die Überhöhung) des Judeseins Jesu in der Inkarnationschristologie.

Die Aussage von Papst Johannes Paul II., dass die Menschwerdung »einer Einbindung in Jahrhunderte« bedurfte und kein kultureller Zufall war, wirft die Frage auf, ob nicht aus jüdischer Sicht in der Geschichte des Volkes Israel mit seinem Gott christologische Denkvoraussetzungen zu finden sind. Damit sei auf das in dieser Arbeit bereits zitierte Anliegen von David Flusser, eine jüdische Christologie zu formulieren, zurückgegriffen und dieses in den Schriften Daniel Boyarin weiterverfolgt.

---

138 Johannes Paul II., zit. nach: Henrix, Hans Hermann/Kraus, Wolfgang (Hgg.), Die Kirchen und das Judentum, 102–105, hier: 103f.
139 Ebd., 107–109, hier: 108.
140 Kommission für die religiösen Beziehungen zum Judentum, »Denn unwiderruflich sind Gnade und Berufung, die Gott gewährt« (Röm 11,29), Reflexionen zu theologischen Fragestellungen in den katholisch-jüdischen Beziehungen aus Anlass des 50-jährigen Jubiläums von Nostra aetate (Nr. 4) vom 10. Dezember 2015 (Verlautbarungen des Apostolischen Stuhls 203) Sekretariat der Deutschen Bischofskonferenz, Bonn 2016.

4 Jesus, der jüdische Christus

David Flussers Anliegen, zu zeigen, dass der historische Jesus nicht nur als Jude lebte, sondern es bei ihm auch Ansätze einer vorchristlichen, »jüdischen« Christologie gibt, geht über den Anspruch der klassischen jüdischen Jesusforschung hinaus. Flussers Studien zu einer jüdischen Christologie wurde von dem amerikanischen, jüdisch-orthodoxen Religionsphilosophen Daniel Boyarin (*1946) weiterverfolgt. Anders als Flusser sieht er aber in den ersten Konzilsentscheidungen von Nizäa (325) und Konstantinopel (381) bezüglich des Glaubens an Jesus Christus klare Trennungslinien zwischen Judentum und Christentum gezogen, die im Nicäno-Konstantinopolitanum zum Ausdruck kommen.[141] Boyarin fokussiert eher darauf, Jesu Gottsein als durchaus mögliche Denkart der Jesusbewegung zu betrachten und sieht darin die Möglichkeit eines besseren Verstehens im jüdisch-christlichen Zusammenleben in der Zukunft angelegt:

> Einerseits werden Christen nicht in der Lage sein zu behaupten, dass Juden in Gänze Jesus als Gott starrsinnig ablehnten. [...] Andererseits werden Juden aufhören müssen, die christliche Vorstellung über Gott einfach als Sammlung »unjüdischer«, vielleicht heidnischer und allemal bizarrer Phantasien zu verunglimpfen. Gott wirklich in einem menschlichen Leib![142]

Über einen »jüdischen Christus« schreibt Boyarin:

> Ich möchte, dass wir erkennen, dass auch Christus – der göttliche Messias – ein Jude ist. Die Christologie oder die frühen Vorstellungen über Christus sind ebenfalls eine jüdische Erörterung und überhaupt keine – wie erst viel später – antijüdische Abhandlung. Viele Israeliten der Zeit Jesu erwarteten einen Messias, der göttlich wäre und auf die Erde in Gestalt eines Menschen käme. Daher waren die grundlegenden Gedanken, aus denen sowohl Trinität als auch die Inkarnation erwuchs, in eben jener Welt vorhanden, in die Jesus hinein geboren [wurde]; [...] die Vorstellung von Jesus als göttlich-menschlichen Messias reicht bis an den allerersten Beginn der christlichen Bewegung, bis an Jesus selbst und sogar vor ihn.[143]

Wichtig ist Boyarin, zu betonen, dass Juden heutzutage Jesus nicht als Messias oder Sohn Gottes anerkennen sollen – er lehnt dies persönlich ab, wie auch den Auferstehungsglauben[144] –, seine Forschung soll aber dabei helfen, zu verstehen,

---

141 Boyarin, Die jüdischen Evangelien, 33f.
142 Ebd., 30.
143 Ebd., 29f.
144 »Möglicherweise sahen seine Nachfolger ihn als Auferstandenen, doch gewiss gibt sich dies notwendigerweise, weil sie eine Erzählung (*narrative*) besaßen, die sie dahin leitete, derartige Erscheinungen zu erwarten; und nicht, dass die Erscheinungen eine Erzählung (*narrative*) hervorbrachten.« Boyarin erklärt soziohistorisch: »Ein Volk hatte jahrhundertelang von einem neuen König, einem Davidssohn, erzählt, über ihn nachgedacht und gelesen, der kommen würde, um sie von der seleukidischen und später römischen Unterdrückung zu erlösen, und sie hielten schließlich diesen König für eine zweite, jüngere, göttliche Gestalt auf der Grundlage der Reflexion des Danielbuches über diese sehr alte Überlieferung.« Ebd., 148f.

dass »christliche Ideen uns [Juden] nicht wesensfremd sind«[145]. Zugleich hält Boyarin eine weitverbreitete christliche Ansicht mit seiner Studie für überholt, in der der historische Jesus als »guter Jesus« und der dogmatische Christus als der »schlechte Christus« dargestellt werden.[146] Hier sei zudem angemerkt, dass diese Vorstellung in ihrem Sinngehalt von »wahrem Gottsein« und »wahrem Menschen« in Jesus Christus ohnehin dem Chalkedonense widerspricht. Anders als für Flusser hat das Konzil von Chalkedon für Boyarin keine jüdischen Anknüpfungspunkte, da für ihn mit Nizäa und Konstantinopel der strenge Monotheismus des Judentums im Christentum aufgegeben wurde.[147] Eine Ansicht, die wiederum der katholische Dogmatiker Josef Wohlmuth zurückweist, da »ohne den jüdischen Hintergrund die beiden Geburten des Gottes- und Menschensohnes in Chalkedon in der vorliegenden Form nicht hätten begründet werden können«[148], wie sich in der Betrachtung des Chalkedonense zeigen wird. Zunächst jedoch soll der Blick auf Boyarins »jüdischen Christus« fallen.

4.1 Vom Gottessohn zum Menschensohn

Boyarin geht dem möglichen Ursprung der im Markusevangelium, dem ältesten Evangelium (um 70 n. Chr.), verwendeten Titel »Gottessohn« und »Menschensohn« im Tanach, konkret in Psalm 2 und Daniel 7 nach. Er kann anhand der Bedeutungsanalysen der Titel zeigen, dass bereits im ältesten der Evangelien »Menschensohn« für ein göttliches und nicht menschliches Wesen verwendet wird.[149] Seine Ergebnisse stehen im Gegensatz zur häufig bei den Kirchenvätern anzutreffenden Interpretation der Evangelien, die den Titel »Gottessohn« der göttlichen Natur Jesu und »Menschsohn« der menschlichen Natur zuordneten. Daran zeigt sich, dass die Kirchenväter bereits eine ontologische Interpretation der Begriffe vornahmen. Boyarin hingegen arbeitet eine stärker an der mit der Salbung verbundenen Funktion orien-

---

145 Ebd., 30.
146 Ähnlich äußert sich dazu Geza Vermes: »Das Christentum, wie es im Allgemeinen Licht seiner heidenchristlichen Entwicklung verstanden wird, konzentriert sich nicht auf die authentische, existenzielle spirituelle Hinterlassenschaft des Juden Jesus, sondern auf das intellektuelle Akzeptieren des göttlichen Christus und seiner übermenschlichen Seinsweise innerhalb des göttlichen Christus und seiner übermenschlichen Seinsweise innerhalb des Geheimnisses der dreieinigen Gottheit der Kirche.« In: Vom Jesus der Geschichte zum Christus des Dogmas, 322.
147 Vgl. BOYARIN, Die jüdischen Evangelien, 30.
148 WOHLMUTH, Josef, Der jüdische Jesus und die Christologie des Konzils von Chalkedon, in: DANZ, Christian/EHRENSPERGER, Kathy/HOMOLKA, Walter (Hgg.), Christologie zwischen Judentum und Christentum: Jesus, der Jude aus Galiläa, und der christliche Erlöser, Tübingen 2020 (= Dogmatik in der Moderne 30), 319–332, hier: 330.
149 Boyarin versucht zu klären, inwiefern der jüdische Monotheismus zur Zeit Jesu zuließ, dass ein Mensch überhaupt als göttlich anerkannt werden konnte. Das erste Kapitel trägt die Überschrift »Vom Gottessohn zum Menschensohn« BOYARIN, Die jüdischen Evangelien, 43–80.

tierten Interpretation der Begriffe im Buch Daniel mit Bezug auf das Markusevangelium heraus:

> Der Titel »Menschensohn« bezeichnet Jesus als Teil Gottes, während der Titel »Gottessohn« einen Status als König Messias anzeigt. Aber was ist der Messias, und wie verhält sich dies[e Bedeutung] zum Christus? In Wahrheit waren sie genau dasselbe oder in jedem Fall dasselbe Wort. *Messias* (im Hebräischen »Maschiach« ausgesprochen) bedeutet »der Gesalbte«, nicht mehr und nicht weniger, und *Christos* ist einfach eine griechische Übersetzung desselben Wortes und meint ebenfalls »ein Gesalbter«.[150]

Zunächst wendet Boyarin sich den Titeln »Messias« und »Gottessohn« bzw. »Messias Gottessohn« zu und arbeitet die Vorstellung eines menschlichen Königs heraus. Die Könige Israels werden als »Messias« (Gesalbte) bezeichnet, weil sie mit Öl gesalbt werden, wie beim Inthronisationsritus von König David durch Samuel (vgl. 1 Sam 10,1). Die gesalbten Könige stehen in einer außerordentlich engen Beziehung zum Gott Israels.[151] Der König ist aber nicht Gott, sondern wird von Gott sozusagen adoptiert und damit zum Sohn Gottes. Boyarin zeigt, dass der Messias-Titel für den gesalbten, irdischen, gegenwärtig lebenden König Israels verwendet wurde und nicht für ein göttliches Wesen. Wichtig ist hier Ps 2,2.6f:

> ² Die Könige der Erde stehen auf,
> die Großen tun sich zusammen gegen den HERRN und seinen Gesalbten.
> [...]
> ⁶ Ich selber habe meinen König eingesetzt
> auf Zion, meinem heiligen Berg.
> ⁷ Den Beschluss des HERRN will ich kundtun.
> Er sprach zu mir: Mein Sohn bist du. Ich selber habe dich heute gezeugt.

Der Gesalbte ist der König und er steht in einem Adoptionsverhältnis zu Gott, wodurch er zu seinem lebenden, königlich-gesalbten Stellvertreter auf Erden wird.

Mit der Zerstörung des Südreiches im 6. Jh. v. Chr. zerbricht die Königsherrschaft. Die Elite der Israeliten wird nach Babylon deportiert und im Volk entsteht die Sehnsucht nach einer Wiederherstellung eines Königreiches samt Tempel durch einen irdischen davidischen König. Mit dieser Sehnsucht wurde nach Boyarin auch die Vorstellung eines verheißenen davidischen Erlösers verknüpft.[152] Nach dieser Erklärung über den Messias Gottessohn als menschlichen König wendet Boyarin sich dem Menschensohn-Titel zu.

Hierfür zieht er die zentrale Stelle Dan 7,9–14, die in die Zeit der seleukidischen Herrschaft ca. 160 v. Chr. datiert wird. Sie wird für Boyarin zum Bezugs- und Begründungspunkt, den Titel »Menschensohn« als Titel für den göttlichen Erlöser interpretieren zu können.[153]

---

150 Ebd., 43.
151 Für die Salbung der israelitischen Könige mit Öl führt Boyarin folgende Referenzstellen an: David (1 Sam 16,3); Salomon (1 Kön 1,34); Jehu (1 Kön 19,16); Joasch (2 Kön 11,12); Joahas (2 Kön 23,30) vgl. BOYARIN, Die jüdischen Evangelien, 44.
152 Vgl. ebd., 43–46.
153 Vgl. ebd., 46.

> ⁹ Ich sah immer noch hin; da wurden Throne aufgestellt und ein Hochbetagter nahm Platz. Sein Gewand war weiß wie Schnee, sein Haar wie reine Wolle. Feuerflammen waren sein Thron und dessen Räder waren loderndes Feuer. ¹⁰ Ein Strom von Feuer ging von ihm aus. Tausendmal Tausende dienten ihm, zehntausendmal Zehntausende standen vor ihm. Das Gericht nahm Platz und es wurden Bücher aufgeschlagen. [...] ¹³ Immer noch hatte ich die nächtlichen Visionen: Da kam mit den Wolken des Himmels
> einer wie ein Menschensohn.
> Er gelangte bis zu dem Hochbetagten
> und wurde vor ihn geführt.
> ¹⁴ Ihm wurden Herrschaft,
> Würde und Königtum gegeben. Alle Völker, Nationen und Sprachen
> müssen ihm dienen.
> Seine Herrschaft ist eine ewige,
> unvergängliche Herrschaft.
> Sein Reich geht niemals unter.

In diesem Schlüsseltext werden zwei göttliche Wesen genannt, der »Menschensohn« und der »Hochbetagte«. Boyarin verknüpft die im Text enthaltene Erlösungsvorstellung mit einigen entscheidenden Merkmalen des zukünftigen Messias/Christus, auch wenn die Figur im Buch Daniel nicht als Messias bezeichnet wird:

> Er ist göttlich.
> Er erscheint in menschlicher Gestalt.
> Er kann sehr gut beschrieben werden als eine Gottheit, die jünger aussieht als der Alte der Tage.
> Er wird in der Höhe inthronisiert werden.
> Er wird ausgestattet mit Macht und Herrschaft, sogar Hoheitsgewalt auf Erden.¹⁵⁴

Die Vorstellungen von der Rückkehr eines davidischen Königs konnten sich auf diesem Weg mit der Idee eines göttlichen Erlösers vermischen. Sie verschmolzen zu der Figur eines »göttlich-menschlichen Messias«, die dann im Markusevangelium »Menschensohn« genannt wird und deren Ursprung in einer der zwei göttlichen Gestalten bei Daniel 7 liegt.¹⁵⁵

Hinter der Vorstellung der beiden göttlichen Wesen, eines alten und eines jungen Gottes, die auch in Daniel 7 begegnen, verbirgt sich Boyarin zufolge ein viel älterer Teil der Religionsgeschichte des Judentums: der Kampf zwischen den israelitisch/kanaanitischen Gottheiten El und Baal.¹⁵⁶ Was Boyarin seinen Ausführungen anzeigen möchte ist, dass es im Judentum nicht immer schon einen strengen Monotheismus gab.¹⁵⁷ Auf diesem Hintergrund ist Daniel 7 für ihn einerseits der Nachweis einer »binitarischen israelitischen Theologie«¹⁵⁸ angelegt, und andererseits sogar »die Idee eines zweiten Gottes als Vizekönig gegenüber Gott dem Vater [...] eine der ältesten theologischen Ideen in Israel«¹⁵⁹. Kritisch sei hier angemerkt, dass

---

154 Boyarin, Die jüdischen Evangelien, 47.
155 Vgl. Ebd.
156 Vgl. Ebd., 57.
157 Zu betrachten wäre hier der Ascherakult, vgl. 2 Kön 23.
158 Boyarin, Die jüdischen Evangelien, 61.
159 Ebd., 54.

der Begriff »binitarisch« vielleicht schon zu sehr im Sinne des Gedankens einer zweiten Person der Trinität interpretierbar ist, der aber, wie Boyarin selbst ausführt, erst später in ein eindeutiges binitarisches Denken umschlägt:

> Diese zwei Gottheiten sollten im Laufe der Zeit schließlich die ersten beiden Personen der Trinität werden.[160]

Diese Denkmöglichkeit, und hier wird Boyarins Argument schlagend, widerspricht einer liberal-protestantischen Forschung, in der erst mit einem griechischen Einfluss auf die Jesusbewegung der ersten Jahrhunderte zu rechnen ist. Es wird der hellenistische Einfluss im Frühjudentum und auf das Frühe Christentum zu gering eingeschätzt, wie mit Verweis auf die Septuaginta, Philo von Alexandrien oder dem *Homoousios* vorgängig gezeigt wurde. Der dogmatischen Debatte von Nizäa (325 n. Chr.), nach der Jesus als Gott-Sohn wesensgleich mit Gott-Vater anzusehen ist, war also nach Boyarin eine innerjüdisch-christologische Debatte vor Jesus vorausgegangen. Konkret heißt dies, dass die Messias/Christus-Idee aus Dan 7 im Judentum Jesu und seiner ersten Nachfolger und Nachfolgerinnen vorhanden war. Boyarin hält fest: »Wenn Daniel die Prophezeiung ist, so sind die Evangelien die Erfüllung.«[161]

4.2 Göttlicher Jesus

Für Boyarin stellt der Glaube an Jesus als Gott eine neue »Variante [Lesart] des Judentums [dar] (und zwar keine deviante ›vom Weg‹ abweichende Variante«)[162]. Diese in Teilen als provokant wahrgenommene These macht Boyarin an der Beobachtung fest, dass Jesus schon vereinzelt von Juden seiner Zeit Göttlichkeit zugesprochen wurde und dies somit keine über das griechische Denken ins Christentum eingetragene Idee war.

> Die Gründe dafür, dass viele Juden zu glauben begannen, dass Jesus göttlich wäre, lagen darin, dass sie bereits erwarteten, dass der Messias/Christus ein Gott-Mensch sein würde. *Diese Erwartung war ein wesentlicher Bestandteil der jüdischen Tradition.* Die Juden hatten dies durch eine sorgfältige Auslegung des Danielbuches und das Verständnis seiner Vision und Offenbarung als eine Prophetie dessen gelernt, was am Ende der Zeiten geschehen würde. In diesem Buch [...] wird der jungen göttlichen Gestalt die Herrschaft gegeben und sie zum Herrscher der Welt auf ewig gemacht.[163]

Boyarin vertritt die Ansicht, eine »Hohe Christologie«[164] (auch »Christologie von oben« genannt) sei bereits in den frühsten Schriften des Neues Testaments zu finden. Jesus wurde innerhalb der Denkwelt des Judentums des Zweiten Tempels als göttlich betrachtet. Damit grenzt Boyarin sich gegen die traditionelle Haltung

---

160 Ebd., 52.
161 Ebd., 62.
162 Ebd.
163 Ebd., 65.
164 Ebd., 63.

einer liberal-protestantischen Theologie ab, nach der eine »Hohe Christologie« erst entstanden sei, als griechisches Denken einer wachsenden »heidenchristlichen« Mehrheit innerhalb der *ecclesia* den Vorrang gewann:[165]

> [Ihr] Argument lautet, dass die frühen jüdischen Jesusgläubigen an ihn als einen inspirierten Lehrer, vielleicht einen Propheten, vielleicht an den Messias glaubten, jedoch in einem menschlichen Sinne. Erst später, so die Ansicht, nachdem die Mehrheit der Christen nicht länger Juden waren, kam die Vorstellung von Jesus als Gott hinzu, möglicherweise unter dem Einfluss der »heidnischen« Ideen vieler der neuen christlichen Konvertiten.[166]

Eine »Christologie von unten« setzt demnach beim Wirken des Menschen Jesus, seiner Botschaft, seinen Zeichenhandlungen, seinem Gottesbezug an und findet darin seine Göttlichkeit. Eine »Christologie von oben«, oder wie Boyarin von »Hoher Christologie« spricht, setzt dagegen beim präexistenten Christus und mit inkarnationstheologischem Denken an. Eine gegenseitige Ausspielung einer »Hohen Christologie« im Gegensatz zu einer »Christologie von unten« ist bei Boyarin nicht intendiert, da er nicht den jüdischen Christus als Antonym zum jüdischen Jesus betont. Beide Perspektiven sollen nicht ausschließend, sondern ergänzend betrachtet werden.[167] Es geht Boyarin darum die Denkmöglichkeit einer frühen »Hohen Christologie« aufzuzeigen, die er zudem auch als Argument für die Kreuzigung Jesu ins Spiel bringt.

> Ich gestehe zu, dass es nur möglich ist, das Evangelium zu verstehen, wenn sowohl Jesus als auch die Juden um ihn herum zu einer Hohen Christologie gestanden hätten, wonach der Anspruch der Messianität auch ein Anspruch war, ein göttlicher Mensch zu sein. Wäre das nicht der Fall, würden wir schwerlich die äußerst feindseligen Reaktionen aufseiten jüdischer Führer Jesus gegenüber verstehen, die seinen Anspruch nicht akzeptierten. Eine Kontroverse unter Juden war kaum etwas Neues; damit eine Kontroverse eine Kreuzigung zur Folge hatte, musste die Kontroverse es in sich gehabt haben.[168]

In einem *close reading* von Mk 2,5–10[169] zeigt Boyarin die Verbindung zwischen Jesus als Menschensohn, der die Vollmacht (ἐξουσία) besitzt Sünden zu vergeben, zu Dan 7,14.27, wo der Menschensohn Vollmacht im Sinne göttlicher Autorität besitzt.

Neben dieser Textstelle, in der Boyarin die göttliche Vollmacht Jesu als Menschensohn herausarbeitet, ist Mk 2,28, wo der Menschensohn als »Herr über den

---

165 Vgl. ebd., 63f. (inkl. aller Anm.).
166 Ebd., 64.
167 Siehe dazu: KASPER, Walter, Jesus, der Christus, Freiburg i. Br. 2007, bes, 37–51.
168 BOYARIN, Die jüdischen Evangelien, 64f.
169 Mk 2,5-10: »⁵Da nun Jesus ihren Glauben sah, sprach er zu dem Gelähmten: Mein Sohn, deine Sünden sind dir vergeben. ⁶Es saßen da aber einige Schriftgelehrte und dachten in ihren Herzen: ⁷Wie redet der so? Er lästert Gott! Wer kann Sünden vergeben als Gott allein? ⁸Und Jesus erkannte alsbald in seinem Geist, dass sie so bei sich selbst dachten, und sprach zu ihnen: Was denkt ihr solches in euren Herzen? ⁹Was ist leichter, zu dem Gelähmten zu sagen: Dir sind deine Sünden vergeben, oder zu sagen: Steh auf, nimm dein Bett und geh hin? ¹⁰Damit ihr aber wisst, dass der Menschensohn Vollmacht (ἐξουσίαν ἔχει ὁ υἱὸς τοῦ ἀνθρώπου) hat, Sünden zu vergeben auf Erden – sprach er zu dem Gelähmten.«

Schabbat« beschrieben wird, von ähnlicher Bedeutung. Ähnlich wie Flusser argumentiert Boyarin, dass in der Perikope vom Ährenraufen am Schabbat eine authentische Erinnerung an eine halachische Kontroverse bewahrt ist. Christlicherseits wurde diese Passage oft angegeben, um die »Religion der Liebe« gegenüber einer vermeintlichen Pedanterie des Judentums auszuspielen. Boyarin zeigt eine größere Dimension dieser Kontroverse, die ihm zufolge auf Jesu apokalyptische Radikalität zurückgeht.[170] Boyarin deutet die Perikope Mk 2,23–28 durch Dan 7,13f., in der er einen

> klaren Beleg für die Identifikation des davidischen Messias mit dem Menschensohn erkennt: eine Identifikation, die offensichtlich keiner menschlichen genealogischen Verbindung zwischen den beiden bedarf, weil der Menschensohn eine vollkommen himmlische Gestalt ist, die ein menschliches Wesen wird.[171]

Die Aufhebung des Schabbats durch Jesus ist für Boyarin eine radikale eschatologische Wende; Jesus ist der Menschensohn bzw. die Autoren des Markusevangeliums machen ihn zu diesem. Damit ist jedoch kein Schritt aus der Gemeinschaft mit dem jüdischen Volk gemacht. In Verbindung mit der apokalyptischen Vision von Dan 7 ist diese »durch die Person Jesu als Inkarnation des Menschensohnes erfüllt«[172]. Den Schabbat aufzuheben ist also eine radikale Änderung, wie sie während der Endzeit erwartet werden kann.

> Diese eschatologische Wende ist eine, die viele Juden abgelehnt hätten: nicht, weil sie nicht glaubten, dass der Menschensohn Herr über den Sabbat sei, sondern weil sie nicht glaubten, dass Jesus der Menschensohn wäre.[173]

4.3 Menschlicher Christus

Neben der Frage nach dem jüdischen Christus geht Boyarin auch der klassischen Frage der jüdischen Jesusforschung, der Frage nach Jesu Judesein, nach. In diesem Zusammenhang beschäftigt er sich eingehend mit Perikope Mk 7, in der Jesus alle Speisen für »rein« erklärt.[174] Ähnlich wie vor ihm Leo Baeck[175] sieht er hier keinen Bruch zwischen Judentum und Christentum angelegt.

> Kurz gesagt: falls die Urchristen glaubten, dass Jesus die Speisegebote hielt, dann haben wir gute Gründe, dieses Christentum als einen anderen, konkurrierenden Zweig des Judentums anzusehen.[176]

---

170 Vgl. BOYARIN, Die jüdischen Evangelien, 71–77.
171 Ebd., 78.
172 Ebd., 79.
173 Ebd.
174 Siehe das Kapitel »Jesus lebte koscher«. Vgl. ebd., 104–123.
175 BAECK, Leo, Das Evangelium als Urkunde der jüdischen Glaubensgeschichte, Berlin 1938 (= Bücherei des Schocken-Verlages 87).
176 BOYARIN, Die jüdischen Evangelien, 107.

Wenn Jesus alle Speisen für rein erklärt, so bedeutet das Boyarin zufolge jedoch nicht, dass alle Speisen erlaubt sind. Boyarin erklärt, dass die jüdischen Speisevorschriften zuerst einmal nichts mit Rein- und Unreinheit des Körpers oder anderen Dingen zu tun haben. Es handelt sich um zwei unterschiedliche Systeme. Unter den Pharisäern, die nach Jerusalem hin orientiert waren, gab es einige, die neue Standards einführten und festlegten, dass an sich koschere Speisen verunreinigt werden können, wenn Menschen zuvor in Kontakt mit Unreinheit kommen. Daher führten sie die rituelle Handwaschung ein. Jesus lehnte diese neue Regelung ab, weil sie keine Grundlage in der Tora hatte, und stellte sich damit gegen die Sondertradition einer pharisäischen Gruppe:

> Wenn Jesus über Reinheit und Unreinheit von Speisen spricht, geht es überhaupt nicht um das Regelwerk der Speisegebote (*kosher system*), sondern um das pharisäische Verständnis der Reinheitspraktiken. Weder Jesus noch der Evangelist meinten oder deuteten an, dass die neue Jesusbewegung ein Ausscheren darstellte, um eine neue Religion zu gründen.[177]

Es geht Jesus nach Boyarin also nicht darum alle Speisen für koscher zu erklären, sondern um die Ablehnung spezieller Reinheitsvorschriften der Pharisäer. Dass es hier christlicherseits zu Missinterpretationen kommen konnte, da bei Heidenchristen die jüdischen Speisegesetze keine Rolle spielen, mag an sich nicht verwundern. Für Boyarin ist der Autor des Markusevangeliums ein jesusgläubiger Jude gewesen. Dieses Evangelium ist für Boyarin insgesamt ein durch und durch jüdischer Text, selbst in seinen radikalen christologischen Elementen:

> Nichts, was der markinische Jesus vorschlägt oder wofür er eintritt oder was er verfügt, wäre für einen durch und durch jüdischen Messias, den Menschensohn, unangemessen gewesen; und was später das Christentum genannt werden sollte, ist eine glänzende erfolgreiche – die geistvoll gelungenste – jüdische, apokalyptische und messianische Bewegung.[178]

Boyarins These, dass eine jüdische Christologie bereits vor Jesus ansetzt und er daher als göttlichen Messias »im Resonanzraum einer jüdischen Klanglandschaft des ersten Jahrhunderts«[179] verstanden wird, ist ein äußerst konstruktiver jüdischer Beitrag zum Verständnis der Wurzeln christologischen Denkens im Judentum. Damit knüpft Boyarin unverkennbar an Flussers christologische Thesen an. Die Aspekte zum Judesein Jesu, die er exemplarisch an der Perikope zu den Speisevorschriften in Mk 7 herausarbeitet, sind wichtige Beiträge eines jüdischen Forschers zum besseren Verständnis von Jesu als eines von Juden seiner Zeit als göttlich verstandenen Messias/Menschen. Boyarin zeigt, dass es dafür keine griechisch-hellenistischen Denkfiguren braucht, sondern dezidiert jüdische Vorstellungen im Hintergrund stehen (können). Auffällig ist bei Boyarin die vergleichsweise begrenzte Textbasis, auf der er seine Thesen aufbaut. Außer Acht bleiben bei ihm andere messianische Vorstellungen, die es im Judentum zur Zeit des Zweiten Tempels ohne

---

177 Ebd., 120.
178 Ebd., 122.
179 Ebd., 149.

Frage gab.[180] Zu dieser Thematik sei ergänzend auf Martin Hengels (1926–2009) Schrift »Der Sohn Gottes« (1975) verwiesen, der allein im Umfeld der neutestamentlichen Schriften »eine Vielfalt jüdischer Mittler- und Erlöservorstellungen, von Henoch-Metatron über die Weisheit und den Logos bis hin zu Melchisedek-Michael«[181] aufzeigt. Es gab also eine Unzahl an jüdischen Vorstellungswelten, in der »Mittlergestalten [...] von Gott unterschieden und doch aufs Engste mit ihm verbunden«[182] waren.[183]

In gewisser Weise bestätigt Boyarin mit seiner narrativ-anamnetischen Darstellungsweise die traditionelle christliche Vorstellung eines alttestamentlichen Verheißungs- und neutestamentlichen Erfüllungsschema einer Messias/Christus-Vorstellung in Jesus von Nazareth. Boyarin zeigt jedoch, dass dieses Schema nicht absolut gesetzt werden kann, da Jesus selbst an mehreren Stellen deutlich daran erinnert, dass die meisten Jüdinnen und Juden dieses Verständnis von Jesus als göttlichen Messias damals nicht teilten (und nach wie vor auch heute nicht teilen wollen). Dabei sind Boyarins Thesen nicht unbedingt »neu«.[184] Im Gegensatz zu vielen jüdischen Forschern vertritt Boyarin jedoch Ansätze einer frühen »Hohen Christologie«, damit werden diese als durchaus gewagte Aussagen im gegenwärtigen jüdisch-christlichen Dialog wahrgenommen.

Die Ergebnisse von Boyarin liefern eine weitere Grundlage für eine antisemitismussensible Christologie – und schärfen den Blick für die Wahrnehmung ähnlicher Denkmuster in den kirchlichen Traditionen: Vergleicht man die Aussagen zum jüdischen Christus von Boyarin mit der folgenden Passage aus *Nostra aetate*, Nr. 4, die oft paraphrasiert und als das erste explizite katholisch-kirchliche Bekenntnis zur jüdischen Abstammung von Jesus, Maria, den Aposteln und den ersten Jüngern Jesu herangezogen wird, dann ist die Parallele durchaus auffällig:

> Die Kirche hat auch stets die Worte des Apostels Paulus vor Augen, der von seinen Stammverwandten sagt, daß »ihnen die Annahme an Sohnes Statt und die Herrlichkeit, der Bund und das Gesetz, der Gottesdienst und die Verheißungen gehören wie auch die Väter und daß aus ihnen Christus dem Fleische nach stammt« (Röm 9,4-5) [...]. (NA 4)

---

180 Ebd., 60f. (bes. Anmerkungen).
181 HENGEL, Martin, Der Sohn Gottes: Die Entstehung der Christologie und der jüdisch-hellenische Religionsgeschichte, Tübingen 1975, 137.
182 Ebd.
183 Siehe dazu auch: SCHÄFER, Peter, Zwei Götter im Himmel: Gottesvorstellungen in der jüdischen Antike, München 2017.
184 Siehe nur: SÄNGER, Dieter (Hg.), Gottessohn und Menschensohn: Exegetische Studien zu zwei Paradigmen biblischer Intertextualität, Neukirchen-Vluyn 2004 (= Biblisch-theologische Studien 67); oder z.B. Teil 4: Messias, bei: HRUBY, Kurt, Aufsätze zum nachbiblischen Judentum und zum jüdischen Erbe der frühen Kirche Peter von der Osten-Sacken und Willi, Thomas (Hgg.), Berlin 1996 (= Arbeiten zur neutestamentlichen Theologie und Zeitgeschichte 5). 267-321. – Verglichen mit den modernen theologischen Studien über Jesus liefert Boyarin als jüdisch-orthodoxer Denker die im Grunde gleichen Argumente bezüglich der Christologie, zieht aber daraus andere Konsequenzen.

Verglichen mit Boyarins Studie zum jüdischen Christus ist die Berufung von NA auf den Römerbrief, konkret die Passage, dass »Christus dem Fleische nach« aus den Stammverwandten des Paulus stammt, doppelt interessant. Nicht etwa nur der Mensch Jesus, sondern Jesus als der Christus stammt dem Fleische nach aus Israel. Schon in Paulus findet NA, als offizielles Dokument der katholischen Kirche, Jesus Christus in untrennbarer Verbindung mit dem Judentum. Paulus hält hier bei all seiner Christozentrik die Verbindung zur theozentrischen Religion Jesu. »Christus dem Fleische nach« enthält sowohl eine Aussage zum Juden Jesus, weil der Messias/Christus als Jude lebte, und zugleich auch eine hervorgehobene messianisch-göttliche Jesusinterpretation. NA 4 und Boyarin erinnern in unterschiedlicher Weise daran, dass es die Möglichkeit für ein Anknüpfen an eine jüdische Vorstellung in der vielgestaltigen Welt des antiken Judentums gab: einmal über Paulus, der in Jesus den Christus sah, und einmal mit der Entdeckung der frühen »Hohen Christologie« in den synoptischen Evangelien (vgl. Boyarin). Auf je unterschiedliche Weise stehen Boyarins Forschung und das Paulus-Zitat in NA dafür, dass ein jüdischer Christus nicht erst mit heidenchristlich-hellenistischen philosophischen Prämissen zu denken war bzw. an ihn geglaubt wurde.[185]

Paulus, dem einzig uns nach seiner Selbstdefinition bekannten antiken Pharisäer, ging es darum zu zeigen, dass er an Jesus als den Messias und Sohn Gottes glaubte. Boyarin zeigt, wie ein solcher Glaube in einem jüdischen Kontext denkbar war, auch wenn man nicht notwendigerweise daran glauben musste.

Was ist nun die Quintessenz der Beiträge von Boyarin zu Jesus als jüdischem Christus mit Blick auf eine antisemitismussensible Christologie? Die Antwort lautet: den Fokus auf die Interdependenz legen. Denn mit der gegenseitigen Abhängigkeit bzw. Wechselbeziehung werden in Auseinandersetzung mit dem Frühjudentum die christologischen Ursprünge sichtbar, die für die christliche Theologie den Weg zu einer dialogischen Christologie bedeuten. Damit wird der jüdische und christliche Glaube, obgleich er in Traditionen verwurzelt ist, der Gefahr eines Routinedenkens entrissen. Dass sich das Christentum dem Judentum zu verdanken hat – also seiner Existenz – wird darin überdeutlich. Das christliche Routinedenken wurde durch die Shoah massiv in Frage gestellt, und die Ergebnisse der jüdischen Jesusforscher im 20. Jahrhundert irritierten die Theologie, weil die gegenseitige Interaktion über den

---

185 Wie vorgängig schon erwähnt, darf die Gebetspraxis in den frühchristlichen Gemeinden nicht außer Acht gelassen werden. Schon vor dem Konzil von Nizäa beteten Christinnen und Christen direkt zu Jesus Christus und hoben – bevor das *Homoousios* definiert wurde – hervor, dass Jesus auf die Seite Gottes gehört. Im ersten und zweiten Jahrhundert n. Chr. sind zudem nach Boyarin jüdische Nichtchristen bezeugt, die eine Art zweite Gottheit verehrten, sei es der Logos oder die Sophia, Memra oder Jahoel. Diese Mittel- bzw. Neuplatonische Auseinandersetzung erfolgte innerhalb des Judentums; Christen war diese nicht fremd und konnten sogar daran anknüpfen. Vgl. BRUCKMANN, Florian, in Ihm erkannt: Gott und Mensch. Grundzüge einer anthropologischen Christologie im Angesichte Israels, Paderborn 2014, 249, dort auch das Zitat von Boyarin in Anm. 498: »Kurzum, die Vertikale – Jesusgläubige gegenüber denen, die nicht an Jesus glauben – bildeten nicht die Grenze zwischen denen, die an die Logostheologie glaubten und denen, die sie bestritten.«

jüdischen Jesus neu begann, zu einem interreligiösen Dialog führte, und damit die Christologie nach 1945 im Rückblick beleuchtet wurde. Ein Blick zu den Anfängen der Christologie, die vor Jesus liegen, zeigt die Dynamiken auf, die im Ringen um die frühe Jesus-Deutung gab. Von den drei Klassikern der jüdischen Jesusforschung war es wohl David Flusser, der mit seinen Ansätzen zur jüdischen Christologie am meisten verwunderte. Dass gerade von jüdisch-orthodoxen Forschern Beiträge zum besseren Verständnis der Christologie stammen, wie zuletzt von Daniel Boyarin, der die jüdischen (ursprünglichen) Bedeutungen von Gottessohn und Menschensohn hervorhebt, mag überraschen, da es sich dabei nicht lediglich um Beiträge zum historischen Jesus handelt, sondern dezidiert zur jüdischen Tradition der Christologie. Boyarin nimmt, anders als etwa Adolf von Harnack, nicht die hellenistische Wurzel des Christentums, sondern seine hebräische Wurzel auf. Er tut dies vornämlich anhand des Markusevangeliums und zeigt, wie aus dem »Gottessohn der Menschensohn« wurde, der heute für Christinnen und Christen Sohn Gottes ist und die christliche Transformation der jüdischen Begriffe aufzeigt. Die Ergebnisse dieser Transformation durch den weiter reichenden Einfluss hellenistischen Denkens sieht Boyarin dann in den Beschlüssen der altkirchlichen Konzilien und den christologischen Streitigkeiten des 4. und 5. Jahrhunderts am Werk.

5 »Wahrer Gott und wahrer Mensch« – Chalkedon (451)

Auf dem Konzil von Chalkedon wurde im lange geführten christologischen Streit über das Verhältnis von göttlicher und menschlicher Natur in Jesus Christus zugunsten der Zwei-Naturen-Lehre entschieden. Inwieweit und wo welche jüdischen oder griechisch-philosophische Denkformen im Hintergrund stehen, ist umstritten. Die Frage, wer Jesus für die an ihn Glaubenden war, die sich auf seinen Namen taufen ließen, weil sie sich davon das Heil erwarteten, war mit dem ökumenischen Konzil von Nizäa (325) nicht beendet gewesen. Mit dem Lexem »wesensgleich« (homoousios)[186], konnte die Verhältnisbestimmung von Gott-Vater und Gott-Sohn jedoch nur teilweise geklärt werden.[187] Denn mit diesem Begriff waren nicht alle christologischen Fragen beantwortet, schon allein deswegen nicht, weil es nicht biblischen Ursprungs war, sondern einen Rückgriff auf die griechisch-hellenistische

---

186 »Wir glauben [...] an den einen Herrn Jesus Christus, den Sohn Gottes, als Einziggeborener aus dem Vater gezeugt, das heißt aus dem Wesen des Vaters, Gott aus Gott, Licht vom Licht, wahrer Gott aus wahrem Gott, gezeugt nicht geschaffen, wesensgleich [homoousios] dem Vater durch den alles geworden ist, was im Himmel und was auf der Erde ist, der wegen uns Menschen und um unseres Heils willen herabgestiegen ist und Fleisch und Mensch geworden ist [...].« Konzil von Nizäa (DH 125)
187 Für eine ausführliche logos- und geistchristologische Entwicklung der ersten sieben Jahrhunderte bis zum Dritten Konzil von Konstantinopel (680/681), siehe: DOCKTER, Cornelia (Hg.), Geist im Wort, Dissertation Universität Paderborn; Verlag Ferdinand Schöningh 2020 (= Beiträge zur komparativen Theologie 32), 21–114.

Philosophie darstellte. Erst das Konzil von Chalkedon (451) erreichte eine weitreichende Klärung.

Daniel Boyarin ist der Meinung, dass die christologischen Ansätze, die vor Jesu Geburt im biblischen Judentum nachweisbar sind, strikt von den mehrheitlich von Heidenchristen formulierten Konzilsbeschlüssen beginnend mit Nizäa (325) und Konstantinopel (381) zu trennen sind, die für ihn keinerlei jüdische Denkformen enthalten und somit auch nicht in Kontinuität zum biblischen Zeugnis stehen.[188]

Diese Dogmen sind aus dem griechischen Denken und nicht aus dem jüdischen hervorgegangen, so Boyarin. Das Konzil von Chalkedon (451) wird von ihm deshalb gar nicht mehr erwähnt, weil der Raum des jüdischen Denkens bereits mit Nizäa verlassen wurde. Diese Ansicht Boyarins ist jedoch in der Forschung nicht unwidersprochen. Zudem hat er selbst durch die von ihm ausgemachte »binitarische israelitische Theologie«[189] eine Verbindung zu den ersten beiden Personen der Trinität angedeutet. Der katholische Dogmenhistoriker Josef Wohlmuth beispielsweise sieht keineswegs einen klaren Abbruch der jüdischen Denkansätze im Konzil von Chalkedon. Darin überwiegen griechische Denkansätze, aber auch jüdisches Gedankengut lotet er aus. Vielmehr ist für Wohlmuth ein Ernstnehmen des Judeseins Jesu in der auf dem Konzil formulierten Zweinaturenlehre angelegt. Anders formuliert, der jüdische Hintergrund der christlichen Tradition ist – so Wohlmuth – eben in den Konzilien nicht vollends verdrängt oder vergessen worden.[190]

Auf dem Konzil von Chalkedon wurde das Nizäno-konstantinopolitanische Glaubensbekenntnis nicht umformuliert, sondern erläutert durch einen theologischen Kommentar in durchaus poetischer Sprache, dem *Horos*:

> Wir folgen also den heiligen Vätern und lehren alle übereinstimmend: Unser Herr Jesus Christus ist als ein und derselbe Sohn zu bekennen, vollkommen derselbe in der Gottheit, vollkommen derselbe in der Menschheit, *wahrhaft Gott und wahrhaft Mensch* derselbe, aus Vernunftseele und Leib, *wesensgleich* dem Vater der Gottheit nach, *wesensgleich* uns derselbe der Menschheit nach, in allem uns gleich außer der Sünde, vor Weltzeiten aus dem Vater geboren der Gottheit nach, in den letzten Tagen derselbe für uns und um unseres Heiles willen aus Maria, der jungfräulichen Gottesgebärerin, der Menschheit nach, ein und derselbe Christus, Sohn, Herr, Einziggeborener, *in zwei Naturen unvermischt, unverändert, ungeteilt und ungetrennt* kund getan, in keiner Weise unter Aufhebung des Unterschieds der Naturen aufgrund der Einigung, sondern vielmehr unter Wahrung der Eigentümlichkeit jeder der

---

188 Anders sieht dies Geza Vermes: »Indem der Autor des Johannesprologs die Logosterminologie Platos und Philos von Alexandrien aufgreift, eröffnet er eine neue mystisch-philosophische Perspektive, die in kommenden Jahrhunderten tiefe Spuren im christlichen Denken hinterlassen sollte. Johannes hat den charismatischen Propheten Jesus völlig unkenntlich gemacht, indem er ihn von der Erde in den Himmel erhob und aus der Zeit in die Ewigkeit. Ohne den griechisch-römischen Kerngedanken des Vierten Evangeliums wäre Nizäa unvorstellbar.« In: Vom Jesus der Geschichte zum Christus des Dogmas, 326.
189 BOYARIN, Die jüdischen Evangelien, 61.
190 Vgl. WOHLMUTH, Josef, Der jüdische Jesus und die Christologie des Konzils von Chalkedon, in: DANZ, Christian/EHRENSPERGER, Kathy/HOMOLKA, Walter (Hgg.), Christologie zwischen Judentum und Christentum: Jesus, der Jude aus Galiläa, und der christliche Erlöser, Tübingen 2020 (= Dogmatik in der Moderne 30), 319–332, hier: 324.

beiden Naturen und im Zusammenkommen zu einer Person und einer Hypostase, nicht durch Teilung oder Trennung in zwei Personen, sondern ein und derselbe einziggeborene Sohn, Gott, Logos, Herr, Jesus Christus, wie die Propheten von Anfang an über ihn lehrten und er selbst, Jesus Christus, uns gelehrt hat, und wie es uns im Symbol der Väter überliefert ist.[191]

Die entscheidende Stelle des Horos liegt in der näheren Bestimmung der göttlichen und der menschlichen Natur in Jesus Christus. Er ist *wahrhaft Gott und wahrhaft Mensch* und die zwei Naturen in der einen Person sind durch die Adverbien *unvermischt, unveränderlich, ungeteilt und untrennbar* näherhin bestimmt.[192] Jüdische Denkmuster lassen sich mit Wohlmuth beispielsweise in der Betonung des Menschseins Jesu erkennen: Jesus war »wahrhaft Mensch«, der göttliche Logos konnte dies nicht verdrängen.

Chalkedon bekräftigt deshalb auch, vom Judesein Jesu zu sprechen, insofern dieses zu seinem vollen Menschsein gehört.[193]

Als weiteren Punkt hebt Wohlmuth hervor, dass die nizänische Terminologie der göttlichen »Wesensgleichheit«, um diese zwischen Gott-Vater und Gott-Sohn auszusagen, in Chalkedon auf die Menschlichkeit Jesu erweitert wurde, wobei das einzige Schriftzitat im Horos das Menschsein Jesu mit Hebr 4,15 im Sinne des »in allem uns gleich außer der Sünde« präzisiert. Die doppelte »Wesensgleichheit« kommt Christus aufgrund seiner zweifachen Geburt zu, einmal »vor der Weltzeit aus dem Vater geboren der Gottheit nach« und einmal in der Zeit geboren »der Menschheit nach«.[194] Die doppelte Geburt darf nicht als Zwei-Söhne-Christologie verstanden

---

191 Der Horos von Chalkedon [*Kursivierungen* durch M.S.] zitiert nach: WOHLMUTH, Josef, Der jüdische Jesus und die Christologie des Konzils von Chalkedon, in: DANZ, Christian/EHRENSPERGER, Kathy/HOMOLKA, Walter (Hgg.), Christologie zwischen Judentum und Christentum: Jesus, der Jude aus Galiläa, und der christliche Erlöser, Tübingen 2020 (= Dogmatik in der Moderne 30), 319–332, hier: 326.
192 Das »unvermischt« steht gegen eine monophysitische Vereinnahmung hin zu einer nur göttlichen Natur Jesu Christi. Das »unveränderlich« hebt hervor, dass Jesus Christus weiter Gott bleibt, als er begann Mensch zu sein und sein Menschsein nicht durch sein Gottsein mit dem Logos eingeschränkt wird. Das »ungetrennt« ist eine Bestimmung gegen die nestorianische Trennungschristologie, die die Einheit der beiden Naturen Jesu Christi nur äußerlich bestimmte. Das »ungeteilt« entspricht dem Anliegen von Cyrill von Alexandrien († 444), die Person des menschgewordenen Sohn Gottes nicht »aufzuteilen«, sodass nicht zwei Personen entstehen würde. Vgl. TÜCK, Jan-Heiner, Jesus Christus – Gottes Heil für uns: Eine dogmatische Skizze, in: BÖHNKE, Michael/SÖDING, Thomas (Hgg.), Jesus begegnen: Zugänge zur Christologie, Freiburg i.Br./Basel/Wien 2009 (= Theologische Module 3), 119–176, hier: 139. Siehe auch: BRUCKMANN, Florian, Die Menschlichkeit Jesu als Erkenntnisgrund seiner Göttlichkeit, in: BRUCKMANN, Florian/DAUSNER, René, Im Angesicht der Anderen. Gespräche zwischen christlicher Theologie und jüdischem Denken, FS Josef Wohlmuth, (= Studien zu Judentum und Christentum 25), Paderborn 2013, 595–617.
193 WOHLMUTH, Der jüdische Jesus und die Christologie des Konzils von Chalkedon, hier: 326.
194 Die zweite Geburt durch Maria, als die Gottesgebärerin, rezipiert nebenbei bemerkt damit das Konzil von Ephesus 431. Vgl. ebd.

werden, denn Christus ist »nicht durch Teilung oder Trennung in zwei Personen, sondern ein und derselbe«. Christus ist eine Person in zwei Naturen, so Chalkedon.[195] Die zweite Geburt aus Maria kennzeichnet nach Henrix

> Jesus unverwechselbar als Sohn einer jüdischen Mutter, von der er das »Fleisch« annimmt. Der Name Mariens steht für die Geburt eines jüdischen Menschen und erinnert an die Konkretheit der Menschwerdung als Judewerdung.[196]

Diese zweite Geburt aus Maria ermöglicht die Fleisch- und Menschwerdung. In der zweiten These von Seelisberg wird gerade die Geburt Jesu von einer jüdischen Mutter hervorgehoben, und dass Jesus aus dem Geschlecht Davids und dem Volk Israels stammt.[197] Dies außer Acht zu lassen wäre ein Fehler christlicher Theologie, denn Jesus gehört, wie Michael Wyschogrod schreibt »in sehr wesentlicher Weise zum Volk Israel. Daraus folgt, daß die Gegenwart des jüdischen Volkes in der Welt eine Art fortgesetzter Inkarnation ist und daß es gerade die Inkarnationstheologie ist, die Christen zu Juden hinziehen müßte.«[198]. Wohlmuth betont wiederum: Wie sich der Gott Israels in Zeit und Geschichte seinem Volke offenbarte, so erhält

> [d]as unsichtbare Antlitz Gottes (hebr. *panim*) [...] im Menschsein Jesu ein Angesicht (griech. *prósōpon*). Es spricht viel dafür, dass das im griechischen Text verwendete Wort *prósōpon*, das mit »Person« übersetzt wird, für das hebräische »panim« (=Angesicht [Gottes]) steht, während das beigeordnete *hypostasis* ein Zugeständnis an alexandrinisches Denken darstellt; Hypostase und Natur sind klar voneinander zu unterscheiden. Im einen Angesicht Jesu erscheint der Gott-Mensch.[199]

Das Angesicht Jesu wird mit Namen gekennzeichnet, die allesamt an hebräische Begrifflichkeiten rückgebunden werden können: »Einziggeborener Sohn, Gott, Logos, Herr, Jesus Christus«. Wohlmuth merkt an, dass das Kyrios/Herr auf Adonai/Herr zurückgeht, was wiederum nur einer von vielen hebräischen Namen für »Gott« ist.

> [Wohlmuth] macht darauf aufmerksam, dass vor allem »Gott« in Anwendung auf Jesus nicht im absoluten Sinn verwendet werden darf. Nicht umsonst steht das Wort in der Mitte der Namen, die ein Beziehungsgefüge aufweisen, das sowohl das Glaubensbekenntnis selbst als auch den Horos von Chalkedon bekräftigen. Nicht zu übersehen ist deshalb der Hinweis, dass man sich auf die »Propheten von Anfang an« beruft und auf Jesu Autorität, die in den neutestamentlichen Schriften und im Glaubensbekenntnis ihren Niederschlag gefunden hatten. Die Kontinuität mit der jüdischen Herkunft des Christentums könnte kaum stärker betont werden.[200]

---

195 Vgl. Tück, Jan-Heiner, Jesus Christus – Gottes Heil für uns: Eine dogmatische Skizze, in: Böhnke, Michael/Söding, Thomas (Hgg.), Jesus begegnen: Zugänge zur Christologie, Freiburg i.Br./Basel/Wien 2009 (= Theologische Module 3), 119–176, hier: 139.
196 Henrix, Israel trägt die Kirche, 188.
197 Im Abschnitt »2.2. b) Die jüdische Mutter« in dieser Arbeit wird auf die Bedeutung Mariens im Kontext des jüdisch-christlichen Verhältnisses eingegangen.
198 Wyschogrod, Michael, Inkarnation aus jüdischer Sicht, in: EvTh 55/1 (1995), 13–28, hier: 27f [DOI: 10.14315/evth-1995-0104].
199 Wohlmuth, Der jüdische Jesus und die Christologie des Konzils von Chalkedon, 327.
200 Ebd., 328.

Den größten Wert legt Wohlmuth insgesamt darauf, dass Chalkedon nicht die Aufkündigung aller jüdischen Bezüge in der Christologie darstellt. Dazu ist neben den genannten Punkten jener des »unvermischt« (ἀσυγχύτως) der göttlichen und menschlichen Natur in Jesus von Nazareth hervorzuheben. An einer anderen Stelle erklärt Wohlmuth die paradoxe Differenz und Einheit der menschlichen und göttlichen Naturen in Jesus näher. Dabei darf die Einheit nicht als Identität verstanden werden.

> Je radikaler das Menschsein gedacht wird, umso weniger darf es mit dem Göttlichen identifiziert werden, und je radikaler das Göttliche von Jesus ausgesagt wird, umso weniger darf es mit dem Menschlichen gleichgesetzt werden. Und zugleich müssen beide aufeinander bezogen bleiben, dass das Angesicht Jesu gewahrt wird.[201]

Die Einheit der göttlichen und menschlichen Natur ist als eine Einheit in Beziehung zu verstehen. Erwin Dirscherl spricht hierbei von »unmittelbarer Beziehung, die durch eine bleibende Differenz gezeichnet ist. Unmittelbarkeit ist ein Beziehungsbegriff, der eine Alterität voraussetzt«[202]. Die beiden Naturen Jesu sind nicht miteinander verschmolzen, stehen aber in einer Einheit. Dieses chalkedonische »unvermischt« der beiden Naturen bezeichnet Wohlmuth als den »jüdischen Stachel in der Christologie«[203]. Diese »Unvermischbarkeit« verdankt die chalkedonische Christologie dem Judentum selbst, so Wohlmuth:

> Der jüdische Jesus ist dann nicht einfach ein ›historischer Jesus‹ ohne theologische Implikationen, sondern der aus den jüdischen Quellen verstandene Jesus von Nazareth in seinem spezifischen Gottesverhältnis. [...] Wenn also die frühkirchliche Christologie versucht, die Göttlichkeit und Menschlichkeit Jesu in Balance zu halten und beide auf keinen Fall miteinander zu vermischen, dann schafft dies auch im jüdisch-christlichen Gespräch eine tragfähigere Basis, die neuere jüdische Jesusforschung in die christliche Theologie zu integrieren.[204]

Dass Josef Wohlmuth jüdische Denkmuster in Chalkedon aufzeigt und dabei als katholischer Dogmatiker auf die jüdische Jesusforschung verweist, um diese theologisch zu integrieren, ähnelt methodisch den jüdischen Stimmen, die die jüdischen Wurzeln der Christologie (Flusser/Boyarin) aufweisen oder dazu auffordern, das Judesein Jesu in der Inkarnation (Lapide/Levine/Wyschogrod) mitzudenken. Hier zeigt sich, dass einem Dialog etwas Prozesshaftes inhärent ist und Interdependenz erzeugt. Denn die Auseinandersetzung mit jüdischer Religion, jüdischer Kultur, jüdi-

---

201 WOHLMUTH, Josef, Herausgeforderte Christologie, in: DERS. (Hg.), Levinas – eine Herausforderung für die christliche Theologie, Paderborn 1998, 215–229, hier: 218.
202 DIRSCHERL, Erwin, Die Herausforderung für eine Christologie im Angesicht von Jesu Judentum: Das theozentrische Beten und Fragen Jesu als bleibende Herausforderung des christlichen Glaubens an den einen Gott, in: DANZ, Christian/EHRENSPERGER, Kathy/HOMOLKA, Walter (Hgg.), Christologie zwischen Judentum und Christentum: Jesus, der Jude aus Galiläa, und der christliche Erlöser, Tübingen 2020 (= Dogmatik in der Moderne 30), 209–227, hier: 218.
203 WOHLMUTH, Josef, Die Tora spricht die Sprache der Menschen. theologische Aufsätze und Meditationen zur Beziehung von Judentum und Christentum, Paderborn 2002, 182.
204 DERS., Der jüdische Jesus und die Christologie des Konzils von Chalkedon, 331.

scher Philosophie, jüdischer Ethik, jüdischer Kunst usw. bestimmt und verändert die eigene christlich geprägte Haltung, in erster Linie in Bezug auf das Judentum, aber auch auf das eigene Christsein. Die Interaktion mit dem Jüdischen ermöglicht eine kritische christliche Selbstwahrnehmung in Bezug auf antijüdische Tendenzen außer- und innerhalb der Kirchen und ihrer Theologien. Die jüdischen Spuren, die Josef Wohlmuth in Chalkedon findet, findet er auch aufgrund der Interdependenz mit dem Jüdischen, konkret durch das jüdische Denken, wie es ihm bei Emmanuel Levinas begegnet.[205] Mit Blick auf die theologische Antisemitismusforschung wird von Wohlmuth systematisch-theologisch bzw. dogmatisch das historische Kriterium »Judesein Jesu« zu einem folgerichtigen Beitrag für ein Christusbild, dass das Judesein Jesu integriert. Eine dialogische Christologie beginnt mit jüdischen Perspektiven und Positionen, wie Wohlmuth konkret zeigt. Die intellektuelle Zustimmung zum Dogma ist dabei mit einer Offenheit für die jüdische Jesusforschung bestimmt, von der Wohlmuth nachdrücklich fordert sie in die Theologie zu intergieren.

6 Jesu jüdische Identität im christlichen Bekenntnis – Entwurf einer dialogischen Christologie

In den vorausgegangenen Kapiteln wurde ein Weg aufgezeigt, die jüdische Jesusforschung im 20. Jahrhundert, aber auch punktuellen Wortmeldungen aus den Jahrhunderten zuvor, in die christologische Reflexion zu integrieren. Dabei verfolgte die Darstellung das doppelte Anliegen der theologischen Antisemitismusforschung: Es ist einerseits eine bleibende Aufgabe jeder Theologie nach Auschwitz sich des eigenen Antijudaismus', den Kirchen- und Theologien hervorgebracht haben, voll bewusst zu bleiben, um anderseits auf diesem Hintergrund eine erneuerte und verbesserte Christologie zu gestalten.

In der Hinführung wurden deswegen exemplarisch unterschiedlichen Varianten des christlichen Antijudaismus und der nicht-jüdischen Jesusbilder problematisiert, die teils, aber nicht nur, von Kirchen und Theologie mitverursacht wurden.[206]

---

205 WOHLMUTH, Josef (Hg.), Emmanuel Levinas – eine Herausforderung für die christliche Theologie, Paderborn 1998.
206 Diese sind 1.) die antijüdische Rezeption der paulinischen Geist-Fleisch Antithese, 2.) die antijüdisch eingeübte christliche Lesart der beiden Testamente, wie etwa in der Bibelhermeneutik Martin Luthers, 3.) die Anfänge der ideologischen Trennung jüdischer Bezüge vom neutestamentlichen Jesus, die zuerst individuell (etwa bei Fichte, Renan, Schopenhauer und Wagner) oder später in institutioneller Form im Eisenacher »Entjudungsinstitut« (1939–1945) abstrus betrieben wurde, oder 4.) der verleumderische, kollektive »Gottesmordvorwurf« gegenüber dem Judentum, der von Melito von Sardes um

Von antijüdischen Erinnerungen und Erfahrungen durch das Christentum vermochte sich die jüdische Jesusforschung im Zeitalter der Emanzipation zu lösen. Die Erforschung der Jesusfigur erfolgte ohne den Ballast christlicher Antijudaismen auf der einen Seite, und ohne in den eigenen Glaubenstraditionen tradierten Abwertungen der Figur Jesu andererseits (Teil II).

Von Anfang an war diese Studie so angelegt, dass sich durch die doppelte Wahrnehmung des Juden Jesus eine jüdische Sichtweise von einer christlichen zu unterscheiden weiß, aber beide in eine dialogische Beziehung zueinander gesetzt werden: Jüdisch, dass das Leben Jesu wie auch die sich unter seinen Nachfolgern nach seinem Tode etablierenden Denkmuster, zu allererst als Ausdruck des palästinischen/galiläischen Judentums seiner Zeit verstanden werden. Jüdisch auch in dem Sinne, dass Jesus heute in überwiegender Sicht weder der jüdische Messias noch Gottes Sohn (im Sinne der Trinitätstheologie) ist, und christlich, dass nicht nur ein historischer Jesus, sondern auch Christus (Teil III) in seinem Judesein verstanden wird, ohne dabei eine judenmissionarisch oder substitutionstheologisch ausgerichtete Christologie zu verfolgen. Christlicherseits ging es darum, den christlichen Glauben in eine Interdependenz mit jüdischen Jesusbildern zu bringen und sich so der jüdischen Identität Jesu anzunähern. Dieses Vorgehen deckt sich letztlich mit der Aufforderung von jüdischen Wissenschaftlerinnen und Wissenschaftlern, die eine Inkarnationstheologie einfordern, in der Jesu jüdische Identität berücksichtigt wird. Aus christlich-systematischer Sicht im Anschluss an Joseph Wohlmuths Interpretation des Chalkedonense gezeigt, wie ein solcher Interpretationsrahmen ausgestaltet werden kann. Die Leerstellen in der systematischen Theologie, die in der Vergangenheit Einfallstor für Antisemitismen waren, können so geschlossen werden. Der Reflexionsprozess, den diese Arbeit auf weite Strecken durch jüdische Perspektiven auf Jesus leistet, ist eine Fortsetzung jener (christlichen) Vergangenheitsbewältigung, die nach der Shoah einsetzte und der sich die Dringlichkeitskonferenz zur Bekämpfung des Antisemitismus 1947 durch die Seelisberg-Thesen stellte, die am Beginn dieser Dissertation stand. (Teil I)

In dieser Schlussbetrachtung wird in gebündelter Form die Forschungsfrage beantwortet. Diese geht von der zweiten Seelisberger These, die explizit an Jesu Judesein erinnert, aus und fragt, inwiefern die jüdische Jesusforschung im Rahmen der Christologie berücksichtigt wurde bzw. werden kann, und wie dadurch das Judesein Jesu zur Entfaltung einer neuen Christologie beiträgt, die frei von antijüdischen Vorurteilen und antisemitischen Denkmustern ist.

Theologie und Kirche standen zuerst nicht im Zentrum der Seelisberg-Konferenz. Sie waren mehrheitlich und unter Vorbehalt als ein Mittel zum Zweck effektiver Antisemitismusbekämpfung gesehen worden. Das ambivalente Verhältnis zwischen Kirche und Judentum führte auch dazu, dass Kontroversen vor Ort

---

170 n. Chr. zum Osterfest gepredigt wurde, sich aber noch in einem zunehmend säkularer werdenden Kontext zu halten vermag, wie die Schändung der Wiener Ausstellung *Gegen das Vergessen* 2019 zeigte, in der sich der religiöse Vorwurf in perfider Form gegen die Portraits von Shoahüberlebenden mit der Gleichung »1 Jesus = 6.000.000 Juden« richtete.

aufbrachen, die jedoch durch vermittelnde Persönlichkeiten rasch gelöst werden konnten. Bereits in Seelisberg rückten die dort verabschiedeten *Zehn Thesen* ins Zentrum der Konferenz und brachten schlussendlich den eigentlichen internationalen Erfolg. Die Thesen zielten auf eine Erneuerung der christlichen Lehre und der Theologie durch eine vorurteilsfreie Beziehung zum Judentum. Diese Revision umfasste eine neue Perspektive auf Jesus. Dieser Perspektivenwechsel begann im jüdisch-christlichen Dialog, in dem explizit an sein Judesein in der zweiten These von Seelisberg erinnert wurde:

> Es ist hervorzuheben, dass Jesus von einer jüdischen Mutter aus dem Geschlecht Davids und dem Volk Israel geboren wurde und dass seine ewige Liebe und Vergebung sein eigenes Volk und die ganze Welt umfasst.[207]

Diese zweite These hebt beim historischen Jesus an, der jedoch nicht deckungsgleich mit dem dogmatischen Christus ist, und richtet sich in einem betont christlichen Aussageformat an die christlichen Gläubigen und damit an ihr jeweiliges Christusbild. Bezeichnend ist, dass diese und die anderen Seelisberg-Thesen auf Jules Isaac beruhen und bereits im Kern in seinem 1946 fertiggestellten Buch *Jésus et Israel*[208] enthalten sind. Durch seine eindrucksvolle Persönlichkeit trug Isaac (über das Werk hinaus) maßgeblich zum Erfolg bzw. zu den Ergebnissen von Seelisberg bei. Er selbst förderte die Rezeption der *Zehn Thesen* durch eine Privataudienz bei Papst Johannes XXIII. im Juni 1960 in Rom. Noch im selben Jahr gab der Papst das *Decretum de Iudaeis* in Auftrag, woraus schließlich die Erklärung *Nostra aetate* entstand. Somit ist es das Verdienst Jules Isaacs, eines Historikers jüdischer Herkunft gewesen, die christlichen Konferenz-Teilnehmenden darauf hingewiesen zu haben, das Judesein Jesu überhaupt in den Blick zu nehmen. Ein jüdischer Jesus wurde in der zweiten These nicht von einem kirchlichen Christusbild getrennt, sondern dieses auf ihn bezogen. In Seelisberg geschah damit jener bedeutende Perspektivenwechsel, der der systematischen Theologie trotz vorliegender Erträge der historisch-kritischen Jesusforschung bis dato versagt geblieben war. Sie vermochte diese deshalb nicht aufzunehmen, weil sie fürchtete, dass der Christus des Glaubens im historischen Jesus aufgelöst werden könnte.[209] Ein Diskurs über die

---

207 INTERNATIONALER RAT VON CHRISTEN UND JUDEN (Hg.), Der Antisemitismus, 37.
208 ISAAC, Jules, Jésus et Israël, Paris 1948.
209 Davon zu unterscheiden sind Versuche von Bibelwissenschaftlern, die Diskrepanz zwischen einem historischen Jesus und dem dogmatischen Christus der Kirche auszugleichen, wie durch das Buch *L'Evangile de Jésus-Christ* (Paris 1928), das 1946 auf Deutsch von Marie-Joseph Lagrange OP (1855–1938) erschien, der 1890 die *École biblique et archéologique française de Jérusalem* gründete. Auf der dogmatischen Seite sei als »prototypischer« Gegner der historischen Kritik Joseph Kleutgen SJ (1811–1883) genannt. Sein in neuscholastischer Tradition stehendes, über 2000 Seiten fassendes Werk »Die Theologie der Vorzeit« 3 Bde., Münster 1853–1860 (2. Auflage, 5 Bde., 1867–1874) versucht nicht die Frage nach dem Juden Jesus in das dogmatische Denken zu integrieren. Seine Quellen zur Deutung Christi sind die Patristik und Scholastik. Norbert Reck schreibt dazu: »Die Erwählung

jüdische Identität Jesu fand aufgrund einer Abwehrhaltung der Systematik keinen Eingang in die Christologie (Teil III, Kap. 2.1). Durch den Schrecken der Shoah waren Kirchenvertreter und Theologen in Seelisberg endlich offen für eine jüdisch-christliche Verständigung auf Augenhöhe. Die Zielsetzung galt der Bekämpfung des Antisemitismus' im Nachkriegseuropa. War vor der Shoah das kirchliche Christusbild ambivalent in Bezug auf die jüdische Identität Jesu oder auf das Judentum gewesen, stand in der zweiten Seelisberg-These nun der Jude Jesus im Zentrum. Damit war eine der zentralsten Erkenntnisse der jüdischen Jesusforschung für das christliche Jesusbild ernstgenommen worden (siehe die »Zusammenfassung: Jesus im Judentum« in: Teil II, Kap. 3). Es sollte Kirchen und Theologien noch heute zu denken geben, dass auf jüdischer Seite trotz kollektiver Erinnerungen an antijüdische Ressentiments und teils persönlicher antisemitischer Erfahrungen – Isaac verlor Frau und Tochter im Konzentrationslager – dennoch ein positiver Perspektivenwechsel auf Jesus gelang.

Jules Isaac kannte aus seiner Forschungstätigkeit sowohl die historisch-theologische Genese und Geschichte des Antisemitismus', als auch die damals wichtigste Studie der modernen Jesusforschung von Joseph Klausner (1874–1958). Er vermittelte in Seelisberg eine »Lehre des Respekts« als Gegenentwurf zur kirchlich-theologischen »Lehre der Verachtung«, die er anhand einfacher Thesen, aber mit weitreichenden Konsequenzen in die jüdisch-christliche Verständigung einbrachte. Jesu Judesein in der zweiten Seelisberg-These durch seine jüdische Mutter hervorzuheben, die besonders in der katholischen Frömmigkeit eine unverkennbare Rolle spielt, und Maria sozusagen als Garantin für das Judesein Jesu anzuführen, war aus jüdischer Sicht keinesfalls selbstverständlich. Marienfrömmigkeit war mitunter auf Kosten des Judentums praktiziert worden, wie z. B. der Seitenblick auf eine architektonische Substitution von Synagogen und jüdischen Lehrhäusern durch Marienkirchen im Mittelalter zeigte (Teil I, Kap. 2.2.b). Sowohl Isaac als auch Schalom Ben-Chorin oder David Flusser ließen sich durch die Shoah und den christlichen Antijudaismus, der sich auch in der Geschichte der Marienfrömmigkeit aufzeigen lässt, nicht davon abbringen, ein wertschätzendes Bild Marias aus jüdischen Perspektiven zu entfalten, das der traditionellen Verehrung der Mutter im Judentum entsprach.

Die Antwort auf die Frage, inwieweit in der weiteren Zeit nach Seelisberg die jüdische Jesusforschung in der Christologie berücksichtigt wurde, lässt sich rückblickend unterschiedlich beantworten, je nachdem ob der Schwerpunkt in der systematischen oder eher in der neutestamentlichen Disziplin und der daraus folgenden pastoral-praktischen und lehramtlichen Rezeption liegt. Zuerst einmal sei die pastoral-praktische und lehramtliche Rezeption im Fokus, die sich stark der Ergebnisse der exegetischen Forschung verdankt. Die lehramtliche Rezeption eines jüdischen Jesus, wie sie im Anschluss an Seelisberg begann, deckt sich dabei nicht mit der

---

der jüdischen Identität hätte eine Theologie nach Kleutgens Art intellektuell unmöglich gemacht. Deshalb wurde diese Identität nicht nur ignoriert, sondern *musste* beschwiegen werden.« RECK, Der Jude Jesus und die Zukunft des Christentums, bes. 79–82, hier: 81.

systematischen fachtheologischen Auseinandersetzung. Das kirchliche Lehramt ist hier der systematischen Entfaltung vorausgegangen, besonders durch das päpstliche Engagement von Johannes XXIII. und Johannes Paul II.

Die Rezeption bzw. die Wirkungsgeschichte der Seelisberg-Thesen und das große persönliche Engagement von Jules Isaac haben dazu beigetragen, dass Jesu Judesein auch von kirchlichen Kreisen für den christlichen Glauben weiter hervorgehoben wurde. Das Faktum, dass die Konzilserklärung *Nostra aetate* 4 das Judesein Jesu aufgenommen hat und sogar vom »Christus dem Fleische nach« (Röm 9,4–5) als Jude sprach, zeigt einen kirchlichen Bewusstseinswandel. Das erneuerte Verhältnis von katholischer Kirche und Judentum erreichte zwanzig Jahre nach der Shoah mit diesem vierten Abschnitt von *Nostra aetate* einen Höhepunkt jüdisch-christlicher Verständigung in der Kirchengeschichte, deren weitere Entwicklungen sich auch in positiven jüdischen Stellungnahmen zur katholischen Kirche ausdrücken (Teil I, Kap. 4). Auf einer pastoral-praktischen Ebene wurde das Judesein Jesu auch durch lehramtliche Anregungen der katholischen Kirche und besonders durch Papst Johannes Paul II. selbst vorangetragen. Als Grundlage für diese Betonung des Judeseins Jesu war sowohl in pastoraler, als auch lehramtlicher Sicht richtungsweisend, dass ab der Mitte des 20. Jahrhunderts die Erkenntnis, dass Jesus Jude war, sich in der neutestamentlichen Exegese fast vollständig durchgesetzt hatte (Teil III, Kap. 3).[210] Der letzte große Rezeptionsschritt, der direkt vom Internationalen Rat von Christen und Juden an die Seelisberg-Thesen anknüpfte, folgte in den zwölf Berliner Thesen im Jahr 2009, die von Jesu »grundlegende[r] Identität als Jude«[211] sprechen (Teil I, Kap. 4).

Blickt man auf die systematisch-theologische Entwicklung der Christologie, so zeigt sich: Obwohl sie an den biblischen Texten ihren Ausgang nimmt, sie per se nicht antijüdisch sind, ergeben sich doch durch das Vorherrschen hellenistischer Denkfiguren Leerstellen, die zu einem a-jüdischen Charakter und in der Folge zu potenziellen Antijudaismen führten.

Die Integration eines jüdischen Jesus in die Christologie ist ein hermeneutischer Schlüssel, der den christlichen Glauben vor potenziellem Antijudaismus schützen kann. Zwar gab es bereits mit der Aufklärung einen ersten christlich-jüdischen Wendepunkt in der Wahrnehmung des Judeseins Jesu, da sich das bis dahin deckungsgleiche Jesus- und Christusbild der Kirchen methodisch voneinander zu lösen begann, aber es folgte daraus, dass sich die beiden Disziplinen Exegese und Systematik hinsichtlich ihrer Jesusinterpretationen auf ihre je eigenen Methoden und Ansichten zurückzogen (Teil III, Kap. 2.1). Forschung und Positionierungen der

---

210 Vgl. VAHRENHORST, Martin, »Nicht Neues zu lehren, ist mein Beruf...«: Jesus im Licht der Wissenschaft des Judentums, in: HASSELHOFF, Görge K. (Hg.), Die Entdeckung des Christentums in der Wissenschaft des Judentums, Berlin/New York 2010 (= Studia Judaica 54), 101–136, hier: 103.

211 Internationaler Rat von Christen und Juden, Zeit zur Neu-Verpflichtung – Die zwölf Thesen von Berlin: Ein Aufgruf an christliche und jüdische Gemeinden in der ganzen Welt, in: Konrad-Adenauer-Stiftung (Hg.), Zeit zur Neu-Verpflichtung: Christlich-jüdischer Dialog 70 Jahre nach Kriegsbeginn und Shoah, Sankt Augustin/Berlin 2009, 15–23, hier: 17.

jeweils anderen Disziplin wurden kaum berücksichtigt. Innerhalb der Christologie als Teilbereich der systematischen Fachdisziplin wurden die Ergebnisse der historisch-kritischen Jesusforschung christlicher Provenienz bis zur Shoah selten aufgenommen, von jüdischer Jesusforschung ganz zu schweigen. Dabei wurde übersehen, dass es gerade der jüdischen Jesusforschung im Unterschied zur christlichen gelungen war, den Nazarener in seiner bleibenden Zugehörigkeit zum Judentum positiv wahrzunehmen (Teil II, Kap. 2–3).

Die Brücke von der historisch-kritischen Exegese hinüber in die systematische Theologie wurde erst nach 1945 gebaut. Die Bausteine dafür finden sich in der jüdischen Jesusforschung, die anders als die christliche Exegese keine in sich antijüdischen Auslegungstradition kennt oder verfolgt und den jüdischen wie christlichen Ansätzen, das Judesein Jesu in die Inkarnationstheologie zu integrieren. Die Frage, inwiefern die jüdische Jesusforschung nun akademisch wissenschaftlich im Rahmen einer »jüdisch perspektivierten Christologie«[212] aufgenommen wurde, kann dabei nicht eindeutig beantwortet werden. So zeigten schon Bonhoeffer und Barth (Teil III, Kap. 2.2) erste reflexive Bemühungen in christologischen Anmerkungen zum Judesein Jesu, aber im Grunde begann in der Systematik erst nach 1945 eine vertiefte Auseinandersetzung mit dem jüdischen Jesus und dies auch nur schleppend. Obwohl also Exegetinnen und Exegeten der westlichen Kirchen beinahe allerorts ab Mitte des 20. Jahrhunderts rezipierten, dass Jesus Jude war, unterblieb bis heute eine generelle Standortsbestimmung des Judeseins Jesu innerhalb der Systematischen Theologie. Beinahe revolutionär wirkt es dabei, wenn der jüdische Jesusforscher David Flusser, der nicht eine Auseinandersetzung mit der historisch-kritischen Jesusforschung suchte und selbst philologisch-historisch sowie literarkritisch arbeitete, als Jude christologische Themen aufnahm. So wies er z. B. für den Präexistenzgedanken sowie für den Sühnegedanken der Christologie jüdische Ursprünge auf (Teil II, Kap. 2. e–f). Der jüdisch-orthodoxe Religionsphilosoph Daniel Boyarin folgt Flusser und verweist auf seine Weise die jüdischen Ursprünge der Christologie. Ja er spricht sogar von einem jüdischen Christus, um zu unterstreichen, dass es im damaligen Kontext zur Zeit des Zweiten Jerusalemer Tempels möglich war, als jüdischer Mensch an einen göttlichen Messias zu glauben (Teil III, Kap. 4). Gerade die jüdische Jesusforschung bietet viele Anknüpfungspunkte für die systematisch-theologische Reflexion. Abgesehen aber von einzelnen christlich-systematischen Ansätzen, kann in der Theologie aber nicht davon gesprochen werden, dass Jesu jüdische Identität innerhalb der Christologie unbestritten anerkannt wäre. In der Regel betonen Christologien das Menschsein Jesu als Menschsein schlechthin und bedenken nicht sein Judesein. Wissenschaftskritisch soll aber zumindest festgehalten werden, dass bereits der akademische Disput zwischen christlicher Theologie und den Anfängen der jüdischen Jesusforschung ein Defizit in der historischen

---

212 Formulierung wurde übernommen von: MENKE, Karl-Heinz, Jesus Christus: Wiederholung oder Bestimmung der Heilsgeschichte Israels? Zwei Grundgestalten jüdisch perspektivierter Christologien, in: HOPING, Helmut/TÜCK, Jan-Heiner (Hgg.), Streitfall Christologie: Vergewisserungen nach der Shoah, Freiburg i. Br./Basel/Wien 2005 (= QD 214), 125–158.

Forschung sichtbar machte, nämlich das bis dahin allgemein fehlende Bewusstsein dafür, aus der Tatsache, dass Jesus nicht nur als Jude geboren wurde, sondern auch als Jude lebte und starb, Konsequenzen für die Theologie gezogen werden müssten. Erst mit dem einsetzenden Prozess der Bewusstwerdung daran anschließend war es überhaupt möglich, eine christologische Reflexion über die Bedeutung des Judeseins Jesu in der Christologie systematisch voranzutreiben, ein Prozess, den auch diese Arbeit fördert. Überraschenderweise geschah bis heute abgesehen von wenigen Ansätzen, vornehmlich in der protestantischen Theologie, die katholische Auseinandersetzung nicht in der Systematik, sondern im lehramtlich-pastoralen Kontext (Teil III, Kap. 3).

Brachte also die Aufklärung den Wendepunkt zum historischen Jesus, der auf jüdischer und christlicher Seite in der Exegese als Jude (wieder-)entdeckt wurde, so leitete Seelisberg eine weiter Wende ein, die noch nicht abgeschlossen ist. Von der zweiten Seelisberger These ausgehend hätten sowohl protestantische als auch katholische Theologien einen gemeinsamen Ankerpunkt für eine systematisch-theologische Auseinandersetzung mit dem Judesein gehabt. Die Reflexion über die christologische Bedeutung des Judeseins Jesu in der Theologie begann dort aber nur zögerlich. Sie konnte beginnen, weil sie die Anerkennung des historischen Jesus als Juden voraussetzte. Anders als in der Exegese wurde die durch Seelisberg eingeschlagene Wende in der systematisch-theologischen Reflexion nur selten mitvollzogen. Es drängt sich die Frage auf, wann die Systematik nachzieht. Dass im 21. Jahrhundert Jesu Judesein verstärkt ins Zentrum systematischer Überlegungen rückt, lässt entsprechende Bemühungen erkennen. Dies geschieht nicht zuletzt, weil christologische Neuansätze auch im Rahmen des jüdisch-christlichen Gesprächs von jüdischer Seite[213] (erneut) eingefordert werden. Ob eine jüdische Wende in der Christologie gelingt, und im Menschsein Jesu christologisch sein Judesein als ein konstitutiver Teil betrachtet wird, wird die Zukunft weisen.

Die klassische jüdische Jesusforschung im 20. Jahrhundert (Klausner, Ben-Chorin, Flusser), die im deutschsprachigen Raum stark rezipiert wurde, eröffnete zumindest für die christlichen Theologien jene Ansätze, um von ihren Jesusinterpretationen nach dem Wendepunkt der Shoah weiter lernen zu können. In erster Linie gilt die Einsicht, dass die jüdische Identität Jesu nie wieder konkurrierend-triumphierend gegenüber dem Judentum, sondern wertschätzend gemeinsam mit jüdischen Gesprächspartnern zu entfalten und zu würdigen. Dies gilt auch für eine jüdisch perspektivierte Christologie. Die jüdischen Jesusdeutungen erschließen somit weiterhin einen breiten und teils unbekannten Lernort für die christliche Theologie und Exegese. Dabei bilden die jüdischen Stimmen eine kritische Instanz für die exegeti-

---

213 Siehe nur: Homolka, Walter/Striet, Magnus, Christologie auf dem Prüfstand: Jesus der Jude – Christus der Erlöser, Freiburg i. Br./Basel/Wien 2019; Danz, Christian/Ehrensperger, Kathy/Homolka, Walter (Hgg.), Christologie zwischen Judentum und Christentum: Jesus, der Jude aus Galiläa, und der christliche Erlöser, Tübingen 2020 (= Dogmatik in der Moderne 30).

sche und theologische Erkenntnisbildung.[214] Jüdische Forschende verstanden und verstehen es anders als ihre christlichen Kolleginnen und Kollegen, »die Debatte um Jesus neu zu beleben und ihr neue Farbe und Aspekte zu verleihen«[215]. Daher ist der gegenseitige Austausch wissenschaftlich und für die eigene religiöse Identitätsbildung bereichernd. So leitete die jüdische Jesusforschung ein Ende der Reduktion des Judentums auf eine negative Projektionsfläche für die Person Christi ein. Sie hat beispielsweise betont, dass es nicht eine homogene Gruppierung der Pharisäer gab und daher gezeigt, dass Jesus nicht gegen diese Gruppe ausgespielt werden kann. Hinzukam, dass sich im Pharisäerbild der neutestamentlichen Texte spätere religionsgeschichtliche Abgrenzungs- und Profilierungsprozesse des sich etablierenden rabbinischen Judentums und des Christentums abbilden. Die Erkenntnis, dass Jesus ein toratreuer Jude war, verbietet es, das Judentum als »Gesetzesreligion« gegen das Christentum als »Gnadenreligion« auszuspielen. In den treffenden Worten Christoph Schwöbels ist es

> eines der eindrücklichsten Charakteristika der jüdischen Jesusforschung, dass sie es vermocht hat, die Gestalt Jesu aus der Geschichte der christlichen Judenfeindschaft herauszulösen und ihn nicht mehr als Exponat des Anderen, sondern als Repräsentanten des eigenen zu verstehen[216].

Das bedeutet umgekehrt, dass die christlichen Kirchen und Theologien Jesus durch die jüdische Jesusforschung ohne ihren eigenen antijudaistischen Ballast wieder entdecken können.

Die jüdische Jesusforschung bildet mit ihrer Arbeit zum Judesein Jesu einen Beitrag für eine dialogische Christologie. Diese ist aus Anerkennung der Erkenntnisse von anderen – der jüdischen Jesusforschung – erfolgt, ohne dabei den christlichen Standort und die christliche Identität aufzugeben. Es seien nur zwei Punkte aus dieser dialogischen Christologie hervorgehoben: die verankerte Geschichtsbezogenheit der Christologie und die mit ihr verbundene Integration des Menschseins Jesu als Judesein.

Mit Geschichtsbezogenheit der Christologie ist ein zweifaches gemeint: Durch die historische Feststellung von Jesu Judesein war es jüdischerseits nicht mehr möglich, ihn als identitätsbildendes Feindbild gegenüber dem Christentum zu sehen. Der andere und fremde Jesus wurde zu ihrem »Bruder« und reziprok konnte dadurch christlicherseits Jesus auch nicht mehr als das Gegenüber zum Judentum betrachtet werden, da seine jüdische Identität nicht abstreitbar war. Das Jesusbild

---

214 Vgl. HENRIX, Christus im Spiegel, 75.
215 So das Urteil des katholischen Judaisten und Theologen Clemens Thoma (1932–2011). Ob es im Einzelnen stimmt, sei dahingestellt, aber seinem deutlichen Unbehagen gegenüber der langen Bedeutungslosigkeit des Judesein Jesu in Theologie und Kirche ist zuzustimmen: THOMA, Das Messiasprojekt, 268.
216 SCHWÖBEL, Christoph, Jüdische Jesusforschung und die Aufgaben der Christologie – ein Gesprächsbeitrag, in: DANZ, Christian/EHRENSPERGER, Kathy/HOMOLKA, Walter (Hgg.), Christologie zwischen Judentum und Christentum: Jesus, der Jude aus Galiläa, und der christliche Erlöser, Tübingen 2020 (= Dogmatik in der Moderne 30), 271–290, hier: 272.

ist zwar jüdischer- und christlicherseits zu unterscheiden, aber insofern nicht voneinander zu trennen, da sich beide primär auf die unterschiedlichen neutestamentlichen Jesusbilder berufen. Damit wäre in einer jüdisch perspektivierten Christologie das Judesein im Menschsein Jesu integral zu bedenken, um stärker vom Christusbild her seine jüdische Identität zu unterstreichen, in der auch Christi Nähe zum Judentum Ausdruck findet. Als Sprungbrett in die Welt des christologischen Denkens spielte nicht die jüdische Existenz Jesu eine Rolle, sondern die Menschwerdung des Wortes Gottes. Der Logos inkarniert aber *in concreto*, daher ist der Israelbezug des historischen Jesus notwendigerweise in der Menschwerdung mitzudenken. Die historische Feststellung des Judeseins Jesu schützt davor, das Christusereignis zu enthistorisieren. Sie schließt dadurch auch gnostische Tendenzen aus der Christologie aus, da immer ein konkreter Jesus von Nazareth in der christologischen Reflexion mitgedacht wird. Auch inkarnationstheologisch ist die historische Bindung unverzichtbar, um sich nicht ihrem Fundament, der Menschwerdung Gottes in der Welt, zu entziehen. Jüdische Forschende, wie z. B. Pinchas Lapide und Amy-Jill Levine, sehen gerade in der Inkarnation einen legitimen Ort für eine jüdisch perspektivierte Christologie, in der an Jesu Judesein erinnert wird.

Das menschliche Sein Jesu, also Jesu Menschsein in der Welt, schließt sein Judesein mit ein. Von jüdischer Seite wurde die Ethik und Lehre Jesu hervorgehoben und christologisch gilt es hier (mit einem Wort Christoph Schwöbels) Jesu »proexistentes« Leben, das er aus der Nähe zum Gott Israels, aus seinem Gottesbezug schöpft, mitzudenken. Ansonsten droht das Anliegen einer Christologie verkannt zu werden, die dem Menschen in seiner Verletzlichkeit und Fehlbarkeit Heil(ung) verheißt.

Die jüdische Jesusforschung entfaltet in ihrer jeweiligen Zugangsweise eine menschliche Sicht auf Jesus, die ohne das Judentum nicht auskommt, und dies sollte auch christologisch gelten. Klar und deutlich betont sie, dass zum Menschsein Jesu konstitutiv sein Judesein gehört. Dieses mit Nachdruck dargestellte historische Faktum galt es verstärkt christologisch zu bedenken und für das Verständnis von Christinnen und Christen in ihrem Glauben an Jesus Christus zu erschließen. Hier sei an die Worte des katholischen Exegeten Franz Mußner (1916–2016) erinnert, der die christologische Glaubensformel des Konzils von Chalkedon ergänzte: »Jesus Christus ›vere deus – vere homo‹ ist im Hinblick auf den Juden Jesus und sein Jude-Sein ergänzungsbedürftig, nämlich so: Jesus Christus ›vere deus – vere homo *judaeus*‹!«[217] Die kurze Auseinandersetzung von Joseph Wohlmuth mit Daniel Boyarins Thesen (Teil III, Kap. 4), sollte dabei zeigen, dass zu dem einen Brennpunkt

---

217 Mußner, Franz, Der »Jude« Jesus (1971), in: Mußner, Franz, Jesus von Nazareth im Umfeld Israels und der Urkirche: Gesammelte Aufsätze Theobald, Michael (Hg.), Tübingen 2019 (= Wissenschaftliche Untersuchungen zum Neuen Testament 111), 89–97, hier: 97. Mußner zeigt anhand von zehn Sätzen aus exegetischer Sicht das Judesein Jesu auf: »Der Gott Jesu ist der Gott Israels; die Bibel Israels, ist auch die Bibel Jesu; Jesus ruft den Menschen radikal unter den Willen Gottes; Jesus vertritt den atl. Schöpfungsgedanken; Jesus vertritt die alt. Stellvertretung- und Sühneidee; Jesus vertritt den Bundesgedanken; Jesus ist entschiedener Vertreter der ›Armenfrömmigkeit‹; Jesus tritt für eine bessere Gerechtigkeit ein; Jesus ist Ansager der Zukunft Gottes; Jesus ist Vertreter der Emuna.« Ebd., 96.

der Ellipse von Chalkedon, dem »wahren Menschsein«, wie auch Franz Mußner vom »*vere homo judaeus*« spricht, das Judesein integral dazugehört. Die Balance zwischen dem »wahren Menschsein und Gottsein« zu halten, bedeutet auch, die Balance zum Judesein im Menschsein Jesu zu bewahren und es nicht überzubetonen oder zu vergessen, sondern es als konstitutiven Teil des Menschseins Jesu und damit auch im Rahmen der Christologie zu berücksichtigen.

Es scheint geradezu paradox, dass bei der theologischen Fokussierung auf die erlösende Macht des Kreuzes Christinnen und Christen im Gekreuzigten zwar bereits den auferstandenen Christus erkennen können, zumeist aber noch nicht sein Judesein bemerken, wenn sie auf Jesus Christus schauen. Zeigt sich in einem solchen Fall, dass auf einer praktisch-religiösen Ebene das Judesein Jesu im Christusglauben fehlt? Sollten Christologien nicht so konzipiert sein, dass im Angesicht des Gekreuzigten sein Judesein erkannt wird?

Die Polyperspektivität, die die jüdischen Jesusbilder durch das Judesein Jesu eröffnen, können nicht nur ein Lernort für die Systematik sein, sondern bilden auch einen Orientierungspunkt im Zueinander des neutestamentlich und kirchlich-dogmatisch geprägten Christusbildes. Dabei ist deutlich geworden, dass in der Bildung einer christlichen Identität, die durch einen persönlichen Bezug zu Jesus Christus entsteht, absolut keine Abwertung oder Kontrastierung Jesu zum Judentum benötigt wird, die in irgendeiner Form antijüdisch wäre.

In der jüdischen Jesusforschung liegt ein Anker, der die christliche Theologie in selbstkritischer Weise dazu anhält, die Frage nach dem Verhältnis des eignen Christusbildes zum jüdischen Jesus auszuloten. In diesem Prozess ist es hilfreich, das Evangelium und Jesus nicht allein durch die Brille einer christlichen Dogmatik zu lesen, sondern auf die Art, wie es z. B. Leo Baeck tat, der 1938 das Neue Testament als *Urkunde der jüdischen Glaubensgeschichte* las. Ohne das Neue Testament zu lesen kann ohnehin Jesus, aber auch die christlich geprägte Kultur nicht verstanden werden, auch nicht in ihrem Verhältnis zum Judentum. Zusammenfassend lässt sich sagen, dass mit der Darstellung Jesu im Judentum eine Hermeneutik für diese zusätzliche Lesart des Juden Jesus Christus im Neuen Testament unterstützt wird. Durch die christliche Auseinandersetzung mit dem Jüdischen entsteht ein gewinnbringender Austausch, der aber nicht monologisch, sondern dialogisch, also in Wechselbeziehung geschieht.

Die dialogische Christologie geht ins Gespräch mit dem Anderen und lässt ihn zu Wort kommen. Ein gelingender Dialog ist geprägt von Offenheit. Im Dialog setze ich mich »dadurch einer offenen Zukunft aus, die zwischen dem Anderen und mir geschehen wird«[218]. Eine Christologie, die jüdischer Jesusforschung zuhört, kann nicht mehr hinter das bleibende Judesein Christi zurücktreten.

Eine dialogische Christologie ist nicht als eine eigene Christologie zu verstehen, sondern entsteht besonders im Dialog mit dem Judentum und bildet ein kritisches Prinzip, das innerhalb jeder Christologie angewendet werden muss, um keinen Raum für antijüdische Leerstellen zu lassen. Dieses kritische Moment berücksich-

---

218 CASPER, Bernhard, Art. Dialog, Dialogik: I. Philosophisch, in: LThK 3 (³2006), 191f.

tigt, dass Jesus historisch Jude war, ohne daraus sein Judesein christologisch zu überhöhen (Teil III, Kap. 3).

Am Ende der Arbeit werden Schritte aufgezeigt, die eine Christologie, die in der Gegenwart relevant sein will, gehen muss – auf dem Hintergrund der aktuellen Jesusforschung und dem biblischen Offenbarungszeugnis. Darin schließt sich eine These an, die zeigt, in welche Richtung sich eine antisemitismussensible Christologie entwickeln kann.

Schritt 1: Die Würdigung Jesu Judeseins muss zu einer bleibenden Anerkennung des Judentums führen. Die jüdische Jesusforschung zeigt Jesus in seinem bleibenden Judesein vom Anfang bis zum Ende seines Lebens. Diese außerchristliche Perspektive zu berücksichtigen sichert gerade durch die jüdischen Gesprächspartnerinnen und -partner, dass es nicht zu antijudaistischen/antisemitischen Implikationen in der Christologie kommen kann, wenn Christus vom Menschen Jesus von Nazareth her verstanden wird, der Jude war. Die ausdrückliche christliche Anerkennung von Jesu Judesein schließt dabei die bleibende Dignität des Judentums mit ein, aus dem Jesus selbst stammt, den bleibenden Wert Israels, der durch den ungekündigten Bund Gottes weiter besteht. Diese Haltung erstreckt sich nicht nur auf das Judentum Jesu, sondern bleibt auch für das heutige und zukünftige Judentum bestehen. Sie bildet die hervorgehobene Ausgangsbasis für den jüdisch-christlichen Dialog. Es handelt sich hier um eine inklusive Denkstruktur, die das Judesein Jesu Christi ernstnimmt und darin auch das Judentum selbst würdigt. Jesus wurde nicht in irgendeinem Volk als Mensch geboren, sondern im von Gott auserwählten Volk Israel zu einer bestimmten Zeit an einem bestimmten Ort. Der erste Schritt fokussiert so das Menschsein Jesu als Judesein – Jesus wurde Mensch, voll und ganz Mensch in dem Volk, mit dem Gott in besondere Beziehung eingetreten ist.

Schritt 2: Gott offenbarte sich in Jesus als jüdischen Menschen. Das Judesein Jesu ist in der Inkarnationstheologie zu berücksichtigen. Eine unzureichende Interpretation würde hingegen darin liegen die Judewerdung auf seine »Abstammung« oder »Herkunft« aus Israel zu beschränken, ohne Jesu Judesein/seine jüdische Identität als bleibende zu bedenken. Diese muss von Beginn seines Lebens, über sein Wirken und Leiden hinweg bis zum Tod und seiner – nun geht der Schritt über die Bilder der jüdischen Jesusforschung hinaus – Auferstehung mitgedacht werden. Der zweite Schritt öffnet den Blick auf Jesus als den Christus, als das inkarnierte Wort Gottes im jüdischen Menschen.

These: Christus als die zweite göttliche Person kann nach der Auferstehung nur als eine verstanden werden, die die jüdische Identität Jesu miteinschließt. Daraus ergebenden sich Konsequenzen: Wenn nach Chalkedon Jesus wahrer Mensch und wahrer Gott ist, dann ist das Menschsein Jesu zwingend als Judesein zu bestimmen. Es bleibt auszuloten und weiter zu verfolgen, welche Auswirkungen dies für das Verständnis der *communicatio idiomatum*[219] hat, also dem wechselseitigen Bestim-

---

219 Die »Idiomenkommunikation« geht vereinfacht gesprochen davon aus, dass es eine wechselseitige Mitteilung der Eigenschaften (lat. *idioma*) der beiden Naturen in der Per

mungsverhältnis von Menschsein und Gottsein Jesu. Wird Jesus konsequent in seinem Jüdischsein verstanden, bleibt davon auch das Verständnis des göttlichen Logos und der Trinität nicht unberührt.

Dass sich an eine Arbeit mit dem Titel *Jesus Christus und sein Judesein*, letztlich auch Fragen der Trinitätstheologie anschließen, liegt in der Natur der Sache. Wichtig ist die Darlegung einer dialogischen Christologie, also einem Nachdenken mit jüdischen Forscherinnen und Forschern darüber, welche Bedeutung das Judesein Jesu für die Christologie hat und wie Fragen der Inkarnation auf Augenhöhe mit dem Judentum geführt werden, um eine antisemitismusfreie Christologie zu schaffen.

Diese Arbeit hat das Ziel verfolgt zu zeigen, wie durch die Integration der jüdischen Jesusforschung im Rahmen der Inkarnation eine antisemitismusfreie Christologie entstehen kann – auf dem Boden des Evangeliums, Jesu Christi und seinem Judesein. Christologie darf nicht eine falsche Sicherheit vortäuschen, sie muss dialogisch sein. Denn jede Christologie lebt von Beziehung und Austausch. Wenn die Kirche den Dialog mit dem Judentum aufgibt, gibt sie sich auf, weil sie vergisst, wer sie ist, woher sie kommt und wie sie in Zukunft sein will.

---

son Christi gibt. Vgl. MÜLLER, Gerhard Ludwig, Art. Idiomenkommunikation, in: LThK 5 (^{3}2006), 403–406.

Anhang

Die zehn Thesen von Seelisberg (1947)

1. Es ist hervorzuheben, dass ein und derselbe Gott durch das Alte und das Neue Testament zu uns allen spricht.
2. Es ist hervorzuheben, dass Jesus von einer jüdischen Mutter aus dem Geschlechte Davids und dem Volke Israels geboren wurde, und dass seine ewige Liebe und Vergebung sein eigenes Volk und die ganze Welt umfasst.
3. Es ist hervorzuheben, dass die ersten Jünger, die Apostel und die ersten Märtyrer Juden waren.
4. Es ist hervorzuheben, dass das höchste Gebot für die Christenheit, die Liebe zu Gott und zum Nächsten, schon im Alten Testament verkündigt, von Jesus bestätigt, für beide, Christen und Juden, gleich bindend ist, und zwar in allen menschlichen Beziehungen und ohne jede Ausnahme.
5. Es ist zu vermeiden, dass das biblische und nachbiblische Judentum herabgesetzt wird, um dadurch das Christentum zu erhöhen.
6. Es ist zu vermeiden, das Wort »Juden« in der ausschließlichen Bedeutung »Feinde Jesu« zu gebrauchen oder auch die Worte »die Feinde Jesu«, um damit das ganze jüdische Volk zu bezeichnen.
7. Es ist zu vermeiden, die Passionsgeschichte so darzustellen, als ob alle Juden oder die Juden allein mit dem Odium der Tötung Jesu belastet seien. Tatsächlich waren es nicht alle Juden, welche den Tod Jesu gefordert haben. Nicht die Juden allein sind dafür verantwortlich, denn das Kreuz, das uns alle rettet, offenbart uns, dass Christus für unser aller Sünden gestorben ist. Es ist allen christlichen Eltern und Lehrern die schwere Verantwortung vor Augen zu stellen, die sie übernehmen, wenn sie die Passionsgeschichte in einer oberflächlichen Art darstellen. Dadurch laufen sie Gefahr, eine Abneigung in das Bewusstsein ihrer Kinder oder Zuhörer zu pflanzen, sei es gewollt oder ungewollt. Aus psychologischen Gründen kann in einem einfachen Gemüt, das durch leidenschaftliche Liebe und Mitgefühl zum gekreuzigten Erlöser bewegt wird, der natürliche Abscheu gegen die Verfolger Jesu sich leicht in einen unterschiedslosen Hass gegen alle Juden aller Zeiten, auch gegen diejenigen unserer Zeit, verwandeln.
8. Es ist zu vermeiden, dass die Verfluchung in der Heiligen Schrift oder das Geschrei einer rasenden Volksmenge: »Sein Blut komme über uns und unsere Kinder« behandelt wird, ohne daran zu erinnern, dass dieser Schrei die Worte unseres Herrn nicht aufzuwiegen vermag: »Vater, vergib ihnen, denn sie wissen nicht, was sie tun«, Worte, die unendlich mehr Gewicht haben.

9. Es ist zu vermeiden, dass der gottlosen Meinung Vorschub geleistet wird, wonach das jüdische Volk verworfen, verflucht und für ein ständiges Leiden bestimmt sein.
10. Es ist zu vermeiden, die Tatsache unerwähnt zu lassen, dass die ersten Mitglieder der Kirche Juden waren.[1]

---

1 INTERNATIONALER RAT VON CHRISTEN UND JUDEN (Hg.), Der Antisemitismus: Ergebnisse einer internationalen Konferenz von Christen und Juden (Seelisberg, Schweiz, 1947), Genf 1947, 37f. – Siehe auch die französische und die englische Fassungen: CONSEIL INTERNATIONAL DES CHRÉTIENS ET DES JUIFS (ED.), L'antisémitisme. Résultats d'une conférence internationale de chrétiens et juifs (Seelisberg, Suisse 1947), in: https://www.ajcf.fr/5-aout-1947-Les-Dix-Points-de-Seelisberg.html#tab_1 (Abruf: 10.7.2024); INTERNATIONAL COUNCIL OF CHRISTIANS AND JEWS (ED.), Reports and recommendations of the International Conference on Anti-Semitism (Seelisberg, 1947), Genf 1947, 14–16, in: https://www.ajcf.fr/IMG/pdf/Seelisberg.pdf (Abruf: 10.7.2024). Neben der offiziellen englischen ICCJ-Fassung gibt es eine britische Version, da der Erzbischof von Canterbury und der CCJ 1947 nicht mit allen Formulierungen einverstanden waren, wie in FN 87 »Historische Rahmenbedingungen« nachzulesen ist. Britische Fassung, in: https://www.jcrelations.net/statements/statement/an-address-to-the-churches-seelisberg-switzerland-1947.html (Abruf: 10.7.2024).

Abkürzungsverzeichnis

Rabbinische Bezeichnungen und Transliteration des Hebräischen

b	babylonischer Talmud
m	Mischna
p	palästinischer Talmud
t	Tosefta

Ein vorangestellter Buchstabe »m«, »t«, »b« oder »p« bezeichnet den entsprechenden rabbinischen Text, es folgt der Name des Traktats in Abkürzungen, z. B. bSan für Traktat Sanhedrin aus dem babylonischen Talmud.

Abkürzungen der verwendeten Traktate aus Mischna, Tosefta und Talmudim[1]

Av	Avot
Av	Avot
BB	Bava Batra
Ber	Berakhot
BQ	Bava Qamma
Git	Gittin
Hag	Ḥagiga
Ned	Nedarim
San/Sanh*	Sanhedrin
Shab	Shabbat
Sot/Sota*	Sota
Taan	Taʿanit
Yom/Joma*	Yoma/Joma*

Die Zitate stammen grundsätzlich aus der Ausgabe von GOLDSCHMIDT, Lazarus, Der Babylonische Talmud (1930–1936), Nachdruck: Frankfurt a. M. 1980–1981.

Die Transliteration des Hebräischen, wenn nicht direkt in einem Zitat übernommen, erfolgte nach DIN 31636.

---

1 Die Traktatnamen sind abgekürzt nach: STEMBERGER, Günter, Einleitung in Talmud und Midrasch, München ⁹2011, 405.

* Teilweise in älteren Quellen verwendete Abkürzung nach: STEMBERGER, Günther, Einleitung in Talmud und Midrasch, München ⁸1992.

Institutionen und Organisationen in Teil I

ETH	Eidgenössische Technische Hochschule (Schweiz)
CJA	Christlich-Jüdische Arbeitsgemeinschaft (Schweiz, gegründet 1946)
CCJ	Council of Christian and Jews (Großbritannien, gegründet 1942)
HWJ	Hochschule für die Wissenschaft des Judentums (Berlin, 1872–1942)
ICCJ	International Council of Christians and Jews (entstanden als weltweites Forum in Oxford 1946, offiziell gegründet aber erst 1974)
NCCJ	National Conference of Christians and Jews (USA, gegründet 1927/28)
ÖRK	Ökumenische Rat der Kirchen (Genf, entstanden 1937/38, offiziell gegründet 1948)
UNESCO	United Nations Educational, Scientific and Cultural Organization (Paris, gegründet 1945)
UNO	United Nations Organisations (Hauptquartier in New York, gegründet 1945)

Zeitschriften, Lexika, Schriftenreihe und Dokumente

Die Abkürzungen folgen: SCHWERTNER, Siegfried, Internationales Abkürzungsverzeichnis für Theologie und Grenzgebiete, Berlin ³2016 (auch online).

BBKL	Biographisch-bibliographisches Kirchenlexikon, BAUTZ, Friedrich Wilhelm/BAUTZ, Traugott (Hgg.), bisher 43 Bde., Hamm bzw. Herzberg 1975ff (auch online).
DHA	Düsseldorfer Heine-Ausgabe, Historisch-kritische Gesamtausgabe der Werke von Heinrich Heine (in Verbindung mit dem Heinrich-Heine-Institut), WINDFUHR, Manfred (Hg.). 16 Bde., Hamburg 1973–1997 (auch online).
DH	DENZINGER, Heinrich, Enchiridion symbolorum definitionum et declarationum de rebus fidei et morum. Kompendium der Glaubensbekenntnisse und kirchlichen Lehrentscheidungen, verbessert, erweitert, ins Deutsche übertragen von HÜNERMANN, Peter (Hg.) unter Mitarbeit von Helmut Hoping, Freiburg i. Br. ⁴⁵2017.
DV	Dei Verbum, Dogmatische Konstitution über die göttliche Offenbarung am Zweiten Vatikanischen Konzil (18.11.1965).
EBR	Encyclopedia of the Bible and Its Reception, FUREY, Constance M./LEMON, Joel Marcus/MATZ, Brian/ RÖMER, Thomas/ SCHRÖTER, Jens/WALFISH, Barry Dov/ZIOLKOWSKI, Eric (Hgg.), bisher 22 Bde., Berlin 2009ff.
EJ	Encyclopaedia Judaica, ed. ROTH, Cecil/WIGODER, Geoffrey, 16 volumes, Jerusalem 1971/1972.

EJ²	Encyclopaedia Judaica. 2nd edition, ed. GALE, Thomson 22 volumes, Detroit 2007 (auch online und viele Artikel unverändert aus EJ 1972 übernommen).
EJGK	Enzyklopädie jüdischer Geschichte und Kultur, DINER, Dan (Hg.), im Auftrag der Sächsischen Akademie der Wissenschaften zu Leipzig, 7 Bde., Stuttgart 2011–2017 (auch online).
EJCRO	Encyclopedia of Jewish-Christian Relations Online, HOMOLKA, Walter (inaktiv seit Mai 2022)/KAMPLING, Rainer/LEVINE, Amy-Jill/MARKSCHIES, Christoph/SCHÄFER, Peter/ THURNER, Martin (Hgg.), 2019 ff.
EvTh	Evangelische Theologie 1 (1934) ff.
FrRu	Freiburger Rundbrief, Zeitschrift für christlich-jüdische Begegnung, Freiburg i. Br. 1953–2016 (davor: RFF, Rundbrief zur Förderung der Freundschaft zwischen dem alten und dem neuen Gottesvolk im Geiste der beiden Testamente, Freiburg i. Br. 1,1948/49–6/20,1953; nach 2016: ZfBeg, Zeitschrift für christlich-jüdische Begegnung im Kontext, Freiburg i. Br. 2017ff.).
HdA	Handbuch des Antisemitismus, Judenfeindschaft in Geschichte und Gegenwart, BENZ, Wolfgang (Hg.), bearbeitet von Brigitte Mihok in Zusammenarbeit mit Werner Bergmann, Rainer Kampling, Juliane Wetzel und Ulrich Wyrwa, 8 Bde., Berlin 2008–2015 (auch online).
HSL	Historisches Lexikon der Schweiz, Stiftung Historisches Lexikon der Schweiz (Hg.), je 13 Bde. auf Deutsch, Französisch und Italienisch, seit 2016 zwei Bde. in Rätoromanisch (auch online).
HWPh	Historisches Wörterbuch der Philosophie, RITTER, Joachim/GRÜNDER, Karlfried/GABRIEL, Gottfried (Hgg.), 12 Bde., Basel 1971–2007 (auch online).
JJS	Journal of Jewish Studies 1 (1948) ff.
JLH	Jahrbuch für Liturgik und Hymnologie 1 (1955) ff.
KuI	Kirche und Israel 1 (1986) ff.
LdR	Lexikon der Religionen. Phänomene – Geschichte – Ideen, WALDENFELS, Hans (Hg.), Freiburg 1921.
LThK3	Lexikon für Theologie und Kirche, KASPER, Walter (Hg.), 11 Bde., Freiburg i. Br./Basel/Wien ³1993–2001 (Sonderausgabe 32006).
NA	Nostra aetate, Erklärung über die Haltung der Kirche zu den nichtchristlichen Religionen am Zweiten Vatikanischen Konzil, 28.10.1965.
PZB	Protokolle zur Bibel 1 (1992) ff.
QD	Questiones disputatae, begründet von RAHNER, Karl und SCHLIER, Heinrich, FRIES, Heinrich (1985–1994)/SCHNACKENBURG, Rudolf (1985–1996)/HÜNERMANN, Peter (1994–2019)/SÖDING, Thomas (seit 1996)/RAHNER, Johanna (seit 2009) (Hgg.), Freiburg i. Br. 1958ff.
RGG4	Religion in Geschichte und Gegenwart. Handwörterbuch für Theologie und Religionswissenschaft, BETZ, Hans Dieter, u. a. (Hgg.), 9 Bde., Tübingen ⁴1998–2007 (auch online).
SCJR	Studies in Christian-Jewish Relations 1 (2005) ff.

SKZ	Schweizerische Kirchenzeitung: Fachzeitschrift für Theologie und Seelsorge 1 (1832) ff.
ThWNT	Theologisches Wörterbuch zum Neuen Testament, KITTEL, Gerhard/FRIEDRICH, Gerhard (Hgg.), 11 Bde., Stuttgart 1933–1975 (Neuausgabe: Darmstadt 2019, unveränd. Nachdr. d. Originalausgabe).
TRE	Theologische Realenzyklopädie, MÜLLER, Gerhard u. a. (Hgg.), 36 Bde., Berlin 1976–2004 (auch online).

Literaturverzeichnis

Bibelausgabe

Die Bibel. Einheitsübersetzung der Heiligen Schrift. Gesamtausgabe, im Auftrag der Deutschen Bischofskonferenz, der Österreichischen Bischofskonferenz, der Schweizer Bischofskonferenz u. a., vollständig durchgesehene und überarbeitete Ausgabe, Katholische Bibelanstalt, Stuttgart 2016.
Wenn andere Bibelübersetzungen verwendet werden, wurde dies gekennzeichnet.

Hilfsmittel

BibelWorks for Windows. Version 8.0, Norfolk 2009.
http://www.bibleserver.com/ (Abruf: 14.6.2022).
https://bibeltext.com/ (Abruf: 14.6.2022).
Digitale Sammlungen von Archiv und Zentralbibliothek der Evangelischen Landeskirche in Württemberg, Kirchenkampfschriften Eisenach, in: http://elk-wue.gbv.de/sammlungen/sammlungsliste/ (Abruf: 22.11.2021).
DWDS – Digitales Wörterbuch der deutschen Sprache. Das Wortauskunftssystem zur deutschen Sprache in Geschichte und Gegenwart, Berlin-Brandenburgischen Akademie der Wissenschaften (Hg.), URL: https://www.dwds.de/, (Abruf: 14.6.2022).

Literatur

ADAM, Karl, Jesus Christus, Augsburg ⁴1935.
ADAM, Karl, Jesus der Christus und wir Deutsche (Teil 1), in: Wissenschaft und Weisheit 10 (1943), 73–103.
AHRENS, Jehoschua, Gemeinsam gegen Antisemitismus – Die Konferenz von Seelisberg (1947) revisited: Die Entstehung des institutionellen jüdisch-christlichen Dialogs in der Schweiz und in Kontinentaleuropa, Berlin/Münster (= Forum Christen und Juden 19).
AHRENS, Jehoshua, Den Willen unseres Vaters im Himmel tun: Zu Kontext, Entstehung und Rezeption der Erklärung orthodoxer Rabbiner und ein kurzer Ausblick auf die Zukunft des Dialogs, in: AHRENS, Jehoshua u. a. (Hgg.), Hin zu einer Partnerschaft zwischen Juden und Christen: Die Erklärung orthodoxer Rabbiner zum Christentum, Berlin 2017, 53–79.
AHRENS, Jehoshua, Die Konferenz von Seelisberg (1947), in: SKZ 185/19 (2017), 232f.
ALTERMATT, Urs, Das Koordinatensystem des katholischen Antisemitismus in der Schweiz 1918, in: MATTIOLI, Aram (Hg.), Antisemitismus in der Schweiz 1848–1960, Zürich 1998, 465–500.
Archiv der Österreichischen Zentralbibliothek für Physik, Konvolut zur »Internationalen Emergency Conference to Combat Antisemitism« in Seelisberg 1947: Nachlass von Hans Thirring,

C35-2983, List of members, in: https://phaidra.univie.ac.at/detail_object/o:135792 (Abruf: 12.1.2022).
ARNHOLD, Oliver, Art. Botschaft Gottes (1940), in: HdA 6 (2013), 77–79.
ARNHOLD, Oliver, Art. Die Entjudung des religiösen Lebens (Walter Grundmann, 1939), in: HdA 6 (2013), 174f.
ARNHOLD, Oliver, Art. Großer Gott wir loben dich, in: HdA 6 (2013), 245–247.
ARNHOLD, Oliver, »Entjudung« von Theologie und Kirche: Das Eisenacher »Institut zur Erforschung und Beseitigung des jüdischen Einflusses auf das deutsche kirchliche Leben« 1939–1945, Leipzig 2020 (= Christentum und Zeitgeschichte 6).
ARNOLD, Rafael, Einleitung des Herausgebers, in: MODENA, Leon, Jüdische Riten, Sitten und Gebräuche: Hrsg., übersetzt u. kommentiert v. Rafael Arnold, Wiesbaden 2007, 9–45.
ASCHKENASY, Friedrich T., Auf Gottes Wegen, Leipzig 1928.
ASMUSSEN, Hans, Maria die Mutter Gottes, Stuttgart ²1951.
ASSMANN, Aleida, Der lange Schatten der Vergangenheit: Erinnerungskultur und Geschichtspolitik, München 2006.
Babylonischer Talmud, Manuscript München Codex Hebraicus 95, Paris 1342, in: http://www.seforimonline.org/babylonian-talmud-manuscript-munich-codex-hebraicus-95/ (Abruf: 11.11.2019).
BAECK, Leo, Harnack's Vorlesungen über das Wesen des Christenthums, in: Monatsschrift für Geschichte und Wissenschaft des Judentums 45/2 (1901), 97–120.
BAECK, Leo, Das Evangelium als Urkunde der jüdischen Glaubensgeschichte, Berlin 1938 (= Bücherei des Schocken-Verlages 87).
BALTHASAR, Hans Urs von, Einsame Zwiesprache: Martin Buber und das Christentum, Einsiedeln/Freiburg ²1993.
BARBU, Daniel/DEUTSCH, Yaacov (Hgg.), Toledot Yeshu in Context: The Jewish »Life of Jesus« in Ancient, Medieval, and Modern History, Tübingen 2020 (= Texts and studies in ancient Judaism = Texte und Studien zum Antiken Judentum 182).
BARNETT, Victoria, Seelisberg: An Appreciation, in: SCJR 2/2 (2008), 54–57 [DOI: 10.6017/scjr.v2i2.1422].
BARTH, Karl, Dogmatik im Grundriss im Anschluss an das apostolische Glaubensbekenntnis, München 1947.
BARTH, Karl, Kirchliche Dogmatik. Bd. VI/1, Zollikon 1953.
BARUA, Arati/GERHARD, Michael/KOSSLER, Matthias (Hgg.), Understanding Schopenhauer through the prism of Indian culture: Philosophy, religion, and Sanskrit literature, Berlin/Boston 2013.
BARUCH, Bernard, Lie Hints He May Enter Atomic Control Dispute, in: Toledo Blade 111 (9.10.1946), in: https://news.google.com/newspapers?id=AgokAAAAIBAJ&sjid=y_8DAAAAI BAJ&pg=5118,1400057&dq=wrong-in-his-facts&hl=en (Abruf: 12.6.2022), 2.
BATTENBERG, Friedrich, Judenemanzipation im 18. und 19. Jahrhundert, Mainz 2010, in: http://www.ieg-ego.eu/battenbergf-2010-de (Abruf: 29.2.2020).
BAUER, Uwe F. W., Art. Antijudaismus (AT), in: Das Wissenschaftliche Bibellexikon im Internet (www.wibilex.de), 2007 (Abruf: 9.9.2021).
BAUER, Thomas, Die Vereindeutigung der Welt: Über den Verlust an Mehrdeutigkeit und Vielfalt, Ditzingen 2018.
BAUMSTARK, Anton, Das Gesetz der Erhaltung des Alten in liturgisch hochwertiger Zeit, in: Jahrbuch für Liturgiewissenschaft Bd. 7 (1927), 1–23.
BAYER, Axel, Art. Morgenländisches Schisma, in: LThK 7 (³2006), 470–474.
BEA, Augustin (Hg.), Die Kirche und das jüdische Volk, Freiburg i. Br./Basel/Wien 1966.
BECKER, Michael, Wunder und Wundertäter im frührabbinischen Judentum: Studien zum Phänomen und seiner Überlieferung im Horizont von Magie und Dämonismus, Tübingen 2002 (= Wissenschaftliche Untersuchungen zum Neuen Testament. R. 2 144).
BEN-AMOZEG, Eliyahu, Em la-Mikra [Matrix of Scriptures], Leghorn 1862–65.

Benamozegh, Elijah, Jewish and Christian Ethics: With a Criticism on Mahomedism, Translated from French (1867), San Francisco 1873.

Benamozegh, Elijah/Luria, Maxwell/Idel, Moshe (Hgg.), Elijah Benamozegh: Israel and Humanity, translated, edited, and with an Introduction by Maxwell Luria. Preface and Appendixe on »Kabbalah in Elijah Benamozegh's thought« by Moshe Idel, New York 1995.

Ben-Chorin, Schalom, Die Christus-Frage an den Juden: Vortrag, gehalten in der Newman School of Mission »Thabor« in Jerusalem vor einem Kreis christlicher Theologen, am 17. Oktober 1940. Wiederholt am 16. Januar 1941 vor jüdischen Hörern, Jerusalem 1941 (= Niru Nir Heft 2).

Ben-Chorin, Schalom, Aus Tiefen rufe ich: Biblische Gedichte, Hamburg-Bergstedt 1966.

Ben-Chorin, Schalom, Das Judentum der Gegenwart, Meitingen/Freising 1970.

Ben-Chorin, Schalom, Jesus im Judentum, Wuppertal 1970 (= Schriftenreihe für christlich-jüdische Begegnung Bd. 4).

Ben-Chorin, Schalom, Antijüdische Elemente im Neuen Testament, in: EvTh 40/2 (1980), 203–214 [DOI: 10.14315/evth-1980-0204].

Ben-Chorin, Schalom, Theologia Judaica: Gesammelte Aufsätze, 1. Bd., Tübingen 1982.

Ben-Chorin, Schalom, Weil wir Brüder sind: Zum christlich-jüdischen Dialog heute, Gerlingen 1988.

Ben-Chorin, Schalom, Jugend an der Isar, Gütersloh 2001 (= Werke/Schalom Ben-Chorin. Hrsg. u. eingel. v. Verena Lenzen unter Mitwirkung v. Avital Ben-Chorin; Bd. 1).

Ben-Chorin, Schalom, Ich lebe in Jerusalem: Ein Bekenntnis zu Geschichte und Gegenwart, Gütersloh 2003 (= Werke/Schalom Ben-Chorin. Hrsg. u. eingel. v. Verena Lenzen unter Mitwirkung v. Avital Ben-Chorin; Bd. 2).

Ben-Chorin, Schalom, Zwiesprache mit Martin Buber, Gütersloh 2004 (= Werke/Schalom Ben-Chorin. Hrsg. u. eingel. v. Verena Lenzen unter Mitwirkung v. Avital Ben-Chorin; Bd. 3).

Ben-Chorin, Schalom, Bruder Jesus: Der Nazarener in jüdischer Sicht, Gütersloh 2005 (= Werke/Schalom Ben-Chorin. Hrsg. u. eingel. v. Verena Lenzen unter Mitwirkung v. Avital Ben-Chorin; Bd. 4).

Ben-Chorin, Schalom, Mutter Mirjam: Maria in jüdischer Sicht, Gütersloh 2006 (= Werke/ Schalom Ben-Chorin. Hrsg. u. eingel. v. Verena Lenzen unter Mitwirkung v. Avital Ben-Chorin Bd. 6).

Ben-Chorin, Schalom, Vorwort, in: Koch, Hans-Gerhard/Zimmermann, Hans Dieter (Hgg.), Max Brod, Der Meister: Roman, Mit einem Vorwort von Schalom Ben-Chorin, Göttingen 2015, 7–13.

Ben-Chorin, Schalom, Ausgewählte Werke Hrsg. v. Verena Lenzen, Darmstadt 2019.

Benke, Christoph, In der Nachfolge Jesu: Geschichte der christlichen Spiritualität, Freiburg 2018.

Benöhr-Laqueur, Susanne, Pius XII. und die Deportation der Juden Roms, in: https://www.hagalil.com/2019/12/pius-xii/ (25.12.2019, Abruf: 28.1.2022).

Bergmann, Juda, Art. Toledot Jeschu, in: Jüdisches Lexikon 4 (1930), 973–974.

Bergmann, Werner, Art. Handbuch der Judenfrage (Theodor Fritsch, 1887), in: HdA 7 (2013), 257–262.

Bernhardt, Reinhold, Monotheismus und Trinität. Gotteslehre im Kontext der Religionstheologie, Zürich 2023.

Bernhardt, Reinhold, Zur theologischen Bedeutung des Judeseins Jesu, in: Danz, Christian/Ehrensperger, Kathy/Homolka, Walter (Hgg.), Christologie zwischen Judentum und Christentum: Jesus, der Jude aus Galiläa, und der christliche Erlöser, Tübingen 2020 (= Dogmatik in der Moderne 30), 355–375.

Blatter, Michael/Groebner, Valentin, Wilhelm Tell, Import – Export: Ein Held unterwegs, Baden 2016.

Bock, Martin, »Ihr aber, wer sagt ihr, daß ich sei?« (Mk 8,29): Christologische Fragestellungen im christlich-jüdischen Gespräch nach 1945, Frankfurt a. M./Berlin 1998 (= Beiträge zur theologischen Urteilsbildung 4).

Bodenheimer, Alfred, Langsamen Schritts in die Selbstverständlichkeit, in: Lehnardt, Andreas (Hg.), Judaistik im Wandel: Ein halbes Jahrhundert Forschung und Lehre über das Judentum in Deutschland, Berlin/Boston 2017, 25–30.

Bonhoeffer, Dietrich, Ethik, Gütersloh 1992 (= Dietrich Bonhoeffer Werke 6) [DOI: 10.14315/9783641247447].

Borut, Jakob, Art. Grüber, Heinrich (Akte 0075), in: Lexikon der Gerechten unter den Völkern 1 (2005), 128–131.

Boschki, Reinhold, Elie Wiesel: Ein Leben gegen das Vergessen, Erinnerungen eines Weggefährten, Ostfildern 2018.

Böttrich, Christfried/Ego, Beate/Eißler, Friedmann, Jesus und Maria in Judentum, Christentum und Islam, Göttingen 2009.

Bourel, Dominique, Martin Buber: Was es heißt, ein Mensch zu sein: Biografie, Aus dem Französischen übersetzt von Horst Brühmann, Gütersloh 2017.

Boyarin, Daniel, A Radical Jew: Paul and the Politics of Identity, Berkeley 1994 (= Contraversions: Critical Studies in Jewish Literature, Culture, and Society 1).

Boyarin, Daniel, Dying for God: Martyrdom and the making of Christianity and Judaism, Stanford, California 1999.

Boyarin, Daniel, Die jüdischen Evangelien = The Jewish Gospel. The Story of the Jewish Christ: Die Geschichte des jüdischen Christus, Übersetzt von Armin Wolf, Würzburg 2015 (engl. 2012) (= Judentum – Christentum – Islam 12).

Brassel-Moser, Ruedi, Art. Leonhard Ragaz, in: HSL, https://hls-dhs-dss.ch/de/articles/009059/2012-01-12/ (Abruf: 17.6.2022).

Braulik, Georg, Wenn Gott versucht: Zur »Theodizee der Erprobung« im Alten Testament, in: Zeitschrift für Katholische Theologie (ZKTh) 141 (2019), 22–43.

Braun, Christina von/Brumlik, Micha (Hgg.), Handbuch jüdische Studien, Köln/Weimar/Wien 2018 (= UTB 8712).

Brenner, Michael, Kleine jüdische Geschichte, München ²2019.

Brenner, Michael (Hg.), Wissenschaft vom Judentum: Annäherungen nach dem Holocaust, Göttingen 2000.

Breuning, Wilhelm, Grundzüge einer nicht antijüdischen Christologie, in: Dirscherl, Erwin (Hg.), Dogmatik im Dienst an der Versöhnung Erwin Dirscherl, Würzburg 1995 (= Bonner dogmatische Studien 21), 81–100.

Brod, Max, Heidentum, Christentum, Judentum: Ein Bekenntnisbuch, München 1921.

Brod, Max, Rëubeni, Fürst der Juden: Ein Renaissanceroman, München 1925.

Brod, Max, Nachwort des Autors, in: Koch, Hans-Gerhard/Zimmermann, Hans Dieter (Hgg.), Max Brod, Der Meister: Roman, Mit einem Vorwort von Schalom Ben-Chorin, Göttingen 2015, 527–532.

Brown, Robert McAfee, Elie Wiesel: Zeuge für die Menschheit, Aus dem Amerikanischen von Reinhold Boschert, Freiburg i. Br. 1990.

Bruckmann, Florian, in Ihm erkannt: Gott und Mensch. Grundzüge einer anthropologischen Christologie im Angesichte Israels, Paderborn 2014.

Bruckmann, Florian, Die Menschlichkeit Jesu als Erkenntnisgrund seiner Göttlichkeit, in: Bruckmann, Florian/Dausner, René, Im Angesicht der Anderen. Gespräche zwischen christlicher Theologie und jüdischem Denken, FS Josef Wohlmuth, (= Studien zu Judentum und Christentum 25), Paderborn 2013, 595–617.

Buber, Martin, »Offene Brief an Gerhard Kittel«, in: Theologische Blätter 12/8 (1933), 248–250.

Buber, Martin, Zwei Glaubensweisen, Zürich 1950.

Buber, Martin, Schriften zum Chassidismus, München 1963 (= Werke/Martin Buber Bd. 3).

Buber, Martin, Der Jude und sein Judentum: Gesammelte Aufsätze und Reden, Gerlingen ²1993.

Buber, Martin, Die Brennpunkte der jüdischen Seele, in: Kuschel, Karl-Josef (Hg.), Martin Buber Werkausgabe: Bd. 9: Schriften zum Christentum, Gütersloh 2011 (= Martin Buber Werkausgabe Band 9), 128–137.

Buber, Martin (Hg.), Zwei Glaubensweisen: Mit einem Nachwort von David Flusser, Gerlingen ^{2}1994 (1950).

Buchholz, René, Falsche Wiederkehr der Religion: Zur Konjunktur des Fundamentalismus, Würzburg 2017.

Carmilly-Weinberger, Moshe, One Hundred Years of the Seminary in Retrospect, in: Carmilly-Weinberger, Moshe (Hg.), The Rabbinical Seminary of Budapest 1877–1977: A Centennial Volume, New York 1986, 3–48.

Casey, Maurice, An Aramaic approach to Q: Sources for the Gospels of Matthew and Luke, Cambridge 2002 (= Society for New Testament Studies Monograph Series 122) [DOI: 10.1017/CBO9780511487897].

Casper, Bernhard, Art. Dialog, Dialogik: I. Philosophisch, in: LThK 3 (^{3}2006), 191f.

Chajes, Hirsch Perez, Markus-Studien, Berlin 1899.

Charmet, Bruno, Bibliographie de Paul Demann nds (1912–2005), in: https://ajcf.fr/spip.php?page=imprimer&id_article=2573 (Abruf: 29.1.2022).

Chilton, Bruce, Implications and Prospects of Jewish Jesus Research: A review Essay, in: Journal of the Study of the Historical Jesus 16/1 (2018), 62–79.

Cohen, Hermann, Jüdische Schriften: Mit einer Einleitung von Franz Rosenzweig herausgegeben von Bruno Strauß, Ethische und religiöse Grundfragen, Berlin 1924.

Cohen, Jeremy, Christ Killers: The Jews and the Passion from the Bible to the Big Screen, New York 2007.

Cohen, Jeremy, Living Letters of the Law: Ideas of the Jew in Medieval Christianity, University of California Press 1999.

Cohen, Shaye J. D., The Beginnings of Jewishness: Boundaries, Varieties, Uncertainties, Berkeley, California ^{5}2009 (= Hellenistic Culture and Society 31).

Cohn, Chaim Herman, Der Prozeß und Tod Jesu aus jüdischer Sicht, Frankfurt a. M. 1997.

Conseil international des chrétiens et des juifs (Ed.), L'antisémitisme. Résultats d'une conférence internationale de chrétiens et juifs (Seelisberg, Suisse 1947), in : https://www.ajcf.fr/5-aout-1947-Les-Dix-Points-de-Seelisberg.html#tab_1 (Abruf : 10.7.2024).

Connelly, John, From Enemy to Brother: The Revolution in Catholic Teaching on the Jews, 1933–1965, Cambridge 2012 [DOI: 10.4159/harvard.9780674064881].

Council of Centers on Jewish-Christian Relations, Statement on a Jewish Understanding of Christians and Christianity 24. May2011, in: https://www.ccjr.us/dialogika-resources/documents-and-statements/jewish/cjcuc2011may24 (Abruf: 8.4.2022).

Czermak, Gerhard, Christen gegen Juden: Geschichte einer Verfolgung, Nördlingen 1989.

Dabru Emet, A Jewish Statement on Christians and Christianity. New York Times und Baltimore Sun, 10. September 2000, in: http://www.jcrelations.net/Dabru_Emet_-_A_Jewish_Statement_on_Christians_and_Christianity.2395.0.html?L=3 (Abruf: 25.1.2020).

Danz, Christian, Grundprobleme der Christologie, Stuttgart 2013.

Danz, Christian, Christologie als Bestätigung der jüdischen Religion? Überlegungen zur Lehre von Jesus Christus im Zeitalter des religiösen Pluralismus, in: Danz, Christian/Ehrensperger, Kathy/Homolka, Walter (Hgg.), Christologie zwischen Judentum und Christentum: Jesus, der Jude aus Galiläa, und der christliche Erlöser, Tübingen 2020 (= Dogmatik in der Moderne 30), 123–144.

Danz, Christian/Ehrensperger, Kathy/Homolka, Walter (Hgg.), Christologie zwischen Judentum und Christentum: Jesus, der Jude aus Galiläa, und der christliche Erlöser, Tübingen 2020 (= Dogmatik in der Moderne 30).

Dausner, René, Christologie in messianischer Perspektive. Zur Bedeutung Jesu im Diskurs mit Emmanuel Levinas und Giorgio Agamben, Paderborn 2016.

DAVIDOWICZ, Klaus S., Gershom Scholem und Martin Buber, Uni Wien, Dissertation 1993 Neukirchener, Neukirchen-Vluyn (= Neukirchener theologische Dissertationen und Habilitationen 5).
DAVIDOWICZ, Klaus Samuel, Art. Haskala, in: LThK 4 (³2006), 1204.
DELITZSCH, Franz, Jesus und Hillel mit Rücksicht auf Renan und Geiger, Erlangen ³1879.
Den Willen unseres Vaters im Himmel tun. Hin zu einer Partnerschaft zwischen Juden und Christen. Erklärung orthodoxer Rabbiner zum Christenum. 3. Dezember 2015 = To Do the Will of Our Father in Heaven. Toward a Partnership between Jews and Christians, in: AHRENS, Jehoshua u. a. (Hgg.), Hin zu einer Partnerschaft zwischen Juden und Christen: Die Erklärung orthodoxer Rabbiner zum Christentum, Berlin 2017, 253–258.
DESCAMPS, Marc-Alain, La vie de Marie-Magdeleine Davy, in: http://www.europsy.org/pmmdavy/davymm.html (Abruf: 19.1.2022).
DEUTSCH, Yaacov, Art. Jesus: Medieval Judaism, in: EBR (2017), [DOI: 10.1515/ebr.jesus].
Dialogika, Documents and Statements Council of Centers on Jewish-Christian Relations (CCJR), in: https://www.ccjr.us/dialogika-resources/documents-and-statements (Abruf: 9.9.2021).
Die Deutschen Bischöfe, Über das Verhältnis der Kirche zum Judentum vom 28. April 1980, 1980.
DIRSCHERL, Erwin, Grundriss theologischer Anthropologie: Die Entschiedenheit des Menschen angesichts des Anderen, Regensburg 2006.
DIRSCHERL, Erwin, Das menschliche Wort Gottes und seine Präsenz in der Zeit: Reflexionen zur Grundorientierung der Kirche, Paderborn 2014 (= Studien zu Judentum und Christentum 26).
DIRSCHERL, Erwin, Der Ursprung des Messias: Die Bedeutung des Judeseins Jesu für die Dogmatik, in: SÖDING, Thomas (Hg.), Zu Bethlehem geboren?: Das Jesus-Buch Benedikts XVI. und die Wissenschaft, Freiburg i. Br. 2015, 189–207.
DIRSCHERL, Erwin, Die Herausforderung für eine Christologie im Angesicht von Jesu Judentum: Das theozentrische Beten und Fragen Jesu als bleibende Herausforderung des christlichen Glaubens an den einen Gott, in: DANZ, Christian/EHRENSPERGER, Kathy/HOMOLKA, Walter (Hgg.), Christologie zwischen Judentum und Christentum: Jesus, der Jude aus Galiläa, und der christliche Erlöser, Tübingen 2020 (= Dogmatik in der Moderne 30), 209–227.
DIRSCHERL, Erwin/WEIẞER, Markus, Dogmatik für das Lehramt: 12 Kernfragen des Glaubens, Regensburg 2019.
DIRSCHERL, Erwin/TRUTWIN, Werner (Hgg.), Redet Wahrheit – Dabru Emet Jüdisch-Christliches Gespräch über Gott, Messias und Dekalog, Münster 2004 (= Forum Christen und Juden 4).
DOCKTER, Cornelia (Hg.), Geist im Wort, Dissertation Universität Paderborn; Verlag Ferdinand Schöningh 2018 (= Beiträge zur komparativen Theologie 32).
DÖRNER, Bernward, Art. Ecclesia und Synagoga (Darstellungen des Mittelalters), in: HdA 7 (2015), 85–115.
DRIEDGER HESSLEIN, Kayko, Dual Citizenship: Two-Natures Christologies and the Jewish Jesus, Bloomsbury T&T Clark, 2015.
DSCHULNIGG, Peter, Rabbinische Gleichnisse und das Neue Testament: Die Gleichnisse der PesK im Vergleich mit den Gleichnissen Jesu und dem Neuen Testament, Habilitationsschrift, Bern 1988 (= Judaica et Christiana 12).
DUNN, James D. G., Jesus, Paul, and the law: Studies in Mark and Galatians, Louisville, KY 1990.
EBACH, Jürgen, Hören auf das, was Israel gesagt ist – hören auf das, was in Israel gesagt ist, in: Evangelische Theologie 62/1 (2014).
EBNER, Martin/SCHREIBER, Stefan (Hgg.), Einleitung in das Neue Testament, Stuttgart ³2019 (= Kohlhammer-Studienbücher Theologie 6).
Editorial Staff, Art. Klausner, Joseph Gedaliah, in: EJ 10 (1971–1972), 1091f.
EHRLICH, Ernst Ludwig, Art. Jesus Christus: Judentum, in: TRE 17 (1976–2004), 68–71.
EMDEN, Jacob, Megilat Sefer. The Autobiography of Rabbi Jacob Emden (1697-1176), tansl. entirely into Engl. for the first time by S. B. LEPERER and Rabbi M. H. WISE, Baltimore 2011.

EMDEN, Jacob, R. Jacob Emden über Christen und Christenthum wiedergegeben durch Dr. David Hoffmann, Docent am Rabbiner-Seminar zu Berlin, in: HOFFMANN, David (Hg.), Der Schulchan Aruch: und die Rabbinen über das Verhältnis der Juden zu Andersgläubigen, Berlin ²1894, 23–31.

ERICKSEN, Robert P., Theologen unter Hitler: Das Bündnis zwischen evangelischer Dogmatik und Nationalsozialismus, München 1986.

ERLEMANN, Kurt, Gleichnisse: Theorie – Auslegung – Didaktik, Tübingen 2020.

FELDMAN, Deborah, Unorthodox: The Scandalous Rejection of my Hasidic Roots, New York 2012.

FENSKE, Wolfgang, Wie Jesus zum »Arier« wurde: Auswirkungen der Entjudaisierung Christi im 19. und zu Beginn des 20. Jahrhunderts, Darmstadt 2005.

FICHTE, Johann Gottlieb, Die Grundzüge des gegenwärtigen Zeitalters (1806), Mit einer Einleitung von Alwin Diemer, Hamburg 1978.

FIEBIG, Paul, Altjüdische Gleichnisse und die Gleichnisse Jesu, Tübingen 1904.

FIEBIG, Paul, Die Gleichnisse Jesu im Lichte der rabbinischen Gleichnisse des neutestamentlichen Zeitalters, Tübingen 1912.

FIEBIG, Paul, Rabbinische Gleichnisse, Leipzig 1929.

FIEBIG, Paul, Neues Testament und Nationalsozialismus: 3 Univ.-Vorlesungen über Führerprinzip, Rassenfrage, Kampf, Dresden/Leipzig 1935 (= Schriften der Deutschen Christen Heft 11).

FLUSSER, David, Eichmann und der Gott der Christen, in: RFF XXIII/50/52 (1961), 66–67.

FLUSSER, David, Jesus in the Context of History, in: TOYNBEE, Arnold (Hg.), The Crucible of Christianity: Judaism, Hellenism and The Historical Background to the Christian Faith, London 1969, 225–234.

FLUSSER, David, Art. History of Christianity, in: EJ 10 (1971–1972), 1094f.

FLUSSER, David, Inwiefern kann Jesus für Juden eine Frage sein?, in: Concilium X/10 (1974), 596–599.

FLUSSER, David, Hillels Selbstverständnis und Jesus, in: FrRu XXVII (1975), 172–175.

FLUSSER, David, Thesen zur Entstehung des Christentums aus dem Judentum, in: FrRu XXVII/101–104 (1975), 181–184.

FLUSSER, David, Der Gekreuzigte und die Juden, in: FrRu XXVIII/105–108 (1976), 152–157.

FLUSSER, David, Bemerkungen eines Juden zur christlichen Theologie des Judentums, in: THOMA, Clemens, Christliche Theologie des Judentums, Aschaffenburg 1978 (= Der Christ in der Welt: Reihe 6, Das Buch der Bücher Bd. 4a, b), 6–32.

FLUSSER, David, Bemerkungen eines Juden zur christlichen Theologie, München 1984 (= Abhandlungen zum christlich-jüdischen Dialog 16).

FLUSSER, David, Das Schisma zwischen Judentum und Christentum, in: EvTh 40/2 (1980), 214–239 [DOI: 10.14315/evth-1980-0205].

FLUSSER, David, Die rabbinischen Gleichnisse und der Gleichniserzähler Jesus: Das Wesen der Gleichnisse, Bern/Frankfurt a. M./Las Vegas 1981 (= Judaica et Christiana 4).

FLUSSER, David, Die letzten Tage Jesu in Jerusalem: Das Passionsgeschehen aus jüdischer Sicht, Bericht über neueste Forschungsergebnisse, Stuttgart 1982.

FLUSSER, David, Entdeckungen im Neuen Testament: Jesusworte und ihre Überlieferung Martin Majer, Neukirchen-Vluyn 1987 (= Entdeckungen im Neuen Testament 1).

FLUSSER, David, Das Christentum – eine jüdische Religion, München 1990.

FLUSSER, David, Nachwort, in: BUBER, Martin (Hg.), Zwei Glaubensweisen: Mit einem Nachwort von David Flusser, Gerlingen ²1994 (1950), 187–247.

FLUSSER, David, Jesus, Reinbek bei Hamburg ²¹1999.

FLUSSER, David, Jesus, Reinbek bei Hamburg ⁶2017.

FLUSSER, David/HEILIGENTHAL, Roman, Art. Noachitische Gebote, in: TRE 24 (1976–2004), 582–587.

FLUSSER, David/NOTLEY, R. Steven, Jesus, Jerusalem ²1998.

FLUSSER, David/NOTLEY, R. Steven, The Sage from Galilee: Rediscovering Jesus' genius, Grand Rapids, Mich./Cambridge, UK ⁴2007.

FLUSSER, Jochanan, Art. Chana Flusser (vom 3.6.2016), in: https://irgun-jeckes.org/-חנה-פלוסר מ-חייה-ימי-כל-רע-ולא-ב-טוב-גמלתם/ (Abruf: 4.6.2023).
FRANKEMÖLLE, Hubert, Christen und Juden gemeinsam ins dritte Jahrtausend?, in: FRANKEMÖLLE, Hubert (Hg.), Christen und Juden gemeinsam ins dritte Jahrtausend: »Das Geheimnis der Erlösung heißt Erinnerung«, Frankfurt/Paderborn 2001, 273–297.
FREEDMAN, Harry/WALD, Stephen G., Art. Akiva, in: EJ 1 (^{2}2007), 562f.
FREDRIKSEN, Paula, Augustine and the Jews: A Christian defense of Jews and Judaism, New York 2008.
FREY, Jörg, Die paulinische Antithese von »Fleisch« und »Geist« und die palästinisch-jüdische Weisheitstradition, in: Zeitschrift für die Neutestamentliche Wissenschaft und die Kunde der älteren Kirche (ZNW) 90/1–2 (1999), 45–77 [DOI: 10.1515/zntw.1999.90.1-2.45].
FRITSCH, Theodor, Handbuch der Judenfrage: Eine Zusammenstellung des wichtigsten Materials zur Beurteilung des jüdischen Denkens, Hamburg ^{28}1919.
FRITSCH, Theodor, Handbuch der Judenfrage: Die wichtigsten Tatsachen zur Beurteilung des jüdischen Volkes, Leipzig ^{33}1933.
GAGER, John, Simon Peter, Founder of Christianity or Saviour of Israel?, in: SCHÄFER, Peter/ MEERSON, Michael/DEUTSCH, Yaacov (Hgg.), Toledot Yeshu (»The life story of Jesus«) revisited: A Princeton conference, Tübingen 2011 (= Texts and studies in ancient Judaism 143), 221–245.
GEIGER, Abraham, Leon da Modena, Rabbiner zu Venedig (1571–1648), = וצנה מגן מאמר: und seine Stellung zur Kabbalah, zum Thalmud und zum Christenthume, Breslau 1856.
GEIGER, Abraham, Das Judenthum und seine Geschichte bis zur Zerstörung des zweiten Tempels: In 12 Vorlesungen, Breslau ^{2}1865 (1864).
GEIGER, Abraham, Urschrift und Übersetzungen der Bibel in ihrer Abhängigkeit von der inneren Entwicklung des Judentums Paul Kahle, Frankfurt a. M., ^{2}1928 (Breslau 1857).
GMÜR, Felix, Jesus, der Jude. Vortrag im Rahmen der Veranstaltungsreihe zum 75-Jahr-Jubiläum der Konferenz gegen Antisemitismus in Seelisberg am 20. Juli 2022 in der Luzerner Hofkirche, in: https://www.jcrelations.net/de/artikel/artikel/75-jahre-seelisberg-jesus-der-jude.html (Stand: 1.9.2022).
GOLDSCHMIDT, Lazarus, Der babylonische Talmud, Berlin 1930.
GÖLLNER, Reinhard (Hg.), Streitfall Jesus: Der notwendige Diskurs um die vielfältigen Jesusbilder, Berlin/Münster 2010 (= Theologie im Kontakt 18).
GRAETZ, Heinrich, Art. Leon Modena, in: Geschichte der Juden von den ältesten Zeiten bis auf die Gegenwart 10 (1868), 141–155.
GRAETZ, Heinrich, Art. Wagenseil, in: Geschichte der Juden von den ältesten Zeiten bis auf die Gegenwart 10 (1868), 304–305.
GRAETZ, Michael, Jüdische Aufklärung, in: MEYER, Michael A./BREUER, Mordechai (Hgg.), Deutsch-jüdische Geschichte in der Neuzeit: Tradition und Aufklärung 1600–1780, Bd. 1, München 2000, 251–351.
GROHMANN, Marianne, Aneignung der Schrift: Wege einer christlichen Rezeption jüdischer Hermeneutik, Neukirchen-Vluyn 2000.
GRUNDEN, Gabriele, Fremde Freiheit: Jüdische Stimmen als Herausforderung an den Logos christlicher Theologie, Münster 1996 (= Religion – Geschichte – Gesellschaft 5).
GRUNDMANN, Walter, Jesus, der Galiläer, und das Judentum, Leipzig 1940.
GUETTA, Alessandro, Art. Benamozegh, Elijah Ben Abraham, in: EJ 3 (^{2}2007), 317f.
GUETTA, Alessandro, Philosophy and Kabbalah: Elijah Benamozegh and the reconciliation of Western thought and Jewish esotericism, translated by Helena Kahan, Albany, NY 2009.
GUTBROD, Walter, Art. Ἰουδαῖος, Ἰσραήλ, Ἑβραῖος im Neuen Testament, in: ThWNT 3, 376–394.
GÜGLER, Alois, Die heilige Kunst oder die Kunst der Hebräer, 3. Bde., Landshut/Luzern 1814–1818.
HADLER, Frank, Art. Hilsner-Affäre, in: EJGK 3 (2011–2016), 43–46 [DOI: 10.1163/2468-2845_ejgk_ COM_0313].

Hahn, Udo, Das 1 x 1 der Ökumene: Das Wichtigste über den Dialog der Kirchen, Neukirchen-Vluyn 2003.

Haim Hillel, Ben-Sasson/Rubinstein, Avraham, Art. Israel ben Eliezer Ba'al Shem Tov, in: EJ 10 (²2007), 743–748.

Hammann, Konrad, Rudolf Bultmann: Neues Testament und Mythologie (1941), in: Wischmeyer, Oda (Hg.), Handbuch der Bibelhermeneutiken: Von Origenes bis zur Gegenwart, Berlin/Boston 2016, 905–919.

Han, Sara, Ernst Ludwig Ehrlich, Jüdisch-christlicher Dialog als Lebensaufgabe, Stuttgart, 2024.

Häring, Hermann (Hg.), »Jesus von Nazareth« in der wissenschaftlichen Diskussion, Wien/Berlin/Münster 2008 (= Wissenschaftliche Paperbacks 30).

Häring, Hermann (Hg.), Der Jesus des Papstes: Passion, Tod und Auferstehung im Disput, Berlin/Münster 2011 (= Wissenschaftliche Paperbacks 31).

Harnack, Adolf von, Lehrbuch der Dogmengeschichte I, Freiburg i. Br. 1886 [Nachdruck: Darmstadt 1990].

Harnack, Adolf von, Das Wesen des Christentums: Sechzehn Vorlesungen vor Studierenden aller Fakultäten im Wintersemester 1899/1900 an der Universität Berlin gehalten von Adolf v. Harnack Claus-Dieter Osthövener, Tübingen ³2012.

Heine, Heinrich, Prosanotizen: DHA X, 313, in: http://www.hhp.uni-trier.de/Projekte/HHP/ba ende/D10/index_html?widthgiven=30 (Abruf: 4.9.2018).

Heinrich-Heine-Portal, Über Heinrich Heine, in: http://www.hhp.uni-trier.de/Projekte/HHP/heine (Abruf: 5.9.2018).

Heller, Ágnes, Die Auferstehung des jüdischen Jesus, Berlin/Wien 2002.

Hengel, Martin, Der Sohn Gottes: Die Entstehung der Christologie und der jüdisch-hellenische Religionsgeschichte, Tübingen 1975.

Hengel, Martin/Schwemer, Anna Maria, Jesus und das Judentum, Tübingen 2007 (= Geschichte des frühen Christentums 1).

Henrix, Hans Hermann, Christus im Spiegel anderer Religionen, Berlin 2014 (= Forum Christen und Juden 12).

Henrix, Hans Hermann, Israel trägt die Kirche: Zur Theologie der Beziehung von Kirche und Judentum, Berlin/Münster 2019 (= Forum Christen und Juden 17).

Henrix, Hans Hermann/Kraus, Wolfgang (Hgg.), Die Kirchen und das Judentum: Dokumente von 1986–2000, Bd. 2., Paderborn/Gütersloh 2001.

Henrix, Hans Hermann/Rendtorff, Rolf (Hgg.), Die Kirchen und das Judentum: Dokumente von 1945–1985, Bd. 1., Paderborn/Gütersloh 1988.

Heschel, Abraham Joshua, No Religion Is An Island, in: Kasimow, Harold/Sherwin Byron L. (Hgg.), No Religion Is an Island: Abraham Joshua Heschel and Interreligious Dialouge, New York 1991, 3–22.

Heschel, Susannah, Der jüdische Jesus und das Christentum = Abraham Geiger and the Jewish Jesus: Abraham Geigers Herausforderung an die christliche Theologie, aus dem Amerikanischen übersetzt von Christian Wiese, Berlin 2001 (engl. 1998) (= Sifria 2).

Heschel, Susannah, The Aryan Jesus: Christian theologians and the Bible in Nazi Germany, Princeton 2008.

Heschel, Susannah, Die Historiographie des Instituts zur Erforschung und Beseitigung des jüdischen Einflusses auf das deutsche kirchliche Leben, in: Spehr, Christopher/Oelke, Harry (Hgg.), Das Eisenacher »Entjudungsinstitut«: Kirche und Antisemitismus in der NS-Zeit, Göttingen 2021 (= Arbeiten zur kirchlichen Zeitgeschichte Reihe B Band 82), 331–357.

Himmelbauer, Markus, Das Jüdische im Christentum suchen: Erneuerung aus dem Geist des christlich-jüdischen Dialogs, Gedanken zum 17. Januar: Tag des Judentums 2018, in: http://www.feinschwarz.net/das-juedische-im-christentum-suchen-glaubenserneuerung-aus-dem-geist-des-christlich-juedischen-dialogs/#more-11377 (Abruf: 18.1.2018).

Hirsch, Samuel, Das System der religiösen Anschauung der Juden und sein Verhältnis zum Heidenthum, Christenthum und zur absoluten Philosophie, Leipzig 1842.

Hitler, Adolf, Mein Kampf: Eine kritische Edition, hrsg. im Auftrag des Instituts für Zeitgeschichte von Christian Hartmann u. a., Bd.1, München/Berlin 2016.
Höhne, Steffen, Max Brods zionistischer Roman Rëubeni. Fürst der Juden, in: brücken – Germanistisches Jahrbuch Tschechien-Slowakei 23/1-2 (2015), 65–77.
Höhne, Steffen/Ludewig, Anna-Dorothea/Schoeps, Julius H. (Hgg.), Max Brod (1884–1968): Die Erfindung des Prager Kreises, Köln/Wien 2016 (= Intellektuelles Prag im 19. und 20. Jahrhundert 9).
Homolka, Walter, Jesus der Jude: Die jüdische Leben-Jesu-Forschung von Abraham Geiger bis Ernst Ludwig Ehrlich, in: Zeitschrift für Religions- und Geistesgeschichte 60/1 (2008), 63–72.
Homolka, Walter, Wessen Jesus? Zwischen Geschichte und Wirkungsgeschichte: Nachwort von Rabbiner Walter Homolka, in: Oz, Amos, Jesus und Judas: Ein Zwischenruf, Ins Deutsche übersetzt von Susanne Naumann. Mit einem Nachwort von Rabbiner Walter Homolka Walter Homolka, Ostfildern 2018, 67–91.
Homolka, Walter, Jewish Jesus Research and its Challenge to Christology Today, Leiden 2019.
Homolka, Walter, Der Jude Jesus – Eine Heimholung, Mit einem Geleitwort von Jan-Heiner Tück Verlag Herder, Freiburg i. Br. 2020.
Homolka, Walter/Striet, Magnus, Christologie auf dem Prüfstand: Jesus der Jude – Christus der Erlöser, Freiburg i. Br./Basel/Wien 2019.
Hoping, Helmut, Einführung in die Christologie, Darmstadt 2004.
Hoping, Helmut, Jesus aus Galiläa – Messias und Gottes Sohn, Freiburg i. Br./Basel/Wien 2019.
Hoping, Helmut/Tück, Jan-Heiner (Hgg.), Streitfall Christologie: Vergewisserungen nach der Shoah, Freiburg i. Br./Basel/Wien 2005 (= QD 214).
Hruby, Kurt, Aufsätze zum nachbiblischen Judentum und zum jüdischen Erbe der frühen Kirche Peter von der Osten-Sacken und Willi, Thomas (Hgg.), Berlin 1996 (= Arbeiten zur neutestamentlichen Theologie und Zeitgeschichte 5).
Hull, William L., The Struggle for a Soul, New York 1963.
Hull, William Lovell, Kampf um eine Seele = Struggle for a Soul: Gespräche mit Eichmann in der Todeszelle, Übersetzt von Eberhard Gauhe, Wuppertal 1964.
Humboldt, Wilhelm von, Ueber den Dualis: VI, 25, Bd. 3, in: Humboldt, Wilhelm von, Werke in fünf Bänden Andreas Flintner und Klaus Giel, Darmstadt ^{4}2002, 136.
Hund, Johannes, Das Augustana-Jubiläum von 1830 im Kontext von Kirchenpolitik, Theologie und kirchlichem Leben Vandenhoeck & Ruprecht, Göttingen 2016 (= Veröffentlichungen des Instituts für Europäische Geschichte Mainz 242).
Hünermann, Peter/Söding, Thomas (Hgg.), Methodische Erneuerung der Theologie: Konsequenzen der wiederentdeckten jüdisch-christlichen Gemeinsamkeiten, Freiburg i. Br./Basel/ Wien 2003 (= QD 200).
Idel, Moshe, Kabbalah in Elijah Benamozegh's Thought, in: Benamozegh, Elijah/Luria, Maxwell/ Idel, Moshe (Hgg.), Elijah Benamozegh: Israel and Humanity, translated, edited, and with an Introduction by Maxwell Luria. Preface and Appendixe on »Kabbalah in Elijah Benamozegh's Thought« by Moshe Idel, New York 1995, 378–402.
Ignatius von Loyola, Der Bericht des Pilgers: Übersetzt und erläutert von Burkhart Schneider. Mit einem Vorwort von Karl Rahner, Freiburg i. Br./Basel/Wien ^{3}1977.
Institut für Deutsche Sprache, Bauchgefühl: Online-Wortschatz-Informationssystem Deutsch/Neologismenwörterbuch, in: https://www.owid.de/service/artikel/308797 (Abruf: 28.7.2020).
Institut zur Erforschung des jüdischen Einflusses auf das deutsche kirchliche Leben (Hg.), Deutsche mit Gott: Ein deutsches Glaubensbuch, Weimar (Verlag: Deutsche Christen) 1940.
Institut zur Erforschung des jüdischen Einflusses auf das deutsche kirchliche Leben (Hg.), Die Botschaft Gottes, Weimar (Verlag: Deutsche Christen) 1940.
Institut zur Erforschung des jüdischen Einflusses auf das deutsche kirchliche Leben (Hg.), Die Botschaft Gottes, Leipzig (Kommissionsverlag: Georg Wigand) 1940.

INSTITUT ZUR ERFORSCHUNG DES JÜDISCHEN EINFLUSSES AUF DAS DEUTSCHE KIRCHLICHE LEBEN (Hg.), Großer Gott wir loben dich, Weimar (Verlag: Der neue Dom) 1941.
INTERNATIONAL COUNCIL OF CHRISTIANS AND JEWS (ED.), Reports and recommendations of the International Conference on Anti-Semitism (Seelisberg, 1947), Genf 1947, 15, in: https://www.ajcf.fr/IMG/pdf/Seelisberg.pdf (Abruf: 10.7.2024).
INTERNATIONALER RAT VON CHRISTEN UND JUDEN (Hg.), Der Antisemitismus: Ergebnisse einer internationalen Konferenz von Christen und Juden (Seelisberg, Schweiz, 1947), Genf 1947.
INTERNATIONALER RAT VON CHRISTEN UND JUDEN, Zeit zur Neu-Verpflichtung – Die zwölf Thesen von Berlin: Ein Aufgruf an christliche und jüdische Gemeinden in der ganzen Welt, in: Konrad-Adenauer-Stiftung (Hg.), Zeit zur Neu-Verpflichtung: Christlich-jüdischer Dialog 70 Jahre nach Kriegsbeginn und Shoah, Sankt Augustin/Berlin 2009, 15–23.
Interview of Guido Beck by John Heilbron on 1967 April 22, Niels Bohr Library & Archives, American Institute of Physics, College Park, MD USA, in: https://www.aip.org/history-programs/niels-bohr-library/oral-histories/4500 (Abruf: 22.1.2022).
ISAAC, Jules, Jésus et Israël, Paris 1948.
ISAAC, Jules, Jesus und Israel, Aus dem Französischen von Gerda Stockhammer, Wien 1968.
ISAAC, Jules, Genesis des Antisemitismus = Genèse de l'antisémitisme, essai historique: Vor und nach Christus, Aus dem Französischen von Margarete Venjakob, Wien/Frankfurt/Zürich 1969 (franz. 1956).
ISAACS, Alick, Benamozeghs Tone: A Response to Rabbi Steinsaltz, Symposium: Talking Peace with Gods, in: Common Knowledge 11/1 (2005), 48–55.
JEREMIAS, Joachim, Die Gleichnisse Jesu, Göttingen ^{9}1984.
JEREMIAS, Joachim, Die Gleichnisse Jesu, Göttingen ^{11}1998 (1947).
Jerusalem Perspective, Welcome to JP, in: https://www.jerusalemperspective.com/welcome-to-our-site/ (Abruf: 17.6.2022).
Jerusalem School of Synoptic Research, Jesus' Last Week, in: https://web.archive.org/web/20080516224214/http://www.js.org/ (Abruf: 17.6.2022).
Jerusalem School of Synoptic Research, Three Assumptions of the Jerusalem School, in: https://web.archive.org/web/20070928040950/http://www.js.org/Methodology/index.htm (Abruf: 17.6.2022).
Jewish Theological Seminary – University of Jewish Studies, Ungarn, in: https://or-zse.hu/en/ (Abruf: 16.2.2022).
JOHANNES CHRYSOSTOMUS, In epistula ad Romanos (Kommentar zum Brief des Hl. Paulus an die Römer): Aus dem Griechischen übersetzt von Joseph Jatsch. In: Des heiligen Kirchenlehrers Johannes Chrysostomus ausgewählte Schriften Bd. 5–6. (Bibliothek der Kirchenväter, 1. Reihe, Band 39 und 42) Kempten; München, 1922. (Translation, Deutsch); https://bkv.unifr.ch/de/works/115/versions/133/divisions/172514/IkjDpHR0ZSBHb3R0IGRpZSBKdWRlbiI= (Abruf: 29.11.2021).
JONAS, Regina, Halachische Arbeit: Kann die Frau das rabbinische Amt bekleiden?, (Abschlussarbeit: Lehranstalt für die Wissenschaft des Judentums), Berlin 1930.
JOSEPHUS, Flavius, Jüdische Altertümer: Vollständige Ausgabe Michael Tilly, Wiesbaden 2012.
JÜLICHER, Adolf, Die Gleichnisreden Jesu, Darmstadt ^{2}1963 (1910).
JUNG, Martin H., Christen und Juden: Die Geschichte ihrer Beziehungen, Darmstadt 2008.
JUSTIN, Dialogus cum Tryphone (Dialog mit dem Juden Trypho): Aus dem Griechischen übersetzt von Philipp Hauser. In: Justinus, Dialog; Pseudo-Justinus, Mahnrede. (Bibliothek der Kirchenväter, 1. Reihe, Band 33) Kempten & München 1917. (Translation, Deutsch); https://bkv.unifr.ch/works/87/versions/100 (Abruf: 7.2.2021).
KAMPLING, Rainer, Antijudaismus im Neuen Testament, in: ZNT (Zeitschrift für Neues Testament) 19/37 (2016), 3–10.
KAMPLING, Rainer, Theologische Antisemitismusforschung, in: BERGMANN, Werner/KÖRTE, Mona (Hgg.), Antisemitismusforschung in den Wissenschaften, Berlin 2004, 67–81.

KAMPLING, Rainer, 50 Jahre »Nostra aetate«: Derselbe Gott im Judentum und im Christentum?, in: HerKorr 1 (2016), 25–27.
KAPLAN, Zvi, Art. Ḥanina ben Dosa, in: EJ 8 (²2007), 323.
KÄSER-BRAUN, Matthias, Judas Ischarioth: »Überlieferer« des Evangeliums: Karl Barths erwählungstheologische Interpretation der biblischen Judasgestalt, Zürich 2018 (= reformiert! 5).
KASPER, Walter, Jesus, der Christus, Freiburg i. Br. 2007.
KASPI, André, Jules Isaac ou la passion de la vérité, Paris 2002.
KATZ, Jacob, Tradition und Krise: Der Weg der jüdischen Gesellschaft in die Moderne, Aus dem Englischen von Christian Wiese. Mit einem Vorwort von Michael Brenner, München 2002.
KAUFMANN, Uri Robert, Art. Safran, Alexandre, in: HLS, in: https://hls-dhs-dss.ch/de/articles/014934/2012-01-06/ (Abruf: 20.1.2022).
KAUFMANN, Uri Robert, Die jüdische Welt trifft sich in Luzern: Der Zionistenkongress des Jahres 1935, in: Jahrbuch Historische Gesellschaft Luzern 26 (2008), 29–44.
KAUFMANN, Thomas, Art. Luther, Martin, in: HdA 2.2 (2009), 501–505.
KESSLER, Hans, Art. Christologie, in: Schneider, Theodor (Hg.), Handbuch der Dogmatik (Bd. 1), Düsseldorf 1995, 241–442.
KITTEL, Gerhard, Jeschu ha - noṣri: Ein Hebräisches Leben Jesu eines modernen jüdischen Gelehrten, in: Theologisches Literaturblatt 44/1 (1923), in: http://idb.ub.uni-tuebingen.de/opendigi/thlb_044_1923#p=127&tab=ocr, 241–246, hier: 243, siehe auch 257–262.
KITTEL, Gerhard, Die Probleme des palästinensischen Spätjudentums und das Urchristentum, Stuttgart 1926.
KITTEL, Gerhard/FRIEDRICH, Gerhard (Hg.), Theologisches Wörterbuch zum Neuen Testament, Darmstadt 2019.
KITTEL, Gerhard, Die Judenfrage, Stuttgart/Berlin ³1934.
KLAPHECK, Elisa, Regina Jonas: Die weltweit erste Rabbinerin, Leipzig ²2019 (= Jüdische Miniaturen 4).
KLAPPERT, Bertold, Miterben der Verheißung: Beiträge zum jüdisch-christlichen Dialog, Neukirchen-Vluyn 2000 (= Neukirchener Beiträge zur systematischen Theologie 25).
KLAUSNER, Joseph, Die Messianischen Vorstellungen des jüdischen Volkes im Zeitalter der Tannaiten: kritisch untersucht und im Rahmen der Zeitgeschichte dargestellt, Uni Heidelberg, Dissertion 1901, Berlin (Druck bei Joseph Fischer in Krakau, Grodgasse 62) 1904.
KLAUSNER, Joseph, Jesus von Nazareth: Seine Zeit, sein Leben und seine Lehre, Berlin 1930.
KLAUSNER, Joseph, Nochmals: Klausners Jesus-Werk: Erwiderung auf M. Guttmanns Besprechung, in: Monatsschrift für Geschichte und Wissenschaft des Judentums 77/1 (1933), 16–18.
KLAUSNER, Joseph, Von Jesus zu Paulus, Übertragen aus dem Hebräischen unter Mitwirkung des Verfassers von Dr. Friedrich Thieberger, Jerusalem 1950.
KLAUSNER, Joseph, Jesus von Nazareth: Seine Zeit, sein Leben und seine Lehre, Jerusalem ³1952.
KLAUSNER, Joseph, Jesus von Nazareth: Seine Zeit, sein Leben und seine Lehre, Mit einem Nachwort von Christian Wiese, Berlin 2021.
KLAUSNITZER, Wolfgang, Kirche, Kirchen und Ökumene: Lehrbuch der Fundamentaltheologie für Studierende, Religionslehrer und Religionslehrerinnen, Regensburg 2010.
KNEUCKER, Raoul/WELAN Manfried, Hans Kelsen zitiert den Prozess Jesu. Die Fragen des Pilatus, Wahrheit – Gerechtigkeit – Glaube, Wien ²2024.
KOBUSCH Theo (1976): Art. Intuition, in: RITTER, Joachim/GRÜNDER, Karlfried/GABRIEL, Gottfried, (Hgg.): Historisches Wörterbuch der Philosophie, 4, 524–540; hier 524f.
KOCH, Kurt, Heilung des Ur-Risses zwischen Kirche und Synagoge: Der jüdisch-christliche Dialog im Rückblick und Ausblick, Vortrag beim Institut für jüdisch-christliche Forschung an der Theologischen Fakultät Luzern am 5. Oktober 2021, in: http://www.christianunity.va/content/unitacristiani/en/cardinal-koch/2021/conferences/heilung-des-ur-risses-zwischen-kirche-und-synagoge--der-juedisch.html (Abruf: 4.4.2022).

Koch, Kurt, Judentum und Katholische Kirche: Zu einem fruchtbaren Dialog seit »Nostra aetate«, in: Jeggle-Merz, Birgit/Schenker, Adrian/Wolf, Jean-Claude (Hgg.), Juden und Christen im Dialog, Freiburg Schweiz 2016 (= Theologische Berichte 36), 53–83.

Koch, Hans-Gerhard/Zimmermann, Hans Dieter (Hgg.), Max Brod, Der Meister: Roman, Mit einem Vorwort von Schalom Ben-Chorin, Göttingen 2015.

Kollmann, Bernd, Jesus als jüdischer Gleichnisdichter, in: New Testament Studies 50/4 (2004), 457–475 [DOI: 10.1017/S0028688504000268].

Kommission für die religiösen Beziehungen zum Judentum, Hinweise für eine richtige Darstellung von Juden und Judentum in der Predigt und in der Katechese der katholischen Kirche vom 24. Juni 1985, in: Henrix, Hans Hermann/Rendtorff, Rolf (Hgg.), Die Kirchen und das Judentum: Dokumente von 1945–1985, Bd. 1., Paderborn/Gütersloh 1988, 92–103.

Kommission für die religiösen Beziehungen zum Judentum, Richtlinien und Hinweise für die Durchführung der Konzilserklärung »Nostra aetate, Artikel« 4 vom 1. Dezember 1974, in: Henrix, Hans Hermann/Rendtorff, Rolf (Hgg.), Die Kirchen und das Judentum: Dokumente von 1945–1985, Bd. 1., Paderborn/Gütersloh 1988, 48–53.

Kommission für die religiösen Beziehungen zum Judentum, »Wir erinnern: eine Reflexion über die Schoah« vom 16. März 1988, in: Henrix, Hans Hermann/Kraus, Wolfgang (Hgg.), Die Kirchen und das Judentum: Dokumente von 1986–2000, Bd. 2., Paderborn/Gütersloh 2001, 110–119.

Kommission für die religiösen Beziehungen zum Judentum, »Denn unwiderruflich sind Gnade und Berufung, die Gott gewährt« (Röm 11,29: Reflexionen zu theologischen Fragestellungen in den katholisch-jüdischen Beziehungen aus Anlass des 50-jährigen Jubiläums von Nostra aetate (Nr. 4) vom 10. Dezember 2015 (Verlautbarungen des Apostolischen Stuhls 203) Sekretariat der Deutschen Bischofskonferenz, Bonn 2016.

Konradt, Matthias, Die Entstehung des Christentums aus dem Judentum. Erwägungen zu den jüdisch-christlichen Trennungsprozessen im 1. Jh. n. Chr., in: Der Grundstein jüdisch-christlicher Begegnung ist gelegt! 60 Jahre Seelisberger Thesen: Schweizer Bischofskonferenz (SBK), Schweizerischer Evangelischer Kirchenbund (SEK), Schweizerischer Israelitischer Gemeindebund (SIG) (Hgg.), Bern/Fribourg/Zürich 2007, 20–23.

Krauss, Samuel, Das Leben Jesu nach jüdischen Quellen, Hildesheim/New York 1902 [Nachdruck: Hildesheim/New York 1977].

Krone, Kerstin von der, Wissenschaft in Öffentlichkeit: Die Wissenschaft des Judentums und ihre Zeitschriften, Berlin/Boston 2012 (= Studia Judaica 65).

Krupp, Michael, Hillel und Jesus, Tübingen 2013.

Krupp, Michael, Vom Leben und Sterben des Juden Jeschu und wie die Rabbanim wieder Frieden zwischen Christen und Juden stifteten: Eine jüdische Erzählung = Sefer Toldos Jeschu, Faksimile-Ausgabe des Erstdrucks Altdorf 1681. Herausgegeben und mit einer Einleitung und deutschen Übersetzung versehen von Michael Krupp, Ein Karem/Jerusalem 2001.

Krupp, Michael, Jesus und die galiläischen Chassidim, Jerusalem/Tübingen 2014.

Krupp, Michael, Messias, Tübingen 2018.

Krupp, Michael (Hg.), Vom Leben und Sterben des Juden Jeschu und wie die Rabbanim wieder Frieden zwischen Christen und Juden stifteten: Eine jüdische Erzählung = Sefer toldos Jeschu, Ein Karem/Jerusalem ^{1681}2001.

Küchler, Max, Jerusalem: Ein Handbuch und Studienreiseführer zur Heiligen Stadt, mit einem Beitrag von Klaus Bieberstein, Göttingen ^{2}2014.

Kühlwein, Klaus, Pius XII. und die Deportation der Juden Roms, Frankfurt a. M. 2019.

Kümmel, Werner G., 40 Jahre Jesusforschung (1950–1990), hg. v. Helmut Merklein, Weinheim 1994 (= Bonner biblische Beiträge 91).

Kuschel, Karl-Josef, Jesus in der deutschsprachigen Gegenwartsliteratur, Zürich 1984 (= Ökumenische Theologie 1).

Kutschera, Rudolf, Das Heil kommt von den Juden (Joh 4,22): Untersuchungen zur Heilsbedeutung Israels, Frankfurt a. M. u. a. 2003 (= Österreichische biblische Studien 25).

KUZMANY, Börries, Brody: eine galizische Grenzstadt im langen 19. Jahrhundert, Wien 2011.
LACHNER, Raimund, Art. Schnitzer Joseph, in: BBKL IX (1999), 582–588.
LAPIDE, Pinchas, Der Rabbi von Nazaret: Wandlungen des jüdischen Jesusbildes, Trier 1974.
LAPIDE, Pinchas, Ist das nicht Josephs Sohn?: Jesus im heutigen Judentum, Stuttgart/München ¹1976.
LAPIDE, Pinchas/RAHNER, Karl, Heil von den Juden?: Ein Gespräch, Mainz ³1989.
LAPIDE, Yuval (Hg.), Ohne Wurzelsaft keine Baumkraft: Die wegweisende Theologie dreier großer deutsch-jüdischer Brückenbauer Franz Rosenzweig – Martin Buber – Schalom Ben-Chorin; Anthologie Franz Rosenzweig, Martin Buber und Schalom Ben-Chorin, München 2014.
LAUER, Simon, Christologie ohne Antijudaismus?: Ist aus jüdischer Sicht ein Neuansatz denkbar?, in: FRANKEMÖLLE, Hubert (Hg.), Christen und Juden gemeinsam ins dritte Jahrtausend: »Das Geheimnis der Erlösung heißt Erinnerung«, Frankfurt/Paderborn 2001, 217–233.
LAUER, Gerhard, Die Rückseite der Haskala: Geschichte einer kleinen Aufklärung, Göttingen 2008.
LEHNARDT, Thomas, Art. Judenmission, in: LThK 5 (³2006), 1052f.
LEHNHARDT, Pierre/OSTEN-SACKEN, Peter von der, Rabbi Akiva. Texte und Interpretationen zum rabbinischen Judentum und zum Neuen Testament (= Arbeiten zur neutestamentlichen Theologie und Zeitgeschichte 1), Institut Kirche und Judentum, Berlin 1987.
LENZEN, Verena, Schalom Ben-Chorin: Begegnungen. Porträts bekannter und verkannter Zeitgenossen, Gerlingen 1991.
LENZEN, Verena, Jüdisches Leben und Sterben im Namen Gottes: Studien über die Heiligung des göttlichen Namens (Kiddusch HaSchem), Zürich/München 2002.
LENZEN, Verena, Einleitung, in: BEN-CHORIN, Schalom, Ich lebe in Jerusalem: Ein Bekenntnis zu Geschichte und Gegenwart, Gütersloh 2003 (= Werke/Schalom Ben-Chorin. Hrsg. u. eingel. v. Verena Lenzen unter Mitwirkung v. Avital Ben-Chorin; Bd. 2), IX–XXII.
LENZEN, Verena, Art. Schalom Ben-Chorin, in: Metzler Lexikon jüdischer Philosophen (2003), online.
LENZEN, Verena, Einleitung, in: BEN-CHORIN, Schalom, Zwiesprache mit Martin Buber, Gütersloh 2004 (= Werke/Schalom Ben-Chorin. Hrsg. u. eingel. v. Verena Lenzen unter Mitwirkung v. Avital Ben-Chorin; Bd. 3), XI–XXV.
LENZEN, Verena, Einleitung, in: BEN-CHORIN, Schalom, Bruder Jesus: Der Nazarener in jüdischer Sicht, Gütersloh 2005 (= Werke/Schalom Ben-Chorin. Hrsg. u. eingel. v. Verena Lenzen unter Mitwirkung v. Avital Ben-Chorin; Bd. 4), VII–XVII.
LENZEN, Verena, Jüdische Jesusbilder, in: SCHNABEL, Nikodemus Claudius (Hg.), Laetare Jerusalem: Festschrift zum 100jährigen Ankommen der Benediktinermönche auf dem Jerusalemer Zionsberg, Münster 2006 (= Jerusalemer theologisches Forum 10), 464–476.
LENZEN, Verena, Symposium »Das Studium des Judentums und die jüdisch-christliche Begegnung« Institut für Jüdisch-Christliche Forschung, Luzern 2011, in: https://www.unilu.ch/agenda/archiv/symposium-das-studium-des-judentums-und-die-juedisch-christliche-begegnung-1022/ (Abruf: 9.7.2018).
LENZEN, Verena, Schalom Ben-Chorin (1913-1999) – Gespräch von Existenz zu Existenz, in: BSTEH, Petrus/PROKSCH, Brigitte (Hgg.), Wegbereiter des interreligiösen Dialogs, Wien/Berlin/Münster 2012 (= Spiritualität im Dialog 4), 137–142.
LENZEN, Verena, Im Spiegel der Zeit: Judaistik und jüdisch-christliche Dialogforschung in Luzern, in: LENZEN, Verena (Hg.), Das Studium des Judentums und die jüdisch-christliche Begegnung, Göttingen 2013, 13–26.
LENZEN, Verena, Schalom Ben-Chorin: Ein Leben im Zeichen der Sprache und des jüdisch-christlichen Gesprächs, Berlin 2013 (= Jüdische Miniaturen 142).
LENZEN, Verena, Seelisberg als Wiege des Religionen-Dialogs: Interview mit Dave Schläpfer, in: uniluAKTUELL, das Magazin der Universität Luzern/53 (2015), 1–3.

LENZEN, Verena, Von Seelisberg nach Rom: Der jüdisch-christliche Dialog in der Schweiz im internationalen Kontext, in: JEGGLE-MERZ, Birgit/SCHENKER, Adrian/WOLF, Jean-Claude (Hgg.), Juden und Christen im Dialog, Freiburg Schweiz 2016 (= Theologische Berichte 36), 36–52.

LENZEN, Verena, Jules Isaac – ein grosser Humanist, in: SKZ 185/20 (2017), 247f.

LENZEN, Verena, Partnerschaft von Judentum und Christentum, in: AHRENS, Jehoshua u. a. (Hgg.), Hin zu einer Partnerschaft zwischen Juden und Christen: Die Erklärung orthodoxer Rabbiner zum Christentum, Berlin 2017, 230–233.

LENZEN, Verena, Jüdische Jesusforschung und israelische Kunst als Inspiration des jüdisch-christlichen Dialogs, in: DANZ, Christian/EHRENSPERGER, Kathy/HOMOLKA, Walter (Hgg.), Christologie zwischen Judentum und Christentum: Jesus, der Jude aus Galiläa, und der christliche Erlöser, Tübingen 2020 (= Dogmatik in der Moderne 30), 5–16.

LENZEN, Verena, Art. Seelisberg, in: EJCRO (2020) [DOI: 10.1515/ejcro.8603592].

LESSING, Gotthold Ephraim/BREMER, Kai/HANTZSCHE, Valerie (Hgg.), Nathan der Weise: Ein dramatisches Gedicht, in fünf Aufzügen: Studienausgabe, Stuttgart 2013 (1779b) (= Reclams Universal-Bibliothek Nr. 19142).

LEUTZSCH, Martin, Der Mythos vom arischen Jesus, in: SCHERZBERG, Lucia (Hg.), Vergangenheitsbewältigung im französischen Katholizismus und deutschen Protestantismus, Paderborn 2008, 173–186.

LEUTZSCH, Martin, Karriere des arischen Jesus zwischen 1918 und 1945, in: PUSCHNER, Uwe/VOLLNHALS, Clemens (Hgg.), Die völkisch-religiöse Bewegung im Nationalsozialismus: Eine Beziehungs- und Konfliktgeschichte, Göttingen ²2012 (= Schriften des Hannah-Arendt-Instituts Band 047), 195–217.

LEVINE, Amy-Jill, The misunderstood Jew: The Church and the scandal of the Jewish Jesus, San Francisco 2006.

LINDEMANN, Gerhard, »Typisch jüdisch«: Die Stellung der Ev.-luth. Landeskirche Hannovers zu Antijudaismus, Judenfeindschaft und Antisemitismus 1919–1949, Berlin 1998 (= Schriftenreihe der Gesellschaft für Deutschlandforschung Bd. 63).

LINDESKOG, Gösta, Die Jesusfrage im neuzeitlichen Judentum: Ein Beitrag zur Geschichte der Leben-Jesu-Forschung, Mit einem Nachwort zum Nachdruck, Darmstadt 1973 (Uppsala 1938).

LIPPOLD, Adolf, Art. Theodosius, in: LThK 9 (³2006), 1421f.

LOHFINK, Gerhard/WEIMER, Ludwig, Maria – nicht ohne Israel: Eine neue Sicht der Lehre von der unbefleckten Empfängnis, Freiburg i. Br./Basel/Wien ²2012.

LORENZ, Elisabeth, Ein Jesusbild im Horizont des Nationalsozialismus: Studien zum Neuen Testament des ›Instituts zur Erforschung und Beseitigung des jüdischen Einflusses auf das deutsche kirchliche Leben‹, in: WUNT II/440, Dissertation, Universität Regensburg 2015, Tübingen 2017 (= Wissenschaftliche Untersuchungen zum Neuen Testament 2. Reihe 440).

LUDI, Regula, Art. Kurz, Gertrud, in: HLS, in: https://hls-dhs-dss.ch/de/articles/009345/ 2007-02-15/ (Abruf: 14.1.2022).

LUTHER, Martin, Dass Jesus Christus ein geborener Jude sei und andere Judenschriften: Neu bearbeitet und kommentiert von Matthias Morgenstern, Wiesbaden 2019.

LUTHER, Martin, Dr. Martin Luthers Werke. Kritische Gesamtausgabe – Weimarer Ausgabe (1883–2009): Band 11. Predigten und Schriften 1523: WA 11, 307–336 (vgl. auch: https://archive.org/details/werkekritischege11luthuoft).

LUTHER, Martin, Dr. Martin Luthers Werke. Kritische Gesamtausgabe – Weimarer Ausgabe (1883–2009): Band 53 Schriften 1542/43: WA 53, 417–552 (vgl. auch: https://archive.org/details/werkekritischege53luthuoft).

MACCOBY, Hyam, König Jesus: Geschichte eines jüdischen Rebellen, Tübingen 1982.

MADRAGULE BADI, Jean-Bertrand, Inkarnation in der Perspektive des jüdisch-christlichen Dialogs, Paderborn 2006.

MAIER, Johann, Art. Ethik/Ethos, in: Kleines Lexikon des Judentums (²1987), 95f.

MAIER, Johann, Art. Toledot Jeschu, in: Kleines Lexikon des Judentums (²1987), 301.

MAIER, Johann, Art. Tze'änah u-re'änah, in: Kleines Lexikon des Judentums (²1987), 305.
MAIER, Johann, Jesus von Nazareth in der talmudischen Überlieferung, Darmstadt ²1992 (= Erträge der Forschung 82).
MAIER, Johann, Jüdische Geschichte in Daten, München 2005 (= Beck'sche Reihe 1653).
MAIER, Johann/SCHÄFER, Peter (Hgg.), Kleines Lexikon des Judentums, Stuttgart ²1987.
MAJER, Martin, Jüdisches in Jesus-Texten. Spuren und Rekonstruktionen, Tübingen ¹2018 (= Biblische Raritäten 23).
MAMIN, Cyrill, Intuition und Erkenntnis, Paderborn 2020.
MARQUARDT, Friedrich-Wilhelm, Das christliche Bekenntnis zu Jesus, dem Juden: Eine Christologie, Bde. 2, Gütersloh 1990/1991.
MARQUARDT, Friedrich-Wilhelm, Ein freudiges Ja zu den Thesen von Tiemo Rainer Peters, in: MANEMANN, Jürgen/METZ, Johann Baptist (Hgg.), Christologie nach Auschwitz: Stellungnahmen im Anschluß an Thesen von Tiemo Rainer Peters, Münster ²2001 (= Religion – Geschichte – Gesellschaft 12), 86–93.
MCAFEE BROWN, Robert, Birkenau und Golgota: Herausforderungen für christlichen Neubeginn, in: MCAFEE BROWN, Robert, Elie Wiesel: Zeuge für die Menschlichkeit, Freiburg i. Br. 1990, 179–203.
MEHNERT, Gottfried, Jüdische Wissenschaft im Dialog mit evangelischer Theologie: Auseinandersetzung mit Adolf Harnack, Marburger Rabbinerprüfungen, Marburger Verein zur Abwehr des Antisemitismus, Berlin/Münster 2017 (= Forum Christen und Juden 16).
MENDELSOHN, Ezra, Max Liebermanns Zwölfjähriger Jesus im Tempel: Einige Anmerkungen zum historischen und kulturellen Kontext, in: FAASS, Martin (Hg.), Der Jesus-Skandal: Ein Liebermann-Bild im Kreuzfeuer der Kritik, Berlin 2009, 103–132.
MENDELSOHN, Amitai, Behold the Man: Jesus in Israeli Art, Jerusalem 2017.
MENDELSSOHN, Moses, Brief an Johann Caspar Lavatar, 15. Januar 1771, in: BAMBERGER Fritz (Hg), Mendelssohn, Moses, Gesammelte Schiften. Bd. 7. Schriften zum Judentum, Berlin 1930.
MENDELSSOHN, Moses, Jerusalem oder über religiöse Macht und Judentum (1783): Mit einem Vorwort zu Manasse ben Israels Rettung der Juden und dem Entwurf zu Jerusalem sowie einer Einleitung, Anmerkungen und Register herausgegeben von Michael Albrecht, Hamburg 2005 (= Philosophische Bibliothek Bd. 565).
MENKE, Karl-Heinz, Jesus Christus: Wiederholung oder Bestimmung der Heilsgeschichte Israels? Zwei Grundgestalten jüdisch perspektivierter Christologien, in: HOPING, Helmut/TÜCK, Jan-Heiner (Hgg.), Streitfall Christologie: Vergewisserungen nach der Shoah, Freiburg i. Br./Basel/Wien 2005 (= QD 214), 125–158.
MENKE, Karl-Heinz, Jesus ist Gott der Sohn: Denkformen und Brennpunkte der Christologie, Regensburg ³2012.
METZ, Johann Baptist, Christen und Juden nach Auschwitz: Auch eine Betrachtung über das Ende bürgerlicher Religion, in: METZ, Johann Baptist (Hg.), Jenseits bürgerlicher Religion: Reden über die Zukunft des Christentums, München/Mainz 1980 (= Gesellschaft und Theologie: Forum politische Theologie 1), 29–50.
METZ, Johann Baptist, Memoria passionis: Ein provozierendes Gedächtnis in pluralistischer Gesellschaft, Freiburg i.Br./Basel/Wien ²2006.
MEYER, Barbara, Christologie im Schatten der Shoah – im Lichte Israels: Studien zu Paul van Buren und Friedrich-Wilhelm Marquardt, Zürich 2004.
MEYER, Barbara, The Dogmatic Significance of Christ Being Jewish, in: CUNNINGHAM, Philip A. u.a. (Hgg.), Christ Jesus and the Jewish People Today: New Explorations of Theological Interrelationships, Foreword by Walter Cardinal Kasper, Grand Rapids, Michigan/Rome 2011, 144–156.
MEYER, Barbara, Jesus the Jew in Christian memory: Theological and philosophical explorations, Cambridge University Press 2020.

Mieck, Ilja, Preußen von 1807 bis 1850. Reformen, Restauration und Revolution, in: Büsch, Otto (Hg.), Das 19. Jahrhundert und Große Themen der Geschichte Preußens Ilja Mieck u. a., Berlin/Boston ²⁰¹²1992, 3–292.

Mildenberger, Irene, Die Improperien. Unbequemes Denkmal oder notwendiges »Denk mal!«?, in: Leven, Benjamin/Stuflesser, Martin (Hgg.), Ostern feiern: Zwischen normativem Anspruch und lokaler Praxis, Regensburg 2013 (= Theologie der Liturgie 4), 130–153.

Minz, Karl-Heinz, Art. Antijudaismus/Antisemitismus, in: Lexikon der Religionen (1992), 27f.

Moos, Yonatan, »I Am Not Writing an Apology«: Samuel Karauss's *Das Leben Jesu* in Context, in: Barbu, Daniel/Deutsch, Yaacov (Hgg.), Toledot Yeshu in Context: The Jewish »Life of Jesus« in Ancient, Medieval, and Modern History, Tübingen 2020 (= Texts and Studies in Ancient Judaism = Texte und Studien zum Antiken Judentum 182), 317–340.

Morgenstern, Matthias, Art. Rabbinerseminar, in: EJGK (2011–2016) [DOI: 10.1163/2468-2845_ejgk_COM_0717].

Morgenstern, Matthias, Nachwort zu den »Judenschriften« Martin Luthers, in: Luther, Martin, Dass Jesus Christus ein geborener Jude sei und andere Judenschriften: Neu bearbeitet und kommentiert von Matthias Morgenstern, Wiesbaden 2019, 273–330.

Müller, Gerhard Ludwig, Art. Idiomenkommunikation, in: LThK 5 (³2006), 403–406.

Müller, Matthias, Christliche Theologie im Angesicht des Judentums: Bausteine einer Phänomenologie des Wartens, Stuttgart 2009.

Murphy-O'Conner, Jerome, Art. Lagrange, Marie-Joseph, in: LThK 6 (³2006), 588.

Mußner, Franz, Der »Jude« Jesus (1971), in: Mußner, Franz, Jesus von Nazareth im Umfeld Israels und der Urkirche: Gesammelte Aufsätze Theobald, Michael (Hg.), Tübingen 2019 (= Wissenschaftliche Untersuchungen zum Neuen Testament 111), 89–97.

N. N., Adolf Eichmann, on stand, claims he was concerned over welfare of Jews and sought a »realistic solution« along the lines of teaching of Herzl, in: Jewish Telegrapic Agency 43/118 (21.6.1961), in: http://pdfs.jta.org/1961/1961-06-21_118.pdf?_ga=2.27912956.1527409935.1599395684-1931873434.1599395683, 1–6.

N. N., Art. Flusser, David, in: EJ 7 (²2007), 91.

Nellessen, Bernd, Der Prozess von Jerusalem: Ein Dokument, Düsseldorf/Wien 1964.

Niekamp, Gabriele, Christologie »nach Auschwitz«: Kritische Bilanz für die Religionsdidaktik aus dem christlich-jüdischen Dialog, Freiburg 1994 (= Lernprozeß Christen, Juden 8).

Nirenberg, David, Anti-Judaismus = Anti-Judaism: The Western Tradition: Eine andere Geschichte des westlichen Denkens, Aus dem Englischen von Martin Richter, München 2015 (engl. 2013).

Olmer, Heinrich Chaim, »Wer ist Jude?«, Würzburg (= Judentum – Christentum – Islam 8).

Online-Publikation: Die Kirchen und das Judentum: Dokumente von 2000 bis heute, Bd. 3. unter Mitarbeit von Andreas Menne, in: https://uni-tuebingen.de/fakultaeten/katholisch-theologische-fakultaet/lehrstuehle/religionspaedagogik/dialog-und-erinnerung/online-publikation-die-kirche-und-das-judentum/0-vorwort/ (Abruf: 5.1.2022).

ORF, Hakenkreuze auf Bildern von NS-Opfern (Ausgabe 22. Mai 2019), in: https://wien.orf.at/m/v2/news/stories/2982950/ (Abruf: 7.6.2022).

Origenes, Contra Celsum (Gegen Kelsos): Aus dem Griechischen übersetzt von Paul Koetschau. (Bibliothek der Kirchenväter, 1. Reihe, Band 52 und 53) München 1926. (Translation, Deutsch); https://bkv.unifr.ch/works/136/versions/154 (Abruf: 30.1.2021).

Ornstein, Hans, Die internationale Dringlichkeitskonferenz zur Bekämpfung des Antisemitismus, in: Israelitisches Wochenblatt 47/33 (15. August 1947), 9–11.

Osten-Sacken, Peter von der, Martin Luther und die Juden: Vortrag vom 23. März 2017 in Detmold, in: https://www.gfcjz-lippe.de/images/VortraegeEinzelberichte/Vortraege/Osten-Sacken_Martin%20Luther%20und%20die%20Juden_Detmold%2023.%203.%202017.pdf (Abruf: 1.11.2021).

Osten-Sacken, Peter von der, Jesus der Jude: Tendenzen, Gewinn und Grenzen einer neuen Wahrnehmung des Nazareners, in: KuI 14 (1999), 132–147.

Osten-Sacken, Peter von der, Mordanklage und Todesurteil: Realität, Religion und Rhetorik in der Predigt Melitos »Über das Passa«, in: Doering, Lutz (Hg.), Judaistik und neutestamentliche Wissenschaft: Standorte – Grenzen – Beziehungen, Göttingen 2008 (= Forschungen zur Religion und Literatur des Alten und Neuen Testaments Bd. 226), 334–357.

Österreicher, Johannes Maria, Aussprache: Replik an David Flusser, in: FrRu XXVIII/105-108 (1976), 63–65.

Oz, Amos, »Und ich glaube an Kompromisse.« Dankrede des Preisträgers anlässlich der Verleihung des Mount Zion Award in Jerusalem am 29.10.2017: Aus dem Englischen von Juliane Eckstein, in: 45. Rundbrief der Abtei Dormitio B.M.V., Jerusalem, 40–47.

Oz, Amos, Eine Geschichte von Liebe und Finsternis = סיפור על אהבה וחושך, Roman – Aus dem Hebräischen von Ruth Achlama, Berlin 2016 (hebr. 2002).

Oz, Amos, Judas = הבשורה על פי יהודה, wörtlich: »Das Evangelium nach Judas«: Roman – Aus dem Hebräischen von Mirjam Pressler, Berlin 2016 (hebr. 2014).

Oz, Amos, Jesus und Judas: Ein Zwischenruf, Ins Deutsche übersetzt von Susanne Naumann. Mit einem Nachwort von Rabbiner Walter Homolka, Ostfildern 2018.

Palliere, Aimé, Preface of the First Edition (1914), in: Benamozegh, Elijah/Luria, Maxwell/Idel, Moshe (Hgg.), Elijah Benamozegh: Israel and Humanity, translated, edited, and with an Introduction by Maxwell Luria. Preface and Appendixe on »Kabbalah in Elijah Benamozegh's Thought« by Moshe Idel, New York 1995, 31–38.

Pangritz, Andreas, Evangelische Theologie im Angesicht des Judentums. Zur Erneuerung des christlich-jüdischen Verhältnisses, Stuttgart 2024.

Pangritz, Andreas, Theologie und Antisemitismus: Das Beispiel Martin Luthers, Frankfurt a. M. u. a. 2017.

Päpstliche Bibelkommission, Das jüdische Volk und seine Heilige Schrift in der christlichen Bibel vom 24. Mai 2001, in: https://www.vatican.va/roman_curia/congregations/cfaith/pcb_documents/rc_con_cfaith_doc_20020212_popolo-ebraico_ge.html (Abruf: 10.4.2022).

Parkes, James, The Jew as Usurer, Toronto 1938.

Passionsspiele Oberammergau, Die Zeit nach dem zweiten Weltkrieg, in: https://www.passionsspiele.info/passionsspiele-oberammergau-2022 (Abruf: 18.3.2022).

Péguy, Charles, Les Cahiers de la Quinzaine, in: http://www.charlespeguy.fr/cahiers (Abruf: 18.6.2022).

Petersen, Birte, Theologie nach Auschwitz?: Jüdische und christliche Versuche einer Antwort, Mit einem Beitrag über den aktuellen Stand der Diskussion von Norbert Reck (Magisterarbeit), Berlin ²1998 (= Veröffentlichungen aus dem Institut Kirche und Judentum 24).

Petuchowski, Jakob J./Thoma, Clemens, Lexikon der jüdisch-christlichen Begegnung: Hintergründe – Klärungen – Perspektiven, Freiburg i. Br./Basel/Wien 1997 (= Herder-Spektrum 4581).

Petzel, Paul, Art. Jesus: II. Jüdisch, in: Lexikon der Religionen (1992), 322–323.

Petzel, Paul, Was uns an Gott fehlt, wenn uns die Juden fehlen: Eine erkenntnistheologische Studie, Mainz 1994.

Petzel, Paul/Reck, Norbert (Hgg.), Von Abba bis Zorn Gottes. Irrtümer aufklären, das Judentum verstehen, herausgegeben im Auftrag des Gesprächskreises Juden und Christen beim Zentralkomitee der deutschen Katholiken, Ostfildern 2017.

Plietzsch, Susanne, Nosta aetate 4: Aufbruch und Ausgleich, in: Gmainer-Pranzl, Franz/Ingruber, Astrid/Ladstätter, Markus (Hgg.), »... mit Klugheit und Liebe« (Nostra aetate 2): Dokumentation der Tagung zur Förderung des Interreligiösen Dialogs, Linz 2017, 253–263.

Plum, Anne-Madeleine, Adoratio crucis in Ritus und Gesang: Die Verehrung des Kreuzes in liturgischer Feier und in zehn exemplarischen Passionsliedern, Tübingen/Basel 2006 (= Pietas liturgica 17).

Pourshirazi, Katja, Martin Bubers literarisches Werk zum Chassidismus: Eine textlinguistische Analyse, Frankfurt a. M./Berlin/Bern 2008 (= Pegisah. Begegnung 5).

Rabbinical Council of America/Conference of European Rabbis/Chief Rabinate of Israel, Between Jerusalem and Rome. Reflections on 50 Years of Nostra aetate. = Zwischen Jerusalem und Rom. Gedanken zu 50 Jahre Nostra Aetate vom 31. August2017, in: https://www.cjcuc.org/2017/08/31/between-jerusalem-and-rome/ (Abruf: 8.4.2022).

Rabinowitz, Louis Isaac, Art. Rabbinical Seminaries, in: EJ 17 (^{2}2007), 22–23.

Ragaz, Leonhard, Judentum und Christentum: Ein Wort zur Verständigung, Erlenbach-Zürich/München/Leipzig 1922 (= Flugschriften der Quelle 4).

Rahner, Karl, Bekenntnis zu Christus, in: Schultz, Hans Jürg (Hg.), Juden, Christen, Deutsche, Stuttgart 1961, 151–158.

Rahner, Karl/Vorgrimler, Herbert (Hgg.), Kleines Konzilskompendium: Sämtliche Texte des Zweiten Vatikanischen Konzils; allgemeine Einleitung – 16 spezielle Einführungen – ausführliches Sachregister, Freiburg i. Br./Basel/Wien ^{35}2008.

Ratzinger, Joseph/Benedikt XVI., Jesus von Nazareth: Erster Teil. Von der Taufe im Jordan bis zur Verklärung, Freiburg i. Br. ^{1}2007.

Reck, Norbert, Der Jude Jesus und die christliche Theologie: Reaktionsmuster seit der Aufklärung und zukünftige Aufgaben, Vortrag am Theologischen Forschungskolleg der Universität Erfurt am 9. Februar 2021, in: https://www.jcrelations.net/de/artikel/artikel/der-jude-jesus-und-die-christliche-theologie.html (Abruf: 5.8.2021).

Reck, Norbert, Der Jude Jesus und die Zukunft des Christentums: Zum Riss zwischen Dogma und Bibel: ein Lösungsvorschlag, Ostfildern 2019.

Reimarus, Hermann Samuel, Apologie oder Schutzschrift für die vernünftigen Verehrer Gottes Alexander, Gerhard (Hg.), Frankfurt a. M. 1972.

Reiser, Marius, Kritische Geschichte der Jesusforschung: Von Kelsos und Origenes bis heute, Stuttgart ^{2}2017 (= Stuttgarter Bibelstudien 235).

Renan, Ernest, Das Leben Jesu = Vie de Jésus, Berlin ^{4}1864 (Paris 1863).

Röckelein, Hedwig, Marienverehrung und Judenfeindlichkeit, in: Opitz-Belakhal, Claudia (Hg.), Maria in der Welt: Marienverehrung im Kontext der Sozialgeschichte: 10.–18. Jahrhundert, Zürich 1993 (= Clio Lucernensis 2), 11–45.

Rosenthal, Fritz (Ben-Chorin), Der Rabbi von Nazareth: Ein Zyklus, in: Rosenthal, Fritz (Ben-Chorin) (Hg.), Das Mal der Sendung: Der Lieder des ewigen Brunnens, neue Folgen, München 1935, 61–73.

Rozumek, Angela, Die Caritas des Vatikans im Interniertenlager von Ferramonti-Tarsia bei Cosenza mit Hilfe von P. Calilistus Lopinot OFM Cap., in: RFF XIII/50/52 (1960/61), 33–35.

Ruether Radford, Rosemary, Anti-Semistism and Christian Theology, in: Fleischner, Eva (Hg.), Auschwitz: beginning of a new era?: Reflections on the Holocaust; Papers given at the International Symposium on the Holocaust, held at the Cathedral of Saint John the Divine, New York City, June 3 – 6, 1974, New York 1977, 79–92.

Ruether Radford, Rosemary, Nächstenliebe und Brudermord: die theologischen Wurzeln des Antisemitismus, aus dem Amerikanischen von Ulrike Berger, München 1978.

Rusterholz, Heinrich, »… als ob unseres Nachbars Haus nicht in Flammen stünde«: Paul Vogt, Karl Barth und das Schweizerische Evangelische Hilfswerk für die Bekennende Kirche in Deutschland 1937–1947, Zürich 2015.

Rutishauser, Christian M., The 1947 Seelisberg Conference: The Foundation of the Jewish-Christian Dialogue, in: SCJR 2/2 (2008), 34–53 [DOI: 10.6017/scjr.v2i2.1421].

Rutishauser, Christian M., Christlichen Glauben denken: Im Dialog mit der jüdischen Tradition, Wien 2016 (= Forum Christen und Juden 15).

Rynchovsky, Ernst, Im Kampf gegen den Ritualmord-Aberglauben, in: Rychnovsky, Ernst (Hg.), Masaryk und das Judentum: Unter Mitwirkung von Prof. Dr. Oskar Donath und Prof. Dr. Friedrich Thieberger, Prag 1931, 166–273.

Safrai, Shmuel, Teaching of Pietists in Mishnaic Literature, in: JJS 16/1–2 (1965), 15–33 [DOI: 10.18647/516/JJS-1965].

SAFRAN, Alexandre, »Den Flammen entrissen«: Die jüdische Gemeinde in Rumänien 1939-1947; Erinnerungen, Tübingen/Basel 1996.
SALVADOR, Joseph, Das Leben Jesu und seine Lehre: Die Entstehung der christlichen Kirche, ihrer Organisation und Fortschritte während des ersten Jahrhunderts, 2 Bde., Dresden 1841.
SANDERS, Ed Parish, Paul and Palestinian Judaism, Minneapolis 1977.
SÄNGER, Dieter (Hg.), Gottessohn und Menschensohn: Exegetische Studien zu zwei Paradigmen biblischer Intertextualität, Neukirchen-Vluyn 2004 (= Biblisch-theologische Studien 67).
SCHACTER, Jacob Joseph, Rabbi Jacob Emden. Life and major works, Dissertation Universität Harvard 1988; Verlag University Microfilm International, 2. Bd., 1990.
SCHÄFER, Peter, Die Geburt des Judentums aus dem Geist des Christentums: Fünf Vorlesungen zur Entstehung des rabbinischen Judentums, Tübingen 2010 (= Tria corda 6).
SCHÄFER, Peter, Introduction, in: SCHÄFER, Peter/MEERSON, Michael/DEUTSCH, Yaacov (Hgg.), Toledot Yeshu (»The life story of Jesus«) revisited: A Princeton conference, Tübingen 2011 (= Texts and studies in ancient Judaism 143), 1-11.
SCHÄFER, Peter, Jesus im Talmud, Tübingen ³2017.
SCHÄFER, Peter, Jüdische Polemik gegen Jesus und das Christentum: Die Entstehung eines jüdischen Gegenevangeliums, hg. v. Heinrich Meier, München 2017 (= Themen/Carl Friedrich von Siemens Stiftung 103).
SCHÄFER, Peter, Zwei Götter im Himmel: Gottesvorstellungen in der jüdischen Antike, München 2017.
SCHÄFER, Peter, Kurze Geschichte des Antisemitismus, München ²2020.
SCHÄFER, Peter/HERRMANN, Klaus, Judaistik an der Freien Universität Berlin, in: KUBICKI, Karol/LÖNNENDONKER, Siegward (Hgg.), Religionswissenschaft, Judaistik, Islamwissenschaft und Neuere Philologien an der Freien Universität Berlin, Göttingen 2012 (= Schriften des Universitätsarchivs der Freien Universität Berlin 5), 53-74.
SCHÄFER, Nadine/Kraus Wolfgang, Art. Institut zur Erforschung des jüdischen Einflusses auf das deutsche kirchliche Leben in Eisenach, in: Handbuch der völkischen Wissenschaften (2017), 1487-1493.
SCHELBERT, Georg, ABBA Vater: Der literarische Befund vom Altaramäischen bis zu den späten Midrasch- und Haggada-Werken in Auseinandersetzung mit den Thesen von Joachim Jeremias, Göttingen 2011 (= Novum Testamentum et orbis antiquus Studien zur Umwelt des Neuen Testaments 81).
SCHERZBERG, Lucia, Katholische Reformtheologen in Deutschland und Frankreich, in: SCHERZBERG, Lucia (Hg.), Vergangenheitsbewältigung im französischen Katholizismus und deutschen Protestantismus, Paderborn 2008, 41-56.
SCHLICHTING, Günter, Ein jüdisches Leben Jesu: Die verschollene Toledot-Jeschu-Fassung Tam ūmūʿād; Einleitung, Text, Übersetzung, Kommentar, Motivsynopse, Bibliographie, Tübingen 1982 (= Wissenschaftliche Untersuchungen zum Neuen Testament 24).
SCHMITZ-BERNING, Cornelia, Art. gottgläubig, in: Vokabular des Nationalsozialismus (²2007), 281-283.
SCHNABEL, Nikodemus Claudius, Die liturgische Verehrung der Heiligen des Alten Testaments in der lateinischen Kirche, Dissertation, Universität Wien 2013.
SCHNELLE, Udo, Einleitung in das Neue Testament, Göttingen/Bristol, CT, U.S.A. ⁹2017.
SCHOLEM, Gershom, Judaica, Frankfurt a. M. ²1968 (= Bibliothek Suhrkamp 106).
SCHOLEM, Gershom, Die jüdische Mystik in ihren Hauptströmungen, Frankfurt a. M. 1980.
SCHOPENHAUER, Arthur, Zürcher Ausgabe: Werke in zehn Bänden Angelika Hübscher, Zürich 1977.
SCHOPENHAUER, Arthur, Der handschriftliche Nachlass, hg. v. Arthur Hübscher, München 1985.
SCHREIBER, Alexander, Art. Landesrabbinerschule, in: EJ 12 (²2007), 470.
SCHREINER, Klaus, Maria: Leben, Legenden, Symbole, München 2003 (= Beck'sche Reihe 2313).

SCHREINER, Stefan, Von der Vergegnung zur Begegnung: Schalom Ben-Chorins Beitrag zum jüdisch-christlichen Gespräch, in: Lamed, Zeitschrift Stiftung Zürcher Lehrhaus 169/3 (2007), 21–25.
SCHUBERT, Kurt, Jüdische Geschichte, München ⁷2012 (= Beck'sche Reihe 2018).
SCHUMACHER-BRUNHES, Marie, Aufklärung im jüdischen Stil: Die Haskalah-Bewegung in Europa, Mainz 2010, in: http://www.ieg-ego.eu/schumacherbrunhesm-2010-de (Abruf: 9.10.2022).
SCHUMACHER, Thomas, Rezension zu: NIRENBERG, David, Anti-Judaismus. Eine andere Geschichte des westlichen Denkens, Aus dem Englischen von Martin Richter, (Originalausgabe: Anti-Judaism. The Western Tradition, New York 2013), München 2015/22017, in: Schweizerische Zeitung für Religions- und Kulturgeschichte 113 (2019) 478–480.
SCHUSTER, Dirk, Art. Institut zur Erforschung des jüdischen Einflusses auf das deutsche kirchliche Leben–Außenstelle Hermannstadt/Rumänien, in: Handbuch der völkischen Wissenschaften (2017), 1496–1501.
SCHUSTER, Dirk, Die Lehre vom »arischen« Christentum, Dissertation Freien Universität Berlin, Göttingen 2017.
SCHÜTZ, Werner, Was habe ich dir getan, mein Volk? Die Wurzeln der Karfreitagsimproperien in der alten Kriche, in: JLH 13 (1968), 1–38.
SCHWALBACHER THESEN, Thesen christlicher Lehrverkündigung im Hinblick auf umlaufende Irrtümer über das Gottesvolk des Alten Bundes (Die 1950 in Schwalbach gemeinsam von evangelischen und katholischen Theologen revidierte Fassung der Seelisberger Thesen von 1947), in: RFF 8/9 (1950), 9–12.
SCHWEITZER, Albert, Geschichte der Leben-Jesu-Forschung, Tübingen ⁹2009 (1906 erschienen unter dem Titel: Von Reimarus zu Wrede. Eine Geschichte der Leben-Jesu Forschung) (= UTB für Wissenschaft Uni-Taschenbücher Theologie 1302).
SCHWÖBEL, Christoph, Jüdische Jesusforschung und die Aufgaben der Christologie – ein Gesprächsbeitrag, in: DANZ, Christian/EHRENSPERGER, Kathy/HOMOLKA, Walter (Hgg.), Christologie zwischen Judentum und Christentum: Jesus, der Jude aus Galiläa, und der christliche Erlöser, Tübingen 2020 (= Dogmatik in der Moderne 30), 271–290.
SEGAL, Moshe Zevi/BATHJA, Bayer, Art. Ben Sira, Wisdom of, in: EJ 3 (²2007), 376–378.
SEIDLER, Meir, Eliah Benamozegh, Franz Rosenzweig and Their Blueprint of Jewish Theology of Christianity, in: Harvard Theological Review 111/2 (2018), 242–263.
SIEVERS, Joseph/ LEVINE, Amy-Jill/SCHRÖTER, Jens (Hgg.), Die Pharisäer. Geschichte und Bedeutung, aus dem Englischen übersetzt von Claus-Jürgen Thornton, Freiburg/Basel/Wien 2024.
SIGNER, A. Michael, Jesus der Bruder und Christus der Herr: Übersetzt von Felicitas Samtleben-Speiß aus dem Englischen, in: DIRSCHERL, Erwin/TRUTWIN, Werner (Hgg.), Redet Wahrheit – Dabru Emet, Münster 2004 (= Forum Christen und Juden 4), 81–90.
SKARSAUNE, Oskar, Altkirchliche Christologie – jüdisch/unjüdisch, in: EvTh 59/4 (1999), 267–285.
SKOLNIK, Fred, Art. Aliyah, in: EJ 1 (²2007), 660–661.
SLAYTON, Robert A., Empire Statesman: The Rise and Redemption of Al Smith, New York 2001.
SÖDING, Thomas (Hg.), Das Jesus-Buch des Papstes: Die Antwort der Neutestamentler, Freiburg i. Br./Basel/Wien 2007.
SOKOLOFF, Michael, The Date and Provenance of Aramaic »Toledot Yeshu« on the Basis of Aramaic Dialectology, in: SCHÄFER, Peter/MEERSON, Michael/DEUTSCH, Yaacov (Hgg.), Toledot Yeshu (»The life story of Jesus«) revisited: A Princeton conference, Tübingen 2011 (= Texts and studies in ancient Judaism 143), 13–26.
SPICER, Kevin P., Hitler's priests: Catholic clergy and national socialism, De Kalb, Ill. 2008.
SPONG, John Shelby, Biblical Literalism: A Gentile Heresy: a Journey into a New Christianity Through the Doorway of Matthew's Gospel, New York 2017.
STAHL, Neta, Other and brother: Jesus in the 20th-century Jewish literary landscape, New York 2013 [DOI: 10.1093/acprof:oso/9780199760008.001.0001].
STEGEMANN, Ekkehard W., Wenn Jesus in die Hölle versetzt wird: Peter Schäfer auf den Spuren eines »Gegenevangeliums« im Talmud (vom 26. Januar 2008), in: NZZ 21 (2008), 72.

STEINER, Martin, Zwischen Kirche und Synagoge: Messianische Juden in Jerusalem, Wien 2019 (= Forum Christen und Juden 18).
STEINSCHNEIDER, Moritz, Jehuda (Leon) Modena und Fior die virtù, in: Monatsschrift für Geschichte und Wissenschaft des Judentums 41/7 (1896–1897), 324–326.
STEMBERGER, Günter, Art. ›Schema‹, in: LThK 9 (^{3}2006), 177.
STEMBERGER, Günter, Der Talmud: Einführung – Texte – Erläuterungen, München ^{4}2008.
STEMBERGER, Günter, Einleitung in Talmud und Midrasch, München ^{9}2011.
STEMBERGER, Günter, Einführung in die Judaistik, München ^{2}2017.
STEMBERGER, Günter/DOHMEN, Christoph, Hermeneutik der Jüdischen Bibel und des Alten Testaments, Stuttgart ^{2}2019.
STENDAHL, Krister/BERGER, Ulrike, Der Jude Paulus und wir Heiden: Anfragen an das abendländische Christentum, München 1978 (= Kaiser-Traktate 36).
Stiftung Pro Oriente: Ostkirchen, in: https://www.pro-oriente.at/Ostkirchen/ (Abruf: 15.7.2018).
STOSCH, Klaus von, Die Einzigkeit Jesu Christi als Implikat der Einzigkeit Israels: Plädoyer für eine mutual inklusive Lesart der Christologie in der Israeltheologie, in: DANZ, Christian/EHRENSPERGER, Kathy/HOMOLKA, Walter (Hgg.), Christologie zwischen Judentum und Christentum: Jesus, der Jude aus Galiläa, und der christliche Erlöser, Tübingen 2020 (= Dogmatik in der Moderne 30), 291–309.
STOSCH, Klaus von, Komparative Theologie als Wegweiser in der Welt der Religionen, Paderborn 2012.
STOWASSER, Martin, Ehescheidung und Wiederheirat in der neutestamentlichen Überlieferung, in: PZB 25/2 (2016), 73–97.
STRACK, Hermann/BILLERBECK, Paul, Kommentar zum Neuen Testament aus Talmud und Midrasch, 6 Bde., München 1922–1961.
STRIET, Magnus, Vom Judesein Jesu und einem notwendigen dogmatischen Umdenken, in: DANZ, Christian/EHRENSPERGER, Kathy/HOMOLKA, Walter (Hgg.), Christologie zwischen Judentum und Christentum: Jesus, der Jude aus Galiläa, und der christliche Erlöser, Tübingen 2020 (= Dogmatik in der Moderne 30), 311–318.
STRIET, Magnus (Hg.), Monotheismus Israels und christlicher Trinitätsglaube, Freiburg i. Br. 2004 (= Questiones Disputatae 210).
STUDER, Brigitte, Art. Clara, Ragaz, in: HSL, https://hls-dhs-dss.ch/de/articles/010792/2021-02-16/ (Abruf: 14.1.2022).
TALABARDON, Susanne, Chassidismus, Tübingen 2016 (= Jüdische Studien 2).
TAUSSIG, Ernst F., Ein Kampf um Wahrheit: Max Brod zum 65. Geburtstag, Tel-Aviv 1949.
TERTULLIAN, De spectaculis (Über die Schauspiele): Aus dem Lateinischen übersetzt von Dr. K. A. Heinrich Kellner. In: Tertullian, private und katechetische Schriften. (Bibliothek der Kirchenväter, 1. Reihe, Band 7) München 1912, 101–136. (Translation, Deutsch); https://bkv.unifr.ch/works/23/versions/35 (Abruf: 6.2.2021).
The Israel Museum, Behold the Man: Jesus in Israeli Art, (Exhibition: 22.12.2016 – 16.4.2017), Jerusalem, in: https://www.imj.org.il/en/exhibitions/behold-man (Abruf: 9.12.2021).
THEIßEN, Gerd/MERZ, Annette, Der historische Jesus: Ein Lehrbuch, Göttingen ^{4}2011.
THOMA, Clemens, David Flusser zum 60. Geburtstag: Eine fragmentarische Biographie, in: FrRu XXXVIII/105/108 (1976), 27–29.
THOMA, Clemens, Das Messiasprojekt: Theologie jüdisch-christlicher Begegnung, Augsburg 1994.
THOMA, Clemens, Art. Gott, in: Lexikon der jüdisch-christlichen Begegnung (1994), 134–138.
THOMA, Clemens, Art. Schittuf, in: Lexikon der jüdisch-christlichen Begegnung (1994), 359–362.
THOMA, Clemens (Hg.), Christliche Theologie des Judentums, Aschaffenburg 1978 (= Der Christ in der Welt: VI. Reihe, Das Buch der Bücher Bd. 4a/b).
THURAU, Markus, Art. Ecclesia und Synagoga (Darstellungen nach 1945), in: HdA 7 (2015), 87–89.

Tilly, Michael, Vorwort zur Neuauflage, in: Josephus, Flavius, Der Jüdische Krieg und Kleinere Schriften: Mit der Paragraphenzählung nach Benedict Niese Michael Tilly, Wiesbaden ⁴2012, 7–10.

Tilly, Michael, Das Judentum, Wiesbaden ⁶2015.

Tiwald, Markus, Frühjudentum und beginnendes Christentum. Gemeinsame Wurzeln und das *Parting of the Ways*, Stuttgart 2022.

Tobias, Norman C., Jewish Conscience of the Church: Jules Isaac and the Second Vatican Council, Cham 2017.

Treitler, Wolfgang, Jesus Josefs Sohn. Der Messias als Tor des Bundes, Paderborn 2023 (= Religion and Transformation in Contemporary European Society, Bd. 27)

Treitler, Wolfgang, »Jerusalem hat die Zeit seiner Heimsuchung nicht erkannt« (NA 4). Zur offenen Frage nach dem Messias Jesus von Nazareth, in: Himmelbauer, Markus u. a. (Hgg.), Erneuerung der Kirchen: Perspektiven aus dem christlich-jüdischen Dialog, Freiburg 2018 (= QD 290), 168–195.

Tück, Jan-Heiner, Die fragile Autorität der Opfer (Ausgabe 1. Juli 2019), in: https://www.feinschwarz.net/die-fragile-autoritaet-der-opfer/ (Abruf: 28.11.2021).

Tück, Jan-Heiner, Jesus Christus – Gottes Heil für uns: Eine dogmatische Skizze, in: Böhnke, Michael/Söding, Thomas (Hgg.), Jesus begegnen: Zugänge zur Christologie, Freiburg i.Br./Basel/Wien 2009 (= Theologische Module 3), 119–176.

Tück, Jan-Heiner, Jesus war Jude: Und es wäre ein starkes Zeichen gegen den Antisemitismus, wenn die katholische Kirche wieder daran erinnern würde, in: NZZ (29.12.2018), in: https://www.nzz.ch/feuilleton/jesus-war-jude-und-es-waere-ein-starkes-zeichen-gegen-den-antisemitismus-wenn-die-katholische-kirche-wieder-daran-erinnern-wuerde-ld.1447388.

Tück, Jan-Heiner, Der Jude Jesus – ›die Tora in Person‹?: Zu einem neueren christologischen Topos im jüdisch-christlichen Dialog, in: Danz, Christian/Ehrensperger, Kathy/Homolka, Walter (Hgg.), Christologie zwischen Judentum und Christentum: Jesus, der Jude aus Galiläa, und der christliche Erlöser, Tübingen 2020 (= Dogmatik in der Moderne 30), 183–207.

Tück, Jan-Heiner, Gelobt seist Du, Niemand: Paul Celans Dichtung – eine theologische Provokation, Freiburg i. Br./Basel/Wien 2020 (= Poetikdozentur Literatur und Religion 5).

Tück, Jan-Heiner (Hg.), Annäherungen an »Jesus von Nazareth«: Das Buch des Papstes in der Diskussion, Ostfildern 2007.

Tück, Jan-Heiner (Hg.), Die Beschneidung Jesu: Was sie Juden und Christen heute bedeutet, Freiburg i. Br. 2020.

Ulmer, Rivka, Art. Jesus: Rabbinic Judaism, in: EBR (2017), [DOI: 10.1515/ebr.jesus].

Vahrenhorst, Martin, »Nicht Neues zu lehren, ist mein Beruf...«: Jesus im Licht der Wissenschaft des Judentums, in: Hasselhoff, Görge K. (Hg.), Die Entdeckung des Christentums in der Wissenschaft des Judentums, Berlin/New York 2010 (= Studia Judaica 54), 101–136.

Vasel, Stephan, Philosophisch verantwortete Christologie und christlich-jüdischer Dialog: Schritte zu einer doppelt apologetischen Christologie in Auseinandersetzung mit den Entwürfen von H.-J. Kraus, F.-W. Marquardt, P. M. van Buren, P. Tillich, W. Pannenberg und W. Härle, Gütersloh 2001.

Vermes, Geza, Ḥanina ben Dosa, in: JJS 24/1 (1973), in: https://www.jjs-online.net/archives/fulltext/633, 51–64 [DOI: 10.18647/633/JJS-1973].

Vermes, Géza, Jesus der Jude. Ein Historiker liest die Evangelien = Jesus the Jew. A Historian's Reading of the Gospels, übers. v. Alexander Samely, bearbeitet v. Volker Hampel, Neukirchen-Vluyn 1993 (engl. 1973).

Vermes, Géza, Vom Jesus der Geschichte zum Christus des Dogmas = Christian Beginnings. From Nazareth to Nicaea, AD 30–325: Aus dem Englischen von Claus-Jürgen Thornton, Berlin 2016 (engl. 2012).

Vetter, Susanne (Hg.), Wegbereiter des christlich-jüdischen Dialogs: Leonhard Ragaz und Schalom Ben-Chorin. Briefwechsel 1938–1945. Zum 50. Todestag von Leonhard Ragaz am 6. Dezember 1995, Darmstadt 1995.

VOGEL, Manfred H., Art. Monotheism, in: EJ 14 (²2007), 448–450.
VOGEL, Bernhard, Vorwort, in: Konrad-Adenauer-Stiftung (Hg.), Zeit zur Neu-Verpflichtung: Christlich-jüdischer Dialog 70 Jahre nach Kriegsbeginn und Shoah, Sankt Augustin/Berlin 2009, 5–8.
VOGLER, Werner, Jüdische Jesusinterpretationen in christlicher Sicht, Weimar 1988 (= Arbeiten zur Kirchengeschichte 11).
VOLKMANN, Michael, David Flusser und der jüdische Jesus, in: Blickpunkt.e 2 (2018), in: http://www.imdialog.org/bp2018/02/volkmann_flusser_bp218-2.pdf, 7–9.
Voltaire, Dialogue du douteur et de l'adorateur: avec Les dernières paroles d'Épictète à son fils/par M. l'abbé de Tilladet Voltaire. et les Idées/de La Mothe Le Vayer, Genève 1751, in: https://gallica.bnf.fr/ark:/12148/bpt6k108451q/f1.image (Abruf: 23.7.2020).
VORGRIMLER, Herbert, Art. Entmythologisierung, in: Neues Theologisches Wörterbuch (⁶2016), 153f.
VORGRIMLER, Herbert, Art. Jesus Christus, in: Neues Theologisches Wörterbuch (⁶2016), 321–327.
VORNDRAN, Hans-Georg, Synagoga und Ecclesia neu gesehen. Vier Beispiele, in: Blickpunkt.e 4 (2020), in: http://imdialog.org/bp2020/04/eccneu.pdf (Abruf: 13.3.2022), 1–5.
WAGNER, Richard, Gesammelte Schriften und Dichtungen, Leipzig 1888.
WAGNER, Richard, Jesus von Nazareth: Ein dichterischer Entwurf, Leipzig 1914 (entstanden 1848) (= Insel-Bücherei Nr. 106).
WALD, Stephen G., Art. Hillel, in: EJ 9 (²2007), 108–110.
WEDER, Hans, Flusser, David: Die Rabbinischen Gleichnisse und der Gleichniserzähler Jesus: Rezension, in: Theologische Literaturzeitung 109/3 (1984), 195–198.
WEISSE, Christian Hermann, Die evangelische Geschichte kritisch und philosophisch, Leipzig 1838.
WELTE, Michael, Art. Lagrange, Marie Joseph, in: BKKL 4 (1992), 994.
WENGST, Klaus, Christsein mit Tora und Evangelium: Beiträge zum Umbau christlicher Theologie im Angesicht Israels, Stuttgart 2014.
WENGST, Klaus, Martin Luther und die Juden: Über theologische Judenfeindschaft als Geburtsfehler des Protestantismus, in: WENGST, Klaus, Christsein mit Tora und Evangelium: Beiträge zum Umbau christlicher Theologie im Angesicht Israels, Stuttgart 2014, 35–52.
WIESEL, Elie, Adam oder das Geheimnis des Anfangs: Brüderliche Urgestalten, Freiburg i. Br./Basel/Wien 1980.
WIESEL, Elie, Die Massenvernichtung als literarische Inspiration, in: KOGON, Eugen (Hg.), Gott nach Auschwitz: Dimensionen des Massenmords am jüdischen Volk, Freiburg i. Br. ⁴1989, 21–50.
WILK, Sina-Christin, Religion als identitätsstiftendes Moment bei Amos Oz: Zum autobiographischen Roman »Eine Geschichte von Liebe und Finsternis«, Saarbrücken 2012.
WINKLER, Ulrich, Wege der Religionstheologie, Von der Erwählung zur komparativen Theologie, Innsbruck 2013 (= Salzburger Theologische Studien interkulturell 10).
WINTER, Paul, On the Trial of Jesus, Berlin 1961 (= Studia Judaica Bd. 1).
WINTER, Paul, Zum Prozeß Jesu, in: ECKERT, Willehad Paul/EHRLICH, Ernst Ludwig (Hgg.), Judenhaß, Schuld der Christen?, Essen 1964, 93–101.
WISE, Stefan, Der Zionistenkongress und die Judenverfolgung in Deutschland: Referat Dr. Stefan Wise, in: Die Stimme 479 (1935), 1.
WOHLMUTH, Josef, Im Geheimnis einander nahe: Theologische Aufsätze zum Verhältnis von Judentum und Christentum, Paderborn 1996.
WOHLMUTH, Josef, Jüdischer Messianismus und Christologie, in: EvTh 59/4 (1999), 286–203.
WOHLMUTH, Josef, Die Tora spricht die Sprache der Menschen: Theologische Aufsätze und Meditationen zur Beziehung von Judentum und Christentum, Paderborn u. a. 2002.
WOHLMUTH, Josef, Jesus der Bruder Christus der Herr: Neue Perspektiven im jüdisch-christlichen Dialog?, in: DIRSCHERL, Erwin/TRUTWIN, Werner (Hgg.), Redet Wahrheit – Dabru Emet, Münster 2004 (= Forum Christen und Juden 4), 91–112.

WOHLMUTH, Josef, An der Schwelle zum Heiligtum: Christliche Theologie im Gespräch mit jüdischem Denken, Paderborn/Boston 2007.

WOHLMUTH, Josef, Der jüdische Jesus und die Christologie des Konzils von Chalkedon, in: DANZ, Christian/EHRENSPERGER, Kathy/HOMOLKA, Walter (Hgg.), Christologie zwischen Judentum und Christentum: Jesus, der Jude aus Galiläa, und der christliche Erlöser, Tübingen 2020 (= Dogmatik in der Moderne 30), 319–332.

WOHLMUTH, Josef (Hg.), Emmanuel Levinas – eine Herausforderung für die christliche Theologie, Paderborn 1998.

WOLF, Hubert (Hg.), »In wilder zügelloser Jagd nach Neuem«: 100 Jahre Modernismus und Antimodernismus in der katholischen Kirche, Paderborn u. a. 2009 (= Römische Inquisition und Indexkongregation 12).

WYSCHOGROD, Michael, Inkarnation aus jüdischer Sicht, in: EvTh 55/1 (1995), 13–28 [DOI: 10.14315/evth-1995-0104].

Yad Vashem, The Righteous Among the Nations: Father Pierre-Marie Benoit, in: https://www.yadvashem.org/righteous/stories/benoit.html (Abruf: 22.1.2022).

YERUSHALMI, Yosef Hayim, Response to Rosemary Ruether, in: FLEISCHNER, Eva (Hg.), Auschwitz: beginning of a new era?: Reflections on the Holocaust; Papers given at the International Symposium on the Holocaust, held at the Cathedral of Saint John the Divine, New York City, June 3–6, 1974, New York 1977, 97–107.

YUVAL, Israel Zwei Völker in deinem Leib: Gegenseitige Wahrnehmung von Juden und Christen in Spätantike und Mittelalter, Göttingen 2007 (= Jüdische Religion, Geschichte und Kultur 4).

ZADOFF, Noam, Science and Politics: On the Presence and Future of Israels Studies in Germany, in: LEHNARDT, Andreas (Hg.), Judaistik im Wandel: Ein halbes Jahrhundert Forschung und Lehre über das Judentum in Deutschland, Berlin/Boston 2017, 81–92.

ZAGER, Werner, Jesusforschung in vier Jahrhunderten: Texte von den Anfängen historischer Kritik bis zur »dritten Frage« nach dem historischen Jesus, Berlin/Boston 2014.

ZUCCOTTI, Susan, Père Marie-Benoît and Jewish Rescue: How a French Priest Together with Jewish Friends Saved Thousands During the Holocaust, Bloomington 2013.

ZUNZ, Leopold, Die jüdische Literatur, in: DERS. (Hg.), Zur Geschichte und Literatur, Berlin 1845, 1–21.

Zwischen Jerusalem und Rom, Die gemeinsame Welt und die respektierten Besonderheiten. Reflexionen über 50 Jahre von Nostra Aetate: Erklärung der europäischen Rabbinerkonferenz gemeinsam mit dem Rabbinischen Rat von Amerika, 1. Februar 2017, in: https://www.jcrelations.net/de/artikelansicht/zwischen-jerusalem-und-rom-die-gemeinsame-welt-und-die-respektierten-besonderheiten-reflexionen-ueber-50-jahre-von-nostra-aetate.html (Abruf: 10.4.2022).

Personen- und Sachregister

Abba 57, 153–154
Adam, Karl 51–52
Ahrens, Jehoschua 74, 80–81
Allen, Edgar Leonard 80
Antisemitismusforschung 20, 63, 302
Assmann, Aleida 59
Attlee, Clement 67
Auferstehung 60, 90, 116, 164, 179, 200, 208–210, 233–234, 236, 239–240, 242, 244–245, 260, 277, 279, 281, 287, 312
Augustinus von Hippo 87
Avoda sara (Götzendienst/-kult) 109, 198, 253, 264

Baal Schem Tov 188, 226
Baeck, Leo 49, 126–127, 179, 198, 263, 293, 311
Balthasar, Hans Urs von 11
Bar Kochba, Simon 159, 193
Barth, Karl 269–270, 307
Benamozegh, Elijah 118
Ben-Chorin, Schalom 13, 19, 44–45, 108, 110, 128, 130, 152, 171, 214, 225, 239, 241, 243–245, 274, 279, 305, 308
Berliner Thesen 104, 306
Bickel, Erich 67–68, 80
Boegner, Marc 81
Bonhoeffer, Dietrich 269–270, 272, 278, 307
Boyarin, Daniel 146, 248, 286–298, 301, 307, 311
Brod, Max 172, 176–178
Buber, Martin 11, 27, 108, 130, 172, 175, 186, 190, 248, 252–254

Chagall, Marc 241
Chalkedon, Konzil von (451) 18, 23, 26, 52, 246–247, 288, 297, 303, 310–312
Chanina ben Dosa 192–195, 227
Chassidismus 188, 225–226
Choni der Kreiszieher 192–195

Christologie, dialogische 13, 18, 302, 309, 311
Clinchy, Everett Ross 66, 70
Cohen, Hermann 170, 204
Conelly, John 102
Counselbaum, Stella 72

Dabru Emet 108–109, 186–187
Davy, Marie-Madeleine 72, 80
Démann, Paul 73, 79–80, 102
Dirscherl, Erwin 265–266, 301
Dohmen, Christoph 41, 265, 282

Ehrlich, Ernst Ludwig 213
Eisenacher »Entjudungsinstitut 27, 53, 61
Eisenhut, Heinz Erich 56
Emanation 237
Emanzipation, jüdische 111, 113–114, 118–119, 128, 243, 303
Emden, Jacob 109, 117
Enterbung 95
Enthistorisierung 276
Erlösung 103, 142, 159, 187, 195, 239, 241, 264, 290
Ettinghausen, Laure 77–78

Fisher, Geoffrey 81
Flusser, David 13, 19, 24, 110, 128, 130–131, 197, 210, 243, 245, 247–248, 255, 261, 272, 274, 281, 286–288, 293–294, 297, 301, 305, 307–308
Frankemölle, Hubert 60
Fredriksen, Paula 13
Freudenberg, Adolf 73, 80
Friedrich, Wilhelm III., König von Preußen 121
Fritsch, Theodor 47

Geiger, Abraham 49, 122, 124–126
Goslin, Williard E. 70

Gottessohn   83, 117, 141, 179, 191, 193, 208, 220, 234, 239, 245, 260, 279, 288, 297
Graetz, Heinrich   133
Griffin, Bernard Kardinal   81
Grunden, Gabriele   179
Grundmann, Walter   54

Haggada   151–152, 191, 204
Halacha   113, 151–152, 169, 189–191, 224, 226
Halevi, Jehuda   166
Harnack, Adolf von   126–127, 263, 297
Heiberg, Esther   72
Heller, Ágnes   25
Henrix, Hans Hermann   284, 300
Heschel, Abraham Joshua   20
Heschel, Susannah   28
Hillel   134–135, 142, 151–152, 197, 222, 226
Hirsch, Samuel   116–118
Hitler, Adolf   39, 49–50, 57, 78, 165, 172, 211
Hoffman, Moshe   59
Hofmannsthal, George   172
Hypostase/hypostatisch   234, 237, 245, 249, 280, 299–300

Immanenz (Gottes)   23, 234, 237, 254
Inkarnation   18, 23, 26, 60, 247–259, 269–270, 272–274, 276, 278, 283–287, 292–293, 300, 302–303, 307, 310, 312–313
Intuition   180
Isaac, Jules   15–16, 19, 22, 39, 63, 71–73, 75, 79–80, 84–86, 91, 93, 95, 97–100, 304–306

Johannes Chrysostomus   48
Johannes Paul II., Papst   106, 285–286, 306
Johannes XXIII., Papst   105, 304, 306
Jonas, Regina   122
Josephus Flavius   120, 264
Jungfrauengeburt   37, 56, 137, 235, 242, 260

Kampling, Rainer   20–21, 42, 44, 257
Kaplan, Jacob   72, 80–81
Käsemann, Ernst   179
Kaufmann, Thomas   37
Kittel, Gerhard   149–150, 165
Klausner, Joseph   13, 19, 24, 31–32, 84, 108, 110, 129, 131, 176, 179, 181–182, 185, 197–198, 204–205, 208–209, 212, 226–227, 234, 241, 243–245, 279, 305
Koch, Kurt Kardinal   107–108

Konstantinopel, Konzil von (381)   264, 287–288, 298
Kümmel, Werner Georg   218
Kurz-Hohl, Gertrud   72

Lapide, Pinchas   166, 208, 248, 250–252, 302, 310
Laski, Neville   70
Lenzen, Verena   41, 73, 75–78, 105, 238
Lessing, Gotthold Ephraim   113
Levinas, Emmanuel   302
Levine, Amy-Jill   248, 251–252, 302, 310
Lindsay, Robert   216
Logos (Wort Gottes)   141, 236–237, 249, 258, 272–273, 295, 299–300, 310, 312–313
Lopinot, Calliste   70, 74, 79–80
Luther, Martin   27, 35–40, 42–43, 92

Magie   198
Maier, Johann   136
Mamzer   137
Mann, Thomas   172
Maria (Mutter Jesu)   34–35, 38, 52, 91, 94–99, 101, 106, 116, 137, 235–236, 239, 246, 295, 298, 300, 305
Marienfrömmigkeit   95, 305
Maritain, Jaques   15, 98–99, 101
Marquardt, Friedrich-Wilhelm   270–274, 284
Marrou, Henri-Irénée   98
Masaryk, Tomáš Garrigue   210–211
Maskilim   111, 113–114
McAfee Brown, Robert   273
Melito von Sardes   58, 83
Menasce, Jean de   73, 80, 102
Mendelsohn, Amitai   59
Mendelssohn, Moses   16, 49, 112–115, 126
Menschensohn   117, 196, 200–201, 220, 233–234, 236–237, 239–240, 245, 288
Meschalim   203
Messias   31–32, 38–39, 94, 103, 107, 109, 114, 116, 140, 142, 146–147, 154, 158–160, 162–164, 166, 168–169, 175, 177, 179, 183, 185–187, 193, 196, 200–203, 220–221, 233–234, 236, 240, 254, 257, 259, 269–270, 279, 285, 287, 289–296, 303, 307
Meyer, Barbara U.   17, 25, 267, 282, 284
Minz, Karl-Heinz   28
Mußner, Franz   40, 271, 310–311

Neuß, Wilhelm   74
Newlin, Algie I.   80

Nirenberg, David 29–30, 32–33, 60, 261
Nizäa, Konzil von (325) 263–264, 287–288, 291, 297–298
Nostra aetate (NA) 34, 92, 105–109, 269, 275, 282–283, 295, 304, 306

Orfinger-Karlin, Régine 71
Oz, Amos 129, 145, 165, 167–170

Parkes, James 65, 70
Paul VI., Papst 105
Péguy, Charles 76–77, 86, 98, 101
Perl, Josef 211, 214
Pharisäer 31, 55, 124, 126, 134, 142, 144–145, 149, 152–153, 155–156, 159, 161, 163, 186, 192, 198–200, 204, 222, 224–226, 228, 245, 294, 296, 309
Philo von Alexandrien 235, 264, 291
Pius X., Papst 178
Präexistenz 234–237, 242, 245, 307

Radford Ruether, Rosemary 271–272
Ragaz, Leonhard 71, 187, 214
Ragaz-Nadig, Clara 71
Rahner, Karl 249–252
Reformjudentum 169, 173, 207
Reimarus, Hermann Samuel 126, 162
Reiwald, Paul 71
Rilke, Rainer Maria 172
Rosenblum, William F. 80
Rosenthal, Fritz (Schalom Ben-Chorin) 171
Rothfield, Esther 72
Rutishauser, Christian 84, 251

Safran, Alexandre 72, 84
Salvador, Joseph 115–118
Schäfer, Peter 30, 136
Schammai 142, 197
Schittuf 253
Schnitzer, Joseph 176, 178, 185
Scholem, Gershom 212
Schopenhauer, Arthur 51
Schwalbacher Thesen 103–104
Schweitzer, Albert 49, 126, 149, 199

Schwöbel, Christoph 256, 275–276, 278–280, 309–310
Seelisberg 15–17, 19, 22, 27, 29, 35, 42, 45, 47, 53, 58, 60–61, 63, 300, 303–306, 308
Simpson, William W. 67, 70
Smith, Robert 80
Spong, John Shelby 46
Staat Israel 166, 173, 209, 212
Stosch, Klaus von 257
Striet, Magnus 87
Substitutionstheologie 25, 36, 40, 44, 92, 265, 275, 303
Sühnetod 86, 234, 237–238, 240, 245, 260

Taba, Hilda 72
Tannaiten 135, 148, 197, 204
Taubes, Zwi Chaim 80
Thirring, Hans 73
Thoma, Clemens 60
Toledot Jeshu 38, 110, 137, 139, 145
Toscano, Luigi 58

Vaterunser-Gebet 147–150, 205, 231, 250–251
Vatikanum II. 20, 106
Vermes, Géza 130, 191, 193–195
Visser 't Hooft, Willem A. 81
Visseur, Pierre 67–68, 70
Voltaire, François-Marie Arouet 143

Wagner, Richard 51
Wengst, Klaus 37, 39
Wiesel, Elie 14, 209
Winkler, Ulrich 283
Wissenschaft des Judentums 111, 114, 118, 128, 243, 263
Wolmuth, Josef 288, 298–303, 310
Wyschogrod, Michael 254–255, 300, 302

Yerushalmi, Yosef Hayim 265

Zaddik 154, 167, 188–191, 195
Zionismus/Zionist/zionistisch 135, 150, 156–157, 167, 170–173, 209–210, 212, 244
Zunz, Leopold 119–122, 124, 172